Uwe Jens Jürgensen
Elke Margarita Jürgensen
Volker Ebers

Erst verraten – dann verkauft

Im Netz der Stasi

W0378681

Haag + Herchen

Umschlaggestaltung: Astrid Witt

Bibliografische Information Der Deutschen Bibliothek
Die Deutsche Bibliothek verzeichnet diese Publikation in der Deutschen Nationalbibliografie; detaillierte bibliografische Angaben sind im Internet über http://dnb.ddb.de abrufbar.

ISBN 978-3-89846-524-3
© 2008 by HAAG + HERCHEN Verlag GmbH,
Fuchshohl 19a, 60431 Frankfurt am Main
Alle Rechte vorbehalten
Produktion: Herchen + Herchen & Co. Medien KG,
Frankfurt am Main
Satz: KB
Herstellung: dp
Printed in Germany

Verlagsnummer 3524

Uwe Jens Jürgensen
Elke Margarita Jürgensen
Volker Ebers

Erst verraten – dann verkauft

Widmung

Wir widmen diese Niederschrift unserer Tochter Antje,
der man für zwei Jahre die Eltern entführt hat.

Die handelnden Personen

Dr. med. Uwe Jens Jürgensen	Arzt aus dem Regierungskrankenhaus in Ost-Berlin und Häftling in Cottbus und Bützow
Elke Margarita Jürgensen	Ehefrau und Häftling in Hoheneck
Antje Jürgensen	Tochter, der man zwei Jahre lang die Inhaftierung ihrer Eltern verheimlichen konnte
Volker Ebers	Bruder von Elke, in West-Berlin lebend, der zwei Jahre lang um die vorzeitige Freilassung aus den Zuchthäusern und die Übersiedlung in den Westen Deutschlands kämpfte
Ina Ebers †	Ehefrau von Volker Ebers in West-Berlin
Ludo Ebers †	Bruder von Elke Jürgensen und Volker Ebers, der mit seiner Familie im Landkreis Teltow lebte

Inhalt

Vorwort

Das folgende Buch beschreibt eine Realität des geteilten Nachkriegsdeutschlands. Während in der Bundesrepublik Deutschland die Menschen ihre Meinung frei äußern dürfen, sich frei bewegen und als Touristen hinreisen können, wohin sie wollen, während es dort keine Gesinnungsschnüffelei gibt, keine Unterdrückung politisch Andersdenkender, sofern sie den allgemeinen, demokratischen Normen entsprechen, gibt es im anderen Teil Deutschlands, der DDR, eine Politik, die von der Diktatur des Proletariats, dem sozialistischen deutschen Arbeiter- und Bauernstaat, bestimmt wird, einer Diktatur Weniger, von der so genannten Arbeiterklasse sich weit entfernter ehemaliger Arbeiter, nämlich dem Politbüro der SED (Sozialistische Einheitspartei Deutschlands).

Das Politbüro ist die Clique, die alles bestimmt und über alles herrscht. Die legislativen und exekutiven Organe stehen unter der absoluten Führung der Partei und werden vollinhaltlich durch sie bestimmt. Die Partei versteht sich dabei als Bruderpartei der KPdSU (Kommunistische Partei der Sowjetunion). Der Führungseinfluss der sowjetischen Großmacht ist bei diesem Bruderbund gesichert.

Das Volk in der DDR wählt seine Vertretung und damit seine Regierung durch Wahlen, bei denen die Wahlkabinen kurioserweise unwichtig in der Ecke stehen, kaum erreichbar sind.

Das Volk wählt seine Vertretung, die Mächtigen, offen und nicht geheim, in Form von Einheitswahllisten. Es gibt in der DDR keine pluralistische Wahl und es darf keine Meinungsvielfalt geben. Die Linie bestimmt die SED, die sich 1946 aus der Vereinigung der KPD (Kommunistischen Partei Deutschlands) und der SPD (Sozialistische Partei Deutschlands) gebildet hat.

In diesem DDR-Staat leben Menschen, Deutsche wie du und ich! Von Kindheit an wird die Jugend im Sinne des Marxismus-Leninismus erzogen und ihr der Hass gegenüber dem Kapitalismus, der Hass gegenüber Andersdenkenden beigebracht. Die führenden Parteigenossen bezeichnen sich dabei als so genannte Berufsrevolutionäre, als Kämpfer für die Befreiung des Volkes, welches sie selbst unterdrücken.

Sie erkennen nicht, dass ihre Politik die Menschen einschränkt, verängstigt und durch die Grenzmauern, Stacheldrahtzäune und Wachhunde wie in ein Gefängnis einsperrt.

Die Berliner Mauer und die nahezu undurchdringliche Staatsgrenze der DDR sind das Ergebnis der eigenen starren Wirtschaftspolitik und der dadurch bedingten unzureichenden Entfaltung von Wissenschaft und Technik. Ein Produkt parteitechnokratischer Planwirtschaft. Die Ulbricht'schen Parolen, »Überholen ohne Einzuholen« funktionieren nicht, sie sind unrealistisch. Parolen ohne Basis bleiben nur

Parolen. Die Folge ist die Abgrenzung durch die Errichtung der Berliner Mauer, die sie als antifaschistischen Schutzwall bezeichnen.

Es ist nicht zu übersehen, dass die Menschen aus dem sozialistischen Volksstaat, dem selbst gelobten Arbeiter- und Bauernstaat, entfliehen wollen, ebenso wie nicht zu übersehen ist, dass sich die DDR-Staatsgrenze in ihrer praktischen Bedeutung als Grenze der Bewegungsfreiheit des eigenen Volkes versteht.

Dennoch geht auch in der DDR der Fortschritt der modernen Entwicklung des 20. Jahrhunderts nicht ganz vorüber. Auch dort gibt es wirtschaftliche Fortschritte und verbesserte Lebensbedingungen für das Volk, bei jedoch nach wie vor erheblichen Engpässen. Es gehört zur täglichen Wirtschaftspraxis, Löcher zu stopfen, indem man andere aufreißt.

Die unterschiedliche Entwicklung in beiden deutschen Staaten hat ihre eindeutigen Ursachen in ihren unterschiedlichen Gesellschaftssystemen selbst.

In beiden deutschen Staaten leben Menschen mit verwandtschaftlichen Beziehungen und es ist für viele unglaublich und unvorstellbar, dass die einen frei zu den anderen reisen können, während die anderen, die Menschen in der DDR, ihre Kontakte zu Verwandten in Westdeutschland zu melden haben. Sie haben diese Kontakte zu melden, weil der Obrigkeitsstaat alles über seine Menschen und deren Beziehungen und Verbindungen wissen will. Weil dieser Staat im Misstrauen geboren ist und im Misstrauen lebt.

Die DDR hat sich entwickelt auf der Grundlage des ideologischen Hasses und sät diesen Hass unter ihren Menschen, ohne zu erkennen, dass der gesäte Hass selbst wieder geerntet wird.

Wer in unserem 20. Jahrhundert die Menschen einschränkt, ihnen vorschreibt, was sie zu tun oder zu lassen haben und sie in ihrer Bewegungsfreiheit hindert, wird auf diesen Druck Gegendruck erfahren. Das war die Realität in unserem geteilten Vaterland.

In den Jahren nach dem 2. Weltkrieg hat sich die Machtstruktur in der DDR gestärkt, das Zusammenspiel der Sicherheitskräfte gefestigt, und die ideologische Abgrenzung gegenüber dem Westen wurde in Form der Mauer zementiert. Das Volk lebt, wie ihm zu leben vorgegeben ist, und nur Einzelne versuchen, dieses System zu durchbrechen. Es sind aber immerhin noch Hunderte, ja Tausende, die dabei auch den Weg der Finsternis, den bitteren Weg durch die Kerker des DDR-Systems auf sich genommen haben, um eines Tages das Licht der Freiheit zu erleben.

Erzählt wird nun die Geschichte eines Arztehepaares aus der Renommier-Klinik der DDR, dem Regierungskrankenhaus in Ostberlin.

Das Paar hat in dieser DDR-Gesellschaft seine Kindheit verbracht und auch seine Karriere gemacht. Beide gehören zu den Privilegierten, die als Dienende berufen sind, den Partei- und Staatsfunktionären, später den in Ostberlin akkreditierten Diplomaten und den hochgestellten ausländischen Gästen in der DDR-Hauptstadt bei deren gesundheitlicher Betreuung hilfreich zu sein. Jahre des fachlichen und auch politischen Arrangements werden schließlich mit Intrigen und Bespitzelung sowie offenem Misstrauen belohnt, deren Folge es ist, dass sie sich von diesem System abzuwenden beginnen. Sie erkennen ihr Vasallentum und beginnen persönliche Konsequenzen zu ziehen. Unerwartet für die Betroffenen, einem Piratenakt ähnlich, gelangen sie in die Fänge des Staatssicherheitsdienstes (SSD). Die Ursachen sind Verleumdung und Verrat.

Nach einem Leben, das sie als ein Leben im »goldenen Käfig« bezeichneten, lernen sie nun das Leben im »eisernen Käfig« kennen. Sie erleben, wie man Andersdenkende hinter den Kerkermauern des DDR-Systems behandelt. Den Nichtsahnenden werden die Augen über diese Realität auf die grausamste Weise geöffnet. Sie lernen die psychische Folter und die Manipulation kennen. Ihre innere Abkehr von diesem Gesellschaftssystem wird durch diese Erlebnisse nur noch verstärkt.

Sie erkennen die Sinnlosigkeit ihres Weiterlebens in diesem Staat.

Getrennt voneinander und von ihrer kleinen Tochter, die damals sieben Jahre alt ist, erleben sie zwei bittere Jahre in der Stasiuntersuchungshaftanstalt Berlin-Hohenschönhausen und später in den Strafvollzugsanstalten Hoheneck bei Chemnitz sowie Cottbus und Bützow.

Von Optimismus und gegenseitiger Liebe sowie der Verantwortung gegenüber ihrer kleinen Tochter getragen, erleiden sie ihr Schicksal, denn »sie wissen, was sie wollen« und leben nach dem Grundsatz, »Du musst nur wollen!«

In dieser schweren Zeit der Haft befreien sie sich von der Angst, der Angst, unter der die große Masse des Volkes in der DDR lebt. Sie leben als Gefangene hinter den Kerkermauern freier, als sie es vorher außerhalb dieser Mauern gewagt hätten.

Berichtet wird einerseits über die Erlebnisse des Arztes während seiner Haft in der Strafvollzugsanstalt der DDR in Cottbus, in der er mit vielen Menschen zusammentraf, Kollegen, Künstlern, Sportlern, Ingenieuren, Lehrern und einfachen Arbeitern, die sich aus diesem selbst gelobten Staat absetzen wollten und dabei in die Fänge ihrer Schergen gerieten.

Beschrieben werden auch seine Erlebnisse während der Zeit, als er in die ebenfalls bekannte Strafvollzugsanstalt Bützow in Mecklenburg verlegt wurde und dort als Gefangenenarzt arbeiten musste.

Parallel dazu schildert auch seine Ehefrau ihre Zeit in der Frauenstrafvollzugsanstalt-Hoheneck, die sich in der Nähe von Chemnitz befand. Die Ehefrau, langjährige Operationsschwester im Regierungskrankenhaus, erlebt hier die schlimmsten Jahre ihres Lebens. Viele Jahre als Schöffin des Ostberliner Bezirksgerichts tätig, erfährt sie am eigenen Leibe die Realität des DDR-Strafvollzugs.

Beide Menschen, die nur darüber nachgedacht hatten, wie sie diesem System entfliehen können, erfahren als politische Gefangene den Hass dieses bestialischen Systems in Form ihrer primitiven Vasallen.

In chronologischer Reihenfolge werden die großartigen, von familiärer Zusammengehörigkeit und Liebe getragenen Bemühungen des Bruders der Ehefrau und seines Freundes Axel aus Westberlin beschrieben, die alles unternahmen, um die inhaftierten Angehörigen aus den Kerkern der DDR in die Freiheit zu holen. Nichts hat der Bruder unversucht gelassen, mit allen führenden Persönlichkeiten der Bundesdeutschen Regierung Kontakt aufzunehmen, und schließlich auch Erfolg gehabt.

Beschrieben wird aber auch der heimtückische Verrat, beziehungsweise die langjährige Denunziation des Stiefvaters des Arztes und dessen leiblicher Mutter, die über einen so genannten inoffiziellen Mitarbeiter (IM) die Stasi informierten, ohne selbst den Mut zu haben, die Kinder offiziell anzuzeigen. Sie glauben auch heute noch an ihre Schuldlosigkeit, obwohl die Stasiakten eindeutig belegen, dass sie mit dem IM Rudi Arndt, einem ihrer Nachbarn, eng kooperierten.

Das Arztehepaar muss seine Strafe, das »Urteil im Namen des Volkes unter Ausschluss des Volkes«, in vollem Umfang über sich ergehen lassen und wird danach als abschreckendes Beispiel wieder nach Ostberlin entlassen.

Erst nach einem halben Jahr Aufenthalt in Ostberlin und der Weigerung, sich in die Gesellschaft wieder eingliedern zu lassen, wird die Arztfamilie durch die Bemühungen der Bundesregierung Deutschland aus der DDR-Staatsbürgerschaft entlassen.

Das Buch zeigt auf der Basis der erlebten menschlichen Schicksale eine geschichtliche Realität des geteilten Deutschlands. Es geht aber auch daraus hervor, welche Kraft Menschen aufbringen können, um endlich frei zu sein.

Dieser Schicksalsbericht erhebt nicht den Anspruch, etwas Besonderes zu sein.

Nein im Gegenteil, er versteht sich als eine traurige Normalität und ein Beispiel von unzähligen ähnlichen Schicksalen.

Möge sich auch der Unbedarfte nicht verschließen. Viele wissen nicht, was im anderen Teil Deutschlands täglich geschah und wie die Menschen dort lebten. Es gab tausende Menschen mit einem ähnlichen Schicksal.

Das waren Deutsche wie du und ich.

Hymne

Mag die deutsche Hymne laut erklingen,
Deutschland einig Vaterland,
Recht und Freiheit soll sie bringen
für das deutsche Land.

So mag jeder danach streben
mit Vernunft und ohn' Gewalt
diesem Ziele nur zu dienen
für das ganze deutsche Land.

Nur die Liebe, nicht der Neid
nur die Freundschaft, nicht der Hass,
diesem hohen Ziele dienen
und nicht nur der eig'nen Macht.

Einigkeit, in Recht und Freiheit
und der Zukunft zugewandt,
erhebe Dich zu guten Taten
Du, mein deutsches Vaterland.

Entwicklungsjahre – Jahre des Gehorsams und das Leben im »goldenen Käfig« der DDR-Diktatur

Obwohl ich zur Generation der im Krieg Geborenen gehöre, sind mir die Jahre des 2. Weltkrieges nur schwach in Erinnerung. Meinen Geburtsort, eine Kleinstadt in Sachsen-Anhalt gelegen, haben die Bomben verschont und dennoch hat auch in diesem kleinen, abgelegenen Ort der Krieg viel Leid und Trauer bei seinen Menschen hinterlassen.

Mein Vater, ein kleiner Dorfschullehrer, der in Schleswig-Holstein geboren wurde als Sohn eines ebenfalls tätigen Dorfschullehrers, wurde bereits 1941 eingezogen und an die russische Front geschickt. Er gehörte damals zu den ersten, weil er nicht der NSDAP (Nationalsozialistische Deutsche Arbeiterpartei) beitrat und sich gegenüber der Nazi-Propaganda und ihrer Politik passiv verhielt.

Als ich im September 1941 geboren wurde, stand mein Vater bereits tief in Russland, wo er in der Sylvesternacht 1941 auf 1942 im Kugelhagel starb. So hatte der Krieg auch mir, dem gerade Geborenen, den Vater genommen. Ganz zu schweigen vom Leid meiner Mutter und dem der anderen Familienangehörigen. Zur Erinnerung erhielten wir später das Foto mit dem hölzernen Feldkreuz über seinem Grab.

Erst kamen im Mai 1945 die Amerikaner und wenige Wochen später wurden sie von den Russen, der so genannten Roten Armee abgelöst, weil unsere unbedeutende Region von den Amerikanern ausgetauscht wurde für den amerikanischen Sektor Berlins. Die historische Bedeutung erfuhren wir in den folgenden Jahren am eigenen Leibe.

In unserem Teil Deutschlands herrschte nun die kommunistische Politik der Sowjetunion und der von ihnen auserwählten Kader, die in Moskau bereits geschult wurden. Die Kommunisten übernahmen die Macht.

Ihre treuen Parteikader wurden in die leitenden Ämter eingesetzt, unabhängig von ihren geistigen, fachlichen und menschlichen Fähigkeiten. Viele von ihnen waren während der Hitlerzeit nach Russland emigriert und hatten dort politische Schulungen zur Vorbereitung auf ihre spätere Funktion erhalten.

Unter Kontrolle der russischen Verwaltung entwickelte sich das Leben im zerstörten Ostdeutschland nur äußerst träge.

Bereits damals wie auch heute noch ging es den Kommunisten um die Entwicklung und den Ausbau ihrer Macht. Daraus ergab sich auch die zunehmende Trennung der resultierenden zwei deutschen Staaten in politischer, wirtschaftlicher und kultureller Hinsicht.

Enteignung der Großbetriebe, der so genannten Großgrundbesitzer und Überführung von größeren Besitztümern in volkseigene Betriebe. Errichtung von Produktionsgenossenschaften im Handwerk und in der Landwirtschaft sowie umfangreiche Reparationsmaßnahmen, die dazu führten, dass wichtige Industriezweige abgebaut und nach Russland geschafft wurden. Dazu gehörte auch ein großer Teil des Schienennetzes der Deutschen Reichsbahn.

Aber auch der westliche Teil Deutschlands musste ähnliche Reparationen über sich ergehen lassen.

Es begann die Schaffung einer sich zunehmend zentralisierenden Verwaltung im staatlichen Bereich sowie eine gleichzeitige Bildung einer so genannten Parallelstruktur im Bereich der Parteiführung von der Spitze bis zur Basis.

Das Ergebnis war, dass die Betriebe von dem Werkleiter und dem Parteisekretär geführt wurden, der Landkreis vom so genannten Kreisrat (Landrat) und dem Kreisparteisekretär.

Als höchstes Organ der Partei- und Staatsmacht entstanden das Politbüro und das Zentralkomitee der SED als Führungsinstitutionen der Partei ebenso wie die SED-Bezirks-Kreis- und Betriebsleitungen. Neben der Parteihierarchie strukturierte sich die staatliche Leitungsebene vom Ministerrat, dem Bezirksrat, Kreisrat bis zu den Betriebsleitungen. Zwei Leitungslinien, alle vorwiegend durch Genossen besetzt, die eine als Parteikontrolleur, die andere für die Arbeit, die Verantwortung und den möglichen Sündenbock.

Die SED verstand sich als eine Partei ohne Makel und Fehler. Sie ließ die Jugend Lieder singen wie »Die Partei, die Partei, die hat immer Recht, Genossen es bleibe dabei, die Partei«.

Der Politologe A. Bahro, ein Dissident, der auch inhaftiert war, beschrieb das Politbüro als eine kollektive Verantwortungslosigkeit. Eine Gilde von zum Teil ehemaligen Arbeitern, die nun zu sozialistischen Fürsten emporgestiegen waren. Sie wurde gehegt und gepflegt als das Herzstück des neuen Systems. Aber sie war nicht frei von Intrigen und inneren Machtkämpfen.

Die sozialistische Planwirtschaft, alle Machtorgane sowie die Bildungs- und Kultureinrichtungen wurden nach der Machtübernahme kommunistischen Führungskadern unterstellt.

Ein System der absoluten Kontrolle und Überwachung wurde in den vielen Jahren von der DDR-Gründung bis zu ihrem Scheitern entwickelt und vervollkommnet.

In diesem System hatte die SED ein zusätzliches Instrument installiert, das Ministerium für Staatssicherheit. Dieses Ministerium entwickelte sich unter Führung des radikalen Kommunisten E. Mielke, selbst Mitglied des Politbüros, zum Staat im Staat, ähnlich dem KGB im Nachrussland des 2. Weltkrieges. Die Staatssicherheit der DDR war eine militärische Einrichtung und diente der Auslandsspionage, der inneren Aufklärung und dem Personenschutz des Politbüros.

Für die innere Aufklärung der Stasi waren die so genannten IMs (inoffizielle Mitarbeiter) ein wichtiges Bindeglied, das bis in die kleinste Zelle der Gesellschaft, die Familie hinein wirkte und auf Verrat aufbaute.

Die Stasi stand über allen anderen gepflegten militärischen Einrichtungen, wie der zunächst aufgebauten kasernierten Volkspolizei, aus der sich später die Nationale Volksarmee entwickelte, das Innenministerium mit der so genannten Bereitschaftspolizei, die ebenfalls militärischen Charakter besaß, bis hin zur vormilitärischen Erziehungseinrichtung für die Jugend, der so genannten GST (Gesellschaft für Sport und Technik).

Im Rahmen der exekutiv militärischen Organe entwickelte sich zunächst auch das gesamte Strafvollzugssystem. Straflager wurden errichtet, weil die ursprünglichen, von Hitler überlassenen Gefängnisse nicht mehr ausreichten und die Konzentrationslager später als Gedenkstätten umfunktioniert wurden.

Die Sonderstellung des Ministeriums für Staatssicherheit wurde von keinem anderem dieser Systeme übertroffen.

Sie rekrutierte ausgesuchte Genossen mit dafür geeigneten persönlichen und charakterlichen Fähigkeiten, die speziellen Ausbildungen und Schulungen unterworfen wurden, so dass sie nahezu absolute Unterwürfigkeit und Treue gegenüber der Partei besaßen und blind den ihnen gestellten Forderungen gehorchten. Natürlich wurden diese Kader auch dafür entsprechend belohnt und genossen Freiheiten wie kaum ein anderer Bürger dieses DDR-Staates.

Die Nazi-Gewalt wurde durch die kommunistische Diktatur abgelöst, »es blieb der gleiche Zug, nur die Lokomotive wurde gewechselt«! Es entwickelte sich in der DDR ein System der absoluten Kontrolle und Überwachung, ein System des Widerspruchs zwischen der marxistischen Ideologie und der praktizierten Wirklichkeit mit dem Hauptziel, die Diktatur zu verdeutlichen und bei den Menschen Angst und Unterwürfigkeit herbeizuführen.

Täglich ergossen sich propagandistische Parolen und Losungen für eine bessere Zukunft über die Menschen, die durch Mauer und Stacheldraht und durch die tägliche Überwachung der staatlichen Wächter, der Vollstrecker der Diktatur der Arbeiterklasse, das Volk in seiner Bewegung und Gedankenfreiheit auf das Äußerste einschränkten und so zu Sklaven werden ließen.

Im westlichen Teil Deutschlands haben die Anfangsjahre zu einer schnellen Beseitigung der Schrecken des 2. Weltkrieges und seiner Ruinen geführt. Nach dem Marshallplan entwickelte sich das deutsche Wirtschaftswunder. Es entwickelte sich eine wahrhaftige Demokratie, in der die Menschen frei leben und sich bewegen konnten und auch am zunehmenden Reichtum der Gesellschaft teilhatten.

Hier konnte jeder seine Meinung frei äußern und bei der Wahl seine wirkliche Stimme in einer pluralistischen Gesellschaft abgeben.

Das Leben in der DDR war geprägt durch Einschränkung und Mangelwirtschaft, durch Verbote, Bespitzelung und Angst, Angst auch dem Nachbarn und manchmal auch dem Freund gegenüber. Auch wenn die Führung der Partei und des Staates über den Mangel wusste, war es bisher durch die Starre des Systems nicht möglich, eine zielgerichtete Behebung der immer wiederkehrenden Mangelzustände zu realisieren, da es der DDR stets an Devisen fehlte.

Natürlich hatte sich die DDR auch etwas weiterentwickelt, jedoch unvergleichbar langsamer als West-Deutschland. Das Machtsystem hatte sich weiter ausgebaut, große Protzbauten wurden errichtet, wie zum Beispiel der »Palast der Republik«.

Aus den Erkenntnissen des so genannten Volksaufstandes 1953, bei dem die Arbeiter gegen die Mächtigen auf die Straße gingen, wurde zur Sicherheit des Politbüros das Städtchen »Wandlitz« errichtet und ein Regierungskrankenhaus aufgebaut.

Immer wieder bemühte sich die westdeutsche Seite, das Leben in der DDR und die menschlichen Kontakte zwischen beiden Staaten zu erleichtern. Die wirtschaftliche Stagnation gegenüber der Bundesrepublik Deutschland führte zu einer zunehmenden Ausreise- und Fluchtwelle, vor allen Dingen von Intellektuellen und Künstlern, zum Teil auch Sportlern. Immer größer wurden der Hass und das Misstrauen der Parteiführer gegenüber den Intellektuellen und speziell gegenüber den Ärzten.

Am 13. August 1961 wurde unter der Leitung des Staatsratsvorsitzenden Erich Honecker, dem Generalsekretär der SED, der so genannte »antifaschistische Schutzwall« errichtet.

Stacheldraht, Minenstreifen, Panzersperren bis hin zur Berliner Betonmauer wurden zum Schutz der DDR und ihrer Machtorgane aufgebaut. Der Ostberliner Volksmund bezeichnete das Ereignis des Mauerbaus mit bitterer Ironie als »das Aufstellen der Autobahn von Berlin nach Rostock zum Trocknen«. Der geplante Bau der Autobahn zur Ostsee wurde ein Traum.

Die Mauer, ein Symbol, welches das Nachkriegsdeutschland und das geteilte Berlin charakterisierte, war eine Mauer von Leid und Schrecken, an der viele Menschen, die in die Freiheit flüchten wollten, gescheitert waren, ja ihr Leben lassen mussten.

Diese Mauer war nicht zuletzt auch ein Symbol für die kommunistische Diktatur und ihre Unfähigkeit, die Menschen freiwillig im selbst gelobten Sozialismus zu halten.

Die Entwicklung in den 70er-Jahren und die intensiven Bemühungen der Regierung der BRD, aber auch der wirtschaftliche Zwang führten in der DDR dazu, dass die Mauer etwas durchlässiger wurde. Durchlässiger für die Menschen des freien Deutschlands, die ihre Verwandten in der DDR besuchen wollten oder als Touristen die DDR bereisen wollten gegen Gebühren, die der Staat als Devisen brauchte.

Für die DDR-Bevölkerung selbst bedeutete die Mauer die Grenze ihrer Bewegungsfreiheit, eine Mauer die nur von wenigen Bevorzugten des DDR-Regimes wie auch von Stasi-Agenten oder von Diplomaten passiert werden durfte.

Es war eine widernatürliche Grenze, die die DDR-Propagandisten in ihren täglichen Argumenten als »antifaschistischen Schutzwall« darzustellen versuchten. Eine Grenze, deren obere Stacheldrahtkrone nicht nach außen, sondern in die DDR gerichtet war. Allein dadurch wurde deutlich, welchen primären Abschreckungszweck sie zu erfüllen hatte.

Sie diente in erster Linie als Hindernis für das eigene Volk, die Menschen in der DDR, damit sie diesen Staat nicht verließen.

Dies alles war ein Symbol dafür, dass die Mächtigen in der DDR nicht fähig waren, eine Gesellschaft zu entwickeln, in der der Einzelne frei leben, sich bewegen und als Tourist frei ins Ausland reisen konnte, eine Gesellschaft zu errichten, wo keiner Fluchtpläne zu schmieden brauchte.

In diesem System verbrachte ich meine Kindheit, zunächst abseits von Politik und Propaganda auf dem Lande. Ich erinnere mich aber gut, wie in den 50er-Jahren die Bauern täglich unter Druck gesetzt wurden, bis sie mürbe genug waren, ihre Eigenständigkeit aufzugeben und in die sozialistische Produktionsgenossenschaft der so genannten LPG (Landwirtschaftliche Produktionsgenossenschaft) eintraten. Von Verwandten, die selbst Kleinbauern waren, erfuhr ich, mit welchen Methoden dabei vorgegangen wurde.

Schon früh um 4 Uhr fuhren Lautsprecherwagen vor die bäuerlichen Gehöfte und weckten die Leute mit lautstarken Parolen und ohrenbetäubender Marschmusik auf. Vorladungen zu Aussprachen, Versammlungen und Hausbesuche bei den Bauern mit versteckten Drohungen durch Funktionäre und auch durch Stasi-Mitarbeiter verfehlten ihre Wirkung nicht.

Es dauerte schon einige Jahre, bis dieser Vergewaltigungsprozess der Bauern vollzogen und die sozialistische Landwirtschaft in der DDR aufgebaut war.

Die Zustellung von Düngemitteln und die Abnahme der erwirtschafteten landwirtschaftlichen Produkte wurden zum Schlüssel dieses Prozesses, der die Ohnmacht der Bauern in der Arbeiter- und Bauerndiktatur deutlich werden ließ.

In der DDR wurde unter der sowjetischen Führung und unter Aufsicht der Partei ein sozialistisches System errichtet, das in erster Linie der Verstärkung des sowjetischen Imperiums zu dienen hatte. Das gesamte gesellschaftliche Leben wie auch das Wahlsystem in der DDR mit seinen festgelegten, mehrfach überprüften Einheitswahllisten wurde dadurch bestimmt.

Die oberste Volksvertretung, die so genannte Volkskammer, war das Spiegelbild eines diskussionslosen Zustimmungsapparates zu einer Politik, die die SED mit ihrer Führungsclique vorgab. Sie sollte demokratische Geflogenheiten dieses Systems nach außen dokumentieren, die es im Inneren in Wirklichkeit nicht gab.

Die Blockparteien, wie die CDU (Christlich demokratische Union), die NDPD (Nationaldemokratische Partei Deutschlands) und die DBD (Demokratische Bauernpartei Deutschlands), der DFD (Demokratischer Frauenbund Deutschlands), die LDPD (Liberal-Demokratische Partei Deutschlands), neben der FDJ (Freie Deutsche Jugend), den Jungen Pionieren, dem FDGB (Freier deutscher Gewerkschaftsbund) und der DSF (Deutsch-sowjetische Freundschaft) und allen anderen, waren lediglich Massenorganisationen, Kontroll- und Einflussinstrumente, die unter kommunistischer Führung standen.

Ihre Spitzenfunktionäre waren ausgesuchte Kader aus den Reihen der ehemaligen KPD oder linientreu gemachte Menschen aus dem in der russischen Gefangenschaft gegründeten »Nationalkomitee Freies Deutschland«. Sie haben das Vertrauen der obersten Machtclique, des Politbüros und der russischen Führer und sie waren eher Kommunisten als Demokraten. Ihre Aufgaben und ihre Einflusssphäre wurden von der SED bestimmt und kontrolliert.

Eigentlich waren sie praktisch überflüssig und kosteten nur Geld. Doch welcher Privilegierte will schon auf Annehmlichkeiten verzichten?

Das diktatorische System brauchte sie, um nach außen Demokratie vorzugaukeln. Annehmlichkeiten wie, ein gutes Leben in einer großen luxuriösen, kostenlosen Villa mit Dienstwagen vom Typ »Tschaika« zu führen oder auf dem Präsentierteller mit stehen zu dürfen, umfassende und anspruchsvolle medizinische Betreuung, Luxuskuren und Erholungsstätten zu genießen und schließlich ein hohes Monatsgehalt zu bekommen, begünstigten die Entwicklung des Vasallentums in einem eingesperrten Volk.

Daneben Einfluss und Verbindungen, unerhört wichtige Dinge im Mangelsystem der Planwirtschaft, einer Planwirtschaft, wo selbst das geistig-kulturelle Leben verplant wurde.

Wo begabte Wissenschaftler an Dingen zu arbeiten hatten, die bereits zu den »alten Hüten« der Erkenntnisse gehörten, wo teilweise Millionen DDR-Mark verschleudert wurden, nur weil zum Beispiel ein mächtiger und einflussreicher Institutsdirektor seinem Hobby frönen wollte.

Das Ganze war so widersprüchlich und leider auch so sinnlos, dass junge aufstrebende Menschen am liebsten alles hinwerfen wollten.

Gerade mit den Intellektuellen taten sich die Machthaber schwer. Sie hatten Angst vor der Kraft des Geistes und was aus diesem werden kann. Sie bemühten sich um Mitläufer und geistige Helfer, die sie auch mit guten Privilegien dafür ausstatteten.

Man muss sich solch ein Privileg einmal gründlich vorstellen, zum Beispiel das Privileg eines Wissenschaftlers, eines Arztes oder Ingenieurs, zu einem Auslandskongress reisen zu dürfen, wo doch das ganze Volk eingesperrt war.

Es war schon etwas Besonderes, es hatte den Hauch einer gewissen Befreiung, aus den Alltagsbeschränkungen herauszukommen. Natürlich war das Privileg nur für die Einzelperson gedacht, nicht für deren Familie. Es ermöglichte natürlich auch bessere Vergleiche und eine innere Entscheidungsprüfung.

Auch Gedanken, nicht mehr in die DDR zurückzukehren, waren daher nicht ausgenommen.

Bei den DDR-Leistungssportlern war das noch deutlicher. Sie waren keine Intellektuellen, genossen mehr Vertrauen und wurden bereits als Kleinkinder sondiert und psychologisch sowie körperlich aufgebaut. Ein perfektes Erziehungssystem, wissenschaftlich und politisch ausgeklügelt. Auch unsere Tochter wurde bereits als Kindergartenkind von solchen Vermittlern ausgesucht. Sie sollte zur Schwimmerin entwickelt werden. Wir haben das jedoch abgelehnt, weil wir mit solchen Leistungssportmethoden nicht einverstanden waren.

Diese hoffnungsvollen jungen Leute gaben ihr Bestes, nicht nur um auf dem Treppchen des Sieges zu stehen, sondern auch das Ausland kennenlernen und erleben zu dürfen.

Neben Ruhm ernteten sie Privilegien und staatliche Fürsorge, solange sie Bestleistungen erbrachten. Anders verhielt es sich mit denen, die in ihren Leistungen abfielen, sie fielen dann mit diesen selbst in die Tiefe.

Der Sport in der DDR war ein wichtiges Propagandamittel zur Erlangung von Ruhm und Ansehen im Ausland. Abtrünnige Leistungssportler, denen die Staatsorgane habhaft werden konnten, landeten ebenso wie abtrünnige Intellektuelle in den Kerkern.

Leider war der sportliche Ruhm nur ein beschränkt kleiner Teil, der zum Ansehen des DDR-Staates beitragen konnte, solange noch so viele böse, undemokratische und menschenverachtende Praktiken in diesem System an der Tagesordnung waren, solange die Diktatur praktiziert wurde und von demokratischer Entwicklung keine Rede sein konnte.

Es gab viele junge Menschen, die im Ostberlin des Nachkriegsdeutschlands geboren wurden und die im Laufe ihrer Entwicklung zunehmend die geistige, kulturelle, gesellschaftliche Monotonie und Einschränkung des DDR-Systems hassen lernten.

Der tägliche Kontrast zwischen den immer gleich klingenden sozialistischen Parolen, der kontrollierten Pflichterfüllung bei allen möglichen gesellschaftlichen Anlässen und Jubelfeiern, der täglichen Wirklichkeit in der DDR einerseits und der über den Äther, die Mauern und den Stacheldraht ungehindert übergreifenden Sendungen der freien westlichen Welt und des freien Deutschlands weckten Gedanken und Wünsche, insbesondere bei der Jugend, die unablässige Konflikte erzeugten.

Oft wurde dann die Frage gestellt, warum die anderen Deutschen, die eigenen Verwandten in der Bundesrepublik, reisen durften wohin sie wollten?

Warum pries das Werbefernsehen täglich die herrlichsten Dinge an, von denen man in der DDR nur träumen konnte, während ihre Führungsclique sie bereits genoss?

Warum musste man zwölf Jahre auf ein neues Auto der Marke Trabant warten, das als Modell schon Jahrzehnte gebaut wurde und total veraltet war?

Die so genannte Pappkiste war der Volkswagen in der DDR.

Die Monotonie des Alltags und die ständigen Aufforderungen, mehr arbeiten zu müssen, um den DDR-Staat und seine Parteiführung weiter zu stärken, führte zu einem zunehmenden Phlegmatismus im Volk, weil die Parolen nichts mit der Wirklichkeit zu tun hatten.

Mit der zunehmenden wirtschaftlichen Krise in der DDR entwickelte sich das Misstrauen der Führung dem Volke gegenüber und eine Aktivierung des Stasi-Systems, welches alle gesellschaftlichen Bereiche bis in die Privatsphäre hinein zu durchdringen versuchte.

Immer mehr Menschen erkannten in der Fehlentwicklung der Gesellschaft, dass das System am Ende seiner Kraft angekommen war.

Es entstanden daraus Parolen wie »der sterbende, faulende Kapitalismus in der BRD steht am Rande des Abgrundes – wir sind in der DDR schon einen Schritt weiter«.

Ja man sollte dem Volk aufs Maul schauen, dann erkennt man seinen wahren Willen und Verstand. Sprüche wie »jeder hat das zu tun, was er muss, ob er will oder nicht« oder »alle machen mit, aber keiner weiß wozu«, zeigen den kritischen Geist, der sich versteckt in der DDR entwickelte.

Meine Kindheit war mehr als einfach und bescheiden. Die Nachkriegsjahre waren für alle trostlos und voller Entbehrungen. Ich lebte bei meinen Großeltern, einfachen Leuten.

Ich erinnere mich noch gut an die selbst angefertigten Holzpantinen oder auch später an die so genannten Igelittschuhe, die komplett aus Gummi bestanden und unsere Füße in ein wahres Wasserbad versetzten durch den Schweiß, den sie hervorriefen. Meine Schulhosen bestanden stets aus drei bis vier Stoffarten. Zu kaufen gab es kaum etwas. Alles war aus Resten zusammengestückelt.

Dennoch war das Leben harmonisch und schön, wenn auch bescheiden, so doch ohne Hunger und leibliche Not. Ein kleines Stück Land und eine Ziege sowie ein Schwein bildeten die Nahrungsmittelgrundlage in den Nachkriegsjahren, so dass wir keinen Hunger leiden mussten. Ich wurde bei meinen sehr gottesgläubigen Großeltern kirchlich erzogen.

Anfang 1950 hatte meine Mutter wieder geheiratet. Ich bekam einen Stiefvater, und Ende 1950 wurden meine Halbgeschwister, die Zwillinge Jörg und Bodo geboren. Ich lebte weiter bei meinen Großeltern, während meine Mutter mit ihrer Familie im gleichen Ort eine andere Wohnung hatte. In den folgenden Jahren blieb ich das Kind und der Enkel meiner Großeltern, lebte dort glücklich und zufrieden.

Mit 13 Jahren wurde ich konfirmiert, dieses Ereignis bewegte den ganzen Ort. Die Kirche war gefüllt und geschmückt. Viele Verwandte und Bekannte waren zu Gast. Es war eine schöne Feier, sowohl in der Kirche als auch danach zu Hause in dem kleinen Wohnzimmer der Großeltern.

Nur drei Monate später folgte die so genannte »Jugendweihe«, die erstmals 1955 in der DDR eingeführt wurde und der Weihe der Hitlerjugend im Nazideutschland sehr ähnlich war.

Es war der Versuch des Systems und der Staatsfunktionäre, den Einfluss der Kirche auf die Jugend weitestgehend zurückzudrängen. Zur Vorbereitung der Jugendweihe wurden entsprechende Jugendweihestunden, ähnlich dem Konfirmationsunterricht, in der Schule durchgeführt.

Um nach meiner Grundschulausbildung die Oberschule beziehungsweise das Gymnasium besuchen zu dürfen, war es Pflicht, diese Jugendweihe über sich ergehen zu lassen und auch meine Eltern sahen dies als absolute Notwendigkeit an und zwangen mich zu diesem Schritt.

Der Pfarrer war entsetzt und forderte mein Konfirmationszeugnis zurück. Mein Stiefvater lehnte die Herausgabe jedoch ab. Mein Opa, selbst Kirchenältester, war traurig über all das, doch er erkannte, dass es keinen anderen Ausweg gab und sprach darüber auch mit dem Pfarrer, der schließlich unsere Notsituation erkannte.

Im Sommer 1955, ich war damals noch 13-jährig, durfte ich meine Großeltern in Lübeck besuchen. Mein Opa, ein pensionierter Lehrer, hatte ein Grundstück mit einem großen Garten erworben und hatte sich ein kleines Haus aufgebaut. Eine alte Kindergärtnerin aus unserem Ort, die Verwandte in Hamburg besuchen wollte, nahm mich damals mit. Ich hatte ja noch keinen Reisepass oder Personalausweis und durfte nur in Begleitung eines Erwachsenen reisen.

Vom Hauptbahnhof Halle ging die Fahrt los. Bevor der Zug einfuhr, der Bahnsteig war gefüllt mit unzähligen Menschen, rief man durch die Lautsprecher, dass keiner Kinder oder Gepäck durch das Fenster der Waggons reichen darf. Ein riesiger Ansturm begann, als der Zug eingefahren war und zum Stehen kam. Das Gedränge war unvorstellbar groß. Ich hörte Menschen schreien und weinende Frauen, die in der Enge fast erdrückt wurden.

Die Kindergärtnerin und ich ergatterten einen Platz gemeinsam mit noch zwei weiteren Personen auf der Toilette des Waggons. Die Tür blieb offen und draußen auf der Plattform standen Menschen an Menschen, so dass sich keiner bewegen konnte. Ein Vordringen auf die Toilette, auf der wir saßen, war auch nicht möglich.

Der Zug fuhr an, nicht alle Menschen waren eingestiegen, und da es doch dazu gekommen war, dass Eltern ihr Kind durch das Fenster hineingereicht hatten, aber selbst nicht zusteigen konnten, weil der Waggon voll war, kam es zu höllischen Schreien auf dem Bahnsteig, bis schließlich die Notbremse des Zuges gezogen wurde.

Der Zug stand plötzlich still. Die Polizeibeamten rannten auf dem Bahnsteig hin und her.

Nach einer weiteren halben Stunde ging die Reise endlich los in Richtung Schwanheide und Büchen. In Schwanheide war für den Zug ein längerer Haltepunkt. Alle mussten aussteigen und zur Zollkontrolle antreten. Ich hatte meinen Pappkoffer bei mir, der mit einem Lederriemen zusätzlich gesichert war. Als ich vor dem Zollbeamten stand und meinen Koffer öffnen sollte, bat ich ihn »bitte tun Sie es selbst, ich bekomme den Koffer weder auf noch anschließend wieder zu«. Ich wurde nicht kontrolliert.

Ich hatte aber auch nichts zu verbergen, denn was sollte ich armer Junge schon bei mir haben?

Der Zug fuhr über Hannover nach Hamburg und ich fuhr dann von Hamburg allein weiter nach Lübeck. Dort angekommen, hängte ich ein bereits vorbereitetes Pappschild um meinen Hals mit der Aufschrift »ich bin Uwe«. Meine Verwandten sollten mich gleich erkennen, denn sie hatten mich lediglich als zweijähriges Kleinkind gesehen. Von weitem hörte ich bereits meine Tante rufen, »hier bin ich, Uwe« und wir fielen uns in die Arme.

Bei meinen hoch betagten Großeltern angekommen, war die Freude auf unser Wiedersehen groß. Ich verlebte im August 1955 viele schöne Wochen in Lübeck und seiner herrlichen Umgebung.

Dort sah ich auch die Grenze zur DDR, die gar nicht weit vom Grundstück meiner Großeltern in Lübeck-Eichholz entfernt war. Erstmals erlebte ich die westliche Welt, die Fülle der Geschäfte, und bestaunte die angebotene Ware. Ich hatte von all dem keine blasse Ahnung. Ich erhielt eine neue Lederhose – mein größter Wunsch war damit erfüllt. Stolz fuhr ich, die Lederhose tragend, in meine Heimat zurück.

Im September 1955 kam ich in die Landesheimoberschule Schulpforte.

Schulpforte wurde im 12. Jahrhundert als Zisterzienserkloster erbaut und liegt im schönen Saaletal zwischen Naumburg, welches durch die Naumburger Uta, die Gründungsfigur des Naumburger Doms bekannt ist, und dem Kurort Bad Kösen.

Schulpforte ist eine Internatsschule für Mädels und Jungen, eine 3,5 km lange Klostermauer umgibt den Komplex, in dem sich auch noch ein altes landwirtschaftliches Gut befindet.

Schulpforte hat eine ehrwürdige Vergangenheit. Die Zisterzienser führten im 12. Jahrhundert im Saaletal den Hopfen-, Wein- und später den Kartoffelanbau ein. Im 17. Jahrhundert wurde Schulpforte zur kurfürstlichen Landesschule erklärt und unterstand dem Kurfürsten von Sachsen und Thüringen und späterem König von Polen. Schüler, wie Klopstock und Fichte, aber auch viele in Mexiko und Südamerika berühmt gewordene Generäle gehörten zu dem damaligen Schülerkreis dieser Bildungsstätte.

Während der Hitlerzeit wurde Schulpforte zur NAPOLA (Nationalpolitische Erziehungsanstalt) und auch in dieser Zeit von Göring besucht.

Auf den Rückseiten unserer Spinde war der Name »NAPOLA« in das Holz eingebrannt.

In der DDR erhielt Schulpforte den Namen Heimoberschule und wurde später zur sozialistischen Heimoberschule. Gott sei Dank habe ich dies nicht mehr erleben müssen.

Während meines Aufenthaltes in Schulpforte erlebte ich die zunehmenden Veränderungen dieser altehrwürdigen Bildungseinrichtung. Neben Lehrer der alten Generation traten so genannte Neulehrer mit zunehmendem Einfluss in den Führungspositionen. Das Amt des Schuldirektors von Schulpforte übernahm zum Beispiel ein Grundschullehrer aus einem kleinen Dorf, weil er Mitglied der Partei war. Er brachte eine alte Parteigenossin aus diesem kleinen Ort mit, der er vertraute, die als Pförtnerin und damit Wächterin am Eingang zu Schulpforte in einem Wachhäuschen saß und die wichtigste Informationsquelle für den Direktor wurde.

Ein alter Studienrat wurde wegen seiner altbürgerlichen Unterrichtsführung im Latein- und Griechischunterricht ständig kritisiert. Er war der Vater meines Schulfreundes. Der alte Mann, verkrampft und ängstlich, wurde plötzlich im Lateinunterricht politisch aktuell.

Er fragte uns: »Was ist der Grund, dass Spartakus den Aufstand verlieren musste?« Wir hatten keine Antwort parat. Voller Schadenfreude sagte er uns nach einigen Minuten: »Weil dieser Spartakus keine Partei wie die SED hatte.« Es gab ein riesiges Gelächter und strahlende Gesichter der Schüler für den alten Lehrer.

Schulpforte wird immer in meiner Erinnerung bleiben.

Die Stille der Schule, die Unterkünfte, Klassen und insbesondere der hervorragende Schulchor, die alte Aula mit einer wunderschönen kleinen Orgel, die weltbekannte Abtskapelle, ein historisches Kleinod aus der Gründerzeit, und der wunderschöne Schulpark mit der alten Platane haben Erinnerungen an schöne Stunden hinterlassen. Die Schule gehörte damals zu den wenigen auch in der BRD anerkannten Bildungseinrichtungen der DDR.

Unsere Ausbildung war gut und der Kontakt zwischen Schülern und Lehrern, bedingt durch das Internat und das enge Beieinanderwohnen innerhalb des Schulkomplexes, ausgezeichnet.

Ein besonderes Phänomen während meiner Schulzeit war der Hausmeister der Schule. Wir nannten ihn, da er etwas hinkte, »Hatsch-Hatsch«.

Er machte für die Kurgäste, die in Bad Kösen zur Erholung waren, Führungen durch unser altes Schulgebäude, das ehemalige Kloster. Mit Jahreszahlen nahm er es nie sehr genau. 100 Jahre spielten bei seinen Ausführungen kaum eine Rolle. Bei der Führung gab es besondere Höhepunkte und man musste sich als Schüler unter die Besucher mischen, um vom Hausmeister nicht erkannt zu werden.

Ich war bei einer Führung heimlich dabei. Er ging mit den Besuchern durch den Kreuzgang und zeigte auf Türen, die Eingänge für unsere Klassenräume.

An der Wand des Kreuzganges hing ein Relief. Er erläuterte: »Hier ist das Relief von Maria Theresia und das daneben ist ein anderes.« Später öffnete er die Tür zum Speisesaal und sagte zu den Besuchern: »Und hier ist unser Speisesaal, auf jeden Scheler sitzt ein Stuhl.« Eigentlich meinte er, dass auf jedem Stuhl ein Schüler sitzt und wollte damit die Schülerzahl dokumentieren. Auf die Türen, die vom Kreuzgang abgehenden Klassenzimmer weisend sagte er: »In diesen Räumen sitzt die Schelerschaft, ein ganz rabauk'sches Volk.«

Vom Kreuzgang ging die Führung dann durch eine große Eichentür in die daneben liegende Kirche. Sie wurde erst später gebaut. Nach oben zeigend sagte er: »Das ist das Leiden Christi, es ist kreiz und quer aus Eiche.«

Schließlich hatte er uns entdeckt und jagte uns, sein großes Schüsselbund hinter uns her werfend, so dass die vielen Schlüssel in alle Richtungen zerstreut wurden, davon.

Immer, wenn ich später in meine Heimat von Ostberlin kommend reiste, machte ich eine Zwischenstation in Schulpforte. Ein traditioneller Spruch unserer Schule begleitete uns während der Schulzeit und auch noch danach. Er ist mir heute noch in guter Erinnerung und lautet: »Schüler hier an diesem stillem Orte, bilde dich wie sich's gebührt, öffne dir die Pforte, die ins zweite Leben führt.«

In meinem Abiturjahr 1959 wurden bereits die Weichen für die weitere Ausbildung gestellt.

Ich wollte Medizin studieren. Voraussetzung für diesen Wunsch war eine zweijährige Dienstzeit, »freiwillig«, in der Nationalen Volksarmee. Zu dieser Zeit gab es noch keine Wehrpflicht. Für Abiturienten aber, die Medizin studieren wollten, war es eine ungeschriebene Pflicht, also ging ich sozusagen freiwillig – gezwungener Maßen noch vor der 1961 eingeführten gesetzlichen Wehrpflicht als Soldat in das Mot-Schützenregiment 18 nach Weißenfels.

Zwei Jahre war ich Soldat. Nicht, dass ich sie nachträglich verfluchen würde, obwohl ich während dieser Zeit oft geflucht habe. Ich lernte den preußischen, auch bei den Kommunisten praktizierten Drill und Gehorsam kennen.

Nach einer achtwöchigen Grundausbildung kam ich in ein Bataillon. Während des routinemäßigen Küchendienstes hatte ich mit zwei meiner Kameraden ein zufälliges Gespräch mit dem damaligen Küchenleiter des Objekts. Es war ein Oberfeldwebel. Der Mann, ein Deutsch-Pole, der der deutschen Sprache nicht ganz Herr war, mochte uns und wir wurden alle drei Köche, ohne jemals kochen gelernt zu haben.

Er sagte uns: »Haben Sie sich geschafft das Abitur, so werden Sie sich auch lernen kochen!«

Die weiteren Monate meiner Dienstzeit bei der Volksarmee verliefen mit sinnvoller Arbeit und recht lustig.

Ich qualifizierte mich sogar zum so genannten Oberkoch, nicht weil ich besser kochen konnte als die anderen, sondern weil ich auf Grund meiner Ausbildung befähigt war, für die anderen den Politunterricht durchzuführen.

Am 13. August 1961 hörte ich mit Entsetzen vom Mauerbau in Berlin. Ich war wenige Tage zuvor aus der Armee entlassen worden und hatte große Angst, dass man mich wieder einberufen würde, denn im September sollte mein Medizinstudium in Magdeburg beginnen. Gott sei Dank blieb es auch dabei.

Ich begann mein Studium an der Medizinischen Akademie in Magdeburg im September 1961 und beendete dieses mit einer gleichzeitigen Dissertation zum Dr. med. 1967.

Die Ausbildung an dieser 1960 neu gegründeten Bildungsstätte war durch eine kleine Studentenzahl ausgezeichnet. Die Hochschullehrer hatten guten Kontakt zu uns und wir hatten die Möglichkeit, neben der Theorie auch sehr viel praktische Kenntnisse und Eindrücke zu gewinnen.

Nach meinem Physikum verdiente ich zu meinem Grundstipendium von 180 Mark durch Hilfsassistententätigkeit in der Anatomie und in der Physiologie zusätzlich 160 Mark. Für jede Tätigkeit erhielt ich also 80 Mark. So war ich fast ein reicher Student.

Eine kleine Studentenwohnung mit Schlafkammer und Arbeitszimmer konnte ich mir daher leisten, ohne meine Eltern zu belasten, von denen ich nichts zu erwarten hatte. Neben der fachlichen Arbeit gab es für jeden die Verpflichtung zu politischen Zusatzaufgaben. Meine Staatsexamensprüfung im Fach Marxismus-Leninismus musste ich in Form einer schriftlichen Arbeit, einer Arbeitsplatzanalyse in einem hämatologischen Labor durchführen.

Obwohl das eigentliche Ziel dieser Arbeit darin bestand, mit weniger Arbeitskräften mehr zu leisten, bekam ich bei dieser wissenschaftlichen Analyse heraus, dass zwei Laborkräfte fehlten. Die Arbeit verschwand daher sofort in den Schubladen des Instituts. Mir wurde dennoch die Note »sehr gut« zugestanden. In diesem Labor führte ich später auch meine Doktorarbeit durch.

Meine Verlobte und spätere Frau, ich habe sie 1962 am schönen Ostseestrand kennen gelernt, arbeitete damals im Kreiskrankenhaus in Berlin-Staaken direkt an der Berliner Mauer.

Sie konnte die dortigen Belastungen als Operationsschwester nicht mehr ertragen wegen der vielen angeschossenen Mauerflüchtlinge und wechselte an das Städtische Krankenhaus Berlin-Kaulsdorf.

Bereits im 10. Semester meiner Ausbildung in Magdeburg begann die weitere Orientierung auf die spätere Tätigkeit. Zur damaligen Zeit bestand ein Zuzugsverbot für DDR-Bürger nach Ostberlin, also wiederum ein Käfig in einem Käfig. Meine Frau wollte jedoch in Ostberlin bleiben und ich musste nun versuchen, dieses Verbot zu umgehen. Mein ehemaliger Doktorvater in Magdeburg wurde während meiner Ausbildung nach Ostberlin als Leibarzt des Ministerpräsidenten Stoph berufen. Auf Grund meiner Doktorarbeit hatte ich zu meinem Doktorvater, einem Professor, weiterhin Kontakt und er war es, der mich in das Regierungskrankenhaus nach Ostberlin holte, von dessen Existenz ich damals überhaupt keine Ahnung hatte.

Mir war jedoch die nur mündliche Zusicherung damals zu unsicher, so dass ich mich bei einer Werbeaktion der Nationalen Volksarmee für zwei Jahre als Bataillonsarzt einer Fliegerstaffel in Strausberg in der Nähe Berlins, nach schriftlicher Zusicherung für den Berlinaufenthalt, verpflichtete. Diese Transportfliegerstaffel war eine so genannte Taxistaffel für das Verteidigungsministerium der DDR.

Zum zweiten Mal lernte ich am eigenen Leibe das Verfahrensmuster in der DDR kennen – »um Deinen Weg zu gehen, musst auch Du etwas für die Gesellschaft tun«!

Auch diese zwei Armeejahre habe ich überstanden. Täglich fuhr ich mit der S-Bahn von Berlin-Mitte nach Strausberg-Nord. Während dieser Zeit habe ich lediglich 14 Tage voller Angst in der Kaserne hocken müssen, als es 1968 zum Einmarsch der Warschauer Vertragstruppen in die CSSR kam, zur Zeit der so genannten Dubczek-Krise. Gott sei Dank war ich nicht beteiligt.

Im Dezember 1969 begann ich als Assistenzarzt und späterer Stationsarzt im Regierungskrankenhaus meine weitere Ausbildung. Es befand sich in der Scharnhorststraße in Berlin, direkt an der Westberliner Grenze neben der Charité und von dieser durch den »Grenzübergang – Invalidenstraße« getrennt.

1911 wurde der Gebäudekomplex als ärztliche Bildungsstätte erbaut und nach dem 1. Weltkrieg als Zentraleinrichtung für die Kriegsversehrten umfunktioniert. Nach 1945 nutzten es die Russen zunächst als Lazarett. Anfang der 50er-Jahre dienten die Gebäude als Sitz des Obersten Gerichts der DDR, des Gesundheitsministeriums und des Regierungskrankenhauses. 1975 wurde das Regierungskrankenhaus wegen der verstärkten DDR-Anerkennung erweitert. Das Oberste Gericht und das Gesundheitsministerium wurden verlegt und der freiwerdende Gebäudekomplex zur Poliklinik und Klinik für Diplomaten um- und ausgebaut.

1976 wurde ich Oberarzt und Abteilungsleiter der Funktionsdiagnostik in der neu gegründeten Poliklinik und Klinik für Diplomaten, einem Teilkomplex des Regierungskrankenhauses, dessen Aufgabe es war, nur ausländische Diplomaten oder ausländische Patienten zu betreuen. Diese neue Einrichtung wurde 1976 eröffnet.

Viele Botschaften wurden in Ostberlin akkreditiert und das Diplomatische Korps vergrößerte sich zusehends. Es war auch die Zeit, als die amerikanische Botschaft in Ostberlin wieder eröffnet wurde, deren Botschafter, Mr. Cooper, und dessen charmante Frau ich als Arzt kennen lernte.

Es war auch die Zeit, als die Vertretung der Bundesrepublik Deutschland in der Hannover'schen Straße eröffnet wurde.

Dieses neue Diplomaten-Krankenhaus wurde zwar mit 9 Millionen DDR-Mark geplant, doch am Ende kostete es 28 Millionen Mark. Es war eine Renommiereinrichtung, die das Niveau der medizinischen Betreuung in der DDR zeigen sollte, was in der Realität natürlich völlig anders war. Diese Einrichtung hob sich weit vom üblichen Standard des DDR-Gesundheitswesens ab.

Das Betreten der Einrichtung war nur durch eine gesicherte Wache möglich, die in den Anfangsjahren durch Angehörige der Staatssicherheit in Zivil und später durch uniformierte Bereitschaftspolizisten besetzt wurde. Nachdem ich in den Jahren 1969 bis 1975 die Führungselite und die besonders privilegierten Wissenschaftler, Sportler und Künstler der DDR als Patienten kennen lernte, waren meine neuen Patienten nun die ausländischen Diplomaten aus Ost und West. Es war eine interessante Tätigkeit, bei der ich viele hohe Persönlichkeiten, auch des Auslandes, kennen lernte.

Neben den Botschaftsangehörigen aus verschiedenen Ländern kam ich auch mit der Ehefrau des chilenischen Präsidenten Allende und dessen Schwester in Kontakt. Führer des afrikanischen Freiheitskampfes, wie Mr. Nukomo und Nujomo einschließlich ihrer Frauen, ebenso wie die Schwarzamerikanerin Angela Davis oder die australische Frauenrechtlerin Greta Brown, um nur einige zu nennen.

Bevor ich weiter über diese Tätigkeit in der Diplomaten-Klinik berichte, möchte ich noch einiges zu meiner vorherigen Tätigkeit im Regierungskrankenhaus sagen.

Erlebnisse meiner Tätigkeit zwischen 1969 und 1975:
Die ersten Monate, ja sogar Jahre meiner Anfangstätigkeit in dieser Einrichtung waren erdrückend. Ich erlebte Kritik über mein offenes Verhalten den Patienten gegenüber und meiner unzureichenden Anpassung an die hierarchischen Strukturen der Einrichtung. Das Grundprinzip lautete »dienen und schweigen«. Fachlich kritisch zu sein oder selbständiges Denken waren fehl am Platze für einen Anfänger wie mich. Dennoch hatte ich einen sehr guten Kontakt zu meinen Patienten, die ich auf meiner Station zu betreuen hatte.

Ich erinnere mich, wie zum Beispiel der damalige Staatssekretär und spätere Außenminister der DDR, Oskar Fischer, auf meiner Station lag. Er gehörte zu den sympathischen Patienten und wir sprachen, wenn wir allein waren, oft miteinander. Dabei erzählte er mir einen Witz, an den ich mich noch heute schmunzelnd erinnere:

»Dr., fragte er, kennst Du den Witz? – Anfrage an Radio Eriwan: Stimmt es, dass die DDR den Sozialismus mit Volldampf aufbaut? – Antwort: Im Prinzip ja, nur 80 Prozent des Dampfes nehmen sie zum pfeifen!« Das war bereits 1971 ein Witz und er hatte noch lange Bedeutung.

Einer meiner interessantesten Patienten dieser Zeit war ein hoch angesehener Professor, ein Mitglied der Akademie der Wissenschaften in der DDR, einer Führungszentrale der DDR-Wissenschaft, vom Fach ein Physiker und Kybernetiker.

In seinen Büchern untersuchte er als Kommunist auch kybernetische Einflüsse auf politisch-gesellschaftliche Entwicklungszusammenhänge und Gesetzmäßigkeiten. Wir kannten uns lange genug und der Professor hatte Vertrauen zu mir, so sagte er mir unter dem Siegel der Verschwiegenheit, dass Ulbricht ihm seinen Referenten geschickt habe und nachfragen ließ, ob es möglich sei, jemanden zu überholen ohne einzuholen.

Verschmitzt erklärte mir der Professor nur, dass er dem Referenten mitgeteilt habe, dass es in der Physik oder Kybernetik tatsächlich so etwas gibt. Das war auch der Grund für die Ulbricht'sche Parole auf einem seiner Parteitage, wo er lauthals verkündete: »Wir werden den Kapitalismus überholen, ohne ihn einzuholen!«

Eine auf die Wirtschaftpolitik der DDR mit ihrem trägen Planwirtschaftssystem sehr dümmliche Parole.

Immer versuchte die kommunistische Propaganda, die Menschen bei der Stange zu halten.

Die Erkenntnis, dass die DDR immer stärker hinter der modernen technologischen Entwicklung in den Ländern der freien Welt herhinkte, blieb auch den kommunistischen Machthabern nicht verborgen. Sie taten alles, um diesen Abstand zu verkleinern, und dennoch waren ihre Erfolge mehr als bescheiden. Stets fehlte es an ausländischen Devisen. So verstärkte sie Wirtschaftsspionage auf dem Gebiet der Mikroelektronik, der Sicherheitstechnik und der Genetik, um die immer größer werdende Lücke im technologischen Know-how aufzuholen.

Besser wäre es gewesen, statt Stasi-Agenten in das Ausland zu schleusen, die aufgestellten Hürden für die wissenschaftliche Information und den geistigen Austausch der Wissenschaftler mit allen Ländern abzubauen. Leider fehlte den Parteifunktionären das Vertrauen zur Intelligenz und die Einsicht, dass nur ein freier, unabhängiger Geist große Dinge zu leisten vermag.

Das Regierungskrankenhaus hatte sich in der Mitte der 70er-Jahre nicht nur durch die Neueröffnung der Poliklinik und Klink für Diplomaten vergrößert, sondern es wurde auch die so genannte Spezial-Klinik in Berlin-Buch neu errichtet. Dabei handelte es sich um keine fachliche Spezialklinik, sondern um die Klinik für die höchsten Kader des DDR-Regimes, nämlich die DDR-Parteiführung. Sie wurde die Klinik für das Politbüro, die führenden Minister sowie ZK-Abteilungsleiter und deren

Angehörige. Das alte Krankenhaus in der Scharnhorststraße reichte nicht mehr aus und war den Wünschen und Anforderungen der Spitzenfunktionäre nicht mehr gewachsen. Darüber hinaus entsprach es auch nicht mehr den Sicherheitsbestimmungen, da das alte Krankenhaus direkt an der Berliner Mauer lag.

Das neu errichtete Krankenhaus in Berlin-Buch war die Spezialklinik mit modernster Einrichtung westdeutscher Herstellung ausgestattet bis hin zum atomsicheren Bunker mit den erforderlichen medizinischen Noteinrichtungen. Das alte Krankenhaus in der Scharnhorststraße diente jetzt der Betreuung alter verdienter Genossen und hervorragender Künstler und Sportler sowie der zweiten Führungsgarnitur in der DDR-Nomenklatur-Gesellschaft.

Während meiner ärztlichen Tätigkeit und insbesondere nach meiner Facharztanerkennung als Internist wurde ich verstärkt mit höheren Aufgaben betraut. Zu diesen Aufgaben gehörte unter anderem die Begleitung ausländischer Gastdelegationen in der DDR, die medizinische Sicherstellung von Staatsempfängen im Staatsrat oder bei groß angelegten Jubeldemonstrationen als Arzt für die Tribünengäste und die Parteiführung.

Ich erinnere mich auch dabei an ein gemeinsames Frühstück mit dem damaligen russischen Botschafter in Ostberlin, Abrassimow, im Gästehaus, dem Schloss in Niederschönhausen.

Ich hatte eine sowjetische Regierungsdelegation als Arzt zu betreuen. Der sonst sehr strenge Botschafter saß hemdsärmelig neben mir in froher und gelöster Stimmung. Wie immer, wurden gerne Witze erzählt. Eine Stunde später, Herr Abrassimow hatte wieder sein Jackett an, war er ein anderer Mensch, streng, kontrollierend und kritisierend. Jeder, nicht nur die Kleinen, sondern auch die Großen, hatten einen riesigen Respekt vor ihm.

Bei Anlässen wie der Begleitung von ausländischen Delegationen hatte die Personenschutztruppe der DDR-Stasi eine ganze Menge Butler-Funktionen neben dem offiziellen Protokoll.

Auch die Kraftfahrer der Regierungskarossen gehörten zur Stasi. Jeder kontrollierte standig den anderen. Zum Tagesabschluss erfolgte dann auch die Protokollauswertung des Protokollchefs des Außenministeriums. Obwohl man als Arzt etwas daneben steht – Gott sei dank –, hatte ich Gelegenheit, bei einer solchen Protokollbesprechung dabei zu sein.

Ich war als begleitender so genannter Leibarzt für den die DDR besuchenden UNO-Generalsekretär Dr. Kurt Waldheim und dessen Gattin eingeteilt. Der Protokollchef kannte mich gut, wir hatten ein vertrautes Verhältnis.

Dieses Verhältnis ermöglichte auch eine bessere Zusammenarbeit und Verlässlichkeit im schnell rotierenden Räderwerk des oft schwierigen Protokollablaufs.

Am Abend des ersten Besuchstages des hohen Gastes der UNO hagelte es Kritik für die Genossen, die für den roten Teppich auf dem Schönefelder DDR-Flugplatz (Regierungsplattform) verantwortlich waren. Warum wohl? Der rote Teppich war zu kurz und die Beine von Dr. Waldheim waren leider zu lang, so dass er beim Abschreiten der Ehrenformation der Nationalen Volksarmee, obwohl der musikalische Österreicher im Taktschritt blieb, den roten Teppich überschreiten musste, was natürlich das Fernsehen und damit die Welt registriert hat.

Ich hörte der Auswertung äußerlich ernst, innerlich schmunzelnd zu und genoss dabei ein gepflegtes Budweiser Bier, was man sonst nicht zu kaufen bekam. Dabei ging es um so hohe Dinge wie Schaden für das Ansehen der DDR. Ja es ist schon gefährlich, in diesem Bereich arbeiten zu müssen oder zu dürfen.

Im Oktober 1971 wurde ich als begleitender Arzt für die DDR-Regierungs-Delegation zum »Manöver Waffenbrüderschaft«, einem der größten Militärmanöver des Warschauer Paktes beordert. Die Direktorin des Regierungskrankenhauses rief mich zu sich und fragte mich, da ich ja zwei Jahre Militärarzt bei den Fliegerkräften war, wie es bei einem so großen Manöver zugeht. Da gibt es doch Angreifer und Verteidiger, meinte sie. Ich bejahte das. Aus diesem Grunde entschloss sie sich, für die allgegenwärtige medizinische Betreuung der Regierungsgenossen gleich zwei Ärzte für das Manöver abzustellen.

Mit unseren medizinischen Notfallkoffern und Geräten ausgerüstet, fuhren wir, jeder für sich, in einer Regierungskarosse vom Typ »Tatra«. In einer langen Delegationskolonne ging es von Manövergebiet zu Manövergebiet. Immerhin hatten wir innerhalb von zehn Tagen allein mit dem Pkw gut 3000 km abgefahren.

Von Cottbus nach Dresden, von Görlitz nach Wünsdorf und schließlich auch im Regierungszug noch nach Peenemünde an die Ostseeküste, dem früheren Kriegs- und Raketenstützpunkt der ehemaligen Hitlerarmee, von dem allerdings nicht viel übrig geblieben ist.

Ich erlebte während dieser zehn Tage wirklich ein militärisches Riesenspektakel mit modernster Militärtechnik und dazu noch eine einmalige Manövergastronomie und Folklore.

Mitten im Gelände waren große Tribünen aufgebaut, wo die Regierungsdelegation mit allen leiblichen Genüssen versorgt wurde. Wir kleinen Ärzte natürlich auch. Auf der Tribüne, ganz oben stehend, einer rechts, der andere links. Unser Platz war immer im Zentrum der Mächtigen. Nur für den Fall, dass einer plötzlich umfällt, musste eben ein Arzt zur Stelle sein.

Vor den Tribünen kämpften die Truppen. So genannte Gegner und Verteidiger. Aus großen Transportflugzeugen wurden in Wünsdorf per Fallschirm und mit Bremsraketen versehen leichte Panzerwagen abgeworfen. Die dazu gehörige Truppe sprang mit dem Fallschirm ab. Es war beeindruckend für mich.

Auf der Tribüne wurden kalte und warme Getränke von weiß gekleideten Serviersoldaten gereicht. Dazu Champagner, Wodka und Bier sowie Südfrüchte und andere kleine Spezialitäten. Der alte Fritz, der Preußenkönig, wäre vor Neid erblasst, denn solch einen Luxus hätte er sich wohl niemals gegönnt während seiner Besuche bei seinen Soldaten.

Die einzelnen beteiligten Länder des Warschauer Paktes waren zu den Hauptmahlzeiten nacheinander Gastgeber für den Militärstab und die Regierungsdelegation, zu der, neben Walter Ulbricht und Willi Stoph nahezu das gesamte DDR-Politbüro gehörte sowie viele Generäle und natürlich die Verteidigungsminister der einzelnen Länder. Begrüßungsszenen mit Militärmusik und Folkloregruppen durch verschiedene Militärensembles waren der kulturelle Beitrag für das Massenspektakel. Große, weiß ausgeschlagene Zelte waren von herrlichen Rabatten umgeben und mit Koniferen und Bäumen geschmückt. Ja selbst fließendes Wasser und ordentliche Toiletten gab es. Für die Soldaten wird es wohl nur den Donnerbalken und das Gebüsch gegeben haben, wenn ich mich an meine eigene Militärzeit erinnere.

Ein grenzenloser Aufwand, bei dem man sich wohl nach dem Sinn fragen sollte?

Jeder wollte hervorstechen, jede Einheit wollte die beste sein in der Huldigung der Funktionäre. So einfach war es mit dem Personenkult in diesem System. Keiner dachte an die selbst entwickelten Parolen von Sparsamkeit und Nutzeffekt. Jeder genoss die guten Tage, so lange es die Funktion erlaubte. Keiner, selbst die Minister wussten nicht, wie lange sie zu den Machtbegünstigten gehören. Nur das Politbüro besaß eine relative Stabilität und stand über den alltäglichen Dingen des Machtstrebens. Daher ist es auch nicht verwunderlich, dass das Politbüro aus einem Altmännergremium bestand.

Wir zwei Ärzte standen ganz oben auf der Manövertribüne und beobachteten, was auf dem Manövergelände und auf unserer Tribüne vor sich ging. Mir lief es kalt den Rücken herunter, als der damalige Chef des Warschauer Paktes »Jakubowski«, ein großer Hüne in der Uniform eines Marschalls der Sowjetunion, vom Militärspiel und dem getrunkenen Wodka in Begeisterung versetzt, ausrief »Woina, woina, woina« (Krieg, Krieg, Krieg). Viele prosteten diesem Herkules jubelnd zu, mancher auch etwas verhalten. So sind also die Friedenswächter unter sich, dachte ich mir.

In Peenemünde erlebte ich ein Seelandemanöver sowie einen Raketenstart einer MIG 17.

Das größte Schauspiel im Raum Dresden war der Bau einer Pontonbrücke zur Elbüberquerung von gut 100 Metern Länge, bei der zwei Soldaten, wie ich hörte, ihr Leben lassen mussten. In der Kälte der Oktobertage erlaubte ich mir einen Spaß und verteilte so genannte Vitamin-C-Bomben an die Politbüromitglieder, die in meiner Nähe standen. Jeder erhielt 200 mg und nahm sie auch gern.

Die Jubeltage fanden dann durch die große Militärabschlussparade in Magdeburg, meiner ehemaligen Studienstadt, ihren glanzvollen Abschluss. Abends war natürlich auch der große Manöverball. Insgesamt war das Manöver, dem ich beiwohnen durfte, entsprechend der Propaganda, ein großer kommunistischer Sieg.

Ich selbst war froh, nach zehn anstrengenden Tagen endlich wieder zu Hause zu sein. Die ärztliche Tätigkeit, zu der derartige Pflichten im Regierungskrankenhaus gehörten, war nicht nur interessant und die Erlebnisse nicht nur beeindruckend, sondern es bedeutete auch, dass jedes gesagte Wort und jede Geste verhängnisvoll werden konnten. Ich fühlte mich dabei oft innerlich aufs Äußerste gestresst.

In den Jahren 1973 bis 1974 gehörte ich zu der Gruppe Auserlesener, die für den ärztlichen Bereitschaftsdienst im Waldstädtchen Wandlitz für das Politbüro als diensthabender Arzt eingeteilt wurde. Früher nannte man dieses Städtchen »Ulbrichtshausen«, später dann »Volvograd«, weil dort die Parteilimousinen vom Typ »Volvo« gefahren wurden.

Es klang auch recht russisch und das war immer gut.

Mit diesem Städtchen hatte sich die Parteiführung noch weiter vom Volk isoliert. Natürlich nur aus Gründen der eigenen Sicherheit und als ein Ergebnis des Volksaufstandes von 1953.

Mitten im Wald gelegen, wurde es Ende der 50er-Jahre errichtet. Von der Straße ging eine etwa 400 Meter lange Zufahrt in den Wald hinein. Dort standen Wachposten. Das ganze Objekt war mit undurchsichtigen, grün gestrichenen Zäunen gesichert.

Im Außenring waren Wohnhäuser des Versorgungspersonals, die alle zur Stasi gehörten und in denen von der Reinigungsfrau bis hin zum Kraftfahrer alle hier ihre Wohnungen hatten. Eine Kaufhalle, eine Bäckerei und eine Gärtnerei waren im Außenring außerdem errichtet worden. Vom Außenring musste man erneut durch ein großes Eisentor hindurch, das wiederum von Wachposten der Stasi besetzt war, um in den Innenring zu kommen. Diesen Weg fuhr ich immer, wenn ich meinen Dienst antreten musste. Von 17 Uhr bis zum nächsten Abend um 17 Uhr dauerte dieser Dienst. Damit war stets gesichert, dass ein Arzt bereit war, wenn er von einem Angehörigen des Politbüros gebraucht wurde.

Die Kälte und Unpersönlichkeit aller dort tätigen Lakaien, von der Putzfrau bis zum Kellner mit Stasi-Dienstgrad und entsprechenden Traumgehältern, führte zu einer besonderen Menschengruppe, die erhobenen Hauptes auf andere heruntersah. Hier war stets Vorsicht geboten und ich war immer froh, wenn der Dienst vorbei war.

Am Tage, wenn die starken Männer abwesend waren, regierten dort die Weiber.

Sie waren sich untereinander alles andere als grün. Sie gingen sich aus dem Wege. So rief die eine Frau an und fragte, ob das Schwimmbad frei ist. Eine wunderschön ausgestattete große Schwimmhalle, die zum medizinischen und gastronomischen Trakt des Innenringes gehörte. Lautete die Antwort, Frau soundso ist hier, so verschob die Fragende ihr Kommen.

Während meines Dienstes wurde ich zur Frau des Stasi-Ministers Mielke gerufen. Sie benötigte dringend einen Arzt. Alles lief panikartig, um dem Wunsch der Patientin schnellstens nachzukommen.

Da man sich im inneren Ring nicht frei bewegen durfte, musste ich warten, bis ein Pkw mich abholte, um mich dann 30 Meter zum Haus der Patientin zu fahren.

Ich wurde von der Haushaltshilfe, besser gesagt, der Dienstmagd in Stasi-Uniform empfangen und gebeten, in das Schlafzimmer der Patientin hinaufzugehen. So viel Vertrauen hatte man zu mir, dass ich das allein tun durfte. Ich kletterte zunächst über fünf verschiedene Waschpulverbehälter, es war Waschtag, der verschiedensten Marken, die ich nur aus dem Reklamefernsehen der Westprogramme kannte.

Misstrauisch begrüßte mich die Patientin mit Leid geplagtem Gesicht. Nachdem ich mich vorgestellt hatte und nach Ihrem Befinden fragte, schilderte sie ihre Beschwerden. Ich schlug vor, ihr eine intravenöse Injektion zu geben, um sie schnell von ihren Beschwerden zu befreien. Misstrauisch und ängstlich bat sie mich, sie noch einige Minuten allein zu lassen, sie rief ihren Ehemann an, der dann wohl grünes Licht für mein Tun gegeben hat.

Sie erkundigte sich, wahrscheinlich bei ihrem Ehemann, nach mir und nach der Vertrauenswürdigkeit meiner Person. Schließlich durfte ich meine Injektion durchführen, die auch gut gelang und wir verabschiedeten uns. Der übrige Dienst verlief ruhig. Ein Einsatz in dieser Umgebung ist schlimmer als ein Einsatz als Notarzt.

Die Tätigkeit im Regierungskrankenhaus führte mich in den Jahren 1971 bis 1975 ein- bis zweimal pro Jahr in die schönsten Gästehäuser der Regierung der DDR, in denen ich so genannte Sonderkuren für Spitzenfunktionäre durchzuführen hatte. Die Kapazität des Staatskurheimes in Bad Liebenstein reichte wohl nicht aus für den großen Bedarf.

Während dieser Kuren hatte ich 30 bis 40 Patienten zu betreuen. Es waren altbewährte Spitzenfunktionäre, aber auch Minister, Staatssekretäre und nicht zuletzt Politbüromitglieder.

Letztere kamen erst zum Ende dieser Kuren, um als Alleinpatienten einschließlich ihrer besseren Hälften behandelt zu werden. Oft durfte ich dabei meine Frau als Krankenschwester mitnehmen.

Meistens war die Stimmung unter den Patienten gut, denn sie wurden wunschlos befriedigt. Es gab nichts, was es nicht gab. Da strahlte auch das Herz eines kommunistischen Dialektikers, wenn er seiner Arbeit Früchte genießen konnte. Früchte, die dem Volk erst auf Losungen für übermorgen versprochen wurden, wobei keiner so recht wusste, wann nun das Übermorgen kommen würde.

Auch wenn ich diese Alltagssorgen der DDR-Bevölkerung kannte, so habe ich sie doch nicht in gleicher Weise wie sie tragen müssen. Ich hatte Verwandte im Westen, mit denen ich mich heimlich traf, und hatte eine Erbschaft gemacht, die mir erlaubte, für Westgeld im Intershop einzukaufen. Selbstverständlich alles heimlich und voller Angst. Ich durfte dabei nicht gesehen werden.

Mein verhältnismäßig hohes Gehalt und gute Beziehungen verminderten unsere Alltagprobleme erheblich. Ich kann also nicht herummeckern wie die anderen, war ich doch »ein Vogel im goldenen Käfig«, der vom geschaffenen Rahm mit genießen durfte.

Ich war wieder einmal zu einem Sonderdienst eingeteilt. Es handelte sich um eine FDJ-Großveranstaltung, die im Ost-Berliner Friedrichstadtpalast, dem damaligen Admiralspalast, in der Friedrichstraße stattfand. Während die Jugend im Blauhemd den Saal füllte, rund um den Palast in Zweiergruppen junge Männer in Wind- oder Lederjacken postiert waren (es waren die so genannten Absicherer), fuhr ich mit dem Regierungskrankenwagen vom Typ »Tschaika« vor den Palast und begab mich in Begleitung eines Protokollfunktionärs in den für die Spitzenfunktionäre vorgesehenen Empfangssaal. Der Krankenwagen (Tschaika) verursachte immer ein riesiges Aufsehen, mehr als die eigentlichen Regierungslimousinen.

Ich begab mich, in der Hand meinen Notfallkoffer, der immer wieder aufs Neue bei der Staatssicherheit zu einem Stopp des Weitergehens für mich führte, nach Klärung der Sachlage mit dem zuständigen General Wolf (nicht Mischa Wolf) in den vorgesehenen Empfangssaal für die Regierungsmitglieder innerhalb des Friedrichstadtpalastes. 30 Personen waren bereits versammelt, als ich diesen Saal betrat.

Nur wenige kannten mich. Als Arzt war ich der Einzige, der einen Koffer bei sich hatte, und für die meisten, außer der Staatssicherheitskontrolle, ein bekanntes Markenzeichen.

Es gab hohe Sicherheitskontrollen, was stets auf hochrangige Teilnehmer hinwies. Als Erich Honecker und seine Frau, die Volksbildungsministerin war, den kleinen Saal betraten, war mir das auch verständlich. Schließlich wird ein Parteigeneralsekretär wie ein Augapfel gehütet.

Ich muss wohl zufällig im Blickfeld von Margot Honecker gestanden haben, denn sie kam schnurstracks auf mich zu, ihr Mann hinterher und beide begrüßten mich rein zufällig als ersten.

Frau Honecker kannte mich durch die Behandlung ihres Vaters und ihres Bruders. Die Begrüßung musste für die Umstehenden, die mich nicht kannten, von protokollarischer Bedeutung gewesen sein.

Nachdem Erich Honecker und seine Frau zu anderen der hier Versammelten weiter gingen, kamen mehrere Leute auf mich zu, um sich mir vorzustellen und mit mir zu sprechen.

Eine typische Eigenart im System aufstrebender Karrieristen. Und das sicher nicht nur in der DDR.

Der goldene Käfig bot viele angenehme Dinge und es war schon interessant, dabei sein zu dürfen.Für mich war und blieb es aber ein Käfig.

Einmal, es war wohl im September, musste ich Herrn Sindermann ärztlich begleiten, den ehemaligen Volkskammerpräsidenten.

Es ging um die Eröffnung einer Pionier- und FDJ-Schau in Leipzig, der »Messe der Meister von morgen«, bei der die Jugend sich als technische Neuerer produziert.

Als Laie fiel es mir schwer, beim Rundgang echte Supererfindungen von organisierten Krampfproduktionen zu unterscheiden.

Die Begeisterung war üblicherweise groß, wie immer bei derartigen Treffen, der Abschluss war ein großes Oratorium von Paul Dessau in der Leipziger Oper. Ich kannte das in den 60er- Jahren gebaute Haus und hatte dort Prokofjews »Krieg und Frieden« mit Begeisterung gehört und gesehen. Nun – jetzt Paul Dessau in voller Lautstärke. Mir schmerzten die Ohren vom Lärm der schrillen Trompeten und dem Donnern der Pauken. In der Pause konnten sich die Funktionäre wie auch ich mich in einem vorbereiteten Imbissraum erholen. Herr Sindermann klagte, wie ich, über Ohrenschmerzen. Er musste den zweiten Teil noch über sich ergehen lassen, während ich ihm sagte, dass ich draußen bliebe. Wehleidig bemerkte Sindermann: »Doktor, du hast es gut.«

Im Sommer 1975 hatte ich die Aufgabe für vier Wochen auf der Politbüro-Ferieninsel Vilm, im Greifswalder Bodden gelegen, als Urlaubsarzt zu arbeiten. Diese Insel ist ein wahres Paradies. Auf ihr findet man hügelige grüne Wiesen umgeben von hohem Baumbestand aus alten deutschen Eichen, Buchen, aber auch Kiefern und Fichten sowie herrliche Spazierwege rund um diese Insel, die durch patrouillierende Polizisten ständig bewacht wurde, damit sie kein Unbefugter betreten konnte. Erreicht wurde die Insel von Lauterbach auf der Insel Rügen durch ein Fährschiff, das der Regierung gehörte. Ein großer Yachthafen mit Segelbooten, leistungsfähigen Sportmotorbooten und größeren Motorbooten diente zur Freizeitgestaltung der Gäste.

Während meines vierwöchigen Aufenthaltes durfte ich meine Frau und unsere kleine Tochter mit auf diese Insel nehmen. Beide erlebten dort einen herrlichen Urlaub und für unser Kind war es besonders schön, die zur Verfügung stehenden Ponys reiten zu dürfen. Eine frei weidende Mufflonherde vervollständigte die Idylle auf dieser Insel, die bereits Jahre zuvor vom ehemaligen Ministerpräsidenten Otto Grotewohl zum Naturschutzgebiet erklärt wurde. Es ist wirklich ein Naturschutzgebiet, allerdings geschützt für den Urlaub von Regierungsangehörigen und Parteifunktionären.

Zehn reetgedeckte Villen standen auf einer großflächigen, hügeligen Wiese, in ausreichendem Abstand, versteht sich, für die Feriengäste. Eine Villa für jede Familie.

In jedem Haus war eine Hausmamsell angestellt, die sich um alle Belange innerhalb des Hauses kümmerte, Sauberkeit und Ordnung herstellte und für das Frühstück und Abendessen in den dort eingerichteten modernen Küchen sorgte. Zentral befand sich ein großes Wirtschafts- und Verwaltungsgebäude, sowie eine moderne gastronomische Einrichtung, die auch für kulturelle Zwecke genutzt wurde. Hier wurde das Mittagessen gemeinsam eingenommen. Natürlich gab es ein Wahlessen mit fünf Wahlmöglichkeiten.

Ein etwa 1,5 km langer Strand sorgte für eine sehr gute Bademöglichkeit.

Er war gepflegt, der Abstand zwischen den aufgestellten Strandkörper betrug etwa 80 bis 100 Meter, so dass keiner den anderen störte. An jedem Strandkorb befanden sich eine Duschanlage, so dass sich die Feriengäste nach dem Bad duschen konnten, sowie ein Telefon.

Auf der Insel gab es auch noch seltene Vögel. Von besonderer Attraktivität war ein Seeadlerhorst, einer der wenigen, die es an der Ostseeküste in der DDR noch gab.

Es war für uns alle ein wunderschöner Urlaub und wir konnten die vorhandenen Unterhaltungs- und Sportmöglichkeiten in vollem Umfang nutzen. Oft habe ich mit meiner Familie eine Motorbootsfahrt gemacht, wobei ich immer durch entsprechende Warnsignale erreichbar und zurückrufbar war. Angelsport wurde ebenfalls während dieser Zeit groß geschrieben.

Während dieser vier Wochen entwickelten sich natürlich auch gute Kontakte zwischen den Urlaubern und uns, so wurde ich an einem Abend in das Haus des ehemaligen DDR-Verkehrsministers Kramer eingeladen. Eine Skatpartie war vorgesehen und man wollte einen vierten Mann. Die Runde bestand aus dem ehemaligen Finanzminister Rumpf a. D. und dem Verteidigungsminister Kessler. Es war eine lustige Runde und ich fühlte mich als Laie im Skatspielen von vorn herein zum Verlieren verurteilt. Dies sollte sicherlich auch so sein.

Während des Skatspielens kamen natürlich auch Gespräche auf, in erster Linie Witze und lustige Anekdoten. Plötzlich bewegte sich das Gespräch auf die philosophische Beurteilung der Wissenschaft und nicht zuletzt auch der Medizin, über die ja oft und gern gesprochen wird, wenn ein Arzt in einer Runde anwesend ist. Meine lose Bemerkung, dass ich die Medizin nicht als direkte Wissenschaft bezeichne, wie die so genannten Grundlagenwissenschaften, sondern als eine angewandte Wissenschaft, führte zu einer gewissen Konsternierung des alten Ministers Rumpf.

Er bemerkte auf meine Ansicht, wie es wohl meiner Meinung nach mit der Gesellschaftswissenschaft sei. Ich antwortete genauso freimütig, wie ich immer war, dass ich die Gesellschaftswissenschaft ebenso als keine reine Wissenschaft, sondern eine angewandte Wissenschaft ansehe.

Er war mit meiner Antwort ganz und gar nicht einverstanden und warf mir erheblichen Nachholbedarf vor, was er unserer Chefin mitteilen wollte.

Man sieht daran, wie schnell sich ein Blatt im goldenen Käfig zum Schlechten wenden kann.

Ich hatte also während des Skatspielens ins politische Fettnäpfchen getreten. Ja, man musste mit seinen Äußerungen schon auf der Hut sein!

Von nicht weniger großer Attraktivität waren die von mir durchgeführten Sonderkuren auf der Ostseehalbinsel Darß in Dierhagen. Hier stand direkt hinter den Dünen ein großer Glaspalast, der von den Schweden für die DDR-Führungsriege gebaut wurde. Das dreistöckige Gästehaus enthielt etwa 40 komfortable Appartements mit je einem großen Wohn- und Schlafzimmer einschließlich Balkon und einem großen Bad. Diese bildete die Flügel von drei zentral gelegenen großräumigen Suiten, die für die drei Höchsten der DDR, den Staatsratsvorsitzenden, den Ministerpräsidenten und den Volkskammerpräsidenten freigehalten wurden. Innerhalb des Gebäudes befand sich eine herrliche Saunaanlage sowie ein beheiztes Schwimmbad, das mit Ostseewasser gefüllt war. Natürlich gab es auch einen medizinischen Trakt für die Behandlung der Patienten und für physiotherapeutische Maßnahmen.

Hier habe ich ebenfalls gemeinsam mit meiner Frau sowie einer Physiotherapeutin und einem hauptamtlich angestellten Schwimmlehrer, der immer zur Verfügung stand, für etwa 30 bis 40 Patienten im April und Oktober Sonderkuren durchgeführt. Zu diesen Patienten gehörten Minister, Partei- und Staatsfunktionäre mit ihren Frauen. Die von mir festgelegten Kurmaßnahmen wurden von den Patienten diszipliniert durchgeführt und es entwickelte sich während der vierwöchigen Kuren immer wieder ein guter Kontakt für kurze Zeit.

Ein mecklenburgischer Bauernabend war als besondere Attraktion von der Leitung des Gästehauses geplant. In Vorbereitung dieses Ereignisses, erklärte sich der damalige Schwermaschinenbauminister Zimmermann bereit, er kommt selbst aus der Mecklenburger Gegend, auf die Jagd zu gehen, um zwei Wildschweine im Regierungsjagdgebiet zu schießen. Ich begleitete ihn mit meiner Frau, auf seinen Wunsch hin, gern.

Am Abend gegen 21 Uhr bestiegen wir einen Hochsitz und genossen die Abenddämmerung.

Es dauerte gar nicht lange und die Wildschweine kamen wie bestellt, denn wie es in der Regel bei Regierungsjagden ist, werden sie an bestimmten Plätzen angefüttert und erscheinen daher regelmäßig zur entsprechenden Zeit. Zwei Schweine wurden geschossen. Für uns war es ein ganz netter Abend und das Mecklenburger Bauernfest war eine gelungene Attraktion während des Kuraufenthaltes in Dierhagen.

Oft lagen wir gemeinsam mit unseren Patienten auf der Hochterrasse des Gästehauses in der Mittagssonne. Hier kam es oft zu netten Gesprächen, so auch erzählte ich rein zufällig dem Stellvertreter des DDR-Stasi-Ministers, Beata, dass ich nach der Kur gleich zu meinem Opa, der sich in einem Altenheim befand, reisen müsse, um seinen 80. Geburtstag mit ihm zu feiern.

Er wollte über meinen Opa noch mehr wissen. Ich erzählte ihm, dass er früher in einem Bergwerk gearbeitet habe und danach beim Brückenbau eingesetzt wurde und später bei der Eierverwertung, einer landwirtschaftlichen Sammelstelle tätig war.

Er war etwas gerührt und es muss wohl einige Parallelen zu seinem eigenen Vater gegeben haben. Plötzlich sagte er zu mir: »Doktor, kümmere dich um nichts, für deinen Opa bereiten wir einen würdigen 80. Geburtstag vor.« Ich wusste damals nicht, was das bedeutete.

Es waren noch etwa zehn Tage, bis die Kur zu Ende war, und zwei Tage danach war dann der Geburtstag meines Opas.

Während des Aufenthaltes in Dierhagen erhielt ich die schriftliche Nachricht vom Pkw-Auslieferungslager aus Berlin-Rummelsburg, dass ich unseren bestellten Pkw Typ »Polski-Fiat« abholen sollte.

Zufällig sprach ich mit dem Personenschutz des als Kurpatient anwesenden Albert Norden. Er war ebenfalls Politbüromitglied. Er erzählte mir, dass in wenigen Tagen ein Wechsel der Wachbesatzung erfolge und dass meine Frau mit dem Regierungswagen »Tschaika« mit nach Berlin fahren könne, um das Auto abzuholen, und anschließend mit der neuen Besatzung nach Dierhagen zurückkommen könne. Albert Norden gestattete diesen Vorschlag und meine Frau fuhr wie »ein Politbüromitglied« im Tschaika von Dierhagen nach Ostberlin. Sie holte unseren neuen Wagen ab, stellte ihn vor unsere Wohnung und kam mit der neuen Besetzung nach Dierhagen zurück. Was wollten wir mehr?

Ja, es war eine Zeit, in der wir glücklich und zufrieden sein konnten. Dennoch, der Autokauf war wieder mit Geheimnissen gegenüber dem System verbunden. Geheimnisse aber, die eigentlich nur das System von uns verlangte. Das Geld für den Wagen hatte ich von meiner Lübecker Erbschaft, von meinen Großeltern beziehungsweise meiner Tante, erhalten und den Wagen über ein DDR-Außenhandelsunternehmen durch Vermittlung meines Schwagers Volker in Westberlin gekauft. Eine eigentlich normale Angelegenheit, denn es war mein ererbtes Geld und ein Geschäft mit der DDR.

Die Kur in Dierhagen ging zu Ende. Wir hatten bei unserer medizinischen Arbeit recht schöne Tage verlebt und unsere Patienten waren mit ihrer Betreuung zufrieden. Mit Lob wurde nicht gespart, was uns erfreute. Ein Tag in Berlin war notwendig, um alle technischen Geräte und Medikamente und insbesondere die Kurberichte im Regierungskrankenhaus abzugeben.

Am folgenden Tag war der 80. Geburtstag meines Opas. Gemeinsam mit meiner Frau und unserer Tochter fuhr ich mit unserem neuen Pkw nach Rosslau, wo sich mein Opa in einem modernen Altersheim befand. Er hatte dort eine ausgezeichnete Pflege und es ging ihm insgesamt sehr gut.

Wir erlebten eine Überraschung. Auf den Befehl des stellvertretenden Stasi-Ministers wurde eine große Feier für meinen Opa inszeniert. Eine Truppe mit zwei voll beladenen PKW's vom Typ Wolga war von Berlin nach Rosslau angereist. Sie stand unter der Führung eines Stasi-Oberst. Unvorstellbar, was man alles herangeschafft hatte. Eine riesige Geschenktafel war aufgebaut worden. Auf ihr befanden sich Geschenke wie Schallplatten, Bücher, eine kleine Bergmannsausrüstung in Erinnerung an seine Schachtarbeit, bestehend aus Pickel und Grubenlampe, und zusätzlich auch noch etwas anderes, nämlich ein Jagdhorn. Eine große Wolldecke für den alten Herrn, Kartons mit Sekt und Cognac für die Feierstunde mit allen Mitbewohnern. Das alles Präsente aus dem Repräsentationsfond der Stasi. Ein Soldat hatte eine Gitarre bei sich und machte für alle Musik. Selbst an einen Fotografen hatte man gedacht.

Meinem alten Großvater und uns standen die Tränen der Rührung in den Augen.

Wenn ich heute an diese Geburtstagsfeier zurückdenke und mich der Äußerung meines Opas erinnere, wie er sagte »siehst Du, mein Junge, der liebe Gott vergisst uns nicht«, so kommen mir die Tränen. Wie mögen wohl diese Worte in den Ohren des Oberst geklungen haben und welche gedanklichen Wirkungen haben sie ausgelöst?

Der Oberst ging über die Bemerkung meines Opas völlig hinweg, denn er selbst war ein Mann mit väterlichen Zügen, so ganz anders als unsere späteren Vernehmer. Meine Gedanken gingen zurück zu dem stellvertretenden Stasi-Minister General Beata und seiner wirklich reizenden Frau. Er war nicht für die Jagd auf Menschen zuständig, sondern war der Chef der rückwärtigen Dienste und hatte die materielle Grundlage der Staatsicherheit zu verwalten. Er verwaltete damit aber auch die Grundlage für das verbrecherische Handeln dieser dritten Macht des DDR-Staates.

Andererseits habe ich auch oft erlebt, dass hohe Staatsfunktionäre zwei Gesichter hatten.

Diente man ihnen und stellte man sie zufrieden, so zeigten sie auch dankbare Gesten. Andererseits konnten sie zu erbitterten Gegnern, ja Feinden werden und für den Einzelnen vernichtende Reaktionen entwickeln. Ich hatte stets Angst, mich einem solchen Mann jemals zu offenbaren.

Meine Frau wurde als Patientin im Regierungskrankenhaus aufgenommen und sollte operiert werden. Ich erhielt unmittelbar vorher den Auftrag, als Leibarzt für den als Gast in der DDR weilenden KP-Chef, George Marchais, und dessen Frau tätig zu werden. Meine Bitte, einen anderen Kollegen einzusetzen, wurde von der Krankenhausleitung abgelehnt. Das Argument, dass meine Frau operiert wurde, reichte nicht aus. Es war ja auch alles organisiert und stasimäßig abgesichert. Eine Personaländerung war in diesem System wahrscheinlich sehr schwer.

So erlebte ich interessante 14 Tage mit dem französischen Ehepaar im ehemaligen Jagdschloss Görings in Hubertusstock, nordöstlich von Berlin. Täglich war ich mit George Marchais zusammen. Gemeinsame Spaziergänge oder Baden im Hallenbad gehörten zu unserem Tagesablauf. Im Vordergrund stand seine Frau, die medizinisch im Regierungskrankenhaus behandelt werden musste. Am Ende des Besuches hatte ich eine interessante Unterhaltung mit dem französischen KP-Chef, bei der nur eine Dolmetscherin anwesend war. Er zeigte sein Erstaunen über das von den DDR-Spitzenfunktionären geführte Leben in Prunk und Gloria. Er verglich seine Position als KP-Chef von etwa zwei Millionen französischen Kommunisten mit der Stellung der Parteiführung in der DDR, die nur 200 000 Gefolgsleute hat.

Er sprach davon, dass er sich zum Beispiel nur einen Anzug pro Jahr leisten könne, den ihm sein Schwager, der Schneider war, anfertigen müsste. Als Dienstwagen hätte er einen einfachen Citroen und sonst keinen Luxus.

Ja, die Macht setzt eben neue Inhalte und Maßstäbe.

Im Rahmen meiner damaligen Tätigkeit als Arzt im Regierungskrankenhaus gab es noch vielfältige, auch schöne und interessante Aufgaben. So zum Beispiel als diensthabender Arzt bei großen Staatsempfängen, bei der Teilnahme an den früher außenpolitisch bedeutsamen Ostseewochen beziehungsweise Ostseefestspielen, bei Reisen mit der DDR-Regierungsyacht, bei Diplomatenempfängen und bei der Teilnahme an den jährlich stattfindenden Diplomaten-Jagden.

Wenn ich also von einem Leben im »goldenen Käfig« spreche, meine ich, dass ich solange ich den Spitzenfunktionären Diener und dem Regierungskrankenhaus hörig war, vom Rande der Sahnetorte genießen durfte. Immer bewusster wurde mir, wie wenig ich selbst als Person bedeutete und dass ich nur ein Butler vor dem Herrn war. Ich hatte mich diesem System oder besser seinen Machern im Rahmen meiner Entwicklung und Karriere verkauft.

Die Arbeit im Regierungskrankenhaus und die hinter den Kulissen geführten Intrigen, die dort an der Tagesordnung waren, wo Bespitzelung und weitergegebene Bemerkungen verhängnisvoll werden konnten, trübten das vielleicht für den Außenstehenden bemerkenswerte Leben eines Angestellten oder Arztes dieser Einrichtung. Mancher vom Personal musste wegen dieses Intrigenspiels über die Klinge springen. Es ging kleinen Mitarbeitern und Ärzten so.

Ein Kollege wurde zum Beispiel aus der Charité kommend als Chefarzt für Gastroenterologie eingestellt. Ein hoch spezialisierter Facharzt und Sekretär der gastroenterologischen Gesellschaft der DDR. Während seiner Einarbeitungszeit führte er am Krankenbett der alten Mutter des DDR-Ministerpräsidenten Willi Stoph die übliche Visite durch und erklärte der alten Dame, dass sie, nach einem bereits dreiwöchigen Krankenhausaufenthalt, wobei sie auch gründlich durchuntersucht wurde und genügend stabilisiert war, jetzt entlassen werden könnte.

Man hatte diesen Arzt nicht über die Hintergründe des Daseins dieser alten Dame informiert, die nur deshalb in das Regierungskrankenhaus aufgenommen wurde, weil ihr Sohn seine Mutter nicht im Altenheim, in dem sie lebte, besuchen wollte, sondern lieber im Regierungskrankenhaus vorbei kam.

Also in Unkenntnis dieser Tatsache wollte der neu gewordene Chefarzt die alte Dame entlassen. Die Regelzeit für ihren Aufenthalt betrug mindestens sechs bis acht Wochen. Der Unwissende hatte in ein Wespennest gestochen. Es hagelte Beschwerden über diesen »Tollpatsch«. Der als Chefarzt eingestellte Kollege hatte seine Karriere, ehe er sie richtig begonnen hatte, in dieser Einrichtung bereits beendet. Obwohl das Chefarztgehalt blieb, durfte dieser Arzt keine eigentlichen Chefarzttätigkeiten mehr ausüben.

Nach Jahren wurde er schließlich zum Oberarzt degradiert, weil er als Chefarzt keine Verwendung fand und auch durch diese Art Mobbing nicht die Konsequenz zog, das Regierungskrankenhaus zu verlassen. Er hatte ein dickes Fell und genoss das Gammelleben in seinem kleinen Büro, wo er die Tätigkeit als Sekretär der gastroenterologischen Gesellschaft der DDR in Ruhe und ohne Stress durchführen konnte, was eine Tätigkeit neben seiner Arbeit gewesen wäre. Seine einzige ärztliche Tätigkeit in diesem Haus bestand in der Absolvierung von einigen Sprechstunden in der Ambulanz.

Durch meine Lübecker Erbschaft und durch unser gemeinsames, für DDR-Verhältnisse hohes Gehalt im Regierungskrankenhaus erwarben wir ein großes Wochenendgrundstück in der Nähe von Wandlitz und bauten uns dort ein winterfestes Haus.

Das Grundstück lag etwa 5 Minuten vom Politbürostädtchen »Volvograd« entfernt. Es war eine herrliche Gegend am Waldrand gelegen mit Wiesen und Feldern, in der Nähe befand sich der Stolzenhagener See. Gute Freunde halfen uns beim Bauen und selbst haben wir an jedem freien Wochenende auf unserem Grundstück gearbeitet.

Natürlich gab es enorme bürokratische Hindernisse und Schwierigkeiten. So wurde zunächst von der Gemeinde die Baugenehmigung abgelehnt.

Mit Hilfe eines hochgestellten Regierungsmitglieds, der so genannten Plankommission, erhielten wir dann doch eine Genehmigung in Form einer Sonderbaugenehmigung und konnten unsere Träume verwirklichen.

Schwierigkeiten gab es beim Besorgen von Baumaterialien, insbesondere gab es keine Klinkersteine und Fliesen, aber auch Bauholz war Mangelware. Wiederum halfen uns die guten Beziehungen, und durch die Einbeziehung des Bauministeriums wurden auch diese Hürden überwunden. Wir hatten sogar die Gelegenheit, in die Staatsreserve zu fahren, die sich am Rande von Berlin befand. Sie bestand aus zwei großen Baracken.

In der einen befanden sich Fliesen für das westliche Ausland mit schönen Meißner Porzellanfliesen mit holländischem Windmühlenmuster. Hier durften wir nur einen Blick hineinwerfen. Diese Fliesen waren für uns nicht käuflich.

In der anderen Baracke waren die Fliesen für die DDR, hier durften wir aussuchen, was wir wollten.

Im Frühjahr 1980 war unser umgebauter Bungalow zum festen Wochenendhaus fertig gestellt. Wir waren glücklich, dort unsere wenigen gemeinsamen Wochenenden zu verbringen.

Natürlich haben wir auch unseren Sommerurlaub 1980 dort verbracht, wie fast jeden Urlaub, da Reisemöglichkeiten sehr begrenzt waren.

Mit Hilfe meines geerbten Geldes hatten wir auch noch die Möglichkeit, einige technische Raffinessen aus West-Berlin zu beschaffen, wobei uns Diplomaten behilflich waren.

Fast 2000 Quadratmeter Land forderten natürlich viel Kraft und Mühe, alles ordentlich zu erhalten. Es war für uns eine aktive Erholung in der freien Natur.

Natürlich gab es auch hier, wie überall in der DDR, Menschen, die als Doppelverdiener für die Stasi tätig waren und nachts an unseren Fenstern lauschten. Für uns war das Wochenendgrundstück eine lieb gewordene grüne Oase.

Menschenrecht

Das Recht des Menschen, sich zu bewegen
zu reisen, zu wandern
um Neues zu finden
ist Menschenrecht

Das Recht des Menschen
zu denken frei
Kritik zu üben und zu ertragen
die Welt zu verändern
das muß einfach sein

Auch wenn der Denkende manchmal lästig
So doch nicht gleich Feind
er bleibt doch ein Mensch
um Mensch zu sein

Wer dieses Recht schmäht
durch Druck und Gewalt
durch Stacheldraht und Mauern
missachtet die Menschlichkeit
so wird er selbst zu ihrem Feind

Parolen und Hetze
Verfolgung und Haß
sind die schlechtesten Waffen
sind Missbrauch der Macht

Wer täglich Haß sät
wird diesen einst ernten
er wird ihn verspüren
verlassen, allein

Ungehorsam – der Freiheit wegen

**Wer Freiheit proklamiert
und Ungehorsam verdammt,
ist Feind jedweder Freiheit.**

Durch meine berufliche Entwicklung im Regierungskrankenhaus und meine organisatorischen Aktivitäten bei der Neueröffnung der Poliklinik und Klinik für Diplomaten wurde ich im Oktober 1976 verpflichtet, eine Parteisekretärsfunktion für die Klinik zu übernehmen, da unser Gründungskollektiv nur aus dem Chef und zwei weiteren männlichen Mitarbeitern bestand. Ein anderer von uns wurde der Gewerkschaftsvorsitzende der Klinik. Was sollte ich in dieser Situation tun? Es blieb mir nichts anderes übrig als zuzustimmen. Ich hatte die Praxis in der DDR bereits mehrfach kennen gelernt. Wenn du etwas werden willst, musst du etwas dafür tun!

Ich engagierte mich beim organisatorischen Aufbau der Diplomaten-Klinik ehrlich und mit großem persönlichem Einsatz. Ich erhielt Auszeichnungen und Lob. Ich musste politische Schulungen über mich ergehen lassen und selbst wieder welche durchführen. Ich musste Parteiparolen schwingen und erkannte die Monotonie dieses Geredes.

Ich sah die vor mir sitzende versammelte Menge mit müden uninteressierten Gesichtern.

Es war auch verständlich, denn diese gehaltenen Reden bestanden immer aus den gleichen Phrasen. Immer ging es um die alte Leier, den Erfolg und die Stärke der Partei und der sozialistischen Gesellschaft. Musste ich eine Rede halten, so sah ich in die gelangweilten Gesichter der Zuhörer, saß ich jedoch selbst in ihren Reihen, war ich sicherlich nicht anders.

Während einer zentralen Parteiveranstaltung der Partei-Kreisorganisation Berlin-Mitte, es handelte sich um eine Schulung der so genannten Parteilehrjahres-Zirkelleiter, erlebte ich eine Ansprache des Kreissekretärs von Berlin-Mitte. Neben mir saß ein Arbeiter, der gerade seine Frühschicht beendet hatte und in einem Berliner Betrieb tätig war. Der Parteisekretär vor uns am Rednerpult stehend, holte mit großen Parolen aus.

Als er sogar von sich und seinen Mitstreitern als »Berufsrevolutionäre« sprach, stieß mich der Arbeiter an und fragte: »Sag mal, was meint der eigentlich. Der kann gut von Berufsrevolutionär reden. Das ist seine Arbeit. Ich verbringe hier meine Freizeit nach einer 8-Stundenschicht.«

Unter dem SED-Parteilehrjahr versteht man die Schulung der Genossen.

Die Grundlage für diese Schulungen bildeten zentral festgelegte Themen, die vom ZK (Zentralkomitee der Partei) erarbeitet und als Schulungsheft herausgegeben wurden, nach denen wir unsere Schulungen durchzuführen hatten. Damit war gesichert, dass bei der unterschiedlichen geistigen Potenz der Zirkelleiter die strenge Linie der Partei erhalten blieb. Es war eben alles geregelt, wie überhaupt das gesamte Leben in der DDR.

Sensationen konnte es einfach nicht geben. In der DDR wurde man gelebt, während man in der westlichen Demokratie und Freiheit als DDR-Aussiedler erst lernen musste, selbst zu leben, was natürlich vielen sehr schwer fiel und zum Straucheln führen konnte.

Ich habe zu der damaligen Zeit noch nicht gewusst, was Menschen durchmachen, die einen Fluchtversuch begangen hatten oder die einen Ausreiseantrag gestellt haben.

Die angeblich menschlichste Gesellschaftsordnung, wie sich der Kommunismus oder Sozialismus in der DDR darstellte, erwies sich in der Praxis mit Andersdenkenden oder Aussteigern als außerordentlich grausam. In der Praxis hieß das Berufsverbot, Isolation, Bespitzelung und Bedrohung bis hin zur Haft. Ich erlebte in der Funktion des Parteisekretärs, wie hinter den Kulissen Intrigen und Machtkämpfe im Regierungskrankenhaus ausgefochten wurden, die auch in der Betriebsleitung, zu der ich gehörte, beraten wurden. Ich erlebte, wie unsinnig und verlogen das war, was man damals propagierte. Ich erkannte, dass alles nur der Machterhaltung dieses Systems und seiner Mächtigen diente.

Durch die übliche Anwesenheit des Parteisekretärs bei den Betriebsleitungssitzungen erhielt ich über die Manipulationen, besonders die Personalintrigen, einen Einblick, der mich ängstlich werden ließ. Mir wurde bewusst, dass es mir eines Tages ähnlich ergehen könnte, wenn ich nicht mehr, wie gewünscht, mitmachen würde.

Da wurden Pläne geschmiedet, wie man diesen oder jenen »abschießen« könnte, ihn also loswird, weil er nicht mehr in das Regierungskrankenhausmuster passte oder westliche Kontakte pflegte. Ein Haus wie das Regierungskrankenhaus konnte sich diese Manipulationen sehr viel besser leisten als jedes andere Krankenhaus, da es hier keinen Personalmangel gab. Hier sammelten sich ausgesuchte Karrieristen. Zuerst war man begeistert, in dieser schönen Einrichtung arbeiten zu dürfen, bis man schließlich merkte, was für faule Spielchen getrieben wurden. Oft habe ich gerade in dieser Einrichtung erlebt, dass die größten Karrieristen moralisch und menschlich am fragwürdigsten waren.

Die politischen Schulungen und Kontrollen, ebenso wie die Bespitzelung durch die Stasi, ein Major dieser Truppe hatte ein festes Büro im Krankenhaus, wurden in der Diplomaten-Poliklinik immer intensiver. Man hatte Angst wegen des intensiven

Kontaktes der einzelnen Ärzte während ihrer Sprechstunden mit den westlichen Diplomaten.

Der Stasi-Major hatte feste Termine, wo sich einzelne Leute, so genannte IMs bei ihm zu melden hatten und sich heimlich in sein abgelegenes Büro des Hauses schlichen. Diese Tatsache habe ich erst später erfahren, als ich selbst als Gefangener durch die Stasi verhört wurde.

Diese IMs waren das Übelste dieser DDR-Gesellschaft. Während sich der Stasi-Mann mit seiner Uniform zeigte, waren das Personen in Zivil, also nicht zu erkennende Verräter. Diese Leute gehörten öffentlich an den Pranger, damit jeder weiß, was sie getan haben.

Dieses System mit den so genannten IMs wurde in den folgenden Jahren immer weiter ausgebaut.

Die Klinik und Poliklinik für Diplomaten entwickelte sich weiter und hatte schließlich einen Personalbestand von etwa 200 Mitarbeitern im Jahr 1978. Kurz vor der Eröffnung wurde der ärztliche Leiter gewechselt und ein neuer, es war der Freund und Leibarzt des Politbüromitglieds Günter Mittag, wurde jetzt Chef. Ich hatte keine gute Meinung von ihm, weil ich sein Vorleben etwas genauer kannte und sein Verhalten missbilligte. Ich betrachtete diesen Mann in erster Linie als Partei- und Staatsfunktionär mit nur mittelmäßigen ärztlichen Fähigkeiten und kritikwürdigen Moralbegriffen. Es fiel überhaupt nicht auf, wenn er längere Zeit abwesend war. Seine Arbeit verrichteten andere und er kam und ging, wann er wollte.

Er hatte auf Grund seiner Stellung diese Narrenfreiheit. Sein Freund, Günter Mittag, dessen Leibarzt er war, schützte ihn vor allen Unannehmlichkeiten und stattete ihn natürlich auch mit besonderen Privilegien aus. In seinem Stellvertreter hatte er einen fachlich kompetenten und treu ergebenen Mitarbeiter, auf den er sich verlassen konnte. Er war gleichzeitig Chef der Kinderabteilung.

Ich distanzierte mich zunehmend von diesem Chef. Zu einem entscheidenden Bruch zwischen uns kam es jedoch erst, als ich seine Aufforderung, noch mal für zwei Jahre die Parteisekretärfunktion zu übernehmen, ablehnte.

Er drohte mir in üblicher Weise, dass ich mir mit der Ablehnung meine weitere berufliche Karriere erschwere und verbaue. Er versuchte mich einzufangen, in dem er mir vorspielte, dass ich bald Chefarzt der funktionsdiagnostischen Abteilung werden würde, sofern ich der Aufforderung nachkäme. Der Punkt war jetzt für mich endgültig erreicht – ich konnte diese zusätzliche gesellschaftliche Tätigkeit nicht mehr mit meinem Gewissen vereinbaren. Es hat lange genug gedauert, denn stets musste ich Opfer für mein weiteres Vorwärtskommen bringen. Jetzt konnte ich nicht mehr.

In der DDR-Praxis nun schon etwas geschulter, hatte ich bereits einen Vorschlag für meine Nachfolge als Parteisekretär parat. Es war ein neu eingestellter Röntgenchefarzt aus der Uni-Klinik Leipzig. Dieser war auch gern bereit, diese Funktion zu übernehmen, da er sich damit Vorteile versprach. Ich ahnte damals noch nicht, was meine Ablehnung bedeutete. Ich spürte es erst im Laufe des folgenden Jahres.

Mein Nachfolger hatte es schnell verstanden, sich in seiner Funktion als Parteisekretär zu etablieren und allen Erfordernissen, die das Leitungskollektiv an ihn stellte, gerecht zu werden.

Viel schwieriger war in dieser Klinik die Position des Gewerkschaftsvorsitzenden, ein Hautarzt, der ebenfalls 1975 eingestellt worden war. Stets erntete er Vorwürfe und Kritik. Er war natürlich auch oft zu langsam. Manchmal hatte auch ich mit ihm wegen seiner Trägheit kleine Auseinandersetzungen. Stets war unser Verhältnis zueinander fair und in keiner Weise hinterhältig. Er beteiligte sich genauso wenig wie ich an diesen hausinternen Intrigen.

Auch wenn wir bei unseren unterschiedlichen Mentalitäten keine Freunde waren, so warnte mich dieser Mann vor den nun gegen mich in Gang gesetzten Intrigen.

Ich musste einmal in der Betriebsleitung erklären, warum ich nicht zur Maidemonstration erschienen war. Ich hatte tatsächlich Handwerker auf meinem Wochenendgrundstück und war froh, sie an diesem Tag zu bekommen. Das wurde natürlich nicht akzeptiert und ich erntete Kritik und Rüge.

Erinnerungen von Elke:

Ja, nun bin ich wohl an der Reihe, Dinge in mein Gedächtnis zurückzurufen und aufzuschreiben, von denen ich längst glaubte, sie endlich vergessen zu haben.

Vor einigen Wochen blätterte ich in den Aufzeichnungen meines Bruders, in denen er datenmäßig Geschehnisse vom Frühjahr 1981 bis Februar 1984 aufgezeichnet hatte. Ich brachte es nicht fertig, sie bis zur letzten Seite zu lesen. Ich ließ diese für uns und unsere Verwandten so schwere Zeit wie einen Film an mir vorüber laufen. Mein Mann hat jetzt schon den nötigen emotionalen Abstand gewonnen, der einfach notwendig ist, um darüber schreiben zu können. Mir fällt es unsagbar schwer und ich fühle mich elend.

Wo fange ich an – ich habe meinen Mann 1963 kennen gelernt. Wir haben uns 1964 verlobt, 1966 geheiratet und erwarteten nun mindestens drei Kinder. Erst 1974 wurde unser einziges Kind, unsere Tochter Antje, in Ost-Berlin geboren. Auch ich bin in diesem Staat geboren. Ich habe gelernt, gehorsam zu sein und kritiklos meine Arbeit nach bestem Wissen und Gewissen zu verrichten. Den Bau der Mauer habe ich miterlebt. Für uns damals unfassbar. In dem Glauben, dass so ein Machwerk unmöglich von langer Dauer sein kann, wurde dieser Bau erstaunlich ruhig hingenommen. Wie ernst er gemeint war, hätte mir schon damals bewusst sein müssen.

Ich habe in einem Operationssaal im Krankenhaus Berlin-Staaken, direkt an der Berliner Mauer, gearbeitet.

Tag und Nacht haben wir damals durch Schüsse Verletzte – Minen waren noch nicht gelegt, auf diesen abscheulichen Gedanken kam man erst später – wieder zusammengeflickt (oft ohne Erfolg). Hinter einem Fenster standen während jeder Operation Soldaten mit ihren Gewehren.

Die oft Schwerstverletzten wurden sogar auf den Stationen mit Waffen bewacht. Verwandte oder Freunde wurden nicht zu ihnen gelassen. Man hat sie völlig von der Außenwelt abgeschirmt. Bestimmt sind sie nach der Entlassung in eine Untersuchungshaftanstalt der Stasi gebracht worden.

Diese Arbeit hat mich so belastet, dass ich kündigte und im Krankenhaus Berlin-Kaulsdorf als Operationsschwester anfing. Dort habe ich eine hervorragende Ausbildung in der Orthopädie erhalten.

1966 erhielt ich ein Stellenangebot im Regierungskrankenhaus, welches ich gern annahm. Das Arbeitsmilieu war angenehm, die Patienten interessant, das Gehalt größer als irgendwo sonst. Mein Mann hat ausführlich über dieses Leben im »goldenen Käfig« berichtet und über unsere berufliche und gesellschaftliche Tätigkeit in all den Jahren des Gehorsams.

Ich hatte inzwischen meine Prüfung als Operationsschwester erfolgreich bestanden, nach dem ich ein Jahr lang nur Narkosen gemacht hatte (damals gab es noch keine Fachärzte für Anästhesie). Zwei Jahre lang hatte ich dann in verschiedenen Fachrichtungen wie Augen, HNO, Gynäkologie, Urologie, Orthopädie und Chirurgie während der Operationen instrumentiert und assistiert. Ein Jahr lang hatte ich an einem Tag pro Woche eine Op-Fachschule besucht. Nach einem weiteren Jahr hatte ich meine Qualifikation als leitende Schwester in der Tasche. Ich absolvierte abends in der Volkshochschule Kurse für Stenographie und Schreibmaschine, lernte nebenbei noch Englisch, wurde 1966 das erste Mal, dann alle vier Jahre wieder als Schöffe für das Stadtgericht in Berlin-Mitte gewählt.

Ich war nach der Einschulung unserer Tochter Elternaktiv-Mitglied in der Schule und war im gesellschaftlichen Rat in der Deutschen Staatsoper in Berlin Unter den Linden tätig.

Mit dem Intendanten verband uns später eine familiäre Freundschaft. Ich habe alle Möglichkeiten, die sich mir in diesem Staat boten, ausgeschöpft.

Die Oberschule durfte ich damals nicht besuchen, da mein Vater in diesem Arbeiter- und Bauernstaat weder Arbeiter noch Bauer war. Mein Vater hatte nach dem Krieg ein kleines Busunternehmen aufgebaut. Er war somit ein kleiner Unternehmer. Vor dem Krieg war mein Vater Postinspektor.

Mein Bruder Volker ist 1957, weil er ebenfalls die Oberschule nicht besuchen durfte, nach West-Berlin gegangen, um dort erfolgreich die Oberschule zu besuchen. Dadurch ist er von vornherein in West-Berlin geblieben.

Ich lebte also mit meinem Mann ein Marionettendasein, in dem wir stets unsere beruflichen Aufgaben, so gut wir konnten, erfüllten, von denen etwa ein Drittel politischer Art waren.

Wir wurden Mitglieder der SED, was ganz einfach von Mitarbeitern im Regierungskrankenhaus erwartet und verlangt wurde. Mein Mann war ein so genannter Senkrechtstarter, schwang Parolen wie so viele andere auch, hielt im Krankenhaus politische Schulungen, wobei die Themen vorgeschrieben wurden, so dass die Parteilinie gesichert blieb.

Die politische Tätigkeit durchdrang zwangsläufig unsere kleine Familie. Wir haben debattiert, dabei auch immer mehr kritisiert und es entstand dabei die Frage, ob es richtig und auf die Dauer erträglich sein kann, nach solchen Dogmen zu arbeiten und zu leben. Unsere Kinder und deren Nachkommen würden dann wohl vollkommene Marionetten sein und ohne eigene Entscheidungen dahinleben.

Ich erinnere mich – unsere Tochter kam einen Tag nach ihrem ersten Geburtstag in die Kinderkrippe. Schon dort wurden den Kindern Worte wie Sozialismus, Sowjetunion und andere Worte eingebläut, die sie noch gar nicht aussprechen konnten. Die Kinder in der DDR wurden schon im Kleinkindalter »sozialistisch« erzogen, so auch unser Kind.

Wir hatten wenig private Freizeit. Hatte mein Mann Wochenend- und Nachtbereitschaftsdienst, versorgte ich unsere Tochter, und umgekehrt machte das mein Mann, wenn ich Op-Bereitschaftsdienst hatte. Auf die Dauer war das ein unmögliches Familienleben, da wir an der Erziehung unserer Tochter wenig Anteil hatten.

Schweren Herzens verließ ich deshalb den Operationssaal, ich war immer mit Leib und Seele bei meiner Arbeit. Ich wechselte nun in die chirurgische Ambulanz des Regierungskrankenhauses (Diplomatenklinik) und hatte von nun an einen geregelten Tagesdienst.

Unsere Tochter Antje wuchs heran, ihr Temperament war kaum zu bändigen, so dass sie einer besonderen Aufmerksamkeit bedurfte.

Erinnerungen von Uwe:

Meine Frau und ich lebten wie viele DDR-Bürger ein Leben in diesem Staat mit zwei Gesichtern. Nach außen das geforderte Leben, nach innen die persönlichen Probleme und Konflikte, die die Gesellschaft hervorrief.

Ich wusste, dass unsere heimlichen Treffs mit unseren Verwandten aus West-Berlin verboten waren. Dennoch haben wir uns getroffen. Warum sollten sich Verwandte, selbst wenn sie in den getrennten deutschen Staaten leben, nicht treffen? Für Menschen, die in der DDR-Gesellschaft bestimmte Funktionen einnahmen, ergaben sich daraus zwangsläufig Konflikte. Konflikte, die der Einzelne nicht hervorbringt, sondern die das System erzeugt.

So musste ich halbjährlich als staatlicher Leiter, ich war Abteilungsleiter einer Funktionsdiagnostik, die mir unterstellten Mitarbeiter aktenkundig belehren über die Vorschriften und Verpflichtungen von Mitarbeitern des Regierungskrankenhauses.

Belehrungstext:

Die Tätigkeit im Regierungskrankenhaus der DDR ist eine besondere Vertrauensstellung und erfordert daher ein hohes Verantwortungsbewusstsein.

Aus dem Arbeitsrechtsverhältnis mit dem Regierungskrankenhaus ergibt sich für mich gemäß Ziffer 3 g des Arbeitsvertrages die Pflicht, den zuständigen Leiter oder die Kaderabteilung schriftlich zu informieren über:

a. *Besuche von Personen aus nichtsozialistischen Staaten sowie bestehende und sich anbahnende Kontakte mit Personen dieser Staaten.*
   (Das betrifft sowohl telefonische, briefliche als auch persönliche Kontakte.)
b. *Geschenksendungen über GENEX aus nichtsozialistischen Staaten.*
c. *Ereignisse, die mich persönlich, meinen Ehepartner, Kinder, Eltern, betreffen, unter Angabe des Charakters dieser Ereignisse, z.B. Eheschließung, Wechsel des Wohnsitzes, Rentnerreisen, Übersiedlung in andere Staaten, besonders BRD und West-Berlin, Strafanzeigen, Strafverfahren und deren Ergebnis.*
d. *Beabsichtigte Nebenbeschäftigungen (mit und ohne Entgelt) oder beabsichtigte Veröffentlichungen (auch privater Art) bedürfen der betrieblichen Genehmigung.*
e. *Es ist mir bekannt,*
   a. *dass ich über alle Vorgänge, von denen ich während meines Arbeitsrechtsverhältnisses mit dem Regierungskrankenhaus Kenntnis erhalte, strengstes Stillschweigen zu bewahren habe. Das trifft insbesondere auf solche Tatsachen zu, die sich auf die in der Klinik befindlichen oder bereits entlassenen Patienten, die Patienten der Poliklinik sowie alle anderen dienstlichen Obliegenheiten beziehen.*
      Diese Schweigepflicht verbietet auch den Austausch von Informationen über den genannten Patientenkreis und alle sonstigen betrieblichen Belange an solche Mitarbeiter der Einrichtung, die davon dienstlich keine Kenntnis zu erhalten haben und schließt die Mitteilung dienstlicher und persönlicher Probleme an Patienten ein.

Diese Schweigepflicht hat auch nach meinem Ausscheiden aus dem RK weiter Gültigkeit.

b. *dass dienstliche Unterlagen unter Verschluss aufzubewahren sind und in keinem Fall außer Haus genommen werden dürfen, Ausnahmefälle bedürfen der Genehmigung des ärztlichen Direktors.*
c. *dass private Ausreisen in die nichtsozialistischen Staaten erst drei Jahre nach Beendigung des Arbeitsrechtsverhältnisses mit dem Regierungskrankenhaus möglich sind.*
d. *dass während der Zeit meines Urlaubes, eines Kuraufenthaltes oder bei Reisen ins Ausland der Dienstausweis bei der Kaderabteilung und Schlüssel sowie Petschaften bei dem zuständigen Leiter abzugeben sind.*
e. *dass von den Dienstapparaten im Regierungskrankenhaus und Schwesternhaus keine Gespräche nach denen unter I a) genannten Staaten geführt werden dürfen.*

Es ist mir bewusst, dass ich bei Verstößen gegen die oben genannten Anordnungen sowie bei Verletzung der eingegangenen Verpflichtungen, disziplinarisch zur Verantwortung gezogen werden kann und arbeitsrechtliche oder strafrechtliche Konsequenzen entstehen können.

Berlin, den *Name des Mitarbeiters*

Ich musste meine Mitarbeiter also belehren, dass sie keine Westkontakte haben dürfen oder diese der Kaderabteilung melden müssen. Eine völlig unnatürliche, in die persönliche Familiensphäre des Einzelnen eingreifende, aber in der DDR zur Normalität gehörende Forderung.

Ein System, das derartige Forderungen an seine Menschen stellt, die ihre tägliche Arbeit verrichten, muss damit rechnen, betrogen zu werden! Das ist auch einer der Punkte, warum in dieser Gesellschaft Misstrauen auf der Tagesordnung steht.

Auch bei mir vermehrten sich die Konflikte innerhalb des Regierungskrankenhauses.

Während meiner ärztlichen Tätigkeit hatte ich in den Jahren 1975 bis 1978 den damaligen jugoslawischen Botschafter zu betreuen. Er hatte während seiner Tätigkeit in Ost-Berlin eine schwere Erkrankung und sich davon erfreulicherweise sehr gut erholt. Er war mir als Arzt dankbar verbunden und aus unserem Verhältnis entwickelte sich eine Freundschaft, die auch dazu führte, dass sich unsere Familien trafen und er uns auch auf unserem Wochenendgrundstück besuchte. 1978 beendete er seine Dienstzeit in Ost-Berlin. Der Botschafter wurde in seine Heimat zurückgerufen.

Bei der offiziellen Verabschiedungszeremonie traf er unter anderem mit dem Staatsratsvorsitzenden Honecker, aber auch mit dem stellvertretenden Außenminister Krolikowski zusammen. Dabei stellte er an beide die Frage, ob er seinen langjährigen Arzt aus dem Regierungskrankenhaus mit seiner Familie in seine Heimat einladen dürfe. Die Offiziellen bejahten diese Frage. Bei unserer Verabschiedung teilte er mir das mit und erklärte, dass er sich freuen würde, uns einmal in der Urlaubszeit als Freunde und Gäste in seiner Heimat zu empfangen. Natürlich war ich über diese Einladung erfreut.

Im Januar 1979 erhielt ich die erste Einladung. Sie war an mich gerichtet und für den Sommer 1979 vorgesehen. Ich ging mit dieser Einladung zur Betriebsleitung und bat um die Erlaubnis. Den Brief ließ ich dort und wurde nach etwa 14 Tagen vorgeladen. Der Betriebsleiter, mein unmittelbarer Chef und der Parteisekretär, mein Nachfolger, erwarteten mich. Der Betriebsleiter teilte mir mit, dass es entsprechend der Beratungen nicht möglich sei, diese Einladung anzunehmen. Ich wurde aufgefordert, persönliche Hinderungsgründe vorzugeben, zum Beispiel, dass ich bereits eine feste Urlaubsbuchung hätte und diese nicht rückgängig machen könnte oder dass ich durch andere persönliche Dinge verhindert sei. Ich war über diese Forderung innerlich enttäuscht und verärgert. Dies jedoch offen auszusprechen, war nicht möglich.

So schrieb ich einen Absagebrief an den jugoslawischen Freund und ehemaligen Patienten.

Ich gab dieses Schreiben als offenen Brief an die Betriebsleitung zur Weiterleitung über die Diplomatenpost nach Jugoslawien. Ich wusste, dass dieser offene Brief für mich das Beste war. Somit konnte jedes Misstrauen verhindert werden.

Natürlich erfuhr der jugoslawische Diplomat die Wahrheit über diesen ganzen Verlauf. Er kannte durch seine langjährige Tätigkeit die Gepflogenheiten in der DDR und speziell die eng begrenzte Erlaubnis für DDR-Bürger, nach Jugoslawien reisen zu dürfen. Aber er war natürlich schon erstaunt, dass auch ich in meiner Funktion keine Erlaubnis erhielt, und wusste, dass meine persönlichen Einwände im Brief von mir verlangt wurden. Er kannte das System und wusste, dass man offiziell den Schein wahren wollte und mich daher zwang, diesen Brief an ihn zu schreiben.

Ein Jahr später schrieb er eine zweite Einladung und richtete diese nicht an mich, sondern direkt an die Betriebsleitung des Regierungskrankenhauses. Er erwähnte die Zusage, die er vom Staatsratsvorsitzenden Honecker und stellvertretenden Außenminister Krolikowski erhalten hatte, meine Familie und mich einladen zu dürfen.

Dieser Brief erreichte das Regierungskrankenhaus im Herbst 1979 ohne mein Wissen.

Man lud mich vor und ich war sehr erstaunt über diese Information. Im Februar 1980 unterstellte man mir, dass ich diese Verbindung zu dem Diplomaten aufrechterhalten hätte und dass diese Einladung durch mein Betreiben erneut ausgesprochen worden sei. Ich wies diese Unterstellung mit Entschiedenheit zurück. Ja, man ging sogar soweit, mir zu unterstellen, dass ich nur nach Jugoslawien reisen wolle, um vielleicht sogar in den Westen zu verschwinden. Ich war entsetzt. Man nahm diese Unterstellung dann auch zum Anlass, mir mitzuteilen, dass ich als staatlicher Leiter das erforderliche Vertrauensverhältnis innerhalb der Betriebsleitung aufs Äußerste gestört habe.

Wie ein nasser Pudel verließ ich das Direktionszimmer. Die Feindseligkeiten, vor denen mich bereits der Gewerkschaftsvorsitzende Monate zuvor gewarnt hatte, wurden jetzt offen gegen mich geführt.

Ich wusste damals noch nicht, dass wir seit Februar 1980 überwacht wurden durch den Verrat meiner Eltern.

Sie hatten einen Stasi-Spitzel eingeschaltet, den sie informierten, dass wir Fluchtgedanken geäußert hätten, wenn die Reise zu den Freunden bejaht worden wäre.

Aus diesem Grunde wussten wir auch nicht, dass bereits ab Februar 1980 eine offizielle Observierung unserer Personen durch die Stasi stattfand und bis Juni/Juli 1981 ständige neue Informationen über diese IMs durch meine Mutter und meinen Stiefvater weitergeleitet wurden.

Im März 1980 wurden meine Auseinandersetzungen mit dem Betriebsleiter heftiger.

Wir hatten Sorge nach der Einschulung unserer Tochter, die sich in der Schule nicht konzentrieren konnte. Noch einmal hatten wir dabei erwähnt, dass unser Kind auf Grund unserer Tätigkeit im RK die üblichen Stationen eines Kindes von vollbeschäftigten Eltern in der DDR durchleben musste. Meine Frau hatte bereits nach dem ersten Geburtstag unserer Tochter ihre volle Berufstätigkeit im RK wieder aufgenommen. Antje war bis zum dritten Lebensjahr in der Kinderkrippe des Regierungskrankenhauses gewesen und anschließend nach Vollendung des dritten Lebensjahres in einen Kindergarten in Berlin-Mitte gekommen.

Die Zeit für unsere Tochter war immer viel zu knapp. Das hatte seine Auswirkungen.

Wir kamen daher zu der Entscheidung, dass meine Frau eine Halbtagstätigkeit in der chirurgischen Ambulanz beantragen solle, um mehr Zeit für Antje zu haben, um zu verhindern, dass sie nach dem Schulunterricht bis nach 18 Uhr im Schulhort verbleiben musste.

Die Mitarbeiter meiner Frau befürworteten den Schritt meiner Frau, da sie unser Temperamentsbündel kannten.

Die Leitung unseres Hauses lehnte den Antrag ab, trotz der Vorlage eines kinderärztlichen Zeugnisses durch Kinderpsychologen der Charité. Die starre Haltung der Betriebsleitung war unabänderlich und das Ergebnis der Entwicklung der letzten

Jahre. Vielleicht war es auch schon der Anfang des Plans, uns so zu brüskieren, dass wir von uns aus dieses Krankenhaus verließen.

Bei einem erneuten heimlichen Treffen mit unseren Verwandten aus West-Berlin erzählten wir von dem Intrigenspiel und äußerten die Frage, ob es Möglichkeiten gäbe, aus dieser Gesellschaft herauszukommen. Mein Schwager war erstaunt, er glaubte stets, dass wir treue Diener dieses Staates seien.

Er erbot, sich über Möglichkeiten einer Flucht in das Ausland zu informieren und uns dabei jede Hilfe zu leisten. Er war über die Art und Weise, wie man mit uns in den letzten Monaten umgesprungen war, entsetzt, wusste er doch, was wir in den Jahren der Aufbauphase der Diplomatenklinik geleistet hatten. Innerlich bewegt, verließ er uns!

Volker fuhr mit seiner Frau und meiner Schwiegermutter wieder zurück nach West-Berlin.

Er war nach dem Gespräch innerlich aufgewühlt und berichtet in den folgenden Zeilen selbst darüber.

Erinnerungen von Volker:

Nach dem Gespräch mit meinen Verwandten, in dem ich erfahre, wie unerträglich das Leben in der DDR für meine Verwandten geworden ist, fahre ich sehr nachdenklich nach West-Berlin zurück.

Ich weiß, dass nur gute, harmonische und geordnete Familienverhältnisse uns die Kraft geben, Probleme gemeinsam zu lösen. Bei meinen Angehörigen wird ständig versucht, diesen Zusammenhalt zu stören und zu unterbinden. Dadurch wird das Gefühl der Zusammengehörigkeit größer, die Familienbande werden stärker.

Die meisten unter uns wissen, dass die Machthabenden in der DDR versuchen, Familien ihres Machtbereiches zu trennen. Es wird Bürgern der DDR schwer oder unmöglich gemacht, normale Beziehungen zu ihren Verwandten in der BRD aufrecht zu erhalten.

Es gehört zum Alltag im östlichen Teil Deutschlands, dass Angehörige aller Berufsgruppen sich schriftlich verpflichten müssen, ihre Kontakte zu Verwandten im westlichen Teil Deutschlands abzubrechen. Wer sich widersetzt, nimmt berufliche und andere Nachteile in Kauf. Auf diese Weise wird ein freier Gedankenaustausch von Mitgliedern unterschiedlicher Systeme verhindert.

Seit dem Bau der Berliner Mauer am 13. August 1961 gibt es für den DDR-Bürger im Regelfall keine Möglichkeit, das nicht sozialistische Ausland – so heißt das im kommunistischen Sprachgebrauch – zu besuchen. Durch mehr oder weniger erpresste Unterschriften, wird nun auch die verbale Auseinandersetzung unterbunden. Meine Familienangehörigen in der Ostzone mussten solch eine Verpflichtungserklärung abgeben.

Wie schon vorher erwähnt, ist meine Schwester Op-Schwester und ihr Ehemann als Internist Oberarzt. Beide arbeiten im so genannten Regierungskrankenhaus in Ost-Berlin. Hier werden nur Diplomaten, Regierungsmitglieder und andere Privilegierte behandelt.

Beide haben unterschreiben müssen, sämtliche Kontakte, schriftliche, fernmündliche und persönliche, zu im Westen Deutschlands lebenden Personen sofort aufzugeben. Damit ist der Kontakt zu mir, ich lebe in West-Berlin, verboten.

Gott sei Dank darf ich als Bundesbürger nach Ost-Berlin einreisen. Das ist zwar immer umständlich, denn vor jedem Besuch muss ein Visum beantragt werden, doch es geht. Gegen Zahlung eines Eintrittsgeldes, bei jedem Besuch müssen zwangsweise 25 DM-West in 25 Ostmark umgetauscht werden, und dann darf ich mit dem erteilten Visum für jeweils einen Tag in die DDR einreisen. Die Pass- und Zollkontrollen sind außergewöhnlich streng, oftmals schikanös.

Doch es geht, ich kann in diesen Teil Deutschlands einreisen, der seine Bürger nicht ausreisen lässt. So treffen wir uns häufig bei meinem Bruder, der mit seiner Familie in der Nähe Ost-Berlins, in Teltow, auf dem Lande lebt. Wir haben es also leicht, uns regelmäßig dort zu treffen, ohne dass es auffällt.

Gelegentlich treffen wir uns auch in der Wohnung meiner Schwester in Ost-Berlin. Sie befindet sich in der Leipziger Straße in einem Hochhaus im 18. Stockwerk. Hier ist es schwer, Besucher von Bewohnern zu unterscheiden oder Besucher einem bestimmten Mieter zuzuordnen. Niemals lassen wir uns aber gemeinsam in der Öffentlichkeit sehen.

Bei den Besuchen werden natürlich auch politische Themen diskutiert. Wir achten immer darauf, dass wir leiser sprechen als die Radiomusik spielt, denn die Furcht, belauscht oder abgehört zu werden, ist groß.

Bei diesen Gesprächen wird immer deutlicher, dass der politische Druck, der auf meinen Verwandten lastet, sich ständig vergrößert. Sie dürfen keine Kritik üben und werden selbst ungerecht kritisiert. Sie sehen, wie gefährlich es ist, Dinge des täglichen Bedarfs aus dem Westen zu bekommen, und in welchem Überfluss die Bonzen leben. Es wird ihnen immer deutlicher, wie sehr sie und die Bevölkerung der DDR unterdrückt und ausgebeutet werden.

Heute nun haben sich all die angestauten Gefühle und Aggressionen entladen. Heute bricht es aus ihnen heraus. Sie halten es nicht mehr aus. Sie können es nicht mehr verkraften, in diesem Staat zu leben.

Sie wollen raus! Raus aus dem Zwangsstaat! Raus aus dem Maulkorb! Raus aus dem Falsch, der Scheinheiligkeit, der Selbstbeweihräucherung des Staates! Raus aus der Lobsingerei auf die Sowjetunion und die sozialistische Staatengemeinschaft! Raus, raus, raus!

Ich bin wirklich sehr bedrückt, als ich nach West-Berlin zurückfahre. Wie soll ich einen Weg finden, Elke, Uwe und Antje in den Westen zu bringen? Kann das Unmögliche möglich gemacht werden? Ich habe mich noch niemals mit solchen Gedanken ernsthaft befasst. Jetzt wirbelt es nur so in meinem Kopf. Ich muss erst einmal begreifen, dass es ihnen bitterernst ist. Sie wollen einen Weg finden, raus zu kommen, trotz aller Risiken und Gefahren. Ich soll ihnen helfen.

Natürlich sind sie sich klar darüber, wie gefährlich allein der Versuch ist, vom Osten in den Westen zu kommen. Sie wissen, wie viele Fluchtversuche im Kugelhagel der Grenzwächter scheiterten. Wie viele Flüchtlinge von Tretminen im Grenzstreifen verstümmelt wurden. Es ist ihnen bekannt, dass die Gefängnisse in der DDR randvoll sind mit Menschen, deren Fluchtversuch scheiterten, weil die Grenzen schärfer bewacht sind oder auch weil sie verraten wurden.

Welche Verantwortung nehme ich auf mich, mit dem Bemühen, ihnen zu helfen?

Es wird mir klar, dass alle Wege ausscheiden müssen, die mit Lebensgefahr verbunden sind.

Ich nehme mir vor, eine große Osteuropakarte zu kaufen und mir zu überlegen, ob es Möglichkeiten gibt, über dritte Länder herauszukommen.

Die Osteuropakarte hängt seit einigen Tagen in meinem Hobbyraum. Ich habe schon Stunden davor gesessen und gegrübelt.

Wie schwer ist es zum Beispiel, von Bulgarien aus in die Türkei zu kommen?

Wie werden West-Touristen kontrolliert, die von der Tschechoslowakei nach Österreich einreisen? In das so genannte sozialistische Ausland dürfen Bürger der DDR ja fahren.

Doch wie kommen sie von dort aus weiter?

Hunderte von Ideen und Gedanken werden durchdacht und wieder verworfen.

Aus vielerlei Gründen konzentriere ich mich auf den Weg Bulgarien – Türkei.

Ich bin entschlossen, selbst nach Bulgarien zu fahren, um von dort einen Ausflug in die Türkei zu machen.

Mein Ziel ist es, festzustellen, welche Stempel und Formulare ich bei der Einreise nach Bulgarien bekomme und welche Kontrollen bei einem Ausflug nach Istanbul vorgenommen werden.

Außerdem will ich herausfinden, wie die Grenze bewacht wird. Gibt es Schmuggelpfade von Bulgarien in die Türkei und umgekehrt? Welche Möglichkeiten gibt es, über die See außer Landes zu kommen?

Vielleicht ergibt sich hier schon ein Lösungsansatz.

Eines Abends lerne ich bei Freunden einen Ausländer kennen, der mit einer jungen Frau aus Leipzig verheiratet ist. Er nennt sich Ben. Im Gespräch mit ihm erfahre ich, dass seine junge Frau im Kofferraum eines Autos nach West-Berlin gekommen ist. Sie ist an einer schlecht einsehbaren Stelle auf der Transitautobahn Berlin-Hamburg zugestiegen. Damals ging das noch. Später wurde das Risiko für solch ein Unternehmen viel zu groß. Vermutlich können die DDR-Grenzsoldaten mit Hilfe von Wärmesensoren oder Ähnlichem recht gut feststellen, ob jemand im Kofferraum eines Autos liegt.

Trotzdem ist mein Interesse sofort geweckt. Ich erzähle ihm von dem Wunsch einer mit mir befreundeten Familie aus der DDR, in den Westen zu kommen. Ben ist bereit, für mich Kontakte herzustellen, die mir vielleicht helfen können.

Mein Misstrauen, das ich natürlich habe, wird von meinem Gastgeber zerstreut, der Ben seit vielen Jahren kennt. Er ist mit ihm befreundet und vertraut ihm völlig.

Einige Tage später bekomme ich einen Anruf eines anderen Ausländers. Er heißt Urs. Über Ben hat er von dem Problem meiner »DDR-Freunde« gehört und glaubt, ihnen helfen zu können. Wir vereinbaren, uns zu treffen. Mein Misstrauen ist noch immer vorhanden. Zu oft habe ich von Fluchthilfeorganisationen gehört, die vom Staatssicherheitsdienst der DDR infiltriert waren. Was soll ich also tun? Wie offen kann ich dem Fremden gegenüber sein?

Ich fahre nach dem Telefonat zu meinem Freund bei dem ich Ben kennen gelernt habe und berichte ihm von dem Gespräch. Er wusste bereits von unserem Kontakt. Ben hat sich bei ihm über meine Vertrauenswürdigkeit erkundigt. Mein Freund sagte ihm, dass ich völlig in Ordnung sei, und versicherte ihm, dass er Vertrauen zu mir haben könnte. Umgekehrt hatte er auch keinerlei Zweifel, dass Ben und seine Freunde kein falsches Spiel treiben. Ich sage mir, ruhig bleiben und abwarten. Erst einmal sehen, was Urs zu bieten hat.

Als ich Urs kennen lerne, ist er mir sofort sympathisch. Das Gespräch verläuft dann auch in großer Offenheit. Urs hat tatsächlich eine gute Möglichkeit, meine Familienangehörigen aus Ost-Berlin herauszuholen. In einem osteuropäischen Land sollen Elke und Uwe ausländische Pässe erhalten, in denen bereits Einreisevermerke eingestempelt sind. Mit diesen Pässen sollen sie mit Tochter Antje und dem Mittelsmann, der die Pässe überbrachte, wie normale Touristen die Grenze zu einem westlichen Land überschreiten.

Urs überzeugt mich, dass dieser Weg verhältnismäßig risikolos ist. Für das Unternehmen werden jedoch 60.000 DM benötigt.

Das ist verdammt viel Geld für mich, aber ich werde es von meiner Bank bekommen.

Aber was ist Geld für die Freiheit von drei Menschen? Elke und Uwe werden mit ihrer Tochter endlich frei sein. Ein herrlicher Gedanke!

Um ihn zu verwirklichen, muss einiges getan werden. Zunächst einmal müssen Passfotos besorgt werden. Wegen des Fotopapiers müssen sie im Westen abgezogen werden. Also fahre ich mit einem Fotoapparat bewaffnet wieder nach Ost-Berlin.

Meine Schwester und ihr Mann haben große Bedenken wegen des vielen Geldes, das ich aufbringen muss, doch sie haben keine andere Wahl. Sie sind voller Vertrauen zu mir und voller Hoffnung, bald in den Westen zu kommen, bald frei zu sein. Vor einem Samtvorhang, den ich als Hintergrund benutze, mache ich Brustbilder von Elke, Uwe und Antje. Von entsprechenden Ausschnitten werden dann in West-Berlin Passfotos gefertigt werden.

Alle Vorbereitungen laufen jetzt auf Hochtouren. Anfang August soll das Unternehmen starten.

Erinnerungen von Uwe:

Wir hatten unseren Verwandten in West-Berlin unsere Urlaubspläne mitgeteilt und ihnen gesagt, dass wir Anfang August 1981 nach Ungarn an den Plattensee fahren wollten.

Diese Urlaubsreise wäre auch eine Möglichkeit für eine eventuelle Flucht.

Die Entscheidung lag nun allein bei uns.

Während meine Frau sofort bereit war, konnte ich mich, der ich voller Konflikte und Ängste steckte, nicht dazu durchringen, dem erhaltenen Angebot sofort zuzustimmen. Wir verbrachten Wochen der Entscheidungsqualen, der Angst und Sorge. Die Trennung von den Verwandten, den Eltern, die Trennung von unserem Hab und Gut und dem lieb gewonnenen Wochenendhaus fiel mir besonders schwer.

Man kann diese Wochen der seelischen Marter nicht in Worte fassen. Doch tausende Menschen haben dieses durchlebt. Schließlich haben wir uns durchgerungen, meine Mutter und meinen Stiefvater über unser Vorhaben aufzuklären. Es gab noch keinen detaillierten Fluchtplan. Ich wollte nur die Meinung meiner Eltern hören. Es war ein bedrückendes Gespräch, als meine Eltern uns im April in unserer Wohnung in der Leipziger Straße besuchten. Sie kamen gerade von einer Urlaubsreise, meine Mutter wurde blass und weinte, sie verstand jedoch unsere Sorgen und Konflikte, ja, sie bejahte schließlich unser Vorhaben und war bereit, ja interessiert, bestimmte Wertsachen an sich zu nehmen. Mein Stiefvater beobachtete das Gespräch schweigend und stellte lediglich die Frage: »Wie stellt Ihr Euch das alles vor?« Vielleicht machte er sich Sorgen über die Folgen, die unsere Flucht für ihn und seine Söhne haben konnten? Er war Vorsitzender einer Konsumgenossenschaft in einer Kreisstadt bei Dessau. Meine Halbgeschwister, Zwillinge, hatten ein Hochschulstudium auf dem Gebiet der Ökonomie und Datenverarbeitung absolviert.

Einer war damals Leiter des Büros des Generaldirektors der DDR-Schuhindustrie. Der andere war Oberassistent an einer ökonomischen Hochschule in Merseburg, nachdem er in Leningrad eine dreijährige Aspirantenzeit absolviert und zum Doktor der Ökonomie promoviert hatte.

Wir glaubten nicht an Nachteile für diese beiden, zumal wir wenig Kontakt zueinander hatten und ja unterschiedliche Namen trugen. Dennoch musste man natürlich diese Sorgen verstehen und wir haben sie akzeptiert.

Doch ein Weiterleben im DDR-System war für uns unmöglich geworden.

Meine Eltern versprachen uns, über dieses Gespräch mit niemandem zu sprechen, auch nicht mit meinen Halbgeschwistern. Leider kam es jedoch anders. Ihr Versprechen haben sie gebrochen und haben eine große Familiensitzung abgehalten.

Kurze Zeit nach unserem Gespräch war der Geburtstag meiner Mutter. Einen Tag vorher rief ich sie an, mein Stiefvater war am Telefon. Er war kurz angebunden, seine Stimme klang hart. Ich erzählte ihm, dass wir zum Geburtstag kommen und auch noch einmal in Ruhe über unsere Angelegenheit mit ihnen sprechen wollten.

Er befahl mir sogar, zu kommen, in seinem und unserem Interesse! Ja, es war ein Befehl!

Wir fuhren am 30.5.1981, dem Geburtstag meiner Mutter, zu den Eltern.

Als wir ankamen, öffnete uns mein Stiefvater Oskar die Haustür. Unsere Tochter war glücklich, der Oma ein Geburtstagsgeschenk und einen Blumenstrauß zu übergeben. Sie rief, wo ist die Oma? Leider war die Oma nicht im Haus. Sie war weggebracht worden und sollte bei unserem Gespräch nicht anwesend sein. Nachdem wir hereingebeten wurden, machte uns mein Stiefvater sofort deutlich, dass es unmöglich sei, den Plan einer Flucht zu realisieren. Es gab eine heftige Auseinandersetzung, Vorwürfe gingen hin und her. Vorwürfe der Undankbarkeit. Wir konnten das alles nicht verstehen. Hatte man unsere Sorgen nicht akzeptiert? Konnte man nicht verstehen, dass wir in dieser Situation unserer Bedrängnis gar nicht anders handeln konnten? Es war nicht einfach in der DDR von der Position, die wir hatten, herunterzusteigen, ohne noch mehr Probleme und Hinterhältigkeiten zu bekommen. Schließlich ging die Auseinandersetzung so weit, dass mein Stiefvater uns mitteilte, dass, wenn wir den Fluchtplan weiter verfolgen, er sich gezwungen sähe und von der Familie beauftragt wurde, uns anzuzeigen!

Wir waren entsetzt! Meine Frau stand sofort auf, ich folgte ihr und wir verließen mit unserer Tochter das Haus.

Niemals hätten wir eine derartige Reaktion erwartet. Wir wollten noch einmal beraten, zumal wir zu diesem Zeitpunkt noch keinen festen Entschluss gefasst hatten. Wir wollten gemeinsam das Für und Wider abwägen. Doch dazu gab es keine Möglichkeit mehr.

Noch am gleichen Abend informierte ich, jedoch nicht von unserem Telefon in unserer Wohnung, sondern von einer öffentlichen Telefonzelle aus, meinen Schwager Volker und bat ihn dringend, zu uns zu kommen, um ihm das Vorgefallene zu erzählen.

Erinnerungen von Volker:

Nach dem aufgeregten Anruf meines Schwagers Uwe in Ost-Berlin fahre ich sofort zu ihnen.

Als ich in der Leipziger Straße ankomme, herrscht eine gereizte Stimmung.

Was ist passiert?

Elke und Uwe haben mit Uwes Stiefvater über ihr Vorhaben gesprochen.

Dieser will sie anzeigen, wenn sie es verwirklichen, nachdem eine Familiensitzung stattgefunden hat. Niemand von uns glaubt an die Ernsthaftigkeit solcher Drohungen. Trotzdem ist Uwe entschlossen, das Unternehmen abzublasen.

Was geschieht aber, wenn der Stiefvater den Plan verrät? Allein eine Flucht zu planen, ist in der DDR strafbar!

Wir besprechen noch, dass sie im Falle einer möglichen Festnahme, wer weiß, was der Stiefvater wirklich tut, nur Rechtsanwalt Dr. Vogel als Anwalt nehmen sollen.

Dr. Vogel ist bekannt dafür als östlicher Unterhändler beim Freikauf von politischen Häftlingen, die in DDR-Gefängnissen einsitzen, aktiv werden zu können. Mir bleibt nichts anderes übrig, als alles zu stornieren.

Noch einmal besprechen wir mögliche Nachteile, die die Verwandten durch die Flucht erfahren würden. Keiner weiß darauf eine Antwort.

Erinnerungen von Uwe:

Heute kann ich diese Frage besser beantworten durch Kenntnisse, die ich während meiner späteren Haft gewonnen habe.

Was sollte meinen Eltern geschehen? Meine Mutter war bereits Rentnerin, mein Stiefvater war 62 Jahre alt und hatte nicht zu befürchten, entlassen zu werden. Welche Nachteile sollten nun die Halbbrüder wegen uns haben? Konnte man sie für unsere Handlung verantwortlich machen? Vielleicht gab es in einem diktatorischen System wie in der DDR auch eine Sippenhaft?

Nein, nach den Erfahrungen, die ich während meiner Zeit in der Haftanstalt in Cottbus machen konnte, scheint es diese Sippenhaft doch nicht zu geben.

Dort erfuhr ich zum Beispiel, dass der Bruder des Leibarztes von Willi Stoph auch in dieser Haftanstalt gesessen hatte, weil er der DDR den Rücken kehren wollte. Auch seine Schwester befand sich während unserer Haft, zusammen mit meiner Frau, in der Haftanstalt in Hoheneck. Beide leben jetzt in West-Deutschland.

Der Leibarzt von Willi Stoph, ein alter Bekannter und Arbeitskollege von uns, wurde zwar von der Stasi aufgefordert, seine Geschwister umzustimmen, was ihm jedoch nicht geglückt war. Er hatte keine Nachteile durch die Inhaftierung seiner Geschwister. Er durfte seine Funktion behalten und ich habe sogar erfahren, dass er später meine ehemalige Abteilung als Chefarzt übernommen hat.

Es hätte also keinerlei Nachteile für meine Familie gegeben! Meine Halbgeschwister hätten von unserem Vorhaben nichts gewusst, wenn sie nicht von den Eltern informiert worden wären. Informiert durch meine Eltern, entgegen dem uns gegebenen Versprechen!

Natürlich wissen wir, dass es auch in der DDR zahlreiche Menschen gab, die zu Mitschuldigen gemacht und indirekt dafür bestraft wurden, dass ihre Angehörigen der DDR den Rücken gekehrt haben und dieses wollten.

So gab es Menschen, zum Beispiel Ehepartner, die ihre Arbeitsstellen verloren haben, oder solche, die Informationen verschwiegen haben und dadurch von der Stasi bestraft wurden.

In unserem Falle hätten nur die Eltern etwas gewusst. Sie hätten, wie wir, geschwiegen oder schweigen können. Die Halbgeschwister sollten nichts erfahren und ihnen wäre daher auch keine Schuld anzuhängen gewesen. Leider kam es anders, weil der Stiefvater sein gegebenes Versprechen gebrochen hatte!

In den Wochen unserer sich häufenden Konflikte sahen wir von unserer Hochhauswohnung aus der 18. Etage in der Leipziger Straße mit anderen Augen auf die unter uns liegende Grenzmauer, die Ost- und West-Berlin voneinander teilte.

Wir sahen die Hunde an der Laufleine hinter der ersten Mauer, den mit zwei bewaffneten Soldaten besetzten Wachturm, die Betonstraße für die Militärfahrzeuge, Panzersperren, die freie Wiese und die letzte Mauer, die uns von dem großen Verlagsgebäude Axel Springer, in dessen Fenster wir hineinschauen konnten, trennte. Wehmütig blickten wir in die Ferne nach West-Berlin. Dorthin, wo unsere Verwandten wohnten und wo wir so gern sein würden.

Von unserem Fenster aus sahen wir das Europacenter, den Funkturm, die Kongresshalle und den alten Reichstag. Wir wären gern Vögel gewesen, um all die Hindernisse überwinden zu können.

Wie einfach dachten wir, wäre es doch, von unserem Hochhausdach aus mit einem Drachen in die freie Stadt West-Berlin zu fliegen. Wie schwer ist es doch, aus diesem Staat heraus zu kommen.

Immer wieder sprachen wir über unsere Zukunft, wie es wäre, all dem den Rükken kehren zu können. Meine Frau war fest entschlossen, die DDR zu verlassen. Es war keine Kurzschlussreaktion, sondern sie wollte einfach nicht mehr in diesem

System leben. Ich verstand sie trotz meiner vielen Skrupel und Einwände, doch unser Weg war durch die Drohung meines Stiefvaters verbaut. Jetzt konnten wir die Flucht nicht wagen.

Es war ein großer Fehler, dass ich meinen Eltern so viel Vertrauen schenkte.

Neue Pläne gab es nicht. Wir waren durch das Vorgefallene verzweifelt. Wir mussten leider in diesem System leben und hoffen, dass wir mit dem gegen uns geführten Intrigenspiel fertig werden oder aus dem RK ausscheiden konnten, um eine andere Arbeitsstelle im DDR-Gesundheitswesen zu suchen. Eine Arbeitsstelle, die uns auch die Realität des DDR-Gesundheitswesens erst gezeigt hätte. Eine Arbeitsstelle mit anderen, aber sicherlich nicht mit weniger großen Problemen und Konflikten.

In den folgenden Tagen entspannten wir uns, verdrängten, wie so oft, die Sorgen und Ängste und organisierten nun unseren Urlaub, den wir am Plattensee verbringen wollten.

Dennoch blieb die Stimmung gedrückt. Im ungarischen Reisebüro buchten wir im Juni 1981 den Urlaub und besprachen die Reiseroute.

Wir nahmen auch die vorgesehene Gastfreundschaft ungarischer Diplomaten an, sie wollten unseren Urlaub in ihrem Land zusätzlich verschönern.

Meine Familie in Dessau wusste nicht, dass wir am 30.5.1981 noch kurzfristig mit meinem Schwager aus West-Berlin zusammengetroffen waren, um die Flucht abzusagen. Nach den Auseinandersetzungen mit dem Stiefvater am 30.5.1981 gab es zwischen uns keinen Kontakt mehr. Am 10. oder 12. Juli 1981 erhielten wir Besuch von unseren West-Berliner Verwandten, gemeinsam mit meiner Schwiegermutter, die beim Bruder meiner Frau lebte. Wir sprachen über unseren Urlaub und erwähnten noch einmal die Auseinandersetzung in Dessau. Die Stimmung war gedrückt. Die wenigen Tage bis zum 1. August, unserem Urlaubsantritt, vergingen und schließlich freuten wir uns auf die Reise zum Plattensee. Wir hofften von allem, was uns in den letzten Wochen und Monaten widerfahren war, den inneren Abstand zu gewinnen und neue Kraft zu schöpfen. Außerordentlich bedrückt, ja depressiv war meine Frau. Sie weinte oft still vor sich hin.

Während wir unseren Urlaub vorbereiteten, müssen gerade in diesen Wochen bösartige Pläne gegen uns geschmiedet worden sein, die uns erst am 1.8.1981 deutlich wurden.

Wenn schon die Spannung am größten zu sein scheint, kommt noch ein Unglück hinzu.

Mit Entsetzen stellte ich am 30. Juli 1981 fest, dass der Motor unseres Pkw-Wartburg einen Schaden hatte. Die Zylinderkopfdichtung war defekt. Eine neue Dichtung zu erhalten, war fast unmöglich. Ich fuhr mit spritzendem Motor zu unseren Freunden und Nachbarn unseres Wochenendgrundstückes nach Stolzenhagen.

Leider konnten sie mir nicht helfen. In der Nacht fuhr ich zurück nach Berlin, nachdem ich von keiner Werkstatt Hilfe bekommen konnte. Es zeigte sich wieder mal deutlich die DDR-Mangelgesellschaft. Verzweifelt kehrte ich gegen 3 Uhr morgens nach Hause zurück. Von dort aus rief ich am frühen Morgen einen guten Bekannten an, der eine hohe Funktion im Ministerium hatte. Er versprach mir zu helfen.

Am Freitag, meinem letzten Arbeitstag vor unserem Urlaub, ging ich müde in die Klinik. Ich hatte die ganze Nacht ja nicht geschlafen. Dort hielt ich meine Sprechstunde ab und führte noch verschiedene Untersuchungen in meiner Abteilung durch. Gegen 12 Uhr verabschiedete ich mich von meinem letzten Patienten, einem schwedischen Diplomaten. Für den begann auch gerade sein Urlaub. Ich sprach mit ihm über unser Missgeschick. Hilfreich wollte er alles tun, um uns zu helfen. Er wollte sogar für uns einen Wagen mieten. Leider musste ich diese freundliche Geste, wie immer, ablehnen, da es für uns verboten war.

Meine Frau hatte an diesem Freitag dienstfrei. In den Vormittagsstunden erhielt sie den Anruf unseres guten Bekannten aus dem Ministerium, der alles organisiert hatte, so dass unser Wagen noch am gleichen Tage in einer Regierungswerkstatt repariert wurde. Wir waren natürlich sehr dankbar und überaus glücklich. Mit diesem Defekt hätten wir unsere Reise nicht antreten können.

Heute frage ich mich, war das ein Fingerzeig oder ein Omen für das Böse, was uns in der Folgezeit erwartete?

Am Freitagnachmittag reinigte ich unseren Wagen und verstaute schon einige Gepäckstücke im Kofferraum. Der Wagen stand auf dem Parkplatz vor unserem Hochhaus. Viele Wagen standen dort. Rückblickend standen sicher auch der oder die Wagen der Stasi dort, die uns bereits lange beobachteten. Heimlich steckte ich etwas Westgeld hinter die Innenverkleidung des Wagens, denn dieses durfte nicht ausgeführt werden. Auch wenn diese Devisen der DDR gar nicht gehörten.

Das knapp gehaltene und erlaubte Urlaubsgeld in ungarischer Währung konnte damit etwas aufgebessert werden. Andererseits wäre es ein sehr bescheidener Urlaub geworden, wie ihn schon vor uns viele Urlauber in Ungarn erlebt hatten.

Der Freitagabend verlief ruhig. Wir schauten Fernsehen und tranken noch zum Abschluss des Abends ein Gläschen Cognac.

Alles war vorbereitet für die vorgesehene Abreise am nächsten Morgen. Antje war schon ganz unruhig und konnte schwer einschlafen. Das Ziel war die Halbinsel Tihany am Plattensee.

Die unerwartete Verhaftung - ein Piratenakt!

Am Samstag, den 1. August 1981, war es endlich soweit. Gegen 6:50 Uhr starteten wir von der Leipziger Straße in Richtung Autobahn nach Schönefeld. Die Straßen waren zu dieser Zeit noch völlig leblos. Man sah kaum Menschen oder Autos. Die Sonne strahlte am blauen Himmel, der völlig wolkenlos war. Das hob unsere Urlaubsstimmung sehr. Lediglich zwei Wagen hatten plötzlich die gleiche Fahrtrichtung wie wir. Wir erkannten sie kurz nach dem Ostbahnhof hinter uns. Zu diesem Zeitpunkt hatten wir jedoch noch keinen Verdacht, dass wir verfolgt werden könnten. Es handelte sich um zwei Wagen der Stasi.

Die Fahrt ging am Ostbahnhof vorbei, Richtung Treptow. In Höhe des Treptower Ehrenmals nahmen uns die zwei Pkws vom Typ »Lada« in die Zange. Ein Pkw, der vor uns fuhr, bremste langsam ab und der andere fuhr so dicht hinter uns auf, so dass wir kaum ausscheren konnten. Ich glaubte an einen Scherz junger Leute.

Ich wechselte dennoch die Spur und fuhr seitlich an dem vor uns fahrenden Pkw vorbei.

Dabei sah ich, dass in diesem drei junge Männer in Lederjacken saßen. Einer von ihnen zeigte uns einen schwarz-weiß gestrichenen Polizeistab. Wir waren erschrokken und glaubten, dass wir einer Geschwindigkeitskontrolle auf den Leim gegangen waren. Ich fuhr langsam weiter. Der Lada fuhr vor mir her, während der andere dicht hinter uns folgte. Etwa 400 Meter nach dem Treptower Ehrenmal wurden wir in Höhe des S-Bahnzugangs Plänterwald in eine Seitenstraße gedrängt. Dort wartete bereits ein dritter Pkw vom Typ »Wartburg«-Tourist.

Ich musste hinter diesem halten, die beiden anderen Wagen umzingelten uns. Durch die Heckscheibe des vor uns stehenden Wagens sah ich ein Ehepaar.

Näheres war nicht zu erkennen.

Aus einem der Ladas stieg ein junger Mann in Lederjacke aus und kam an meine Tür.

Ich öffnete diese und er fragte mich, ob ich Dr. Jürgensen aus dem Regierungskrankenhaus sei. Als ich bejahte, stellte er sich als Angehöriger der Stasi vor und bat mich, meine Papiere mitzunehmen und ihm zu folgen zur Klärung eines Sachverhaltes. Ich war schockiert und erklärte dem Stasi-Mann, dass wir uns auf der Urlaubsreise nach Ungarn befänden. Er machte mich darauf aufmerksam, dass es sich nur um eine kurze Klärung handele und ich sollte kein Aufsehen machen. Entsetzt schaute ich in die Augen meiner erschrockenen Frau.

Ich verabschiedete mich von meiner Familie in der Hoffnung, gleich wieder zurück zu sein.

Ich stieg in den Wagen der Stasi. Begleitet von den drei jungen Männern fuhr der Wagen sofort an und die Verriegelung wurde automatisch betätigt. Ich fragte: »Was soll denn das bedeuten?« Die Antwort lautete: »Wir können Ihnen jetzt keine Auskunft geben.« Wieder fragte ich: »Was wollen Sie von mir, wo bringen Sie mich hin?«

Einer der jungen Männer antwortete: »Wir fahren ins Ministerium für Staatssicherheit zur Klärung eines Sachverhaltes.«

Ich schwieg und jetzt kam mir zu Bewusstsein, was geschehen war. War es ein Verrat, der zu diesem bösen Ereignis geführt hatte? Während der relativ kurzen Fahrt glaubte ich tatsächlich, dass meine Frau und unsere Tochter auf mich warten würden und ich in wenigen Minuten wieder bei ihnen sein werde.

Ganz anders war die Wirklichkeit.

Erinnerungen von Elke:

Ich entsinne mich, nachdem mein Mann aus meinem Gesichtsfeld in den Stasi-Wagen verschwunden war, voller Schrecken an dieses Ereignis. Ich kam mir vor wie im Kino, zunächst mehr erstaunt, als schockiert über das, was sich abspielte. Erst verschleppte man meinen Mann, dann kam ich an die Reihe. Unsere Tochter schrie: »Mami – Mami – Mami, lass' mich nicht allein!«

Diese Schreie hallen noch heute in mir. Wir wurden alle in verschiedenen Pkws abtransportiert. Die uns verschleppenden Männer sagten, zu einer Verdachtshandlungsprüfung, die sich dann etwa 13 Stunden ausdehnte!

Ich war relativ gefasst und ruhig, da ich mir sicher war, dass man uns weiterfahren lassen würde. Es bestand bei uns ja wirklich nicht der Plan, dieses ungeliebte Land während unseres Urlaubes verlassen zu wollen.

Erinnerungen von Uwe:

Wir erlebten die Praktik der DDR-Stasi, die unbescholtene Menschen unbemerkt einfach von der Bildfläche verschwinden lässt. Keiner wusste etwas vom anderen. Es war entsetzlich. Es war nichts anderes als ein Piratenakt!

Die Fahrt ging am Ostbahnhof vorbei in Richtung der ehemaligen Stalinallee, die sich jetzt wieder Frankfurter Allee nennt. Wir bogen in die Magdalenenstraße ein und durchfuhren ein schweres Eisentor, das sich sofort hinter uns schloss. Ich befand mich in der Zentrale des Ministeriums für Staatssicherheit der DDR.

Die brutale Hand des Staatsapparates und der treu ergebenen Staatssicherheit hatte uns ergriffen. Die Festnahme war lange vorher organisiert und minutiös vorbereitet worden.

Ich hätte laut aufschreien können – welch ein bestialischer Verrat!

Aus den Drohungen des Stiefvaters wurde jetzt bittere Wirklichkeit. Die Gefühle, gerade in den ersten Minuten, sind unbeschreiblich. Ich glaubte, tot umzufallen. Es war einfach furchtbar. Man führte mich in ein Zimmer, vor den Fenstern waren Eisengitter, ich wurde aufgefordert, vor einem Schreibtisch Platz zu nehmen. Auf diesem stand ein Tonbandgerät und vor mir ein Mikrofon. Eine große scheinwerferartige Schreibtischlampe stand neben dem Tonbandgerät. Ein blasser, schmächtiger Mann, Ende 30, setzte sich vor mir hinter den Tisch. Eine weitere Person, etwa Ende 40, kam zeitweise immer wieder dazu.

Ich fragte, was das alles zu bedeuten habe.

Gegen 7 Uhr begann das Verhör. Das Tonband blieb während der 13 Stunden ständig in Betrieb.

Der Vernehmer diktierte das Datum, die Uhrzeit sowie meine Personalien.

Danach begann das Verhör. Man fragte mich, was ich zu sagen hätte. Ich erwiderte, dass ich die Frage nicht verstehe.

Ich protestierte entschieden über die Art und Weise meiner Behandlung. Immer wieder erklärte ich, dass ich mit meiner Familie nach Ungarn fahren wollte, um dort Urlaub zu machen, was für ein Sachverhalt sollte denn hier geklärt werden? Der Vernehmer erwiderte: »Das wissen Sie nicht?«

»Wie soll ich das wissen«, fragte ich.

Nach diesem Hin- und Herspiel, das etwa 20 Minuten dauerte, sagte man mir dann ohne Umschweife, dass ich im Verdacht stünde, die DDR mit meiner Familie illegal während des Urlaubs verlassen zu wollen. Ich antwortete ruhig, aber eindeutig und unmissverständlich: »Das ist nicht wahr.«

Daraufhin wurde ich als Lügner beschimpft und immer wieder mit dem Vorwurf, dass ich die DDR verlassen wollte, gepeinigt. Immer wieder aufs Neue fragte ich nach meiner Frau und unserer Tochter.

Die Antwort war stets die gleiche: »Es geht den beiden gut, machen Sie sich über sie keine Gedanken.«

Immer deutlicher wurde mir, dass es sich nicht um eine kurz dauernde Klärung eines Sachverhaltes handelte, sondern um eine vorbereitete Anklage. Eine Anklage, die nur auf Verleumdung und Vorverurteilung beruhte.

Wiederholt stellte ich die Frage: »Wie lange soll dieses Spiel noch dauern?«

Immer wieder erklärte ich, dass ich die Absicht habe, gemeinsam mit meiner Familie die Reise fortzusetzen. Die Antwort auf diese Frage war ein zynisches Grinsen und schließlich die Feststellung, dass ich die Reise nicht fortsetzen dürfe, bevor dieser Sachverhalt nicht geklärt sei. Wie lange das dauern würde, wusste ich zu diesem Zeitpunkt noch nicht. Immer noch glaubte ich, da ich mich unschuldig fühlte, dass wir die Reise wieder antreten könnten. Weit gefehlt! Ich kannte das böse Spiel des Staatssicherheitsapparates noch nicht. Ich wusste nicht, dass eine Erklärung, auch wenn sie noch so wahr war, überhaupt keine Bedeutung hatte gegenüber einer Verleumdung, die einen Fluchtversuch behauptete. Ich wusste nicht, dass ich als Angeklagter meine Unschuld beweisen musste, obwohl man mich isoliert hatte und mit niemandem reden ließ.

Immer wieder beteuerte ich meine Unschuld und sagte, dass wir lediglich in den Urlaub nach Ungarn fahren wollten, um nach 14 Tagen wieder nach Ost-Berlin zurückzukehren.

Wie sollte ich in dieser Situation, die in so schrecklicher Weise über uns hereingebrochen war, beweisen, dass das die Wahrheit ist?

Nach etwa drei Stunden wurde das Verhör unterbrochen. Man reichte mir einen kleinen Imbiss. Ich fragte zum wiederholten Male: »Wo ist meine Frau, wo ist meine Tochter?«

Schließlich teilte man mir mit, dass meine Frau im gleichen Haus im Nebenzimmer verhört wurde. Ich war entsetzt und glaubte, die Besinnung zu verlieren. Ich hatte bislang immer noch gehofft, dass sich alles aufklären würde.

Jetzt wusste ich, dass es bitterer Ernst war und dass uns die Faust der Staatssicherheit nicht so schnell wieder aus dem Nacken genommen würde. Immer wieder fragte ich den Vernehmer nach seinen Beweisen hinsichtlich seines Vorwurfs, dass wir die DDR illegal verlassen wollten. Die Antwort war, dass man alles wisse, doch konkret wurde man nicht.

Ich schwieg lange Zeit und antwortete nicht mehr. Innerlich fing ich an, meine Gedanken zu ordnen. Die Ohnmacht der ersten Stunden hatte ich überwunden. Das Tonband lief ständig weiter, ohne dass ein Wort gesprochen wurde. Schließlich fragte ich den Vernehmer: »Bitte kontrollieren Sie meinen Wagen und sehen Sie nach, ob wir wertvollen Schmuck oder wichtige berufliche Zeugnisse in unserem Gepäck haben. Sie werden sehen, dass das nicht der Fall ist, und das ist mein Beweis für unsere Unschuld.« Der Vernehmer beobachtete mich stumm.

Der eine Mann, der ständig hin und her pendelte, war der Staatsanwalt, wie sich später herausstellte. Vor mir wurde getuschelt, dann wurde der Vernehmer herausgebeten und kam erneut mit Fragen auf mich zu. Er behauptete, meine Frau hätte ein umfassendes Geständnis abgelegt und zugegeben, dass wir die DDR während unseres Urlaubes illegal verlassen wollten. Eine absolute Lüge!

Ich erwiderte ihm klar und unmissverständlich, dass das meine Frau gar nicht aussagen konnte, weil es nicht stimmte. In meinen Gedanken beschäftigte ich mich mit meiner Frau, die im Nebenzimmer verhört wurde. Was würden diese Kerle mit ihr anstellen? Was würde sie sagen? Würde sie diesem unerhörten psychischen Druck standhalten?

Mit ähnlichen Gedanken war meine Frau beschäftigt, war ich es doch immer, der sich nicht zu einer Flucht entscheiden konnte und dafür, seine familiären und freundschaftlichen Verbindungen und sein geliebtes Wochenendhaus aufzugeben. Meine Frau und ich hatten uns auf ein derartiges Ereignis, das wir niemals erwartet hätten, nicht vorbereitet und daher bezüglich eines Verhörs nicht abgesprochen. In mir gingen all diese Gedanken und Probleme durch den Kopf, ich hatte Angst und wusste nicht aus noch ein. Es war eine Taktik der Stasi-Verhöre, uns gegeneinander auszuspielen und uns gegenseitig dazu zu benutzen, dass wir uns selbst vernichteten und selbst beschuldigten. Für einen normalen Beobachter ein unglaublicher Vorgang.

Nach weiteren Stunden des Verhörs teilte man mir mit, dass mein Schwager aus West-Berlin unsere Flucht organisiert hätte. Man wolle von mir nun wissen, welche Schleuserorganisation dahinter stecken würde.

Ich hatte mich nun schon etwas gefasst und konnte entsprechend reagieren. Meine Antwort kam jetzt sicherer. Ich sagte auf diese Frage: »Bei uns gibt es keine Schleuserorganisation, da es auch keinen Fluchtplan gibt!«

Der Vernehmer wurde zunehmend gereizter. Vielleicht glaubte er, schnell mit uns fertig zu werden, um den Samstag, einen sonnigen Sommertag, noch etwas genießen zu können. Die Beschimpfungen und Drohungen sowie die Unterstellungen nahmen zu.

Schließlich schrie mich der Vernehmer an und behauptete: »Eine Schleuserperson würde uns besser kennen, als wir zugeben wollten!«

Ich ahnte, dass die Stasi von unseren Fluchtgesprächen wusste, bemerkte aber, dass sie trotzdem keine Details kannte. Was sie nicht wissen konnte, war die Tatsache, dass wir unsere Gespräche und damit auch die eigentliche Fluchtplanung am 30. Mai 1981 abgebrochen hatten. Das wussten auch unsere Verräter nicht!

Als ich nach vielen Stunden, es war etwa 16 oder 17 Uhr, dem Vernehmer sagte: »Sie können uns ja nicht einsperren, da wir unschuldig sind«, erhielt ich die zynische Antwort: »Was wir können, müssen Sie schon uns überlassen, und wir können eine ganze Menge.«

Weil man mit den Anschuldigungen über eine geplante Flucht nicht weiter kam und ich stets unsere Unschuld bekundete, brach man zunächst diese Thematik mit der folgenden Bemerkung ab: »Wir werden Ihnen zu gegebener Zeit Ihren Fluchthelfer persönlich vorstellen und Sie werden erstaunt sein, wie gut er Sie kennt.« Ich lächelte und erwiderte: »Ich bin sehr gespannt, wer das sein soll, denn es gibt einen solchen nicht.«

Ein ganz neues Thema begann. Man befragte mich über meine Lübecker Erbschaft, die ich von meiner 1972 verstorbenen Tante erhalten hatte. Dabei handelte es sich um das Haus meiner Großeltern, die schon lange vorher verstorben waren.

Man sprach davon, dass man einen Gerichtsaushang über diese Erbschaft im Schöneberger Gericht in West-Berlin gesehen habe. Ich erwiderte: »Dort kann es keinen Aushang gegeben haben, weil das Schöneberger Gericht überhaupt nichts damit zu tun hat.«

Man wollte wohl die ganz Angelegenheit etwas verschleiert darstellen, damit ich nicht sofort auf die Dessauer Informanten kam. Ich erklärte, dass ich die Erbschaft in Lübeck und nicht in West-Berlin gemacht habe.

Ich hatte das Haus, das sich mein Großvater als pensionierter Lehrer in Lübeck erbaut hatte, von meiner Tante, der Tochter meines Opas und der Schwester meines leiblichen Vaters, geerbt. Ich war als 13-Jähriger, wie bereits beschrieben, einmal in diesem Haus.

Den Vernehmern gegenüber hatte ich bezüglich meiner Erbschaft nichts zu verleugnen, wie ich auch sonst gegenüber den Anschuldigungen offen und wahr geantwortet habe.

Man beschimpfte mich, dass ich, trotz meiner Position im RK diese Erbschaft gegenüber der DDR verschwiegen hatte. Meine Erwiderung war eindeutig: »Bei dieser Erbschaft handelt es sich um eine rein private Angelegenheit, die weder die DDR noch die Stasi etwas angeht!«

Woher hatte die Stasi diese Information? So lückenhaft sie auch war, sie konnte nur von Familienangehörigen stammen.

Wer das System in der DDR kennt, weiß, hätte man früher schon von meiner Erbschaft erfahren, wäre meine Karriere schon viele Jahre vorher beendet gewesen.

Nein, das war eine frische Information, die nur aus der eigenen Familie stammen konnte, da kein anderer von dieser Erbschaft wusste. Um mich einzuschüchtern, hagelte es erst mal wieder Schimpftiraden über mein »doppelgesichtiges Verhalten«, über meine Undankbarkeit bezüglich meiner erhaltenen Ausbildung, der mir ermöglichten Karriere und über den von mir begangenen Vertrauensbruch.

Das Vertrauen ist doch aber keine Einbahnstraße. Der Vertrauensbruch entstand durch Umstände, durch monate-, ja jahrelange Intrigen gegen mich. Darüber redete ich und machte deutlich, dass ich trotz all dieser Vorwürfe kein Sklave sei und meine Gedankenfreiheit bewahrt habe.

Ich musste nun meinen Lebenslauf vortragen. Ich musste über Verwandte und Bekannte sprechen, während das Tonband ständig lief.

Man wollte wissen, wen wir über unsere Fluchtpläne informiert hätten. Ich erklärte, dass wir lediglich mit meinen Eltern über diese Gedanken gesprochen hätten.

Niemand sonst wüsste von diesen Gesprächen. Ich berichtete über den Verlauf des Gesprächs mit den Eltern, sowohl in unserer Wohnung als auch beim Besuch bei ihnen am 30.5.1981. Ich erzählte ausführlich über die Auseinandersetzung mit meinem Stiefvater, dass er uns, wenn wir den Gedanken nicht aufgeben, anzeigen würde. Ich erzählte auch, dass wir mit meinem Stiefvater seit dieser Auseinandersetzung nicht mehr gesprochen hatten, so dass er nicht wissen konnte, dass unsere möglichen Fluchtpläne von uns aufgegeben wurden. Er hatte sich auch nicht bemüht, Sicherheit darüber zu bekommen, was wir tun wollten.

Ich wusste nun, dass uns mein Stiefvater verraten hatte und sagte es auch!

Man schrie mich an, dass ich mich davor hüten solle, Verwandte des Verrats zu beschuldigen, da ich ja der Verräter sei.

Ich schwieg, draußen wurde es bereits dunkel und gegen 21 Uhr wurde das Verhör beendet.

Man teilte mir mit, dass der Sachverhalt noch nicht geklärt sei und dass man trotz unserer Aussage davon ausginge, dass wir die Unwahrheit gesagt hätten und eine Flucht beabsichtigt hätten.

Nach einem 13-stündigen Verhör war ich am Ende meiner psychischen und physischen Kraft.

Mir wurde mitgeteilt, dass meine Frau und ich in die Untersuchungshaftanstalt der Stasi kämen bis zur vollständigen Klärung. Ich fragte wiederum nach unserer Tochter und man sagte mir, dass sie gut aufgehoben sei. Mehr konnte, nein wollte man mir nicht sagen.

Immer bewusster wurde mir, dass, kam ein Mensch einmal in die Fänge der Stasi, es nicht leicht war, wieder herauszukommen.

Ich bat vor dem Abtransport, auf die Toilette gelassen zu werden. Selbst dahin wurde ich von einem Stasi-Mann begleitet.

Die Zeit in der Untersuchungshaftanstalt der Stasi in Berlin Hohenschönhausen

Wachturm des Stasiuntersuchungsgefängnisses Berlin Hohenschönhausen

Erinnerungen von Elke:

Erst während der letzten Stunden, ich war der Fragen so überdrüssig, erschöpft und hungrig, begriff ich, dass sie die Stärkeren waren und uns, ohne einen Beweis zu haben, einsperren konnten. Als mir dies voll bewusst wurde, ich war fassungslos, verlangte ich nach dem Rechtsanwalt, Herrn Dr. Vogel, worüber der Vernehmer grinsend meinte, dass sie entscheiden, wann und wo eine Zusammenkunft stattfände. Er fragte mich: »Wie kommen Sie ausgerechnet auf den RA Dr. Vogel?«

Mir wurden dann meine Tasche und mein Schmuck abgenommen und ich musste in einen kleinen Transporter einsteigen, der in winzige Zellen unterteilt war. Die Blechtür wurde verriegelt und sogleich fuhr der Wagen los. Es war dunkel, nirgend-

Einzelzelle im Stasiuntersuchungsgefängnis Berlin Hohenschönhausen

Kellertrakt mit Gummi- und Wasserzellen im
Stasiuntersuchungsgefängnis Berlin Hohenschönhausen

wo sah ich eine Öffnung. Ich glaubte, zu ersticken. Ich verlor das Bewusstsein und als ich in einer Kurve mit dem Kopf an die Wand knallte, kam ich wieder zu mir. Ich bemerkte, dass auch mein Mann in einer der Kabinen saß und rief ihm zu: »Uwe, ich liebe Dich, Du Vogel.« Ich wollte ihm damit einen Hinweis geben, sich des Rechtsanwalts Dr. Vogel zu erinnern, welcher derartige Dinge mit Erfolg verhandelte.

Mir war Herr Dr. Vogel aus meiner 15-jährigen Schöffentätigkeit im Bezirksgericht Berlin-Mitte bekannt und ich kannte seine Schriftsätze. Mein Mann, mein Bruder und ich hatten in der Phase des Pläneschmiedens auch über ihn gesprochen.

Erinnerungen von Volker:

Anfang August bekomme ich einen Anruf meiner Schwägerin Hildchen aus der DDR. Sie ist die Ehefrau meines Bruders, Ludo, der wie bereits erwähnt, in einem kleinen Ort in der Nähe Ost-Berlins lebt. Sie haben gerade Antje aus einem Kinderheim aus Ost-Berlin abgeholt.

Dem Kind wurde gesagt, ihre Eltern seien in Afrika, um dort armen Menschen zu helfen.

Tatsächlich sind Elke und Uwe verhaftet worden. Hildchen wurde gesagt, dass sie mit zwei bis drei Jahren Haft rechnen müssen.

Was war geschehen? Aus welchem Grund wurden meine Schwester und ihr Mann verhaftet? Hat Uwes Stiefvater sie nach acht Wochen Schweigen verraten? Elke und Uwe wollten doch nur eine Urlaubsreise nach Ungarn machen. Hat der Stiefvater in dem Antreten dieser Reise ein Signal gesehen? Ein Signal, dass doch ein Fluchtunternehmen gestartet wurde?

Ich bin fassungslos! Ich frage mich, was diese Vorgänge für mich zu bedeuten haben. Bin ich nach den Gesetzen der DDR ein Straftäter, weil ich meinen Angehörigen bei der Flucht helfen wollte? Ist mein Mitwirken überhaupt bekannt?

Für den 8. August 1981 habe ich ein Visum für die DDR beantragt. Ich will meinen Bruder und seine Familie besuchen. Kann ich diese Reise gefahrlos antreten? Ich beschließe, vorher zum Verfassungsschutz zu gehen und dann zu entscheiden.

Dort kann ich vielleicht erfahren, wie ich jetzt helfen kann. Zunächst denke ich daran, Rechtsanwälte, die Gesellschaft für Menschenrechte, die ständige Vertretung der Bundesrepublik Deutschland in Ost-Berlin sowie Presseorgane einzuschalten.

Die Verfassungsschützer nehmen meine Nachricht interessiert zur Kenntnis.

Helfen können sie mir nicht. Immerhin erfahre ich einige Adressen, an die ich mich wenden kann.

1. Bundeshaus, Bundesallee 216 in Berlin
2. Rechtsanwalt Näumann, Uhlandstr. 137 in Berlin
3. Rechtsanwalt Stange, Bundesallee 42 in Berlin

Mir wird noch geraten, nicht in die DDR zu reisen oder ab Berlin-Schönefeld zu fliegen.

Bei Transitreisen durch die DDR sei ich jedoch nicht gefährdet. Ich fahre zum Bundeshaus. Ein höherer Beamter vereinbart für mich einen Sofort-Termin in der Anwaltskanzlei Näumann. Dort spreche ich mit dem Herrn Reinarz, der für mich Rechtsanwalt Dr. Vogel in Ost-Berlin beauftragt, das Mandant für Elke und Uwe zu übernehmen. RA Näumann arbeitet im direkten Auftrag des Bundesministeriums für innerdeutsche Beziehungen in Absprache mit der ständigen Vertretung der BRD in Ost-Berlin. Reinarz vermutet nach meiner Schilderung, dass Elke und Uwe wegen Paragraph 213 (Republikflucht) oder Paragraph 100 (landesverräterische Agententätigkeit) verurteilt werden. Bis zu ihrer Verurteilung könnten drei bis vier Monate vergehen. Im Gegensatz zum Verfassungsschutz rät mir Herr Reinarz von Transitfahrten ab.

Besuche in der DDR hält er für unbedenklich. Angeblich wurden noch nie, seit dem Besuchsabkommen mit der DDR, dort Personen festgenommen, denen die Einreise gestattet wurde.

Ich erhalte ein spezielles Informationsblatt von dem Mitarbeiter der Kanzlei Näumann über wichtige Verhaltensweisen und deren bisherige Erfahrungen im Umgang mit dem Osten.

WOLF-EGBERT NÄUMANN · ÜLO SALM

RECHTSANWALT UND NOTAR — RECHTSANWALT

RAe NÄUMANN/SALM, UHLANDSTR. 137, 1000 BERLIN 31

UHLANDSTRASSE 137
1000 BERLIN 31
TELEFON 86 01 98
TELEX 185 693 NASA D

BANK FÜR HANDEL UND INDUSTRIE AG
KONTO 7 611 110
BANKLEITZAHL 100 800 00

BEI ANTWORT UNBEDINGT ANGEBEN

DEN

SPRECHSTUNDE NUR NACH TELEFONISCHER VEREINBARUNG

Sehr geehrte Damen und Herren!

Im folgenden geben wir Ihnen einige allgemeine Informationen zu immer wieder auftauchenden Fragen. Bitte haben Sie Verständnis, wenn wir dies aus Gründen der Arbeitsvereinfachung in so unpersönlicher Form tun. Nach wie vor stehen wir Ihnen natürlich persönlich zur Verfügung.

Die erste Sorge gilt meist der zu erwartenden Strafe und dem Zeitpunkt der Verurteilung bzw. der Dauer der Untersuchungshaft.

Die Dauer der Untersuchungshaft und die Zeit bis zur Hauptverhandlung währen im Durchschnitt 6 Monate. Mitunter kommt es wesentlich früher zum Termin, manchmal auch erheblich später. Es hängt vom Einzelfall ab.

Über die Höhe der zu erwartenden Freiheitsstrafe lassen sich keine allgemein gültigen Prognosen stellen. Da grundsätzlich in allen politischen Strafsachen die Verfahren unter Ausschluß der Öffentlichkeit laufen, muß man in aller Regel bis zur Hauptverhandlung in völliger Ungewißheit ausharren.

Ist zuvor bekannt, nach welchen Strafbestimmungen das Ermittlungsverfahren geführt wird, sind gewisse weitgespannte Schätzungen möglich, die allerdings dem Einzelfall vorbehalten bleiben müssen.

Rechnen Sie bitte damit, daß zur strafbaren Handlung benutzte Gegenstände beschlagnahmt und später durch Urteil entschädigungslos eingezogen werden — unabhängig von den Eigentumsverhältnissen. Wir denken hierbei in erster Linie an zur Fluchthilfe benutzte Kraftfahrzeuge.

Die nächste Sorge gilt meist der Gesundheit des Verhafteten. Die medizinische Betreuung ist im allgemeinen gewährleistet. Unzulänglichkeiten gibt es, wie überall, auch dort.

Besuche sind in der allerersten Zeit der Untersuchungshaft meist nicht möglich. Sind die Ermittlungen etwas fortgeschritten oder gar schon abgeschlossen, läßt sich ein Besuch in aller Regel durch den Verteidiger vermitteln, wenn der Inhaftierte Einwohner der Bundesrepublik einschließlich West-Berlins ist. Einwohner der DDR können grundsätzlich nur von DDR-Angehörigen besucht werden.

Teilen Sie es uns bitte mit, wenn Sie eine Besuchserlaubnis wünschen. Sofern Sie in Westdeutschland wohnen, benötigen wir dazu eine Fotokopie Ihres Reisepasses. Als Bewohner West-Berlins reisen Sie ja mit Tagesaufenthaltsgenehmigung.

Wird die Untersuchungshaft in Ost-Berlin durchgeführt, haben wir es mit der Vermittlung einer Besuchserlaubnis leichter. Schwieriger ist es, wenn der Untersuchungshäftling in der DDR einsitzt. In der überwiegenden Zahl der Fälle ist, je nach Tatort, eine der Bezirksstaatsanwaltschaften zuständig. In ihrem Bereich wird auch die Untersuchungshaft durchgeführt. Mitunter werden die Häftlinge aus dem Bezirk zu dem Besuch nach Berlin gebracht.

Während der Untersuchungshaft kann im allgemeinen im Abstand von einem Monat besucht werden.

Nach Rechtskraft des Urteils und Verlegung des Betroffenen in eine Strafvollzugseinrichtung muß, wenn es um Besuche, Briefwechsel und Paketempfang geht, zwischen dem sogenannten allgemeinen und dem erleichterten Vollzug unterschieden werden. Es ist hier nicht der Raum, im Detail zu erörtern, unter welchen Voraussetzungen ein Strafgefangener in diese oder jene Vollzugsart kommt. Gehen Sie als Faustregel bitte davon aus, daß vor allem bei Verurteilung zu Freiheitsstrafen von mehr als zwei Jahren der allgemeine Vollzug in Betracht kommt, ansonsten der erleichterte Vollzug.

Im erleichterten Vollzug darf einmal monatlich besucht werden, im allgemeinen Vollzug jeden zweiten Monat. Besuchen dürfen jeweils bis zu zwei Personen für die Dauer einer Stunde. Dabei dürfen meist kleinere Geschenke übergeben werden. Bei Jugendlichen gelten etwas großzügigere Regeln.

Können Sie nicht so häufig hinüberfahren, läßt sich ein Ausgleich dadurch schaffen, daß die Besuchsdauer im Einzelfall verlängert wird. Dies geschieht nur auf Antrag.

Die Besuchserlaubnis — bei der auch nicht mehr so streng nach Herkunft aus Ost oder West unterschieden wird — ist zunächst direkt beim Leiter der Strafvollzugseinrichtung zu beantragen. Die Adresse erfahren Sie aus der ersten Post, die aus dem Strafvollzug kommt. Falls sich die Haftanstalt außerhalb Berlins befindet, müssen Sie zusätzlich noch beim Rat des Kreises (Abteilung Innere Angelegenheiten), in dessen Kreis die Haftanstalt liegt, eine Einreiseerlaubnis beantragen, wenn diese von der Anstaltsleitung nicht bereits der Besuchsgenehmigung beigefügt ist. Beide Gesuche sollten gegebenenfalls aufeinander Bezug nehmen, damit sich die Strafanstalt und der Rat des Kreises untereinander terminlich abstimmen können. Dies gilt für Einwohner Westdeutschlands. West-Berliner reisen mit Tagesaufenthaltsgenehmigung. Allerdings haben auch Westdeutsche es leichter, wenn die Strafe in Ost-Berlin vollzogen wird. Von West-Berlin aus kann man ohne besondere Schwierigkeiten nach Ost-Berlin gelangen.

Die Postverbindung unterliegt Einschränkungen. Leider wird bisher nach der Herkunft des Häftlings unterschieden. Bewohner der Bundesrepublik Deutschland einschließlich West-Berlins können mit ihren westlichen Angehörigen Briefverbindung halten. Inhaftierte Einwohner der DDR dürfen vornehmlich mit Angehörigen korrespondieren, die ebenfalls in der DDR wohnen. Es werden aber mitunter auch Postverbindungen zu hiesigen Angehörigen zugelassen.

Während der Untersuchungshaft darf grundsätzlich einmal ~~monatlich~~ wöchentl. ein Brief gewechselt werden. Es ist im allgemeinen nur ein Korrespondenzpartner zugelassen. Weitere Angehörige können handschriftliche Grüße mit unter den Brief setzen. In Ausnahmefällen darf öfter geschrieben werden, mitunter auch seitens verschiedener Angehöriger.

Um sicher zu gehen, daß die Briefe ausgehändigt werden, sollten diese möglichst nicht viel mehr als eine Seite lang sein und sich auf private Mitteilungen aus Familie und Freundeskreis beschränken. Auf die Straftat oder das Strafverfahren, die Anwälte, Bemühungen um eine Entlassung usw. sollte nicht Bezug genommen werden. Verwenden Sie bitte auch keine Abkürzungen. Man ist mißtrauisch.

Wenn umfangreiche Korrespondenz erforderlich wird, z. B. aus geschäftlichen Gründen, sollten Sie diese Frage bei uns gesondert ansprechen. Wenn der Inhalt eines Briefes, den Sie aus der Haft bekommen, über das, was wir eben andeuteten, hinausgeht, so ändert das nichts an der Gültigkeit unserer Empfehlung.

Solange die Untersuchungshaft andauert, schicken Sie uns bitte die Briefe in offenem Umschlag, den Sie lediglich mit Namen und Geburtsdatum des Inhaftierten sowie Ihrem Absender beschriften. Das Ganze stecken Sie dann bitte in einen an uns adressierten geschlossenen Umschlag. Eines Anschreibens bedarf es nicht. Wir leiten die Post über den Verteidiger in der DDR weiter. Die Antworten kommen meistens direkt, gelegentlich auch über den DDR-Anwalt und uns.

Unregelmäßigkeiten in der Korrespondenz erklären sich daraus, daß die Entscheidung darüber, ob ein Brief ausgehändigt wird oder nicht, allein beim Vernehmer liegt. Die Anwälte haben darauf keinen Einfluß. Pausen in der Korrespondenz sind aber im großen und ganzen kein Grund zur Sorge.

Im Strafvollzug läuft die Post im allgemeinen sehr regelmäßig. Im erleichterten Vollzug ist Briefwechsel viermal monatlich, im allgemeinen Vollzug dreimal monatlich möglich (bei Jugendlichen keine Begrenzung). Nach rechtskräftiger Verurteilung tritt allerdings zunächst meist eine längere Schreibpause ein. Sie dauert nach unseren Erfahrungen bis zu einem viertel Jahr. Dies hat allein technische Gründe und hängt mit der Verlegung in eine andere Anstalt zusammen. Dann wird sich der Verurteilte mit einem ersten Brief direkt bei Ihnen melden. Sie bekommen auf diese Weise aufgrund der Absenderangabe eine Adresse und können unverzüglich direkt antworten. So pendelt sich der Briefverkehr ein. Wir vermitteln dann nicht mehr.

Paketsendungen sind während der Untersuchungshaft grundsätzlich nicht möglich. Nur in Ausnahmefällen werden Sie in der Post des Inhaftierten einen Paketerlaubnisschein vorfinden, und nur dann können Sie entsprechend dem Aufdruck auf diesem Schein ein Paket schicken, wobei Sie sich bitte des Paketerlaubnisscheines als Aufkleber für das Paket bedienen.

Im erleichterten Strafvollzug und im Jugendstrafvollzug können die Gefangenen jährlich bis zu sechs Pakete empfangen. Im allgemeinen Vollzug sind bis zu vier Pakete möglich. Meist wird Ihnen der Strafgefangene mitteilen, daß er ein Paket wünscht und was er braucht.

Bei Schwierigkeiten und weiteren Fragen wenden Sie sich bitte brieflich an den Leiter der Strafvollzugseinrichtung.

Was den Inhalt der Pakete angeht, so gilt das gleiche, wie bei Besuchen in der Haftanstalt für Mitbringsel. Das Wachpersonal muß angesprochen werden. Es empfiehlt sich mitzunehmen: Obst, Dauerwurst, Süßwaren, Kekse in Originalverpackung, Zigaretten, Kosmetika. Keinesfalls dürfen verschlossene Flaschen oder Konservendosen dabei sein. Man will alles leicht kontrollieren können. Einen gewissen Anhaltspunkt bieten die Bestimmungen über Paketsendungen in die DDR, die Ihr Postamt hat.

Sie haben die Möglichkeit, den in der DDR lebenden Angehörigen des Häftlings eine laufende, beträchtliche materielle Hilfe zukommen zu lassen. Wenn Sie hiervon Gebrauch machen wollen, so wenden Sie sich bitte an den für Sie zuständigen Kreisverband des Deutschen Roten Kreuzes, der Ihnen bei der Ausfüllung des anliegenden Schreibens des DRK-Suchdienstes Hamburg behilflich sein kann. Sie können sich aber auch mit dem beiliegenden Formschreiben unmittelbar nach Hamburg wenden. Die Adresse: Deutsches Rotes Kreuz, Suchdienst Hamburg, Blomkamp 51, 2000 Hamburg 53.

Leichter haben Sie es mit Geldeinzahlungen, die grundsätzlich allerdings nur während der Untersuchungshaft möglich sind. DDR-Bewohner können monatlich 30,— DM* erhalten, Westdeutsche einschließlich der West-Berliner monatlich bis zu 50,— DM. Dieses sogenannte Haftgeld dient für Zukäufe, wie Süßigkeiten, Tabakwaren, Kosmetika o. ä. Die Geldeinzahlungen sind meist unproblematisch, wenn der Betroffene in Ost-Berlin einsitzt. In anderen Fällen gibt es hin und wieder Schwierigkeiten. Dies muß im Einzelfall mit uns abgeklärt werden.

Überweisen Sie bitte auf unser Konto und vermerken Sie auf der Gutschriftsanzeige „Haftgeld für . . . . . (Namen)." Wir leiten das Geld sofort weiter.

Es bedarf keiner Einzahlungen, wenn der Betroffene hinreichend Geld bei sich führte, es sei denn, das Geld unterliegt der Einziehung, weil es im Rahmen der Straftat verwandt werden sollte.

Im Strafvollzug werden die Häftlinge auf ihren dann erzielten Arbeitsverdienst verwiesen. Wer ausnahmsweise nicht arbeitet, z. B. aus gesundheitlichen Gründen, und demzufolge kein Geld verdient, darf sich im allgemeinen Vollzug 30,— DM, im erleichterten Vollzug 50,— DM schicken lassen.

Um Einwohner der Bundesrepublik einschließlich der West-Berliner kümmert sich die Ständige Vertretung der Bundesrepublik Deutschland in der DDR. Für inhaftierte Einwohner der DDR kann die Ständige Vertretung nicht aktiv werden. Mitarbeiter der Ständigen Vertretung besuchen die von ihnen betreuten Häftlinge in regelmäßigen Abständen, außerdem dann, wenn von Inhaftierten oder ihren Angehörigen ein Besuch für notwendig erachtet wird. Sie vermitteln Wünsche der Häftlinge und ihrer Angehörigen bei der Abwicklung persönlicher Angelegenheiten.

Hiesige Angehörige der drüben Inhaftierten haben es oft schwer, besonders dann, wenn der Ehemann festgenommen worden ist und die Ehefrau wegen der Kinder nicht berufstätig sein kann. Im Notfall müssen die Sozialämter einspringen.

Häufig kann nach dem Häftlingshilfegesetz Unterstützung gewährt werden. Es gelten aber hierfür nach Gesetz und Praxis von Behörden und Gerichten recht strenge Maßstäbe. Ein Ablehnungsgrund liegt z. B. vor, wenn der Inhaftierte gegen Entgelt für gewerbliche Fluchthilfeorganisationen gearbeitet hat.

Zuständig für die Fragen der Häftlingshilfe sind gewöhnlich ebenfalls die Sozialbehörden, in Berlin beispielsweise der Senator für Arbeit und Soziales. Die Regelung in den Bundesländern ist unterschiedlich.

Wenden Sie sich bitte wegen Leistungen nach dem Häftlingshilfegesetz sofort an die zuständigen Behörden; die Leistungen beginnen immer erst mit dem Tag der Antragstellung. Verweisen Sie bitte die Behörden wegen der nötigen Informationen und Nachweise über den Haftfall an uns.

Unterhaltszahlungen kann auch der Häftling leisten, sobald er sich im Strafvollzug befindet und Arbeitsverdienst erzielt. Es kommt vor allem Unterhalt für Kinder in Frage. Wenn die Existenz des Unterhaltsberechtigten und sein Anspruch durch Geburtsurkunden, ein Unterhaltsurteil, ein entsprechendes Anerkenntnis des Unterhaltspflichtigen oder dergleichen nachgewiesen werden und hier für diese Zahlungen ein Konto eingerichtet ist, müßte auf Ersuchen die Strafvollzugseinrichtung dafür sorgen, daß die zu zahlenden Beträge abgezogen und transferiert werden.

Wir hoffen, mit diesem Abriß eine erste Antwort auf Ihre dringendsten Fragen gegeben zu haben.

* neuerdings auch DM 50,–

Mit freundlichen Grüßen

Näumann und Salm
Rechtsanwälte

Ich bin etwas erleichtert, denn ich habe etwas tun können. Nun fahre ich zum Büro für Besuchsangelegenheiten der DDR. Tatsächlich bekomme ich dort ein Visum ausgehändigt. Nach der Auskunft von Herrn Reinarz bin ich entschlossen, in die DDR zu fahren. Ich will mit meinem Bruder die Geschehnisse besprechen.

Vielleicht kann ich sie auch materiell unterstützen, denn sie haben ja nun auch für Antje zu sorgen.

Am 8. August 1981 fahre ich um 9 Uhr von zu Hause los. Von 9:15 Uhr bis 11 Uhr muss ich an der Grenze warten. Die Abfertigung ist schleppend. Ohne besondere Vorkommnisse werde ich dann abgefertigt.

Um 11:15 Uhr komme ich bei meinen Verwandten in Teltow an. Hildchen empfängt mich allein. Die Kinder sind beim Angeln. Ludo schläft, er hatte Nachtdienst. Mit Hildchen, die sehr erleichtert ist, mich zu sehen, gehe ich zum Nachbarn, der ein Telefon hat. Ich will zu Hause anrufen, und meiner Frau Ina sagen, dass ich gut angekommen bin.

Sie macht sich natürlich große Sorgen. Der Nachbar ist nicht da. Wir gehen zurück in die Wohnung.

Kaum sitzen wir, als es klopft. Zwei Herren vom Staatssicherheitsdienst fragen nach mir.

Hildchen muss sie hereinlassen. Sie weisen sich mir gegenüber aus und fordern mich auf, sie zu begleiten, sie hätten ein paar Fragen an mich zu richten. Mir rutscht das Herz in die Hose. Tausend Gedanken jagen durch meinen Kopf.

Was kann ich tun? Ich versuche, gelassen zu erscheinen und weigere mich, mit ihnen zu gehen.

Die beiden sehen sich kurz an und werden unsicher. Diese Reaktion hatten sie offenbar nicht erwartet.

Sie versuchen nun, mich unter Druck zu setzen, falls ich nicht mitgehe, könne das sehr zu meinem Nachteil sein. Ich müsse auch damit rechnen, dass meine Schwester Elke und meine Familie in Teltow Nachteile haben könnten. Ich bleibe bei meiner Weigerung. Sie drohen mir noch, ich könnte in Zukunft kein Entgegenkommen der Organe der DDR mehr erwarten, und geben dann ihre Versuche, mich mitzunehmen, auf. Sie konnten mich tatsächlich nicht zwingen – erstaunlich!

Sie lassen noch eine Vorladung für meinen Bruder Ludo da, der soll sich am 11.8.1981 um 9 Uhr in der Stasi-Zentrale Berlin-Magdalenenstraße melden. Danach ziehen sie ab.

Wir versuchen erneut, zu telefonieren, und können endlich meine Frau Ina erreichen und beruhigen. Sie hatte mich schon hinter Gittern gesehen, da viel mehr Zeit vergangen war, als sonst üblich. Von der Stasi sagte ich ihr nichts.

Zurück in der Wohnung, wecken wir Ludo und tauschen unser Wissen aus. Ludo wurde von der Generalstaatsanwaltschaft Berlin, Hermann-Matern-Straße 33 – 34 mitgeteilt, dass gegen Elke und Uwe ermittelt wird. Er erfuhr nicht, weshalb, sondern nur, dass ermittelt wird. Gleichzeitig bekam er eine Schreiberlaubnis. Mehr weiß Ludo auch nicht.

Ich werde nun doch ziemlich unruhig und entschließe mich, schnellstens nach West-Berlin zurückzufahren. Nach problemloser Grenzabfertigung komme ich wohlbehalten zu Hause an.

Später erfahre ich, dass die Stasi kurz nach meiner Abfahrt zurückkam. Als sie mich nicht mehr vorfand, sicherte einer die Wohnung, während der andere telefonisch Anweisungen holte. Wütend mussten die beiden dann zum zweiten Mal unverrichteter Dinge das Feld räumen.

Ich beantrage beim Deutschen Roten Kreuz zu Gunsten meiner inhaftierten Verwandten, über meinen Bruder materielle Hilfe in Form von Paketen zukommen zu lassen. Der Antrag geht an

DRK
Generalsekretariat
Suchdienst Hamburg
Blomkamp 51
2000 Hamburg 53/Osdorf

Betreff: Materielle Hilfe in besonderen Notfällen.
Dem Antrag sind lange Überlegungen vorausgegangen, ob er überhaupt gestellt werden soll.

Doch das DRK appelliert dringend an Angehörige und Freunde von in der DDR Inhaftierten, diese Hilfe in Anspruch zu nehmen.

Sie verschafft, so das DRK, den Angehörigen nicht nur eine laufende zusätzliche materielle Hilfe, sondern stellt gleichzeitig eine nicht zu unterschätzende moralische Unterstützung dar, die ihnen nicht vorenthalten werden soll.

Hinter dieser Hilfe stehen wildfremde Menschen, denen es ein Bedürfnis ist, etwas für die Freiheit der gefangenen Deutschen in Ost-Berlin zu tun.

DEUTSCHES ROTES KREUZ

GENERALSEKRETARIAT

SUCHDIENST HAMBURG

DRK-Suchdienst, Blomkamp 51, 2000 Hamburg 53

2000 HAMBURG 53 - OSDORF, DEN
BLOMKAMP 51
FERNRUF (040) 80 10 31 · FERNSCHREIBER 211387
DRAHTANSCHRIFT: SUCHDIENST HAMBURG

Az.: D-ZBK - Di/Zo.

Bei Beantwortung bitte Az. angeben!

Betr.: Materielle Hilfe in besonderen Notfällen

Der Suchdienst Hamburg ist bereit, an [redacted]/Bekannte von [redacted], die in der DDR einschließlich Berlin (Os[redacted] wohnen, eine [redacted] zugunsten der Betroffenen zu [redacted]

Wir appellieren an das Zusammengehörigkeitsgefühl zu Ihren Angehörigen/Bekannten in der DDR und empfehlen Ihnen daher sehr, diese Hilfe in Anspruch zu nehmen. Sie verschafft Ihren Angehörigen/Bekannten nicht nur eine laufende zusätzliche materielle Hilfe, sondern stellt gleichzeitig eine nicht zu unterschätzende [redacted] dar, die Sie ihnen nicht vorenthalten sollten.

Für den Fall der Aufnahme einer derartigen Hilfe benötigen wir Angaben, die Sie bitte in den nachfolgenden Teil dieses Schreibens eintragen wollen. Sie können sich auch mit diesem Schreiben an Ihren nächsten DRK-Kreisverband wenden, der Sie jederzeit auf vertraulicher Basis beraten wird.

Für die Rücksendung des ausgefüllten Formbriefs fügen wir einen Freiumschlag bei.

An das
Deutsche Rote Kreuz
Suchdienst Hamburg
Blomkamp 51
2000 Hamburg 53

Berlin, den 9. 8. 81
(Ort)

1.) Der/die Inhaftierte: Jürgensen (Nachname) 1.) Uwe Jens 2.) Elke Margarita (Vorname)

geb. am: 1.) 26. 9. 41 2.) 17. 7. 40 in: 1.) Dessau 2.) Jüterbog

Fam.Stand: Eheleute Beruf: 1. Arzt 2. Krankenschwester

bitte wenden !

2.) Angehöriger oder Bekannter in der DDR einschl. Berlin (Ost): Ebers — Ludo

(Nachname) (Vorname)

Verwandtschaftsverhältnis zum Inhaftierten: 1.) Schwager 2.) Bruder

Vollständige Anschrift (mögl. mit Postleitzahl): 1501 Ruhlsdorf/über Potsdam
Teltower Str. 30

3.) Meldender in der Bundesrepublik Deutschland: Ebers — Volker

(Nachname) (Vorname)

Verwandtschaftsverhältnis zum Inhaftierten: 1.) Schwager 2.) Bruder

Vollständige Anschrift mit Postleitzahl: 1000 Berlin 45
Müllerstr. 24j

Bemerkungen zur persönlichen Situation des politischen Inhaftierten:

Wir hoffen, daß sie in absehbarer Zeit in den Westen entlassen werden.
Ihre Tochter Antje, sechs Jahre alt, wird für die Zeit der Inhaftierung bei meinem Bruder in Ruhlsdorf bleiben können. [redacted]

V. Ebers

Aufnehmende DRK-Dienststelle — Unterschrift des Meldenden

Um die widersprüchlichen Aussagen über das Benutzen der Transitwege oder der Einreise in die Zone zu klären, fahre ich zum Verfassungsschutz. Mir wird dort wieder versichert, dass ich die Transitwege gefahrlos benutzen kann.

Es war bodenloser Leichtsinn, so erklärte man mir, nach Teltow zu fahren. Ich hatte riesiges Glück!

Jetzt weiß ich gar nichts mehr. In der nächsten Woche habe ich bei RA Näumann einen Termin. Ich werde mich nochmals erkundigen. Es muss doch möglich sein, exakte Auskünfte zu bekommen. Aber wahrscheinlich wird es keine Rechtsnorm geben. Es ist wohl besser für mich, der DDR nicht zu trauen und ihr fernzubleiben.

Am 11.8.1981 muss Ludo um 9 Uhr zum Staatssicherheitsdienst nach Ost-Berlin in die Magdalenenstraße. Ich erwarte dringend seinen Anruf, um zu erfahren, was es gegeben hat.

Endlich, um 22 Uhr, ruft er an. Er ist beim Stasi-Sicherheitsdienst vier Stunden lang verhört worden. Immer wieder wurde er gedrängt, endlich eine Aussage zu machen. Doch was soll er sagen? Er weiß von nichts und ich bin sehr froh darüber!

Die Stasi will mich haben. Ludo sagt, er wurde mindesten 30 Mal dringend aufgefordert, mich zu veranlassen, die Fragen zu beantworten. Das könnte in Berlin oder Teltow geschehen. Ich könne den Ort auswählen. Immer wieder wird Ludo versichert, ich hätte nichts zu befürchten.

Elke und Uwe wollten flüchten. Das konnte Ludo während der Vernehmung heraushören.

Die Stasi meinte, ich sei der Einzige, der davon wusste. Deshalb sei meine Einvernahme so wichtig, um Elke und Uwe zu helfen.

Ich denke, es ist besser, nicht zu fahren. Wenn ich zugebe oder mir nachgewiesen würde, von einem Fluchtunternehmen gewusst zu haben, habe ich mich nach deren Gesetzen bereits strafbar gemacht. Natürlich nagt die Frage an mir, warum die Stasi mich unbedingt sprechen will. Kann ich mit einer Aussage meinen Verwandten vielleicht helfen?

Ich glaube nicht daran!

Nach dem Verhör fährt mein Bruder zur Generalstaatsanwaltschaft in die Hermann-Matern-Straße in Ost-Berlin, um zu erfahren, wie lange das alles dauern kann. Antje muss in der Schule angemeldet werden und sie braucht Kleidung. Niemand weiß so recht, wie es weitergehen wird. Laufende Kosten wie Miete, Versicherungen und Stromkosten für unsere Verwandten müssen bezahlt werden.

Was Ludo erfährt, ist nicht ermutigend. Antje soll tatsächlich in Teltow in der Schule angemeldet werden. Es muss also mit einer längeren Haftzeit gerechnet werden. Er bekommt die Schlüssel für die Wohnung in der Leipziger Straße ausgehändigt. Dort ist ein neues Schloss eingebaut worden. Aber scheinbar kann er frei über alle Dinge verfügen. So kann er wenigstens einige Sachen für Antje mitnehmen.

Seine Zeit reicht noch aus, um zu RA Dr. Vogel zu fahren.

Angeblich wusste der von meinem Auftrag über die Kanzlei, RA Näumann, noch nichts.

Nun aber wurde er aber auch von Ludo gebeten, das Mandat für Elke und Uwe zu übernehmen. Doppelt genäht, hält besser!

Bei allen Kontakten, dem Verhör bei der Stasi, dem Gespräch mit den Vertretern der Generalstaatsanwaltschaft und in der Kanzlei Dr. Vogel ist immer nur die Rede von Elke.

Nun gut, Elke ist blutsverwandt, aber von Uwe war gar nichts zu hören.

Hier wurde Ludo die Information verweigert, was ihn sehr beunruhigte.

Mir drängen sich daher auch Fragen auf, ob Uwe sich auch richtig verhalten wird – wird er durchhalten?

Mein Bruder Ludo ist von den Anstrengungen des Tages völlig geschafft. Am nächsten Morgen ruft mich meine Schwägerin vom Telefon der Nachbarin an. Sie bestätigt noch einmal die Schilderung meines Bruders von gestern und präzisiert, sie dürften aus der Wohnung unserer Verwandten nur verderbliche Lebensmittel und Dinge für Antjes persönlichen Bedarf mitnehmen. Außerdem konnten pekuniäre Probleme geklärt werden.

Die laufenden Kosten betragen etwa 700 Ostmark im Monat. Uwe und Elke haben noch einige 1000 Mark auf ihrem Konto, wovon zunächst die Staatsanwaltschaft die Kosten bezahlt. Ich empfehle, alle Versicherungen ruhen zu lassen und nur die Miete zu bezahlen.

Eine Besuchserlaubnis hat Ludo nicht bekommen. Er wird schriftlich benachrichtigt, sobald Besuche möglich sind.

Von Uwe erfährt er nichts. Alle Fragen nach ihm wurden abgeblockt mit den Worten: »Das tut nichts zur Sache.«

Hildchen war auch bei der Fürsorge. Ihr wurde gedankt, ihre Nichte so schnell aus dem Kinderheim abgeholt zu haben. Antje kann in Teltow bleiben, das erleichtert uns alle. Nach den Sommerferien wird sie dort zur Schule gehen.

Was das Interesse der Stasi an meiner Aussage angeht, sage ich meiner Schwägerin Folgendes: »Die östliche Staatsanwaltschaft soll ein Rechtshilfeersuchen erstellen. Wenn die westliche Staatsanwaltschaft dem stattgibt, mache ich in West-Berlin eventuell eine Aussage.«

Morgen habe ich einen Termin bei RA Näumann. Ich werde ihm alles erzählen, was mir bisher bekannt wurde. In der Kanzlei empfängt mich ein Herr Pastor. Auch dort weiß man noch nichts Genaues.

Auf jeden Fall rät Herr Pastor dringend ab, durch die DDR zu fahren oder mit einem Visum einzureisen. Er glaubt, dass die Stasi dann Wege finden könnte, um mich festzuhalten.

Wenn mir ein Visum erteilt wird, kann man mich zwar nicht wegen vorher begangener Vergehen festhalten, doch kann man irgendetwas anderes inszenieren, um meiner habhaft zu werden. Im Klartext heißt das, dass zum Beispiel ein Verkehrsunfall ausreicht, um mich einzusperren. Zusätzlich würde dann »Fluchthilfe« verhandelt werden. Wegen des Unfalls müsste ich dann vielleicht 10 DM Bußgeld zahlen, zusätzlich aber wegen »Fluchthilfe« für Jahre ins Gefängnis der Stasi gehen.

Diese Ganoven! Man mußte bei ihnen mit allem rechnen!

Am 24.08.81 teilt RA Näumann mir mit, dass RA Dr. Vogel beim Generalstaatsanwalt der DDR gemeldet ist. Das Verfahren gegen meine Verwandten ist dort anhängig.

WOLF-EGBERT NÄUMANN · ~~ÜLO SALM~~

RECHTSANWALT UND NOTAR · ~~RECHTSANWALT~~

RA NÄUMANN/~~SALM~~ UHLANDSTR. 137, 1000 BERLIN 31

Herrn und Frau
E b e r s
Müllerstraße 24 j

1 000 Berlin 45

UHLANDSTRASSE 137
1000 BERLIN 31
TELEFON 86 01 98, 861 66 92
TELEX 185 693 NASA D

BERLINER BANK AG FILIALE 35
KONTO 3554700600
BANKLEITZAHL 100 200 00

Dr. Uwe Jens Jürgensen
Gr. 473/81

BEI ANTWORT UNBEDINGT ANGEBEN

DEN 24. August 1981
pio

Sehr geehrte Frau Ebers,

sehr geehrter Herr Ebers !

Soeben erfahre ich, daß das Verfahren beim Generalstaatsanwalt der DDR anhängig ist.

Die Kollegen aus der DDR sind dort gemeldet. Ich werde weiter berichten.

Mit freundlichen Grüßen
Rechtsanwalt

Näumann

SPRECHSTUNDE NUR NACH TELEFONISCHER VEREINBARUNG

Was für ein Verfahren? Welche Anklage? Wie sind die Aussichten?

Ich bekomme keine exakten Auskünfte. Auf Grund meiner Schilderungen wird in der Kanzlei Näumann wohl vermutet, wie die Anklage lauten wird. Über die Höhe der zu erwarteten Freiheitsstrafe lassen sich keine Prognosen stellen.

Da grundsätzlich bei allen politischen Strafsachen die Verfahren unter Ausschluss der Öffentlichkeit laufen, müsse man in aller Regel bis zur Hauptverhandlung in völliger Ungewissheit ausharren.

Es ist eine böse Sache. Trotzdem bin ich erleichtert über die Bestätigung, dass RA Dr. Vogel das Mandat übernommen hat, denn ohne Vogel geht nichts in Übersiedlungsfragen und Entlassung aus der DDR-Staatsbürgerschaft.

Erinnerungen von Uwe:

Gefolgt von Stasi-Leuten in Uniform und dem Vernehmer in Zivil sowie dem im Staatssicherheitsdienst stehenden Staatsanwalt, musste ich in einen Kleinbus vom Typ »Barkas« einsteigen. Es war ein unauffälliges Warentransportfahrzeug, das außen beschriftet war in leuchtenden Farben »Frischer Fisch auf jeden Tisch«. Es war in Wirklichkeit ein Gefangenentransporter.

Innerhalb des Wagens waren sechs oder acht Kabinen, je 40 x 50 cm groß. Ich wurde in eine dieser Kabinen hineingeschoben, nachdem mir vorher Handschellen angelegt worden waren. Die Kabinentür wurde geschlossen und von außen verriegelt. Ich saß in einem dunklen Käfig. Ein so schockierendes Erlebnis werde ich niemals wieder vergessen. Noch nie hatte ich das kalte Metall der Handschellen an meiner Haut verspürt. Jetzt wusste ich, was das bedeutet.

Als die Wagentür zugeschlagen wurde, rief ich, Elke bist du hier? Ich nahm mit Recht an, dass meine Frau ebenfalls in einen dieser Käfige eingepfercht worden war. Ich sorgte mich sehr, wusste ich doch, dass sie unter Platzangst leidet.

Aus dem dunklen Loch rief meine Frau mir zu: »Ich liebe Dich, Du Vogel«, aber das hat sie wohl schon geschildert.

Ich hatte verstanden und bereits vorher an diesen Namen gedacht.

Der Ruf meiner Frau wurde von Schreien der Sicherheitsleute unterbrochen, die uns zur Raison bringen mussten, denn oberstes Gebot war absolutes Schweigen.

Nur wenige Minuten vergingen, als ich einen kurzen Aufschrei meiner Frau hörte, die in ihrer Kabine zusammengebrochen sein musste. Ich hörte sie auch gegen eine Wand oder auf den Fußboden schlagen. Durch ihre Platzangst musste sie in diesem engen Käfig ohnmächtig geworden sein.

Die Staatswächter öffneten die Kabinentür lediglich einen Spalt, durch eine Kette gesichert. Sie kümmerten sich nicht weiter um meine Frau.

Es war schon ein beängstigendes Gefühl, im rollenden Wagen die Geräusche des Straßenlärms hörend, in einer so engen Kabine transportiert zu werden. In jeder Kurve schlug ich mit dem Körper gegen eine der Wände. Da der Abstand außerordentlich gering war, erlitt ich keinen Schaden. Ich wusste nicht, in welcher Straße wir uns gerade befanden. Ich hörte nur den Lärm vorbeifahrender Autos und den Lärm der S- oder U-Bahn.

Wir fuhren durch die Straßen Ost-Berlins in Richtung Höhenschönhausen.

Es kann eine halbe Stunde gedauert haben oder auch länger. Ich weiß es nicht. Schließlich stoppte der Wagen und ich vernahm, wie ein Eisentor geöffnet wurde. Erneut fuhr der Wagen an, um nach wenigen Sekunden wieder zu halten. Wieder hörte ich das Geräusch von klapperndem Eisen, der Wagen fuhr an und ich hörte das Geräusch eines Tores, welches geöffnet wurde. Der Wagen fuhr wenige Meter und stoppte erneut. Jetzt mussten wir wohl an dem entsprechenden Ort angekommen sein.

Man öffnete die Wagentür und noch bevor meine Frau herausgeholt wurde, rief ich ihr zu: »Schatz halte durch, sei tapfer!« Als ich ausgestiegen war, sah ich vor mir etwa vier uniformierte Wachleute der Stasi. Sie grinsten mich neugierig an.

Zunächst wurde ich durch eine Eisengittertür geführt und seitlich in einen leeren Raum mit einem Schreibpult geschoben. Man forderte mich auf, mich völlig zu entkleiden, nachdem man mir die Handschellen wieder abgenommen hatte. Die drei Wächter waren mit mir beschäftigt. Einer nahm mir meine Sachen ab, der andere ordnete schon meine Gefängnisklamotten.

Als ich splitternackt dastand, wurde ich von oben bis unten von dem Dritten untersucht. Ich musste den Mund öffnen, man schaute mir in die Ohren, schließlich musste ich mich nach vorn beugen und man schaute mir in den After. Anschließend musste ich zu aller Ironie zehn Kniebeugen machen. Für einen, der derartiges noch niemals erlebt hat, ist dieses Erlebnis vernichtend und niederschmetternd.

Gerade das war das Ziel dieser unmenschlichen Schergen. Mir lief es kalt über den Rücken.

Meine neue Kleidung bestand nun aus einem fleckigen und geflickten blauen Trainingsanzug, den sicherlich zuvor ein Stasi-Soldat getragen hatte und der nun für die Gefangenen noch gut genug war. Karierte Filzhausschuhe und blau-weiß-gestreifte Unterwäsche mit langen Hosen gehörten ebenfalls zur Gefangenenkollektion.

Nachdem ich diese Gefangenenkleidung angezogen hatte, wurde ich durch ein weiteres Eisengittertor geführt. Ich befand mich auf dem unteren Korridor der Stasi-Untersuchungshaftanstalt in Berlin-Hohenschönhausen. Links und rechts von mir die Zellentüren, nach 20 Metern ein erneutes Eisengitter, durch welches ich geführt wurde. Schließlich stand ich vor der Zelle, in die ich hineingeschoben wurde. Es war die Zelle 124.

Man öffnete sie und ich sah die vielen Schlösser und Riegel. Das laute Krachen des Metalls hallte ohrenbetäubend durch den Korridor, wie immer, wenn eine Zellentür geöffnet oder geschlossen wurde. Dieser Nerven zermürbende Lärm gehörte ebenfalls zur psychischen Folter des Systems.

Rechts in meiner Zelle neben dem Eingang befand sich ein Toilettenbecken. Neben diesem ein kleines Waschbecken mit fließendem, nur kaltem Wasser. An der Wand stand eine aus Holzbrettern gezimmerte Pritsche mit einem schräg nach oben gehenden Kopfteil. Auf dieser Pritsche befanden sich drei mit Seegras gefüllte, total verschmutzte und dellige Matratzen, aus denen der Inhalt schon hervorquoll. Sie rutschten über die glatte Pritsche, so dass während der Nacht eine Matratze immer auf der Erde lag und ich keinen Schlaf fand.

Über den dreckigen Matratzen lag ein Päckchen bestehend aus zwei schmutzigen Decken, sie stanken, ein weißes Laken und ein blau-weiß-karierter Überzug.

Links von der Pritsche an der gegenüberliegenden schmalen Wandseite, befand sich das Zellenfenster. Der Tag war nun zur Nacht geworden. Das Fenster, etwa 50 cm breit und etwa 80 cm hoch, bestand aus zusammengesetzten Glassteinen. Sie waren so hineingemauert, dass zwischen den zwei Schichten der Glassteine ein Luftspalt offen war, durch den Frischluft in die Zelle eindringen konnte, aber auch die Kälte im Winter und die Hitze im Sommer. Am Tage konnte man nur helles Licht erkennen, aber keine Wolke oder den blauen Himmel sehen. Vor diesem Fenster befanden sich ein kleiner Holztisch und ein kleiner Hocker.

Die Wand zeigte im unteren Bereich einen Ölsockel von etwa 2,5 Metern Höhe und darüber war eine getünchte Wand von nochmals etwa 1,5 Metern Höhe. Die Größe der Zelle betrug etwa 2 x 4 Meter, vielleicht auch 2 x 5 Meter.

Eine grausame Welt umgab mich. Ich war wie gelähmt und glaubte, ohnmächtig zu werden. Daher legte ich mich auf die dreckigen Matratzen, um das immer größer werdende Schwindelgefühl in mir zu überstehen. Meine Gedanken kreisten wie ein Karussell und aus meinem Inneren quoll die Verachtung und der Hass über das, was uns zugefügt wurde, über den Verrat und über die Bestialität, die uns widerfahren war.

Ich konnte es nicht fassen und werde es niemals begreifen, dass das geschehen konnte.

Jetzt begann erst die Zeit, das System des DDR-Sozialismus und seiner Machtvollstrecker zu erkennen und zu begreifen. Ich erlebte den psychologischen Terror dieses Systems hautnah. Es konnte nicht viel anders sein als im Hitler-Faschismus.

Die erste Nacht in der Zelle war eine lange Nacht der inneren Aufruhr, bei der sich tausend Gedanken überschlugen und nicht zu ordnen waren und immer wieder Gedanken über die Urheber unseres Schicksals. Ist das denn möglich, kann das denn sein, immer wieder stellte ich mir diese Frage. Immer und immer wieder die gleichen Gedanken.

Am folgenden Tag um 6 Uhr, ich muss wohl doch eingeschlafen sein durch die Last des Vortages, wurde ich durch das Krachen der Zellenschlüssel und Öffnen der Riegel sowie durch das laute Schrillen einer Glocke geweckt. Alle Glieder taten mir weh. Meine Matratze lag auf der Erde. Der Rücken schmerzte. Eine Klappe in der Zellentür wurde geöffnet und ich wurde aufgefordert, von der Pritsche aufzustehen. Die Nachtruhe ist beendet!

Ich zog das Bettzeug glatt und wusch mich mit kaltem Wasser. Man reichte mir einen Trockenrasierer durch die Luke. Er war total verdreckt, weil er von Zelle zu Zelle gereicht wurde.

Ich weigerte mich, mich mit diesem Apparat zu rasieren. Ich verlangte meinen eigenen Apparat, der in unserem sichergestellten Pkw verpackt war. »An diesen kommen wir jetzt nicht heran«, war die Antwort des Stasi-Wächters. Sicherlich wurde unser Wagen aufs Gründlichste untersucht. Ich rasierte mich daher nicht. Mein Bart wuchs und ich sah den Umständen entsprechend aus.

Es kümmerte mich jedoch wenig, passte es doch zur Situation.

Gegen 7 Uhr schob man mir durch die Luke einen Plastikteller, das Frühstück.

Ein Sternchen Margarine, ein Scheibchen Leberwurst, fett glänzende, mit Wasser verdünnte Marmelade, drei Schwarzbrotscheiben und einen Plastikbecher mit undefinierbarem Tee, auf dem ebenfalls Fettaugen schwammen.

Als Besteck erhielt ich ein Plastikmesser. Ich setzte mich auf den Holzhocker an den kleinen Tisch und versuchte den Tee zu trinken, der nach nichts schmeckte. Nur mit Mühe gelang es mir, den Belag auf das Brot zu streichen, da sich das weiche Plastikmesser stark durchbog.

Während des Austeilens des Frühstücks war der Korridor durch den Lärm der sich öffnenden und wieder schließenden Zellentüren außerordentlich laut. Das Dröhnen ging durch Mark und Bein. So bemerkte ich aber auch, dass viele Zellen besetzt waren und dass viele Menschen in diesem Hause waren, die ein ähnliches Schicksal zu erleiden hatten wie meine Frau und ich.

Wir waren allein und doch nicht allein. Wie mochte es meiner Frau gehen? Ja, jede Minute dachte ich an sie und unser Kind, von dem ich nichts erfahren hatte.

Es mochte eine Stunde oder mehr vergangen sein, eine Uhr besaß ich nicht mehr, da wurde ich aus meiner Zelle geholt. Vor mir sah ich auf dem Flur eine Reihe von Uniformierten, ich sah den langen Korridor mit den dazwischen befindlichen Eisengittern. Ich sah auch eine an der Wand hängende Fernsehkamera, die sämtliche Bewegungen auf dem Flur registrieren konnte. Sie war mit Sicherheit ständig in Betrieb. Erstaunt blickte ich auf eine Ampelanlage, die von der Korridordecke herabhing. Sie leuchtete für mich grün. Die Ampel war genau an der Ecke des L-förmigen Korridors angebracht und diente dazu, dass die Stasiwächter erkennen konnten, dass ein Gefangener auf dem Flur entgegenkommt und somit verhindert wurde, dass sich die Gefangenen untereinander begegneten. Sobald die Ampel auf rot ging, hieß das für die Wächter, dass ein anderer Gefangener entgegenkommt. Man musste sofort mit dem Gesicht zur Wand und der Wachoffizier der Stasi stellte sich dahinter mit gespreizten Armen, so dass auch ein seitlicher Blick verhindert wurde. Hier galt die Parole, kein Gefangner darf den anderen erkennen.

Der circa 5 Meter breite Flur des Gefangenentraktes mit Eisengittern, in denen sich Eisentore befanden, unterbrochen, hatte neben der Ampelanlage noch eine Besonderheit. Es war eine etwa 15 cm breite weiße Linie über den Flurbereich gezogen worden im Abstand von circa 60 cm von der Wand. Auf dieser Linie durfte sich der Gefangene bewegen.

Man führte mich entlang des weißen Striches durch eine Tür in Richtung des Freihofes. Der frische Sommermorgen war wohltuend für mich nach einer furchtbaren Nacht in der stickigen Zelle. Ich atmete tief durch. Nach dem ich aus dem Haupthaus herausgetreten war, stand ich zunächst im Freien. Vor mir befand sich eine lange hohe Wand mit etwa zehn bis zwölf Holztüren, ähnlich der Zellentüren. Man führte mich vor eine dieser und öffnete sie und ich musste in einen etwa 3,5 x 8 Meter großen Freikäfig eintreten. Das war mein Freihof, einem Käfig gleichend. Etwa 6 bis 7 Meter hohe Mauern umgaben mich. Über mir war der Käfig mit einem Drahtnetz bespannt. Entlang der Mauer war ein breiter Steg, auf dem ein Wachtposten mit schussbereiter Maschinenpistole hin und her lief und uns im Blickfeld hatte. Zusätzlich war der Käfig gesichert durch mehrere Fernsehkameras, die ebenfalls im Einsatz waren.

In diesem Freihof hatte der Stasi-Gefangene in Hohenschönhausen die einzige Möglichkeit während seiner Untersuchungshaftzeit den Himmel, die Wolken oder auch die Sonne zu sehen.

Die Glassteine in den Zellen machten das unmöglich. Die Dauer des Freiganges betrug täglich exakt 20 Minuten und keine Minute länger. Das gehörte zu den festen Ritualen, die minutiös eingehalten wurden. Wenn es stärker regnete, fiel der Freigang aus und man musste den ganzen Tag in der stickigen Zelle verbringen. Ich lief wie ein eingesperrtes Tier im Käfig hin und her.

Später, erst nach Wochen, benutzte ich diese Gelegenheit, um meine Gelenke und Muskeln etwas zu mobilisieren, die von Tag zu Tag steifer wurden. Ich machte Gymnastik, lief viele Runden in diesem Käfig, und immer wieder quälten mich die Gedanken, warum wir wohl hier sind? Nur weil wir frei sein wollten, konnte man uns so etwas doch nicht antun!

War es möglich, so bestraft zu werden, nur weil man sich mit solchen Gedanken befasst hatte, das selbst gelobte DDR-Regime zu verlassen? Nur darüber nachgedacht und natürlich auch gesprochen und es letztendlich doch nicht ausgeführt hatte?!

Hatten wir ein Verbrechen begangen, das derartige Maßnahmen rechtfertigte?

Nach Auffassung der kommunistischen Schergen, ja, weil wir uns von der DDR wegstehlen wollten. Sie lebte von der Angst und sie erkannte, wie ich aus späteren stundenlangen Verhören erfahren habe, keinen Unterschied zwischen den Gedanken, Taten und Vergehen.

Für sie war alles ein Verbrechen, was gegen das System ist. Auch die innere Abkehr eines DDR-Bürgers von diesem ungeliebten Staat gehörte zu den größten Straftaten.

Ich erinnere mich des alten Liedes »die Gedanken sind frei«. In der DDR waren die Gedanken nur frei, wenn man sie für sich behielt und sie niemandem, ja nicht einmal seinen Familienangehörigen, nicht seinen Eltern, ja manchmal nicht einmal seiner eigenen Frau erzählte. Diese Erkenntnis habe ich erst später im Strafvollzug durch viele Beispiele erfahren.

Sprach man aus, was man dachte, lief man Gefahr, verraten und angeklagt zu werden.

Arme Menschheit, armes Deutschland!

Das Gedicht von Heinrich Heine »Deutschland ein Wintermärchen« ist immer noch voller Aktualität, wenn es sagt »denk ich an Deutschland in der Nacht, so bin ich um den Schlaf gebracht...«.

Es folgten noch viele schlaflose Nächte in der dunklen Zelle, von Alpträumen geplagt und an die eigene Unschuld glaubend, immer noch auf Freispruch und Anerkennung der Schuldlosigkeit hoffend. Was sind schon 20 Minuten Freigang? 20 Minuten frische Luft, wenn man die übrige Zeit des langen Tages und die langen Nächte hindurch in der dunklen Zelle hocken muss und nur durch den Fensterspalt etwas frische Luft atmen kann, nur die Helligkeit des Tages von der Dunkelheit der Nacht unterscheiden kann?

Gelegentlich geschah es, dass eine Boeing über uns hinweg flog, während wir in den Tigerkäfigen, getrennt voneinander, den Freigang genossen. Das Geräusch der Maschinen, die vom Flughafen Tegel gestartet waren, war für uns fast ein Symbol der Freiheit. Im Glauben, durch den Maschendraht gesehen zu werden, winkten wir den Flugzeugen nach. Vielleicht erkennt man uns, hofften wir, und man sagt es weiter, wo wir uns befinden, denn keiner hat von uns wahrscheinlich etwas erfahren.

Wir wünschten immer wieder aufs Neue, dass diese Maschinen eine Kamera mitführten, und immer, wenn sie über die Gefängnisanlage flogen, filmten, um die Gesichter der Gefangenen zu erfassen und sie zu registrieren.

Wir, die wir ohnmächtig und hilflos in diesem Kerker schmachteten und keinerlei Möglichkeiten des Kontakts mit der Außenwelt hatten, waren rechtlos und verdammt.

Immer, jeden Tag und all die Wochen hindurch, zermarterte ich mir das Gehirn, wie ich nur beweisen konnte, dass wir unschuldig sind. Wie ich beweisen konnte, dass wir nur in den Urlaub nach Ungarn fahren wollten. Wie ich beweisen konnte, dass wir die DDR nicht illegal verlassen wollten. Mehrere Tage verbrachte ich allein in dieser Zelle, lediglich unterbrochen durch die hereingereichten Mahlzeiten.

Am dritten Aufenthaltstag führte man mich in ein so genanntes kriminaltechnisches Labor.

Mein Bart war tüchtig gewachsen und ich sah furchtbar aus, den Umständen jedoch angepasst, glaubte ich. Ich erhielt einen Nassrasierer und musste mich damit rasieren. Mein Gesicht blutete nach der Rasur.

Ich wurde auf einen Holzschemel gesetzt und man fotografierte mich von mehreren Seiten.

Ich musste ein Schild halten, dessen Aufschrift ich nicht sehen konnte. Wahrscheinlich standen darauf meine Registrierdaten. Derartiges kennt man ja aus Kriminalfilmen. Anschließend wurden mir von allen Fingern Abdrücke genommen. Ich kam mir vor wie ein Schwerverbrecher, wie ein Krimineller.

Das immer wieder die Stille unterbrechende Krachen der Sicherheitsschlösser der Zellentüren war eine Marter für die Seele. Eine Zellentür, die etwa 6 cm dick war, hatte zwei Hauptriegel, zusätzlich ein schweres Mittelschloss und daneben ein Schloss und einen Riegel für die Türklappe. Über der Zellentür befand sich ein in der Mauer eingelassenes Loch, in dem ein starker Scheinwerfer installiert war, der von außen bedient werden konnte. Die Nacht hindurch nahm man diesen alle fünf bis zehn Minuten in Betrieb, um uns genau zu beobachten. Dabei wurde man immer wieder aufgeweckt. Keine Nacht konnte man also durchschlafen.

Nach etwa zehn Tagen wurde mir mein eigener Trockenrasierer durch die Luke gereicht, den ich nach der Rasur natürlich wieder abzugeben hatte. Die Hitze des Sommers 1981 machte die Zellen zu stickigen Brutkammern.

Am vierten Tag meiner Einlieferung wurde ich mit einem anderen Gefangenen zusammengelegt. Es war die Zelle 104, immer noch auf dem unteren Flur, auf dem sich die meisten männlichen Gefangenen befanden. Nach dem sich die Zellentür hinter mir geschlossen hatte und ich nur wenige Minuten meinen Leidensgefährten betrachtet hatte, stellten wir uns vor. Er war ein 33-jähriger Hochenergiephysiker aus einem Institut der Akademie der Wissenschaften der DDR, ein Dr. rer. nat. und ein Dr. med. waren nun für viele Wochen enge Leidensgenossen. Nachdem das anfängliche Misstrauen gefallen war, denn jeder glaubte, dass der andere lediglich als Spitzel für die Stasi dient, erzählten wir unsere Leidensgeschichten. Im Laufe der Wochen kannten wir jedes Detail der Geschichte des anderen und wir versprachen uns oft, sobald einer von uns frei sein würde, dem anderen zu helfen. Immer nach den Verhören, trösteten wir uns und sprachen uns Mut zu.

Uns wurde in den folgenden Wochen immer bewusster, dass es für uns kein Zurück geben konnte. Kein Zurück in dieses verachtungswürdige System.

Hier würden wir niemals mehr eine Chance haben und das Leben würde für uns nur noch zum Martyrium werden.

Wenn man einmal in dieser Situation ist, gibt es nur ein nach vorn. Ein nach vorn, das heißt ein weg von dieser Gesellschaft!

Mein Zellenkamerad hatte über Polen die DDR verlassen wollen. Er beabsichtigte, mit Hilfe eines Motorbootes von der polnischen Ostseeküste nach Schweden zu fliehen, hatte alles gut vorbereitet und geplant. Die Arbeit in seinem Institut war für ihn unerträglich geworden. Er sah keine Chance für eine vernünftige Tätigkeit. Seine Forschungsaufgaben beschäftigten sich mit bereits bekannten »alten Hüten« und dienten lediglich seiner Beschäftigung, ohne dass er sich wissenschaftlich befriedigt fühlte. Es waren Arbeiten, die in erster Linie dem Hobby des Direktors, einem Akademiemitglied der DDR-Wissenschaften, dienten.

Als er gewagt hatte, die über Monate bereits laufende unsinnige Arbeit zu kritisieren, erging es ihm ähnlich wie mir. Es ging ihm ähnlich, wie vielen anderen in diesem System, die es wagten, Kritik zu üben. Er kam in das Räderwerk der Intrigen. So sah er als einzigen Ausweg, einen Fluchtversuch zu wagen, um als Wissenschaftler frei arbeiten zu können.

Um nun überhaupt nach Polen reisen zu können, musste er sich zunächst eine Einladung beschaffen. Eine normale freie Reise in das sozialistische Nachbarland war schon seit Jahren verboten. Ein Fachkollege aus Polen schickte ihm die gewünschte Einladung. In seinem Pkw hatte er die nötigen Urlaubs- und Campingartikel eingeladen und fuhr so an die polnische Ostseeküste. Er wagte nicht, seine Frau mitzunehmen, weil das Unternehmen zu riskant erschien. Ein guter Freund aus West-Berlin kam mit einem neu gekauften Außenbordmotor nach Polen, um bei der Flucht behilflich zu sein.

Acht Tage hatte mein Leidensgefährte als Urlauber die Küste erkundet. Er wusste, wo die Wachtürme standen und wann die Scheinwerfer angeschaltet wurden. Er fand am Strand ein an einer Kette angeschlossenes Holzboot, was er in seine Planung mit einbezog. So brauchte er sein schwaches und labiles Faltboot nicht für diese risikovolle Fahrt zu benutzen.

Sein Westberliner Freund war acht Tage später angekommen. Alles wurde noch einmal gründlich besprochen. Schließlich entschied er sich am zehnten Tag seines Aufenthaltes, die Flucht durchzuführen.

Der BMW des Freundes wurde mit allen erforderlichen Dingen wie Regenbekleidung, Kompass, Motor und Nahrungsmittel sowie Trinkwasser beladen und man fuhr in Richtung Strand. Es war ein regnerischer Abend.

Bevor man den Strand erreichte, musste ein sandiger Weg passiert werden.

Hier geschah nun das unerwartete Unglück, welches das Schicksal der beiden Menschen für die weitere Zeit bestimmte. Der Wagen sackte bis zur Achse in den aufgeweichten Sand ein und war nicht mehr weiter zu bewegen. Fast die ganze Nacht hindurch bemühten sich beide, den Wagen wieder flott zu bekommen, was jedoch nicht gelang. Schließlich wurden polnische Soldaten auf sie aufmerksam, die zu einer unweit gelegenen Kaserne des Küstenschutzes gehörten. Diesen erklärten die beiden, dass sie Urlauber seien und zum Strand fahren wollten und dabei dieses Missgeschick passiert sei. Man forderte sie auf, den Wagen zu verschließen und die Quartiere aufzusuchen.

Am nächsten Tag sollten beide wieder hier erscheinen, wo man mit Hilfe eines LKWs den Wagen herausziehen wollte. Als beide am nächsten Tag erschienen, standen bereits mehrere Soldaten sowie ein Zivilist vor Ort. Es stellte sich heraus, dass dieser Zivilist zur polnischen Staatssicherheit gehörte. Der Wagen wurde durchsucht und man erkannte, dass hier eine mögliche Flucht beabsichtigt war. Mein Zellenkamerad wurde von dem polnischen Stasi-Mann in das Ortsgefängnis gebracht. In einer schmutzigen Zelle blieb er 14 Tage zusammen mit einem polnischen Gefangenen.

Ein Toiletteneimer gehörte zum Inventar dieser Zelle. Der feuchte Raum enthielt lediglich ein Holzbrett, auf dem beide schlafen mussten, zugedeckt mit schmutzigen Decken. Es müssen grausame Tage für meinen Leidensgefährten gewesen sein. Seinen Freund aus West-Berlin glaubte er in Freiheit. Doch er hatte sich getäuscht, auch der Freund wurde von der polnischen Stasi verhaftet und den DDR-Organen übergeben. In der Untersuchungshaft in Hohenschönhausen erfuhr mein Partner, dass er im gleichen Haus eingesperrt war.

Nachdem er 14 Tage in polnischer Haft verbracht hatte, wurde er von zwei bewaffneten polnischen Soldaten an die Grenze zur DDR gebracht und der Stasi der DDR übergeben und in das nächstgelegene Gefängnis in Neubrandenburg eingeliefert, um von dort weiter nach Berlin transportiert zu werden.

Auch ich erzählte über unsere Geschichte und mein Zellengenosse konnte es nicht fassen, wie es zu unserer Inhaftierung kommen konnte.

Es ging ihm wie allen, denen wir später unsere Geschichte erzählt haben.

In unserer Zelle eingesperrt, erkannten wir immer deutlicher, dass wir unserem Schicksal nicht ausweichen konnten und wir wollten es auch nicht mehr. Immer wenn unsere Verzweiflung am größten war, wenn wir von den Verhören zermartert in unsere Zelle zurückkamen, sprachen wir uns Kraft zu, und immer begleitete uns unser zu unserem Leitmotiv gewordener Satz: »Du musst nur wollen!« Damit stärkten wir unsere Willenskraft und unsere Standhaftigkeit, entgegen allen Versuchen, unseren Willen zu brechen. Wir wussten, was wir wollten, und das war das Entscheidende. Wir wollten nicht mehr in diesem System des Terrors, der Unmündigkeit und der Verachtung der Menschenrechte leben. Wir wollten frei sein, frei in unseren Gedanken und unseren Bewegungen.

In der uns aufgezwungenen ohnmächtigen Situation voller Angst und Sorge verspürten wir von Tag zu Tag, trotz fortgesetzter Verhöre und Drohungen, dass unsere Angst immer kleiner wurde. Wir verloren immer mehr unsere frühere Demut und gelebte Unterwürfigkeit und es entwickelte sich ein stärkeres und eigenständigeres Charakterbild. Die Angst war es nämlich, mit der man in der DDR das Volk regierte.

Die Angst war es auch stets, die uns zu Gefolgsleuten werden ließ, in der Sorge um unsere Karriere. Jetzt gab es diese Probleme bei uns nicht mehr. In unserer verzweifelten Lage gab es nur den Weg nach vorn.

Die große Angst des Volkes ist eine der Hauptursachen, durch welche sich der Hitlerfaschismus und nun auch die DDR-Diktatur entwickeln konnten. Nur wenn das Volk sich von dieser Angst befreit, ist es in der Lage, die Mächtigen selbst zu Ohnmächtigen werden zu lassen.

Das haben sie bereits auch schon spüren gelernt beim Volksaufstand 1953 und sie haben damals auch Angst bekommen und entsprechende Sicherheitsmaßnahmen wie das Städtchen Wandlitz und anderes mehr installiert.

Während meines früheren Lebens im so genannten »goldenen Käfig« entwickelte sich allmählich ein innerer Gesinnungswandel. Besonders hervorgerufen durch die Intrigen innerhalb des Regierungskrankenhauses gegen meine Person zu Beginn der 80er-Jahre. Ich habe eine lange Phase der inneren Unsicherheit, des Zweifels und der Angst durchlebt.

Jetzt, eingesperrt, ging diese Angst immer mehr zurück. Es war jedoch eine Ohnmacht, die uns beherrschte, und wir hatten unser Leben aus dem goldenen Käfig in einen eisernen Käfig verlegen müssen. Aus mir, dem Zweifler, wurde ein immer mehr bewusst handelnder Mensch, der sich gegen ein derartiges Terrorsystem stellte und dies nun auch offen bekundete.

Mir wurde bewusst, dass der Weg aus dieser Situation in die Freiheit voller Dornen, voller seelischer Qualen, voller Angst und Pein sein würde. Wir mussten durchhalten und auf unsere Gesundheit achten in der Verantwortung gegenüber uns selbst, für unsere Ehepartner und unser Kind.

Für ein eingesperrtes Volk ist der Weg in die Freiheit stets voller Bitternis und Gefahren.

Es ist aber der einzige Weg in ein Leben in Freiheit, wie die Geburt eines jungen Menschen, eines Kindes nie schmerzlos und leicht ist.

Ich erinnere mich eines Satzes aus der Literatur: »Das Leben wird dir nur ein einziges Mal gegeben und nutzen sollst du es, dass dich sinnlos verlebte Tage nicht reuen.«

Die Geschichte meines Zellengefährten war die eines missglückten Fluchtversuches. Viele solche Geschichten habe ich später gehört, es gibt unzählige davon. Jede ist für sich beeindruckend, weil sich hinter jeder ein Schicksal verbirgt.

Wir waren durch die Schergen der Stasi, von den Mitmenschen nicht bemerkt, von der Bildfläche verschwunden.

Wie lange würde es dauern, bis jemand von unserem Schicksal erfuhr? Wir wussten nicht, wann unsere Verwandten überhaupt über unsere Inhaftierung in Kenntnis gesetzt wurden.

Die erste Information des Schwagers Ludo kam durch den Generalstaatsanwalt vom 3.8.1981.

DER GENERALSTAATSANWALT
DER DEUTSCHEN DEMOKRATISCHEN REPUBLIK

DER GENERALSTAATSANWALT DER DDR
104 Berlin, Hermann-Matern-Straße 33-34

Herrn
Ludo E B E R S

1501 Ruhlsdorf
Teltower Str. 30

Ihre Zeichen	Ihre Nachricht vom	Unsere Zeichen	Fernruf	104 Berlin, Hermann-Matern-Straße 33-34
		213-11/81	2363712	3.8.81

Werter Herr EBERS !

Gegen Ihre/n/ Schwester Margarita JÜRGENSEN
wurde ein Ermittlungsverfahren eingeleitet und Haftbefehl
erlassen, da sie dringend verdächtig ist, eine strafbare
Handlung begangen zu haben.
Ihr(e) Schwester befindet sich in der Untersuchungs-
haftanstalt Berlin.
Sie haben die Möglichkeit, monatlich 4 Briefe zu schreiben.
Äußerungen über die Straftat sind darin nicht gestattet.
Paketsendungen können nicht entgegengenommen werden.
Geldsendungen von monatlich bis zu 5o,- Mark sind zulässig.
Wäsche und Bekleidung sind nur bei Anforderung zu überbringen.
Für Briefe und Geldsendungen gilt folgende Adresse:

Vor- und Zuname
1040 Berlin, Postschließfach 84

Eine Sprecherlaubnis wird erteilt, sobald der Stand der Ermittlungen es zuläßt.
Nach Abschluß der Ermittlungen werden Sie über den weiteren Gang des Verfahrens informiert.

Im Auftrag
(Nienkirchen)
Staatsanwalt

1134 Berlin
Hauptstr 8

Drahtwort Genstaatsanwalt Berlin · Bankkonto 6836-22-46011 · Postscheckkonto 21200 Berlin · Betriebs-Nr. 90185671

Nach vier Tagen des Aufenthaltes in der Stasiuntersuchung begannen nun die Tage des Verhörs. Zunächst fanden diese täglich vier bis sechs Stunden, manchmal auch länger, statt. Stets waren Mikrofone aufgestellt, die pausenlos liefen. Wieder öffneten sich durch Lärmen und Krachen die Zellentüren.

Ein Offizier stand vor der geöffneten Tür und rief: »Nummer 2 raustreten!«

Wir hatten keine Namen, sondern nur Nummern.

Ich fragte wozu? Er schrie: »Nummer 2, treten Sie sofort heraus.« Ich trat in meinem blauen Trainingsanzug und Filzpantoffeln auf den Flur. Es folgte das Kommando »Gesicht zur Wand«. Nach dem die Zellentür wieder verschlossen war, folgte sein nächstes Kommando: »Gehen Sie.« Ich ging voraus und musste auf dem weißen Strich entlanglaufen. Nach etwa 8 Metern, standen wir vor einem großen Eisengitter. Sein neues Kommando kam: »Gesicht zur Wand!« Die Tür im Eisengitter wurde geöffnet und ich erhielt das nächste Kommando: »Gehen Sie.« Nachdem ich durch die Tür gegangen war, wurde ich erneut aufgefordert stehen zu bleiben, die Gittertür musste schließlich wieder verschlossen werden. Nach etwa 3 Metern erreichte ich die Ecke des Flurs, über mir die Ampelanlage, die den weiteren Lauf bestimmte.

Die grüne Lampe bedeutete für mich, dass der nächste Flügel, der im rechten Winkel meines Flures abging, frei war. Ich wurde also aufgefordert, auf dem Strich gehend, die Ecke zu passieren. Die gleichzeitig installierten Kameras waren ständig in Betrieb. Ein perfekt ausgeklügeltes Überwachungssystem. Eine der wenigen Stärken diese Regimes.

Ich musste den rechten Flur entlanggehen und zwei weitere Eisengitter passieren, immer mit den entsprechenden Kommandos: »Halt, Gesicht zur Wand und gehen Sie.«

Am Ende des Korridors, im Hochparterre der U-Haftanstalt, stand ich nun vor einer verschlossenen Tür. Nach einem Klingelzeichen durch den Wachmann, wurde diese Tür geöffnet.

In der Zwischenzeit musste ich wieder mit dem Gesicht zur Wand in einer Ecke stehen.

Ich betrat nun einen langen, dunklen, quer verlaufenden Korridor mit zahlreichen schalldichten Türen. Ich befand mich jetzt auf dem Flur der Vernehmerzimmer. Auch auf diesem Korridor befand sich eine Ampelanlage.

Ich wurde in eines der Zimmer hineingeführt, einen schmucklosen Raum.

In einer Ecke befanden sich ein Holzstuhl und ein kleiner Holztisch für den Gefangenen. Ich setzte mich, vor mir stand wieder ein Mikrofon. Drei Meter von mir entfernt stand ein Schreibtisch vor einem vergitterten Fenster. Hinter dem Tisch nahm der Vernehmer Platz. In der linken Zimmerecke befand sich ein Regal, auf dem das Tonbandgerät aufgebaut war. Die rechte Seite des Raumes zierte ein Panzerschrank. Der Vernehmer begrüßte mich sogar mit meinem Namen und Titel und brachte anschließend das Tonband in Gang. Er diktierte zunächst selbst: »Heute, den 5.8.1981 um 9 Uhr in der Sache des Untersuchungshäftlings Dr. Uwe-Jens Jürgensen, geboren am 26.9.1941, wohnhaft in Berlin, Leipziger Str. 49, zuletzt gearbeitet als Abteilungsleiter der Funktionsdiagnostik in der Poliklinik und Klinik für Diplomaten des Regierungskrankenhauses.«

Dieses Ritual begann vor jedem Verhör. Am Ende der Vernehmung musste ich dann mit einem Magnetstift meine Unterschrift auf das Band setzen, um damit meine Zustimmung zu bekunden.

Mir wurde in den ersten Tagen immer wieder folgende Aufforderung vorgehalten: »Dr. Jürgensen, geben Sie zu, dass Sie und Ihre Frau die DDR illegal mit Ihrer Tochter verlassen wollten«.

Meine Antwort lautete eindeutig: »Das stimmt nicht, ich wollte in den Urlaub nach Tihany am ungarischen Plattensee fahren, ich verstehe nicht, mit welchem Recht Sie uns hier gewaltsam festhalten?«

Die Antwort des Vernehmers lautete: »Dr. Jürgensen, Sie lügen. Sie werden einsehen, dass wir einen längeren Arm und viel, viel Zeit haben, die Wahrheit herauszubekommen. Hier ist der Ort der Wahrheit.«

Ich antwortete darauf: »Wie meinen Sie das? Ich habe Ihnen die Wahrheit gesagt, denn es ist wahr, dass wir nur in den Urlaub fahren wollten, um nach 14 Tagen wieder zurückzukommen.«

Der Vernehmer antwortete: »Wir wissen es besser, Sie lügen!«

Ich erwiderte: »Warum glauben Sie mir nicht? Was haben Sie für Beweise, dass Sie mich einen Lügner nennen?«

Der Vernehmer antwortete: »Wir wissen, dass sie mit Hilfe Ihres Schwagers aus West-Berlin von Ungarn aus die DDR verlassen wollten!«

Ich fragte: »Woher wissen Sie das?«

Die Antwort: »Das ist unsere Sache.«

Ich erwiderte dazu nichts mehr. Das Tonband lief eine Stunde im stillen Zimmer vor sich hin.

Der Vernehmer beobachtete mich ernst, dann zynisch lächelnd, und alles wiederholte sich von vorn. Erneut sprach er über den Unbekannten, den so genannten Fluchthelfer, der uns besser kennen würde, als wir zugäben. Ich wusste nicht, was davon wahr war. Ich kannte keinen derartigen Mann, da wir nie mit einem Fluchthelfer zu tun hatten.

Ich stellte mir innerlich die Frage, ob mein Schwager vielleicht einem von der Stasi in West-Berlin gedungenen Fluchthelfer auf den Leim gegangen war. Es war bekannt, dass die Stasi solche »Fluchthelfer« in West-Berlin beschäftigte.

Ich verwarf jedoch diesen Gedanken wieder, ich kannte meinen Schwager und war mir sicher, dass er nicht leichtfertig mit irgendwelchen Unbekannten gesprochen hatte. Während all dieser Verhöre gingen 1000 Gedanken durch meinen Kopf.

Ich blieb still sitzen und versuchte ruhig und uneingeschüchtert zu wirken. Die langen Pausen des Schweigens, während das Tonband lief, waren voller innerer Spannung für mich. Ich wurde nun gefragt, warum ich wieder nicht rasiert sei. Ich erklärte den Grund und bat um meinen eigenen Rasierer, der sich in unserem beschlagnahmten Pkw befand. Er versprach mir, die Angelegenheit zu prüfen. Wiederholt fragte ich nach meiner Frau und unserer Tochter. Ich erhielt stets die gleiche Antwort, dass es beiden gut gehe.

Was sollte man darunter verstehen? Meiner Frau, in einer ähnlichen Zelle wie ich, konnte es nicht gut gehen, es musste fürchterlich für sie sein.

Das Tonbandgerät wurde abgestellt, da ich nicht bereit war, die Beschuldigungen zu bejahen. Ich erhielt ein Blatt Papier und wurde aufgefordert, meinen Lebenslauf schriftlich niederzuschreiben. Während der Vernehmungen der folgenden Tage begann das Spiel in gleicher Weise, immer mit dem Versuch, ein Geständnis eines Fluchtversuches zu erzwingen. Nach acht Tagen erklärte mir der Vernehmer, dass meine Frau bereits ein umfassendes Geständnis abgelegt habe und sich zu unserem Fluchtversuch bekannt hätte. Ja, er ging sogar so weit, dass er mir mitteilte, dass meine Frau mir bereits Vorwürfe mache, dass ich durch mein Schweigen die Situation nur noch verlängern würde.

Ich ahnte die Lügen und sagte: »Bitte stellen Sie mich meiner Frau gegenüber, damit sie mir diesen Quatsch selbst sagt.« Der Vernehmer antwortete mir darauf: »Wann wir Sie Ihrer Frau gegenüber stellen, werden wir entscheiden.«

Erneut wurde dann zu meiner Lübecker Erbschaftsangelegenheit übergegangen. Man ging immer zu einem anderen Thema über, wenn das Verhör zur eigentlichen Sache ins Stocken geriet. Ich erklärte, dass die angebliche Kenntnis der Stasi über einen Gerichtsaushang im Schöneberger Gericht in West-Berlin nur ein unsinniges Ablenkungsmanöver sei und nicht der Realität entsprechen könne. Der Vernehmer reagierte daraufhin nicht. Erneut beschimpfte er mich über mein Verhalten, dass ich diese Erbschaft verschwiegen habe und er erörterte die Möglichkeit eines eventuellen Zollvergehens, um in den Genuss des Geldes meiner Erbschaft zu kommen. Das war wieder eine Drohung! Ein unterstelltes Zollvergehen zu dem unterstellten Fluchtversuch sollte meine Angst vor einer Strafe nur verstärken.

Ich zermarterte mir mein Gehirn mit Fragen. Was wissen die? Haben uns meine Angehörigen, mein Stiefvater oder meine Halbgeschwister, auch in diesem Punkt verraten? Es war nur möglich, dass diese Information von dieser Seite kam, da eine andere Person keinerlei Kenntnis hatte. Gab es in unserer Familie auch einen Kain, neben einem Abel? Waren wir falschen Fluchthelfern erlegen? Was hatte meine Frau bisher wirklich ausgesagt? Wir hatten uns ja kein Konzept für eine derartige Situation gemacht, da wir mit so einem Piratenakt nie gerechnet hatten.

Es war stets eine psychische Folter und ein gedanklicher Akrobatenakt, um den Tricks der Stasi entgegenzutreten. Immer wenn das Verhör nicht weiterlief und das Tonband im Leerlauf die Zeit vertrödelte, wurde eine Niederschrift über irgendwelche Dinge verlangt. So sollte ich aufschreiben, wer von unseren Verwandten und Bekannten von unserem Fluchtvorhaben Kenntnisse besaß. Ich erkannte die Hinterhältigkeit dieser Teufel, die jetzt auch noch, unsere Notlage ausnutzend, Material gegen andere Menschen, unsere Freunde oder Verwandten sammeln wollten.

Immer wieder erklärte ich, dass wir nur mit meinen Eltern über Fluchtgedanken gesprochen hatten, jedoch keine Fluchtpläne bestanden. Ich sprach wiederholt über diese Gespräche. Ich sprach auch wieder über unseren Besuch bei ihnen zu Hause und über die Auseinandersetzung mit dem Stiefvater sowie seine Drohung, uns anzuzeigen.

Auf meine Frage, ob uns die eigene Familie verraten habe, wurde stets mit Beschimpfungen reagiert, indem man mich als Verleumder darstellte.

Am zweiten oder dritten Vernehmungstag verlangte ich einen Rechtsanwalt. Man antwortete mir: »Das Recht auf einen RA haben Sie, aber den Zeitpunkt eines Treffens bestimmen wir.« Ich war erschüttert über die schamlose Realität in diesem System, über die Rechtlosigkeit eines DDR-Bürgers in der Gefangenschaft.

Zwischenzeitlich wurde, ohne unser Wissen, eine umfangreiche Durchsuchung unserer Wohnung und unseres Wochenendhauses durchgeführt.

Man hatte dabei nicht nur nach möglichen Fluchthinweisen oder Literatur gesucht, sondern man hatte ein komplettes Inventarverzeichnis vom Taschenbuch bis hin zur Anzahl der Teelöffel aufgestellt. Sämtliche Bücher wurden registriert und wurden nach verbotenen Zetteln durchschnüffelt.

Darüber hinaus wurden Farbfotos von allen Seiten der Wohnung sowie von Wertgegenständen wie Schmuck, Kristall und wertvollen Bildern sowie Bronzefiguren angefertigt.

Das Ergebnis waren Fotoalben von unserer Wohnung und unserem Wochenendgrundstück.

Ich habe mir diese Alben später angesehen, habe sie aber niemals ausgehändigt bekommen. Ich glaube, sie wurden Bestandteil des Verfahrens.

Von großem Interesse war ein Fotoalbum von uns, in dem die Geburtstagsfeier meines Großvaters enthalten war. Hier wollte der Vernehmer das Bild des Obersts haben, welches er in dem Album gesehen hatte. Ich hatte nichts dagegen einzuwenden. Der Vernehmer wollte dann näheres über diese Feier wissen. Er war erstaunt über das Erfahrene und die Zuwendung von dem stellvertretenden Minister.

Das Ende der zweiten Untersuchungshaftwoche stand bevor. Zwei Tage hatte man mich nicht zum Verhör geholt. Schließlich wurde ich abgeholt. Es war Freitag, die Augusthitze hatte sich überall und insbesondere in den Zellen ausgebreitet und festgesetzt. Auch die immerwährende Angst und die Ungewissheit über das weitere Schicksal trieben mir den Schweiß aus allen Poren. Das Ritual des Laufens über die Flure war die immer wiederkehrende Einstimmung auf das folgende Verhör. Es war ein Teil der nervenaufreibenden Folter. Das Ziel war, die Gefangenen psychisch, moralisch und auch physisch klein zu kriegen, den menschlichen Willen zu brechen und uns Gefangene zu Objekten werden zu lassen.

Kerkerzellen mit undurchsichtigen Glasbausteinen als Fenster, die nur den Tag von der Nacht unterscheiden ließen, gehörten ebenso wie die nächtlichen Scheinwerferbestrahlungen und die zermürbenden Holzpritschen zum Psychoterror der Staatssicherheit.

Erneut betrat ich das Vernehmerzimmer und wurde nicht einmal unfreundlich begrüßt.

Wie immer kam die Frage, wie es mir geht. Der Hintergrund dieser Frage war nicht das menschliche Mitgefühl, sondern das Interesse, wie weit der Stand meiner Zermürbung war und ob ich bereit war, zu bereuen, um ein braver DDR-Bürger zu werden. Ich lächelte, wenn auch verkrampft, und fragte zurück, was man wohl für eine Antwort in meiner derartigen Situation erwartete. Ich erklärte schließlich, dass ich wegen der schlechten Matratzen kaum schlafen könne und jeden Tag mit heftigen Rückenschmerzen aufstehe.

Das Tonband wurde wie üblich in Betrieb gesetzt und der Vernehmer besprach den Anfang wie immer mit meinen Daten.

Und wieder die gleiche Frage wie immer: »Herr Dr. Jürgensen, was haben Sie zu sagen?«

Ich erläuterte ihm, wie jedes Mal, dass ich bereits die Wahrheit gesagt hätte und es nichts anderes zu sagen gäbe. Der Vernehmer lächelte zynisch. Er fragte mich: »Haben Sie jemals Gespräche mit Ihrem Schwager aus West-Berlin über eine illegales Verlassen der DDR geführt?«

Erstmals beantwortete ich diese Frage und gab über den Ablauf unserer Gespräche Auskunft. Ich erläutete die Ursache unseres Gesinnungswandels und sprach über die Intrigen im RK sowie über die frei geführten Informationsgespräche mit meinem Schwager.

Ich sprach auch nochmals über die Gespräche mit meinen Eltern und über die erhaltene Drohung mit einer Strafanzeige, wenn wir unseren Gedanken nicht verwerfen würden.

Ich erklärte, dass wir auf Grund dieser Drohung die Gespräche abgebrochen und keine Pläne gemacht hätten.

Der Vernehmer schrie mich erneut an: »Sie lügen, Dr. Jürgensen, hier ist der Ort der Wahrheit.« Ich wusste nicht mehr ein noch aus, hatte ich doch nun lückenlos alles preisgegeben. Das Verhör dauerte an diesem Tage etwa acht Stunden.

Jetzt schrie ich zurück: »Was wollen Sie eigentlich von mir, ich habe Ihnen nun alles erklärt und die Wahrheit gesagt!«

Die Antwort des Vernehmers: »Es gibt nur eine Wahrheit.«

Darauf frage ich: »Und was soll diese Wahrheit sein, die Ihnen das Recht gibt, uns zu bestrafen und zu inhaftieren? Diese Wahrheit, die nur auf einer Verleumdung beruhen kann!«

Mit zynischem Lächeln folgten nun erneut die Drohungen sowie die Beschimpfung meiner Person. Es war ein immer wiederkehrendes Spiel einer psychischen Folter und unerhörten Stresses. Erschöpft wurde ich nach diesem Verhör in meine Zelle zurückgebracht.

Ich legte mich auf die Pritsche und versuchte, meine Gedanken zu sammeln. Mein Zellenkamerad beobachtete mich schweigend. Er wusste, dass ich erst einmal eine Verschnaufpause brauchte. Dann sprachen wir über das Verhör, sowie er selbst auch über seine Verhöre mit mir sprach.

Immer stellten wir uns die Frage: Was weiß die Stasi eigentlich, und was hat sie mit uns vor? In meinem Fall und dem meiner Frau gab es außer Verleumdungen nichts, was die Stasi wissen konnte, da es nichts gegeben hatte außer den Gesprächen mit meinem Schwager über die Möglichkeit einer Flucht.

Immer, wenn wir an unserem tiefsten Punkt angelangt waren und wir weder ein noch aus wussten, half uns der alte Satz: »Du musst nur wollen!« Immer wenn unsere Stimmung am tiefsten war, sagten wir uns diesen Satz.

Unser Gedicht: »Du musst nur wollen«!

Du musst nur wollen

Stell' Dir ein Ziel
und packe es an
nur der Wille gibt Kraft
damit Du es schaffst

Dein Ziel zu erreichen
stell' Dir die Weichen
geh' Deinen Weg
und weiche nicht ab

Sei strebsam und ehrlich
sei hilfreich und gut
auch in schweren Zeiten
verlier' nicht den Mut

Am Ende des Weges
so schwer er auch sei
erreichst Du Dein Ziel
und Du bist dann frei

Ich war damals noch fest überzeugt, dass uns kein Gericht der Welt verurteilen konnte. Wir hatten nichts getan. Wie naiv ich mit dieser Vorstellung jedoch war, sollten die folgenden Wochen und Monate zeigen.

Die dritte U-Haft-Woche begann. Am Montag wurde ich aus meiner Zelle herausgeholt und zum Haftarzt geführt, der ebenfalls ein Arzt in Stasi-Uniform war. Ich lief über den Flur der ersten Etage, dabei auch sicherlich an der Zelle meiner Frau vorbei. Die meisten Zellen in dieser Etage waren mit Frauen belegt. Entsetzt war ich, als ich sah, wie ein männlicher Wächter durch das Spionloch einer Zellentür spähte, in der ja Frauen waren. Er schaute also auf Frauen, die vielleicht gerade ihre Notdurft verrichteten oder sich wuschen. Auch hier waren die Frauen keine Menschen, sondern eben nur »Sträflinge«.

Im medizinischen Trakt wurde ich zunächst in eine leere Warte-Zelle weg gesperrt. Nach wenigen Minuten holte man mich in das Sprechzimmer des Stasi-Arztes. Ich wurde nach Beschwerden gefragt, musste mich entkleiden und wurde von Kopf bis Fuß untersucht. Dabei diktierte er einer der anwesenden Schwestern den Befund. Alles wurde fixiert. Die Untersuchung war sachlich und unpersönlich.

Zwei oder drei Tage danach wurden die alten verdreckten Matratzen aus unserer Zelle ausgetauscht und wir erhielten nun einteilige neue Schaumgummimatratzen. Eine menschliche Geste? Am Nachmittag wurde ich wieder zum Verhör geführt, wie üblich derselbe Weg, dieselben Kommandos, erneut die Begrüßungsformel des Vernehmers. Es war ein athletischer Mann, Ende 30, und nach seiner Sprache kam er aus der Chemnitzer Gegend.

Auf die wiederholte Frage: »Dr. Jürgensen, was haben Sie zu sagen«? antwortete ich ihm: »Ich habe Ihnen alles gesagt, mehr gibt es nicht zu erzählen.«

Er erwiderte: »Wir kennen die Wahrheit und wissen, dass Sie uns belügen.«

Ich war wiederum fassungslos, denn ich hatte ihm ja nun ausführlich über unsere Gespräche berichtet. Ich hatte ihm aber auch eindeutig gesagt, dass wir am 30. Mai 1981, nach der Drohung meines Stiefvaters in Dessau, diese Gespräche abgebrochen hatten.

Noch einmal wurde ich aufgefordert, über die Gespräche zu berichten. Es war nicht das erste Mal, und wie oft ich das machen musste, ist nicht zu zählen.

Das Tonbandgerät lief, meine Ausführungen wurden durch Zwischenfragen, die man von einem Notizzettel ablas, unterbrochen. Es war eindeutig, dass diese Vernehmung entsprechend vorbereitet war und dass man von den Regisseuren im Hintergrund diese gezielten Fragen erarbeitet hatte. Ein Verhörprinzip, um inhaltliche Abweichungen oder unterdrückte Details herauszupressen. Viele Tonbänder, Kilometer lang, wurden mit immer den gleichen Aussagen gefüllt.

Zusätzlich zu den stets erfolgten Tonbandaufnahmen wurde durch den Vernehmer ein schriftliches Protokoll angefertigt, das ich am Ende einer Vernehmung, ähnlich wie das Tonband, unterzeichnen musste.

Hier war es für mich außerordentlich wichtig, jedes Wort oder jede Zeile zweimal zu lesen, bevor ich unterschrieb. Immer wieder konnte ich feststellen, dass man versuchte, Schuldgeständnisse in den Text einzubringen oder Tatsachen so darzustellen, dass sie für mich zu Belastungspunkten wurden. Oft habe ich dabei meine Unterschrift so lange verweigert, bis die Formulierung berichtigt wurde. Immer wieder kam es dabei zu Auseinandersetzungen und bösartigen Beschimpfungen zwischen dem Vernehmer und mir. Zunächst versuchte er auch, die Änderungswünsche zu bagatellisieren und später schrie er mir offene Drohungen ins Gesicht. Dennoch verweigerte ich meine Unterschrift so lange, bis meiner Forderung entsprochen wurde. Ich erwähnte dabei sogar den Satz des Vernehmers: »Warum versuchen Sie immer wieder, falsche Aussagen einzuschleusen oder Tatsachen anders zu formulieren, an diesem Ort, den sie den Ort der Wahrheit bezeichnen?«

Einmal wurde mir das Tonband vorgespielt und versucht zu beweisen, dass ich es so, wie es im Protokoll formuliert war, gesagt hätte. Leider hatte der Vernehmer dabei keinen Erfolg. Er musste seinen schriftlichen Bericht entsprechend des Tonbandes ändern.

Immer wieder versuchte er, eine Aussage über unsere Fluchtgedanken dahingehend zu verfälschen, dass es sich dabei nicht um Fluchtgedanken, sondern bereits feste Fluchtpläne handele und diese auch nicht am 30.5.81 abgebrochen wurden.

So einfach wurden die Verhöre im Sinne der Stasi und ihrer Bestrebungen, den einmal in ihren Fängen befindlichen Gefangenen zu bestrafen, total verfälscht. In der DDR gab es ein Sprichwort, das lautete: »Es kann nicht sein, was nicht sein darf!«

Es konnte also in unserem Falle nicht sein, dass der Stasi eine falsche Verleumdung eingefallen war und man uns unrechtmäßig inhaftiert hatte. Es gab einfach keine Beweise!

Die Stasi konnte sich doch nicht bloßstellen, bloß wegen dieser falschen Verleumdung, also musste ein entsprechendes Strafverfahren konstruiert werden durch den Paragraph 100 »landesverräterische Agententätigkeit«! Diesen Paragraphen hatten wir noch nicht zur Kenntnis genommen. Soweit waren die Vernehmungen noch nicht.

Noch immer wurde mir ein Gespräch mit meinem Rechtsanwalt nicht erlaubt.

Erst in der dritten Woche durfte ich an den RA schreiben. Ich hatte mich, wie auch meine Frau, für den RA, Dr. Vogel in Ost-Berlin entschieden.

Jetzt durfte ich schriftlich anfragen, ob er bereit sei, mich zu verteidigen. Zum Sachverhalt durfte ich keine schriftliche Äußerung machen.

Welch eine bodenlose Rechtlosigkeit und Ohnmacht für uns Inhaftierte. Wir mussten als Eingesperrte unsere Unschuld beweisen, obwohl man durch die Isolation überhaupt keine Möglichkeit hatte, Beweise heranzuschaffen. Der RA wurde erst dann zugelassen, wenn alles bereits fixiert und festgelegt war.

Welch ein Frevel, welch ein Hohn!

Ich zermarterte mir den Kopf, durch welche Tatsachen ich beweisen konnte, dass wir unschuldig waren und dass wir lediglich eine Urlaubsreise unternehmen wollten.

Noch immer durfte ich nicht mit meiner Frau sprechen, obwohl sie im gleichen Haus untergebracht war.

Ich erlebte die Rechtspraxis im selbst gelobten DDR-Regime, der Gesellschaft des Volkes. Ein Staat, der als Uno-Mitglied die Menschenrechtskonventionen unterschrieben hatte.

Die DDR beschrieb sich und verstand sich als ein Land, in dem die Menschenrechte ihre Selbstverwirklichung erhalten haben, und als eine Gesellschaft, der die Zukunft gehört.

Besonders in dieser schweren Lage, in unserer Ohnmächtigkeit, habe ich diese Rechtlosigkeit und Ironie sowie die terroristische Stasi-Gewalt am eigenen Leibe verspürt.

Der Staatsratsvorsitzende, Erich Honecker, schämte sich bei all diesen Hintergründen nicht, Parolen in den Äther zu senden wie: »Das sozialistische Weltsystem ist eine einträchtige Familie von Völkern, die gemeinsam die neue Gesellschaft errichten und verteidigen, sich durch Austausch von Erfahrungen und Wissen gegenseitig bereichern, eine eng zusammenhaltende und starke Familie, in der die Menschen der ganzen Erde das Vorbild der künftigen Weltgemeinschaft freier Völker erblicken.«

(E. Honecker: Bericht der Delegation des ZK an die 16. Tagung des ZK, 3. Mai 1971, aus E. Honecker »Reden und Aufsätze«, Dienstverlag Berlin 1975, Seite 16).

Derartige sich ständig wiederholende Parolen der Selbstverherrlichung und Unwahrheit drangen nicht mehr ins kritische Bewusstsein der Menschen der DDR und wurden täglich einfach nur hingenommen. Keiner fragte oder wagte zu fragen, was mit diesen oder jenen plötzlich verschwundenen Menschen geschehen war. Warum Andersdenkende, ja auch die Kirche, in der DDR unterdrückt wurden.

Wenn schon das Volk in der DDR nicht fragen durfte, weil es Angst hatte, so sollten es die Menschen und Politiker, die Juristen und Journalisten der Länder der freien Welt tun.

Jedes Unrecht und besonders jede Verletzung der Menschenrechte, von denen es viele in der DDR gab, sollten bekannt gemacht werden.

Die Führer des DDR-Sozialismus legten großen Wert auf die DDR-Souveränität und ihre Anerkennung. Ihr Ansehen in der Welt bedeutete ihnen viel und sie hüteten den Umgang mit Andersdenkenden wie ein Staatsgeheimnis.

Zu meiner großen Überraschung erhielt ich in der dritten U-Haftwoche 50 DDR-Mark. Man teilte mir mit, dass die Verwandten aus West-Berlin dieses Geld über den RA Dr. Vogel an mich überwiesen hätten. So wurden aus 50 DM-West, 50 Mark-Ost, welch ein Hohn!

Dennoch habe ich mich gefreut, da es für mich die erste Möglichkeit war, mir nach drei Wochen, Zigaretten kaufen zu lassen. Es wurde mir eine Liste gegeben, auf der verschiedene Waren aufgelistet waren, von denen ich einiges bestellen durfte. Es handelte sich um Kleinigkeiten wie Zigaretten, Äpfel, Kekse und Vitalade (falsche Schokolade). Es war ein Hauptmann, dessen Funktion auch die Essensausgabe und die Überwachung des wöchentlichen Duschens war, der mir diese Liste in meine Zelle reichte. Er war auch derjenige, der mir einmal die Haare geschnitten hatte.

Es war also ein Multitalent. Aber er war einer von den wenigen, der sich noch einige menschliche Züge bewahrt hatte. Er fand auch mal ein freundliches Wort und einen kleinen versteckten Trost.

Ich bestellte bei ihm Süßigkeiten und Obst für meine Frau, denn ich wusste ja nicht, dass diese ebenfalls 50 DDR-Mark erhalten hatte. Für mich bestellte ich Obst und ein paar Schachteln Zigaretten, um damit meine zermürbenden Gedanken ruhig zu stellen. Ich erfuhr, dass unsere Verwandten in West-Berlin einmal im Monat die Möglichkeit hatten, 50 DM-West an uns zu überweisen.

Ich habe sofort einen Brief an RA Dr. Vogel geschrieben, mich bedankt und gebeten, diese Zahlungen, da sie eins zu eins verschandelt wurden, einzustellen. Wir hatten genug Geld in unserem Urlaubsgepäck und ich forderte die Stasi auf, uns dieses Geld teilweise zu übergeben. Es war ein Versuch herauszufinden, ob unser Urlaubsgeld konfisziert worden war.

Es erfolgte überraschenderweise keine Ablehnung, wodurch ich erkannte, dass man unsere Sachen nicht beschlagnahmt hatte und dass man uns nicht wegen Fluchtversuchs anklagen konnte. Im Falle einer solchen Anklage, hätte man unser gesamtes Hab und Gut konfisziert.

Für mich war diese Geldsendung psychologisch gesehen ein großer Kraftquell, wusste ich nun sicher, dass unsere Verwandten in West-Berlin über unser Schicksal Bescheid wussten. Sie würden uns helfen und nichts unversucht lassen, uns in die Freiheit zu holen.

Während der weiteren Vernehmung wurde von mir verlangt, wieder einmal eine Liste über meine Lübecker Erbschaft aufzustellen. Ich sollte detailliert aufführen, was ich mit dem Geld angefangen hatte.

Ich erinnerte mich an die bereits erhaltene Androhung eines möglichen Zollvergehens.

Bei der Aufstellung der geforderten Liste musste ich also auf der Hut sein. Ich durfte den Schergen keine Gründe liefern, mich eines Zollvergehens zu beschuldigen.

Auch musste beachtet werden, dass die Gesamtsumme am Ende der Auflistung stimmte, denn ich hatte bereits ausgesagt, dass meine Erbschaft aufgebraucht sei.

Die Aufstellung erforderte also meine volle Konzentration in einer Situation der nervlichen und psychischen Zerrüttung und Angst. So schrieb ich den Kauf eines Pkws auf, es war ein Polski-Fiat, den wir für 20.000 DM-West über die DDR-Außenhandelsfirma »INTRAC« gekauft hatten. Ich schrieb über Schmuck, den ich, statt von meinen Verwandten aus West-Berlin, im Intershop gekauft zu haben vorgab, und auch über eine Geldsumme, die ich meinen Eltern und meinen beiden Halbbrüdern zum Geschenk gemacht hatte.

Gott sei Dank – ich hatte es geschafft, dass die Liste aufging und man mir kein Zollvergehen unterstellen konnte. Interessiert las sich der Vernehmer diese Aufstellung durch. Natürlich interessierte er sich für den Pkw-Kauf bei der Firma »INTRAC«. Er war so erstaunt, dass die Stasi davon keine Kenntnis hatte. Sofort rief er dort voller Aufregung an und dabei ließ er auch seinen Namen, nämlich hier Hauptmann Kos, verlauten. So erfuhr ich also den Namen meines Vernehmers.

Der Autokauf war bereits 1975 erfolgt. Als er von den Geldgeschenken an meine Verwandten erfuhr, sagte er zynisch lächelnd: »Oh, das ist ja interessant, davon hat Ihr Stiefvater nichts erzählt – er kann sich wohl nicht daran erinnern!?« Ja, es ist oft so, dass man leicht einen anderen beschuldigt, ohne an seine eigene Schuld zu denken.

Das waren in diesem Moment meine Gedanken. In dieser Situation wurde mir eindeutig klar, dass die Information über meine Erbschaft ausschließlich von den eigenen Verwandten an die Stasi gegeben wurde. Es hatte ja sonst niemand anderer Kenntnis davon.

Vorher hatte die Stasi keine Ahnung von dieser Tatsache gehabt und wenn, dann hätte man mich früher schon in entsprechender Weise behandelt und meine Karriere wäre schon lange beendet worden. Immer wieder wurde während der Aussage versucht, mich gegenüber den Verwandten, Freunden und ehemaligen Arbeitskollegen zum Denunzianten zu gewinnen. Welch ein absurder Versuch.

Leider jedoch zeigte die tägliche Praxis, dass es Menschen gab, die in so einer Notsituation zu allem ja sagten und sich diesem System verkauften, um selbst wieder in die Freiheit entlassen zu werden. In eine Freiheit, die nur darin lag, im Staatskäfig der DDR leben zu müssen.

Für mich gab es während der gesamten Monate niemals einen Beweggrund, andere an das Messer dieser Schergen zu liefern. Wer derartiges tut, selbst aus dem Gefühl der Angst oder des Hasses heraus, muss einen so niedrigen Charakter haben, dass er sich, wenn er in den Spiegel blickt, schämen müsste.

Auch wenn wir selbst ein Opfer des Hasses wurden und während dieser schweren Tage und Wochen Hassen gelernt hatten, so hat uns dieser niemals dazu verleitet, anderen Menschen zu schaden.

Immer wieder, jeden Tag, fast jede Stunde, beschäftigte ich mich mit den zermürbenden Gedanken, was uns die eigene Familie angetan hatte in dem sie uns anzeigte. Immer wieder fragte ich mich, warum ist das bloß geschehen? Waren unsere Gedanken über eine Flucht aus der DDR so schwerwiegend für diese Familie?

War es egoistische Liebe der Eltern, die Kinder zu verlieren, aus der sich Hass entwickelte?

Hätten sie uns auch im Falle einer erfolgreichen Flucht wirklich verloren?

Sicherlich nicht, im Gegensatz zu der jetzt entstandenen Realität und grausamen Wirklichkeit.

Diese hat nun die Liebe zur Familie, die Achtung gegenüber den Eltern und Geschwistern zerstört und nur Schande und Leid gebracht.

Wir wurden zu Opfern unseres Freiheitsgedankens und haben dafür bitter bezahlen müssen.

Früher glaubte ich immer an die gute Harmonie in unserer Familie, immer wenn man mich brauchte, war ich da. In den Wochen der eigenen Bedrängnis und Ausweglosigkeit stand ich allein und wurde von dieser Familie verlassen. Die von meinem Stiefvater ausgesprochene Drohung, uns anzuzeigen, verursachte einen unüberwindlichen Riss im Vertrauen und in der Zusammengehörigkeit.

In den Tagen unseres Entscheidungszwanges, unserer Fluchtgespräche, hatten wir nicht nur an die eigenen Sorgen und Ängste gedacht, sondern natürlich auch über etwaige Probleme für die Familie nachgedacht. Doch was sollte meinen Eltern schon passieren? Meine Mutter war bereits Rentnerin, mein Stiefvater stand als Kreiskonsum-Vorsitzender kurz vor seiner Pensionierung. Die beiden Halbgeschwister, die einen anderen Namen trugen als ich und mit denen wir wenig Kontakte hatten, auch wenn wir uns gut verstanden, konnten doch nicht dafür büßen, dass wir die DDR verlassen.

War es diese Angst, die zum Verrat an uns geführt hat? Tausend Fragen, seelische Qualen, Unverständnis. Wie würde es weiter gehen? Würde man uns, die wir uns unschuldig fühlten, wieder entlassen? Was würde danach mit uns geschehen?

Ich sprach mit meinem Leidensgefährten über solche bewegenden Dinge. Immer wieder und immer wieder führte uns unsere ohnmächtige Situation zu Spekulationen, immer blieb am Ende unsere unumstößliche Hoffnung und das Vertrauen auf die Hilfe durch die Verwandten im freien Teil Berlins. Immer deutlicher wurde uns bewusst, dass ein Weiterleben in der DDR, von der wir nichts mehr zu erwarten hatten und auch nichts erwarten wollten, unmöglich für uns war.

Meine früheren Skrupel und meine vormals doch eher ablehnende Haltung gegenüber einer Flucht, waren damals nicht allein nur Angst, sondern ich war damals noch nicht an dem Punkt angekommen, den ich jetzt in meiner ohnmächtigen Situation erreicht hatte.

Ich hatte mich nun von dieser Gesellschaft getrennt! Erst die Inhaftierung und die Erlebnisse während der U-Haft hatten in mir den festen und unerschütterlichen Willen hervorgebracht, nicht mehr in diesem Staat leben zu wollen. Auch die früher allgegenwärtige Angst verließ mich von Tag zu Tag mehr. Ich wurde ein innerlich freier, selbständig denkender Mensch.

Vielleicht versteht es manch einer nicht, dass jemand wie ich, der einmal im »goldenen Käfig« des DDR-Sozialismus gelebt hat, jetzt solche feindlichen Gedanken in sich trug.

Erst als Gefangener hatte ich in vollem Umfang die Kehrseite der Medaille des gelobten DDR-Sozialismus verspürt und meine Antwort hieß: »Wer Hass sät, wird Hass ernten!«

Dennoch entspricht es nicht meinem Charakter, dass ich nun in fortwährendem Hass lebe.

Mein Ziel ist es vielmehr, dass erlittene Leid und die gemachten Erfahrungen anderen mitzuteilen, um dazu beizutragen, das System, unter dem unzählige Menschen in Ost-Deutschland zu leben gezwungen waren, besser zu erkennen und zu verstehen. Es darf niemals davon abgelassen werden, Wahrheiten, auch wenn sie noch so unangenehm sind, deutlich aufzuzeichnen. Dies habe ich auch während meiner Vernehmungen deutlich gemacht. Ich habe erklärt, dass ich über das Erlebte niemals schweigen werde und jedem, der es wissen will, berichten werde.

Es ist nicht in Worte zu fassen, was für Gefühle Menschen, die sich unschuldig eingesperrt fühlen, durchmachten, wenn sie gewaltsam in die Mühle des Stasi-Apparates gelangten.

Unsere Lage wurde durch die Bewusstwerdung, als Staatsverbrecher behandelt zu werden, ohne in Wirklichkeit ein Staatsverbrechen begangen zu haben, geprägt.

Wie blind und naiv war ich doch in den Jahren meiner Entwicklung in der DDR gewesen. Mein Engagement entstand aus der Unkenntnis über die Kehrseite dieser praktizierten Gesellschaft.

Bis in unsere Zellen hinein klang der Schall von Pauken, Trommeln und Schalmeien aus der Ferne. Es war der Klang von Fanfarenzügen der FDJ und der Jungen Pioniere, die am 13. August 1981 den 20. Jahrestag des Berliner Mauerbaus feierten. Diese Mauer, die man in der DDR als antifaschistischen Schutzwall pries, war ein Bauwerk der Unmenschlichkeit.

Wir kannten dieses Bauwerk gut. Von unserer Wohnung in der Leipziger Straße haben wir es mit der Doppelmauer in Höhe des Springer-Verlags-Gebäudes gut einsehen können.

Wir kannten die Wachtürme, wir kannten die an einer Leine befestigten Wachhunde, wir kannten die Betonstraße für die Militärfahrzeuge und wir kannten die Betonhürden als Panzersperren und den geharkten Sandstreifen. Es ist ein wahrer Hohn, dass man Menschen dazu brachte, dieses Schandwerk auch noch zu feiern.

In den Augen der Mauererbauer, ihrer Bauväter und Verteidiger, waren wir Gefangene Staatsfeinde! Jedenfalls war unsere Behandlung schlimmer als die eines kriminellen Verbrechers.

Solche gab es jedoch in der Stasi-Untersuchungshaftanstalt nicht. Hier saßen ausnahmslos politische Häftlinge oder Fluchthelfer. Man nannte gerade Letztere »Kriminelle Fluchthelfer«. Die meisten von ihnen waren Westdeutsche.

Mir haben das Erlebnis unserer Festnahme, die schwere Zeit der Inhaftierung die Augen erst richtig geöffnet. Eine sehr bittere Erkenntnis, aber eine wichtige Lehrzeit in meinem Leben. Es war ein Erkenntnisprozess über das kommunistische System, dessen Anhänger ich für viele Jahre war. Nun lernte ich die Kehrseite kennen.

Bereits in den ersten Wochen meiner U-Haft verlor ich meine Skrupel und die frühere Angst bei den Verhören und machte mündlich und schriftlich deutlich, dass ich erst jetzt daran fest halte, die DDR verlassen zu wollen. Erst jetzt stellte ich einen Ausreiseantrag und einen Antrag auf Entlassung aus der DDR-Staatsbürgerschaft. Gefragt, ob ich auch illegal versuchen würde, die DDR zu verlassen, antwortete ich stets mit nein. Ich erklärte: »Ich werde die legalen Mittel benutzen, selbst wenn es Monate oder Jahre dauern würde, ich werde mich nicht von meinem in der DDR-Verfassung verbrieften Recht auf freie Meinungsäußerung abbringen lassen. Ich werde auch meinen Patienten, den östlichen und westlichen Diplomaten, sofern Interesse besteht, über meine Erlebnisse während der Stasi-Haft berichten. Ein weiteres Leben in diesem System, das ich als barbarisch erlebt habe, kommt für mich nicht mehr in Frage und ist völlig ausgeschlossen.«

Der Vernehmer hörte meinen hasserfüllten Äußerungen still zu und zeigte lediglich am Ende ein zynisches Grinsen. Erstmals hatte ich meinen Gedanken freien Lauf gelassen.

Ich habe die Ausführungen des Vernehmers zu meiner eigenen Sache gemacht, in dem ich am »Ort der Wahrheit« meine Gedanken frei und wahrhaftig zum Ausdruck gebracht habe.

Ich war freier als jemals zuvor, freier als die Millionen DDR-Bürger im großen Käfig außerhalb der Gefängnismauern. Die verlorene Angst stärkte unser Selbstvertrauen und unsere Position im weiteren Ablauf der Verhöre.

Es gab nichts zu verheimlichen und zu unterdrücken. So waren meine Äußerungen gegenüber dem Vernehmer nun eindeutig und unmissverständlich und zeigten meinen festen Standpunkt in der politischen Beurteilung des DDR-Systems.

Die vierte U-Haftwoche hatte begonnen. Um 6 Uhr wurden wir, wie jeden Tag, durch das laute Schrillen der Weckglocke aus dem Schlaf gerissen. Etwa gegen 7 Uhr erhielten wir unser karges Frühstück durch die Luke der Zellentür gereicht. Um 9 Uhr durften wir 20 Minuten auf den Freihof und unsere Lungen mit Frischluft versorgen sowie unsere Beine und Glieder bewegen. Wieder flog über uns eine Boing, die vom Flughafen Berlin-Tegel gestartet war. Wir winkten erneut und hofften, gesehen zu werden. Welch ein Glaube, welch ein Witz, denn das Eisengitter über unseren Freihof-Käfigen diente extra dazu, dass uns niemand von oben erkennen oder fotografieren konnte.

Erst gegen 13 Uhr wurde ich zum Verhör geholt. Ein neuer Vernehmer, eine neue Taktik begann. Etwa gleichaltrig wie der vorherige Vernehmer, etwas untersetzter und wieder athletisch gebaut, sächsisch sprechend. Das Verhör begann jedoch aufbauend auf die vorhergehenden Verhöre.

Ich wurde aufgefordert, wieder einmal eine Liste zu schreiben. Ich sollte über die ehemaligen Mitarbeiter meiner Abteilung berichten. Man wollte mich also als Spitzel benutzen und meine Stresssituation ausnutzen. Ich weigerte mich nicht und schrieb viele Seiten voller Lob und Anerkennung und gewann dadurch Zeit für mein eigenes Gleichgewicht.

Als ich fertig war, stellte sich heraus, dass Lobesberichte gar nicht gewünscht waren.

Diese Leute waren nur den miesesten Schmutz gewöhnt – er war die Quelle ihrer Arbeit und ihres »Erfolges«. Nach Beendigung war das Thema abgehakt und wurde niemals wiederholt.

Ich sagte dem Vernehmer beim Abgeben: »Erwarten Sie nur nicht von mir, dass ich irgendjemanden verleumde, selbst in meiner bösen Situation hier werde ich nicht zu Ihrem Helfershelfer gegen andere, gegen Unwissende oder Unschuldige, aber auch nicht einmal gegen Schuldige.«

Wieder wurde ich aufgefordert, über die Gespräche mit meinem Schwager aus West-Berlin zu berichten und noch einmal jedes Detail ausführlich darzulegen. Jede meiner Aussagen wurde dann bis aufs kleinste zerpflückt. Immer wieder versuchte man Unterstellungen dabei hineinzubringen. Ein Hauptpunkt war immer die Frage: »Haben Sie Passfotos nach West-Berlin geschickt, um ihre Flucht damit vorzubereiten?«

Zum wiederholten Male erklärte ich, dass wir lediglich Fluchtgespräche und keine Fluchtpläne gehabt haben. Auch der neue Vernehmer wollte mir diese Aussage nicht abnehmen. Ich hatte alles, was wir besprochen und beraten hatten, ausführlich und wahrheitsgetreu zu Protokoll gebracht. Eines hatte ich jedoch verschwiegen, ich hatte verschwiegen, dass wir doch Passbilder angefertigt hatten. Voller Angst dachte ich daran, was wohl meine Frau auf diese Frage antworten würde.

Später hatte ich erfahren, dass auch sie, Gott sei Dank, diesen Punkt verschwiegen hatte.

Es war der einzige Faktor, mit dem man uns hätte anklagen können.

Trotz stundenlanger, ja wochenlanger Verhöre mit einem sich ständig wiederholenden Inhalt, hatte die Stasi nichts in der Hand.

Ich hatte jetzt den Mut, dem Vernehmer zu sagen, dass man uns nicht wegen des Flucht-Paragraphen 213 verurteilen könne, da wir überhaupt keine Flucht begangen hatten und sie auch nicht durch aktive Maßnahmen geplant hätten. Ich erklärte, dass wir uns lediglich informiert hatten, worüber man ja im Fernsehen, wie zum Beispiel in den Sendungen des ZDF-Magazins, berichtete.

Diese in der DDR mit großem Interesse verfolgte Sendung, gehörte zu den wenigen, die über die Wahrheit und viele unliebsame Dinge in der DDR-Realität berichteten.

Es war ein Magazin, das von der DDR-Obrigkeit gehasst wurde, weil man sich in dieser Sendung nicht scheute, diese Tatsachen und Geschehnisse aus der DDR offen darzustellen.

Die kommunistische Führungsclique würde diese Tatsachen am liebsten verschweigen.

In der vierten U-Haftwoche erhielt ich erstmals die Möglichkeit, an meine Frau zu schreiben, die im gleichen Gebäude einsaß. In unseren Zellen hatten wir keine Schreibmöglichkeiten. Alles spielte sich nur während des Aufenthaltes im Vernehmerzimmer ab. Gesehen hatte ich meine Frau in all den Wochen nicht. Immer hatte man mir nur mitgeteilt, dass meine Frau bereits ein umfassendes Geständnis abgegeben hätte und unsere Schuld eingestanden habe. Immer wieder beschimpfte man mich, dass unser Aufenthalt in der U-Haft nur durch meine Hartnäckigkeit und durch mein Schweigen sowie durch meine unwahren Äußerungen verzögert würde. Nichts war in Wirklichkeit wahr. Es war nur die Taktik der Stasi-Vernehmer.

Ich schrieb meiner Frau, dass sie sich über meine Haltung und meine Gesundheit nicht sorgen brauche, dass es mir den Umständen entsprechend gut gehe und ich gesund sei und gab meiner Hoffnung Ausdruck, dass wir das beide auch bleiben.

Während ich den ersten Brief schrieb, teilte mir der Vernehmer beiläufig mit, dass unsere Tochter bei meinem Schwager am Rande Ost-Berlins aufgenommen worden sei. Näheres erfuhr ich jedoch nicht. Dennoch war mir eine große Last und Sorge genommen, wusste ich, dass unser Kind liebevoll behandelt wird. Zur Angelegenheit unseres Strafverfahrens durfte nichts erwähnt werden. All das, was uns persönlich am meisten bedrückte und interessierte, was wir an Fragen hatten, durften wir nicht schreiben. So enthielt der Brief nur allgemeine Dinge, Mut machende Äußerungen und Wünsche für unsere Gesundheit, unsere Liebe und Zuversicht sowie Fragen über unsere Tochter.

Fragen, die ja keiner von uns beantworten konnte. Kritische Äußerungen über dieses System wurde als Hetze bezeichnet und führten dazu, dass der Brief nicht weitergegeben wurde.

Mehrfach haben wir das während unserer Haftzeit erlebt.

Während der Verhöre wurden die von uns gemachten Äußerungen immer gesellschaftskritischer und konnten auch als Hetze vom Vernehmer aufgefasst werden. Im Gegensatz zu den immer offener werdenden Gesprächen waren die Inhalte der Briefe an die mitinhaftierte Frau oder an die Verwandten in der DDR voller Einschränkungen. Weder zum Sachverhalt durften wir etwas äußern und schon gar nichts Kritisches über unsere veränderte Einstellung zum DDR-System.

Ich gab den Brief an meine Frau dem Vernehmer zur Zensur. Er hatte offenbar keine Beanstandungen, was ein gutes Zeichen dafür war, dass meine Frau diesen Brief auch erhielt.

Entschieden wurde jedoch diese Genehmigung und Weiterleitung durch weitere Hintermänner, die Regisseure im Hintergrund.

Ende August, genauer am 29. August 1981, durften uns erstmals unsere Verwandten besuchen, die unsere Tochter aufgenommen hatten. Gemeinsam mit anderen Häftlingen wurden meine Frau und ich getrennt, mit Hilfe des Gefangenentransporters, der äußerlich wiederum als Handelsfahrzeug getarnt war und diesmal eine andere Aufschrift enthielt, nämlich »frische Blumen jeden Tag«, in die Ostberliner Stasi-Zentrale transportiert. Wir durften natürlich nicht in der Kleidung der Stasi fahren, sondern mussten uns unsere private Kleidung anziehen.

In der Magdalenenstraße angekommen, wurde jeder in eine leere Zelle eingeschlossen, bis er an der Reihe war. Keiner wusste, was mit uns geschehen wird. Wir wussten auch nicht, dass es die erste Zusammenkunft mit unseren Verwandten sein würde.

Zuerst wurde meine Frau allein zu unseren Angehörigen geführt. In dem Zimmer befanden sich zwei Stasi-Wächter, die jedes Wort kontrollierten.

Zu Beginn wurden wir, wie üblich, aufgefordert, nicht über den Sachverhalt zu sprechen. Würde das geschehen, wäre der Besuch sofort beendet worden.

Mein Schwager Ludo und dessen liebe Frau Hildchen standen vor mir. Ich drückte sie herzlich und dankte ihnen für die liebevolle Aufnahme unserer Antje. Beide hatten Tränen in den Augen, auch ich weinte. Sie waren völlig fassungslos, als sie drei Tage nach unserer Festnahme von diesem Ereignis durch den Ortspolizisten informiert wurden. Sie hatten ja keine Ahnung und waren auch von uns bewusst über nichts informiert worden.

Traurig saßen beide vor mir. Sie hatten viele kleine Geschenke für uns beide mitgebracht, die uns auch, nachdem sie genauestens kontrolliert worden waren, übergeben werden durften.

Ich sagte ihnen beruhigend, dass sie sich um mich und sicherlich auch um meine Frau keine allzu großen Sorgen machen sollten, und versicherte ihnen, dass wir diese böse Zeit irgendwie überstehen würden. Ich erklärte ihnen, dass wir sie später ausführlich informieren würden, wenn wir wieder frei wären.

Ich sah das Entsetzen auf ihren Gesichtern. Gott sei Dank wussten sie von all unseren Gesprächen über eine mögliche Flucht nichts.

Sie waren völlig ahnungslos und konnten sich diese unsere Situation überhaupt nicht erklären. Im Mittelpunkt unserer Unterhaltung stand natürlich unsere Tochter Antje.

Wir vereinbarten, dass sie weiter in dem Wissen bleiben solle, dass wir in Afrika seien, um dort Patienten zu behandeln. Dies hatte das Ehepaar der Stasi, das am Ort unserer Festnahme in einem Pkw wartete, unserer Tochter gesagt. Es war noch eine humane Geste gegenüber unserem Kind, denn es sollte nicht durch unser Schicksal psychisch und physisch gestört werden. Antje sollte von all dem unbelastet bleiben.

Wir sprachen auch darüber, dass ein ständiger telefonischer Kontakt mit den Verwandten in West-Berlin bestehe. Ich war über die Offenheit meines Schwagers Ludo erstaunt und stolz über seinen Mut.

Es war der Mut eines Arbeiters aus der DDR. Ich hätte das niemals für möglich gehalten. Die Wächter blieben ruhig.

Nach einer halben Stunde war die Besuchszeit beendet und wir mussten uns wieder verabschieden. Ich lächelte beiden zu, um ihnen damit zu zeigen, dass sie sich keine Sorgen machen sollten. Erneut wurde ich in eine Zelle gesperrt, wo ich auf den Rücktransport warten musste.

Dort angekommen, übergab man mir die von meinen Verwandten mitgebrachten Geschenke, die ich mit in meine Zelle nehmen durfte. Dort teilte ich die Gaben mit meinem Zellengefährten. Das waren kleine Abwechslungen in unserer Zelleneinöde.

Während eines Verhörs hatte ich bereits in der zweiten U-Haftwoche eine schriftliche Parteiaustrittserklärung abgegeben. Nach dem Statut der SED hatte jedes Parteimitglied das Recht, auch ohne Begründung seinen Austritt zu erklären. Ich fragte den Vernehmer, ob er dieses Schriftstück weitergeleitet habe. Er bejahte meine Frage. Eine Austrittserklärung aus der Gewerkschaft, die sowieso eine Pflichtgewerkschaft in der DDR darstellte, hatte ich mir wegen der Lächerlichkeit erspart.

Als ich in meine Zelle zurückkam, fand ich meinen Zellengenossen völlig niedergeschmettert auf der Pritsche liegend. Er hatte jetzt erst erfahren, dass sein Freund aus West-Berlin, der ihm bei der Flucht behilflich sein wollte, ebenfalls im gleichen

Haus in Haft saß. Er machte sich große Vorwürfe über das durch ihn verursachte Schicksal. Sicherlich würde er noch eine größere Strafe zu erwarten haben als er selbst.

Schließlich wurde nach dem DDR-Recht eine Fluchthilfe vollständig kriminalisiert, was auch der Begriff »kriminelle Menschenhändler« deutlich machte.

Immer wieder versuchte die Stasi in den Fällen, in denen sie zwei Partner in ihren Fängen hatte, diese gegenseitig auszuspielen und damit Schuldgeständnisse zu erzwingen.

Meinem Zellengenossen ging es nun ähnlich wie meiner Frau und mir. Keiner wusste, was der andere sagte, und diese Ungewissheit war zermürbend. Das gehörte einfach zum psychologischen Terror.

In unserem Falle hatte die Stasi außer einer verleumderischen Information nichts in den Händen, da es ja auch nichts gab. Immer wieder betonte ich ja auch, dass man uns nicht bestrafen könne. Immer wieder erklärte ich, dass wir lediglich Fluchtgedanken hatten und keine reellen Pläne oder echte Aktivitäten entwickelt haben.

Ich fragte den Vernehmer, ob man das ungarische Reisebüro in Ost-Berlin über unsere Verhaftung informiert habe. Ich erklärte, dass ich für die Urlaubsreise immerhin 6.000 Ostmark bezahlt hatte, und fragte, was aus diesem Geld werden würde. Schließlich waren wir doch unschuldig inhaftiert.

Er beschimpfte mich, dass ich auf Grund meiner Stellung Verbindung zu ungarischen Diplomaten aufgenommen habe, die mir in einem Exklusivhotel einen Urlaubsplatz organisiert hatten. Man beschimpfte mich, dass ich ihr Vertrauen missbraucht hätte und ihre Gastfreundschaft zu einer Flucht ausnutzen wollte.

Wiederum wies ich diese Anschuldigung entschieden zurück und betonte, dass ich das Angebot von den ungarischen Freunden, meinen Patienten, erst Ende Juni 1981 angenommen hatte, das heißt, dass ich erst nach Abbruch meiner Überlegungen zur Flucht am 30.5.1981 die Reise mit den ungarischen Diplomaten besprochen hatte.

Andernfalls hätte ich das Angebot niemals angenommen.

Bei dem Hotel in Tihany handelte es sich um ein Haus, in das DDR-Bürger normaler Weise keinen Zutritt hatten, sondern nur für westliche Feriengäste vorgesehen war. Die Preise in diesem Hotel waren für DDR-Bürger auch unerschwinglich. Die ungarischen Freunde haben diesen Platz zum Teil mitfinanziert. Freunde, die nun durch unsere Inhaftierung von mir enttäuscht waren. Sie wussten ja nicht, was wirklich geschehen war.

Ich bat die Stasi, die ungarischen Diplomaten über die Wahrheit aufzuklären. Es war natürlich eine Bitte in den Wind.

Ich erklärte dem Vernehmer folgendes: »Warum haben Sie, wenn Sie uns einer Flucht verdächtigen, uns nicht in unseren Urlaub nach Ungarn begleitet? Dann hätten Sie unsere Unschuld am besten erfahren und einer Ihrer Genossen hätte sogar einen schönen Urlaub verbringen können?«

Der Vernehmer lächelte und erwiderte, dass das für die Stasi nicht so einfach sei. Auch sie könnten in einem anderen Land nicht ohne weiteres tätig werden, auch wenn es sich um ein sozialistisches Bruderland handele.

Ich glaube, dass sich die Stasi auf Grund der Denunziation und Meldung des IMs Rudi Arndt aus Dessau in der Flanke, viel zu sicher wähnte, uns durch diesen Piratenakt zu fassen.

Die Hauptbeweise sollten dann über unsere getrennten Vernehmungen durch uns selbst erbracht werden. Dieser Plan ging jedoch nicht auf.

Für mich überraschend legte der Vernehmer nun viele Zettel auf seinen Schreibtisch, die er von den Grenzkontrollposten der Ost-Berliner Übergänge bekommen hatte. Auf diesen standen die Daten, an denen mein Schwager aus West-Berlin mit seiner Familie eingereist war, beziehungsweise die Uhrzeiten, wann er Ost-Berlin wieder verlassen hatte.

Ich war verblüfft über ein derartiges Überwachungs- und Kontrollsystem. Ich musste nun zu jeder Einreise Stellung nehmen und erklären, ob wir uns getroffen hatten oder, wie es auch vorkam, ob mein Schwager nur einen touristischen Berlin-Besuch, zum Beispiel einen Staatsopernbesuch gemacht hatte.

Von Oktober 1980 bis Juli 1981 waren sämtliche Einreisedaten auf dem Papier vorhanden. Was mich verwunderte, war, dass die Einreise meines Schwagers am 30.5.81 gegen 18 Uhr nicht registriert war. Ich hatte ihn an diesem Abend von einer Telefonzelle aus dringend um seinen Besuch gebeten, um ihm den Vorfall unserer Auseinandersetzung mit meinem Stiefvater in Dessau zu berichten. In diesem Zusammenhang hatte ich ihm auch mitgeteilt, jegliche Aktivitäten zur Realisierung unserer früheren Gespräche jetzt sein zu lassen.

Ich fragte den Vernehmer speziell nach dem Einreisebeleg meines Schwagers vom 30.5.81 um 18 Uhr und erwähnte, »nachdem Sie lückenlos alle Belege der letzten Monate vorzulegen im Stande sind, ist es doch verwunderlich, dass gerade dieser Einreisebeleg nicht dabei ist«.

Ich sah das als Versuch, meine Aussage über das Gespräch am 30.5.81 wieder als Lüge darzustellen. Auch bei diesem neuen Vernehmer bestand immer wieder der Versuch, neben der Tonbandaufnahme durch schriftliche Protokolle, eine Schuldzuweisung zu konstruieren, die ich am Ende hätte unterschreiben sollen.

Zunehmend wurde es mir zum Vergnügen, die handgeschriebenen Protokolle des Tages auf grammatikalische und Rechtschreibfehler zu überprüfen. Die Deutschkenntnisse meines Vernehmers waren nicht die besten. Immer, wenn ich einen Fehler fand, sagte ich es dem Vernehmer so, dass er sich von seinem Schreibtisch erheben musste, um den Fehler auf meinem Tisch zu berichtigen. Da ich viele Fehler fand, musste er oft aufstehen. Das wurde ihm schließlich zu viel, so dass er mir seinen Kugelschreiber überließ und mich bat, die Seiten selbst zu korrigieren.

Ich führte nun in aller Ruhe die Korrekturen durch und beiläufig fragte ich nach dem teuren Brillantkollier meiner Frau. Ich hatte dieses von meinem ererbten Geld gekauft und bei meiner Aufstellung bereits erwähnt. Ich fragte, ob es sich in unseren Urlaubskoffern befand, ich wusste nicht genau, ob es meine Frau mit eingepackt hatte. Ich versuchte also mit der erneuten Frage, ohne es als Gesamtfrage unter Einbeziehung meiner Urkunden zu stellen, ein Beweismittel zu erreichen.

Er zog aus dem Tresor zwei Alben und zwei große Listen und blätterte darin.

Schließlich zeigte er mir ein Kollier und ich erkannte, dass es zu Hause bei der Durchuntersuchung unserer Wohnung gefunden wurde. Mir fiel ein Stein vom Herzen. Ich verlangte, dass diese Tatsache als Beweis zu Protokoll gebracht würde, dass wir die DDR nicht verlassen wollten. Denn jeder, der derartige Vorhaben durchführt, nimmt natürlich Wertvolles mit Sicherheit mit, einschließlich Urkunden, auf die ich dann ebenso zu sprechen kam. Ich durfte sogar einen Blick in das Inventaralbum mit den Fotografien werfen.

Noch einmal auf das Brillantkollier hinweisend, sagte ich: »Sind Sie nun überzeugt, dass wir die DDR nicht illegal verlassen wollten?« Er gab mir keine Antwort auf diese Frage, sondern erwiderte: »Glauben Sie doch nicht, dass wir Sie deshalb als unschuldig bezeichnen!«

Erneut fragte ich: »Was haben wir denn dann für eine Straftat begangen?«

Er antwortete: »Sie haben über eine mögliche Flucht zumindest gesprochen, so wie Sie es selbst zu Protokoll gegeben haben.«

Darauf sagte ich: »Es waren lediglich Gedanken einer Flucht, aber keine Pläne einer solchen.«

Weiterhin sagte ich: »Wir hatten lediglich Gedanken und Gedanken sind doch überall frei!«

Darauf seine Antwort: »Dr. Jürgensen, versuchen Sie doch nicht nach allem, was wir über Sie wissen und was Sie ausgesagt haben, so naiv zu sein und zu glauben, dass Sie als unschuldig von uns entlassen werden. Sie haben doch bei diesen Gesprächen die Zunge bewegt, das ist doch eine aktive Handlung, also eine Tat!« Mir verschlug es nahezu den Atem. Ich bemerkte nur: »Was für ein Zynismus.«

In der fünften Woche meiner U-Haft, es war Anfang September 1981, wurde ich erneut aus meiner Zelle geholt. Man führte mich in eine andere Zelle auf dem gleichen Korridor und forderte mich auf, meine Kleidung auszuziehen. Ich kannte diese Prozedur bereits durch den Besuch meiner Verwandten und ahnte, dass ich wieder in die Magdalenenstraße, die Stasi-Zentrale fahren würde. Ich zog also meine Privatsachen an und fragte, wohin es denn dieses Mal ginge.

Man sagte mir, dass ich mit meinem RA zusammenträfe.

Es ging wieder mit dem Gefangenentransport, eingepfercht in einen Käfig, natürlich in Handschellen, auf die Reise. Erneut erfolgte die Belehrung, dass bei Fluchtversuch geschossen würde.

Ich sagte: »Glauben Sie denn wirklich, dass ich fliehen könnte oder das überhaupt will?«

Ich erhielt natürlich keine Antwort. Während der Fahrt versuchte ich, mich zu orientieren. Es war unmöglich. Fast glaubte ich, dass man auf Umwegen zur Magdalenenstraße fuhr, damit ich mich nicht orientieren konnte.

Meine Frau war ebenfalls in diesem Wagen. Ich hörte beim Ein- und Aussteigen Ihre Absätze klappern. Wir vermieden es, uns etwas zuzurufen, um das erste Treffen mit unserem RA nicht zu gefährden.

Angekommen, gab es die üblichen Belehrungen und den Ampelverkehr. Im Flur wurden mir die Handschellen abgenommen. Fünf Posten standen um mich herum. Es war ein alter Bau und diente sicherlich schon früheren Machthabern als Gefängnis. Ein typischer Gefängnisbau, den ich aus Filmen kannte. Auf der einen Seite befanden sich die Zellen, davor ein Gang von etwa 2,5 Metern Breite und dann das Treppenhaus, das über zwei Etagen verlief. Zwischen jeder Etage war ein Stahlfangnetz eingebaut.

Ich wurde in eine leere Zelle geschoben. Sie sah aus wie jede Zelle, auch hier waren die Fenster durch Glasbausteine vermauert und man konnte nur zwischen hell und dunkel unterscheiden. Ich hörte wiederum die Schritte meiner Frau, hörte, wie ihre Zellentür krachend geöffnet und wieder verschlossen wurde. Sie lief an meiner Zelle vorbei, ohne zu wissen, dass ich da drin saß. Es verging eine Ewigkeit.

Wiederum hörte ich die Schritte meiner Frau, sie wurde aus der Zelle geholt und nach einiger Zeit wieder zurückgebracht. Ich kam nun an die Reihe, immer gespannt, auf die Geräusche auf dem Korridor achtend.

Auf dem Weg zum RA ging ich zunächst einen langen Flur entlang an vielen Zellentüren vorbei. Ich musste eine Treppe abwärts gehen und stand vor einer verschlossenen Stahltür. Der Wächter klingelte und durch einen Summton wurde diese Tür geöffnet. Wir standen in einem kleinen Flur vor einer Glaskabine, hinter der ein Stasi-Wachmann saß.

Erneut schrillte ein Ton und die zweite Tür, die auf einen langen Gang führte, öffnete sich.

Hier befand ich mich in einem Nebengebäude des Gefängnisses. Der Gefängnischarakter war hier nicht mehr zu spüren. Ich wurde in einen hellen Raum geführt, der mit neu wirkenden Möbeln ausgestattet war. In der Mitte stand ein Schreibtisch, davor wiederum ein kleiner Tisch mit einem Stuhl, an der Wand ein moderner Wohnzimmerschrank mit einem Glasteil, der aber völlig leer war.

Wahrscheinlich war es der Schrank, der die Abhörtechnik enthielt?

Der RA begrüßte mich freundlich, er gehörte zum Büro Dr. Vogel, sein Name war Starkulla.

Der Wächter blieb mit im Raum, um alles zu kontrollieren und zu hören, was gesprochen wurde. Der RA stellte sich vor und erklärte, dass er im Auftrag unserer West-Berliner Verwandten die Verteidigung übernehmen wolle. Er berichtete mir auch, dass er soeben mit meiner Frau gesprochen habe, und fragte, ob wir irgendwelche Allgemeinprobleme zu klären hätten. Er entschuldigte sich, dass er noch nicht über unsere Inhaftierung und über den in diesem Zusammenhang stehenden Sachverhalt sprechen dürfe. Heute, so sagte er, ginge es nur darum, uns kennen zu lernen, uns mitzuteilen, dass er uns verteidigen wird, und um allgemeine und soziale Probleme zu klären.

Er berichtete auch über ein Gespräch mit meinem Schwager, der unsere Tochter bei sich aufgenommen hatte und sprach auch über die Verbindung zu unseren Verwandten in West-Berlin.

Ich traf also nach fünf Wochen erstmals meinen RA und durfte nicht mit ihm über unsere Rechtsangelegenheit und unseren speziellen Fall sprechen. Das war die Rechtspraxis in der DDR.

Ich erklärte dem RA, dass ich einen Ausreiseantrag bei meinem Vernehmer handschriftlich abgegeben hatte. Es war eine kurze Zusammenkunft von höchstens zehn Minuten, die für mich völlig bedeutungslos und unbefriedigend war. Für uns als Gefangene hatte der Transport, der Aufenthalt und der Rücktransport mindestens vier Stunden gedauert und das alles für ein zehnminütiges Gespräch mit dem RA über Dinge, die bedeutungslos waren.

Erschöpft kam ich in meiner Zelle an. Dennoch aber war es der erste Schritt, der etwas bewirken sollte. Bei unserer Verabschiedung teilte mir der RA lediglich mit, dass wir uns im Oktober, nach dem vermutlichen Abschluss der Ermittlungen, wiedersehen und dann auch über unsere Sache sprechen könnten.

In der zweiten Septemberwoche wurde ich, wie fast täglich, zum Verhör geführt. Als ich diesmal den Raum betrat, war eine weitere Person in Zivil anwesend. Er saß schweigend am Tisch und hörte zunächst nur zu. Das Tonband wurde heute nicht in Betrieb genommen. Der Vernehmer fragte, wie es mir gehe und ob ich meinen Wunsch, der DDR den Rücken zu kehren, geändert habe. Ich erklärte ihm, dass er doch nun endlich wissen müsste, was er von mir zu halten habe.

Seine Antwort lautete: »Dr. Jürgensen, wir haben im Rahmen unserer Ermittlungen erfahren, dass Sie ein gutmütiger Mensch sind. Ja manchmal, wie so oft bei unserer wissenschaftlichen Intelligenz der Fall, erscheinen Sie sehr naiv. Sie waren im RK ein fachlich geschätzter Mitarbeiter und die Enttäuschung Ihrer Kollegen über Ihr Verhalten ist groß. Sie bezeichnen Sie heute als einen Egoisten und sind von Ihrer Doppelgesichtigkeit enttäuscht.«

»Wie kann ich denn in Ihrem Sinne ein Egoist sein, wenn ich aus dem selbsgelobten DDR-Sozialismus in den sterbenden Kapitalismus überwechseln will?«

Ich schlug mit dem gleichen Zynismus zurück, mit dem man mich damit täglich zu schlagen versuchte.

Nach etwa einer Stunde schaltete sich der Fremde in das Verhör ein. Er musste einen höheren Dienstgrad haben, denn der Vernehmer war voller Respekt und Unterwürfigkeit. Der Fremde sagte: »Dr. Jürgensen, sicherlich können Sie sich denken, dass ich nicht umsonst hier sitze. Ich kenne ihren Werdegang, Ihren fachlichen Ruf und alles, was Sie hier ausgesagt haben.

Ich kenne auch die Aussagen Ihrer Frau. Bitte, verrennen Sie sich nicht in Ihrer begreiflichen Wut durch diese für Sie unverhoffte Verhaftung. Verstehen Sie, dass unsere Sicherheitsorgane allen Informationen nachzugehen haben, die an sie herangetragen werden, und insbesondere in solchen Fällen, wie in Ihrem. Nun, nachdem unsere Ermittlungen zu Ihrem Tatbestand fast abgeschlossen sind, bin ich beauftragt, mit Ihnen persönlich zu reden. Wir wollen Ihnen und Ihrer Frau entgegenkommen. Von Ihrer Frau weiß ich, dass Sie sich von jeher eine eigenständige Praxis im Grünen gewünscht haben, und das auch, wenn Sie in die BRD kommen sollten, anstreben.

Wie Sie verstehen werden, werden Sie nach den Ereignissen nicht wieder im Regierungskrankenhaus arbeiten können. Wenn Sie Ihren Antrag auf Ausreise aus der DDR zurücknehmen, stellen wir Ihnen eine Praxis, auch im Grünen, zur Verfügung. Wenn das auch hier in unserem Staat keine Alltäglichkeit ist, so sollten Sie unseren guten Willen besonders daran erkennen. Wir sind nicht daran interessiert, dass hochqualifizierte Fachkräfte, so auch gute Ärzte, in einer Haftanstalt Tüten kleben oder Körbe flechten. Sie würden sich auch wundern, wie es erst in einer Haftanstalt zugeht, und sie würden einsehen, dass die Monate in unserer Untersuchungshaftanstalt dagegen wie ein Leben in einem Interhotel erscheinen. Wir haben die Möglichkeit, Ihre Frau und Sie, auch im Interesse Ihres Kindes, sofort aus der U-Haft zu entlassen. Natürlich werden Sie vom Gericht eine Strafe auf Bewährung bekommen, doch Sie können noch heute auf freien Fuß kommen.

Ihre Tochter ist bereits Ende der ersten Augustwoche zu Ihrem Schwager gekommen. Es geht Ihrem Kind gut und sie fragt oft nach Ihnen. Dem Kind haben wir damals, nach Ihrer Verhaftung gesagt, dass sie beide nach Afrika fliegen müssen, um dort Patienten zu helfen. Dr. Jürgensen, was haben Sie darauf zu sagen.«

Ich hatte seinen Ausführungen mit der höchstmöglichen Konzentration eines Untersuchungshäftlings zugehört. Ja, ich war sogar beeindruckt, denn das hätte ich niemals erwartet. In meinen Gedanken stellte ich mir die Frage, ob diese Leute nun endlich erkannt hatten, dass wir unschuldig sind. Ja, dass sie jetzt selbst einen Ausweg aus dieser Misere suchten. Ich erinnerte mich auch an eine Äußerung des

Vernehmers etwa eine Woche zuvor, als er sagte: »Die Intrigen im RK gegen Sie hätten tatsächlich nicht sein müssen und haben für Sie böse Auswirkungen gehabt, weil Sie es nicht verstanden haben, sich dagegen zu wehren, denn Sie hätten sich natürlich in Ihrer Stellung zu jeder Zeit an einen unserer Genossen wenden können«.

Das mir unterbreitete Angebot, es war natürlich nach diesen Wochen ein Angebot, das manch einer sofort angenommen hätte. Ich kannte aber die Scheinheiligkeit des Systems und wusste, dass die Wirklichkeit eine ganz andere sein wird.

Ich bedankte mich mit folgenden Worten: »Ich danke Ihnen für Ihr Erscheinen und die gemachten Äußerungen und auch für das gemachte Angebot. Bitte verstehen Sie, dass ich unsere Inhaftierung als einen Piratenakt betrachte und dass ich Ihnen eindeutig erklären muss nach den vielen Wochen der inneren Prüfung, der Auseinandersetzung mit all diesen Dingen, die auf mich eingewirkt haben, dass ich mit Piraten nichts mehr zu tun haben will.« Meine Worte waren hart und für die Stasi-Genossen sicherlich völlig unverständlich und unerwartet. Der Fremde antwortete mir: »Nun, Dr. Jürgensen, übertreiben Sie doch nicht die ganze Angelegenheit. Es tut uns ja leid, dass das Ihnen Widerfahrene so schlimm von Ihnen empfunden wird. Verstehen Sie doch auch unsere Pflicht, die mitunter nicht immer einfach und oft unschön ist und ohne Ansehen der Person von uns verlangt wird. Sehen Sie, ich habe auch Ihr Schreiben bezüglich Ihres Parteiaustrittes wieder mitgebracht und bitte Sie, noch einmal zu überlegen, ob Sie diesen Schritt wirklich gehen wollen.«

Der Fremde übergab mir den vor Wochen schon von mir geschriebenen Brief an die Parteileitung des Regierungskrankenhauses, der meine Parteiaustrittserklärung enthielt.

Ich war entsetzt und verlangte, dass dieser Brief sofort weitergeleitet werden solle.

Ich erklärte erneut, dass es keinen Sinn hatte, mich mit Verlockungen und Angeboten bestechen zu wollen, dass meine Erlebnisse so tiefe Wunden hinterlassen hatten, vor allem eine Erkenntnis über die Kehrseite dieses Systems, das ich verabscheute. Mit Entschiedenheit bemerkte ich, dass ich in diesem System nicht mehr weiter leben wolle und könne.

Der Fremde erhob sich und verließ das Zimmer mit den Worten: »Wir geben Ihnen noch ausreichend Bedenkzeit, sich unser Angebot reichlich zu überlegen, um sich und Ihrer Familie eine für Sie noch schlimmer werdende Haft zu ersparen. Sollten Sie unser Angebot annehmen, so informieren sie bitte Ihren Vernehmer.«

Ich war mit dem Vernehmer wieder allein. Es herrschte Schweigen und schließlich begann er auf mich einzureden, meine Hartnäckigkeit aufzugeben. Nach etwa vier Stunden war die ganze Aktion beendet. Aufgewühlt und erschöpft legte ich mich auf die Holzpritsche in meiner Zelle und berichtete meinem Kameraden von diesem Ereignis. Ja, so waren die Volksgenossen. Schamlos sperrten sie uns ein, um uns am Ende klein zu kriegen und ihr Zuckerbrot anzunehmen. Ein teuflisches System!

Wenige Tage danach durfte ich meine Frau erstmals sehen. Man holte mich wie üblich ab. Im Vernehmerzimmer angekommen, sah ich nach sechs Wochen meine Frau wieder. Blass, die Haare aufgelöst, sie durfte sich nicht frisieren, Tränen in den Augen, stand sie vor mir. Sie war dünner geworden. Sorgen, Qualen, die Ungewissheit und Angst hatten Spuren auf dem Gesicht hinterlassen. Wir fielen uns weinend in die Arme.

Der Vernehmer beobachtete uns. Nach wenigen Sekunden wurden wir aufgefordert uns an einem Tisch, der vor dem Schreibtisch des Vernehmers stand, einander gegenüber zu setzen.

Zunächst kamen die Ermahnungen, nicht über den so genannten Sachverhalt zu reden, da sonst die Sprechzeit sofort abgebrochen werden würde. Alles, was uns bewegte, durften wir nicht sagen. Dennoch waren wir glücklich, uns zu sehen und uns im Stillen Mut zuzusprechen.

Wir sprachen über unsere Antje und darüber, dass wir von unseren Verwandten aus West-Berlin eine Geldsendung erhalten hatten. Die uns überwiesenen DM waren für uns ein Symbol, dass wir nicht allein waren und unsere Verwandten über unser Schicksal Bescheid wussten. Ich erklärte meiner Frau, dass wir genügend Geld in unserem Reisegepäck hatten und ich deshalb gebeten hatte, dass unsere Verwandten uns kein Westgeld mehr schicken sollten.

Glücklich waren wir, dass Antje schon längere Zeit bei Ludo und Hildchen in der Nähe von Potsdam lebte.

Wir waren beruhigt, wussten wir doch, dass sie dort liebevoll aufgenommen wurde.

Ich berichtete meiner Frau, dass meine Mutter auch einen Antrag gestellt hatte, unsere Antje zu sich zu nehmen. Von mir erfuhr sie aber auch, dass ich meine Befürwortung dafür abgelehnt habe.

Meine Frau war über diese Information mehr als erstaunt und sagte, wie können sie es wagen, nachdem sie uns das angetan haben. Sofort schritt der Vernehmer ein und verbot derartige Äußerungen.

Ich sah in den Blicken meiner Frau die große Sorge hinsichtlich meiner Standhaftigkeit. Ich war ja in den Monaten zuvor stets unentschlossen, was unsere Fluchtgedanken betraf.

Ich machte meiner Frau mit Blicken und Bemerkungen deutlich, dass sie sich um mich und meine Haltung keine Sorgen zu machen brauche. Ich sagte: »Mein Schatz, sorge Dich nicht um mich, jetzt weiß ich, was ich will. Du hattest immer Recht, für uns gibt es nur einen Weg, wir müssen nur wollen!«

Der Vernehmer hörte interessiert zu und wollte den Satz abbrechen. Es war doch ein allgemeiner Satz und er enthielt keine Fakten zu unserem so genannten »Sachverhalt«.

Voller Freude und gelöst schaute meine Frau mich an. Sie hatte mich verstanden. Jetzt wusste sie, dass auch ich mich nicht von Drohungen oder Angeboten beeinflussen lassen würde.

Sie drückte meine Hände und ihre Augen strahlten.

Ich sprach sogar, ohne von dem Vernehmer unterbrochen zu werden, über das wenige Tage zuvor stattgefundene Gespräch mit dem unbekannten Stasi-Mann und das erhaltene Angebot.

Ich teilte ihr mit, dass man alles versuchte, um uns in der DDR zu behalten und dass man es bedauerte, dass uns das alles widerfahren war.

Während dieses Treffens erfuhren wir beide zu gleicher Zeit von unserem Vernehmer, dass wir die bezahlten 6.000 Mark für die Urlaubsreise in voller Höhe auf unser Konto zurückerhalten hatten. Wir waren erstaunt, aber auch erfreut. Auch dieses Geld wäre im Falle eines Fluchtbeweises, beschlagnahmt worden, ebenso wie unser Auto und alles, was sich darin befunden hatte.

Diese Information zeigte, dass wir nicht wegen des Fluchtparagraphen 213 verurteilt werden konnten. Meine Frau informierte mich, dass sie bereits in den ersten Tagen unserer Inhaftierung alle Fragen wie Mietzahlungen, Bezahlungen der Stromrechnungen u. a. m. schriftlich geklärt hatte, so dass keine Probleme aus unserer Isolation entstehen konnten. Es waren viele kleine Dinge, an die ich überhaupt nicht gedacht hatte.

Ich erzählte auch meiner Frau von meiner Parteiaustrittserklärung. Sie erwiderte: »Dieses Problem löst sich doch in diesem Staat ganz von selbst.«

Zu schnell verging diese Stunde, diese erste Zusammenkunft war für uns beide unsagbar wertvoll. Meine Frau wusste jetzt endgültig, dass ich zu unseren Zukunftsplänen stand. Sie hatte jetzt endgültig erfahren, dass meine Zweifel begraben waren.

Wenn vieles auch unausgesprochen blieb, so kannten wir uns gut genug, uns mit Blicken zu verständigen. Für Menschen, die sich lieben und lange genug glücklich miteinander gelebt haben, ist das auch in einer schweren Situation kein Problem.

Noch einmal drückten und küssten wir uns und sagten zueinander: »Bleibe gesund, halte durch, verzage nicht!« Es war ein glücklicher Tag.

In der Zelle ging ich noch einmal diese wertvolle Stunde gedanklich durch.

Es war eine Stunde des Lichtblickes in der Finsternis und Ungewissheit unserer Situation.

Auch mein Zellengenosse hatte seine Frau an diesem Tage sprechen dürfen. Sie war nicht inhaftiert, weil sie vom Fluchtversuch ihres Mannes keine Ahnung hatte. Sie war Lehrerin in Ost-Berlin. Wegen des so genannten »Staatsverbrechens« ihres Mannes wurde ihr die weitere Tätigkeit als Lehrerin untersagt. So wurde die schuldlose Ehefrau nach Art der DDR-Gesellschaft mit bestraft.

Dieses System handelte nach seiner eigenen Prinzipientreue. Es konnte nicht angehen, dass die sich zu ihrem Ehemann bekennende Frau weiter als Lehrerin die Kinder nach sozialistischen Prinzipien erzog. So wurde sie eine Verstoßene und so trug sie ihre Mitschuld. Man stellte sie in einem Kindergarten ein, wo sie tägliche Schmähungen über sich ergehen lassen musste, so dass sie schließlich von selbst kündigte. Sie arbeitete danach in einer Konditorei in einem Privatgeschäft als Verkäuferin.

Der September näherte sich seinem Ende und mein 40. Geburtstag, den ich in der U-Haft der Stasi zu verleben gezwungen wurde, stand bevor. Ein für mich trauriger Tag und doch ein Tag voller Überraschungen.

Es war ein Samstag, als man mich gegen 9:30 Uhr aus der Zelle holte und zum Vernehmer brachte. Ich war überrascht, denn am Samstag hatte bisher noch keine Vernehmung stattgefunden.

Als ich das Zimmer betrat, traute ich meinen Augen nicht. Vor mir stand meine liebe Frau, ihre Haare wie immer aufgelöst, blass, doch ihre Augen strahlten glücklich. Voller Freude und Glück im Unglück fielen wir uns in die Arme. Meine Frau gratulierte mir und wünschte uns beiden Gesundheit, Kraft und eine bessere Zukunft. Auch der Vernehmer gratulierte mir. Im Zimmer stand ein weiß gedeckter Tisch mit einem großen Blumenstrauß, einem großen dreiarmigen Kerzenständer, Kaffee, Windbeutel mit Schlagsahne, mehrere Zigarettenschachteln, eine gute Marke, sowie Pralinen und Kekse. Darüber hinaus war er gedeckt mit je einem Eisbecher mit Schlagsahne und sogar zwei gefüllten Sektgläsern. Ich konnte das kaum fassen und war gerührt.

Meine Frau hatte all das mit dem Vernehmer einige Tage zuvor abgesprochen und dieser war bereit, alles zu organisieren. Er hatte sogar seinen freien Samstag dafür geopfert, um für meine Frau und mich eine zweistündige Feier zu ermöglichen. Ich war wirklich fassungslos.

Natürlich teilte uns der Vernehmer mit, dass so etwas einmalig wäre und bat uns, darüber niemandem zu erzählen. Wir wussten, warum der Mann das tat. Der Hintergrund für ein derartiges Entgegenkommen war, unsere Haltung umzustimmen und uns zum Verbleib in der DDR zu bewegen. Es war äußerlich eine menschliche, ja sogar rührende Geste der Stasi, jedoch mit einem gezielten Hintergrund.

Nach etwa zwei Stunden wurden wir getrennt. Als ich mit meinem Vernehmer allein war, öffnete er seinen Panzerschrank und erklärte mir: »Dr. Jürgensen, ich habe noch eine Überraschung für Sie.«

Er überreichte mir einen bereits geöffneten Brief und ich erkannte die Schrift meiner Mutter.

Ich lehnte die Annahme des Briefes ab und bat, diesen an sie zurück zu schicken.

Ich konnte diesen Brief nicht annehmen, nach allem, was sie uns angetan hatten.

Der Vernehmer war enttäuscht und fragte mich: »Was soll ich nun mit dem geöffneten Brief tun?«

Es gehörte zur Selbstverständlichkeit, dass ein Gefangener nur geöffnete und kontrollierte Post erhielt, ein Briefgeheimnis gab es nicht. Ich erklärte ihm, dass es nicht so kompliziert sein könne, ihn zu verschließen und zurück zu schicken. Ich wurde gebeten, eine Erklärung für meine Ablehnung zu schreiben. Für die mir und meiner Frau gestattete Geburtstagsfeier bedankte ich mich und erklärte dem Vernehmer, dass ich bei allem Bösen, das wir bisher hier erlebt haben, dieses auch nicht vergessen würde.

Man brachte mich nun ebenfalls in meine Zelle zurück. Dort berichtete ich meinem Gefährten von allem. Er lachte nur und sagte: »Ja, die lassen tatsächlich nichts unversucht.«

Den ganzen Tag beschäftigte ich mich mit dieser Feier. Ich dachte an meine Frau und unsere Antje, aber auch an meine Mutter. Wie konnte sie mit dieser Schuld leben? Was würden überhaupt all die denken, die uns hinter die Gitter gebracht hatten? Es gab an diesem Tag sicherlich viele Freunde, die auch an uns dachten und von unserer Situation erfahren hatten.

Dieser Geburtstag wird mir wohl stets in bitterer Erinnerung bleiben.

Doch es gab nicht nur mich, denn es gab viele solche Menschen, die ihr Leben hinter Gittern verbringen mussten, und das nicht nur ein Jahr, sondern viele Jahre.

Das Wochenende verging. Eingesperrt in unserer engen Zelle, empfanden wir die Stunden als viel zu langsam vergehend. Die Abwechslung bestand nur in der 20-minütigen Freihofzeit sowie in dem wöchentlichen Bücherangebot aus der Haftbibliothek. Eine große Auswahl bestand nicht, vorwiegend waren es Bücher, die die Kommunisten in ihrem heroischen Gang verherrlichten. So verbrachten wir die Zeit mit Lesen, auch der Bücher, die nicht unserem Geschmack entsprachen, sondern nur nach dem Prinzip wichtig waren, die unendliche Zeit auszufüllen.

Oft unterhielten wir uns über unsere Berufe und stellten uns gegenseitige Quizfragen, um uns abzulenken. Schließlich entdeckten wir auch eine lyrische Ader und begannen, ein Gedicht zu schreiben. Wir schrieben dieses Gedicht Zeile für Zeile auf das in der Zigarettenschachtel befindliche Aluminiumpapier mit Hilfe unseres Plastikmessers. Schreibpapier oder -stifte gab es für uns nicht.

Nachdem wir die erste Strophe fertig hatten, lernten wir sie in den Folgetagen auswendig, denn das Papier musste wieder verschwinden und der Text unserer Strophen war nichts für die Augen unserer Kerkermeister.

Wir nannten unsere Verse: »Der Ruf aus dem Kerker!«

Der Ruf aus dem Kerker!

In dieser öden Zelle
sitzen wir nun fest –
von dem Glauben an das Gute
bleibt nur noch ein Rest.

Doch die Hoffnung auf die Zukunft,
gibt uns stete Kraft,
zu ertragen all das Schwere,
während dieser Haft.

Auch der Glaube an die Hilfe,
ist für uns ein wahres Licht,
das in hellem Scheine
durch das Kerkerfenster bricht.

Mög' es immer Menschen geben,
die zur Hilfe sind bereit,
daß auch andere es erleben,
frei zu sein, in Wirklichkeit.

Am folgenden Montag, dem 28.9.1981, musste ich im Vernehmerzimmer eine schriftliche Erklärung wegen der Verweigerung der Annahme des Briefes meiner Mutter abgeben.

Bereits am Sonntag konnte ich mich mit dieser Erklärung gedanklich beschäftigen. So schrieb ich: »Voller Vertrauen haben wir mit Euch über unsere Sorgen und Probleme gesprochen und auch von den erfahrenen Fluchtmöglichkeiten berichtet. Ihr habt uns versprochen, mit niemandem, auch nicht mit den Brüdern, darüber zu sprechen, und was habt Ihr getan?«

Mein Stiefvater hatte höchstwahrscheinlich gemeinsam mit seinen Söhnen diesen teuflischen Plan ausgeführt, der uns hinter die Kerkermauern brachte. Aus einer Drohung wurde bittere Wirklichkeit. Wer Derartiges fertig bringt, muss einen sehr bösen Charakter und einen großen Hass als Ratgeber gehabt haben.

Ich bezeichnete dieses Vorgehen uns gegenüber als ein Verbrechen an uns und unserer Tochter. Ich lehnte weitere Kontakte ab. Sie hatten sich das Recht, Eltern zu sein, selbst genommen. Ich kann und will mit diesen Menschen nichts mehr zu tun haben.

So beendete ich das Schreiben und gab es dem Vernehmer, der alles las und bemerkte: »Das ist sehr hart von Ihnen, doch das müssen Sie mit Ihrer Familie selbst klären.«

Auf meine Frage: »Was würden Sie tun, wenn Sie Ähnliches erlebt hätten?«, sagte der Vernehmer: »So etwas habe ich noch nicht erlebt.«

Zwei Tage vergingen, ohne dass man mich holte.

Am Donnerstag wurde ich erneut in das Vernehmerzimmer gebracht. Man las mir einen Bescheid des Stadtbezirksgerichts von Ost-Berlin vor. Der Inhalt lautete ungefähr so: »Entsprechend den Ermittlungen und Vernehmungsprotokollen des Beschuldigten und seiner Ehefrau, hält das Gericht die Fortsetzung der U-Haft für erforderlich. Als Beschuldigungsparagraph wird der Paragraph 100 zugefügt!«

»Was ist das für ein Paragraph?«, fragte ich und forderte Einsicht in das Strafgesetzbuch.

Ich durfte den Text selbst lesen.

Ich las ihn nicht nur einmal, sondern mindestens drei- oder viermal. Es ist ein Strafparagraph wegen »Landesverräterischer Agententätigkeit«.

Ich schrie: »Nie um alles in der Welt können Sie uns als landesverräterische Agenten bezeichnen?« – »Sie müssen sich nicht zu sehr an dem Text des Paragraphen stoßen und ihn so genau nehmen. Natürlich glauben wir nicht, dass Sie Geheimnisse der DDR verraten haben. Entsprechend der Auslegung können wir Sie und Ihre Frau jedoch bestrafen, weil Sie das Ansehen der DDR beschädigt haben.«

Ein teuflisches System und ein teuflischer Paragraph, den die Volksvertreter im Handhebeparlament der Volkskammer beschlossen hatten, ohne sich dessen Auslegung und Konsequenzen bewusst zu sein. Ein Paragraph, vorgelegt von raffinierten Staatsfunktionären, die sich all das ausgeklügelt hatten. Wenn ein Normalbürger einen solchen Paragraphentext liest, so muss er an Spionage und Staatsverrat denken. Niemals würde er auf den Gedanken kommen, dass Menschen wie wir als solche hingestellt werden könnten.

Ich bat den Vernehmer um ein Blatt Papier und schrieb sofort eine Eingabe an den Generalstaatsanwalt Dr. Streit, den ich als Patient des Regierungskrankenhauses kannte. Ich bat um eine Erklärung und wies eine Spionagetätigkeit oder einen Staatsverrat entschieden zurück.

Nach knapp einer Woche wurde ich zu einem Stellvertreter des Generalstaatsanwaltes geführt. Er stellte sich vor als Dr. Nienkirchen und erklärte mir das Folgende: »Dr. Jürgensen, ich kenne Ihren Fall sehr genau und auch Ihre Vernehmungsprotokolle. Der Paragraph 100, über den ich Sie aufzuklären habe, hat insofern für Sie Bedeutung, dass Sie sich während der Verhöre fest entschlossen haben, die DDR zu verlassen.«

Ich erwiderte: »Ja, dieser Entschluss ist endgültig und für meine Frau und mich ist er das Resultat der Erlebnisse, die wir hier erfahren mussten. Dieser Entschluss ist jedoch meines Erachtens kein Verbrechen, da er nicht auf illegalem Wege realisiert werden wird, daher habe ich einen Antrag auf Entlassung aus dieser Staatsbürgerschaft und die Aussiedlung aus diesem Staat gestellt. Warum also diese Anschuldigung?«

Dr. Nienkirchen antwortete mir darauf: »Nun, Dr. Jürgensen, nehmen Sie den Wortlaut des Paragraphen bitte nicht so genau, Sie sind zwar kein Spion oder Agent, aber wenn Sie nach dem Westen kommen sollten, werden Sie über Ihre ehemalige Funktion von den Spionagezentralen gefragt, und wir wissen aus Erfahrung, dass Sie dann, wie jeder andere auch, alles beantworten werden.«

»Ist das etwa Spionage?« fragte ich, »wenn ich über Erlebnisse berichte, die mir tatsächlich widerfahren sind?«

Darauf Dr. Nienkirchen: »Nun, es führt in jedem Fall zur Schädigung des Ansehens der DDR, und Sie haben bereits durch die heimlichen Informationen und Kontakte zu Ihren Verwandten in West-Berlin eine landesverräterische Tätigkeit begangen, indem Sie das in Sie gesetzte Vertrauen auf das Schlimmste missbraucht haben. Außerdem haben Sie, als staatlicher Leiter, Verordnungen des RKs über die Meldepflicht von West-Kontakten wissentlich übergangen.«

Eindeutig ging aus diesem Gespräch hervor, dass nicht der Gesetzestext des Paragraphen 100 verbindlich war, sondern das teuflische Auslegen für alle möglichen Dinge. Diese Auslegung war ein zusätzliches Dokument, das als vertrauliche Verschlusssache in den Händen von Richtern und Juristen lag.

Was sollte man von so einer Rechtssprechung halten, wenn es in einem Land Gesetze gab, deren Paragraphentexte in schlimmster Form durch so teuflische Auslegungsweisen Anwendung fanden?

Immerhin konnte man uns nun auf der Grundlage des Paragraphen 100 zwischen zwei bis zehn Jahren Haft aussprechen.

Es war ein Schock, als ich das erfuhr. Das aber war die planmäßig dosierte Praktik des Psychoterrors. Der Grund dafür war meine starre Ablehnung gegenüber dem erhaltenen Angebot, doch in der DDR zu bleiben.

Unbefriedigt über das Gespräch mit dem Stellvertreter des Generalstaatsanwaltes, betrat ich wieder meine Zelle. Mir wurde jetzt bewusst, dass wir einer Verurteilung nicht entgehen konnten. Jetzt hieß es Durchhalten. Immer wieder sagte ich: »Du musst nur wollen!« Du musst aus diesem System raus, weil du hier keine Existenzgrundlage hast.

Als ich am nächsten Tag wieder zum Verhör kam, stellte der Vernehmer mir die folgende Frage: »Haben Sie mir etwas zu sagen?« Ich antwortete: »Ich bin jetzt ein staatsgewollter Landesverräter, ohne jemals einen Verrat begangen zu haben. Welch eine Gesetzlichkeit?! Meine Frau und ich sind unschuldig und werden jetzt als Landesverräter hingestellt.« Der Vernehmer entgegnete: »Das muss doch nicht so sein, denken Sie an das erhaltene Angebot und begraben Sie Ihren Hass.«

Welche Macht die Stasi in der DDR besaß, wurde mir immer deutlicher. Ich antwortete dem Vernehmer erneut: »Ich werde niemals freiwillig in diesem Land bleiben. Sie können mich vernichten, doch meine Meinung wird sich nicht ändern, selbst wenn Sie mich zehn Jahre in Ihre Zuchthäuser sperren.«

Wieder folgten einige Tage, an denen ich nicht aus der Zelle geholt wurde. Auch diese Tage waren zermürbend. Die Minuten gingen nur träge dahin, mein Zellengefährte war zum Verhör abgeholt worden. Ich war allein. Von dem gekauften Obst wollte ich einen Apfel essen. Leider war er durch die Schwüle des Sommers bereits angefault. Ich warf den Apfel gedankenlos in die Toilette und versuchte ihn wegzuspülen. Leider verklemmte sich dieser und verstopfte die Toilette. Selten kommt ein Unglück allein, der Druckwasserspüler versagte und ließ dem Wasser freien Lauf, so dass es eine Überschwemmung in unserer Zelle und auf dem Flur gab.

Die folgende Stunde hatte ich mit Hilfe eines Scheuerlappens und Eimers das Wasser aufzuwischen. Den Flur mussten niedere Dienstgrade selbst wischen.

Als mein Zellenkamerad völlig zerschlagen zurückkam, erzählte ich ihm von dieser Aktion.

Er war niedergeschlagen und konnte den Witz der Situation nicht gleich verkraften. Zunehmend wurde er unter Druck gesetzt durch das Ausspielen seiner Aussagen gegen jene seines Freundes. Die übliche Art und Weise der Vernehmungen mit Verdrehungen und Unterstellungen.

Im Oktober waren die Verhöre nahezu abgeschlossen. Ich wurde wöchentlich ein- oder zweimal in das Vernehmerzimmer geholt, wo ich einen Brief an meine Frau oder meine Tochter schreiben durfte. Der Inhalt dieser Briefe war immer der Gleiche. Zur Sache, die uns so sehr bewegte, durften wir nichts schreiben.

So teilte ich meiner Frau mit, dass sie sich um mich keine Sorgen zu machen brauche und es mir gesundheitlich gut gehe, aber auch dass ich jeden Tag an sie und Antje denke und ganz besonders an unsere gemeinsame neue Zukunft. Ich schrieb ihr auch, dass sie nicht verzweifeln solle, wenn uns das Urteil dieser harten Gesetzgebung zu erdrücken versuchte. Sie solle daran denken, dass irgendwann auch für uns wieder die Sonne scheinen würde.

Unserer Freiheit wegen ertrugen wir die Schikane der Verhöre, den Psychoterror unserer Kerkermeister und Vernehmer, die brutale Gesetzgebung, die ungerechtfertigte Verurteilung. Wir hatten den Pfad, den Dornenweg in die Freiheit betreten und niemand hätte uns davon abbringen können, unser Ziel zu erreichen.

Immer, wenn die Abendstille in unsere Zelle eingekehrt war, das Krachen der Zellenschlüssel verstummte und lediglich die schleichenden Schritte unserer Wächter zu hören waren, die auf dem Flur hin und her pendelten, um durch die Türspione in unsere Zellen zu schauen, begann die streng verbotene Verbindungsaufnahme der Gefangenen untereinander.

Mit unseren Fingern klopften wir das Signal, über das wir Kontakt aufnehmen wollten. Es entsprach dem Rhythmus eines alten Schlagers »We are go go«. Das war unser Fingertelefon.

Der Buchstabe A war einmal Klopfen, das B bestand aus zweimal Klopfen und so weiter.

Um also einen Namen zu klopfen, mussten viele Klopfzeichen gegeben werden und unsere Fingergelenke schwollen dabei schnell rot an und schmerzten.

Gelegentlich wurden wir von unseren Wächtern ertappt und wurden ermahnt. Man drohte uns, dass wir in eine Gummizelle kommen würden. Die Betonwände der Haftanstalt hatten eine recht gute Leitfähigkeit für unsere Klopfsignale und der Schall war in den ruhigen Abendstunden natürlich auch für die Wächter gelegentlich hörbar.

Durch diese Beschäftigung teilten wir uns gegenseitig unsere Namen mit und die Gründe unseres Einsitzens. So erfuhr ich zum Beispiel, dass neben mir in der Zelle ein Münchner Fernlastzugfahrer eingesperrt war. Er berichtete mir (klopfte mir), dass sein Vater in der Firma Siemens als Ingenieur und Direktor tätig sei. Er selbst hatte sich einen Lastzug gekauft und fuhr mit Waren zwischen München und Berlin hin und her. Dabei hatte er vielen Menschen zur Flucht in den Westen verholfen, indem er sie in seinem Lastzug versteckt hatte.

Irgendwann war eine Information an die Stasi gegeben worden. Immer wenn er eine derartige Aktion startete, die natürlich nicht vorbereitet werden musste, mussten sich die Fluchtwilligen irgendwo treffen und dann innerhalb seines Lastzuges schnell versteckt werden.

Bei einer neuen Gruppe von Fluchtwilligen war ihm ein Stasispitzel eingeschleust worden.

Kurz vor dem Grenzübergang Hirschberg, einem Übergang von der DDR zur BRD, wurde sein Fahrzeug gestoppt und alle Versteckten wurden aus seinem Lastzug herausgeholt. Jeder, er selbst natürlich auch, wurde von der Stasi verhaftet. Er teilte mir dann per Klopffunk mit, dass er eine Haftstrafe von sechs Jahren dafür erhalten habe. Ein schwerer Schlag, ein trauriges Schicksal. Man bezeichnete ihn als einen »Kriminellen Fluchthelfer«.

Sein Lastzug einschließlich des Inhalts wurde beschlagnahmt. Er war fast ein Jahr in der U-Haft und wartete nach seiner Verurteilung auf den Abtransport in den Strafvollzug.

Wahrscheinlich würde er in Rummelsburg untergebracht werden oder in Bautzen.

Was dieser Mann in den Wochen und Monaten der Verhöre durchmachen musste, konnte er mir nicht alles mitteilen. Trotz dieses schweren Schlages hatte er seinen Optimismus nicht verloren. Seine Gesundheit schien stabil zu sein und er hoffte auf die Hilfe aus Westdeutschland. Er hoffte, dass er nach drei Jahren zurückgekauft werden konnte.

Ein anderer war ein Antiquitätenhändler aus der DDR. Wahrscheinlich hatte er Dinge verkauft, die die Stasi selber verkaufen wollte. Mir ist bekannt, dass die Stasi in der Ostberliner Wilhelm-Pieck-Straße ein Lager besaß, von dem LKW-Ladungen nach West-Berlin gingen.

Hier war die Stasi selbst dahinter und sie durfte das. Sie war ja selbst der Staat im Staate. Man hatte wahrscheinlich den konkurrierenden Antiquitätenhändler damit ausgeschaltet.

Wieder wurde ich zum Vernehmer geführt. Mir wurde mitgeteilt, ebenso wie meiner Frau, dass ich durch eine am 25.9.1981 im Regierungskrankenhaus einberufene außerordentliche Parteimitgliederversammlung aus der Partei rausgeworfen wurde. Ich musste über diese Information lächeln. Ich sagte dem Vernehmer: »Wie kann man mich im September rausschmeißen, wenn ich bereits Anfang August auf der Grundlage des Statutes dieser Partei meinen Austritt erklärt hatte?«

Es gehörte zum Spiel der Abrechnung mit mir und meiner Frau und nicht zuletzt zu der Einflussnahme auf mir nahe stehende Mitarbeiter. Sie alle sollten erfahren, wie mit Menschen, die die Reihen der Mitläuferschaft verlassen haben, verfahren wird. Sie sollten Angst bekommen, um nichts Ähnliches zu versuchen.

Gleichzeitig teilte mir der Vernehmer mit, dass man im RK ein Disziplinarverfahren gegen uns eröffnet habe. Das Schriftstück über die Ankündigung dieses Verfahrens gehörte zu den wenigen Dokumenten, die ich in meinen Besitz bringen konnte.

REGIERUNGSKRANKENHAUS
Klinik und Poliklinik
für Diplomaten

104 BERLIN, Scharnhorststraße 37
Telefon 220 2362141

, d. 05.10.1981

Dr. Uwe-Jens Jürgensen

1080 B e r l i n

Leipziger Str. 49 (18.01)

Betr.: Disziplinarverfahren

Auf der Grundlage des Arbeitsgesetzbuches der DDR (AGB), § 256, und der Verordnung über die Pflichten, die Rechte und die Verantwortlichkeit der Mitarbeiter in den Staatsorganen (VMS) vom 19.02.1969, § 19 (2), eröffne ich gegen Sie ein Disziplinarverfahren.

Grund: Sie haben wiederholt vorsätzlich und schwerwiegend gegen für Sie bestehende Arbeitspflichten gem. VMS § 5, der Arbeitsordnung des Regierungskrankenhauses, Pkt. 9.7 sowie der Verpflichtungserklärung verstoßen.

Wegen des gegen Sie eingeleiteten Strafverfahrens wird das Disziplinarverfahren entspr. VMS § 21 (1) ausgesetzt.

Prof. Dr. H. Wittbrodt
Ärztlicher Direktor

Zur Kenntnis genommen
Dr. Uwe-Jens Jürgensen

Mich erschütterte diese Information überhaupt nicht, wusste ich doch, dass es zum normalen Ablauf unserer allgemeinen politischen Verurteilung gehörte. Als nächstes wurde mir ein Protokoll verlesen von einer außerordentlichen Versammlung mit den Mitarbeitern meiner ehemaligen funktionsdiagnostischen Abteilung. Auch der Vernehmer hatte daran teilgenommen. Außerdem waren der Betriebsleiter und der Parteisekretär anwesend. Jeder einzelne meiner ehemaligen Mitarbeiter wurde aufgefordert, seine Meinung über unser Verhalten zum Ausdruck zu bringen. Von jedem wurde ein Satz protokolliert. Die Sätze ähnelten sich, so wie es zu erwarten war. Sie verdammten uns als Egoisten, als Scheinheilige, als Doppelgesichtige, weil der Egoismus im Vordergrund stand. Das war nichts Neues für mich, denn ich kannte die alte Leier solcher Sprüche.

Ich sagte dem Vernehmer erneut, dass ich ein derartiges Pamphlet als überflüssig betrachtete, wissend, dass dies zu den Gepflogenheiten des schändlichen Systems gehörte. Damit wollte man den Ruf der Abtrünnigen schädigen und zunichte machen und andererseits wollte man Angst erzeugen. Ich kannte meine Mitarbeiter viel zu gut und wusste genau zu differenzieren, was sie in Wirklichkeit dachten. Ich wusste, dass es dabei sehr primitive Gedanken gegeben hatte und auch solche der Schadenfreude. Ich wusste aber auch, dass manch einer meiner Mitarbeiter heimlich Tränen vergossen hatte.

Immer wieder wurde nun mit diesen Dingen, die jetzt zum Programm gehörten, versucht, uns psychologisch fertig zu machen, uns zu terrorisieren. Immer noch hoffte man, unsere Starrheit gegenüber dem abgelehnten Angebot, doch in der DDR zu bleiben, zu brechen. Hierbei hatte man sich jedoch verrechnet.

Bemerkungen wie »Sie werden niemals aus der DDR herausgelassen«, verfehlten ihre Wirkung, wenn sie uns auch innerlich beunruhigten und beängstigten.

Einmal im Monat durften unsere Verwandten uns in der U-Haft besuchen. Sie nahmen jeden erlaubten Termin wahr. So waren sie am 21.9.81 kurz vor meinem Geburtstag da und dann wieder am 26.10.81.

Dieser Besuch war für uns immer verbunden mit der bereits mehrfach beschriebenen Transporttour, um 30 Minuten mit ihnen sprechen zu können und nur über allgemeine Dinge. In der Magdalenenstraße, wo diese Besuche ja stattfanden, mussten wir jedes Mal etwa zwei bis drei Stunden Aufenthalt in einer Einzelzelle in Kauf nehmen.

Die Freude aber, die Verwandten sehen zu können und etwas über Antje, unsere Tochter zu erfahren, wurde verknüpft mit entsprechenden Belastungen für uns Gefangene, die die Freude dämpfen sollten. Dennoch freuten wir uns riesig, wenn wir diese Besuche erhielten. Auch für sie war dieser Besuch sicherlich eine zusätzliche Belastung ihres jetzt doch angespannten Alltagslebens.

Immer besser gelang es uns zwischen den Zeilen, Informationen auszusprechen, ohne dass der Sachverhalt direkt berührt wurde. Ich erfuhr von den Aktivitäten des Schwagers in West-Berlin und seinen Bemühungen, uns frei zu bekommen.

Sie hatten große Angst, dass wir dem Terror nicht standhalten würden. Immer wieder wurden wir bei diesen Besuchen von zwei Stasi-Wächtern kontrolliert.

Mein Ziel war es, stets bei diesen Besuchen, den Verwandten deutlich zu machen, dass sie sich über mich keine Sorgen machen mussten und dass wir all das Böse, was über uns hereingebrochen war, wie lange es auch noch dauern mochte, überstehen würden. Bei der Begegnung im Oktober war unser Vernehmer selbst anwesend und teilte meinen Verwandten mit, dass unser Pkw nach wochenlanger Durchsuchung nun zur Abholung frei gegeben würde. Mein Schwager könne ihn von der Stasi, einschließlich unserer persönlichen Sachen, die sich darin befanden, abholen.

Ich versuchte, meinen Schwager auf einen besonderen Punkt in dem gründlich von der Stasi untersuchten Wagen aufmerksam zu machen. Immer wieder erwähnte ich, dass ich bei der Reinigung des Wagens an einer bestimmten Stelle einen Rostfleck bemerkt habe, und bat ihn, diesen zu beseitigen, um größeren Schaden zu vermeiden. Ein übliches Gesprächsthema in der DDR, wo man die Pkws hegt und pflegt, weil sie zu den rarsten Dingen in der DDR gehören und manch einer nur einmal im Leben einen Wagen kaufen kann.

Der von mir immer wieder als Rostfleck geschilderte Platz war die Stelle, an der ich das für den Urlaub vorgesehene Westgeld versteckt hatte. Mein Schwager hat es nicht gleich begriffen. Es dauerte noch eine längere Zeit. Erst später, als ich in Cottbus eingekerkert war, verstand er meinen Hinweis und fand dann schließlich auch das Geld mit großer Freude. Hätten es die Stasi-Kontrolleure bemerkt, so hätten sie uns vermutlich zusätzlich wegen Devisenvergehens bestraft.

Mein Zellengefährte, mit dem ich nun zwei Monate in einer Zelle verbracht hatte, wurde Mitte Oktober, nach Abschluss seiner Verhöre, nach Neubrandenburg transportiert, weil dort seine Verurteilung vorgesehen war. Wir verabschiedeten uns noch, bevor die Wächter ihn herausholten, und versprachen uns, sofern einer eher in der Freiheit wäre, den anderen nicht zu vergessen.

Ich war etwa zehn Tage wieder allein in der Zelle. Danach wurde ich umquartiert. Ich kam in die Zelle 128. Hier befand sich bereits ein Gefangener im Alter von 18 oder 19 Jahren. Er war als Handwerker im Gebäude der Gewerkschaftszentrale in Ost-Berlin tätig.

Bei einem angeblichen Fluchtversuch über die Berliner Mauer wurde er ertappt. Ob dieses stimmt, kann ich nicht sagen. Ich konnte den Verdacht, dass es sich um einen eingeschleusten Spitzel handelte, der mich aushorchen sollte, nicht loswerden. Andererseits zeigte er jedoch ein Verhalten wie jeder andere Gefangene. Besonders aktiv verhielt er sich bei den »Klopf-Telefonaten« mit der Nachbarzelle. Er klopfte unermüdlich, so dass ihm seine Fingergelenke ebenfalls anschwollen.

Ende Oktober wurde wieder ein Zusammentreffen mit unserem RA aus dem Büro, Dr. Vogel ermöglicht. Wieder der übliche Transport. Wieder die Handschellen, wieder die Warnung über den Schießbefehl. Wieder hörte ich die hallenden Frauenschritte auf dem Gefängniskorridor und ahnte, dass auch meine Frau in der Nähe war. Das Gespräch mit dem RA fand diesmal ohne Aufseher statt. Ich war mit dem RA allein, wissend, dass die Lauscher an der Wand mithörten.

Nach Abschluss der gegen uns geführten Ermittlungen durften wir jetzt erstmalig über unsere Angelegenheiten mit dem RA sprechen. Das war immerhin etwas, nach einer schon bereits dreieinhalb Monate dauernden U-Haft. Leider hatte der RA bis zu diesem Zeitpunkt immer noch nicht die volle Möglichkeit erhalten, in die Vernehmungsprotokolle einzusehen. So erfuhr er in erster Linie von mir, um was es eigentlich ging. Von Anfang an erzählte ich unsere Geschichte, die Geschichte unserer Gespräche mit unseren Verwandten aus West-Berlin, unserer Fluchtgedanken, der erhaltenen Drohung einer Anzeige durch meinen Stiefvater und des Abbruchs unseres Vorhabens.

Für ihn war es eine Geschichte von vielen, denn er behandelte vorwiegend solche Fälle.

Was ich dem RA zu erzählten hatte, konnten auch die Lauscher an der Wand hören. Es waren die gleichen Informationen, die sie bereits in all den Wochen und Monaten immer und immer wieder protokollieren mussten. Es gab keine weitere Heimlichkeit, wozu auch? Es gab keine Fluchtplanung, dafür doch jetzt eine feste Willenserklärung, nicht mehr in diesem Staat leben zu wollen!

Ich fragte unseren RA, ob er etwas von dem erwähnten ominösen Fluchthelfer wisse, der uns angeblich besser kennen würde, als wir zugeben wollten. Für uns gab es diese Person überhaupt nicht und auch der RA wusste nichts von einer solchen. Auch später, kurz vor unserer Verurteilung, teilte er mir mit, dass es eine derartige Person nie gegeben habe und sie in den Protokollen nicht aufgeführt wäre. Es war nur eine fiktive Person, die die Stasi uns gegenüber benutzte, um uns in die Enge zu treiben, uns Angst zu machen und eine Falschaussage herauszupressen. Somit konzentrierte sich der Verdacht des Verrats immer mehr auf die eigene Familie.

Der RA erwähnte bei diesem Gespräch, dass er erhebliche Schwierigkeiten sehe, auf Grund meiner früheren Position im Regierungskrankenhaus, dass wir direkt aus der Haft in die BRD abgeschoben werden würden beziehungsweise frei gekauft werden würden.

Wir sprachen über unsere Tochter und der RA bestätigte mir, dass gegen unsere schriftliche Erklärung bezüglich des Sorgerechts für sie keine juristischen Manipulationen möglich seien.

Somit war sicher, dass unsere Antje während unserer Haftzeit bei unseren Verwandten in Teltow verbleiben durfte. Ich war darüber sehr beruhigt, denn es gab in der DDR Fälle, in denen das Sorgerecht den Eltern abgenommen wurde und die Kinder in ein Heim kamen.

Wir sprachen auch über meine Frau, wie sie aussieht, wie es ihr geht und wie stabil ihre Nerven noch nach all den Wochen der Angst und des Psychoterrors sind.

Der RA konnte mich beruhigen. Er sagte: »Ihre Frau ist tapfer, sie brauchen sich keine Sorgen machen, sie weiß wirklich, was sie will.«

Viel war es nicht, was wir zu reden hatten, zumindest nicht, was juristisch entscheidend und bedeutsam war. Wichtig war die Bestätigung, dass wir einem Rechtsverfahren nicht entgehen könnten und würden, weil das eben so war.

Der RA belehrte mich noch einmal, wenn auch unbefriedigend, über den so genannten Paragraph 100, einen Gummiparagraphen, der immer dann angewandt wurde, wenn es sich um »politische Gegner« handelte.

Ich erhielt dabei auch die Bestätigung, dass es keinen Sinn für uns hätte, darüber nachzugrübeln oder Wortgefechte auszutragen. Der Text dieses Paragraphen war dabei offensichtlich bedeutungslos.

Entscheidend für diesen war seine breite Auslegungsmöglichkeit, eine typische Rechtspraxis in dem DDR-Unrechtsstaat.

Oft fand dieser als so genannter Zusatzparagraph bei Fluchtversuchen nach dem Paragraph 213 seine Anwendung. Ich verstand und konnte es trotzdem nicht verstehen!

Die Rechtspraxis der DDR beurteilte selbst Verwandte in der BRD, die sich aktiv für die Freiheit ihrer Angehörigen in der DDR einsetzten, als »kriminelle Menschenhändler oder Fluchthelfer«. Die Einhaltung der Menschenrechte entsprechend den Genfer Konventionen, die die DDR natürlich wie eine Selbstverständlichkeit unterschrieben hatte, wurden durch ihre eigene Rechtspraxis Lügen gestraft. Das Gleiche galt auch für die Vereinbarung des so genannten »3. Korbs der KSZE-Akte von Helsinki«.

In der Unterzeichnung solcher Dokumente und Vereinbarungen tat sich die DDR nach außen hin nicht schwer. Ihre Rechtspraxis war jedoch ganz anders.

Da vergaß man die Einhaltung der Abkommen, die man freiwillig unterzeichnet hatte.

Da kriminalisierte man die aus Gewissengründen und persönlicher Not versuchte Flucht von Menschen. Da kriminalisierte man die Verbindungsaufnahme und die Bitte um Hilfe an die eigenen Verwandten in der BRD. Ja, man verurteilte jeden, der seine Gefolgschaft gegenüber dem selbst gelobten System verweigerte als Staatsfeind oder Staatsverbrecher. So einfach war es eben in der sozialistisch-kommunistischen Gesellschaft. Man muss nicht die Gesetze der DDR studieren, sondern in erster Linie deren Auslegbarkeit, um das sozialistische Recht zu erkennen und zu begreifen. Erst dann wird deutlich, wie terroristisch eine Staatsgewalt sein kann und darf.

Durch seine Auslegung und Anwendung wurde der Paragraph 100 zum Unrechtsparagraphen, zum Terrorparagraphen. Er ermöglichte es den Mächtigen, nahezu jeden, der sich schief äußerte oder anders dachte, einzusperren.

Es war mir unvorstellbar, dass das noch etwas mit Menschenrechten zu tun hatte.

Es war auch nicht verwunderlich, dass in der DDR die Gesetzesauslegungstexte, das Arbeitsmaterial der Juristen, als »vertrauliche Verschlusssache« galten.

Wir hatten jetzt Ende Oktober, ich durfte meine Frau wiedersehen.

Diesmal waren sogar zwei anstelle nur eines Aufpassers dabei. Sie saßen abseits am Tisch, während wir uns an einem anderen Tisch gegenübersaßen. Mit sturen, ernsten Gesichtern beobachteten sie unsere Unterhaltung. Wir durften natürlich, wie immer, nichts über den »Sachverhalt« sagen. Dazu gehörte auch die in nächster Zeit vor uns stehende Gerichtsverhandlung. Auch hierüber durften wir keinerlei Absprachen treffen.

Wie immer beinhalteten unsere Gespräche unsere Gesundheit und wie immer versicherten wir, dass wir beide stabil genug bleiben würden.

Von unerschütterlichem Optimismus getragen versicherten wir uns, das Übel einer längeren Haft zu ertragen. Wir schuldeten es unserer Tochter, die in dieser Gesellschaft keine Zukunft haben würde, und wir schuldeten es uns selbst. Es gab für uns in diesem Staat keine Existenzgrundlage mehr!

Meine Frau sah blass aus, sie war dünn geworden. Ich schätze, sie wog nicht mal mehr 50 kg. Ihre Haare, die sie nicht frisieren durfte, hingen in Strähnen auf ihren Schultern.

Als ich meiner Frau dann offen erklärte, dass für uns ein Weiterleben in diesem Staat, der zu solchen Praktiken fähig ist, nicht in Frage kommt, wurden wir von einem der Wächter unterbrochen. Er sagte: »Wir werden Ihnen schon zeigen, wie wir mit solchen Personen wie Ihnen umgehen. Wir werden Sie von Ihrem hohen Ross herunterholen, denn wir haben genug Möglichkeiten und Erfahrungen auf diesem Gebiet.«

Meine Frau erwiderte darauf: »Zu welchen schmutzigen Praktiken Sie fähig sind, haben wir bei der Einlieferung in diese Untersuchungshaftanstalt bereits erfahren. Ich finde es widerlich, in der Unterwäsche anderer Menschen herumzuwühlen und in alle Öffnungen ihrer Körper hineinzustarren.«

In einem dieser Wächter erkannte meine Frau den Ehemann einer ehemaligen Mitarbeiterin aus dem Regierungskrankenhaus. Ich konnte es nicht lassen und gab noch eine Bemerkung dazu und sagte: »Im Grunde genommen sind Sie doch zu bedauern, Sie leben Ihr Leben hinter Gittern, auch wenn Sie nach dem Feierabend das schreckliche Gebäude verlassen dürfen. Ich könnte eine derartige Tätigkeit mit meinem Gewissen nicht vereinbaren und es würde mir eine unerhörte Seelenqual sein, andere zu verhaften und so zu quälen.«

Die Antwort: »Wir stehen auf der anderen Seite der Barrikade!«

Er meinte damit eine Barrikade, die dieses System selbst errichtet hatte.

Aus der Bemerkung wurde deutlich, dass sich die Stasiangehörigen wie Kämpfer in einer großen Schlacht verstanden.

Wir wollten dieses Hin- und Hergerede nicht fortsetzen, es war die Sprecherlaubnis zeitlich für uns begrenzt und zu kostbar, um uns mit diesen Schergen zu unterhalten. Dass wir uns überhaupt zu solchen Äußerungen verleiten ließen, war das Ergebnis der angestauten inneren Wut und Ohnmacht. Andererseits wollten wir unseren Wächtern deutlich machen, dass sie mit uns als Bürger der DDR nicht mehr zu rechnen hatten. Solche freien Äußerungen konnte man nur in der Haftanstalt machen und nicht in dem großen Käfig der DDR. Wir, die wir gefangen waren, hatten nichts mehr in diesem Staat zu verlieren.

Das war das Entscheidende, was uns hier frei machte. Wir waren frei und konnten offen reden. Ja, wir waren als Gefangene freier als alle anderen DDR-Bürger. Wir hatten längst unsere Angst verloren. Das war für uns das Wichtigste, was unsere Schergen traf und was uns frei machte.

Oft machte man uns in den Wochen unserer Vernehmungen auf das erhaltene Angebot aufmerksam und fragte, ob wir uns entschieden hätten, doch in der DDR zu bleiben. Immer, wenn ich ablehnte, bemerkte er, dass ich die Ablehnung noch bereuen würde. Er sprach von der schlimmen Zeit des Strafvollzugs, die vor uns stand. Auch das würden wir, wie alle anderen vor uns, überstehen.

Ich entgegnete: »Wir sind ja dort nicht allein, irgendwann wird auch für uns der Tag kommen, wo wir endlich frei sein werden und wo wir dann auch über alles Erlebte hier frei sprechen können.«

Durch die Inhaftierung und die Erlebnisse, die wir bereits hatten, wurde uns der Wandel unseres eigenen Lebens im »Goldenen Käfig« zum Leben im »Eisernen Käfig« voll bewusst.

Dieser eiserne Käfig war zwar in unserer jetzigen Situation sehr eingeengt, doch würde er sich nur vergrößern, wenn wir in die DDR zurückgingen, um dann in dem großen Volkskäfig weiter zu vegetieren. Wir erlebten eine DDR-Realität, von der wir früher nichts gewusst oder geahnt hatten.

Wir erfuhren von anderen Gefangenen, wie es ihnen ergangen war, und hörten oftmals erschütternde und unglaubliche Schicksalsberichte.

Etwa im Oktober 1981 waren unsere Vernehmungen abgeschlossen. Die Verhöre, die nahezu täglich stattfanden, waren jetzt nur noch kurze Treffs zum Schreiben eines Briefes an die Ehefrau oder an Verwandte und hinzu kamen die ständige Fragen nach unserer Entscheidung. Unsere Antwort blieb stets die gleiche, nämlich »nein – wir bleiben nicht in der DDR.«

Der große »Unbekannte«, unser angeblicher Fluchthelfer, wurde niemals wieder erwähnt.

Es gab ihn nicht! Diese Behauptung der Stasi war nur ein fiktives Druckmittel gewesen und blieb es auch.

Immer versuchte man erneut, mich bei meiner Ehre zu packen durch Fragen und Behauptungen wie: »Schämen sie sich nicht, dass selbst Ihre besten Mitarbeiter Sie moralisch verurteilen?« Ich kannte meine Mitarbeiter viel zu gut und kannte vor allem die Praxis der Funktionäre der DDR. Ich wusste, dass man ihnen die echte Wahrheit vorenthalten hatte. Das ging auch aus der Einleitung des vorgelegten Protokolls über die Zusammenkunft mit meinen Mitarbeitern hervor. Es begann mit der Feststellung und Frage: »Was haben sie zu dem staatsfeindlichen Verhalten der Familie Dr. Jürgensen und ihrem Versuch, die DDR illegal verlassen zu wollen, zu sagen?« Das war eine echte Verfälschung bestehender Tatsachen. Was sollten also die Kollegen darauf erwidern? Sie mussten doch das sagen, was von ihnen erwartet wurde.

Oft dachten wir an das mögliche Strafmaß entsprechend dem Paragraph 100, welches zwischen zwei und zehn Jahren lag. Eine schlimme Zeit stand uns also noch bevor. Doch bei aller erdrückenden Last dieser Vorstellung, blieb die Hoffnung auf die erfolgreichen Bemühungen unserer Verwandten in West-Berlin.

Es war Ende Oktober. Wieder erhielten wir Besuch von unseren Verwandten und erfuhren von unserer Tochter.

Wir brauchten uns wirklich nicht um sie zu sorgen, wenn wir auch unsere Sorgen nicht verbergen konnten. Unsere Tochter war gut aufgehoben und wir wussten, dass sie voller Liebe behandelt, ja sogar verwöhnt wurde.

Ich bat meinen Schwager Ludo in aller Form und Offenheit, trotz der Anwesenheit des Wächters, seinen Bruder Volker in West-Berlin anzurufen und diesen zu bitten, dass er sich im Falle einer Verurteilung an den damals amtierenden UNO-Generalsekretär, Dr. Kurt Waldheim, wenden solle mit der Bitte, uns zu helfen. Dr. Kurt Waldheim und seine Frau kannten mich.

Ich hatte während seines Aufenthaltes in der DDR zweimal die Aufgabe, ihn als »Leibarzt« zu betreuen und wir hatten oft Gelegenheit, uns persönlich zu unterhalten.

Ich hoffte auf seine Hilfe in dieser Hilflosigkeit. Nichts sollte unversucht bleiben, uns aus dieser Hölle herauszuholen. Der Wächter unterbrach dieses Gespräch nicht. Er hörte aufmerksam zu und machte sich Notizen.

Mein Schwager versprach, meiner Bitte nachzukommen. Er war dabei sehr mutig, denn das hätte auch für ihn Nachteile bringen können. Für ihn als Arbeiter gab es für die Mächtigen jedoch weniger Möglichkeiten, ihn zu erpressen und zu demütigen. Er hatte keine Position zu verteidigen, die ihm einen Anruf nach West-Berlin zum Bruder verbot.

Ich möchte an dieser Stelle die Fürsorge meines Schwagers besonders hervorheben. Er fiel ja aus allen Wolken als er am 3.8.81 über unsere Inhaftierung informiert wurde.

Er konnte sich nicht vorstellen, warum. Er hatte ja keine Ahnung, was geschehen war und warum es geschehen war. Er wusste nichts von unseren Fluchtgesprächen, umso bitterer war es für ihn nun, in völliger Unkenntnis all das zu begreifen. Erst nach unserer Entlassung hatte er den vollen Umfang der ganzen Geschichte von uns selbst erfahren. Trotz alledem hat er die bürokratischen Hürden nicht gescheut und war mutig genug, offen zu fragen und offen zu verlangen, dass unsere Tochter aus dem Heim, in dem sie anfangs untergebracht war, entlassen wurde. Es war ein Kinderheim, in dem viele Kinder lebten, deren Eltern inhaftiert waren wegen Fluchtversuchen und ähnlichem. Kinder, denen dieser Staat die Eltern genommen hatte, um selbst »Elternfunktion« zu übernehmen. Darunter waren auch Kinder von Eltern, denen das Sorgerecht wegen so genannten kriminellen Fluchtversuchen abgenommen worden war. Es waren Eltern, die in ihrer Verzweiflung und in ihrem Willen zu fliehen auch kein Risiko scheuten. Meistens waren es Kinder, die gemeinsam mit ihren Eltern aus dem Kofferraum eines Pkws geholt wurden. Daraus konstruierten die Juristen eine Gefährdung des Kindes, ähnlich eines Mordversuches. Dies gab ihnen wiederum die Möglichkeit, das Sorgerecht der Eltern abzuerkennen. Auch diese Tatsache gehörte zur Rechtspraxis der DDR.

Man verurteilte die Folgen und das Ergebnis als widerwärtig und staatsfeindlich, ohne auf die Ursachen eines Fluchtversuches einzugehen und diese zu beseitigen. Es galt das alte Motto in der DDR – »Es kann nicht sein, was nicht sein darf«.

Ein Fluchtversuch aus diesem Staat durfte einfach nicht sein, weil er mit der gesellschaftspolitischen Propaganda und dem politischen Selbstverständnis der Mächtigen nicht in Einklang zu bringen war.

Fand er dennoch statt, so durfte er eben nicht sein, war unrechtmäßig, ja kriminell und wurde bestraft!

Der November 1981 hatte begonnen. Vom Vernehmer erfuhr ich, dass in wenigen Tagen unsere Gerichtsverhandlung stattfinden würde. Man hielt sich strikt an die Bestimmungen, nach denen man uns fünf Tage vor dem anberaumten Termin informieren musste. Die der Verhandlung zu Grunde liegenden Beweise wurden mir erläutert, aber nicht vorgelegt. Es handelte sich dabei in erster Linie um die Aussageprotokolle meiner Frau und mir selbst.

Ein weiteres Beweisdokument war die Vernehmung meiner Eltern. Es wurde mir vorgelesen, ich war über die Aussagen erschüttert! Wie konnten meine Eltern meine

Frau so bösartig anklagen. Sie stellten sie als die mich Verführende dar und bezeichneten sie als egoistisch.

Sie war alles andere, als ihr hier vorgeworfen wurde. Aus dieser Aussage sprach nur Hass, vielleicht auch Neid. Mit dieser Aussage hatten sie sich selbst degradiert!

Zusätzliche Dokumente waren lediglich die Inventarverzeichnisse unserer Wohnung und unseres Wochenendhauses und die angefertigten Fotos, die in zwei großen Fotoalben gesammelt wurden. Weitere Beweisdokumente gab es nicht. Daraus wird die Lächerlichkeit des ganzen Strafverfahrens deutlich. Es gab keine Beweise eines Fluchtversuches und es gab auch keine Schleuserperson, es gab auch keinen »großen Unbekannten«.

Die Hauptbeweise unserer Verurteilung waren die Vernehmerprotokolle und die Tatsache für unsere Bekundung, nicht mehr in der DDR bleiben zu wollen. Natürlich waren die mit dem Schwager in West-Berlin geführten Gespräche der Hauptgrund, aus denen man unsere Gesinnung ableitete, um uns zu verurteilen.

Einen Tag vor der anberaumten Gerichtsverhandlung hatten wir die Möglichkeit, noch einmal mit unserem RA zu sprechen. Wieder die bekannte Zeremonie, die Umkleidung, die Fahrt, die Schießandrohung bei Fluchtversuch, das stundenlange Warten in einer Zelle der Stasizentrale in der Magdalenenstraße.

Unser RA erläuterte mir den Ablauf der Verhandlung. Ich kannte derartiges ja nicht, da ich bisher mit einem Gericht noch nichts zu tun gehabt hatte.

Er bat mich bei allem, was mir dort widerfahren würde und sei es noch so widersinnig und emotional erregend, zu schweigen und meine Zunge im Zaum zu halten.

Er wollte nicht, dass wir durch unbedachte Äußerungen unsere Situation zusätzlich verschlimmerten. Er informierte mich auch, dass zwei Vertreter aus dem Regierungskrankhaus an der für die Öffentlichkeit nicht zugelassenen Gerichtsverhandlung teilnehmen würden. Man nannte solche vom Betrieb Abdelegierte »Kollektiv-Vertreter«. Es gehörte zu den allgemeinen Verfahrensweisen der DDR-Gerichtsbarkeit. Es sollte die gesellschaftliche Verurteilung zusätzlich dokumentieren.

Über eine Schwierigkeit sprach der RA mit mir, und zwar die, dass meine Frau angeblich in ihrem Protokoll ausgesagt hatte, dass sie die DDR illegal verlassen wollte und das auch noch will.

Hier erinnerte ich mich an die ständigen Unterstellungen während meiner eigenen Verhöre. Mir wurde deutlich, dass meine Frau nicht erkannte hat, dass es das Ziel der Vernehmer war, diese Unterstellung im Protokoll festzuhalten, um dem Gericht die Möglichkeit einer besseren Urteilssprechung geben zu können. Meine Frau hatte wahrscheinlich diese Spitzfindigkeit in ihrer Notlage nicht bemerkt und daher nicht auf die Revision ihres Protokolls bestanden. Der RA meinte, wenn diese Aussage vor Gericht bestehen bliebe, müssten wir mit einem Urteil von drei bis vier Jahren rechnen.

In Wirklichkeit gab es bei uns keine Verschiebung eines Fluchtversuchstermins, sondern es gab den Abbruch dieser Gespräche und nichts anderes. Noch einmal betonte ich, dass wir die Gedanken einer Flucht am 30.5.81 durch die erhaltene Drohung eines Verrats durch meinen Stiefvater verworfen hatten und auch keine weiteren Pläne gehabt hatten. Allerdings bestünden wir jetzt, nach all dem Erlebten, auf einer offiziellen Ausreise aus der DDR!

Entsprechend dieser Tatsachen ging der RA von einer Strafzuweisung von eineinhalb bis zwei Jahren aus. Ich bat ihn, diese Problematik noch kurz vor Gerichtsbeginn meiner Frau zu sagen, so dass sie bei ihrer Befragung eine deutliche, unmissverständliche Aussage machte. Aus dem Gespräch wurde mir sehr deutlich, in welcher hilflosen Situation sich auch ein Rechtsverteidiger der DDR befindet. Die Urteile waren bereits vorprogrammiert und in unserem Fall mit der Stasi abgestimmt. Der RA hatte kaum eine Chance, Großes zu bewirken. An einen Freispruch war überhaupt nicht mehr zu denken.

Es ist schon eine traurige Tätigkeit für einen RA in einem derartigen politischen Prozeß tätig zu sein. Doch war es gut, dass wir ihn hatten. Er war ein erfahrener Mann in einem in der DDR und in der BRD bekannten RA-Büro, er war auch ein Bindeglied zwischen uns und unseren Verwandten in West-Berlin für die Bemühungen, uns in die Freiheit zu holen.

Weiterhin informierte mich der RA, dass ich nach unserer Verurteilung vermutlich nach Cottbus und meine Frau nach Hoheneck gebracht würde. Er teilte mir mit, dass ich das Recht habe, mich bei Problemen um seinen Beistand zu bemühen. Er teilte mir auch mit, dass er von Zeit zu Zeit die Vollzugsanstalt besuchte und ich dann die Möglichkeit hätte, mit ihm zu sprechen. Erlebt habe ich das allerdings niemals.

Weiterhin informierte mich der RA, dass das Büro Dr. Vogel erst nach der Urteilsverkündung aktiv darin werden konnte, sich um unsere Freiheit beziehungsweise Übersiedlung in den Westen zu bemühen.

Er sah jedoch hinsichtlich einer schnellen Abwicklung unserer Entlassung in die BRD bereits aus dem Zuchthaus heraus große Schwierigkeiten auf Grund meiner früheren Tätigkeit.

Das war natürlich für mich sehr bedrückend. Dennoch verlor ich meinen Optimismus nicht. Ich wusste, dass unsere Verwandten in West-Berlin nichts unversucht lassen würden. Der RA erläuterte mir, dass der Fluchtparagraph 213 bei dem Urteil nicht zum tragen kommen würde, sondern lediglich Erwähnung finden könnte.

Er erklärte mir auch, dass eine Chance darin bestünde, im günstigsten Fall das Strafmaß auf zwei Jahre oder 18 Monate zu verkürzen. Große Hoffnung machte er mir jedoch nicht. Bedrückt über diese Information verabschiedete ich mich und wurde in die Transportzelle gesperrt zum Rücktransport in die U-Haft-Anstalt Hohenschönhausen.

Erinnerungen von Elke:

Ich betrat die U-Haft-Anstalt Hohenschönhausen und wurde drei Wachteln (Gefängniswärterinnen) übergeben. In einem Raum musste ich mich entkleiden, man schaute mir in alle Körperöffnungen, spreizte mir die Zehen auseinander, schaute mir in und hinter die Ohren und wühlte in meinen langen Haaren herum. Ja, ich musste sogar Kniebeugen machen.

Nach dieser ekelhaften Prozedur durfte ich mich wieder anziehen, jedoch erhielt ich dafür Anstaltskleidung, bestehend aus einem bis zu den Kniekehlen reichenden Unterhemd, ebenso bis dahin reichendem Schlüpfer, dicken Socken, einem Trainingsanzug und Filzpantoffeln. Ich wurde von einer Wachtel in eine Zelle mit zwei Pritschen gesperrt. Hier ging es mir wieder wie in der kleinen Kabine des Transportfahrzeuges. Ich glaubte, ersticken zu müssen auf Grund meiner Platzangst. Ich schnappte durch den kleinen Spalt des Fensters nach Luft. Ich glaubte, jeden Moment einen Herzschlag zu kriegen. Aber nein, so schnell stirbt sich's nicht.

Ich verbrachte drei Tage in Einzelhaft. Diese werde ich wohl niemals vergessen.

Die Gedanken an meine Tochter, an meinen Mann und meine Familie ließen mich fast verrückt werden. Der Gedanke daran, gefangen zu sein und mich nicht wehren zu können, raubte mir fast den Verstand. Wenn die Türklappe aufgerissen wurde, durch die man mir – gleich einem Hund – das Essen in einer Schüssel reichte, führte dazu, dass ich pausenlos heulte und keinen Bissen herunter bekam. Es war menschenunwürdig – tierisch.

Nach drei Tagen war ich so geschwächt, dass ich mich anstrengen musste, meine 20 Minuten Freigang in einer Freihofzelle zu überstehen. Am vierten Tag verweigerte ich dann diesen Freigang. Gegen Mittag dieses Tages wurde ich in eine größere Zelle mit zwei Fensterluken und drei Betten verlegt.

Zunächst war ich wiederum allein. Im Laufe des Tages kamen noch zwei Leidensgefährtinnen zu mir in die Zelle. Eine Zahnärztin und eine Friseuse. Sie erkannten sofort, dass ich am Ende meiner Kräfte war, achteten darauf, dass ich etwas aß, und möbelten mich psychisch auf. Beide waren schon sechs Wochen in diesem furchtbaren Haus und hatten die erste schlimme Phase überstanden. Sie weihten mich ein, wo ich mich befand – wovon ich bis zu diesem Zeitpunkt keine Ahnung hatte. Sie erklärten mir, wie es bei den Vernehmern zuging und wie sich im Großen und Ganzen der Ablauf eines Tages gestaltete. Zunehmend ging es mir besser.

Immer mehr kam ich zu der Überzeugung, dass es das Wichtigste für mich war, hier gesund und unbeschadet wieder herauszukommen, und mochte es noch so lange dauern. Ich machte es mir aus Verantwortung gegenüber meiner Tochter und meinem Mann zur Verpflichtung.

Es ist unglaublich, wie sehr man sich selbst bestärken kann, in und mit dem Glauben, ich will und ich muss! In diesem Glauben wird das zunächst unmöglich Erscheinende möglich!

Im Inneren gut vorbereitet, wurde ich zum ersten Verhör geführt. Mich empfing ein ungepflegter, unappetitlich aussehender junger Mann, der ein eingeschaltetes Tonband vor sich hatte. Er ließ mich an einem kleinen Tisch, etwas von seinem Schreibtisch entfernt, Platz nehmen. Vor mir stand ein Mikrofon.

Er stellte mir alle möglichen Fragen zu meiner Person, gab mir dann Papier und Bleistift mit der strengen Aufforderung, meinen Lebenslauf zu schreiben. Stattdessen begann ich, eine Beschwerde zu schreiben über die erniedrigende, menschenunwürdige Art des Transportiertwerdens. Ich verglich diesen Menschentransporter mit einem Viehtransport, wobei den Viechern mehr frische Luft gegönnt wurde als uns. Ich verglich diesen Menschentransport mit mittelalterlichen Methoden und bezeichnete diesen als eine Folter. Ich erwähnte meinen Kollaps und verlangte meinen nächsten Transport mit geöffneter Tür.

Dass das noch viele sein würden, habe ich noch nicht geahnt.

Nach diesem Beschwerdebrief war ich zufrieden über meine Courage, das getan zu haben, was ich für richtiger und wichtiger hielt, und ich war auch zufrieden über das dumme Gesicht des Vernehmers, der glaubte, ich reichte ihm nach Fertigstellung des Schreibens meinen Lebenslauf. Er konnte seinen Unmut kaum verbergen und entließ mich wütend.

Nach zwei Tagen wurde ich dann einem Arzt vorgestellt, dem ich von meiner nicht zu beherrschenden Platzangst berichtete und den ich um Beruhigungsmittel bat, wenn es noch einmal zu einem Transport kommen sollte. Deren folgten, wie schon gesagt, viele, und tatsächlich klappte es. Ich erhielt vor jedem eine Pille, die mich etwas beruhigte, und ebenso wurde die Käfigtür durch ein dazwischen gestelltes Wachtelbein offen gehalten.

Die Tage vergingen. Wöchentlich musste ich zwei- bis dreimal zum Verhör, in der Regel vier oder fünf Stunden andauernd. Mein unappetitlicher Vernehmer verlangte eine Niederschrift zum »Sachverhalt«, ich jedes Mal einen Rechtsanwalt, eine Auskunft über meine Tochter Antje und über meinen Mann.

Über meinen Mann bekam ich immer die gleiche Auskunft, er wäre geständig bezüglich unseres »Fluchtversuches« und in seinem Verhalten viel klüger als ich es sei.

Ich fertigte also während des Verhörs keine Niederschrift zum Sachverhalt, sondern schrieb an die Kommunale Wohnungsverwaltung Berlin-Mitte bezüglich einer Herabsetzung unserer Miete für die Zeit unserer Haft, weiterhin schrieb ich an unsere Bank, kündigte Versicherungen und erteilte meinem älteren Bruder, der heute noch in der DDR lebt, eine Generalvollmacht für unsere Wohnung und unser Wochenendgrundstück.

Ich war wirklich so stark, mit meinem Willen durchzukommen, dass ich anderen noch etwas davon hätte abgeben können. Es machte mir nichts mehr aus, wenn man mir, meines sturen Verhaltens wegen, ein hohes Strafmaß ankündigte, und es ließ mich auch kalt, wenn mich mein Vernehmer stundenlang schweigend anstarrte, was eine ganz besondere Taktik darstellte und meine Mitgefangenen aus der Fassung geraten ließ.

Endlich – nach drei Wochen – erklärte mir mein Vernehmer, dass unsere Tochter bei meinem Bruder Ludo war und man ihr gesagt habe, Mami und Papi wären in Afrika, um dort Patienten zu helfen. In diesem Augenblick war es mit meiner Selbstbeherrschung vorbei. Ich heulte bitterlich. Nun galt meine ganze Sorge meinem Mann, dessen Eigenschaft darin besteht, andere an seinem Innenleben teilhaben zu lassen in Freude und Leid. Er trägt sozusagen sein Herz auf der Zunge. Ich denke diesbezüglich ganz anders, ich meine, wie es da drinnen aussieht, geht niemanden etwas an.

Von nun an antwortete ich auf Fragen meines Vernehmers, die ich ohne Bedenken beantworten konnte, machte auch eine Niederschrift, jedoch auf Fragen, die mir verfänglich oder bedenklich erschienen, stellte ich mich dumm und gab keine Antwort.

Nach etwa vier Wochen erhielt ich plötzlich einen neuen, etwas angenehmeren Vernehmer, der alles noch einmal hören und wissen wollte. Er war klüger als sein Vorgänger und verstand es mitunter, mich in Gespräche zu verwickeln, die nicht sachbezogen waren, was für mich eine erholsame Abwechslung war.

Er fand aus unserer beider Aussagen heraus, der meines Mannes und meiner, dass es schon jahrelang ein Traum meines Mannes war, eine Praxis auf dem Lande zu besitzen. Ganz allmählich und wie es mir schien ganz klug und clever, gab er mir zu verstehen, dass dieser Wunsch doch auch in der DDR erfüllbar wäre, da wir doch nützliche und wertvolle Bürger dieses Staates wären und auch wieder werden könnten. Wir sollten nur mitteilen, was oder wer der Grund unseres Sinneswandels gewesen wäre und wir sollten den Willen zeigen, weiter als brave Bürger in der DDR leben zu wollen.

Nach ungefähr vier Wochen gestattete man mir eine Zusammenkunft mit meinem Mann unter Bewachung zweier Stasi-Männer. Wir durften uns gegenübersitzen und nur Allgemeines reden.

Über unser »Verbrechen« zu sprechen war ein Tabu. Sofern ein Wort darüber fallen würde, müsste man die Zusammenkunft sofort abbrechen. Das war die Drohung der Stasi-Leute.

Ich war so froh, endlich sehen zu können, dass mein Mann sich nicht hatte unterkriegen lassen. Er betonte, dass wir nach all den Grausamkeiten des Erlebten nichts mehr mit diesem Staat zu tun haben wollten und dass er, wenn es denn notwendig wäre, zehn Jahre auf einer Backe absitzen würde.

Nach dieser kurzen Zusammenkunft und mit dem Wissen um meines Mannes Einstellung fühlte ich mich gestärkt und unsagbar erleichtert. Nun wusste ich 100-prozentig, dass unser Entschluss unabänderlich war, dieses ungeliebte Land verlassen zu wollen.

Kurz darauf durften wir erstmals einen Mitarbeiter des Rechtsanwaltbüros Dr. Vogel treffen und sprechen. Natürlich getrennt, jedoch am gleichen Tag und in Gegenwart der Stasi.

Dort erhielten wir Grüße meines Bruders und dessen Familie aus West-Berlin, die sich über das RA-Büro Stange um uns bemühten.

Gleich beim ersten Treffen stellte ich einen Ausreiseantrag. Über unsere angebliche Tat oder besser »Nichttat« durfte nicht gesprochen werden. Bevor die Ermittlungen nicht abgeschlossen waren, durfte darüber nicht geredet werden.

Ich glaubte immer noch, man könnte uns nicht lange festhalten, da wir überhaupt nicht vorhatten, während unseres Urlaubes in Ungarn die DDR auf illegale Weise zu verlassen, und auch keine Fluchtpläne bestanden.

Mein Gott, wie naiv wir beide doch waren, mein Mann ebenso wie ich. Während unseres Treffens sprachen wir darüber, eine eventuelle Entlassung auf »Bewährung« niemals anzunehmen. Wir waren noch immer überzeugt, dass es unmöglich ist, unsere »nicht DDR-freundlichen Gedanken« mit Freiheitsentzug zu bestrafen, sondern man würde uns vielleicht gleich in den Westteil Deutschlands abschieben, was schon oft vorgekommen sein sollte.

Die Zeit verging. Mit Helga, der Zahnärztin in meiner Zelle, verband mich eine ganz besondere Freundschaft – eine kannte schließlich den Lebenslauf der anderen –, wir schlugen mit stundenlangen Gesprächen die Zeit tot, kamen wir doch beide aus einem medizinischen Beruf. Helga erklärte mir die gesamte Zahnmedizin, so dass ich fast das Gefühl hatte, voll ausgebildet zu sein, und ich beschrieb ihr unzählige Operationen. So haben wir beide unsere kleinen grauen Zellen auf Trab gehalten.

Ich glaube heute, dass es von größter Wichtigkeit ist und für mich ein ganz großes Glück war, mit einem gebildeten Menschen eingesperrt gewesen zu sein. Eine Einzelhaft hätte mich wohl schnell verblöden und verrückt werden lassen.

Mit meinem neuen Vernehmer kam ich ganz gut zurecht. Er kannte nun meine politische Einstellung. Ich machte sogar einige Niederschriften, in denen ich mir jahrelangen Ärger von der Seele schrieb, zum Beispiel, dass es unmöglich war, nach dem Dienst, nachdem wir unsere Tochter aus dem Kindergarten geholt hatten, noch irgendwo ein frisches Brot oder Brötchen zu kaufen, dass 125 g Kaffee der miesesten Sorte 8,75 Ostmark kostete, dass Bananen, Mandarinen oder etwa sogar Ananas überhaupt nicht erhältlich waren. Oder vielleicht sogar Aal – wie schreibt man den überhaupt?

Wie oft waren wir mit einigen 100 Ostmark bewaffnet losgezogen, um etwas zum Anziehen zu kaufen, und wie oft waren wir unverrichteter Dinge wieder nach Hause gekommen, da wir nichts gefunden hatten.

Ich glaube der Satz »Haben wir nicht« stand im Ausbildungsprogramm eines Verkäufers ganz oben.

Unsere Tochter habe ich von oben bis unten bestrickt, obwohl ich diese Arbeit immer gehasst und nur mit größtem Widerwillen gemacht habe, und wie oft haben wir uns vorgenommen, einmal essen zu gehen und uns von vorn bis hinten bedienen zu lassen, und ebenso oft sind wir umgekehrt, weil vor jedem Restaurant eine lange Schlange Wartender stand, die dann immer schubweise in das Restaurant gelassen wurden, nachdem sie stundenlang gewartet hatten.

Nein – der Appetit war uns jedes Mal vergangen.

Solche Dinge klingen im Einzelnen banal, aber wenn man sie immer wieder erlebt, gehen sie fürchterlich auf die Nerven und machen missmutig und sind auch mit der ehrlichsten »sozialistischen Einstellung und großem sozialistischen Verständnis« auf Dauer unerträglich.

Ich muss dazu sagen, dass diese Unerträglichkeiten nicht allein der Grund unseres Sinneswandels waren, es kamen noch andere Dinge dazu und bestärkten uns in unserer Einstellung. Nein, dieser Grund allein wäre kein Grund. Man verhungerte in der DDR nicht. Man musste nur auf viele Annehmlichkeiten verzichten. Ganz besonders für uns wäre das kein akzeptabler Grund gewesen, denn wir erhielten Dinge aus den so genannten Versina-Läden, in denen es alles gab, in welche jedoch nur Diplomaten und hohe Funktionäre Zutritt hatten.

Mein Mann hatte für den sowjetischen Diplomatenladen in der Botschaft einen Ausweis, da er den Handelsattaché betreute. Dort konnte er zu jeder Zeit einkaufen und Dinge erwerben, die man in üblichen Geschäften niemals erhielt. So versorgte er unsere Freunde und Bekannten immer noch mit.

Seit einigen Jahren gab es in der DDR »Delikatessläden«, in denen Nahrungsmittel aus westlichen Ländern angeboten wurden oder Nahrungsmittel in gehobener Qualität. In diesen Geschäften konnte man für sehr viel Geld Westprodukte kaufen. So kostete 100 g Westkaffee 10 Ostmark oder eine Tafel West-Schokolade ebenfalls 10 Ostmark und andere Dinge mehr – völlig überteuert.

In der Regel bildeten sich vor diesen Geschäften vor den Öffnungszeiten lange Warteschlangen. Es herrschte dort immer ein großes Gedränge, sei es, um sich einmal etwas Besonderes zu leisten, oder sei es auch nur, um die schönen Sachen einmal nur zu betrachten.

Neben unserer Wohnung wurde ein Geschäft eröffnet, in dem man sehr teuer Westkleidung kaufen konnte. Selbst dort herrschte immer ein großes Gedränge, um etwas »Westliches«, einfach gute Ware, zu ergattern. Ich schrieb also in diesen Niederschriften über diese tausend kleinen Dinge, die mich ständig ärgerten.

In meinen Niederschriften ließ ich niemals Zweideutigkeiten aufkommen hinsichtlich meiner Absichten und der meines Mannes. Wöchentlich durfte ich meinem Mann schreiben und alle vier Wochen erhielt ich Besuch von meinem großen Bruder und meiner Schwägerin, Ludo und Hildchen. Es nahte der 40. Geburtstag meines Mannes.

Einen Tag zuvor ließ mich mein Vernehmer abholen und fragen, ob sich mein Mann wohl über eine kleine Feier freuen würde. Welch eine blöde Frage, natürlich. Ich habe zuerst dreingeblickt wie die Katze, wenn's donnert. Man fragte, welche Wünsche ich hätte. Ich hätte für diesen Tag sogar Eisbein mit Sauerkraut bestellen können, jeder Wunsch wäre erfüllt worden.

Ich wartete jetzt nur noch darauf, dass er mir mitteilte, wir könnten anschließend nach Hause gehen. Ich bestellte also Windbeutel mit Schlagsahne, Kaffee (echten Bohnenkaffee), Zigaretten, Pralinen, einen großen Eisbecher und ein Gläschen Sekt. Mein Vernehmer wollte an seinem freien Samstag kommen. Ich sollte von all dem Niemandem berichten.

Ich Schwachkopf – ich bin bald geplatzt vor Mitteilungsbedürfnis und habe natürlich meinen beiden Leidensgefährtinnen brühwarm alles erzählt, und auch sie nahmen an, dass wir danach entlassen würden, denn der Paragraph 213 (Fluchtparagraph) konnte unmöglich zur Anwendung kommen.

Inzwischen hatte man schon unsere Reisekosten in Höhe von 6.000 Ostmark in vollem Umfang zurückerstattet und unser Pkw konnte von meinem Bruder Ludo abgeholt werden.

Selbst die Hausdurchsuchungen in unserer Wohnung und auf unserem Wochenendgrundstück hatten nichts Verdächtiges ergeben.

Samstag um 9 Uhr wurde ich verabredungsgemäß abgeholt. Im Zimmer des Vernehmers waren auf einem weiß gedeckten Tisch all die von mir gewünschten Dinge. Selbst Servietten und ein Kerzenständer waren dabei.

Mein Mann wurde hereingebracht. Er guckte fassungslos auf mich, den gedeckten Tisch und den Vernehmer. Er konnte sich vor Rührung kaum halten. Wir heulten uns beide erstmal ein bisschen an, brachten keinen Bissen herunter und kein Wort heraus. Nach einer geraumen Zeit hatten wir uns wieder in der Gewalt und unterhielten uns natürlich wieder nicht um die uns bewegenden Dinge, sondern über alles Mögliche.

Unser Vernehmer war honigsüß und versuchte, aus uns herauszubekommen, wer sonst noch alles von unseren Mitarbeitern im RK Kontakt zum Westen habe, ja vielleicht sogar verwandtschaftliche Beziehungen dorthin hatte. Mit derartigen Fragen wurde ich unzählige Male konfrontiert und immer wieder habe ich betont, dass ich niemals irgendjemanden an irgendwen verraten würde. Der Vernehmer betrachtete das jedoch nicht als Verrat, sondern als Säuberung einer Arbeitsgemeinschaft.

Dieses Superhirn hat sich sicher viel mehr erhofft, als wir geliefert haben.

Trotz eines Gläschens Sekt, trotz des Versprechens, uns mit allen Rechten wieder in das DDR-Leben zu integrieren, trotz des Angebotes einer Praxis im Grünen, haben wir ihm eindeutig gesagt, dass wir niemals mehr in diesem Land weiter arbeiten und leben wollten.

Mit ihm zusammenarbeiten – auch niemals, denn wer sich einmal mit dieser Fraktion einließ, verpflichtete sich für immer, und kam nie mehr von ihr los und wurde zum Verräter! Die Stasi hätte sich diesen Vorgang niemals leisten dürfen.

Unser Vernehmer erklärte, dass jeder doch einmal Fehler macht und die Jungs seiner Organisation hätten eventuell nicht korrekt gehandelt. Ungeschehen ließe sich das nun nicht machen. Nein wirklich nicht.

Unsere Geburtstagfeier ging dem Ende entgegen. Es waren etwa zwei Stunden vergangen.

Ein Wachtmeister war schon an der Tür, um mich wieder in meiner Zelle einzusperren. Der Abschied von meinem Mann fiel mir unsagbar schwer. Gegenseitig haben wir uns wieder Mut gemacht, durchzuhalten, uns nicht von unserer Einstellung abbringen zu lassen, komme was wolle.

Meinen beiden Leidensgefährtinnen berichtete ich natürlich ausführlich in der Überzeugung, dass abgehört wurde. Durch Abklopfen der Wände haben wir herausgefunden, dass an einigen Stellen die Zellenwand hohl klang, so als würde sich dahinter etwas zum Abhören befinden.

Wieder vergingen Tage unerträglichen Wartens, bis ich Anfang Oktober zum Vernehmer gebracht wurde, der mir plötzlich eine neue Schrift verlas, in der wir nicht wegen des Paragraphen 213, sondern nun wegen des Paragraphen 100 angeklagt wurden. Letzterer beinhaltete »Landesverräterische Agententätigkeit«, die mit einem Freiheitsentzug zwischen zwei und zehn Jahren bestraft werden konnte.

Ich war mehr als entsetzt über die an den Haaren herbeigezogene Anklage. Mir wurde übel in der Erkenntnis unserer Ohmacht gegenüber der Stasi, die einen Staat im Staate bildete, so dass auf jedem Gebiet und in jedem Bereich uneingeschränkt Macht ausgeübt wurde und wehe dem, der sich dieser Macht widersetzte.

Was nun? Mit so viel Infamie und Gemeinheit hatte ich nicht gerechnet. Meine Verbitterung wuchs unermesslich und mit meiner Verbitterung und meinem Hass wuchsen meine Kraft und innere Stärke. Ich musste mich nun auf eine Verurteilung mit Freiheitsentzug einstellen. Möglicherweise für eine längere Zeit.

Wie würde mein Mann wohl diese neue Anklage aufnehmen?

Die Ungewissheit ist wohl mit das Schlimmste in der U-Haft und man muss sich immer wieder erneut einreden, ich komme hier durch – ich komme ganz sicher hier durch, ich werde das gut überstehen! Ich habe Verantwortung meinem Mann und

Kind gegenüber und werde unbeschadet und gesund alles hinter mich bringen, wie es schon so viele geschafft haben.

In dieser Phase des immer größeren Hasses und der größer werdenden Verbitterung wurde ich zum Besuchstermin mit meinem Bruder Ludo in die Magdalenenstraße gefahren. Wiederum erhielt ich meine Pille und die Kabinentür wurde einen Spalt offen gelassen.

Ich durfte meine Privatsachen anziehen, hatte aber noch abgerissene Fingernägel (ich erhielt erst nach Wochen Nagelfeile und Schere) und meine langen Haare waren nur mit einem Stück Schlüpfergummi zusammengehalten. In den ersten Wochen meiner Haft wurde mir dieser Haargummi immer wieder abgenommen und Strafe angedroht, wenn ich weiter wagen würde, mir einen erneuten Haargummi aus meinem Schlüpfergummi herzustellen. Dies geschah immer mit großer Anstrengung, denn weder Schere, noch sonst ein anderes Werkzeug waren vorhanden.

Nun zurück zu meinem Transport. Die Hinfahrt hatte ich überstanden, natürlich mit der Ermahnung, dass bei Fluchtversuch geschossen würde (was für ein Irrsinn, wohin sollte ich denn flüchten – solche Hirnies)!

Wie immer im Gebäude der Magdalenenstraße war vor mir ein Uniformierter, hinter mir ein Weiterer, alles junge Männer mit machtbewussten Gesichtern.

Treppen rauf, Treppen runter, böse Stimmen, die mich herumkommandierten mit »Gesicht zur Wand«, während eine doppelt oder dreifach gesicherte Zellentür geöffnet wurde, die man nach meinem Eintritt laut krachend wieder verschloss.

Meist verstrichen Stunden des Wartens. Als mich meine Verwandten das erste Mal sahen, brachen sie in Tränen aus.

Ich muss wohl fürchterlich ausgesehen haben, ich wusste nicht wie furchtbar, denn Spiegel gab es nirgendwo. Ich hatte mich seit unserer Verschleppung nicht mehr betrachten können. Meine Verwandten zitterten und bemühten sich krampfhaft, die Forderungen der Stasi einzuhalten. Jeder normale Bürger der DDR zitterte vor der Allmacht der Stasi und war bestrebt, nie etwas mit ihr zu tun zu haben. Ich hatte nun gezwungener Maßen etwas mit ihr zu tun und ich muss sagen, diejenigen, die ihr angehörten, konnten mir nur Leid tun, sich so verkauft zu haben. Sie führten ein Leben des ständigen Verrats.

Zwischenzeitlich wurde ich mit Helga, der Zahnärztin, in eine Zweimann-Zelle verlegt.

Bald darauf ging sie auf einen Transport nach Erfurt, wo ihr Prozess verhandelt werden sollte.

Später, sie landete ebenfalls in Hoheneck, erzählte sie mir, dass auf dem Transporter stand »Erfurter Blumen«. Mein Gott, wie makaber in solch einer Situation.

Einen Tag später wurde ich in eine andere Zelle verlegt zu einer 33-jährigen jungen Frau.

Sie war wegen angeblicher Verbreitung politischer Schriften im westlichen Ausland angeklagt. Sie gehörte mit ihrem Mann einem Bund politisch Unterdrückter und Verfolgter an und arbeitete für diesen Bund. Regina war eine interessante, kluge Frau. Ich hörte ihr gern zu und politisierte mit ihr stundenlang. Ich hatte jedoch kein Verständnis für ein Leben als Existenzialist, was mehr als bescheiden war.

Nun, jeder ist seines eigenen Glückes Schmied. Ich akzeptierte sie, obwohl ich sie nicht verstand.

Regina war inzwischen zu viereinhalb Jahren verurteilt und ihr Ehemann, der auch als Weltverbesserer kämpfte, erhielt noch mehr Haftjahre. Unsere Ermittlungen waren abgeschlossen, ich wartete täglich auf den Termin unseres Prozesses.

Erinnerungen von Volker:

Am 29.8.1981 dürfen mein Bruder Ludo und seine Frau Hildchen erstmals Elke besuchen.

Sie fühlt sich gut, tritt sicher auf, ist selbstbeherrscht. Eigentlich hatte ich nichts anderes erwartet.

Es dürfen nur einige belanglose Worte gewechselt werden, nichts, was zur Sache gehört.

Anschließend dürfen sie auch Uwe sehen. Er ist völlig fertig! Ich mache mir große Sorgen um ihn, wird er durchhalten können? Um Elke ist mir nicht bange, aber wird Uwe genug Kraft haben?

Ich hoffe sehr, dass beide mit ihrer Tochter in den Westen entlassen werden, dass sie ihr ersehntes Ziel über diesen schweren Weg erreichen werden. Sie wissen genau, Gott sei Dank haben wir darüber besprochen, dass sie gute Chancen haben, in den Westen zu kommen.

Sie müssen nur immer wieder klar machen, mit dem Staat gebrochen zu haben, in ihm nicht mehr leben zu wollen, in ihm nicht mehr leben zu können.

Es ist sicher hart, verlockende Angebote ausschlagen zu müssen. Nein zu sagen, wenn Straffreiheit und eine Praxis versprochen werden. Standhaft zu bleiben, wenn Lügen über die Familie aufgetischt werden. Aber all das muss durchgestanden werden, bringt die Freiheit immer einen Schritt näher.

Hildchen bemüht sich sehr, die zusätzlichen Aufgaben zu bewältigen. Es ist nicht leicht. Sie und Ludo sind tagsüber berufstätig. Ihr Sohn Volker, der im November 12 Jahre alt wird, und Antje, sie ist sieben Jahre alt, sind nachmittags sich selbst überlassen. Antje macht auch einige Probleme. So weigert sie sich, Schulaufgaben zu machen. Abends weint sie und fragt immer wieder nach der Mama. Sie kann nicht begreifen, allein gelassen worden zu sein.

Welch ein Segen, dass sie wenigstens bei Verwandten ist und ihr ein Heimleben erspart blieb.

Noch immer glaubt sie an die »Afrika-Geschichte«. Vielleicht ist das für sie die beste Erklärung. Ich mache Hildchen Mut. Sie soll sich keine allzu großen Sorgen machen. Antje ist noch jung und kann alles, was sie vielleicht versäumt, später nachholen.

Die Telefonkontakte zu den Teltowern klappen problemlos. Auch Briefe und Pakete erreichen unbeanstandet die Empfänger. Natürlich rechne ich mit Postkontrollen, aber die Kontakte sind gut. Antje hat genügend Kleider anzuziehen, und was an Dingen gebraucht wird, die es in der Ost-Zone nicht gibt, kann ich schicken und sie kommen an.

Ich erhalte einen Brief von RA Näumann. Er schreibt mir, dass seine Ost-Berliner Kollegen, Dr. Vogel, Starkulla und Hartmann ihm nunmehr mitgeteilt haben, dass das Ermittlungsverfahren wegen Paragraph 100 (Landesverräterische Agententätigkeit) und Paragraph 213 (ungesetzlicher Grenzübertritt) StGB DDR läuft. Es klingt so, als ob sie einen Düsenjäger zu klauen versucht hätten. Wenn nicht alles so traurig wäre, müsste man darüber lachen.

Weiter heißt es in dem Brief, die Ost-Berliner Rechtsanwälte haben Elke und Uwe zwischenzeitlich aufgesucht. Es gehe beiden den Umständen entsprechend gut.

Sie lassen herzlich grüßen und danken. Geldeinzahlungen zum Zukauf sind zurzeit nicht erforderlich, denn Geld ist vorhanden. Die bereits überwiesenen 100 DM haben seine beiden Kollegen für meine Verwandten umgetauscht (2 x 50 Ost-Mark).

WOLF-EGBERT NÄUMANN
RECHTSANWALT UND NOTAR

RA WOLF-EGBERT NÄUMANN · UHLANDSTRASSE 137 · 1000 BERLIN 31

Eheleute
Ina und Volker
E b e r s
Müllerstr. 24 j

1000 Berlin 45

UHLANDSTRASSE 137
1000 BERLIN 31
TELEFON 86 01 98, 861 66 92
TELEX 185 693 NASA D
BERLINER BANK AG FILIALE 35
KONTO 3554700600
BANKLEITZAHL 100 200 00

Dr. Uwe Jens Jürgensen
Gr. 473/81

BEI ANTWORT UNBEDINGT ANGEBEN

DEN 15. September 1981 ro

SPRECHZEITEN NUR NACH TELEFONISCHER VEREINBARUNG

Sehr geehrte Frau Ebers !
Sehr geehrter Herr Ebers !

Meine Ost-Berliner Kollegen Dr. Vogel, Starkulla und Hartmann haben mir nunmehr mitgeteilt, daß das Ermittlungsverfahren wegen § 100 (landesverräterische Agentätigkeit) und § 213 (ungesetzlicher Grenzübertritt) StGB/DDR läuft.

Meine Kollegen haben sie zwischenzeitlich aufgesucht und es geht ihnen den Umständen entsprechend gut. Sie lassen Sie rechtherzlich grüßen und Ihnen danken.

Geldeinzahlung zum Zukauf ist zur Zeit nicht erforderlich, denn Geld ist vorhanden. Die bereits überwiesenen100,-- DM haben meine Kollegen für beide in Höhe von je 50,-- DM eingezahlt.

Sobald ich etwas Neues erfahre, werde ich Sie weiter unterrichten.

Mit freundlichen Grüßen

Rechtsanwalt

Bei Freunden lerne ich eine junge Frau kennen, die über die ostzonale Frauenhaftanstalt Hoheneck in den Westen kam. Natürlich frage ich sie aus über die Verhältnisse dort. Sie macht mir Angst, aber auch Mut. Dort bestehen schlimme Haftbedingungen. Kriminelle und Politische sind zusammengelegt. Die Mörderin liegt neben der Gefangenen, die laut über das Staatssystem nachgedacht hat. Es soll übel sein und es muss hart gearbeitet werden. Aber angeblich kommen einige Politische bereits nach einem halben Jahr in den Westen.

In der Regel klappt es nach einem halben bis zweidrittel des Strafmaßes.

Die politischen Häftlinge werden dann aus den jeweiligen Anstalten in einen Knast nach Chemnitz gebracht. Von dort gehen Omnibustransporte in den Westen. Die Busse sehen aus wie westliche Reisebusse. Kein Mensch der DDR-Bevölkerung ahnt, dass diese »Reisenden« politische Gefangene sind, die teilweise viele Jahre im Kerker verbringen mussten.

Doch wie lange manch einer auch eingesperrt war. Jeder Einzelne ist glücklich. Glücklich, endlich das Ziel zu erreichen, das ihn die ganze Zeit aufrecht hielt – die Freiheit!

Wie lange werden Elke und Uwe nur davon träumen können?

Im September bekommt mein Bruder die Erlaubnis für einen Besuch in der U-Haftanstalt. Er darf nacheinander kurz mit seiner Schwester und seinem Schwager sprechen.

Elke hat einen Antrag auf Ausreise und Ausgliederung aus der DDR-Staatsbürgerschaft gestellt. Aus dem Gespräch mit Uwe kann er entnehmen, dass er auf keinen Fall wieder in die Ost-Zone will. Noch immer wissen mein Bruder und seine Frau nicht, was unseren Angehörigen eigentlich vorgeworfen wird. Sie sind einigermaßen verblüfft, als ich ihnen die Anklagepunkte nenne, dass ihre Verwandten flüchten wollten, hatten sie nicht für möglich gehalten.

Es ging ihnen schließlich besser als den meisten DDR-Bürgern. Das ist wohl richtig. Materiell hatten sie keine Sorgen. Doch beim Blick hinter die Kulissen wurde ihnen immer mehr die Verlogenheit des Regimes deutlich. Ihnen wurde der Maulkorb immer unerträglicher, den sie tragen mussten. Meinungsfreiheit gab es nur, wenn die eigene Meinung mit der Parteimeinung übereinstimmte. Sie konnten die Parolen nicht mehr hören, nicht mehr sehen, die seit Jahrzehnten »den Sieg der Arbeiter- und Bauernklasse« verkündeten. Zu deutlich wurde ihnen, dass nur eine Klasse in der DDR gewonnen hatte, die der politischen Machthaber, der Parteibonzen und der Mitläufer einschließlich der Stasi. Sie haben die von Soldaten hermetisch abgeriegelte Waldstadt in Wandlitz gesehen, in der die kommunistischen Führer lebten. Sie haben die militärisch bewachten Urlaubsresidenzen für Privilegierte genossen, darunter auch eine Ostseeinsel, die von der Marine abgeriegelt war.

Eine Insel nur für Auserwählte. Sie sahen den Luxus, mit dem sich die Bonzen umgeben. Luxus, der zum größten Teil im Westen besorgt wurde, also dort, wo kein Arbeiter, wo kein Bauer einkaufen darf.

Sie kannten aber auch den »Normalbürger«. Den, der von der Bestellung seines Autos bis zur Auslieferung zwölf Jahre und mehr warten muss. Den, der stundenlang vor Geschäftsöffnung vor einem Fernsehgeschäft wartet, weil er gehört hat, dass eine Anzahl Farbfernseher eingetroffen sei. Den, der geduldig Schlange steht, um zu den Glücklichen zu gehören, die mal wieder ein paar Bananen bekommen.

Sieht so der »Sieg der Arbeiter- und Bauernklasse« aus? Es wurde ihnen immer unerträglicher in diesem Konflikt zu leben, nicht auf die unglaubliche Scheinheiligkeit der Machthaber mit Finger zeigen zu können, ohne im Gefängnis zu landen.

Nun, im Gefängnis sind sie jetzt auch. Nicht etwa, weil sie etwas gegen den Staat gesagt oder getan haben. Nein, nur weil sie den Gedanken hatten, dieses Land zu verlassen und dies mit Verwandten besprochen haben. Allein dieser Gedanke reicht aus, um in der DDR Menschen in den Kerker zu werfen.

Von der Staatsanwaltschaft bekam mein Bruder Ludo das Auto, das Reisegepäck und die Wohnungsschlüssel unserer Verwandten ausgehändigt. Das Auto ist also nicht als Tatwerkzeug beschlagnahmt worden. Daraus können wir schließen, dass sie nicht wegen versuchter Republikflucht verurteilt werden. Es bleibt also der zweite Anklagepunkt, der Paragraph 100, »landesverräterische Agententätigkeit«. Das ist unfassbar. Offenbar wird aus den regelmäßigen Kontakten zu mir, dem Bruder und Schwager, Landesverrat gemacht. So einfach geht das in der DDR. Wer nicht das Lied der Genossen singt, ist ein Landesverräter.

Ludo fährt noch einmal zu RA Dr. Vogel. Dort wird ihm bestätigt, dass Vogel das Mandat übernommen hat, dass er in unserem Auftrag handelt. Inzwischen sind fast acht Wochen seit der Festnahme vergangen. Heute hat Uwe Geburtstag, einen Geburtstag im Knast! Wie wird er ihn verbringen? In sehr gedrückter Stimmung trinken wir ein Glas auf Uwes Wohl. Er soll das Unbegreifliche gut überstehen, er soll gesund bleiben und er soll bald mit seiner Frau und seiner Tochter eine bessere Zukunft beginnen können. Prositere – es möge nützen!

Am 27.9.1981 melden die Zeitungen, dass der Kanzlerspion Guillaume gegen 60 politische Häftlinge aus der DDR ausgetauscht werden soll. Besteht hier eine Chance für Elke und Uwe? Es ist eigentlich unwahrscheinlich. Doch wenn sie schon wegen »Landesverräterischer Agententätigkeit« verurteilt werden sollen, warum sollten sie dann nicht in einen Landesverrat »mit einbezogen« werden? Bei nüchterner Betrachtung müssen wir uns sagen, dass noch kein Urteil gesprochen wurde und mit Sicherheit viele politische Gefangene, die schon sehr lange einsitzen oder hohe Strafen bekommen haben, eher berücksichtigt werden müssen. Doch der Gedanke bleibt. Vielleicht besteht doch eine kleine Chance. Es wäre zu schön, um wahr zu sein.

Auf Anraten mir befreundeter Ärzte nehme ich Kontakt mit dem Hartmannbund auf, dort mit der Organisation »Ärzte helfen Ärzten« in Stuttgart. Leider kann uns von dieser Stelle nicht geholfen werden. Diese Organisation unterstützt in erster Linie Kinder von Ärzten, die im Westen leben, deren Eltern jedoch in der Ostzone festgehalten werden. Schade, doch ich will nichts unversucht lassen. Mir bleibt nichts weiter zu tun, als zu warten, zu warten darauf, dass endlich ein Urteil ergeht, damit ich dann endlich konkrete Maßnahmen ergreifen kann.

Inzwischen ist es Oktober. Am 13. Oktober ruft Hildchen an und berichtet darüber, dass sie einen Bescheid vom Generalstaatsanwalt erhalten haben. Diesem ist zu entnehmen, dass die Ermittlungen abgeschlossen sind. In acht bis zehn Tagen können Ludo und Hildchen Näheres erfahren. Vermutlich wird bis zu diesem Zeitpunkt das Verfahren endgültig abgeschlossen sein.

Daraufhin spreche ich RA Näumann an, er hat jedoch keine neuen Erkenntnisse. Er kann mir nichts Neues berichten.

Auf meinen Hinweis darauf, dass die Ermittlungen abgeschlossen seien, wie ich von meinem Bruder erfahren habe, der diese Nachricht von der Generalstaatsanwaltschaft in Ost-Berlin bekam, will RA Näumann sich umgehend an seinen Kollegen Dr. Vogel wenden, um den aktuellen Stand des Verfahrens zu bekommen. Ich weise Herrn Näumann nochmals auf meine Zweifel hin, was meine persönliche Gefährdung angeht. Er verspricht mir, auch dieses Problem bei Dr. Vogel anzusprechen. »Manchmal«, so RA Näumann, »bekommen wir von Dr. Vogel Hinweise, doch seien Sie aber nicht leichtsinnig.«

Am 24. Oktober bekomme ich eine Karte von der Datscha bei Wandlitz, die Elke und Uwe so sehr liebten. Die Teltower haben dort ihre Ferien verbracht. Von unseren Verwandten wissen sie immer noch nichts Genaues. Für den 26. Oktober haben sie einen Termin für einen Besuch ihrer Verwandten in der U-Haftanstalt bekommen. Ich warte an diesem Tag ungeduldig auf eine Nachricht. Als mein Bruder und seine Frau anrufen, waren sie noch nicht dort. Der Besuchstermin gilt erst für 15 Uhr. Ich höre von Hildchen, dass in der Umgebung der Datsche die übelsten Gerüchte umgehen.

Hildchen kann sich nicht klar ausdrücken, da auch sie verständlicherweise fürchtet, abgehört zu werden. Doch wenn ich alles richtig verstanden habe, wird dort erzählt, dass ich als »Abwerber« Elke und Uwe in den Westen holen wollte. Elke war der treibende Keil bei diesem Plan, während Uwe von uns verführt worden ist.

Hildchen ist nun froh, dass ich am 8. August gut nach Hause gekommen bin. Sie versteht nun besser, warum die Stasi hinter mir her war. Sie kann sich gut vorstellen, was passiert wäre, wenn man mich bekommen hätte. Sie rät mir dringend, mich nicht mehr in der Ostzone sehen zu lassen, denn sie fürchtet meine Festnahme.

Um 18.30 Uhr rufe ich, wie vereinbart, in der Wohnung in der Leipziger Straße an. Ludo und Hildchen warten bereits darauf. Sie haben unsere Verwandten gesehen und mit ihnen sprechen können. Doch was sie berichten, klingt nicht sehr gut. Beide sehen schlecht aus, was nach einem Vierteljahr Kerker nicht verwundert. Eine so lange Zeit im Gefängnis hinterlässt Spuren.

Allein das Eingesperrt sein, die ständigen Vernehmungen, dauernde Unterstellungen, gegenseitiges Ausspielen, all das trägt dazu bei, dass das Gesamtbefinden mies ist und sie auch entsprechend aussehen. Ich hoffe nur, dass alles bald gut überstanden ist.

Aus diesem Gespräch mit Uwe ging erstmals hervor, dass er vermutet, von seinem Stiefvater verraten worden zu sein. Er verweigert die Annahme eines Briefes seiner Mutter. Ich weiß nicht, ob die Frau mir Leid tun soll? Oskar hat bestimmt nicht mit ihrem Einverständnis gehandelt, aber hat sie den Verrat geduldet? Wie wird das zukünftige Familienleben der Eltern wohl sein? Zerbricht es? Können sie die Schuld, die gegenseitigen Vorwürfe, die Selbstvorwürfe ertragen? Es ist mir unvorstellbar!

Uwe lässt durch meinen Bruder ausrichten, dass ich mich an Uno-Generalsekretär Kurt Waldheim wenden soll. Waldheim ist ja einst Patient von Uwe gewesen. Er halte es für gut, diesen möglichen Schritt mit meinen Anwälten zu besprechen.

Hildchen erzählt von ihrem Gespräch mit Elke. Sie konnte Kaffee, Milchpulver, Kosmetika, Schokolade und alles, was sie von mir bekommen hatte, neutral verpackt an sie übergeben.

Von den Wachen wurde ihr bedeutet, dass diese Neutralverpackungen nicht notwendig seien.

Elke möchte, dass Antje in dem Glauben bleibt, dass sie in Afrika sind. Ich soll versuchen Postkarten aufzutreiben – Postkarten mit afrikanischen Motiven –, die ich an Antje schicken soll, um sie in dem Glauben an die Afrikastory zu belassen. Mehr ist von diesem Besuch nicht zu erfahren. Ich warte nun, dass endlich der Prozess stattfindet. Ich will endlich wissen, warum sie verurteilt werden und wie das Urteil lautet.

Am 2. November wird mir von RA Näumann bestätigt, dass das Ermittlungsverfahren abgeschlossen ist. Er weist mich nochmals darauf hin »dass Ihre Beteiligung in dieser Sache drüben nicht unbekannt ist und Sie bei Einreise und Benutzung der Transitwege mit Festnahme rechnen müssen. Aber dieses Problem ist ja aus anderen Gründen schon mehrfach in meinem Büro besprochen worden. Gleichwohl darf ich jetzt nach Abschluss der Ermittlungen ausdrücklich darauf hinweisen, dass Ihre Beteiligung drüben vermutlich in vollem Umfang bekannt ist«.

WOLF-EGBERT NÄUMANN

RECHTSANWALT UND NOTAR

RA WOLF-EGBERT NÄUMANN · UHLANDSTRASSE 137 · 1000 BERLIN 31

Eheleute
Ina und Volker Ebers
Müllerstr. 24 j

1ooo Berlin 45

UHLANDSTRASSE 137
1000 BERLIN 31
TELEFON 86 01 98, 861 66 92
TELEX 185 693 NASA D

BERLINER BANK AG FILIALE 35
KONTO 3554700600
BANKLEITZAHL 100 200 00

Dr. Uwe Jürgensen
Gr. 473/81

BEI ANTWORT UNBEDINGT ANGEBEN

DEN o2.11.1981 pa/do

SPRECHZEITEN NUR NACH TELEFONISCHER VEREINBARUNG

Sehr geehrte Frau Ebers,
sehr geehrter Herr Ebers!

In der Angelegenheit Dr. Jürgensen und Frau ist das Ermittlungsverfahren abgeschlossen und zur Anklageerhebung an die Generalstaatsanwaltschaft Berlin abgegeben worden. Anklage wird nach §§ 1oo, 213 StGB/DDR erhoben werden. Danach jedenfalls lief das Ermittlungsverfahren.

Gehen Sie, sehr geehrter Herr Ebers, bitte davon aus, daß Ihre Beteiligung in dieser Sache drüben nicht unbekannt ist und Sie bei Einreise und Benutzung der Transitwege mit Festnahme rechnen müssen. Über dieses Problem ist ja aus anderen Gründen schon mehrfach in meinem Büro gesprochen worden. Gleichwohl darf ich jetzt nach Abschluß der Ermittlungen nochmal ausdrücklich darauf hinweisen, daß Ihre Beteiligung drüben vermutlich in vollem Umfange bekannt ist.

Mit freundlichen Grüßen

Rechtsanwalt

Drei Tage später teilt mir die Kanzlei Näumann mit: »Das Stadtgericht Berlin hat Termin zur Hauptversammlung am 9. November 1981 anberaumt. Sobald der Terminbericht meinen Ost-Berliner Kollegen vorliegt melde ich mich bei Ihnen unaufgefordert.«

WOLF-EGBERT NÄUMANN

RECHTSANWALT UND NOTAR

RA WOLF-EGBERT NÄUMANN · UHLANDSTRASSE 137 · 1000 BERLIN 31

Herrn und Frau
Volker und Ina Ebers
Müllerstraße 24 J

1ooo Berlin 45

UHLANDSTRASSE 137
1000 BERLIN 31
TELEFON 86 01 98, 861 66 92
TELEX 185 693 NASA D

BERLINER BANK AG FILIALE 35
KONTO 3554700600
BANKLEITZAHL 100 200 00

Dr. Uwe Jürgensen
Gr. 473/81

BEI ANTWORT UNBEDINGT ANGEBEN

DEN 5. November 1981 ed.

SPRECHZEITEN NUR NACH TELEFONISCHER VEREINBARUNG

Sehr geehrte Frau Ebers,
sehr geehrter Herr Ebers!

Das Stadtgericht Berlin hat Termin zur Hauptverhandlung ab 9. November 1981 anberaumt. Sobald mir der Terminsbericht meiner Ost-Berliner Kollegen vorliegt melde ich mich bei Ihnen wieder unaufgefordert.

Mit freundlichen Grüßen

Rechtsanwalt

Unsere Verurteilung

Die Nacht vor unserer Gerichtsverhandlung war unruhig. Ich wälzte mich auf der Matratze hin und her und fand mich oft am Boden der Zelle liegen. Es war eine Nacht voller Gedanken und Ängste. Was wird auf uns morgen zukommen? Wie wird es weitergehen? Werden wir gesund bleiben? Wird unsere Tochter uns vermissen? Werden wir uns alle gesund und lebend wieder sehen?

Was wir Inhaftierten nicht wussten, war, dass unser Rechtsanwaltsbüro Dr. Vogel auch unsere Verwandten über unsere bevorstehende Verhandlung schriftlich informierte.

DR. jur. h. c. WOLFGANG VOGEL
RECHTSANWALT UND NOTAR
zugelassen auch bei den Gerichten in Westberlin

DIETER STARKULLA · KLAUS HARTMANN
RECHTSANWÄLTE

1136 Berlin, am 3.11.81
Reiler Straße 4
Telefon 5 25 19 27 / 5 25 18 11
Fahrverbindung:
S-Bahn Friedrichsfelde Ost / Autobus 43
Telex: 0113023
Sprechstunden:
Montag, Dienstag, Mittwoch von 15 bis 18 Uhr

Bei Antwort bitte angeben
Ba. - 325/81 r

Herrn
Ludo Ebers

1501 Ruhlsdorf
Teltower Str. 30

Sehr geehrter Herr Ebers !

In der Strafsache gegen die Eheleute Dr. Jürgensen hat das Stadtgericht Berlin Hauptverhandlungstermin am 9.11.81 anberaumt.
Vom Ergebnis werden wir berichten.
Die Verhandlung findet unter Ausschluß der Öffentlichkeit statt.

Mit Hochachtung

durch: Rechtsanwalt

Konten nur unter: Rechtsanwalt Dr. jur. h. c. Wolfgang Vogel, Postscheck: Berlin 264 64 – Bank: 6772-36-30162
Bankverbindung Westberlin: Deutsche Bank Berlin AG, 1 Berlin 12, Hardenbergstraße 27

(79) BmG 030/81

Leider durften sie bei der Verhandlung nicht anwesend sein, weil diese unter Ausschluss der Öffentlichkeit stattfand.

Am 9.11.1981 gegen 8 Uhr wurde ich aus der Zelle geholt und in die Umkleidezelle geführt. Dort erhielt ich meine Zivilkleidung, die ich unter Bewachung von zwei Wächtern anzuziehen hatte. Nach 20 Minuten führte man mich zum Gefangenenbus, der uns in das Gerichtsgebäude bringen sollte. Vor dem Einsteigen die übliche Verwarnung: »Bei einem Fluchtversuch wird von der Waffe Gebrauch gemacht!«

Wie oft hatte ich bereits während der ganzen Wochen und Monate diesen Spruch gehört. Ich lächelte niedergeschlagen. Man legte mir Handschellen an und ich wurde in die dunkle Kabine des Gefangenentransporters gesteckt. Meine Frau war im gleichen Fahrzeug. Nach Ankunft auf dem Hinterhof des Gerichtsgebäudes des Stadtbezirksgerichts Berlin-Mitte in der Littenstraße sah ich meine Frau. Sie war blass, aber sie strahlte mich an. 14 Tage waren vergangen seit unserer letzten Begegnung. Wir drückten uns die Hände und gaben uns einen Kuss. Mir wurden die Handschellen abgenommen und durch eine Handfesselkette ersetzt. Ich war mit dieser an einen Wachoffizier angebunden.

Hintereinander erstiegen wir eine Hintertreppe, völlig abgesichert, fern vom Publikumsverkehr. Meine Frau, die jahrelang Schöffe in diesem Gerichtsgebäude gewesen war, kannte diesen Aufgang nicht, hatte auch die Aufenthaltsräume nie zuvor gesehen. Hinter meiner Frau ging eine weibliche Bewacherin in Stasiuniform im Dienstgrad eines Oberleutnants. Ich selbst hing mit meiner Kette an einem Leutnant der Stasi, während uns zwei weitere Offiziere folgten. Der Kommandoführer war ein Hauptmann.

In der dritten Etage war der Gerichtssaal. Nach der engen Treppe, die mit Drahtgitter seitlich gesichert war, kamen wir auf einen breiten Korridor. Von weitem sah ich zwei meiner ärztlichen Kollegen, die als Kollektivvertreter von unserer Arbeitsstelle abkommandiert waren. Trotz Ausschluss der Öffentlichkeit waren sie die Einzigen, die man eventuell zur Öffentlichkeit zählen konnte. Einer von ihnen war der Chefarzt der Röntgenabteilung und mein Nachfolger als Parteisekretär. Der andere war ein chirurgischer Oberarzt und der ehemalige Chef meiner Frau. Als ich angekettet an ihnen vorüberging, sah ich ihre ernsten, traurigen, ja entsetzten Gesichter. Sie hatten beide Derartiges vorher nie erlebt.

Vor dem Saaleingang war ein großes Schild mit der Aufschrift »Geschlossene Verhandlung – Betreten verboten!« Im Gerichtssaal wurden wir zu der an der rechten Seite aufgestellten Anklagebank geführt. Links und rechts von uns nahmen unsere Uniformierten Platz. Im Saal hatten noch fünf bis sieben uniformierte Stasi-Leute Platz genommen. Unser Vernehmer in Zivil saß in der letzten Reihe, um alles zu verfolgen. In erster Linie verfolgte er unser Verhalten, denn den Ablauf und das Ergebnis kannte er bereits. Auch meine beiden Kollegen nahmen auf den Holzbänken ihre Plätze ein. Wenige Minuten nach uns kam unser Rechtsanwalt, Herr Starkulla. Er setzte sich direkt vor unsere Anklagebank.

Wir begrüßten uns und wir sprachen einige Worte mit meiner Frau. In kurzen Stichpunkten erläuterte Herr Starkulla meiner Frau die Sachlage bezüglich der in ihrem Protokoll festgehaltenen Konstruktion, »dass sie auch in Zukunft aus der DDR flüchten wolle«. Meine Frau verstand sofort, um was es ging. Die Wächter an unserer Seite beobachteten das kurze Gespräch mit abstehenden Ohren, konnten aber nichts dagegen tun.

Rechts von uns war das große Richterpodium. An seiner Schmalseite hatte die Staatsanwältin bereits Platz genommen. Es war eine Frau in unserem Alter. An der anderen Schmalseite saß die Gerichtsschreiberin. Die große Eichentür öffnete sich und herein trat die Oberrichterin, eine Frau Ende 50, von robuster Statur, begleitet von einem männlichen und einem weiblichen Schöffen.

Wir mussten uns alle erheben. Nachdem das Richtertrio Platz genommen hatte, durften auch wir uns setzen. Die Verhandlung wurde von der Oberrichterin, der SED-Genossin Glabun geführt.

Die Verhandlung begann. Zuerst brachte die Staatsanwältin unter nur spärlicher Anwendung unserer Vernehmungsprotokolle die Anklage vor. Sie verdammte uns wegen unserer Staatsfeindlichkeit und Abtrünnigkeit von der sozialistischen DDR-Gesellschaft. Wir wurden der feindlichen Verbindungsaufnahme zu unseren Verwandten in West-Berlin mit dem Ziel einer illegalen Flucht angeklagt. Sie beschimpfte uns wegen unseres DDR-schädlichen Verhaltens und der Schädigung des Ansehens des renommierten Regierungskrankenhauses. Wir wurden der Undankbarkeit, des Egoismus, der Scheinheiligkeit bezichtigt.

Danach übernahm die Oberrichterin das Wort und bat die gesandten Kollegen aus dem RK um ihre Vorträge. Sie hatten sich beide auf diesen Auftritt entsprechend vorbereitet. Einer nach dem anderen trat vor das Podium. Sie sprachen über unsere fachliche Tätigkeit und getrennt über unsere gesellschaftliche Entwicklung und was nun daraus geworden war. Vermutlich wollten sie durch diese Trennung das Positive gegen das Negative stellen. Es waren wirklich dialektische Vorträge von beiden. Fachlich gelobt, gesellschaftlich verdammt!

Ich verstand ihre persönliche Situation und hätte es selbst nicht besser machen können.

Danach wurden wir von der Richterin aufgefordert, über unseren Lebenslauf zu berichten.

Jeder musste sich erheben und sprechen. Schließlich kam die Richterin zum eigentlichen Sachverhalt und fragte zunächst meine Frau aus. Im Vordergrund standen immer wieder unsere gesellschaftliche Stellung und unsere gesellschaftliche Wende. Meine Frau wird darüber selbst berichten.

Ich wurde nun aufgefordert, über den Ablauf der Gespräche zu sprechen, die ich mit meinem Schwager und meinen Eltern hatte. Über die Ursache meines Sinneswandels und über die gegen uns im RK geführten Intrigen wollte niemand etwas hören. Es kann ja nicht sein, was nicht sein darf! Ich sprach über die Gespräche und ihren Ablauf. Beschimpfende Zwischenbemerkungen der Richterin unterbrachen immer wieder meine Ausführungen.

Schließlich ergriff auch unser RA das Wort und rückte die Problematik unserer abgebrochenen Fluchtgespräche – ohne je eine Fluchthandlung begangen zu haben – in das richtige, DDR-juristische Licht der Verhandlung.

Dass mein Stiefvater gedroht hatte, uns anzuzeigen, wurde hier besonders lobend hervorgehoben und ich selbst wurde der Undankbarkeit bezichtigt, auch der Undankbarkeit meinen Eltern gegenüber. Ich konnte von den Genossen kein Verständnis gegenüber unserer Handlungsweise erwarten – ich tat es auch nicht. Intrigen gibt es überall und resultierende Schlussfolgerungen sind stets individueller, persönlicher Art. Wir hatten die Schlussfolgerung des Aussteigens, der Flucht gezogen. Wir hatten uns zumindest über diese Möglichkeit informiert, ohne direkte Fluchtpläne geschmiedet zu haben.

Ich ließ die Beschimpfungen sowohl während der Vernehmungen als auch jetzt über mich ergehen, ohne sie zu akzeptieren. Ich wurde beschimpft, weil ich jahrelang »im goldenen Käfig« der DDR leben durfte und nun, für die Genossen unfassbar, ihrer Gesellschaft den Rücken zugekehrt hatte. Man wollte keine Rechtfertigung, man wollte uns nur bestrafen! Man wollte uns bestrafen für diese, unsere Abkehr von dieser Gesellschaft. Aus diesem Grund war auch die Verurteilung vorprogrammiert.

Als ich unsere Inhaftierung durch die Stasi als einen Piratenakt darstellte, wurde ich von der schreienden Oberrichterin unterbrochen. So etwas hatte sie wahrscheinlich noch nie gehört.

Ich schwieg. Zu den Ausführungen der Staatanwältin bat ich um eine Richtigstellung. Sie wurde mir gewährt. Wieder erhob ich mich und erklärte: »Die vorwurfsvollen Äußerungen der Staatsanwältin hinsichtlich meiner Aussagen über die Berliner Mauer, deren 20. Geburtstag die DDR im August dieses Jahres gefeiert hat, sind aus dem Zusammenhang gerissen und stehen im Protokoll der Staatssicherheit etwas anders. Ich betrachte die Mauer nicht, wie die DDR täglich behauptet, als antifaschistischen Schutzwall, sondern als Grenze für das eigene Volk. Eine Mauer, bei der die Stacheldrahtkrone in das eigene Land hineinzeigt, dient nicht der Abwehr von außen, sondern verhindert ein Ausbrechen des eigenen Volkes.«

Ich hatte meine Aussage noch nicht beendet, da schrie mich die Richterin an: »Schweigen Sie sofort oder ich sehe mich gezwungen, für Sie eine noch höhere Strafe zu verhängen! Darüber hinaus werde ich mir bei einem derartigen Verhalten auch Gedanken machen müssen, ob Ihre Tochter noch in Ihre Hände gegeben werden darf.«

Jetzt bekam ich Angst vor dieser Frau. Ich setzte mich, der RA versuchte zu beschwichtigen und meine Kollegen aus dem RK sahen den unbeschreiblichen Mut des »Ohnmächtigen«, eines ihrer ehemaligen Kollegen.

Nach etwa drei Stunden war Verhandlungspause. Meine Frau und ich wurden abgeführt in die Gefangenenräume.

Es waren drei Räume und eine Toilette. Ein Raum war für das Wachpersonal, die zwei anderen für männliche und weibliche Gefangene. Der Raum, in den man mich führte, bestand aus etwa sechs Holzverschlägen von der Größe einer Bauarbeitertoilette. Im Inneren befand sich lediglich ein Holzbrett als Sitzmöglichkeit. Ich musste die Kabine betreten und die Tür wurde geschlossen.

Nach etwa fünf Minuten brachte man uns das Mittagessen. Es war ein gutes Essen. Sollte das unsere Henkersmahlzeit sein? Ich fragte, wie ich das Essen einnehmen sollte, ohne mir meinen Anzug zu beschmutzen. Der Wachoffizier hatte ein Einsehen und öffnete die Kabine einen Spalt, soweit, wie es die Vorhängekette zuließ.

So konnte ich den Teller zumindest auf das Holzbrett stellen, mich vor dieses Brett hin knien, um mein Mittagessen essen zu können. Danach wurden wir wieder in den Saal geführt.

Die Plädoyers der Staatsanwältin und unseres Verteidigers begannen. Unser RA bemühte sich, die Anklage der Staatanwältin etwas abzuschwächen und unsere guten Leistungen in den Mittelpunkt zu stellen. So nett auch alles von ihm vorgetragen wurde, unser Verteidiger konnte nichts für uns tun! Es war bereits alles schon beschlossen und vorprogrammiert. Wie sollte es auch anders sein? Wir waren nicht mehr gewillt, mit der DDR-Gesellschaft weiterzuleben. Für diese Tatsache sollten wir nun büßen.

Gegen 15 Uhr war unsere Verhandlung beendet. Unser Verteidiger flüsterte uns noch schnell zu, dass er ein Strafmass von zwei bis maximal zweieinhalb Jahren erwartete. Die Urteilsverkündung war für den folgenden Tag angesetzt. Wir wurden wieder zu den Transportfahrzeugen zurückgeführt. Beim Hinausgehen nickte ich meinen Arbeitskollegen zu, um ihnen zu zeigen, dass wir ihre Ausführungen verstanden und dass wir ungebrochen waren. Wieder legte man mir die Stahlkette um das Handgelenk und führte mich ab.

Erinnerungen von Elke:

Über unseren Prozesstermin wurde ich fünf Tage vorher in Kenntnis gesetzt. Er fand statt am 9.11.1981 im Stadtbezirksgericht Berlin-Mitte, in dem ich 15 Jahre als Schöffe gearbeitet hatte. Am Tag zuvor gab man mir Gelegenheit, ein Schreiben für unseren RA zu fertigen über Dinge, die für den Prozess von Wichtigkeit wären. Mir fiel nichts Wichtiges ein. Ich wollte mich vor Gericht fragen lassen, um darauf zu antworten.

Um irgendetwas zu schreiben, machte ich eine Niederschrift über die Fähigkeiten meines Mannes und über das verwerfliche Intrigenspiel der Klinikleitung, als mein Mann seinen Politposten nicht mehr ausführen wollte. Das Schreiben war völlig überflüssig und hatte für unsere Verhandlung keinerlei Wert oder Nutzen.

An unserem Gerichtstag erhielt ich meine Privatkleidung und durfte mich erstmals vor einem Spiegel frisieren. Ich erhielt meine Haarklemmen und -nadeln, um meine Haare aufzustecken, anderenfalls wollte ich mich weigern, zur Verhandlung zu fahren. Ich erhielt meine Pille und wurde, wie immer, mit offen stehender Tür in das Gericht gebracht. Vor dem Hintereingang wurden wir entladen.

Mein Mann in seinem Anzug und, im Gegensatz zu mir, mit Handschellen versehen.

Nun wurden wir über eine schmale Treppe, ich glaube in die dritte oder vierte Etage eines mir unbekannten, separaten, abgeriegelten Teils des Gerichtsgebäudes geführt. Flankiert von bewaffneten Männern und für mich Frauen. Am Ende eines Ganges standen die beiden Ärzte aus dem RK. Einer von ihnen war der Parteisekretär und der andere, ein Oberarzt, war mein Chef der chirurgischen Ambulanz.

Ich hatte, ebenso wie mein Mann, zu meinem Chef ein herzliches Verhältnis. Beide Ärzte waren in der Funktion »Gesellschaftlicher Ankläger« geladen. Die Vorsitzende unserer Verhandlung kannte ich zum Glück nur vom Sehen aus der Gerichtskaffeestube.

Unser Vernehmer und noch einige Männer der Stasi bevölkerten den Verhandlungssaal.

Sonst hatte niemand Zutritt. Verhandelt wurde unter Ausschluss der Öffentlichkeit. Zunächst kam ich an die Reihe. Die erste Frage der Richterin lautete, warum ich Mitglied der SED geworden bin? Ich antwortete: »Weil es in dieser Klinik so üblich ist.« Eine äußerst unbefriedigende Antwort, die ich aber schon nach meiner einjährigen »Kandidatenzeit« bei dem »Feierlichen Aufnahmeakt« als Mitglied im RK gegeben hatte.

Die äußerst bösartige Richterin Glabun richtete Fragen an mich, die ich ruhig und so sachlich wie möglich beantwortete.

Nun war mein Mann an der Reihe. Er war hervorragend! Er verteidigte sich derart gut, so dass er kaum jemanden des Anklagegremiums zu Worte kommen ließ. Infam formulierte Anklagen der Richterin unterbrach er scharf, so dass man ihm eine Ordnungsstrafe androhte. Unsere »gesellschaftlichen Ankläger« hatten nun das Wort. Der jetzt amtierende Parteisekretär redete viel, sagte jedoch nichts. Die fachliche Beurteilung für meinen Mann war voll des Lobes, sein jetziges politisches Bewusstsein voller Kritik. Ebenso lobte mein Chef mich fachlich und menschlich, musste aber ebenso Unverständnis zeigen gegenüber unserer Absicht, dieses Land verlassen zu wollen.

Ich bin davon überzeugt, dass unseren Mitarbeitern und allen in dieser Klinik erklärt wurde, wir wären auf der Flucht geschnappt worden. Dass es sich in Wahrheit anders verhalten hat, haben die beiden Gesandten sicher erst mit Erstaunen während der Verhandlung erfahren.

Am 10.11.1981, dem Tag der Urteilsverkündung, wurden wir gegen 10 Uhr in den Gerichtssaal geführt. Alle waren wieder versammelt, die auch schon am Vortag anwesend gewesen waren. Auch die beiden »gesellschaftlichen Ankläger« saßen im Saal. Wir saßen auf unserer Anklagebank, flankiert von unseren Wächtern in Uniform, vor uns unser RA, Herr Starkulla.

Das »hohe Gericht« betrat den Saal. Wieder mussten wir uns erheben. Jetzt und heute sprach nur die Oberrichterin, die Genossin Glabun.

Sie verkündete das Urteil »im Namen des Volkes – unter Ausschluss des Volkes«:

»Wegen des § 100 werden die Angeklagten zu je 2 Jahren Haftstrafe verurteilt. Der § 213 wird wegen Mangels an Beweisen zu den Akten genommen, ohne mit einem Strafmaß bedacht zu werden!«

Das war unser Urteil – wir haben es niemals in schriftlicher Form ausgehändigt bekommen!!! Wir waren psychisch stabil genug und auch ausreichend vorbereitet, uns keine Schwäche anmerken zu lassen. Es war ein hartes Urteil für jemanden, der unschuldig ist. Waren wir denn schuldig? Der Leser soll sich sein eigenes Urteil bilden.

Er soll aber auch die Rechtspraxis der sozialistischen DDR-Gesellschaft und ihrer Justiz begreifen. Für all die, die an unserem Schicksal beteiligt waren (Schuld sind), wird es eine Schuld sein, die sie mit ihrem Gewissen selbst zu vereinbaren haben. Die Gewissenfrage wird härter sein, als unsere Strafe! Gibt es einen Gott, so soll er der oberste Richter für die Schuldigen sein. Auf Erden wird die Geschichte der beste Richter sein.

Viele solcher Urteile wurden bereits in der DDR gesprochen und es würden noch unzählige folgen.

Erinnerungen von Uwe:

Es sind Menschen wie Du und ich, die hier bestraft wurden und die sich einmal zum Ankläger erheben. Es ist gut, zu wissen, dass es im freien Deutschland eine Stelle gibt, wo all diese politischen Untaten registriert wurden. Ich meine die Stelle in Salzgitter. Hier wurden auch die kommunistischen Unrechtstaten registriert, um später von der Geschichte beurteilt zu werden.

Man sollte auch in Zukunft nicht auf diese zentrale Stelle verzichten, bildet sie doch ein wichtiges Archiv von Beweisen gegen die Unmenschlichkeit und die Terrorjustiz. So wie einst der Hitlerfaschismus in den Nürnberger Prozessen verurteilt werden konnte, werden irgendwann einmal die DDR-Kommunisten ihre Strafe bekommen.

Die Urteilsverkündung dauerte nur wenige Minuten. Anschließend verabschiedeten wir uns vom RA, den wir nie wieder gesehen haben. Wir wurden wieder zurückgeführt.

Beim Abstieg auf der schmalen Treppe begegneten wir einem anderen Gefangenen, den man in den Gerichtssaal bringen wollte. Er wurde von Bewaffneten begleitet. Um uns nicht zu sehen, wurde dieser Gefangene in die Ecke gedrückt und von den beiden Wächtern abgeschirmt.

Von unserem Urteil tief getroffen haben wir dennoch dieses Ereignis registriert.

Warum tat man das? Wir hatten keinen Grund, uns zu verstecken und der Andere war ebenso ein armer Gefangener wie wir. Auch er würde sich nicht verstecken wollen.

Die Schergen zeigten die Verruchtheit des Systems auf diese Weise deutlich, indem sie diese bösartigen Erscheinungsbilder versuchten zu verstecken. Durch das mangelnde Vertrauen der Mächtigen und ihre versteckte Angst verbreiteten sie überall Angst und dazu diente ihnen die Stasi.

Früher gab es einen Spruch – »teile und herrsche« – heute heißt es »ein verängstigtes Volk ist besser zu regieren«.

Um aus diesem Schlamassel herauszukommen, haben meine Frau und ich die Finsternis des Kerkers auf uns genommen, um später einmal das Licht der Freiheit erleben zu können.

Der Freiheit für uns und vor allen Dingen der Freiheit für unsere Tochter.

In der U-Haft angekommen, legte ich mich erschöpft und niedergeschlagen vom Urteil, das man gegen uns ausgesprochen hatte, auf meine Holzpritsche. Es war unabänderlich.

Am Tag danach wurde ich zum Vernehmer geführt. Mir wurde die Möglichkeit gegeben, gegen das Urteil Revision einzulegen. Wie bereits mit unserem RA besprochen, haben wir darauf verzichtet. Was sollte sie auch bringen? Für uns gab es keine Revision! Für uns gab es nur den Weg durch die Finsternis in die Freiheit. Wie lange er wirklich sein sollte – wir wussten es nicht! Ein dornenvoller, schwerer Weg. Nicht jeder vermag diesen zu schaffen und nicht jeder durchwandert ihn, ohne Schaden zu nehmen. Wir wussten, was wir wollten, und unser Satz »Du musst nur wollen« hat uns auf diesem Weg immer wieder Kraft gegeben. Wir wussten, was wir wollten, weil wir die DDR-Gesellschaft jetzt aus beiden Richtungen kennen gelernt hatten, aus der Zeit im »Goldenen Käfig« und aus den erlebten Haftwochen in der U-Haft-Anstalt der Stasi, einem Leben im »Eisernen Käfig«!

Wir wussten deshalb, was wir wollen, weil wir in dieser Gesellschaft, die uns noch als Gefangene scheinheilig verlockende Angebote gemacht hatte, nicht mehr leben konnten und auch nicht mehr leben wollten. Wir wussten, dass diese Angebote zum offiziellen Täuschungssystem dieser Gesellschaft gehörten und wir wussten, dass wir für unsere Zukunft und für die Zukunft unserer Tochter in dieser Gesellschaft keine Chance mehr hatten. Wir wurden zu Staatsfeinden erklärt, weil wir frei sein wollten.

Auch wenn wir nun, einen Tag nach unserer Verurteilung, die Verurteilten waren, würden wir später die Anklagenden werden.

Wir würden zu denen gehören, die durch ihr Schicksal den Beweis für das Unrecht, das in der DDR geschah, erbringen. Wir wussten noch nicht, ob uns das System jemals freilässt. Wir wussten nur, dass unsere Haft zwei Jahre lang dauern wird. Wir hofften aber, dass die Bemühungen unserer Verwandten im freien West-Berlin dazu führen würden, uns früher aus diesen Kerkermauern zu holen. Wir hofften, gesund zu bleiben und glücklich wieder mit unserer Tochter Antje vereint zu werden. Wir hofften, wir hofften, wir hofften! Wir hofften in dieser Hoffnungslosigkeit!

Der Vernehmer verlas mir ein Schreiben des Regierungskrankenhauses.

In diesem wurde unsere fristlose Entlassung wegen staatsfeindlichen Verhaltens ausgesprochen. Eine zu den obligatorischen Dingen gehörende Farce. Sie passte zum Tag ihres Verlesens, nämlich dem 11.11.1981, fast war es auch gegen 11:11 Uhr (ein Faschingsscherz).

Ebenso wie das gegen uns ausgesprochene Urteil ging auch dieses Schriftstück zu unseren »Verschlussakten«.

Wir haben nichts davon ausgehändigt bekommen. Auch ein typisches Merkmal dieses Staates und seiner Heimlichtuerei.

Erinnerungen von Elke:

Wir nahmen auf Anraten unseres Rechtsanwaltes, Herrn Starkulla, das Urteil an und gingen nicht in Berufung. Nach der Verkündung hatten wir im Gerichtssaal noch ganz kurz Gelegenheit mit unserem RA zu reden. Er versuchte, uns Mut zu machen, indem er meinte, dass man in der Regel nach der Hälfte des Strafmaßes in den Westen entlassen würde. Er übermittelte mir noch Grüße einer Richterin, an deren Seite ich jahrelang als Schöffe mitverhandelt hatte, in der Familienkammer und im Jugendstrafrecht. Dieses Mal saß ich auf der anderen Seite des Tisches, der Anklagebank. Wie absurd das Leben manchmal spielt – wer hätte das jemals für möglich gehalten?

Ich entsinne mich eines Erlebnisses während meiner Schöffentätigkeit. Ich war wieder einmal im Einsatz und wurde mit meinem Schöffenkollegen und der Richterin zum Direktor des Stadtgerichts gerufen, Herrn Dr. Oehme. Es ging um eine Beratung für einen Prozess, der für den nächsten Tag anberaumt war.

Dabei sollte einem Ehepaar das Erziehungsrecht an seinen beiden Kindern aberkannt werden.

Das Urteil wurde vorgegeben und stand fest. Die Eltern haben versucht, über die CSSR mit ihren beiden Kindern in den Westen zu gelangen, wurden dabei ertappt und zu Freiheitsstrafen verurteilt. Nun wollte man ihnen auch noch die Kinder wegnehmen.

Der Grund, die Eltern hatten jedem Kind, sie waren zwei und drei Jahre alt, eine Lepinalette gegeben, um sie etwas ruhig zu stellen (Lepinaletten sind ein ganz mildes Beruhigungsmittel, auch für Kinder anwendbar und völlig ungefährlich). Ich habe damals vor dem Direktor meine Verhandlungsbereitschaft verweigert mit der Begründung als gleichberechtigter Richter so ein Urteil nicht fällen und unterschreiben zu wollen, da es mit meinem Gewissen nicht zu vereinbaren sei. Es musste nun der Verhandlungstag auf einen neuen Termin mit einer anderen Besetzung festgelegt werden. Wie Recht ich mit meiner Weigerung hatte, wurde mir erst Jahre später bewusst, als im ZDF-Magazin gerade eben dieses Urteil mit vollem Namenszug des Richters und der beiden Schöffen gezeigt wurde.

So – nun war unser Urteil gefällt – zwei Jahre Freiheitsentzug – 24 Monate – 730 Tage und 730 Nächte – unvorstellbar! Würden wir diese Zeit wohl unbeschadet überstehen?

Der Gedanke an die vor uns liegende Zeit, und mochte es auch nur die Hälfte dieser sein, war erdrückend. Die Ungewissheit bezüglich des Überstehens ist wohl das Schlimmste in der Gefangenschaft. Jedes Fragezeichen entnervt fürchterlich. Man muss sich Mühe geben, nur für den Augenblick zu leben, ohne Vorstellung über die Zukunft, sonst dreht man durch und letztendlich muss man ja auch mit der Verbitterung, der Angst und der Not ganz allein fertig werden. Ein ganz kleiner Teil der Ungewissheit war nun überstanden – zwei Jahre – und wofür eigentlich?

Einen Tag nach der Urteilsverkündung wurde auch mir meine fristlose Entlassung aus dem RK verkündet und ebenso meine Entlassung aus den Reihen der SED-Genossen, worum ich jedoch auch sehr gebeten haben möchte. Die Verkündung übernahm mein Vernehmer und sie fand am 11.11.81 statt.

Nach der so genannten Geburtstagsfeier mit meinem Mann lief im RK ein Disziplinarverfahren gegen uns. Ein solches ist notwendig, um jemanden fristlos entlassen zu können. Hoffte man wohl bis dahin noch auf eine neue Integration von uns in der DDR? So ein Affentheater – ich kam mir vor, als stünde ich auf einer Bühne und hatte eine schlechte Rolle abbekommen, die ich nun, so gut es eben ging, zu spielen hatte.

Erinnerungen von Uwe:

Die Tage in der U-Haft vergingen nur langsam, einmal in der Woche wurde ich noch zum Vernehmer gerufen, dort durfte ich einen Brief an meine Frau schreiben oder einige Zeilen an unserer Verwandten. Acht Tage nach Urteilsverkündung durfte ich meine Frau noch einmal sehen.

Es war für lange Zeit das letzte Mal. Wir drückten uns und sprachen uns Mut zu. Wir würden die zwei Jahre schon schaffen! Unsere Hoffnung auf die Hilfe von draußen war groß, doch die Aussichten nur klein. Wir sagten uns: »Lieber ein Ende mit Schrecken, als ein Schrecken ohne Ende.«

Ja, es war die Charakteristik unserer Situation, aber auch die Hoffnung auf eine bessere Zukunft. Unsere Liebe und die Liebe zu unserer Tochter gab uns dabei Kraft und sie bildete das Fundament für unseren Optimismus. Nie würde es unseren Schergen gelingen, diese Liebe zu zerstören, unsere kleine Familie zu vernichten! Wir wussten, dass wir auch Verwandte hatten, die uns niemals im Stich lassen würden.

Verwandte aus der Familie meiner Frau, im Gegensatz zu meinen Verwandten, die sich niemals in der Zeit unserer Not haben blicken lassen. Wir hatten das aber auch nicht erwartet – waren sie doch die Verräter.

Ende November durften wir noch einmal unsere Angehörigen sprechen. Sie besuchten uns wie immer in der Ost-Berliner Magdalenenstraße. Das Urteil war gesprochen, dieses war auch bereits unseren Verwandten bekannt. Sie durften bei der Verhandlung nicht anwesend sein, auch nicht bei der Verkündung des Urteils, sie wurden aber von unserem RA informiert, ebenso wie unsere Verwandten in West-Berlin.

Die kleinen mitgebrachten Geschenke erfreuten uns in dieser trostlosen Situation. Voller Tränen verabschiedeten wir uns nun für eine längere Zeit. Ich sah meinen Schwager und seine Frau bitterlich weinen. Beide zitterten am ganzen Körper als sie mich bei der Verabschiedung drückten. Für sie war es unfassbar und überhaupt nicht zu verstehen. Sie wussten damals nichts über die Hintergründe, die uns zu diesem Ergebnis geführt hatten.

Die Tage und Nächte des Dezember 1981 wurden kälter. So warm der Sommer gewesen war und wir in unserer wenig belüfteten Zelle geschmachtet hatten, so begannen wir jetzt zu frieren, denn der Spalt in der konstruierten Fensterwand blieb im Sommer wie Winter offen. Unsere zwei Wolldecken wärmten uns in dieser kalten Zelle nicht. Draußen fielen die ersten Schneeflocken und kündeten einen strengen Winter 1981/1982 an.

Nichts geschah mehr in der U-Haft-Anstalt. Die einzige Abwechslung für uns war der 20-minütige Aufenthalt in der Freihofzelle. Einatmen der frischen Luft, vor Kälte zitternd im Freihof, von hohen Mauern umgeben, abgeschirmt durch Stahlnetze, bewacht von Maschinenpistolen – so war das Leben in dieser Zeit.

Noch immer hatten wir die dünnen Trainingsanzüge und die Filzpantoffeln an. Täglich warteten wir auf den Abtransport in den Strafvollzug, der nach den Bemerkungen des Vernehmers viel, viel schlimmer sein sollte. Wir würden es schon schaffen! Man musste nur wollen!

Erinnerungen von Volker:

Auch wir, die von Tag zu Tag wartenden Angehörigen, erhalten am 10.11.81 durch Hildchen die Nachricht von RA Dr. Vogel, dass Elke und Uwe zu je zwei Jahren Haft verurteilt wurden.

Hildchen fragt Dr. Vogel, ob Ausreiseanträge von ihnen gestellt worden sind. Doch am Telefon will der RA nicht antworten. Hildchen soll kommende Woche noch einmal anrufen und kann dann einen Besuchstermin vereinbaren. Vielleicht kann sie dann mehr erfahren.

Jetzt, nachdem das Urteil ergangen ist, kann ich gezielter tätig werden.

Ich habe die Idee, die ständige Vertretung der BRD in Ost-Berlin anzurufen und über die Festnahme und Verurteilung zu benachrichtigen. Als ich dort anrufe, muss ich feststellen, dass meine Gesprächspartner sich sehr zurückhalten.

Sie geben zu erkennen, dass sie DDR-Bürger nicht vertreten können, sondern eigentlich nur etwas für in der DDR einsitzende Bundesbürger tun können. Ich bin um eine Enttäuschung reicher!

Zehn Tage nach der Urteilsverkündung habe ich von RA Näumann immer noch keine Nachricht. Als ich dort anrufe, ist die Akte gerade im Diktat, wahrscheinlich mit der Nachricht von der Verurteilung. Wenig später erhalte ich den folgenden Verhandlungsbericht:

»Das Stadtgericht Berlin verhandelte am 9. und 10.11.1981 und erkannte bei beiden Mandaten gemäß §100 (1) StGB auf eine Freiheitsstrafe von je zwei Jahren. Ferner wurde die Schuld nach § 213 (2). (3). Ziffer 4 und 5 (4) StGB/DDR festgestellt, jedoch von Maßnahmen strafrechtlicher Verantwortlichkeit auf Grund des Rücktritts Abstand genommen.

Die Untersuchungshaft rechnet seit dem 1.8.1981. Die Mandanten wünschten keine Berufung. Von Maßnahmen strafrechtlicher Verantwortlichkeit gemäß § 213 StGB/DDR ist Abstand genommen worden, da die Mandanten während der gerichtlichen Beweisaufnahme erklärten, am 30.5.1981 vom Vorhaben (auf Flucht) Abstand genommen zu haben.

Gleichwohl wollen beide nach wie vor ihr Ziel, in die Bundesrepublik zu gelangen, erreichen.

Von der Verurteilung habe ich das für die besonderen Bemühungen der Bundesregierung um politische Häftlinge in der DDR zuständige Bundesministerium für innerdeutsche Beziehungen unterrichtet mit der Bitte um Prüfung, ob Aufnahme in die besonderen Bemühungen erfolgen kann.

Vorhersagen oder Zwischenbescheide im Einzelfalle sind mir leider nicht möglich.

Hoffen wir, daß es zu gegebener Zeit klappt.«

WOLF-EGBERT NÄUMANN
RECHTSANWALT UND NOTAR

RA WOLF-EGBERT NÄUMANN · UHLANDSTRASSE 137 · 1000 BERLIN 31

UHLANDSTRASSE 137
1000 BERLIN 31
TELEFON 86 01 98, 861 66 92
TELEX 185 693 NASA D
BERLINER BANK AG FILIALE 35
KONTO 3554700600
BANKLEITZAHL 100 200 00

Familie
Volker Ebers
Müllerstr. 24 j

1ooo Berlin 45

Dr. Uwe Jürgensen
Gr. 473/81

BEI ANTWORT UNBEDINGT ANGEBEN

DEN 23.11.1981 pa:ri

SPRECHZEITEN NUR NACH TELEFONISCHER VEREINBARUNG

Sehr geehrte Frau Ebers!
Sehr geehrter Herr Ebers!

In der Strafsache Ihrer Angehörigen Elke und Dr. Uwe Jürgensen berichte vom Ausgang der Hauptverhandlung wie folgt:

Das Stadtgericht Berlin verhandelte am 9. u. 1o.11.1981 und erkannte bei beiden Mandanten gem. § 1oo (1) StGB auf eine Freiheitsstrafe von je zwei Jahren. Ferner wurde die Schuld nach § 213 (2),(3), Ziff. 4 und 5 (4) StGB/DDR festgestellt, jedoch von Maßnahmen strafrechtlicher Verantwortlichkeit auf Grund des Rücktritts Abstand genommen.
Die Untersuchungshaft rechnet seit dem 1.8.1981.
Die Mandanten wünschten keine Berufung.

Von Maßnahmen strafrechtlicher Verantwortlichkeit gem. § 213 StGB/DDR ist Abstand genommen worden, da die Mandanten während der gerichtlichen Beweisaufnahme erklärten, am 3o.5. vom Vorhaben (Flucht) Abstand genommen zu haben.
Gleichwohl wollen beide nach wie vor ihr Ziel, in die Bundesrepublik zu gelangen, erreichen.
Von der Verurteilung habe ich das für die besonderen Bemühungen der Bundesregierung um politische Häftlinge in der DDR zuständige Bundesministerium für innerdeutsche Beziehungen unterrichtet mit der Bitte um Prüfung, ob Aufnahme in die besonderen Bemühungen erfolgen kann.
Vorhersagen oder Zwischenbescheide im Einzelfall sind mir leider nicht möglich.
Hoffen wir, daß es zu gegebener Zeit klappt.

Mit freundlichen Grüßen

Rechtsanwalt

Ich vereinbare einen Termin bei RA Näumann, um in einem persönlichen Gespräch vielleicht Näheres zu erfahren. Im Wesentlichen bekomme ich bestätigt, was ich ohnehin schon weiß.

Eines ist aber wichtig, zu wissen. Nach der Verurteilung laufen alle Bemühungen um eine vorzeitige Freilassung und Übersiedlung in den Westen beim innerdeutschen Ministerium zusammen. Falls ich mich an Kurt Waldheim wende oder an andere Persönlichkeiten des öffentlichen Lebens, muss meine Zielrichtung immer das Bundesministerium für innerdeutsche Beziehungen sein, deren Leitung Egon Franke hatte. Nur über ihn, den amtierenden Bundesminister für innerdeutsche Beziehungen, ist ein Freikauf möglich.

RA Näumann rät mir, im Januar bei einem Herrn Kleber im Bundeshaus über den Stand der Dinge nachzufragen. Kleber ist der Berliner Koordinator des Ministeriums für innerdeutsche Beziehungen. Er bearbeitet Haftsachen von politisch Verurteilten der DDR.

Am Abend telefoniere ich mit den Teltowern, die für heute eine Besuchserlaubnis hatten.

Es geht Elke und Uwe den Umständen entsprechend gut. Den Gesprächen war nichts Neues zu entnehmen. Ludo und Hildchen wurden darauf hingewiesen, dass sie nichts von den Dingen, die sie erfahren haben, weitersagen dürfen, da das Verfahren gegen ihre Verwandten unter Ausschluss der Öffentlichkeit geführt wurde. Sie konnten auch nicht erfahren, wohin unsere Angehörigen in den Vollzug gebracht werden. Ich vermute, dass Elke nach Hoheneck und Uwe nach Cottbus kommen wird. Hoheneck ist etwa 300 km von Berlin entfernt.

Ich bitte meinen Bruder trotzdem, jede Möglichkeit eines Besuches wahrzunehmen.

Diese Aufforderung war natürlich überflüssig, denn für Ludo ist das selbstverständlich.

Nun warte ich wieder. Wie lange werden wir warten müssen? Werden unsere Verwandten vorzeitig entlassen werden?

Nach allem, was ich bisher gehört habe, ich habe viele entlassene ehemalige Politische aus der DDR kennen gelernt, rechne ich damit, dass meine Verwandten im vierten Quartal 1982 bei mir sein können. Antje beklagt sich darüber, dass sie von der Mutti, wenn sie schon in Afrika ist, nicht wenigstens eine Kokosnuss geschickt bekommt. Ich erkläre ihr, dass es für Mutti und Vati nicht einfach ist, ihr Pakete zu schicken und dass sie sicherlich noch einige Monate bleiben müssen. Mir scheint, dass der Zeitbegriff für Monate für Antje einigermaßen begreifbar ist, denn sie scheint ganz beruhigt zu sein. Natürlich schicke ich sofort Kokosnüsse und andere Dinge, die von der Mutti aus Afrika kommen.

Anfang Dezember spreche ich mit einem Freund, der der CDU nahe steht. Er soll mir ein Gespräch mit Richard von Weizsäcker vermitteln, dem regierenden Bürgermeister von Berlin.

Mein Freund Axel ruft in Bonn das Mitglied des Bundestages und Pressesprecher der CSU-Fraktion an, mit dem er gut bekannt ist. Während des Gespräches hält dieser es für richtig, ein Schreiben zu entwerfen, das ich an ein Mitglied des Bundestages schicken soll, der dann mein Anliegen in der innerdeutschen Kommission und bei Egon Franke mit dem erforderlichen Engagement vortragen soll. Ich halte das für einen guten Gedanken. Während unserer Überlegungen denkt Axel an Günter Straßmeir, den Generalsekretär der CDU Berlin und Mitglied des Deutschen Bundestages.

Axel kennt ihn seit über 20 Jahren. Ihn wollen wir aktivieren und mit den Fakten des Falles vertraut machen. Er soll, persönlich engagiert, Bundesminister Egon Franke berichten und um rasche Hilfe bitten. Mein Freund telefoniert mit Günter Straßmeir. Er erklärt ihm, worum es geht, und erfährt sofort seine Bereitschaft, uns zu helfen. Wir sollen ihm die Fakten noch einmal schriftlich geben. Er verspricht, mit Egon Franke persönlich zu sprechen, noch bevor dieser in Kürze in die DDR reisen wird. Bereits am nächsten Tag bestätigt er die Kontaktaufnahme mit dem Bundesminister für innerdeutsche Beziehungen. Mehr konnten wir nicht erwarten.

Axel Frohnert
Emser Str. 17
Tel: 87 53 17

1000 Berlin 31, den 7.12.1981

Herrn
Günther Straßmeir MdB
- CDU - Berlin -
Generalsekretär
Nassauische Str. 60
1000 Berlin 31

Lieber Günther Straßmeir!

Wie ich Dir telefonisch bereits mitteilte, bitte ich Dich dringend, mir bei einem persönlichen Problem zu helfen.

Es geht, kurz gesagt, um den Freikauf eines Ostberliner Arztehepaares, sowie ihres jetzt 7 Jahre alten Kindes.

Der Arzt, Dr. Uwe-Jens Jürgensen plante mit seiner Ehefrau Elke-Margarita Jürgensen, geb. Ebers und seiner Tochter Antje die Flucht in den freien Teil Deutschlands. Das Vorhaben wurde jedoch von dem Stiefvater des Arztes verraten, so daß das Ehepaar nicht wegen sog. „Republikflucht" sondern wegen sog. „Landesverräterischer Agententätigkeit" zu einer Haftstrafe von je 2 Jahren verurteilt wurde. Der Fall ist deshalb besonders tragisch, weil die Eheleute durch die Haft von ihrer 7-jährigen Tochter getrennt sind.

Ich möchte Dich sehr herzlich bitten, Dich gegenüber dem Bundesminister für innerdeutsche Beziehungen dafür zu verwenden, daß der Fall der Familie Jürgensen bei den innerdeutschen Kontakten zur Sprache gebracht und durch vorzeitige Entlassung und Ausreise in den Westen gelöst wird.

Ich halte es für dringend geboten in diesem tragischen Fall zum jetzigen Zeitpunkt energisch tätig zu werden, da wir aus Erfahrung wissen, daß die DDR-Behörden im Klima gegenseitiger Begegnungen (Schmidt/Honecker) evtl. leichter zu menschlichen Handlungen zu bewegen sind.

- 2 -

Ich bin mit der Arztehefrau sowie ihrem in West-Berlin lebenden Bruder seit über 20 Jahren persönlich befreundet.

Die 76-jährige, schwerkranke Mutter der Elke-Margarita Jürgensen lebt seit dem 18.November 1970 in West-Berlin bei ihrem Sohn. Ihr größter Wunsch ist, ihre Kinder noch einmal zu sehen.

Es wären uns allen sicherlich sehr geholfen, wenn Du, lieber Günther Straßmeir, den Bundesminister Franke veranlassen könntest, diesen Fall vorrangig in Angriff zu nehmen und zu einem guten Abschluß zu bringen.

Für Deine hoffentlich erfolgreichen Bemühungen herzlichen Dank im Voraus.

Mit freundlichen Grüßen

Axel Frohnert

Anlage: Schreiben RA. Näumann an den Bruder der inhaftierten E.-M. Jürgensen.

Günter Straßmeir
Mitglied des Deutschen Bundestages

5300 Bonn 1, den 8.Dez.1981
Bundeshaus
Fernruf 163652 / 164958

Die Wahl dieser Rufnummer vermittelt den gewünschten Hausanschluß.
Kommt ein Anschluß nicht zustande, bitte Nr. 161 (Bundeshaus-Vermittlung) anrufen.

Herrn
Axel F r o h n e r t
Emser Str. 17
1000 B e r l i n 31

Lieber Axel!

In der mir übermittelten Angelegenheit des Ostberliner Arztehepaares Dr.Jürgensen habe ich mich mit dem Bundesminister für innerdeutsche Beziehungen in Verbindung gesetzt.

Sobald mir von dort eine Nachricht vorliegt, werde ich Dich unterrichten.

Mit freundlichen Grüßen

Dein Günther

Ich beschließe, bis Mitte Januar abzuwarten, bevor ich erneut vorstellig werde. Meine Verwandten müssen ständig im Gespräch bleiben. Ich muss ständig beim innerdeutschen Ministerium anklopfen und ständig neue Wege beschreiten, damit dort, von unterschiedlichen Seiten her, an diesen Fall erinnert wird.

Einige Tage später erreicht mich ein Anruf von einer Bekannten, die erst seit einem Jahr in der BRD ist und vorher in der Ostzone lebte.

Diese Frau hat eineinhalb Jahre in Hoheneck gesessen, sie berichtet mir von einem Mann, der sich ständig und mit viel Erfolg um besonders schwere Fälle von politischen Häftlingen in der DDR kümmert. Sie hat mit diesem Mann, dessen Namen ich nicht nennen möchte, unseren Fall besprochen, und er ist bereit, sich damit zu befassen, da ihm besonders erschwerend der Verrat durch Uwes Stiefvater und die Trennung von Antje zu sein scheint.

Als ich ihn kennen lerne, ist er mir sofort sympathisch. Dieser Mann aus der deutschen Wirtschaft ist Direktor eines der größten deutschen Stahlkonzerne, der gute Handelsbeziehungen mit der DDR unterhält. Ich will ihn in Zukunft Herrn X. nennen. Herr X. hat vor Jahren eigenen Verwandten aus der DDR helfen können, deren Flucht missglückt war. Seine Bemühungen damals, diesen Verwandten zu helfen, hatten Erfolg.

Er half dann ehemaligen Mithäftlingen seiner Angehörigen, Freunde von diesen Häftlingen wendeten sich dann wieder an ihn, und daraus entwickelte sich schließlich eine Hilfe, der er nun viel seiner Freizeit opfert.

Um helfen zu können, um seine Beziehungen nutzen zu können, ist es jedoch erforderlich, dass seine Identität nicht bekannt wird, denn dann wären manche Wege versperrt. Herr X. hilft heute aus rein humanitären Gründen, eben weil sich inzwischen viele Menschen an ihn gewandt haben, und seine Möglichkeiten würden in der Tat verpuffen, wenn er eine Massenhilfsaktion einleiten wollte, was er wohl auch gar nicht könnte.

Er prüft jeden Fall, der ihm vorgetragen wird und wird nur dann tätig, wenn besondere Erschwernisse vorliegen. Er ist zunächst etwas im Zweifel, ob solche Erschwernisse im Fall meiner Verwandten vorliegen, verspricht aber dann seine Hilfe aus folgenden Gründen:

1. Uwe könnte als Geheimnisträger eingestuft werden und dann nach Verbüßung der Haft weitere zehn Jahre nicht aus der DDR ausreisen dürfen,
2. Uwes Stiefvater könnte, um keine persönlichen Nachteile zu haben, versuchen, Uwes Ausreise weiter zu verhindern,
3. die Trennung von der Tochter Antje kommt außerdem noch erschwerend hinzu.

Er verspricht, uns zu helfen, verlangt aber von mir, dass ich keine Eigeninitiativen ergreife.

Nach seiner Überzeugung muss alles im Stillen geschehen. Er kennt alle möglichen Leute, er kennt Franke persönlich, er kennt RA Näumann und RA Dr. Vogel. Außerdem muss ich ihm versprechen, seinen Namen nicht zu erwähnen. Ich vertraue ihm und glaube, dass ich mehr nicht erreichen kann. Am nächsten Tag schildere ich ihm schriftlich noch einmal das bisherige Geschehen.

Volker Ebers
Müllerstr. 24 j
1000 Berlin 45

, den 14.12.1981

Herrn

Direktor

Sehr geehrter Herr [redacted]

ich möchte mich noch einmal recht herzlich bei Ihnen bedanken, daß Sie mich am Donnerstag, den 10.12.d.J. bei sich empfangen haben.
Ich bat Sie während dieser Unterredung um Ihre Hilfe für meine in der DDR inhaftierte Schwester Elke-Margarita Jürgensen geb. Ebers und ihren Ehemann Dr. Uwe-Jens Jürgensen.

Noch einmal in Stichworten den Hergang des Geschehens:
Am 5. August 1981 erfuhren wir durch einen Telefonanruf meiner Schwägerin Hildegard Ebers, der Ehefrau meines Bruders Ludo Ebers, die ebenfalls in der DDR lebt, daß meine Schwester und mein Schwager festgenommen worden sind. Da uns bekannt war, daß die beiden mit dem Gedanken der Flucht spielten, wir uns demzufolge vorab mit dieser Problematik befaßt hatten, war uns klar, daß für die Verteidigung der Eheleute Jürgensen in Ost-Berlin nur Dr. Vogel in Frage kommen würde.
Wir versuchten zunächst über den Verfassungsschutz, der uns ans Bundeshaus verwies, die Adresse und den Kontakt zu Dr. Vogel zu bekommen. Im Bundeshaus erfuhren wir von Herrn Baum, daß RA Näumann, der im Auftrag des Bundesministeriums für innerdeutsche Beziehungen arbeitet, die Möglichkeit haben würde, Dr. Vogel in Ost-Berlin zu bitten, die Mandatschaft für die Inhaftierten zu übernehmen.

Den weiteren Verlauf der Angelegenheit können Sie den Kopien der Schreiben von RA Näumann entnehmen.

Noch einmal möchte ich mich für Ihre Bereitschaft bedanken, meinen in der DDR einsitzenden Angehörigen durch Ihre Fürsprache zu helfen.

Als Anlage finden Sie die persönlichen Daten meiner Verwandten sowie die Kopien des bisherigen Schriftwechsels.

Ihnen, sehr geehrter Herr [redacted] und Ihrer Familie, die besten Wünsche für ein frohes Weihnachtsfest und ein gutes neues Jahr.
Viel Erfolg bei Ihren Bemühungen,

mit freundlichen Grüßen

Es haben mir nun hochkarätige Politiker und Wirtschaftskapitäne Hilfe versprochen. Ich bin voller Hoffnung. Es wird alles ein gutes Ende nehmen.

Erinnerungen von Uwe:

Der Dezember 1981 hatte begonnen. Frühzeitig hatte sich der Winter eingestellt. Die Tage und Nächte wurden zunehmend kälter und wir froren in unseren Zellen. Mehr als 16 bis 17 Grad können es nicht gewesen sein. Der Luftspalt zwischen den Glasbausteinen ließ die Kälte ungehindert in unsere Zelle. Die Tage waren kürzer und die dunklen Nächte sehr lang. Es wurde ein sehr kalter Winter 1981/1982. Für uns war es umso bitterer, weil wir keine warme Kleidung hatten.

Das Urteil des Gerichts war gesprochen. Zwei Jahre Haft unter Anrechnung unserer U-Haft-Zeit. Für Unschuldige eine unermesslich lange Zeit. Wir waren dennoch voller Hoffnung und Optimismus auf die Hilfe von außen. Selbst konnten wir uns ja nicht mehr helfen.

Am 6. Dezember wurde ich um 10 Uhr aus meiner Zelle geführt und in die übliche Umkleidezelle gebracht. Wieder musste ich meine persönlichen Sachen anziehen. So stand ich ähnlich wie bei unserer Gerichtsverhandlung im Anzug, während meine in der U-Haft verbliebenen persönlichen Sachen in einem Paket verstaut waren. Man transportierte mich von der U-Haft-Anstalt in das Gefängnis Rummelsburg Berlin-Mitte. Ich wurde nun von der Stasi der DDR dem Strafvollzug der DDR, welches dem Innenministerium unterstellt war, übergeben. Die Stasi war mit uns fertig. Nein, weit gefehlt. Sie blieb der Regisseur im Hintergrund und überwachte auch weiterhin unseren gesamten Strafvollzug. Sie bewachte unsere Arbeit, unseren Arbeitseinsatz, sie überwachte unser Leben während dieser Zeit.

Die Strafvollzugsanstalt Berlin-Rummelsburg war ein Gefängnis, in dem etwa 2000 Gefangene untergebracht waren. In einem Sondertrakt befanden sich hier vorwiegend ausländische Gefangene und vor allen Dingen Bundesbürger, die als kriminelle »Fluchthelfer« verurteilt worden waren.

Der Teil, der gefangene DDR-Bürger beherbergte, war der größere Teil und auch der schlechtere in Bezug auf Unterkunft und Verpflegung. Die Gefangenen mussten in beiden Teilen des Großgefängnisses arbeiten, wie es überhaupt im DDR-Strafvollzug üblich war.

Schließlich bildete der Strafvollzug eine erhebliche Produktionsquelle des DDR-Wirtschaftssystems.

Ich stieg allein aus dem Transporter aus und wurde zu der Effekten-Abteilung geführt.

Es ist die Abteilung, in der die persönlichen Sachen der Gefangenen registriert werden und wo die Gefangenen mit Haftkleidung eingekleidet werden. All meine

Sachen musste ich abgeben und erhielt nun die Knastkleidung. Alles wurde registriert und verpackt, was zu meinem persönlichen Hab und Gut gehörte.

In einem großen Raum mit einem langen Tresen, hinter dem zwei Gefangene mit meinen persönlichen Dinge beschäftigt waren, wurde durch zwei uniformierte Wächter alles registriert und aufgeschrieben. Auch eine Akte über mich selbst wurde von der Stasi den Uniformierten übergeben. Was diese Akte enthielt, entzieht sich meiner Kenntnis. Ich erinnere mich nur, wie mich der Obermeister in dunkelblauer Uniform ansah und bemerkte: »Schon wieder einer von den Samaritern.« Es müssen wohl schon mehrere Ärzte durch diesen Raum gegangen sein.

In einer Nebenkammer erhielt ich die übliche zerlumpte Häftlingsuniform. Es waren alte Restbestände der früheren so genannten kasernierten Volkspolizei. Jakken und Hosen waren kakifarben. In die Seiten der Hosenbeine sowie die Seitenteile der Ärmel und am Rückenmittelteil waren gelbe Streifen eingesetzt. Sie kennzeichneten mich als Gefangenen höherer Ordnung. Leichte Straftäter hatten diese Streifen nicht. Die politischen Straftäter gehörten eben zu den »Schwerverbrechern«. In früheren Jahren wurden sie durch grüne Streifen besonders markiert. Jetzt erhielten sie die gleichen Streifen wie die Mörder und andere Schwerverbrecher.

Unterwäsche aus vergrautem Stoff gehörten zu meiner neuen Kleidung.

Als alles registriert und ich eingekleidet war, wurde ich in eine größere Zelle geführt. Es war eine Wartezelle, in der ich das erste Mittagessen erhielt. Wie diese Zelle aussah, ist unvorstellbar. Es war eine Auffangzelle, wo mehrere hier hertransportierte Gefangene aufbewahrt wurden. Ich kam mit vielen jungen Männern im Alter zwischen 18 und 28 Jahren zusammen.

Viele waren tätowiert, vielen sah man an, dass sie sich hier bereits sehr gut auskannten und nicht zum ersten Mal in dieser Umgebung waren. Es waren im Grunde genommen alles alte Bekannte. Die Geschichten, die sie erzählten, waren die von Kleinkriminellen.

Mich schauderte es, hier zu sein. Drei Eisenbetten waren noch nicht besetzt. Ich konnte mir eines davon aussuchen. Die darauf liegenden Matratzen waren so übel, dass ich mich nie darauf gelegt hätte, würde es eine andere Möglichkeit geben. Die Toilette hatte keinen Deckel mehr. Das Weiße des Porzellanbeckens war nicht mehr zu erkennen. Es war total verschmutzt. Das Mittagessen, eine undefinierbare Brühe aus einer Soße mit einigen Fleischfasern und halbrohen Kartoffeln, konnte ich beim besten Willen nicht essen.

Nach dem Mittagessen wurden die Zellengenossen abgeholt. Ich war schließlich allein mit einem jungen Mann. Er gehörte zu den Kriminellen, die bereits mehrfach in Haft waren. Vorher hatte ich schon seine Gespräche im Stillen mitverfolgt, bei denen es nur um Einbruch und Schlägereien ging. Als wir allein waren, kam ich mit ihm ins Gespräch.

Er war 26 Jahre alt, der dritte Sohn eines Klempnermeisters aus Ost-Berlin. Vor gerade 14 Tagen war er aus der Haft entlassen worden. Mit seiner Freundin, so berichtete er mir, traf er sich und ging ganz groß aus. Am gleichen Abend, dem ersten Abend seiner Freiheit, wurde er wieder zum Schläger. Das Ergebnis war, er wurde wieder verhaftet und kam dorthin, von wo er gerade erst herausgekommen war. Wieder war er im Gefängnis. Seit seinem 16. Lebensjahr war er nur wenige Monate außerhalb der Gefängnismauern.

Ich war erschüttert. Sein Leben war verwirkt. Er war tatsächlich ein Krimineller, der sich mit der Normalität eines Bürgers nicht mehr abfinden konnte. Ich hatte den Eindruck, dass er sich im Gefängnis wohler fühlte als außerhalb der Mauern. Hier kannte er sich aus, hier war er zu Hause.

Ich wurde nun auch verlegt und kam in eine der Transportzellen, wo ich zum Weitertransport vorgesehen war. Ich kam in eine schmutzige Zelle mit dreistöckigen Eisenbetten, einem gusseisernen Waschbecken (total verschmutzt) mit fließend kaltem Wasser, einer total verschmutzten Toilette ohne Brille, dessen weiße Farbe nur noch zu erahnen war. Die Fenster waren mit Sichtblenden versehen, die jetzt aber den Himmel sehen ließen, im Gegensatz zu den Zellen in der Stasi. Die Betten, die Gefangenen bezeichneten sie als Regale, schwankten und quietschten bei jeder Bewegung. Von einem Nachtschlaf war keine Rede.

In der Zelle war noch ein Mitgefangener, der ebenfalls als politischer Gefangener hier eingekerkert war und auf den Weitertransport wartete. Die übrigen Mitgefangenen waren Kleinkriminelle, Taschendiebe, Arbeitsbummelanten oder Scheckfälscher oder solche, die sich nicht beherrschen konnten und mit ihren Fäusten zuschlugen. Einer befand sich hier, weil er einen Raubmord begangen hatte. Er war eigentlich in der Strafvollzugsanstalt Brandenburg untergebracht und nur wegen eines Gerichtstermins nach Berlin-Rummelsburg gebracht worden.

Von diesem Mitgefangenen erfuhr ich über das Leben in der Strafvollzugsanstalt Brandenburg, wo er seine Strafe abzusitzen hatte. Er erzählte mir, was dort lebenslänglich Inhaftierte, meistens Mörder tun, um die anderen Gefangenen unter ihre Gewalt zu bekommen. Meist haben sie auch höhere Gefangenenfunktionen wie »Brigadeleiter« oder »Verwahrraumältester«. Verwahrraum ist die Bezeichnung der Zellen. Er erzählte mir auch, dass es in der Strafvollzugsanstalt in Brandenburg zur Normalität gehört, dass sich die Gefangenen selbst Radios bauten, um in der Nacht Musik oder die Nachrichten zu hören.

Die Angst, die ich täglich in der Stasi-Haft-Anstalt verspürte, vor der ungekannten Macht dieser Schergen und ihrer ständigen Manipulationen, die Unsicherheit über den Prozessausgang und die Ungewissheit über unser Schicksal blieben auch in der neuen Haftsituation erhalten. Meist lag ich auf meinem Eisenbett unter zwei nach Staub riechenden Filzdecken und hörte zu, ohne mich zu rühren, ohne aufzufallen.

Bei aller Rohheit vieler solcher Mitgefangenen bestand jedoch ein eindeutiges Solidaritätsprinzip aller gegenüber unseren Kerkermeistern, unseren Wächtern. Auch die Zigarette wurde oftmals geteilt. Dennoch gab es Augenblicke, wo man auf der Hut sein musste, nicht in die Fäuste eines Cholerikers oder Gewalttätigen zu geraten. Viele waren unbeherrscht.

Auch in Rummelsburg gehörte die Freistunde zum Tagesablauf des Strafvollzugs. Ein alter, längst abgetragener Uniformmantel war unsere Winterbekleidung. Daneben gab es noch schmutzige Fellmützen, ebenfalls Restbestände von Uniformen der ehemaligen kasernierten Volkspolizei. Jetzt hatte ich sogar abgetragene Schweinslederschuhe anstelle der Filzlatschen, die ich während der Stasi-Haft auch in den Wintermonaten auf dem Freihof tragen musste.

Im Freihof in Rummelsburg befanden sich etwa 100 Gefangene. Wir mussten schweigsam im Kreis herumlaufen. Die Tage waren bereits sehr kalt und wir froren.

Die Freihofzeit war nun die erste Zeit, in der ich Kontakt mit anderen Mitgefangenen und Gleichgesinnten bekam. Ich kam dort zusammen mit Menschen, die in gleicher Art und Weise verurteilt wurden wie meine Frau und ich. Es waren Lehrer, ein weiterer Arzt aus Berlin, Studenten, Ingenieure und Angehörige aus gastronomischen Bereichen, meist aus Interhotels. Wir waren etwa 20 politische Häftlinge unter 80 Kriminellen, die zu gleicher Zeit auf dem Freihof ihre Runden drehten. Unsere Kontaktaufnahme war schwierig und konnte sich nur während des Freiganges vollziehen. Wir waren in unterschiedlichen Zellen aufgeteilt, in denen kriminelle Straftäter zahlenmäßig und auch sonst die Übermacht hatten. Man nannte sie Transportzellen, da alle dort befindlichen Gefangenen für andere Straflager bestimmt waren und auf ihren Weitertransport warteten.

In dieser Misere war ich froh, einen etwa gleichaltrigen Kollegen aus dem Krankenhaus Berlin-Buch zu treffen. Man hatte ihn bei der Flucht erwischt. Er wollte gemeinsam mit seinem damals 13-jährigen Sohn von Ungarn aus, versteckt in einem Eisenbahnwagon, nach Jugoslawien fliehen. Sein Plan bestand darin, sich in dem internationalen Zug, der täglich von Budapest nach Belgrad fährt, zu verstecken. Bereits Monate vorher hatte er sich das Bahngelände des Rangierbahnhofes in Budapest angesehen und die Abfahrtszeiten des internationalen Zuges studiert. Er hatte sich mit seinem Sohn in den auf dem Abstellgleis befindlichen Zug geschlichen und war gemeinsam mit ihm über eine Luke der Toilettendecke unter das Dach des Wagons geklettert. Verpflegung und Getränke hatten beide ausreichend bei sich. Ihre Notdurft verrichteten sie, wenn es sein musste, in einem Plastikbeutel.

Sie hatten sich auf viele Stunden des Wartens unter dem Dach des Wagons eingerichtet.

Viele Stunden vor Abfahrt des Zuges waren sie bereits in diesen gekrochen. Bevor der Zug jedoch bereit bestellt wurde, wurde er gründlich von Soldaten mit Schäferhunden kontrolliert. Einer der Spürhunde schlug leider Alarm und so wurde er mit seinem Sohn unter dem Dachversteck herausgeholt. Von ungarischen Staatssicherheitsleuten abgeführt, verbrachte mein Berufskollege einige Wochen in ungarischer Untersuchungshaft, um danach der Stasi der DDR übergeben zu werden.

Ein anderer Mitgefangener war wegen unerlaubter Verbreitung von Schriften inhaftiert worden. Er war gemeinsam mit seiner Frau ein kleiner Revolutionär und glaubte an eine bessere marxistische Philosophie. Auch schrieb er für eine Zeitschrift einer Organisation im Westen einige Artikel. Das alles trug dazu bei, dass er von der Stasi inhaftiert wurde. Ein junger Mann von 26 Jahren und in vielen Dingen, ähnlich wie seine Frau, ein Illusionist.

Unsere beiden Frauen waren bereits in Hohenschönhausen in einer Zelle und später auch in der Haftanstalt Hoheneck.

Unsere Gespräche auf dem Rummelsburger Freihof waren Flüstergespräche.

Gegenüber den nichtpolitischen Mitgefangenen war Vorsicht geboten. Spione gab es überall. Auch die Wächter achteten sehr darauf, dass sich keine Unterhaltungen unter den Politischen entwickelten. Dennoch gelang es uns, einige wesentliche Informationen auszutauschen.

Im Mittelpunkt standen unsere Spekulationen, die uns gegenseitig Hoffnung machten, und unser Zusammengehörigkeitsgefühl. Diese ersten Tage des Lebens im DDR-Strafvollzug, wie ich sie in Rummelsburg erlebte, waren geprägt durch ekelhafte und erschütternde Eindrücke von Schmutz, Unordnung, Zerstörung und Mangelhygiene. Im Vordergrund stand die Rauheit des größten Teils der Mitgefangenen, die sich hier wie zu Hause fühlten. Wir, die »Politischen«, waren Außenstehende für sie. Sie hatten keine Absicht, die DDR zu verlassen, da sie keine Perspektive für ihr weiteres Leben hatten. Sie hatten keine Perspektive in der DDR und schon gar keine im freien Deutschland.

Diese Tatsache führte bei den meisten Kriminellen zu entsprechenden Aggressionen uns gegenüber.

Ich war froh, als ich am 15.12.81 zu denen gehörte, die auf den Transport gingen. Ich war froh, aus diesem unglaublichen Schmutzloch herauszukommen. Immer noch spekulierte ich darauf, dass mich der Transport gleich nach Chemnitz bringen würde. Mir war bereits im Gefängnis bekannt geworden, dass Chemnitz die Abreisestation in die Freiheit, in die BRD ist. Diese Hoffnung war selbstverständlich völlig naiv und unrealistisch.

Gemeinsam mit etwa 30 Mitgefangenen wurde ich im LKW, einem speziellen Transporter für Gefangene, verfrachtet. Es waren LKWs, die im LKW-Werk in Ludwigsfelde am Rande von Ost-Berlin gebaut wurden und zum größten Teil als Militärfahrzeuge genutzt wurden. Wie mir in meiner früheren Tätigkeit im RK bekannt wurde, gehörten sie auch zu den Exportartikeln der DDR in die Länder der

Befreiungsbewegung, in die Länder, in denen revolutionäre Umwälzungsprozesse stattfanden, wo sie als Militärfahrzeuge genutzt wurden und als Hilfe der kommunistischen Herrscher für die sozialistischen Revolutionäre.

Ein großer Kastenwagen, der innen in zwei große Zellen unterteilt war mit langen Bänken, auf die wir uns in Handschellen aneinandergefesselt setzten mussten. Nach vorn bildeten große Eisengitter den Abschluss. Hinter dem Eisengitter befand sich eine weitere Sitzbank für die uns begleitenden Wächter, die mit Maschinenpistolen bewaffnet waren, sowie Hunde, die speziell auf Menschen abgerichtet waren. Im Dunkeln, es war bereits kurz vor 22 Uhr, ging die Fahrt zum Berliner Ostbahnhof, wo der Gefangenentransporter an das Postgleis heranfuhr. Neben den Postwagons war unser Gefangenenwagon abgestellt. Man nannte diesen Gefangenenwagen den so genannten »Grotewohlexpress«.

Während der Regierungszeit des DDR-Ministerpräsidenten Grotewohl, dessen Frau ich noch als Patientin kennen gelernt hatte, wurde dieser spezielle Wagon gebaut. Unter den Gefangenen wurde schließlich aus dem Namen Grotewohl der so genannte »Geradewohlexpress«.

Dieser Name resultierte aus der Tatsache, dass dieses Gefährt, es gab nur zwei derartige in der DDR, eine Rundreise vollzieht und Strafgefangene ablud und neue aufnahm, je nach Bestimmungsort.

Dabei kam es ohne weiteres vor, dass man erst in den Süden der DDR gefahren wurde, um später im Norden auszusteigen. Manche Reise dauerte so bis zu drei Tagen und länger. Für die hier eingepferchten Gefangenen war diese Reise in diesen engen Abteilen ein Martyrium.

Äußerlich sah dieser Wagen aus wie ein Paketwagon oder besser noch wie ein Geldtransporter. Seine Länge entsprach der eines normalen Personenwagons, nur die Fenster waren mit Milchglasscheiben versehen und zusätzlich vergittert. Lediglich eine gelbe Fahne am Ende des Wagens zeigte den Eingeweihten, dass hier Menschen transportiert wurden.

Mit einem anderen Gefangenen durch Handschellen verbunden, musste ich diesen Wagen betreten. Im Inneren wurden uns die Handschellen abgenommen und wir wurden in kleine Zellen geschoben. Etwa 100 Gefangene passten in dieses Transportmittel hinein. In jede Zelle, von der Größe eines guten Quadratmeters, wurden vier bis fünf Gefangene hineingepresst. An den Seitenwänden befanden sich je zwei Holzklappenbretter, ein fünftes direkt unter dem Fenster. Für vier Gefangene waren diese Löcher bereits eng genug und ließen kaum Bewegungsfreiheit zu. Wenn man saß, musste man die Beine ineinander verschieben, um sitzen zu können. Schlimm wurde die Situation, wenn noch ein Fünfter hineinpassen musste. Er saß dann auf dem Klappbrett unter dem Fenster und musste seine Beine über unsere Knie legen. Eine andere Position war unmöglich.

Nach außen war kein Blick möglich. Wir konnten nicht erkennen, wo wir uns gerade befanden. Diese Zellen wurden durch Schiebetüren verschlossen und verriegelt. Jede Tür hatte einen Spion, durch den man uns beobachten konnte. Darüber hinaus hatten wir einen Alarmknopf für den Notfall.

Das Rauchen war strengstens verboten. Bevor man uns in diese Kabinen hineinschob, wurden wir nach Rauchutensilien durchsucht.

Dennoch gelang den Eingeweihten, die bereits mehrfach diesen Transport erlebt hatten, Tabakwaren einzuschmuggeln. Etwa knapp zwei Stunden standen wir auf dem Abstellgleis, ehe unser Wagon auf den Ost-Bahnhof rangiert wurde. Wir wurden rangiert wie die Pakete und das Vieh. Entgegen aller Bestimmungen wurden wir, Menschen zweiter Klasse, nämlich Gefangene auf dem Rangiergleis hin und her bewegt. Für dabei eventuell auftretende Unfälle übernahm die Reichsbahn der DDR keine Verantwortung. Die volle Verantwortung für unser Leben und unsere Gesundheit wurde vom Ministerium des Inneren durch die Strafvollzugsbehörden getragen. Was bedeuteten wir schon. Würde uns etwas geschehen, bedeutete unser Verlust keinen Verlust für die DDR. So war auch die Verantwortung unproblematisch und billig.

Etwa kurz vor Mitternacht setzte sich nun unser Zug in Bewegung. Wir waren endlich angekoppelt und wurden nun in Richtung unseres Bestimmungsortes gebracht. Keiner wusste, wohin er kommt.

Manche hatten durch die mitgegebenen Pakete, die immer ein anderer Gefangener tragen musste, es war niemals sein eigenes Paket, durch Rufen der Namen und der Bestimmungsorte erfahren, wo es hingeht. Von meinem RA hatte ich vorher erfahren, dass ich nach Cottbus komme, und war somit nicht besonders aufgeregt, wusste ich, dass sich dort sehr viele Politische in der Haft befanden.

Nachdem der Zug etwa eine halbe Stunde durch die Nacht gefahren war, wurde Lärm auf dem Flur laut. Nacheinander wurde jede Tür geöffnet. Schließlich wurde auch unsere Kabinentür geöffnet und zwei uniformierte Wächter teilten lauwarmen Malzkaffee aus.

Vor der Zellentür stand ein Thermoskübel mit einer fettig glänzenden Kaffeebrühe. Daneben ein Wassereimer, der als Spüleimer für die eine Tasse diente, aus der jeder den Kaffee gereicht bekam. Das Spülwasser war bereits ähnlich verfärbt wie der dünne Malzkaffee. Jeder musste sofort austrinken, damit der Nächste seinen Schluck bekam.

Als ich diese schmutzige Tasse gereicht bekam, nachdem der Wächter sie einfach in den Kaffee getaucht hatte, um sie zu füllen, verweigerte ich die Annahme außer Fassung wegen der unhygienischen Verhältnisse und einem in mir aufkommenden Gefühl, wie ein Tier behandelt zu werden. Ich schrie den Wachtmeister an und beschwerte mich über dieses menschenunwürdige Getränkeverteilen, ähnlich, als ob er hier Tiere zu tränken habe. Über meinen Wutausbruch völlig außer Fassung gebracht, stotterte der Wachtmeister: »Wie sollen wir es unter diesen Bedingungen hier anders machen, um euch den Durst zu stillen?«

Eigentlich hatte er Recht – in dieser Situation gab es gar keine andere Möglichkeit. Ich lehnte die Annahme des schmutzigen Getränkes ab. Mein Schreien wurde in den Nachbarzellen gehört und von überall her gab es Beifall durch Klopfen und Bravorufe. Wütend schlug der Uniformierte die Zellentür zu.

Draußen schneite es und die Nacht war kalt. Kurz vor 2 Uhr erreichte unser Zug den Hauptbahnhof in Cottbus. Gemeinsam mit anderen Gefangenen wurde ich entladen.

Wir mussten uns in Zweierreihen, jeder mit einem anderen durch Handschellen verbunden, aufstellen. Jeder hatte ein Paket eines seiner Mitgefangenen zu tragen. Von Uniformierten umstellt, alle mit Maschinenpistolen bewaffnet sowie von mehreren Hundeführern begleitet, marschierten wir durch den Hauptbahnhof und sahen die entsetzten Blicke der anderen Passanten.

Draußen erwartete uns wieder ein Kasten-LKW, der uns in die Haftanstalt brachte.

Die Einfahrt dieser glich der, der anderen Anstalten. Die Zufahrt wurde zunächst durch einen Schlagbaum gesichert (so genannte Schleuse). Ein großes Eisentor wurde geöffnet. Wir hörten die Geräusche im Inneren unseres dunklen Transporters. Das Eisentor wurde krachend wieder geschlossen. Unser Spezialfahrzeug hielt und es passierte einige Minuten nichts. Dann öffnete sich das vor uns befindliche große Eisentor und wir konnten aus der Schleuse herausfahren und befanden uns nun direkt im Haftlager.

Nach kurzer Fahrt hielt der LKW erneut und wir mussten aussteigen. Es schneite in dicken, großen Flocken. Die Nacht war eisig kalt. Bereits 20 cm war der Gefängnisboden mit Schnee bedeckt. Wir standen vor einer 7 bis 8 Meter hohen Steinmauer, zum Teil weiß angestrichen, damit man von der Ferne besser sehen konnte, ob sich ein Gefangener an ihr hinaufseilte. Vor dieser Mauer war ein Laufkäfig, in dem ein Schäferhund hin und her lief und heftig bellte.

Nochmals mussten wir antreten und jetzt wurden unsere Namen und Vornamen aufgerufen.

Wir mussten dann unser Geburtsdatum nennen und wurden nach dieser Identifizierung in die Aufnahmeabteilung, die Cottbusser Katakomben, geführt.

Ich befand mich jetzt in der Strafvollzugsanstalt Cottbus, die die nächsten Monate meines Dahinvegetierens bestimmte.

Erinnerungen von Elke:

Auch ich ging am 3.12.81 auf »Transport«.

Leider nur auf einen kurzen, nämlich von Berlin-Hohenschönhausen nach Ost-Berlin in die Keibelstraße und mit mir meine kleine Existenzialistin Regina. Beide glaubten wir, jetzt geht es ab über die Grenze in den Westen Berlins. Oh, mein Gott, wie groß war unsere Enttäuschung, als man uns in dem schmutzigen Gefängnis der Keibelstraße ablud. Wir wurden wiederum in eine circa 4 x 3 Meter große Zelle mit Doppelstockbetten gesperrt. Darin standen ein Tisch, zwei Hocker, ein Schrank und eine Toilette ohne Brille. Ein Waschbecken war nicht vorhanden. Dafür aber ein Wasserhahn mit fließend kaltem Wasser und darunter stehendem Eimer.

Wir befanden uns in der 7. Etage. Dieses Gefängnis war genau so, wie ich es von Nazifilmen her kannte. Mit schmalen Eisentreppen, die jeden Schritt hallend wiedergaben, mit singenden, schreienden und weinenden Stimmen, alles durcheinander gemischt, deutsch und anderssprachig, mit dazwischen ertönenden maßregelnden Rufen der Wachtposten.

Eine Tages vernahmen wir, wie jemand verprügelt wurde. Es hörte sich zumindest so an. Es klirrten Scheiben, wir hörten das rhythmische dumpfe Schlagen eines, so glaubten wir, Gummiknüppels und entsetzliche Schreie. Kurz darauf ertönte aus Lautsprechern laute Musik, die die Schreie übertönen sollte. Beide weinten wir fassungslos in der Vorstellung, was sich da draußen abspielte.

Die täglichen 20 Minuten »Freigang« mussten wir bei eisiger Kälte in unseren dünnen Pumps (wir trugen unsere Privatkleidung) auf dem Dach dieses Hauses mit den Händen auf dem Rücken, hintereinander gehend, schweigend verbringen. Wir hatten also die Kleidung aus den Hochsommertagen des 1. August, die zur unzureichenden Winterkleidung wurde.

Vom Alexanderplatz, der sich direkt neben der Keibelstraße befindet, erklang die Musik vom Weihnachtsmarkt, und die Vorstellung, dass meine kleinen Tochter möglicherweise gerade eben quietschend vor Freude auf einem Karussell fährt, ließ es mir ganz elend ergehen.

Ich war inzwischen so dürre geworden, dass ich meine sonst so drall sitzenden langen Hosen mit den Händen festhalten musste. Man stellte beim Medizinischen Dienst fest, dass ich mit Kleidung 52 kg, gegenüber meinem sonstigen Nettogewicht von 58 bis 60 kg wog. Ich fühlte mich in dieser Zeit so elend, dass ich meinen Bruder brieflich bat, sich schnellsten mit dem damaligen UNO-Generalsekretär, Dr. Kurt Waldheim in Verbindung zu setzen, dessen Leibarzt Uwe war, mit der Bitte, uns hier schnellstens herauszuholen. Wenn ich jemanden um irgendetwas bitte, dann ist es wirklich ein Zeichen meines elenden Befindens. Seltsamerweise erhielt mein Bruder Ludo diesen um Hilfe schreienden Brief. Diese wohl schmutzigste Zeit meines Gefangenendaseins ging auch vorüber.

Regina und ich gingen zum Glück wiederum gemeinsam wieder auf »Transport«. Diesmal dauerte dieser etwas länger. Es ging mit dem so genannten »Geradewohlexpress« im Ringtransport durch die DDR.

Eingepfercht in Minizellen von circa 1 x 1 Meter Größe mit fünf kleinen Wandklappbrettern, auf die man sich setzen musste, und zwar so, dass man seine Beine zwischen die des Gegenübersitzenden klemmte, um überhaupt sitzen zu können. Bewegen konnte man sich nicht.

Man konnte nicht aus dem Fenster schauen, man hatte kein Zeitgefühl, wir mussten unendlich lange auf Abstellgleisen zubringen. Ich glaubte, dieser Transport (Viehtransport) führte uns durch Frankfurt, Cottbus, Görlitz und schließlich bis nach Chemnitz, wo wir entladen wurden.

In verschiedenen Städten wurden Gefangene entladen und neue kamen hinzu. In Chemnitz wurden immer zwei Frauen an Handschellen zusammengefesselt. Wir waren 15 bis 20 Gefangene und wurden an einer Hand gefesselt, an der anderen Seite irgendein Paket schleppend, zuerst über einen Bahnsteig an einer entsetzt blickenden Menschenmenge vorbei durch unterirdische Gänge geführt. Flankiert von Maschinenpistolen, an denen junge, machtbewusst dreinschauende Uniformierte hingen, und von Schäferhunden bewacht. Wiederum versprach man uns, bei Fluchtversuch zu schießen.

Ich war an Regina geschmiedet, auch eine halbe Portion, und beide hatten wir Mühe, dem Tempo auf unseren hochhackigen Sommerschuhen standzuhalten. Gleichwohl hatte ich den Eindruck, als ob man mir Steine in das Paket, das ich schleppen musste, gelegt hatte. Wir bildeten beide das Schlusslicht und drohten, zusammenzubrechen. Schließlich erbarmte sich ein Wachtmeister mit Hund, uns die Handschellen abzunehmen, so dass wir nun etwas beweglicher hinterher galoppieren konnten. Völlig erschöpft erreichten wir eine »grüne Minna«, einen Kasten-LKW, der längs in zwei Kabinen mit je zwei Bankreihen unterteilt war. Seitlich von uns, wohlgemerkt, Wachpersonal mit Feuerwaffen. Ab ging es nun in Richtung Stollberg auf die auf einem Berg gelegene Burg »Hoheneck«.

Erinnerungen von Volker:

Mein Bruder hat Post von unserer Schwester bekommen. Sie will ihre Lockenwickler haben.

Die Teltower sind sehr erstaunt über diesen Wunsch. Elke hat seit vielen Jahren keine Locken getragen. Trotzdem fahren Ludo und Hildchen nach Berlin in die Leipziger Straße und finden auch das Gewünschte. In den Lockenwicklern finden sie einen größeren Betrag Westgeld. Sie sind ganz aus dem Häuschen und auch ich freue mich natürlich riesig, dass unsere Schwester dem Staatssicherheitsdienst ein Schnippchen geschlagen hat, denn die Wohnung ist von oben bis unten durchsucht worden und man hat das Geld nicht gefunden. Antje hat die Kokosnüsse aus »Afrika« bekommen und jubelt und ist ganz selig. Sie verbindet gedanklich diese Früchte mit den Eltern in Afrika. Sie hat manchmal schon Heimweh, aber sie fühlt sich in Teltow wohl und es geht ihr gut.

Wir alle müssen versuchen, so gut es geht, mit den Dingen fertig zu werden und das Beste daraus zu machen.

Am 18.12.81 muss ich erstmals schmerzlich fühlen, wie schwierig es ist, nicht mehr durch die Ostzone fahren zu können. Ich will mit meiner Familie einen Winterurlaub in der Steiermark verbringen und kann nicht selbst mit dem Auto durch die Zone fahren. Ich buche also Flüge für meine Frau, meine Tochter, mich und einen Freund, der unser Auto nach Nürnberg bringt. In Nürnberg am Flughafen kann ich dann das mit dem Urlaubsgepäck beladene Auto übernehmen und weiterfahren, während unser Freund wieder nach Berlin zurückfliegt.

Während unseres Urlaubes wird unser Haus von meinen Schwiegereltern gehütet.

Wir rufen täglich zu Hause an, um zu erfahren, ob es irgendwelche Neuigkeiten über Elke und Uwe gibt. Am 19.12.81 ruft mein Bruder Ludo bei mir zu Hause an. Ich erfahre dann von den Eltern meiner Frau, dass Elke die Haft sehr schlecht verträgt. Es muss ihr wohl wirklich sehr schlecht gehen. Sie hat furchtbar abgenommen und wiegt nur noch 52 kg. Es ist zum heulen. Der Gedanke, dass eine bis dahin kerngesunde Frau von 168 cm Größe noch 52 kg wiegt, macht uns Angst. Ludo weiß um den schlechten Gesundheitszustand von Elke aus einem Brief unseres Schwagers Uwe. Der macht sich große Sorgen um seine Frau. In einem Brief hat er Elke ständig gebeten, auf ihre Gesundheit zu achten, und auch die Teltower wollen sofort einen Brief an sie schicken, in dem sie sie bitten, an ihre Zukunft zu denken und mit möglichst wenig Gesundheitsschäden diese schlimme Zeit hinter sich zu bringen.

Der Gedanke an die Zukunft, an eine bessere Zukunft, an eine freie Zukunft ist wohl die stärkste Antriebskraft, die einen ungerecht im Kerker in der Ostzone Einsitzenden aufrecht hält. Das ist die Kraft, die einen vieles erdulden lässt, immer in der Hoffnung, nach der Verbüßung dieser schweren Zeit, in die Freiheit entlassen zu werden und als freier Mensch sein zukünftiges Leben selbst gestalten zu können.

Ich erfahre an diesem Tag auch, dass Uwe, wie ich das vermutet hatte, nach Cottbus gekommen ist. Elke wurde nach Stollberg verlegt, das ist gleichbedeutend mit Burg Hoheneck. Auch das war letztendlich meine Vermutung. Viele politisch verurteilte weibliche Häftlinge kommen nach Burg Hoheneck. Von einer Bekannten, die 18 Monate dort einsitzen musste und die heute im Westen lebt, weiß ich, dass die Haftbedingungen in Hoheneck denkbar schlecht sind.

Hoheneck ist eine alte Burg mit meterdicken Mauern, in der das Klima, gerade im Herbst und im Winter, auch noch im Frühjahr sehr schlecht ist. Es herrscht eine hohe Luftfeuchtigkeit – die Feuchtigkeit sitzt in den Wänden – und es ist in der kalten Jahreszeit kaum möglich, die Zellen auf einigermaßen erträgliche Temperaturen zu heizen. Es ist schlimm, diesen furchtbaren Geschehnissen aus der Ferne zuschauen zu müssen und doch zu wissen, dass mir die Hände gebunden sind und dass ich nichts tun kann, um das Los meiner Schwester ein wenig zu erleichtern. Ich weiß aber, dass Elke kämpfen kann. Sie muss nur erkennen, sie muss wissen, wofür sie das alles erleidet, nämlich für ihre Zukunft und die Zukunft ihrer Familie. Dieses Wissen allein muss genügen, um einigermaßen unbeschadet die furchtbare Zeit überstehen zu können. Ich bin eigentlich zuversichtlich, dass sie das alles trotz der noch so widrigen Umstände einigermaßen gut überstehen kann.

Es ist meiner Frau und mir ein Bedürfnis, ja es drängt uns, Heiligabend in die Kirche zu gehen. Wir gehen zu einer katholischen Christmette. Es ist seit Jahren das erste Mal, dass wir wieder in einer Kirche sind. Unsere Gedanken sind in Hoheneck, in Cottbus und in Teltow. Sie sind bei Elke, bei Uwe und bei Antje. Bei meinem Bruder Ludo, seiner Frau Hildchen und dem Sohn Volker in Teltow.

Wir beten für unsere Verwandten und insbesondere für Elke und Uwe »möge Gott ihnen beistehen, dass sie gesund dieses Martyrium überstehen«.

Zum Jahreswechsel, bei der Sylvesterfeier 1981 zu 1982, fällt es uns schwer, uns dem fröhlichen Treiben anzupassen. Natürlich fragen wir uns, wie wird der Jahreswechsel in Cottbus und in Hoheneck sein?

Natürlich fragen wir uns, warum es nicht möglich ist, gemeinsam den Jahreswechsel zu feiern? Warum Deutschland in zwei Teile zerschnitten wurde und es möglich ist, dass die Bewohner des einen Teils nicht zu den Verwandten im anderen Teil fahren dürfen, Freunde dürfen nicht zu Freunden, der Bruder darf nicht zu seiner Schwester!

Dass Menschen, nur weil sie den Wunsch haben oder hatten, in den anderen Teil Deutschlands zukommen ins Gefängnis geworfen werden, ist das Übelste dieser ganzen Nachkriegsgeschichte Deutschlands. In der Charta der Vereinten Nationen, in den Menschenrechten, sind jedem Menschen die Meinungsfreiheit und die freie Wahl des Wohnortes garantiert. Nicht so in der Ostzone. Die Gefängnisse von Cottbus, Hoheneck, Bützow, Brandenburg, Bautzen und viele andere sind überfüllt mit Menschen, die in einem Willkürakt verurteilt worden sind, weil sie nichts anderes taten, als von ihren in der Charta der Vereinten Nationen festgelegten Menschenrechten Gebrauch zu machen. Die DDR tritt die Menschenrechte mit Füßen!

Wir trinken auf das Wohl unserer Familie und auf alle, die unterdrückt sind, auf alle, die sich Freiheit wünschen. Wir hoffen, dass sich die Verhältnisse in der DDR einmal normalisieren werden, dass es nicht mehr Mauer, Stacheldraht, Elektrozäune,

Hundelaufanlagen, Minenfelder, Schießbefehl und geharkte Grenzstreifen, Wachtürme und dergleichen mehr gibt. Wir hoffen, dass einmal der Schießbefehl an dieser furchtbaren Grenze abgeschafft wird, dass nicht mehr auf Menschen geschossen wird, die versuchen, unter Einsatz ihres Lebens von einem Teil in den anderen Teil Deutschlands zu gelangen. Unser Traum ist, diesen Grenzstreifen, der ja mehrere hundert Meter tief ist, einmal in eine Grünzone zu verwandeln, als Mahnmahl dafür, dass hier einmal eine Grenze verlaufen ist, an der Deutsche auf Deutsche geschossen haben, an der das Deutsche Volk nunmehr über 30 Jahre voneinander getrennt wurde. Wir hoffen sehr, dass dieser Traum einmal in Erfüllung gehen möge.

Wir wünschen unserer Familie, unseren Freunden und allen, die unter dem System in der Ostzone leiden müssen, ein gesundes und besseres neues Jahr.

Das Jahr 1982 beginnt für uns mit dem herrlichsten Wetter. Wir schreiben Ansichtskarten an Elke und Uwe und an die Teltower und benutzen jeweils unseren Berliner Absender. Wir wissen nicht, ob unsere Karten ankommen werden, hoffen dies jedoch, denn jeder Kontakt, der gerade zu Uwe und Elke mit dem Westen hergestellt werden kann, wird ihnen Mut machen, ihre Situation zu beherrschen und durchzustehen.

Am 9. Januar starten wir um 5:30 Uhr die Rückreise nach Berlin. Für 10 Uhr sind wir am Flughafen in Nürnberg mit einem Freund verabredet. Er ist von Berlin nach Nürnberg geflogen. Er soll unser Auto übernehmen und nach Berlin zurückfahren. Wir müssen ja wieder nach Berlin fliegen. In der Nacht hat es geschneit. Es liegen 30 cm Neuschnee. Trotzdem kommen wir gut voran und sind auch bald in Salzburg. Doch hinter der Salzburger – Österreich'schen Grenze kommen Staus. Querstehende LKWs, Unfälle, Fahrzeuge, denen im Stau das Benzin ausgegangen ist, blockieren die Strecke. Wir brauchen von der Grenze bis nach Nürnberg, für die wir sonst zweieinhalb Stunden benötigen, ganze acht Stunden.

Unser Flugzeug nach Berlin ist längst weg. Die Maschine ist pünktlich gestartet, aber ohne uns. Unser Freund macht sich natürlich Sorgen, kann sich aber denken, dass wir durch das Verkehrschaos, von dem er im Radio gehört hat, aufgehalten wurden.

Als wir gegen 15 Uhr am Flughafen Nürnberg ankommen, ist er einigermaßen erleichtert, dass uns nichts passiert ist. Er übernimmt auch gleich unser Auto, um es nach Berlin zu fahren, denn es schneit noch immer. Für uns entstehen nun erste Probleme. Am gleichen Tag geht kein Flug mehr nach Berlin. Wir versuchen, für den kommenden Tag einen Flug zu bekommen, müssen aber erfahren, dass alle Plätze ausgebucht sind. Es bleibt uns nur eine Möglichkeit, die wir auch gleich nutzen, nämlich mit der Lufthansa nach Frankfurt zu fliegen und von dort aus zu versuchen, nach Berlin zu kommen. Von Frankfurt aus starten stündlich Maschinen nach Berlin, so dass wir dort eine bessere Chance haben. Es klappt auch tatsächlich und wir sind am späten Abend zu Hause.

Auch hier wurde uns wieder einmal die Teilung unseres Vaterlandes richtig bewusst. Warum dürfen wir nicht von Nürnberg nach Berlin fahren? Warum müssen wir fliegen? Weil das System der DDR menschenverachtend ist. Weil einige Menschenrechte dort als Verbrechen verfolgt werden. Was ist das für ein Regime?!

Erinnerungen von Elke:

Eingesperrt in der Strafanstalt Hoheneck

Das Frauengefängnis Hoheneck befindet sich in der Kreisstadt Stolberg im Bezirk Chemnitz im Erzgebirge. Schloß-Hoheneck wurde 1224 erbaut. Seit dem 18. Jahrhundert wurde dieser Bau als Burg bezeichnet, die später verfiel. Auf den Grundmauern dieser Burg wurde im Jahre 1863 eine Strafanstalt errichtet.

Luftaufnahme vom Frauengefängnis Hoheneck

Der Freihof des Frauengefängnisses Hoheneck (den Baum und die Bänke gab es damals noch nicht!)

Außenansicht Frauengefängnis Hoheneck

Frauengefängnis Hoheneck – Blick aus dem Verwaltungstrakt

Seit so vielen Jahren ein Haus der Trauer, der Tränen und des Schreckens.

Ich muss ehrlich zugeben, ich habe bis zu diesem Zeitpunkt meines Einwohnens in diesem Haus über dieses Trauerhaus nichts gewusst und gehört.

Ich entsinne mich – im Rahmen meiner Schöffentätigkeit musste ich in der Regel einmal im Vierteljahr Schulungen besuchen, auf der einmal ein Leiter irgendeiner DDR-Strafvollzugsanstalt als Referent fungierte. Sehr interessiert hörte ich seinen Ausführungen zu und kam zu der Erkenntnis, dass ein Gefängnis den meisten Strafgefangenen als Erziehungs-, ja sogar Schulungsstätte dient, in der zum Beispiel Jugendliche erlernen, ein ordentliches und arbeitsames Leben zu führen. Nach den Ausführungen des Anstaltsleiters konnte man sogar einen Schul- und Berufsabschluss erreichen. Wie töricht und gleichzeitig naiv doch mein Glaube damals war, wo ich doch genau wusste, dass gerade in der DDR die Quoten der Rückfalltäter gegenüber anderen Ländern ganz besonders hoch lagen. Was war dafür wohl die Ursache?

Heute weiß ich, dass Strafgefangene in der DDR und anderen osteuropäischen Ländern zu unmündigen, lebensunfähigen Menschen erzogen wurden, die mit ihrer Freiheit, in die sie irgendwann wieder gestoßen wurden, nicht mehr zurechtkamen.

Mit den Erkenntnissen, die ich heute besitze, würde ich einem solchen Vortrag nicht mehr ruhig und gläubig zuhören, sondern würde sehr kritische und anklagende Fragen stellen.

Überhaupt bin ich heute der Meinung, dass man ein Urteil mit Freiheitsentzug nur dann gerecht und richtig fällen kann und darf, wenn man ein Gefängnis von innen einmal richtig gesehen und erlebt hat. Nun, ich weiß, wie vermessen so ein Gedanke ist, jedoch habe ich immer schon meine Meinung zum Ausdruck gebracht, dass zum Beispiel Scheidungsrichter Ahnung von der Ehe haben sollten und Richter, die über ein Erziehungsrecht zu entscheiden haben, sollten selbst Kinder besitzen.

Aber zurück zu Hoheneck. Erst hier im Westen Deutschlands habe ich mich belesen und erfahren, dass es nirgendwo in der DDR einen Hinweis auf diese uralte Strafburg gab. Über diese Burg durfte man anscheinend in der DDR nichts wissen, die doch schon seit 1863 ein Gefängnis war. Zwar stand in irgendeinem Nachschlagewerk, dass das Gefängnis Hoheneck von 1933 bis 1945 nichts Übleres als ein »Konzentrationslager« war, in dem brutal misshandelt wurde. Von 1945 an fehlt jegliche Kennzeichnung dieses Ortes.

Auch nach 1945 blieb das Gefängnis Hoheneck ein Ort des Schreckens. Das Leben und die Arbeitsbedingungen dort waren brutal und haben schon manches Leben zerstört, und gerade politisch Gefangene, die es in der DDR offiziell gar nicht gab, wurden besonders brutal behandelt und psychisch gefoltert, denn in den Augen der Wachteln (uniformierte Wächterinnen) waren nicht die vielen Mörderinnen die Verbrecher, nein – die eigentlichen Schwerverbrecher waren wir, die wir aus politischen Gründen eine Freiheitsstrafe zu verbüßen hatten, denn wir hatten ja Verrat an der so geliebten »sozialistischen Deutschen Demokratischen Republik« verübt.

Wie absurd das alles doch ist. Jeder kleine Mitteltäter erhielt für seine Straftat ein schriftliches Urteil mit schwarz-rot-goldenem Kordelbändchen, das im Namen des Volkes gefällt wurde, in die Hände.

Politische Gefangene waren die einzigen, die nichts dergleichen erhielten. Da es ja keine politischen Gefangenen gab, gab es öffentlich auch keine Prozesse und demnach keine politisch Verurteilten. Mit welchem Recht hielt man uns dann überhaupt gefangen? Das alles war doch eine Verblödung der Massen in der DDR, ja der gesamten Öffentlichkeit.

In den Abendstunden, es war schon dunkel, es schneite und es herrschte wohl um die 20 Grad Kälte, kamen wir in Hoheneck an. Der Winter 1981/82 war ein sehr strenger und kalter Winter. Ich entsinne mich des Furcht erregenden Eindruckes, den ich hatte, als ich vom Weg zu dem Effekten (Kleiderabteilung) aus irgendeinem Fenster blickte und in einem Innenhof unzählige dunkle Gestalten entdeckte. Ich hatte große Angst, wusste ich doch von anderen Gefangenen, dass wir mit Kriminellen, Gewaltverbrechern, ja sogar Mördern in einer Zelle leben müssten. Auch während der Hitlerzeit wurden »Politische« zu den »Kriminellen« gesperrt. Es hatte sich im Gefängnisleben, besser gesagt Gefängnisvegetieren, in der DDR-Zeit gegenüber der Hitler-Ära nichts geändert. Die SS-Manieren waren die gleichen, wie auch ihre Uniformen sich ähnelten.

Es wurde mit Gummiknüppeln geschlagen und weiterhin gefoltert. Zwar nicht mehr mit Daumenschrauben oder in Wasserzellen, sondern psychisch – auf das Raffinierteste ausgeklügelt. Die Wasserzellen waren kleine Kammer, in denen man Aufrührerische einsperrte und dann diese Zellen mit Wasser überflutete, so dass der Gefangene stundenlang bis zum Bauch im Wasser stehen musste. Diese Zellen sollten immer noch existieren, durften jedoch nicht mehr benutzt werden.

Ebenso war eigentlich die Strafe mit Schlägen seit dem Strafvollzugsänderungsgesetz 1978 verboten – keiner hielt sich jedoch daran. (Auch die Todesstrafe gab es bis 1978.)

Nun waren wir alle beim Effekten in der Kleiderkammer. Einer Kammer, in der man seine Privatsachen ausziehen und abgeben musste und gefängnismäßig eingekleidet wurde mit unmöglicher Unterwäsche, zwei Stillbüstenhaltern, drei Uniformblusen, zwei Hosen, einem Rock, einer alten Uniformjacke, einem dicken bis an die Knöchel reichenden schweren Uniformmantel, über dessen Besitz ich in diesem eiskalten Winter sehr froh war, weiterhin einem feldgrünen Pullover, einem Dreiecktuch für den Kopf, Handschuhen, drei Handtüchern (klitzeklein und sehr schön steif) und drei dünnen, sehr alten ekelhaften Knastdecken.

Ich entsinne mich eines kleinen Erlebnisses beim Effekten. Ich bat darum, meinen kleinen goldenen Kugelschreiber mitnehmen zu dürfen, da ich, wenn möglich, viel schreiben wollte. Es war ein persönliches Geschenk an meinen Mann von Dr. Kurt Waldheim. Sein voller Namenszug war eingraviert. Die dort amtierende Frau Oberleutnant sah die Inschrift und versuchte mit einem Brieföffner die Gravur herunterzukratzen. Entsetzt fragte ich, was sie denn da tue und ob sie Gold brauche. Sie schrie mich an und meinte: »Reklame-Füller gibt es nicht mit in den Verwahrraum.«

Darauf fragte ich, sicher sehr spöttisch, ob sie denn überhaupt wisse, wer dieser Mann sei.

Diesmal überschlug sich ihre Stimme geradezu und sie schrie, dass ich kein Recht habe, Fragen zu stellen und man mir in diesem Hause schnellstens Schliff beibringen würde. Den Kugelschreiber händigte sie selbstverständlich nicht aus.

Nun voll mit Knastsachen ausgerüstet, wurden wir in die medizinische Abteilung geführt und dort kurz auf Ungeziefer und Tätowierungen untersucht. Anschließend wurden wir in Zugangszellen eingesperrt. Dort erhielten wir sogleich Bleistift und Papier, damit wir unseren Angehörigen schreiben konnten, wohin man uns verschleppt hatte. Die Chefin dieser Abteilung, in der sich etwa 20 »Neuangekommene« befanden, war eine Frau Dietrich im Range eines Oberleutnants. Diese Frau brachte mir und uns bei, wie man sich gegenüber den Wachteln zu benehmen hatte: Wurde die Zellentür aufgerissen, musste man stramm stehen und die Verwahrraumälteste (nicht an Jahren alt, sondern nach den Knastjahren) musste Meldung machen, indem sie sagte: »Frau Oberleutnant, Strafgefangene sowieso meldet soundso viele Strafgefangene anwesend«. Danach musste der Tagesgruß entrichtet werden.

Ich wurde am nächsten Tag zu ihr geführt und musste beim Eintreten in ihr Arbeitszimmer sagen: »Frau Oberleutnant, Strafgefangene Jürgensen meldet sich, guten Morgen.« Ich wurde über meine Fähigkeiten ausgefragt, wie zum Beispiel, ob ich nähen könne, singen könne, irgendein Instrument spielen könne, zur Kirche gehe und welche Hobbys ich besitze.

Anschließend sollte ich zu meinem Urteil und über meine Straftat eine schriftliche Stellungnahme abgeben, was ich allerdings verweigerte. Ich sollte nun wenigstens niederschreiben, wie ich gedenke, meine Haft in diesem Haus zu verbringen.

Nun, das tat ich, indem ich schrieb, dass ich besten Willens wäre, gesund wieder hier herauszukommen, und dass ich in Ruhe meine zugeteilte Arbeit verrichten werde.

Die Frau Oberleutnant war mit diesen drei Sätzen zufrieden und sperrte mich wieder in meine Zelle, nachdem ich »Männchen« gemacht hatte und mit »Frau Oberleutnant, Strafgefangene Jürgensen meldet sich ab« gegangen war.

Dieses Affentheater war für mich deprimierend und demütigend zugleich, aber ich hatte den festen Willen, das Beste für mich in dieser schweren Zeit zu tun, indem ich keinen unnötigen Widerstand leistete, der mir möglicherweise, nein ganz sicher sogar, das Leben noch schwerer machen würde.

Meine Devise lautete »so unauffällig wie nur möglich« zu bleiben, keine Angriffsfläche zu bieten. Widerstand in einer so ohnmächtigen Situation wäre dumm und töricht gewesen.

Zwei Tage nach meinem Eintreffen musste ich im Heizungskeller arbeiten. Mit von der Partie war wiederum die kleine Regina, die sich in einer kleinen Nebenzelle der Zugangsabteilung befand. Wir und andere mehr mussten bei klirrender Kälte, uns sind die Nasenflügel beim Einatmen zusammengefroren, mit einem Pickel, wie ihn Bergbauarbeiter verwenden, zusammengefrorene Briketts auseinander schlagen, mit Schippen in Schubkarren schaufeln und diese in etwa 20 m entfernt gelegene Luken kippen. Immer unter Wachtel-Bewachung, versteht sich, die jedoch Pelzmützen, dicke Handschuhe und Stiefel trugen. Wir haben wegen der Kälte und Schwerstarbeit geweint.

Nachdem genügend Briketts im Heizungskeller waren, durften wir jetzt im Schutz des Kellers weiterarbeiten und mussten die eingelagerten Briketts wieder auf die Karren laden und zu den weiter entfernt gelegenen Heizöfen bringen. Zwischendurch mussten wir Asche aus den Öfen scharren und diese eimerweise nach oben, zwei sehr steile Treppen hinauf, nach draußen schleppen und in bereitstehende Aschecontainer schütten. Normalerweise geschah diese Beförderung der Asche über einen Kran, der jedoch wegen der starken Kälte eingefroren war. Man kann sich nicht vorstellen, wie wir durch den Ruß aussahen und durch dic durch das Schaufeln herumfliegende Asche. Unsere Schleimhäute an den Augen, der Nase und dem Mund waren rußgeschwärzt. Wir sahen aus wie die Mohren.

Das Arbeitsteam im Heizungskeller bestand aus acht kräftigen Mädchen, alles Gewaltverbrecherinnen, die eine lange Haftstrafe zu verbüßen hatten und inzwischen alle lesbisch geworden waren.

Trotz alledem waren sie uns gegenüber hilfsbereit und kameradschaftlich, wussten sie doch, dass wir »frische« Zugänge waren. Sie versorgten uns mit Zigaretten, Milch und fettem Essen.

Diese männlichen Mädchen erhielten eine Sonderverpflegung, verdienten mehr als in anderen Arbeitskommandos und durften auch in der Regel nicht länger als zwei Jahre als Heizer arbeiten wegen der wirklich extrem harten und ungesunden Arbeitsbedingungen. Letzteres wurde jedoch nicht so genau eingehalten. Einige waren schon drei Jahre und länger dort.

Ich würde diese Arbeit nicht auf Dauer aushalten. Mir genügten diese drei Arbeitsstunden voll und ganz. Wir haben noch Stunden nach dieser Arbeit Ruß gespuckt. Ich möchte nicht wissen, wie die Lungen dieser armen Mädchen nach längerer Heizungskellerarbeit aussahen.

Wir hatten nach dieser Schwerstarbeit zerschundene Hände und schmierten diese sowie unser Gesicht mit Margarine ein, denn Creme war nicht vorhanden. Ebenso putzten wir unsere Zähne mit dem Kalk der Wände, da die Zahnpasta, die wir erhielten, vor Altertum unmöglich zu benutzen war. Sie war in ihrer Konsistenz bröckelig, grau und stinkend, also vor Alter schlecht geworden.

Am 23.12.1981 kam ich in das Arbeitskommando »Planet III«. Man sperrte mich in eine Neun-Mann-Zelle, in der ich auch während meiner gesamten Haftzeit blieb. In dieser Zelle standen drei Doppelstockbetten und ein dreistöckiges Bett. Argwöhnisch und misstrauisch wurde ich anfänglich betrachtet, jedoch dann ziemlich schnell von allen aufgenommen, obwohl ich die einzige »Politische« unter zwei Mörderinnen, zwei Gewaltverbrecherinnen und drei kleinen Diebinnen, die eine geringe Haftstrafe zu verbüßen hatten, war.

Am 24.12.81, also Heiligabend, ging ich zum ersten Mal zur Arbeit. Dieses Arbeitskommando musste Bettwäsche nähen, mitunter auch Handtücher. Die Bettwäsche wurde versandfertig hergestellt, das heißt mit Knopflöchern und Knöpfen versehen und auch fachmännisch zusammengelegt. Zuerst musste ich auf irgendwelchen Lumpen gerade Nähte nähen, um zu zeigen, wie ich mich anstelle. Ich hatte irgendwann einmal zwei Nähkurse besucht und war nicht ganz ungeschickt, so dass ich sogleich am ersten Tag Kopfkissen nähen musste.

In diesem Arbeitskommando wurde wie wild gearbeitet. Es bestand aus 70 bis 80 Strafgefangenen. Ein Drittel etwa davon Politische, die es ja offiziell in der DDR nicht gab. Die übrigen waren kleine Gesetzesverletzer, aber es gab auch Schwerstverbrecher und Mörder. Ja, wir hatten sogar eine übrig gebliebene Naziverbrecherin, die kurz nach meiner Entlassung im 72. Lebensjahr gestorben ist. Noch zwei weitere Naziverbrecherinnen verbüßten ihre lebenslange Strafe in Hoheneck.

Unser Arbeitskommando, wie auch alle anderen in diesem Hause, hatte eine »Lebenslängliche« als Kommandoleiterin. Sie war eine Kindermörderin. Sie hatte ihre beiden Kinder im Keller ihres Wohnhauses angekettet, um mit ihrem Liebhaber in den Urlaub zu fahren. Eines soll erbärmlich verhungert sein, das andere, ein größeres Kind, konnte man noch retten.

Diese Gefangene befand sich bereits seit neun Jahren in Hoheneck und war schon ganz und gar Büttel des Wachpersonals. Sie hatte Macht und übte diese in vollen Zügen aus. Immer im Namen einer »Erzieherin«, die jedes Kommando besaß. Mich hat sie einmal, während ich arbeitete, versucht herumzukommandieren, dann niemals mehr. Sogleich habe ich ihr sehr freundlich, aber hart meine Ansichten klar gemacht, wonach sie sich anfänglich von mir distanzierte – später sind wir gut miteinander ausgekommen.

Am Ende meiner Haftzeit hatte sie sich sogar sehr für mich eingesetzt – dazu Näheres später.

Sie war an sich ein nettes Mädchen, dem man einen solch bestialischen Mord niemals zugetraut hätte. Ja, einem Mörder steht der Mord nicht auf der Stirn geschrieben.

Leider war sie inzwischen, wie so viele andere auch, lesbisch geworden und hatte einen kleinen Gangster als Partnerin, die ebenso nett war und bald entlassen wurde. Jedes Kommando hatte eine »Erzieherin« im Range eines Leutnants oder Oberleutnants.

Erzieher, welch eine absurde Bezeichnung.

Meine erste Erzieherin war ein Satansbraten ohne Gleichen.

Sie schrie uns nur an und schikanierte uns, wo es nur ging. Ich glaube, sie mochte sich selbst nicht. Wir nannten sie Violetta, da sie ständig eine stark gerötete bis violette Gesichtsfarbe hatte. Unser Arbeitskommando war in der zweiten Etage des Gefängnisses untergebracht in acht Zellen mit je acht bis zwölf Betten. Jede Zelle wurde von einer »Verwahrraumältesten« geführt, die die Anordnungen und Weisungen der Leitung und Erzieher übermittelte und darauf achten musste, dass diese eingehalten und ausgeführt wurden. In der Regel wurden diese Posten Langzeitstrafgefangenen übertragen, die sich oftmals, ihrer Macht bewusst, schlimmer gebärdeten als die Wachteln selbst. Sie hatten die Aufgabe, Meldung zu machen beim morgendlichen und abendlichen Zählappell und auch dann, wenn eine Wachtel die Zelle aufschloss. Wenn das geschah, sprangen wir alle von unseren Betten und standen stramm. Es war ohnehin verboten, sich außerhalb der Nachtruhe auf das Bett zu legen.

Jeder hatte seinen kleinen Holzhocker, auf dem er sitzen durfte, eigentlich sollte jeder vor seinem Bett stehen. Niemand befolgte natürlich diese unsinnige Anordnung und so wurden wir unzählige Male zusammengebrüllt. Ebenso hatte die Verwahrraumälteste für Ordnung und Sauberkeit in der Zelle zu sorgen. Es herrschte zwischen den einzelnen Zellen ein so genannter »sozialistischer Kampf« um die sauberste Zelle. Die schlimmsten diesbezüglich waren wirklich die Langzeitstrafgefangenen. Viele von ihnen waren zu Arbeitsmaschinen degeneriert, ja waren mitunter mehrfache Rückfalltäter, da sie schließlich in diesem menschenunwürdigen Knast verlernt hatten, später mit ihrer Freiheit zurechtzukommen.

Nun zurück zu meinem ersten Arbeitstag. Nach unserer Arbeit gingen wir in den Speisesaal zum Mittagessen. Immer schön zu zweit hintereinander und schweigend. Zu Beginn meiner Haftzeit musste man sich anstellen, um seinen Essnapf in Empfang zu nehmen. Mitunter war das Essen ungenießbar. Ich machte es mir aber zur Gewohnheit, trotz des miesen Essens immer zumindest etwas in meinen Magen zu bringen. Oftmals kostete es mich unheimlich viel Überwindung, zum Beispiel, wenn es Haferschleimsuppe gab, die sich so schön fädenschleimig lang zog oder wenn es »tote Oma« gab. Das war Blut, welches man mit Mehl, Reis oder was auch immer zusammengerührt hatte und mit Salz »schmackhaft« machte. Wenn bei diesem köstlichen Mahl allerdings noch das frische Blut auf dem Teller umherschwappte, verließ mich jede Vernunft und Überwindung.

Nach dem Essen – man musste in 20 Minuten fertig sein, wenn man Pech hatte, war man noch gar nicht bis zur Essenausgabe vorgedrungen – ging es zur Freistunde auf den Hof. Es hatten immer mehrere Arbeitskommandos Freistunde.

Es gab außer Planet I, II und III noch Esda-Kommandos, die Feinstrumpfhosen herstellten, und das so genannte ZW, das waren Zentralwerkstätten, in denen man abgetragene Uniformen auseinandertrennte, um irgend etwas Neues-Altes herzustellen. In diesen Werkstätten wurden auch unsere Klamotten repariert.

Wir waren nun auf dem etwa 40 x 60 Meter großen Hof in Reih und Glied angetreten.

Etwa drei oder mitunter vier Arbeitskommandos. Es wurde in militärischer Weise der Hofdienst machenden Wachtel Meldung erstattet.

Danach mussten wir noch in Reih und Glied angetreten, einige gymnastische Übungen verrichten. Danach durften wir »abtreten« und umhergehen, wie wir wollten.

Der Hof lag zwischen vier mehrstöckigen Gebäuden eingeschlossen. Einem Verwaltungsgebäude, aus dem wir ständig beobachtet wurden mit Hilfe von Ferngläsern, zwei Zellenhäusern und dem Gebäude mit den Produktionsräumen und dem Speisesaal.

Man fühlte sich selbst auf dem Hof von allen Seiten eingeschlossen und gefangen. An einer Ecke des Hofes befand sich der uralte Turm der Burg, in dem mehrere Turmfalken lebten, denen wir zuschauten, besonders wenn die Jungen fliegen lernten, und sie um ihre Freiheit beneideten. Die Freistunde war für uns die schönste Zeit des Tages.

Man konnte schwatzen, erfuhr ständig etwas Neues, machte sich mit anderen bekannt, deren Geschichten man hörte und denen ebenso großes Leid, mitunter noch größeres, widerfahren war. Wenn man Geld hatte, konnte man sich für 10 Pfennige eine Tasse Tee oder Kaffee kaufen, bestehend aus zwei Drittel Muckefuck (Malzkaffee) und einem Drittel Bohnenkaffee.

Wir waren sicher, dass dieses Getränk »Honeckers Kaffeemix« war, den man Ende der 70er- Jahre noch in der DDR wegen Mangels an Bohnenkaffee und Devisen angeboten hatte, den man allerdings schnell aus den Regalen nehmen musste, weil er die Kaffeemaschinen zur Explosion gebracht hatte. Nun, wie dem auch sei, dieses gefärbte Wasser war für jeden eine unvorstellbare Köstlichkeit.

Der erste Arbeitstag verging wegen der vielen neuen Eindrücke wie im Fluge. Nach einer Stunde traten wir an, wurden abgemeldet und in unsere Zellen gesperrt – und wer saß schüchtern auf dem noch freien Bett? Die kleine Regina. Mein Gott, war ich froh, sie zu sehen. Beide blieben wir bis zu meiner Entlassung in derselben Zelle. Sonst war es übliche Praxis, die Gefangenen ständig umzulegen in andere Zellen, ja mitunter auch in andere Arbeitskommandos.

Um die Weihnachtsfeiertage nach unseren Möglichkeiten festlich zu begehen, hatten die alten Knasthasen in meiner Zelle so allerhand vorbereitet. Eine »Bestarbeiterin« hatte von ihrem Geld eine frische Mohnstolle gekauft.

Unsere Mörderin, ein fröhliches Mädchen, die zwei Kinder von ihrem eigenen Vater hatte und die eine alte Oma von der Treppe gestoßen und anschließend mit Gas vergiftet hatte, weil sie beim Stehlen erwischt wurde, buk eine »Knasttorte«.

Dazu wurde von allen in unserer Zelle Margarine gesammelt, die mit Kakao und Marmelade verrührt wurde und kunstvoll zwischen trockene Kekse gestrichen wurde. Garniert war sie mit kleinen Schokoladenplätzchen, die irgendjemand von seinen Verwandten im Weihnachtspäckchen geschickt bekommen hatte und für die Knasttorte spendierte. Tage vor Weihnachten wurde auch »Wein« angesetzt. Wasser, Marmelade, Brot und Zucker brachte man zum Gären und schüttete diese stinkende Flüssigkeit durch einen Perlonstrumpf. Um diesem Gesöff noch etwas Alkohol beizufügen, spendierte ich mein 4711 Eau de Cologne, das ich von dem Effekten aus meiner Waschtasche erhalten hatte.

Ich habe keinen Schluck heruntergebracht, dagegen hat es den alten Knasthasen köstlich gemundet. Sie alle hatten einen Rausch und waren lustig. Jedem Atemzug entströmte ein 4711-Geruch.

In der Regel löschten die Wachteln um 22 Uhr das Licht. Wer dann noch etwas aufbleiben wollte, ging in den Waschraum, in dem der Lichtschalter von innen bedient werden konnte.

Der Waschraum wurde von zwei Zellen benutzt und bestand aus zwei Toiletten und sechs Waschbecken mit fließend kaltem und warmen Wasser, was allerdings nur dann warm war, wenn die Heizungsmädels gut arbeiteten. Durch den Waschraum hatte man Zutritt in die Nachbarzelle und somit, besonders in der ersten Zeit, genug Gesprächspartner.

In den ersten Nächten fand ich vor Kälte keinen Schlaf. Ich lag im oberen Doppelbett unter einem ständig geöffneten Fenster, was natürlich erforderlich war, bei so vielen Menschen in einem so kleinen Raum. Nachdem ich von zwei Langzeitgefangenen je eine Decke bekommen hatte, konnte ich besser schlafen. Diese beiden hatten sich in all den Jahren schon daran gewöhnt, mit einer Decke auszukommen. Denen machte die Kälte nichts mehr aus. Eine von ihnen war die Mörderin, die zugleich auch unsere Verwahrraumälteste war.

Die Tage und Nächte vergingen. Ich nähte fleißig Kopfkissen. Der erste Gehaltstag war gekommen.

Unsere Kommandoleiterin Chris ging von Zelle zu Zelle, um jedem sein erarbeitetes Geld auszuhändigen. Bei vielen war es sehr armselig. Manche erhielten nur drei Mark, da sie entweder die Arbeitsnorm nicht erreicht hatten, welche im Knast mindestens ein Drittel höher lag als draußen, oder sie hatten Zahlungen, zum Beispiel Unterhalt, nach draußen zu leisten, oder aber deren Rücklage war so hoch angesetzt, dass für sie monatlich nicht mehr viel übrig blieb. Die Höhe der Rücklage wurde von den Erziehern bestimmt und bedeutete die Geldrücklage, die bei der Entlassung ausgehändigt wurde.

Hätte es die nicht gegeben, wäre so manch einer ohne einen Pfennig vor der Gefängnispforte gestanden.

Manchen erging es also ganz dreckig. Sie konnten sich nichts kaufen. Das war ganz schlimm, wenn sie Raucher waren. In ihrer Not rauchten sie dann in Zeitungspapier gedrückte Zahnpasta und altes Gras aus unseren Matratzen. Oder aber sie erhielten von anderen etwas ab, natürlich nur, wenn sie beliebt waren.

Ich unterstützte zum Beispiel meine beiden Mitgefangenen, die mir ihre Decken überlassen hatten. Das habe ich ihnen nie vergessen und war deshalb sehr dankbar.

Im ersten Monat habe ich wohl 10 oder 13 Mark verdient, später hatte ich durchschnittlich 130 Mark im Monat und zusätzlich in der Regel 10 bis 15 Mark Prämie, mitunter auch Sachprämien in Form von Kosmetika, Körperlotion und Ähnlichem. Ich hatte überhaupt keine Schwierigkeiten mit der Erbringung meiner Norm.

Ich hatte inzwischen an fast allen Maschinen gearbeitet, wie Näh-, Saum- und Knopflochmaschinen. Mitunter half ich auch beim Wäschelegen. Nach einigen Monaten wurde ich als »Springer« eingesetzt. Das bedeutete, ich musste immer dort aushelfen, wo Not am Mann war. Des Öfteren erhielt ich Sonderaufträge. Meist waren wir zu zweit und mussten dann die herrlichste Seidenbettwäsche nähen, ohne Fabrikationszeichen, da sie für den Export in den Westen bestimmt war. Sonst wurde in jedes Wäschestück unser VEB Planet-Zeichen genäht. Ich war sehr froh, dass ich eine Arbeit hatte, bei der ich meinen Gedanken nachhängen konnte. Die Zeit verging beim Arbeiten und Träumen schnell.

Ich hatte mich nach einiger Zeit als »Beichtmutter« des Arbeitsbereiches herauskristallisiert. Wie oft stand irgendjemand an meiner Maschine und hat mir sein Herz ausgeschüttet.

Ich zeigte für jeden Verständnis und hatte auch die Gabe, anderen zuzuhören, was mitunter für einen Leidenden die beste Therapie bedeutet. Sich einfach einmal seine Sorgen von der Seele reden, kann so erleichternd sein.

Seltsamerweise bin ich von dem Aufsichtspersonal niemals gerügt oder aufgefordert worden, gefälligst zu arbeiten, was sonst die Regel war. Auch Mörderinnen kamen, um mir ihre Geschichten zu erzählen oder über ihre Sorgen zu berichten. Oftmals lag die Ursache ihres Vergehens wirklich in der erlebten Kindheit, die oft lieblos und brutal gewesen war. Ihnen wurde nie beigebracht, mit Schwierigkeiten fertig zu werden, so dass es dann zu Kurzschlusshandlungen kam. Manchmal waren diese Mörderinnen gefühlvoller als andere. Das zeigte sich zum Beispiel beim Anschauen von Filmen mit traurigem Inhalt. Da konnten sie am wenigsten ihren Schmerz verbergen, sie waren die ersten, die heulten.

Die Wochen vergingen. Ich erhielt Päckchen von meinen Brüdern, vier von maximal 2 kg waren im Jahr erlaubt, wenn die Arbeitsnorm erreicht wurde. Anfangs erhielt ich welche von meinem Bruder aus der DDR, später dann immer von meinem Bruder Volker aus West-Berlin.

Ich verrichtete meine Arbeit, verstand mich gut mit meinen Leidensgefährtinnen und lebte so vernünftig und unauffällig, wie es möglich war. Ich hatte Angst, dass mir Haare und Zähne ausfallen, wie es so vielen anderen erging. So manche 25-Jährige hatte schon keinen oder nur wenige Zähne im Mund. Ich bemühte mich, täglich ein paar Vitamine in Form eines Apfels oder eines Bonbons mit Vitamin C oder auch einen Löffel Honig oder Zitronensaft zu mir zu nehmen, was ich mir zum Glück leisten konnte oder durch Päckchen erhalten hatte. Ich teilte mir alles ganz genau ein. Naschereien und gute Zigaretten wurden von allen genossen. Ja, geteilt wurde von allen.

Mitunter bestellte ich für meine Freihofgruppe, die täglich aus zwölf bis 14 Politischen aus verschiedenen Kommandos bestand, köstlichen frischen Kuchen, der immer mit größtem Appetit verputzt wurde. Ich hatte also mit niemandem irgendwelche Schwierigkeiten. Selbst meine hässliche und bösartige Erzieherin drängte mich, doch endlich einen Antrag auf eine Besuchserlaubnis zu stellen. Dagegen hatte ich mich ständig gewehrt. Ich wollte mich meinem Bruder und seiner Frau nicht »so« hässlich zeigen.

Außerdem wollte ich ihnen diese stundenlange Fahrt ins Erzgebirge nicht zumuten, nur um mich eine Stunde lang weinen zu sehen.

Schließlich stellte ich im März doch einen Antrag. So ein Besuch war für jeden ein aufregendes Ereignis. Viele putzten sich heraus, drehten sich Locken mit Zeitungspapier und Spucke und liehen sich von Mitgefangenen Hose oder Jacke, die vielleicht hübscher oder neuer waren, als die eigenen Sachen. Meine erste Besuchsstunde war für beide Seiten gleichermaßen schwer.

Genau neben mir saß meine »Erzieherin«, der nichts entging und die jedes Wort mithörte.

Meinem Bruder und seiner Frau stand das Entsetzen auf dem Gesicht geschrieben. Später haben sie sich daran gewöhnt und die Besuche wurden leichter und besser verkraftet.

Auch meine Zahnärztin, mit der ich in Hohenschönhausen in einer Zelle gesessen hatte, traf ich in Hoheneck wieder. Weinend sind wir uns beim Wiedersehen um den Hals gefallen. Sie war den ZK (Zentralen Werkstätten) zugeteilt worden.

Regelmäßig einmal in der Woche trafen wir uns auf dem Freihof und hatten uns dann natürlich immer viel zu berichten. Sie war seinerzeit an der Grenze im Kofferraum eines Alliierten-Wagens geschnappt worden und in Erfurt zu einer Freiheitsstrafe von vier Jahren verurteilt worden.

Nach einem Jahr Hoheneck ging Helga auf »Transport« über Chemnitz nach Gießen in den Westen. Ich weiß, dass ich damals sehr geweint hatte und jeden Tag hoffte, nun auch an der Reihe zu sein. So ein Transport war für jeden Politischen ein ganz aufregendes Ereignis.

Zu den unterschiedlichsten Zeiten, von unterschiedlichsten Orten wurden die gerade Auserwählten abgeholt. Es ging dann immer alles so schnell, dass man kaum dazu kam, sich zu verabschieden. Schon vorher hatte man sich jedoch Telefonnummern und Adressen eingeprägt. Solche Transporte kamen also unvorhergesehen, obwohl immer einige Anzeichen mitunter für einen solchen sprachen.

Die Fenster unserer Arbeitsräume lagen gegenüber den Effekten-Fenstern. Wenn an denen die Übergardinen zugezogen waren, wurden in der Regel die Privatsachen der auf Transport gehenden gepackt. Oftmals traf es auch wirklich zu. Ebenso war es immer ein positives Zeichen, wenn die Stasi arbeitete, deren Fenster ihrer Arbeitsräume zum Freihof lagen. Wir nannten diesen Stasi-Mann und dessen Sekretärin »James und Daisy«.

Wenn also diese beiden irgendwo gesichtet wurden, oder wenn sich die Gardinen an ihrem Fenster bewegten, wussten wir, es geht ein Transport und vielleicht war einer von uns, ja vielleicht man selbst, mit dabei. Manche machten sich mit solchen hoffnungsvollen Gedanken so verrückt, dass sie vor Enttäuschung Schreikrämpfe oder Ohnmachtsanfälle bekamen.

Mitunter hatten wir den Eindruck, dass solche Gerüchte ganz gezielt von einigen Strafgefangenen, die der Stasi behilflich waren und Gefangene bespitzelten, verbreitet wurden. Eine von ihnen war eine Lebenslange, die bei der Frau Oberleutnant in der Effektenabteilung schon jahrelang arbeitete. Sie hatte zusammen mit ihrem Ehemann ihr Kind bestialisch gequält, indem sie brennende Zigaretten auf dessen kleinen Körper drückte und das Kind schließlich in einen Teppich rollte und anzündete. Was an solchen Geschichte wirklich wahr war, vermag niemand zu sagen.

Fakt ist jedoch, dass sich solche Lebenslänglichen zu Spitzeldiensten hergaben und man ihnen dafür irgendwelche Versprechungen machte.

Diese äußerst bösartige Lebenslängliche in der Effektenabteilung gab also mitunter Namen bekannt, deren Paket sie angeblich gepackt hatte. Natürlich machten solche sich die größten Hoffnungen, beim nächsten Transport dabei zu sein. Ja, sie verschenkten dann euphorisch ihre Sachen und Geld und waren dann natürlich enttäuscht, wenn sie nicht dabei waren.

Im Übrigen war die Gerüchteküche im Knast unvorstellbar. Ständig kursierten Amnestiegerüchte. Eine wusste immer mehr als die andere. Wir Politischen hatten ständig Angst davor, dass der inoffizielle Menschenhandel zwischen Ost und West, also Geld gegen Menschen, einmal aufhören könnte. Wir verfolgten deshalb mit größtem Interesse jede politische Veränderung, sowohl in der DDR als auch in der

BRD. Die Ablösung des Uno-Generalsekretärs Dr. Kurt Waldheim war für uns ebenso ein Schock wie die Ablösung der SPD-Regierung durch die CDU in Westdeutschland. Wussten wir doch nicht, ob sich mit der neuen Regierung die Ost-West-Beziehungen änderten, das heißt, ob man eventuell den »Menschenkauf« einstellen würde. Zumal damals Gerüchte laut wurden über Unterschlagungen von Geldern, die für den Menschhandel bestimmt waren. Auf die Dauer war auch dieser Menschverkauf für die DDR untragbar. Wenn das noch lange so weiterginge, wäre bald niemand mehr in der DDR.

Solche und ähnliche Gedanken können im Knast schon verrückt machen. Ich bin immer wieder froh darüber, dass ich es nicht geworden bin.

Wochen und Monate waren vergangen. In unserer Zelle gab es Ärger. Unsere Verwahrraumälteste hatte einer Kameradin 20 Mark gestohlen. In einer so traurigen Situation war das wirklich eine schäbige Handlung. Es war üblich, unsere aus Stoff bestehende Geldbörse ständig am Hals zu tragen.

Diese Gefangene hatte ihre Börse unachtsam liegen gelassen, so dass der Diebstahl möglich wurde.

Die Verwahrraumälteste wurde bestraft, in dem sie in eine andere Zelle verlegt wurde.

Nachdem sie ausgezogen war, erschienen unsere Erzieherin Violetta und unsere Kommandoleiterin Chris, um uns mitzuteilen, dass ich ab sofort den Posten der Verwahrraumältesten bekleide. Ich konnte vor Entsetzen keinen Widerspruch leisten. Meine Zellkameraden jubelten, mir war total übel vor Schreck. Was hatte das zu bedeuten? Ich war keine Langzeitgefangene, hatte schlimmstenfalls noch 16 Monate abzusitzen und ich hoffte tief in meinem Inneren und ganz heimlich doch auf einen baldigen Transport in den Westen. Diese Verkündung empfand ich als einen Schlag ins Gesicht. Diese Bestimmung passte so gar nicht in meine Träume. Was sollte ich tun?

Ich hatte zu drei Gefangenen ein uneingeschränktes Vertrauen. Das waren die kleine Regina in meiner Zelle und Helga, die Zahnärztin, und Carla eine EEG-Assistentin, die ich in Hoheneck erst kennen lernte. Alle redeten mir zu und waren davon überzeugt, dass mir eine Weigerung eine Strafe einbringen würde. Meine Zellgenossen redeten mir ebenso zu, und so wurde ich Verwahrraumälteste!

Ich fühlte mich bei jeder Meldung wie ein dressierter Affe, gedemütigt und erniedrigt.

Unsere Violetta wurde von einer anderen Erzieherin abgelöst. Sie war eine gepflegte, gut aussehende Frau, die stets freundlich und nett war.

Oft, wenn ich die blöde Meldung machen musste, winkte sie ab, so dass mir diese erspart blieb. Sie merkte wohl, wie mir diese Meldungen gegen den Strich gingen. Ich teilte ihr jedoch mit, dass ich diesen Posten nur vorübergehend ausüben mochte, bis sie einen besseren gefunden hatte, der geeigneter war als ich. Nun machte ich diesen Job so gut es eben ging, hatte auch einige Vergünstigungen, wie zum Beispiel ein 2 ½ kg Paket gegenüber den sonst 2,0 kg Paketen. Ich durfte öfter als andere aus meiner Zelle. Etwa zum Fernsehen oder in die »Kulturräume«, um irgendeine Feier oder Zusammenkunft vorzubereiten und zu organisieren.

Die einzelnen Zellen unseres Arbeitskommandos standen gerade im Wettbewerb bezüglich der Sauberkeit und des Verhaltens. Die Auswertung sollte ein wenig festlich im Kulturraum stattfinden mit Bockwurst und Tee.

Wöchentlich trafen sich die Verwahrraumältesten der Zellen mit der Erzieherin. Gemeinsam wurden dann alle Zellen besichtigt und begutachtet.

Bei einem dieser Besuche brachte es unsere Kommandoleiterin Chris fertig, in einer Zelle ein Schrankfach einer Gefangenen mit einer Handbewegung leer zu fegen, weil es unordentlich eingeräumt war. Ich habe sie vor Entsetzen im Beisein unserer Erzieherin böse gemaßregelt wegen ihres schäbigen Verhaltens gegenüber ihrer Leidensgefährtin, denn schließlich saßen wir alle im gleichen Boot. Ich habe mich vor Zorn so gehen lassen, dass ich sie angeschrieen habe, was wirklich höchst selten bei mir vorkommt. Unsere Erzieherin sagte dazu kein Wort.

Unsere Zelle wurde immer nur vorsichtig »wohnlich« zensiert, da ich es ablehnte, dass zum Beispiel die Zahnbürsten in einer Richtung im Becher standen. Nein – gegen so einen Drill sträubte sich alles in mir, und warum sollte man sich das Leben mit solchen Dingen noch unerträglicher machen, als es ohnehin schon war.

Wir »Verwahrraumältesten« erhielten von der Erzieherin den Auftrag, einen Rechenschaftsbericht anzufertigen, der das Miteinanderleben in der Zelle widerspiegeln sollte. Ich tat dies gemeinsam mit meinen Zellengefährten, jedoch widerwillig. Es entstand ein sehr realistischer, nichts beschönigender und kritischer Bericht.

Angefangen mit unseren unterschiedlichen Charakteren über unser aller Fehler (einen Tick hat jeder), über unsere Toleranz gegenüber diesen Fehlern, über entstehende Schwierigkeiten, die wir bemüht waren, stets innerhalb unserer Zelle allein zu regeln, die niemanden etwas angingen und dass man uns in Ruhe arbeiten und in unserer Zelle »leben« lassen sollte.

Diese Berichte mussten wir vor unserer »festlichen« Zusammenkunft zur Einsicht einreichen.

Auf unserer Bockwurst-Party wurden diese dann vor allen verlesen.

Es waren wirklich tolle Berichte darunter. Die meisten berichteten voller Enthusiasmus über ihr schönes familiäres Zusammenleben in ihrer Zelle. Es war nur Schönhudelei und entsprach meines Erachtens überhaupt nicht der Realität.

Man darf jedoch nicht außer Acht lassen, das die Mehrzahl dieser Berichte von Lebenslänglichen geschrieben wurden und aus ihrer Sicht vielleicht doch objektiv waren. Die Betrachtungsweise von uns Politischen war ja auch eine ganz andere.

Wir fühlten uns in dieses Gefängnisleben so gar nicht integriert. Wir waren schließlich nur unfreiwillige, vorübergehende Gäste dieses Hauses.

Völlig unerwartet wurde unser Bericht als bester bewertet. Eine andere Erzieherin hätte uns ganz sicher wegen unserer kritischen Niederschrift gerügt, aber wie ich schon erwähnte, war unsere die menschlichste in diesem Verein. Sie wurde von allen gemocht und passte so gar nicht in dieses Haus. Wir alle konnten überhaupt nicht verstehen, aus welchen Gründen sie Knastwächterin geworden war und weshalb sie sich damit selbst lebenslänglich gegeben hatte. Nun – wir waren also Sieger und erhielten dafür als Preis eine Flasche (200 ml) Duschseife, worüber sich alle freuten. Einmal in der Woche durften wir duschen, wenn wir Glück hatten sogar mit warmem Wasser, und dann wurde diese Flüssigseife von allen benutzt. Es war ein herrliches Gefühl.

Unsere wohlriechende Duschseife war noch gar nicht ganz aufgebraucht, da fand auf der Etage unseres Kommandos eine Razzia statt. Das »Rollkommando«, alle mit Stiefeln und Gummiknüppeln versehen, etwa acht bis zehn junge Wachteln, hatte wie so oft ganze Arbeit geleistet. So eine Razzia fand immer in unserer Abwesenheit statt. Meist während unsere Nachtschicht, nach der man ohnehin schon völlig erschöpft war.

Wie so oft lagen der gesamte Schrankinhalt und unsere Schlafdecken und Matratzen auf dem Fußboden. Dazwischen Zucker, Marmelade, von unserem mühsam erarbeiteten Geld gekaufte Milch, Kekse und Bonbons. Ebenso verstreut lagen unsere Briefe und Bilder von unseren Angehörigen, die für jeden eine ganz besondere Kostbarkeit darstellten, waren das doch die einzigen Gegenstände, die wir von unseren Lieben in den Händen halten konnten.

Ich besaß drei Bilder, auf denen mein Mann und unsere Tochter abgebildet waren. Bilder, die einen selbst darstellten, durfte man nicht besitzen. Ich nehme an, um sein eigenes Selbstwertgefühl so zu unterdrücken wie nur irgend möglich. Vielleicht auch deshalb, um nicht anderen zu zeigen, wie man in Wirklichkeit aussah.

Nun, alles lag weit verstreut, mit Stiefeln zertreten, ja selbst unsere dreckige Wäsche, Seiflappen, Zahnputzzeug und Seife lagen dazwischen und auch der Mülleimer mit sämtlichem Unrat war verstreut worden. Unsere duftende Duschseife war ausgedrückt und die nun leere Plastikflasche lag traurig auf dem Fußboden zwischen den anderen zertretenen Sachen.

Vor Entsetzen, Wut und Hass hatten manche von uns geschrien, geheult und sich die Haar gerauft. Ständig wurden nach so einer Aktion Beschwerden geschrieben, auf die jedoch niemals reagiert wurde. Fand das Rollkommando irgendwelche Kassiba (heimliche Schreibinformationen), wurde der Schreiber bestraft, und konnte dieser nicht ermittelt werden, bekamen alle in der Zelle Strafen aufgebrummt wie Fernsehverbot, Freihof kehren, Turmtreppe scheuern und anderes mehr. Selbst unsere Matratzen wurden in zwei Fällen angeritzt, in denen man glaubte, etwas zu finden. Nach diesen Aktionen war ich stets mit größter Anstrengung bemüht, ruhig zu bleiben (wem nutzt ein Ausrasten, es schadet nur uns selbst). Zum besseren Gelingen unserer Selbstbeherrschung rauchte ich dann eine Zigarette nach der anderen und versuchte die anderen zu beruhigen. Auch unsere kleine Regina verstand es stets, sich zu beherrschen.

Wir wollten den Wachteln uns gegenüber keine Angriffsfläche bieten, damit wir keine unsinnigen Strafen aufgebrummt kriegten. Während unserer Empörung wurden wir ständig durch den Spion in unserer Zellentür beobachtet und ganz Unbeherrschte wurden sofort herausgeholt und erhielten schlimmstenfalls Arrest. Mitunter ließen sich Gefangene so gehen, dass es zu Ohnmachtsanfällen kam, sie umkippten wie die Fliegen. Wenn sie jedoch glaubten, mit derartigen Reaktionen auf die Wachteln Eindruck zu machen, hatten sie sich getäuscht. Die meisten von ihnen waren eiskalte Weiber. Ungepflegt und daher hässlich.

So ein Kollaps löst bei medizinischen Laien normalerweise schon ein Mitgefühl und eine Hilfsbereitschaft aus, obwohl das Umfallen ja eine hervorragende Selbsthilfereaktion des Körpers ist, denn wenn durch das Liegen das Gehirn wieder gut durchblutet ist, mit Sauerstoff versorgt wird, kommt es ganz schnell wieder zu Bewusstseinsklarheit.

Außer diesen Ohnmachtsanfällen gab es auch noch schärfere Handlungen von Mitgefangenen wie zum Beispiel das Ritzen oder Pulsadernaufschneiden (Schnippeln) oder Essbestecke schlucken. So hatte sich in unsere Zelle ein Mädel einmal aus Liebeskummer, sie war lesbisch und ihre Freundin hatte sich in eine andere verliebt, eine Nähnadel in den Unterarm gerammt.

Zum Glück verriet sie ihr eigenes Stöhnen, so dass es von uns schnell bemerkt wurde.

Regina und ich sprangen von unseren Betten und stürmten zu ihr. Ich versetzte ihr aus Therapiegründen eine tüchtige Ohrfeige, denn sie war wie von Sinnen.

Von allen Seiten wurde sie festgehalten.

Das Ende der Nadel war glücklicherweise noch zu sehen, so dass ich sie mühelos zu fassen bekam und herauszog. Anschließend haben wir die Wunde mit Odol-Mundwasser, das alkoholhaltig ist, gründlich desinfiziert und so sauber wie möglich mit Stoffresten verbunden. Sie weinte sich lange aus, worin wir sie nicht unterbrachen. Ja, wir unterstützten sie, indem wir meinten, sie solle sich ausheulen, der »Rotz« müsse raus.

Nachdem sie sich beruhigt hatte, konnte man wieder ganz vernünftig mit ihr reden. Sie hatte in Freiheit ein Kind, das auf sie wartete.

Wir stellten Fragen, wem sie mit dieser Tat schaden und wem sie nutzen wollte. Eindeutig entstand doch nur Schaden für sie selbst und niemand, aber auch gar keiner hatte davon Nutzen. Wir beschlossen, diesen Vorgang zu verschweigen.

Verlangt wurde von der Erzieherin, über solche Dinge eine Meldung zu machen, was einen sicheren Arrest zur Folge gehabt hätte. Niemand erfuhr also etwas, nicht einmal unsere Gefährten in der Nachbarzelle, wo möglicherweise ein Spitzel saß. Die Wunde heilte unbemerkt, fast entzündungslos.

Andere von nicht beherrschendem Leid Geplagte versuchten auf verschiedenste Art und Weise aus ihrer Verfassung auszubrechen. In einer anderen Zelle versuchte eine Lebenslängliche sich durch Erhängen an einem Strumpf an ihrem Dreistockbett das Leben zu nehmen. Glücklicherweise wurde auch das recht zeitig bemerkt. Trotzdem hatte sie schwere Strangulationen und wurde in das Haftkrankenhaus nach Meusdorf bei Leipzig gebracht, in dem sie eine geraume Zeit verblieb. Zurück kam sie völlig abgemagert und ganz sicher nicht dankbar gegenüber ihren Lebensrettern.

Dieser traurigen Gestalt nahm sich ganz besonders unsere Ilse G. an, die als Nazi-Verbrecherin ihre lebenslange Strafe verbüßte. Sie war 1961 verurteilt worden wegen ihrer angeblich brutalen Handlungsweise als Wachtmeisterin in irgendeinem Konzentrationslager. Niemand konnte sich Hilde als brutal und gewalttätig vorstellen. Von ihrem Ehemann war sie geschieden. Dieser soll ebenfalls in einem KZ gearbeitet, sich jedoch dann rechtzeitig abgesetzt haben. Unsere Ilse war gegenüber jedermann gütig und hilfreich. Sie ist dann elendig an einem Krebsleiden im Krankenhaus Meusdorf zu Grunde gegangen. Was hatte diese Frau von ihrem Leben, was jedem ja nur einmal gegeben ist?

Ich weiß nicht, ob ich eine lebenslange Haftstrafe ertragen würde. Vielleicht ist es die natürlichste Folge einer solchen, entweder keiner Fliege etwas zu Leide zu tun und ein Lämmchen zu werden oder aber abartig aggressiv zu reagieren.

Ich entsinne mich einer anderen Gefangenen, die aus irgendeinem Grund einen Stiel eines großen Löffels verschluckt hatte. Sie war ein kräftiges, männlich wirkendes Mädchen und schon in ihrer Freiheit durch und durch lesbisch gewesen. Sie hatte einen jungen Mann wegen seines Annäherungsversuches erschlagen und hatte eine 15-jährige Haftstrafe zu verbüßen. Auch sie war wirklich ganz passabel, wurde aber anscheinend mit ihren Problemen allein nicht fertig, was zu dieser Kurzschlusshandlung führte. Obwohl man Meldung machte, kam sie nicht in den Arrest, sondern durfte noch weiter arbeiten. Der Löffelstiel bereitete offenbar erst keine Schwierigkeiten. Nach etwa zwei Wochen kam es dann jedoch zu Magenblutungen und ab ging es mit Schnelltransport ins Haftkrankenhaus.

Dort wurde ihr der Magen aufgeschnitten, der Stiel ganz einfach herausgenommen, die Bauchdecke wieder verschlossen, und nachdem man die Fäden entfernt hatte, durfte sie wieder arbeiten. Alles ganz einfach. –

Wem nutzte es also, sich so zu verhalten?

Wenn jemand auf diese Art und Weise oder durch einen Hungerstreik den Lebensrhythmus des eigenen Körpers durcheinanderbringt, fügt er doch nur sich selbst einen mitunter nicht mehr zu reparierenden Schaden zu und niemand anderem.

Wenn man dadurch die Wachteln zu beeindrucken versuchte, hatte man sich ganz gewaltig geirrt. Die interessierte das in keiner Weise, denen war das völlig egal, wer hinter diesen Mauern saß und wie er saß – leidend oder nicht leidend. Sie hatten Macht über jeden, über den Intelligenten, über den Dummen, über den Guten und den Schlechten. Diese Macht übten sie allumfassend aus und genossen sie.

Die Zeit verging. Denke ich zurück, muss ich darüber staunen, wie ich die Vergangenheit verkraftet habe.

Es nahte der erste Besuchstag unsere Männer aus Cottbus. Im Speisesaal sollte der Treff stattfinden. Bevor wir diesen betraten, mussten wir uns einer gründlichen Leibesvisitation unterziehen lassen mit gründlichem Abtatschen und ekelhaften Prozeduren und Ermahnungen.

An jedem Tisch konnten zwei Ehepaare Platz nehmen. Vor jedem Tisch stand eine Wachtel. Weitere patrouillierten zwischen den Tischen – natürlich bewaffnet. Endlich kam mein Mann strahlend herein. Er sah unmöglich aus, aber was machte das schon? Die Hauptsache war, dass ich ihn sah!

Mein Mann drückte mir unbemerkt bei der Begrüßung eine kleine Schraube, die sich zwischen seinen Fingern befand, in die Hand, die ich ebenfalls unbemerkt in meinem Mund verschwinden ließ. Unsere Männer brachten eine Menge Gerüchte mit, nach denen in nächster Zukunft alle politischen Häftlinge in den Westen abgeschoben werden würden. Die Gerüchte setzten, besonders in mir, glückliche Hoffnungen auf unsere baldige Freiheit frei.

Auf mich wirkten solche Hoffnung machenden Gedanken immer positiv. Ohne Hoffnung wäre ich zu Grunde gegangen.

Auch diese kleine Schraube machte mich glücklich, ähnelte sie einer kleinen Sonne und ich musste mir etwas Gescheites einfallen lassen, sie nach draußen zu befördern. Ich selbst würde sie nicht herausbringen.

Als das Weihnachtsfest 1982 nahte, bat ich meine nette Erzieherin, meinen Verwandten eine kleine Freude bereiten zu dürfen. Ich kaufte eine Flasche Körperlotion, in die ich mein Schräubchen warf und wo ich mir sicher war, dass man sie in dieser dicken Flüssigkeit nicht finden konnte. Tage vor dem Besuch meiner Verwandten musste ich das kleine Präsent zur Überprüfung abgeben. Niemand hatte etwas bemerkt und so gelangte diese Flasche nach draußen.

Diese kleine Schraube befindet sich heute noch in meinem Besitz. Sie war damals von vielen Cottbuser Männern als so genannte »Gießen-Sonne« eingeschleust worden. In Gießen befand sich das westdeutsche Flüchtlings-Aufnahmelager, in das man beim Transport über Chemnitz kam.

Ich entsinne mich eines Erlebnisses, das der Gipfel der Grausamkeit war. Eine Gefangene wurde abtransportiert und ging auf »Transport«. Nach drei Wochen war sie plötzlich wieder in Hoheneck. Sie war abgemagert und elend. Das Folgende hatte sich zugetragen:

Sie saß schon das dritte Mal wegen Republikflucht ein. Nun wurde sie endlich nach Chemnitz transportiert, wo man gewöhnlich zwei bis drei Wochen zubringen musste, um einen endgültigen Ausreiseantrag und eine Aberkennung aus der DDR-Staatsbürgerschaft zu stellen. Sie war vor Freude außer sich. Eine ältere Frau, die allerdings drei Kinder in der DDR zurückließ, die jedoch wirtschaftlich selbständig waren. In Chemnitz hatte man ihr dann gesagt, wenn sie glaubte, in den Westen zu kommen, habe sie sich gewaltig geirrt. Sie kam also wieder nach Hoheneck zurück.

Ältere Knasthasen berichteten mir, dass solche Machenschaften übliche Praxis waren und schon so manchen fast zum Wahnsinn gebracht haben. Ich war auf all diese Grausamkeiten eingestellt. Während der ganzen Haftzeit wartete ich darauf, dass man mich, wie so viele andere Politische auch, zur Stasi des Hauses zitierte. Bei vielen meiner Leidensgefährtinnen hatte man versucht, sie für Stasi-Zwecke zu gewinnen.

Man versprach ihnen einen sofortigen Abtransport in den Westen, wenn sie sich bereit erklärten, dort für die Stasi Spitzeldienste zu leisten. Ich wurde niemals geholt, wahrscheinlich war meine eindeutige Einstellung dieser Institution gegenüber hinreichend bekannt. Man hätte mich auch niemals umstimmen können. Ich weiß nicht, wie viele ihre Hilfe versprochen haben. All zu viele sind jedenfalls schon nach wenigen Monaten Hoheneck-Aufenthalt in den Westen gekommen.

Die Zeit lief unaufhaltsam weiter. Ich war nun schon über 7 Monate Verwahrraumälteste und meine Erzieherin ignorierte meine ständigen Bitten auf Ablösung. Ich sah keine andere Möglichkeit, mich dieses Postens zu entledigen, als eine schriftliche Selbstabsetzung abzugeben. Ich verfasste ein Schriftstück, in dem ich sinngemäß zum Ausdruck brachte, dass ich nicht länger teilhaben wollte an der »Erziehung der Strafgefangenen« zu unmündigen, lebensuntüchtigen Menschen, indem ich die mir übertragenen Aufgaben weitergebe und auf die Erfüllung irgendwelcher Anforderungen von höherer Stelle achte.

Die vielen Rückfalltäter in diesem Hause bewiesen die Richtigkeit meiner Ansichten und ich lehnte es ab, an diesem so traurigen Erfolg einen Anteil zu haben. Als Schlusssatz vermerkte ich, dass ich mich mit diesem Schreiben als abgesetzt betrachte.

Ich beredete mich mit meiner kleinen Regina und meinen beiden anderen Vertrauten. Alle drei waren der Meinung, dass ich dafür bestraft werden würde. Trotz der Mahnungen übergab ich dieses Schreiben unserer Erzieherin. Ich war auf eine Bestrafung gefasst, jedoch nichts geschah.

Ab sofort machte ich keine Meldung gegenüber dem Wachpersonal. Ich übertrug diese Aufgabe einer Zellengenossin, die sichtlich stolz darauf war.

Am nächsten Tag holte mich unsere Erzieherin aus der Zelle und zitierte mich zu einer Sitzung aller Verwahrraumältesten.

Dort verkündete sie meinen selbständigen Rücktritt und rügte mich wegen der nicht üblichen Praxis. Ich verteidigte mich mit großem Schweigen. Auf die Fragen der anderen »Zellenchefinnen« antwortete ich, dass meine Gründe niemanden etwas angehen und auch niemand diese Gründe kenne. Bis auf meine drei Vertrauten kannte sie auch niemand. Die Erzieherin beauftragte mich, einen geeigneten Nachfolger zu benennen. Nun, damit hatte ich keine Schwierigkeiten.

Nur allzu begehrenswert war dieser Posten für Langzeitgefangene. Sie waren froh, dadurch einige Vergünstigungen zu erhalten.

Von nun an durfte mein 2 ½ kg Paket also nur noch 2 kg wiegen!

Ich entsinne mich, wie mir mein Weihnachtspäckchen 1982 übergeben wurde.

Dazu musste man zu der jeweils Dienst habenden Erzieherin und vor deren Augen das Paket öffnen. Das meine war wunderschön verpackt mit Liebe und schönem Weihnachtspapier, Goldbändern und kleinen Figuren. Das alles wurde mir gleich weggenommen und zerrissen.

Schokolade und Pralinenschachteln wurden geöffnet, zerbrochen und durchstochen. Zwei Flaschen Zitronensaft händigte man mir nicht aus, obwohl die Frau Oberleutnant daran roch und feststellen musste, dass sich darin kein Alkohol befand. Unter den vielen Köstlichkeiten befand sich auch ein Schokoladenweihnachtsmann, verpackt in einer durchsichtigen Zelluloidpackung. Diesen Hohlkörper zerbrach die Wachtel voller Boshaftigkeit in unzählige kleine Krümel. Schweigend sah ich diesem Treiben zu, schrieb jedoch auf die Empfangsbestätigung: »Außer zwei Flaschen mit Zitronensaft wurde mir der Inhalt des Päckchens in einem mutwillig völlig zerstörten Zustand durch Oberleutnant Suttinger übergeben.« Unterschrift von mir. Als sie das las, trampelte sie vor Wut und ließ mich abführen. Im üblichen, eintönigen Trott verstrich die Zeit.

Zwischendurch wurde, wie immer besonders im Knast, durch Kartenlegen, Pendeln und aus der Hand lesen versucht, etwas über die Zukunft zu erfahren. Unsere Zelle besaß sogar ein eingeschmuggeltes Kartenspiel, das sorgfältig gehütet wurde und viele Razzien gut überstand. Gependelt wurde mit einer Nadel und einem Faden.

Wer sich etwas Weissagen lassen wollte, ließ die Nadel über seinem Puls kreisen oder hin und her pendeln. Ich habe mich solcher Dinge nie unterzogen, weil ich meinte, nicht daran zu glauben.

Ich Wirklichkeit hatte ich jedoch Angst, etwas Negatives zu hören.

Des Nachts wurde bei Vollmond mit einer Bibel, die wir zeitweise besaßen, einer Schere und einem schwarzen Zwirn orakelt. Die Schneiden der Scheren wickelten wir mit schwarzem Zwirn in die Bibel ein und hielten mit dem Griff der Schere die Bibel nach unten hängend fest. Wenn unsere gestellten Fragen positiv waren, bewegte sich die Bibel. Auch diese Methode flößte mir Unbehagen ein.

Um Mitternacht haben wir einige Male, jedoch nur bei Vollmond, auf die blonde Burgfrau gewartet, die in Hoheneck ihren Spuk treiben sollte. Es kursierte eine traurige, schauerliche Geschichte um sie.

Vor einigen hundert Jahren soll sich die Tochter dieser bei Vollmond herumirrenden Burgfrau in einen jungen Mönch verliebt haben. Als ihre Liebe ans Tageslicht kam, und die beiden voneinander nicht lassen konnten, wurde sie bei lebendigem Leibe eingemauert. Auf dem Wege zum Heizungskeller befindet sich noch heute eine Metalltafel am alten Gemäuer der Burg, auf der ihre beiden Namen stehen. Ich habe diese Tafel gesehen, konnte auf ihr jedoch keine Inschrift erkennen.

Seit dieser Zeit soll die Burgfrau des Nachts bei Vollmond mit ständig ausgestreckten Armen ihre blonde Tochter suchen und soll somit immer nur blonden Strafgefangenen erschienen sein. Nun, man prophezeite auch mir ihr Erscheinen – ich bin blond. Sie muss mich wohl in den zwei Jahren verfehlt haben.

Im Frühjahr 1983 erhielt unser Arbeitskommando eine neue Erzieherin. Sie war klein, hässlich und triefte vor Dummheit und Boshaftigkeit. Ihre Hässlichkeit resultierte aus ihrem bösen Wesen. Nun begannen auch gegen mich kleine Intrigen. Die böse Wachtel händigte mir oftmals meine Post nicht aus. Ich wusste ganz sicher, dass wöchentlich ein Brief von meinem Bruder Volker aus West-Berlin ankam, denn er hatte mir gleich zu Anfang der Haft versprochen, mir jeden Samstag zu schreiben, und ich wusste, dass er dieses Versprechen konsequent einhielt.

Einige Male teilte sie mir mit, dass der eine oder andere Brief beschlagnahmt sei. Auch die von mir geschriebenen Briefe gingen plötzlich nicht mehr durch die Kontrolle. Meine nervliche Situation wurde immer mieser. Ich war jedoch stets bemüht, meine Verfassung niemals nach außen zur Schau zu tragen.

Die letzte Hürde würde ich nun auch noch hinter mich bringen und sei es unter verschärften Bedingungen.

Es wurde Juni und ich war immer noch nicht im freien Teil Deutschlands. Eine Politische aus der Nachbarzelle stürmte eines Tages plötzlich zu mir und zeigte mir eine DIN A 5 große Ansichtskarte, die sie erhalten hatte. Auf der Bildseite erkannten wir die Anfangsbuchstaben unserer beiden Namen eingedrückt.

Diese Ansichtskarte muss offensichtlich als Schreibunterlage der Erzieherin gedient haben. Dahinter stand: »23.6. um 9 Uhr« und dahinter noch einige Buchstaben, für die wir keine Bedeutung fanden. Beide waren wir aufs Äußerste erregt. Sollte das etwa heißen, wir gehen auf »Transport«?

Der nächste Tag war der 23.6.83 und Renate ging tatsächlich um 9 Uhr auf Transport – jedoch ohne mich! Heute bin ich mir sicher, dass diese Karte eine gezielte Information geben sollte und dieser Psychoterror mir galt. Dennoch haben die Schweine mich weder weinen gesehen noch schreien gehört.

Ich wurde äußerlich immer ruhiger. Ich wollte niemandem zeigen, wie sehr man mich getroffen hatte, denn man muss sich in einer solchen Lage ständig vergegenwärtigen, wer der Stärkere ist. Einige Tage danach kam es in der Freistunde zu einem Tumult. Er wurde ausgelöst, da man uns verbot, Tee zu holen. Nur mit Mühe und mit Gummiknüppeln in den Wachtelhänden konnte eine echte Meuterei verhindert werden. Nachdem wir alle in unserer Zelle waren, wurde ich plötzlich von unserer ekelhaften Erzieherin herausgeholt. Ich wurde zum Anstaltsarzt gebracht. Ich war perplex und wusste nicht, weshalb er mich untersuchen sollte. Er sollte meine Arrest-Tauglichkeit feststellen. Von weitem hatte er diese schon verkündet!

Ich bin fast in Ohnmacht gefallen. Dachte ich doch im ersten Augenblick, ich gehe auf den Transport, und nun sagte man mir stattdessen 18 Tage »Einzelarrest«. Auf die Frage nach einem Grund antwortete man: »Den müssten Sie am besten selbst kennen.«

Ich kannte keinen Grund.

Die Arrestzellen befanden sich in einem separaten Kellertrakt. Man gelangte in diesen durch viele, immer verschlossen gehaltene Eisentüren. Ich erhielt Arrestkleidung. Jedes Wäschestück, das man dort tragen musste, war mit einem riesigen »A« bestickt.

Weiterhin musste ich in einen Schlosseranzug schlüpfen, auch mit einem riesigen »A« versehen.

Mein Zellenmobiliar bestand aus einem an die Wand geketteten Brett, das mein Nachtlager darstellte, welches abends um 21 Uhr mit einem Schlüssel in die Waagerechte gebracht wurde und nach der achtstündigen Nachtruhe wieder hochgekettet wurde.

Noch ein weiteres Brett für meinen Essnapf und ein anderes als Sitzgelegenheit befand sich im Käfig. Die Toilette war brillenlos, das Waschbecken verrostet. Das kleine Fenster lag weit oben, so dass die obere Fensterkante mit der Decke der Zelle einen Abschluss bildete. In den ersten Minuten weinte ich fassungslos. Es sah mich ja niemand. Ich musste auch hier durch, aber wie nur?

Mein Arbeitskommando lag zwei Etagen über mir. Von dort ertönte ein riesiger Tumult, wahrscheinlich aus der fast entstandenen Hofrevolte resultierend.

Man schrie nach mir und versprach, mich hier rauszuholen. Unsere Kommandoleiterin Chris war bei der Erzieherin, von der sie jedoch abgewiesen wurde. Nun wollte sie bis zum Anstaltsleiter vordringen, was für »normale« Gefangene unmöglich ist, um den Grund meines Arrests zu erfahren und mich herauszuholen.

Es war unheimlich wohltuend, zu wissen, dass andere sich um mein Wohlergehen bemühten.

Es war ganz sicher der Dank dafür, dass ich Jedermann zugehört habe, für jeden Zeit hatte und jedem Verständnis entgegenbrachte. Für jeden Leidenden und für jeden Mörder, die mir weiß Gott so manch unwahre Geschichte erzählt haben mögen, sich aber möglicherweise mit Unwahrheiten vor sich selbst rehabilitierten, um nicht wahnsinnig zu werden.

Fast alle Arrestzellen waren belegt. Ständig stritten einige Insassen ganz unflätig mit den patrouillierenden Wachteln.

Um 21 Uhr wurde bei mir aufgeschlossen, damit ich mir drei dünne Matratzen, zwei dünne Knastdecken, Seife, Kamm und zwei kleine steife Handtücher aus einer Gerümpelkammer holen konnte. Gleichzeitig wurde mein Brettbett heruntergekettet. Die Matratzen waren mit Fäkalien so furchtbar verschmutzt, dass ich vor Ekel fast erbrechen musste. Das Bett hatte Vorrichtungen, an denen ganz Unzähmbare an Füßen und Händen angekettet werden konnten und so stundenlang oder tagelang zubringen mussten.

Auf die Verrichtung ihrer Notdurft oder eventuell die gerade bestehende Menstruation wurde keine Rücksicht genommen. Es ist also kein Wunder, dass die Matratzen vor Dreck ganz steif waren und stanken.

Ich legte mich jeden Abend in meinem Schlosseranzug auf dieses »appetitliche Bett«, unter meinem Kopf meine kleinen, steifen und vom Waschen nassen Handtücher, und versuchte so regungslos wie nur möglich die Nächte zu verbringen.

In den ersten Tagen kamen meine zu mir genommenen Mahlzeiten postwendend zurück.

Dann aber siegte wiederum die Vernunft in mir. Ich gestaltete mir einen Tagesplan, der etwa so aussah: Bis früh um 6 Uhr schlafen, aufstehen, waschen, Matratzen und alle beweglichen Dinge in die Rumpelkammer zurückbringen. Nicht einmal Seife durfte ich in der Zelle behalten.

Dann machte ich gymnastische Übungen. Zwischen 6 und 7 Uhr fand der Zählappell statt, an dem ich vor der Dienst habenden Wachtel Meldung machen musste, dass ich noch »vorhanden« war. Das Gleiche des Abends. Danach würgte ich meine Stulle mit Marmelade, die mit Wasser verdünnt war, herunter und bemühte mich, meine Notdurft zu verrichten. Kein Körperteil durfte träge werden!

Anschließend lief ich in der Zelle herum – zwei Schritt Zellenbreite – drei Schritt Zellenlänge, das ganze 20 mal rechts herum, 20 mal links herum. So in ständigem Wechsel, damit mir nicht schwindlig wurde.

Während dieser Zellenmärsche gingen mir unzählige aggressive Gedanken durch den Kopf.

Ich war innerlich in höchstem Maße aufgebracht und schrieb gedanklich viele Eingaben und Anklageschriften, die mir wohl »Nachschlag« (Haftverlängerung) eingebracht hätten.

Zum Glück war ich nach außen völlig ruhig. Diese Märsche unterbrach ich ständig mit Gymnastik.

Etwa gegen 10 Uhr wurden wir zur Freistunde, die allerdings nur 20 oder 30 Minuten dauerte, herausgeschlossen. Sie fand im Außenhof der Burg statt. Von dort hatte man einen herrlichen Blick über das Erzgebirge. Die Schönheit der Ansicht ließ die Tränen aus meinen Augen rinnen. Ich hatte in den zwei Jahren verlernt, weites Land zu erblicken, und konnte diesen schönen Anblick kaum verkraften. Sonst prallte ja mein Blick ständig an nahe stehende Mauern.

Man kann diese Gefühle nicht treffend genug mit Worten schildern, man muss solche Situationen selbst erlebt haben, um sie zu verstehen. Nun also Freihof, im Kreis herum, unter strengster Wachtelaufsicht. Von den meisten Arrestanten wurden die Wachteln auf das Übelste angepöbelt und fast täglich geschah es, dass einige sofort in ihre Zellen zurückmussten. Zwei von ihnen hatten grüne und blaue Flecken am Körper und eine andere ein riesiges blaues Auge. Ganz unmöglich konnte man sich diese selbst zugefügt haben, und mit Gummiknüppeln waren alle Wachteln bewaffnet, obwohl die Prügelstrafe abgeschafft worden war.

Nach einer halben Stunde mussten wir, die wir gehorsam waren, wieder zurück in die Zellen.

Dort angekommen bin ich dann immer völlig erschöpft auf mein Sitzbrett gefallen. Später habe ich herausgefunden, dass ich klein zusammengerollt auf mein Tischbrett passte, auf dem ich oftmals vor Schwäche eingeschlafen bin.

Etwa um 13 Uhr gab es Mittagessen und dann begann der unerträglich lange Nachmittag, an dem nichts geschah und um mich herum alles sehr still war. Ich veranstaltete wiederum meine Zellenwanderungen, schrieb im Geiste dumme Geschichten und Gedichte, machte meine gymnastischen Übungen und ruhte zwischendurch aus.

Mitunter kletterte ich zum Fenster hinauf, auf dünnen Wasserrohren stehend, mich mit den Händen an die Eisenstäbe des Fensters klammernd. Von dort bestand wiederum eine herrliche Aussicht. Ich schaute den sich im Wind bewegenden Blättern und den Vögeln zu. Vor meiner Zelle befand sich die Gefängnismauer mit dem Elektrozaun und dem Stacheldraht. Auch hatte ich einen Ausblick auf den Garagenhof Hohenecks.

Jedes Motorengeräusch ließ mich auffahren und an mein Fenster sausen.

LKW-Geräusche machten mich total verrückt. Zweimal sah ich sie während meiner Arrestzeit dort startklar stehen. Zweimal gingen auch Transporte – und immer wieder ohne mich. Meine Hoffnung hatte ich trotz alledem noch nicht verloren, obwohl ich nun schon wenige Tage vor meiner Haftentlassung stand. Auch im Arrest vergingen die Tage unaufhaltsam, wenn auch zermürbend langsam.

In der zweiten Woche meines kläglichen Daseins trat eine junge, freundliche Wachtel ihren Dienst an. Als sie mich in meiner Zelle erblickte, fragte sie leise, wie ich denn hierher käme.

Ich habe nicht geantwortet, ich wusste es ja auch nicht. Von nun an erhielt ich täglich von ihr das DDR-Wurstblatt »Neues Deutschland«, anscheinend heimlich. Unter diesem Zeitungstitel stand groß und jeden Tag aufs Neue »Proletarier aller Länder vereinigt Euch«. Von nun an hatte ich eine zusätzliche Aufgabe. Ich machte es mir zu meiner täglichen Pflicht, die Zeitung Wort für Wort zu lesen.

Ich habe wirklich kein einziges Wort ausgelassen. Selbst den Sonnenaufgang und Sonnenuntergang habe ich mir jeden Tag eingeprägt.

Ich bin dieser jungen Wachtel noch im Nachhinein dankbar, hatte sie mir doch dadurch ein klein wenig geholfen, nicht wahnsinnig zu werden. Ja, wirklich, man steht nur wenige Schritte davon entfernt! Einfach nur so existieren ist unerträglich.

Mich haben in keiner Weise die glorreichen Taten, die wieder vollbracht wurden und über die in dem Wurstblatt täglich berichtet wurde, interessiert. Ich wollte nur lesen, Buchstaben aneinander reihen, die ein Wort ergaben, egal welches. Mehrere Worte, einen Satz und diese Sätze eine Geschichte, die etwas oder nichts aussagt. Ich habe das alles nur aus Denksportgründen gemacht.

Einen Tag vor meinem 18. Arresttag erschien meine hassenswerte Erzieherin. Es war der 17. Juli, mein Geburtstag. Nein, nicht um mir zu gratulieren, sondern um mir voller Schadenfreude zu verkünden, dass ich statt am 28. Juli schon am 21.7.1983 in die DDR zurück entlassen werde.

Ich habe es nicht geglaubt. Ich betrachtete das als einfach unmöglich, uns noch einmal nach Ost-Berlin zu entlassen und uns damit die Möglichkeit zu geben, all unseren Freunden und Bekannten, auch vielen Diplomaten, mit denen wir befreundet waren und die sich noch im Amt befanden, über unsere ungeheuerlichen Erlebnisse zu berichten.

Wir wohnten in der Ostberliner Leipziger Straße in einer der oberen Etagen eines Hochhauses, einer Wohngegend, in der viele Diplomaten wohnten und auch hochrangige Mitglieder der Regierung und des Militärs. Uns schräg gegenüber wohnte auch eine Tochter von Erich Honecker. Über uns wohnte der ehemalige Kulturminister und frühere Botschafter beim Vatikan in Rom, Herr Gysi. Ich bat meine Erzieherin, trotz meines inneren Unglaubens an die DDR-Entlassung, meinem Bruder Ludo zu telegrafieren, mich abzuholen. Sie lehnte diese Bitte ab. Auch deshalb nahm ich an, am 21.7. in den Westen abgeschoben zu werden.

Um jedoch ganz sicher zu gehen, machte ich von der allerletzten und einzigen Möglichkeit Gebrauch und schrieb an den zuständigen Stasi-Offizier des Gefängnisses. Ich schilderte die ablehnende Haltung meiner Erzieherin und begründete damit meine Bitte, mir behilflich zu sein, um meinen Bruder zu benachrichtigen. Ich gab meiner festen Überzeugung auf diese Hilfe Ausdruck und bedankte mich für diese im Voraus. Nun, tatsächlich wurde mein Bruder von der Stasi über meine Entlassung in Kenntnis gesetzt.

Am 18.7. betrat ich meine alte Zelle und wurde auf das herzlichste von meinen Mitgefangenen umarmt und weinend begrüßt. Sie hatten meinen Geburtstag nicht vergessen.

Mich erwartete ein »reich gedeckter Gabentisch« mit einer riesigen »Klitschtorte«, selbst genähten Püppchen und Taschentüchern aus Stoffresten, Filterzigaretten, Pralinen und allem Möglichen zusammengetragen und gespart auch aus anderen Zellen. Sie alle wussten schon von meiner Entlassung und gaben mir wohlgemeinte Ratschläge und Prophezeiungen. Auf dem Freihof wurde ich dann von vielen, auch von solchen, mit denen ich vorher noch niemals Kontakt gehabt hatte, gedrückt und getröstet. Alle wussten, dass ich 15 Jahre im Regierungskrankenhaus gearbeitet hatte, ein möglicher Grund, dass ich in die DDR wieder entlassen wurde.

Hier erzählte mir auch unsere Kommandoleiterin Chris, dass sie tatsächlich bis zum Anstaltsleiter am Tage meines Arrestes vordringen konnte und nach dem Grund meines unglaublich verschärften Arrestes fragend zur Antwort erhielt: Diese Order käme nicht von ihm, sondern von »höherer« Stelle, er selbst kenne den Grund ebenfalls nicht.

Heute weiß ich, dass auch mein Mann durch die Regisseure der Stasi seine letzten drei Wochen in Einzelhaft in Berlin-Rummelsburg verbringen musste. Es war ein vorprogrammierter Psychoterror, der unseren Widerstand nur noch gestärkt hat.

Ein letztes Mal musste ich zur Arbeit, wo ich nun jedoch keinen Nadelstich mehr gemacht habe. Es gab auch viel zu viel zu erzählen über Dinge, die sich in den letzten Wochen zugetragen hatten. Und auch am letzten Tag hörte ich mir noch geduldig Geschichten an, die mich schon nicht mehr interessierten.

Die Zivilleiterin vom VEB-Planet-Kommando und ihre beiden Kolleginnen ließen mich in Ruhe im Nichtstun und im Schwatzen und alle drei verabschiedeten sich bei Schichtende mit guten Wünschen für mich.

Am 20.7.83 holte man mich in die Abgangszelle. Vorher hatte ich meine armseligen Siebensachen verschenkt. Meine West-Turnschuhe und meine einzigen, nun schon fast nur noch aus Stopfstellen bestehenden West-Socken erhielten die beiden Mörderinnen, die mir anfänglich ihre Knastdecken überlassen hatten, damit ich nicht so fror. In der Abgangszelle angekommen, wurde ich sogleich zum Abgangsgespräch zu Oberleutnant Dietrich geführt.

Dort war es üblich, ein Schriftstück zu fertigen, wonach man versprach, keine Gefängnistatsachen zu verbreiten. Ebenso erhielt man ein Arbeitsstellenangebot, wenn nötig eine Wohnung und irgendwelche Auflagen.

Als ich eintrat, machte ich weder Meldung, noch unterschrieb ich irgendetwas. Von vornherein stellte ich klar, dass ich mich nicht in die DDR wieder eingliedern lasse, dass ich meine Arbeitskraft diesem Staat niemals mehr zur Verfügung stellen würde und dass ich über Dinge reden würde, die mir passen und mit wem ich will. Ich würde das Erlebte niemals verschweigen. Der Oberleutnant entließ mich mit den Worten, Vorsicht walten zu lassen, damit wir uns nicht bald wiedersehen.

Am 21.7.83 in der Früh brachte man mich zu den Effekten, wo ich endlich wieder in meine eigenen Sachen schlüpfen konnte, nachdem man mich selbstverständlich splitternackt Kniebeugen machen ließ und mir in sämtliche Öffnungen schaute – einfach widerlich!

Nach zwei Jahren konnte ich mich erstmals wieder anständig frisieren. Gegen 10 Uhr stand ich auf der Außenseite dieser Trauerburg und fiel meinem Neffen Volker, der dabei war, sich zu einem jungen Mann zu entwickeln, und meinem Bruder Ludo in die Arme. Mein Bruder hatte mir eine Thermoskanne mit starkem »echten« Kaffee, dick belegte Wurststullen und Pralinen mitgebracht. Von all diesen Köstlichkeiten konnte ich nur probieren – ich brachte nichts herunter. Mein Magen war entwöhnt und auch wie zugeschnürt. Ich hätte diese guten Sachen wohl auch nicht vertragen.

Ich habe während der Fahrt nicht zurückgeschaut, weiß daher auch nicht, wie Hoheneck von außen aussieht. Mein Bruder und meine Schwägerin hatten unsere Tochter unterrichtet. Antje glaubte immer noch, ihre Eltern seien in Afrika, um dort Kranke zu heilen.

Von meinem Mann hatten wir keine Information. Nach stundenlanger Fahrt kamen wir endlich in der Wohnung meines Bruders in Teltow an.

Ich betrat die Küche. Meine inzwischen neunjährige, groß gewordene Tochter war gerade beim abtrocknen des Geschirrs und starrte mich erst einmal überrascht und sprachlos an. Langsam wurde ihr bewusst, wer vor ihr stand. Schüchtern und zurückhaltend umarmte und küsste sie mich und nach wenigen Minuten war sie vor Freude wie von Sinnen und riss mich fast zu Boden.

Von meinem Mann fehlte noch jede Spur. Wir warteten vergebens auf seinen Anruf. Nach einigen Stunden brachte mich mein Bruder nach Berlin-Rummelsburg, um bei der Haftanstalt nachzufragen, ob mein Mann von hier entlassen wurde. Dort erklärte man uns, dass er schon vor Stunden entlassen worden wäre und sich vielleicht in irgendeiner Kneipe aufhielt. Im Briefkasten unserer Wohnung fand ich schließlich einen Zettel meines Mannes, auf dem stand, dass er sich in der Wohnung unseres Freundes, eines jugoslawischen Professors befand.

Er hatte stundenlang auf mich gewartet und vor der verschlossenen Wohnungstür gestandenen, denn er hatte keinen Schlüssel. Heulend sind wir uns dann in des Freundes Wohnung in die Arme gefallen. Gemeinsam fuhren wir wieder in die Wohnung meines Bruders Ludo zurück, in der wir bis zum nächsten Tag blieben. Unsere Tochter war außer sich, uns nun endlich wieder zu haben.

Sie war wohl in diesem Augenblick das glücklichste Kind der Welt – wie ihre Augen strahlten. Sie konnte noch gar nicht glauben, dass wir wieder bei ihr waren und bleiben würden. Ständig fragte sie, ob wir wirklich nicht wieder ohne sie nach Afrika fahren würden.

Nein – wir haben sie niemals wieder allein gelassen. Inzwischen weiß sie auch, wo wir uns befanden und auch durch wen. Heute, nachdem unsere Haftentlassung Jahre zurückliegt und nachdem wir am 2.2.1984 die DDR verlassen durften und ein neues Leben im freien Deutschland beginnen konnten, gilt der 2. Februar, der Tag der Übersiedlung, als zweiter Geburtstag. Noch oft denke ich an die Verse, die zu meiner Hoheneckzeit in aller Munde waren und die ich in Gedanken mit hinaus genommen habe, deren Urheberin ich zwar sah, jedoch deren Namen ich nicht kenne.

Graue Jacke, graue Hose,
bleich wie eine weiße Rose
und allenfalls der letzte Dreck,
das ist die Frau von Hoheneck.

Einst war sie 'ne schicke Dame,
uns interessiert jetzt nicht der Name,
denn dieser ist wie Schall und Rauch,
wie anderes hier zu Lande auch.

Des Zwangs, der Lügen überdrüssig,
ward' sie sich eines Tages schlüssig,
dem Heimatland ade zu sagen,
um einen großen Schritt zu wagen.

Doch leider war sie zu naiv,
die ganze Sache ging dann schief
und statt im Hilton zu übernachten,
muss sie in Hoheneck nun schmachten.

Da hilft kein Jammern und kein Stöhnen,
da hilft kein Schmerz und keine Tränen,
aus diesem gastfreundlichen Haus,
kommt sie so schnell nicht wieder raus.

Die Türen haben keine Klinken,
die Uniformenknöpfe blinken,
die Fenster sind schwarz-weiß-karriert,
fragt nicht, wie man im Winter friert.

Tag für Tag mit düst'rer Miene
sitzt sie dann an der Nähmaschine
und näht und schwitzt, gleich einem Affen,
um ihre hohe Norm zu schaffen.

Nach der Arbeit, in der Zelle,
ist die Welt auch nicht sehr helle,
im Waschraum lauter nackte Leiber,
nischt als Weiber, nischt als Weiber.

In diesen Mauern steckt nur Kühle,
verschwunden sind längst die Gefühle
und gibt's mal Krach und geht es rund,
dann lacht sie nur und fragt na und?

Ob im Hofe, ob im Bette,
in der Hand die Zigarette,
Salem und viel schlimm're Kräuter
stimmen Herz und Seele heiter.

Freistunde, die Sorgen fort,
erst die Meldung, dann der Sport
und als Wichtigstes zu nennen,
ist zum Teestand hin das Rennen.

Inmitten einer Menschenmenge
steht auch sie dann im Gedränge,
sie kämpft sich vor, so gut sie kann,
mit Schnauze Baby, he klapp, an.

Trinkt sie dann ihren Tee, den süßen,
kann sie auch ihre Miezen grüßen
und hört auch hier das Zauberwort,
James ist da – es geht Transport.

So verbringt sie, ohne Frage,
hier wohl ihre schlimmsten Tage,
doch trotz Schikane und Intrigen,
sie lässt sich niemals unterkriegen!

Und eines Tag's wird's ihr gelingen,
dann wird sie auf des Vogels Schwingen,
Zell und Mauer hinter sich lassen
und wandeln auf ganz anderen Straßen.

Weiße Jacke, weiße Hose,
blühend wie eine rote Rose,
doch was auf Hoheneck gewesen,
das wird die Frau wohl nie vergessen!!!

Erläuterung zum Text:
Das Gedicht charakterisiert unter anderem auch den Sprachgebrauch unter den Gefangenen.

So ist das Wort »he Klapp an« zu verstehen als – halt dein Maul. James ist die Gefangenensprache für den Stasi-Funktionär, der Gefangene abholt, die später über Chemnitz in die Freiheit verkauft werden. Unter Miezen verstehen die Gefangenen die im Frauengefängnis lesbischen Weiber.

Außenansicht der Strafvollzugsanstalt Cottbus für politische Gefangene mit sichtbar erneuerter Außenmauer nach Mauereinsturz im März 1982. (Foto: R. Brauckmann, Berlin)

Als Gefangener in der Strafvollzugsanstalt Cottbus

Wir Neuangekommenen standen in der so genannten Cottbuser Katakombe. Kellergewölbe aus bogenförmig gewölbten Decken, die nur 1,80 bis 1,90 Meter hoch waren.

Möglicherweise war dieses Gewölbe früher einmal ein Bierkeller? Nach Informationen war dieses Gemäuer eine Alte Brauerei.

Hier waren etwa 30 Eisenbetten, doppelstöckig, aufgestellt. Auf ihnen lagen schmutzige, zum Teil defekte Matratzen sowie ein Päckchen mit drei Decken, ein blau-weiß-karierter Bettüberzug und ein geflicktes, fleckiges aber wohl gewaschenes Laken. Hinter einem Plastikvorhang befand sich in einer Nische ohne Fenster eine Spültoilette, in einem weiteren nischenartigen Raum war eine Dusche mit fließendem kalten und warmen Wasser. Eine Heizung gab es in diesen Kellerräumen nicht. Nur durch große fensterartige mit Eisengittern verschlossene Löcher drang die Wärme, die spärliche Wärme vom Flur, in dem sich ein Heizkörper befand, in unseren Raum. Die Fülle des Raumes, wir waren circa 30 Gefangene, ließ dieses Gewölbe in den folgenden Tagen wärmer werden.

StVA Cottbus, spätere Aufnahme des Gefangenentraktes. (Foto: R. Brauckmann, Berlin)

StVA Cottbus, Ansicht des sogenannten Freihofes (spätere Aufnahme) – denn Bäume und Tennisplatten gab es bei den politischen Gefangenen nicht – dafür jedoch Sand und Staub. (Foto: R. Brauckmann, Berlin)

Die kleinen Kellerfenster ließen am Tage nur spärliches Licht in unser Verlies. Ich fühlte mich wie im Mittelalter, wie ein Tier in einem Stall. Nur während der einstündigen Freihofzeit konnten wir unsere Lungen mit frischer Luft vollpumpen und das Licht der kalten Wintertage genießen. Dafür mussten wir aber bitterlich frieren, denn es waren sehr, sehr kalte Tage von über Minus 20 Grad. So verblieb ich bis zum 22.Dezember in dieser Katakombe. Wir hatten viel Zeit, uns unsere Einzelschicksale zu erzählen.

Am 22.12.81 wurden wir in den so genannten Aufnahmetrakt des Cottbuser Gefängnisses gebracht und in einzelne Zellen aufgeteilt. So kam ich in eine Zelle für 15 Gefangene. Es war ein großer, hoher Raum von ungefähr 18 Quadratmetern. Die Betten waren dreistöckig aneinandergebaut. Es waren alte Betten, die wiederum mit alten, längst unbrauchbar gewordenen buckeligen, verschmutzten, zum Teil defekten Matratzen belegt waren. In einer Ecke der Zelle war eine Toilette in einer kleinen Kabine. Die Tür war schmutzig-grau, ebenso wie die Wände. Zwei Waschbecken aus Gusseisen dienten uns als Waschgelegenheit. Hier gab es nur kaltes Wasser. Ein kleiner Kanonofen war in den bitterkalten Wintertagen die einzige Heizungsmöglichkeit.

Die Briketts waren rationiert, uns wurden pro Tag 20 halbe Briketts genehmigt. Das war viel zu wenig, um nicht zu frieren.

Der größte Teil der in der Zelle befindlichen Mitgefangenen war wegen Fluchtversuches oder vereitelter Flucht inhaftiert worden. Einer war wegen Arbeitsbummelei ins Gefängnis gekommen und ein anderer wegen Diebstahls. Ein Weiterer war ein fahnenflüchtiger Soldat, der aus seiner Armeeeinheit abgehauen war.

Am folgenden Tag musste eine Gruppe von uns Kohlen schippen. Sie waren vor dem Gebäude abgekippt und mussten in das Kellergewölbe gebracht werden.

Der kalte Winter und der Schnee hatten die Kohlen zu einem Eishaufen werden lassen. Nur mit Pickel und Schaufel gelang es uns in stundenlanger Arbeit, die Kohlen in den Keller zu bringen. Dabei gelang es uns auch, einige Kohlen zusätzlich für unsere Zelle beiseite zu schaffen. Wir versteckten sie unter unserer Kleidung.

In den folgenden Tagen wurde eine Gruppe von uns in den Kartoffelkeller eingeschlossen, in dem wir für die ganze Haftanstalt einschließlich der in den Cottbuser Gemäuern untergebrachten Untersuchungshaftanstalt die Kartoffeln zu schälen hatten. Eine Schälmaschine unterstützte zwar die Arbeit, doch sie war so mangelhaft und veraltet, dass jede Kartoffel nachgeschält werden musste. Zu acht Gefangenen mussten wir etwa 15 Zentner Kartoffeln schälen. Für diese acht Stunden dauernde Arbeit erhielt jeder von uns 1 Gefängnismark.

Diese Mark war ein Spielgeld, aber von außerordentlichem Wert innerhalb dieser Mauern.

Der Kartoffelkeller und auch der Schälkeller, der sich unter dem Küchentrakt der Anstalt befand, war ein übles, feuchtes und schmutziges Loch, in dem sich die Ratten tummelten.

Dennoch eröffnete uns das Schälen die Möglichkeit, einige Kartoffeln zu verstecken und auch an einige Zwiebeln heranzukommen.

Die Zwiebel zählte in Cottbus zu den höchsten Delikatessen. Die Wächter wussten das und hatten ein besonders strenges Auge auf versteckte Zwiebeln.

Während es einige der Wächter stillschweigend duldeten, ergötzten sich andere dieser Schergen an einer großen Leibesvisitationsaktion, um uns die wenigen Zwiebeln, die wir versteckt hatten, wieder wegnehmen zu können.

Zum Frühstück und zum Mittagessen wurden wir in Marschkolonne in den großen Speisesaal abgeführt. Dieser mit Holztischen und Holzhockern ausgestattete Raum war die erste Möglichkeit des Kontaktes mit anderen Gefangenen. Der Saal konnte etwa 200 bis 250 Gefangene aufnehmen. Durch den im Cottbuser Gefängnis praktizierten Schichtdienst, der durch die Pflichtarbeit bestimmt wurde, gab es unterschiedliche Essen-Einnahmezeiten.

Auch die einzelnen Gefangenenbereiche, man nannte sie im Sprachgebrauch des DDR-Strafvollzugs »Erziehungsbereiche«, wurden durch die unterschiedlichen Arbeitsgruppen bestimmt. Jedem dieser Bereiche stand ein Offizier vor, dessen Aufgabe darin bestand, jeden Einzelnen zu durchleuchten und psychologische Schwachpunkte zu entdecken, um Angriffspunkte für den psychischen Terror zu finden. Dabei spielten die Regisseure im Hintergrund, nämlich die Staatssicherheit, die in jedem Strafvollzug der DDR vertreten war, eine bestimmende Rolle. Diese so genannten kommunistischen Erzieher hatten weder die Aufgabe noch die Chance, uns Politische umzuerziehen.

Ihre Hauptaufgabe war, uns durch Manipulation von Genehmigungen einer Paketsendung, Verbot des Fernsehbesuchs oder das Schreiben eines Briefes zu schikanieren und zu terrorisieren.

Angekommene, vorher genehmigte Paketsendungen wurden zerpflückt, ihr Inhalt aus den Verpackungen herausgerissen und auf dem Tisch verstreut, bevor wir den so zerstörten Geschenkmüllhaufen wieder einsammeln durften. Das gehörte zu den Ritualen und Sicherheitsbestimmungen des Strafvollzugs.

Das Weihnachtsfest 1981 verlebte ich immer noch im so genannten Zugangstrakt. Wir hockten zu 15 Mann in der Zelle und sangen Weihnachtslieder. Unser Kanonenofen war nicht nur Heizkörper, sondern auch Grillofen für unser Weihnachtsmahl. Wir hatten uns einige Scheiben Brot organisiert und ein paar meiner Mitgefangenen sogar Salz und ein paar Zwiebeln. Das Ergebnis unserer Kartoffelschälaktion war somit »festlich«. Die Kehrschaufel diente uns, nachdem wir sie gründlichst gereinigt hatten, als Bratpfanne.

Wir legten die Brotscheiben darauf und rösteten sie auf dem Ofen. Einige Zwiebelringe und ein bisschen Salz waren ein besonderer Luxus.

Mein erster Heiliger Abend hinter den Gefängnismauern. Auf meinem Bett liegend, waren meine Gedanken bei meiner Frau und unserer Tochter Antje. Würde meine Frau schon in Hoheneck sein? Ich hatte noch kein Lebenszeichen von ihr erhalten. Meine Tochter würde hoffentlich bei unseren Verwandten ein schönes Weihnachtsfest verleben. Unser Kind, nicht wissend, wo die Eltern in Wirklichkeit sind. Unbeschwert im Glauben gehalten, dass die Eltern in Afrika kranken Menschen helfen.

Jetzt waren wir Verdammte des DDR-Regimes. Wir waren Verdammte, weil wir die Gefolgschaft verweigert hatten, weil wir es abgelehnt hatten, weiter in dieser Gesellschaft leben und arbeiten zu wollen. Wir wurden verraten und verdammt!

Die Tage bis zum 24. Januar verblieb ich im Aufnahmetrakt, ohne zu arbeiten und ohne Kontakte zu dem großen Teil der anderen Gefangenen. Lediglich unterbrochen vom gelegentlichen Kohleschippen oder Kartoffelschälen.

Es hatte sich schnell herumgesprochen, dass im Aufnahmetrakt schon wieder ein Arzt angekommen war. Es hatte sich auch herumgesprochen, dass es einer aus der Renommierklinik, dem Regierungskrankenhaus, war. Das Gefangenentelefon funktionierte perfekt, auch wenn sich die Wächter die größte Mühe gaben, diese Kontakte zu unterbinden, wo immer es ihnen möglich war.

Bereits nach fünf Tagen schmuggelte man mir 15 Haftmark zu. Ich erlebte in den ersten Tagen die großartige Solidarität meiner Berufskollegen. Durchschnittlich waren immer 24 bis 26 Ärzte in der Cottbuser Haftanstalt, die auf ihre Weiterreise in das freie Deutschland hofften. Es war hier bereits eine gute Tradition geworden, eine Geste der Gemeinsamkeit der hier gefangen gehaltenen Ärzte, ihren neu angekommenen Berufskollegen in den ersten Wochen durch eine Geldspende zu helfen, damit diese nicht ein Vierteljahr warten mussten, bevor sie selbst ihr Geld verdienen konnten.

Wenn man bedenkt, dass der durchschnittliche Monatslohn eines Gefangenen zwischen 15 und 35 Knastmark lag, so war die Spende von 15 Mark in den ersten Tagen, denen noch weitere Spenden folgten, ein echtes Opfer für den Spendenden. Es dauerte immerhin etwa vier Monate, ehe ein neu angekommener Häftling seinen ersten Lohn erhielt.

Diese Solidarität unter den Ärzten war einmalig!

Die Stunden des Wartens waren zermürbend und lang und wir hofften täglich, endlich aus dem Aufnahmetrakt in die eigentlichen Arbeitsbereiche zu kommen. Dort können wir die Gleichgesinnten treffen und mit ihnen sprechen. Wir konnten uns gegenseitig Mut machen und aus der Isolation herauskommen.

Nur der einstündige Besuch des Freihofes unterbrach die zermürbende Langeweile.

Wir wurden in Marschkolonnen auf den »Freihof« geführt, der sich im Zentrum der Anstalt befand. Der Haupttrakt der Gefangenenunterkünfte war ein alter dreistöckiger, u-förmiger Klinkerbau, der den Freihof umschloss. Man gelangte auf diesen durch ein Eisentor, das in einer etwa 1,90 Meter hohen Mauer eingelassen war. In einer Ecke des Hofes befand sich die so genannte Verkaufskantine. Ein kleiner Kiosk, in dem zwei privilegierte Gefangene als Verkäufer für die Gefangenenkäufe tätig waren.

Wir hatten als Neuhinzugekommene ja noch kein Geld. Nur durch die Solidarität meiner mir damals noch unbekannten Berufskollegen konnte ich für mich und meine Mitgefangenen etwas kaufen.

Auf dem Hof angekommen, mussten wir zunächst im Kreis herumlaufen. Der Schnee war hoch, es war außerordentlich kalt, wir froren.

Die Freistunde wurde auf die Minute eingehalten, insbesondere dann, wenn der Freihof uns durch Kälte oder durch Dreck zur Qual wurde. In den kalten Wintertagen und durch den Schnee bedeckten Staub, war es nur die Kälte, die uns durch die Kleider kroch. Je mehr wir zitterten, umso mehr freute sich der in Pelzmütze und gefütterten Stiefeln eingepackte Wächter.

Während des Herumlaufens schrie plötzlich jemand aus einem Zellenfenster: »Wir grüßen euch Neue, haltet euch ruhig, lasst euch von den roten Socken nicht verängstigen.«

Wir merkten, dass in Cottbus der Mut der Gefangenen, so weit nur möglich, ungebrochen geblieben war.

Das Jahr 1981, das Jahr, das für uns voller Enttäuschungen und Bitternis geworden war, neigte sich seinem Ende zu. Die Sylvesternacht lag vor uns. Immer noch war ich im Aufnahmetrakt, einem Seitengebäude des Cottbuser Gefängnisses.

In der Stille des Abends hörten wir, dass die Gefangenen im Hauptteil, trotz der uns umgebenden Kerkermauern, in Sylvesterstimmung waren. Als die Glocken der Cottbuser Kirchen das neue Jahr einläuteten, entbrannte ein großer Lärm der Hochstimmung bei den Gefangenen im Hauptgebäude. Angezündete Papierstreifen wurden aus den Zellenfenstern geworfen. Schließlich ertönte im Chor das Deutschlandlied. Aus dem DDR-Gefängnis Cottbus hörten die Cottbuser, die in der Nähe wohnten, das verbotene Lied mit all seinen Strophen.

Die Wächter versuchten durch Aufbrechen der Zellen, Ruhe zu schaffen. Während sie die eine Zelle zur Ruhe brachten, sangen die anderen in ihren Zellen weiter.

Das Sylvesterchaos war für die Wächter nicht zu beherrschen. Vielleicht wurde daher so mancher Cottbuser Bürger wach gerüttelt.

Am 17.12.1981, ich war in dieser Zeit noch in den so genannten Cottbuser Katakomben, den Transportzellen, untergebracht, hatte ein Hungerstreik stattgefunden. Ein großer Teil der politischen Häftlinge hatte aus Protest gegen die Verhängung des Kriegsrechts in Polen und aus Sympathie mit der inzwischen verbotenen Gewerkschaft »Solidarität« einen eintägigen Hungerstreik durchgeführt. Das war für unsere Schergen ein außerordentliches Vorkommnis, das nicht nur die Wächter und die Gefängnisleitung in Aktion versetzte, sondern auch den gesamten Staatssicherheitsapparat. Die Wachen wurden verstärkt und es begannen jetzt tägliche Verhöre und das übliche Räderwerk von Erpressungen, Drohungen und Arrestierungen. Ein Gefangener, den man schließlich als Rädelsführer ermittelt hatte, vielleicht auch durch Verrat oder Dummheit, wurde, während er selbst schon Gefangener war, noch mal durch ein Gericht zu einem Jahr zusätzlicher Strafe verurteilt.

Der Hungerstreik war ein Ergebnis der außerordentlich schlechten Ernährung im Gefängnis und der aufgespeicherten Wut gegenüber diesem menschenunwürdigen System. Es war eine politische Demonstration, doch im Nachhinein ein Ausdruck der Ohnmacht von uns Ohnmächtigen.

Berliner Morgenpost
25.4.82

Protest gegen das Kriegsrecht in Polen

Polit-Häftlinge in Cottbus traten in den Hungerstreik

lpn Berlin, 25. April
Rund 350 politische Häftlinge sind im „DDR"-Zuchthaus Cottbus aus Protest gegen die Verhängung des Kriegsrechts in Polen und aus Sympathie mit der inzwischen verbotenen Gewerkschaft „Solidarität" in einen eintägigen Hungerstreik getreten. Wie erst jetzt im Westen durch Haftentlassene aus Cottbus bekannt wird, fand die Solidaritätsaktion der „DDR"-Häftlinge bereits vier Tage nach Verkündung des Ausnahmezustandes, am 17. Dezember vorigen Jahres, statt.

Schon einen Tag nach den Ereignissen in Polen, die sich gleichzeitig mit dem Treffen zwischen Bundeskanzler Helmut Schmidt und SED-Generalsekretär Erich Honecker abspielten, hatten die Häftlinge die Aktion verabredet. Ein Cottbus-Häftling, der erst vor drei Wochen von der Bundesregierung „freigekauft" worden ist und jetzt in West-Berlin lebt, berichtet:

„Durch Spitzel hatte auch die Zuchthausleitung von dem geplanten Hungerstreik Wind bekommen. Am Morgen des 17. Dezember wartete Oberleutnant Hoffrichter, einer der berüchtigsten Zuchthausoffiziere, bereits im Speiseraum, als wir kommandoweise einrückten. Von der 20 Mann starken A-Schicht im ‚Erziehungsbereich' zehn verweigerten zwölf Häftlinge die Entgegennahme des Frühstücks. Beim Mittagessen kamen noch zwei weitere hinzu, die sich dem Hungerstreik angeschlossen hatten."

Der Zuchthausoffizier habe zunächst mit Drohungen auf die Nahrungsverweigerung reagiert. Als das die meisten nicht abschreckte, habe es zum Teil drakonische Strafen gehagelt, berichtet der Haftentlassene. So seien allen Häftlingen, denen eine Teilnahme an der Aktion nachgewiesen werden konnte, für ein Jahr sämtliche Vergünstigungen, wie Fernsehen, Tischtennis, Kino und der Empfang von Paketen gestrichen worden.

Weihnachtspakete, die seit Mitte Dezember eingetroffen waren, wurden von der Zuchthausleitung an die Absender zurückgeschickt. Die Sprecherlaubnis von Familienangehörigen wurde zurückgezogen und das Einkaufsgeld für die Dauer von zwei Monaten auf 30 Prozent herabgesetzt.

Mindestens zehn Häftlinge, die wahllos herausgegriffen wurden, seien zur Abschreckung exemplarisch mit 21 Tagen strengem Arrest bestraft worden.

Zur Zeit sind in Cottbus insgesamt rund 500 politische Gefangene konzentriert, von denen der größte Teil auf Freikauf durch die Bundesregierung in Bonn hofft.

Der für den Zugangsbereich verantwortliche Kerkermeister war der in Cottbus berühmt berüchtigte Obermeister Schulze. Er hatte den treffenden Namen RT (Roter Terror), ein brutaler Hüne, der auch nicht davor zurückschreckte, mit der Faust oder dem Gummiknüppel zuzuschlagen. Immer wenn wir angetreten waren, stand er, in den Knien wippend, vor uns und schrie dumme politische Parolen. Geistig schwach, aber körperlich stark, hatte er bereits viele Gefangene so gequält und gefoltert, dass mancher auch verstorben war.

Wie ich hörte, war er bereits, wenn auch in Abwesenheit, in der Bundesrepublik Deutschland zu 15 Jahren Haft wegen Totschlags verurteilt worden, weil er einen Gefangenen nachweislich so geschlagen hatte, dass dieser an Nierenblutungen starb.

Seine charakterlich minderwertigen Qualitäten nutzten die Regisseure im Hintergrund und setzten ihn als den verantwortlichen Kerkermeister für die Neuankömmlinge ein. Er sollte von Anfang an durch seine Brutalität bei den Neuangekommenen Angst und Schrecken sowie absolute Unterwürfigkeit verbreiten. So stand er vor unserer angetretenen Truppe und zitierte: »Mir ist ein Strafgefangener, der seine Mutter umgebracht hat, hundert mal lieber, als einer wie Ihr, der die DDR verraten hat!«

Er sprach von sich als von einem guten Kommunisten, der seine Arbeit im Strafvollzug genauso gut verrichtete, wie der Bestarbeiter am Fließband in der DDR. Wes Geistes Kind dieser Mann war, wird wohl hier deutlich genug!

Er hatte mich besonders im Visier, denn er wusste, dass ich früher Arzt im RK war. Täglich versuchte er, seinen Terror an uns zu praktizieren. Stets ermahnte er mich und versuchte gleichzeitig auch damit, die übrigen Gefangenen einzuschüchtern, ihnen Angst zu machen. Ganz aus dem Häuschen kam er, in wörtlichem Sinne, er saß in einem kleinen Glashäuschen als Wächter während der Freihofstunde, als ein Gefangener aus dem oberen Stockwerk mir zurief: »Doktor aus dem RK, habe keine Angst vor dieser roten Socke.«

Ich habe zu den Schreienden hinaufgeblickt und damit das Fass zum Überlaufen gebracht.

Obermeister Schulze sprang aus seinem Glaskasten und raste auf mich zu. Er fasste mich nicht an. Ich schaute ihm streng in die Augen, er wackelte schon mit seinem Gummiknüppel.

Schließlich beherrschte er sich und befahl laut schreiend, dass ich mich in die Ecke zu stellen habe. Ich schüttelte lächelnd den Kopf und ging wie ein kleiner Junge in die Ecke.

Noch schlimmer wurden die Schreie von oben und das Gejohle der Gefangenen in den Nebenzellen des Rufenden. Die auf dem Freihof laufenden Gefangenen liefen stumm, aber grienend ihre Runden.

Ich blieb eine ganze Weile in der Ecke stehen. Ich kannte ja dieses Spiel »Mit dem Gesicht zur Wand« bereits zur Genüge aus der U-Haft-Zeit bei der Stasi in Hohenschönhausen. Das Rufen und Schreien wie »Roter Terror, rote Socke« brachte den Obermeister erneut in Rage, so dass er wieder zu mir in die Ecke kam und mir befahl, in seine Wachkabine zu folgen. Durch die Glasscheiben konnten alle beobachten, wir er auf mich einredete. Er wollte mich gewinnen, meinen Einfluss dafür einzusetzen, dass die Gefangenen disziplinierter werden und besser auf ihn hören. Er schrie mich an: »Das merken Sie sich, Gefangener Jürgensen, über Sie wacht die Arbeiterklasse!« Ich schüttelte darüber den Kopf und konnte ein Lächeln nicht unterdrücken. Darauf hin warf er mich aus seinem Glaskasten und ich drehte wieder meine Freihofrunden.

Meine Mitgefangenen zeigten ihre Anteilnahme und kreisten mich sofort ein, so dass er mich nicht im Blickfeld hatte.

Nach diesem Freigang mussten wir antreten und Obermeister Schulze hielt uns, wie so oft, eine gepfefferte Standpauke. Aus den oberen Etagen hatten nun zahlreiche Gefangene das ganze Theater verfolgt, das der Obermeister mit mir und allen Neuangekommenen veranstaltete. Man schrie herab: »Obermeister Schulz, Du rote Socke, Du roter Terror, Du Henkersknecht.« Der verlor nun vollends seine Fassung. Rot schwoll sein Gesicht an. Hektisch betätigte er sein Funkgerät, das an seiner Schulter hing, um Hilfe herbeizurufen.

Der Obermeister verkörperte für uns anschaulich und jeden Tag erneut, was es bedeutete, wenn ein Dummer Macht besitzt. Täglich führte er in unseren Zugangszellen Razzien durch, zerriss unsere Betten, durchwühlte Matratzen und unsere kleinen Schrankfächer. Er brachte alles durcheinander, warf alles auf den Boden und stampfte voller Wut darüber hinweg. Es war eine Wut der Vernichtung. Stets wollte er jemanden dabei erwischen, etwas Verbotenes aus dem Kartoffelkeller mitgenommen zu haben. Verbotenes wie eine Zwiebel oder Kartoffel. Verboten war auch die Mitnahme einer Scheibe trockenes Brot und noch schlimmer war der Besitz von Salz.

Er verlangte preußische Ordnung und militärischen Drill. Je eifriger er sich bemühte, umso träger wurden wir. Bei seinen Wutausbrüchen blieben wir schweigend, aber lächelnd und steigerten damit noch mehr seine Wut. Wir ließen ihn durch Passivität abblitzen. Sie bemerkend wurde er oft völlig kopflos und wie ein wütender Stier in einer Arena.

Lagen die Kleidungsstücke nicht in ordentlichen Falten oder war das Bett falsch gebaut, so riss er sämtliche Betten auseinander. Sein Verhalten war geprägt von Brutalität und unbezähmbarem Machthunger uns Machtlosen gegenüber. Er zeigte seine Stärke und bewies damit gleichzeitig seinen kleinen Geist. Er war ein typischer Schlägertyp und benahm sich wie eine Bestie in Menschengestalt.

Im Laufe der ersten Woche wurden wir Neuangekommenen von ihm über die Gefängnisordnung belehrt und hatten verschiedenste Schriftstücke auszufüllen und Erklärungen abzugeben. Wo eine Meinungsäußerung von uns verlangt wurde, machten wir deutlich, dass wir mit dieser kommunistischen Diktatur nichts mehr zu tun haben wollten und unsere Gefolgschaft in diesem DDR-System auch nach der Haft verweigern würden. Allein das führte wieder zu erneuten Ekstasen und Terroraktionen bei diesem Mann.

Einmal wurde ich in sein Dienstzimmer beordert und sollte meine Personalien vervollständigen sowie eine Unterschrift auf ein vorgelegtes Papier geben. Als ich meinen vollen Namenszug einschließlich meines akademischen Titels schrieb, schrie er mich an und sagte: »Hier sind Sie kein Doktor, dieser Titel bleibt draußen!«

Er strich den Doktortitel durch und ich musste wiederum über diese Dummheit lächeln.

Erneut brach ein Tobsuchtsanfall aus. Beschimpfungen, Drohungen und wieder das Ziehen seines Gummiknüppels waren die typischen Gesten seines Wutanfalles. Ich blickte ihm ernst in die Augen und flüsterte »Wagen Sie es nicht, mich zu schlagen«!

Am 24.1.1982 wurde ich endlich aus dem Zugangteil in das Hauptgebäude verlegt.

Ich wurde in den Arbeitsbereich des Dresdner Fotoapparatewerkes »Pentagon« gebracht. Man nannte die Abteilungen »Erziehungsbereiche«, die Gefangenen sollten also »erzogen« werden. Ich war froh, nun endlich aus den Klauen des »Roten Terrors« entlassen zu sein.

Erstmals kam ich nun in einen Bereich, wo ich mit vielen Gleichgesinnten und auch mit Berufskollegen sprechen konnte. In meiner neuen Zelle befand sich ein Anästhesist aus einer größeren Leipziger Klinik.

Erneut erfuhr ich die Solidarität der Mitgefangenen Arztkollegen, die mir bereits in den ersten Wochen durch Geldspenden geholfen hatten. Der Anästhesist aus Leipzig wurde bei einem Fluchtversuch erwischt. Psychisch und körperlich schon sehr angegriffen, hatte er bereits zwei Jahre hinter diesen Mauern verbracht. Sein Haar war ergraut und schütter geworden. Er berichtete mir über den Terror und das Leben in der Anstalt Cottbus und gab mir Ratschläge für mein Verhalten. Ich erkannte, dass Zurückhaltung und Ruhe die beste Verhaltensweise für die eigene Gesundheit und das Überstehen dieser Haftzeit waren. Auffallen hieß hier für einen Politischen und noch dazu für einen gefangenen Arzt, auf den besonders geachtet wurde, nur Schikane, Bestrafungen und programmierter Terror.

Insgesamt waren wir hier in diesem Bereich vier Ärzte. Mit den anderen Kollegen kam ich nur während der Freistunde oder der kurzen Zeit des Anrückens zur Arbeit ins Gespräch. Die Hauptgesprächszeit blieb immer in erster Linie der Freihof, den wir täglich eine Stunde besuchen durften und wo zwei verschiedene so genannte »Erziehungsbereiche« zusammentrafen. Manche Kollegen konnte ich auf Grund der unterschiedlichen Schichtdienste und damit der unterschiedlichen Freihofzeiten nicht sprechen. Dennoch bestanden Informationsmöglichkeiten durch Zurufe vom Zellenfenster aus oder durch den späteren Besuch des Fernsehraumes.

Um den Fernsehrraum überhaupt besuchen zu dürfen, musste man erst eine Genehmigung erhalten, und diese wurde nur erteilt, wenn die Arbeitsnorm erfüllt worden war, was ein schwieriges Unterfangen blieb. Für uns Ärzte war der Besuch weniger dafür gut, eine DDR-Sendung zu sehen, sondern uns zu treffen und unsere Geschichten und Probleme auszutauschen, uns gegenseitig moralisch und materiell zu helfen und, wie so oft üblich, über unsere Freiheit zu spekulieren.

Die Ärzte unter den Gefangenen genossen eine besondere Stellung. Viele Gefangene sahen bei den Ärzten die Geschlossenheit, die gegenseitige Kameradschaft und innere Stärke. Sie war wirklich beispielhaft und ich erinnere mich in Dankbarkeit und Freude an dieses Erlebnis.

Doch mussten wir bei unseren Treffs und unseren Gesprächen auch im dunklen Fernsehsaal auf der Hut vor Spitzeln und Denunzianten sein. Überall in unseren Zellen waren sie. Im Arbeitsbereich wie auch im Freihof und im Fernsehraum gab es Gefangene, die Kriminelle waren, die für unsere Schergen die Spitzeldienste verrichteten, um dafür einige Vergünstigungen zu erhalten. Manch einer hoffte auch auf eine frühere Entlassung.

Wieder erhielt ich einige Gefängnismarkscheine zugesteckt, da ich erst nach weiteren zwei Monaten das erste Geld, welches ich selbst verdient hatte, erwarten konnte.

Unsere Hauptaufgabe war, die Grundgehäuse für die Fotoapparate einschließlich Unterwasserkameras zu stanzen oder Einzelteile herzustellen, die dann im Werk in Dresden zusammengebaut wurden. Die Rohkörper, die außerhalb gegossen wurden, mussten von uns entgratet werden.

Es waren Arbeiten, für die sich außerhalb des Gefängnisses, kaum Leute gefunden hätten. Um seine Norm zu 100 Prozent erfüllen zu können, musste man unerhört intensiv arbeiten.

In der Regel lag unsere Norm bei 50 Prozent über der der »Normalarbeiter« draußen.

Es gab dabei Arbeiten, bei denen von vornherein feststand, dass man niemals die Norm erreichen konnte. Diese Arbeiten nutzten die Regisseure des Psychoterrors im Hintergrund, um bestimmte Gefangene zu schikanieren und zu bestrafen.

In den ersten vier Monaten war ich an einer Stanze eingesetzt. In einer großen Halle waren etwa 24 Stanzen installiert, die größte davon war eine 40-Tonnenstanze. Hier wurden viele große und kleine Einzelteile gestanzt und geprägt. Die Arbeit war schwer und der Lärm groß. Diese Stanze hatte man für mich vorgesehen.

Zwei Zivilmeister, ehemalige Angehörige des Wachpersonals und jetzt Vertreter des Pentagonbetriebes, überwachten unsere Arbeit und teilten uns auch für spezielle Arbeiten ein.

Die Uniformierten kamen nur in Abständen als so genannte Streife, um zu sehen, dass in den Arbeitsbereichen Ruhe herrschte. Darüber hinaus kam es zu routinemäßigen Gefangenenzählungen. Dabei musste die Arbeit unterbrochen werden und wir mussten uns in Reih und Glied aufstellen, um uns zählen zu lassen. Diese Zählaktion war ein fester Bestandteil des Lebens als Gefangener. Sie begann bereits früh nach dem Wecken, erfolgte beim Abmarsch zur Arbeit, in bestimmten Abständen während der Arbeit und erneut abends vor der Nachtruhe.

Die Arbeit der Zivilmeister war sicherlich ein gut bezahlter Job ohne jedwede Anstrengung und belohnt mit Gehaltszuschlägen durch die mögliche persönliche Gefährdung, der sie angeblich ausgesetzt waren. Ein absurder Gedanke, denn gerade im Cottbuser Gefängnis, wo der überwiegende Teil der Gefangenen Politische waren und der Rest nur aus kleinen Taschendieben bestand, war es für die Zivilmeister von Seiten der Gefangenen absolut gefahrlos. Moralisch und charakterlich unterschieden sich die meisten dieser Personen nicht viel von unseren uniformierten Wächtern. Mancher war sogar schlimmer.

Es war mir mit der 40-Tonnenstanze, die sehr langsam arbeitete, nicht möglich, meine Norm zu schaffen. Die Folge war, dass ich in den ersten Wochen nicht in den »Genuss des Fernsehens« kam. Auch ein Paketwunsch wurde verweigert wegen mangelnder Normerfüllung.

Meine Kollegen, aber auch andere, wollten unbedingt mit mir zusammenkommen und von mir hören, was mich hinter die Gefängnismauern gebracht hatte: So wurde mir bei der Arbeit oft geholfen, endlich die geforderte Norm zu schaffen. Das war die Voraussetzung für ein Treffen im Fernsehsaal. Dort wurde ich von meinen Kollegen, die ich erstmals zu sehen bekam, freundlich begrüßt. Wir unterhielten uns über unsere Schicksale und spekulierten immer wieder über eine baldige Entlassung in die Freiheit. Manch einer war bereits der Verzweiflung nahe.

Ein Kollege war bereits drei Jahre in Cottbus und sah seine Hoffnung zunehmend schwinden.

Immer wieder versuchte ich, gerade in solchen Situationen, meinen ungebrochenen Optimismus auf die niedergedrückten Seelen meiner Leidenskameraden zu übertragen und ihnen Mut und moralische Stärke zu geben. Immer wieder erklärte ich, dass, wenn wir fest in unserer Haltung blieben, uns dieses System nicht ewig einsperren konnte und freilassen musste!

Meine Arbeit an der großen Stanze führte schließlich zu einer Anschwellung meiner Hand und des rechten Vorderarmes – ich hatte eine akute Sehnenscheidenentzündung durch die ungewohnte, einseitige Überlastung. Ich musste für die Bewegung der einzelnen Teile mit Hilfe eines Greifers aus Metall die einzelnen Stücke unter die Stanze legen und, nachdem ich den Greifer beiseite gelegt hatte, mit zwei Knöpfen die Stanze in Bewegung setzen.

Meine Schmerzen wurden unerträglich, und so bat ich nach drei Tagen den Zivilmeister, mir für den folgenden Tag eine leichtere Arbeit zu geben.

Als ich am vierten Tag wieder hinter die 40-Tonnenstanze sollte, verweigerte ich die Arbeit.

Ich konnte nicht mehr, ich war wütend über diese Schikane des Zivilmeisters. Das war ein typisches Beispiel der praktizierten Folter und des Terrors gegenüber politisch Gefangenen. Dabei führte die Stasi die Hauptregie im Hintergrund. Ich bat, dem Gefängnisarzt vorgestellt zu werden. Da ich selbst keinen Termin eingereicht hatte, wurde mir meine Bitte verwehrt. Ich wurde auf Geheiß des Zivilmeisters durch die Wächter abgeführt und in eine Dunkelzelle für den Rest meiner Arbeitszeit, also für acht Stunden, eingesperrt. Ein weiterer Mitgefangener war ebenfalls für eine Dunkelzelle vorgesehen. Das war ein kleiner Seitentrakt, absolut dunkel, ohne Fenster, ohne Toilette. In diesem Trakt waren Holzkammern eingebaut von der Größe einer normalen Toilette. In ihnen befand sich ein Holzbrett, auf das man sich setzen konnte. Ich saß also nun für die nächsten Stunden von Dunkelheit umgeben und wartete auf das Ende der Schicht. Als ich einmal Austreten musste, rief ich fragend zu meinem Mitgefangenen, was ich wohl tun solle. Er antwortete: »Du brauchst nur dein Geschäft auf die Erde zu machen. Du kannst schreien oder rufen, so laut du willst, es hört uns hier keiner.«

Erst abends gegen 22 Uhr wurden wir aus der Dunkelzelle herausgeholt und in unsere so genannten Verwahrräume gebracht. Der Wächter, der uns herausholte, war einer von der neuen Schicht und erkundigte sich, warum wir hier seien. Ich erzählte es ihm und er gab mir den Hinweis, sofort eine Eingabe an die Gefängnisleitung zu schreiben, die er noch am gleichen Abend von mir entgegennahm, nachdem er mir zuvor noch Papier und Bleistift gegeben hatte.

Am folgenden Tag wurde ich zum Gefängnisarzt gebracht. Es war eine Ärztin aus der Stadt, die stundenweise hier Sprechstunde abhielt. Ihre Diagnose bestätigte eine Sehnenscheidenentzündung. Mir wurde ein Zinkleimverband angelegt und ich wurde arbeitsunfähig geschrieben. Da man aber im Gefängnis als Arbeitsunfähiger nicht in den so genannten Verwahrräumen allein bleiben durfte, wurde ich in ein medizinisches Außenrevier gebracht. Es war ein Seitenteil im Hauptgebäude mit drei Zellen.

In meiner Zelle befanden sich sechs Betten. Ich war allein.

Im März 1982 war es noch außerordentlich kalt und die Temperaturen in der Zelle lagen um die 15 Grad, ich fror. Lediglich während der Freihofzeit durfte ich mit auf den Hof und traf dort meine Mitgefährten. Etwa 14 Tage verbrachte ich in diesem medizinischen Trakt, vorwiegend allein in der Zelle und wegen der Kälte frierend, obwohl ich in voller Gefangenenkluft auf dem schmutzigen alten Bettlaken lag.

Nachdem ich gesund geschrieben war, kam ich in einen neuen Arbeitsbereich. Obwohl die Ärztin attestiert hatte, dass ich eine leichtere Arbeit erhalten solle, kam ich in die so genannte »Entgraterabteilung«. Es war eine rein manuelle und wiederum einseitig belastende Arbeit. Für einen Patienten mit einer noch nicht völlig ausgeheilten Sehnenscheidenentzündung das reinste Gift. Ich kam vom Regen in die Traufe. Auch das war wieder ein vorprogrammierter Psychoterror.

Mit Hilfe einer scharf geschliffenen Dreieckfeile musste jeder die gegossenen Rohkörper der Kameragehäuse glätten, also entgraten. Es war eine furchtbare Arbeit, sie gehörte zu den schlimmsten in der Cottbuser Strafanstalt.

Noch mit einem Verband am Arm, begann ich meine neue Arbeit. Als der Zivilmeister meinen verbundenen Arm sah und von mir hörte, woran ich litt, schüttelte er den Kopf und sagte: »Wie sollen Sie hier damit arbeiten, das wird doch nichts!«

Ich wollte ja hier nicht arbeiten, aber die Regisseure im Hintergrund hatten das so vorgesehen.

Natürlich war es unmöglich, die geforderte Norm zu schaffen.

Ich erreichte nur eine Erfüllung von 30 Prozent. Damit war ich jedoch nicht der einzige. Es gab viele, die nicht mehr schafften, zum Teil aber auch nicht mehr schaffen wollten.

Die Folge waren Bestrafungen und Verbot der Teilnahme am Fernsehabend, Verbot eines Geschenkpaketes durch die Verwandten bis hin zum Verbot des Besuches, dem so genannten »Sprechverbot«.

Mit der Umsetzung in diesen neuen Arbeitsbereich erfolgte auch meine Verlegung in einen neuen »Erziehungsbereich«. Ich wechselte die Zelle und ich wechselte auch die Etage des Gefängnisgebäudes. Jetzt lag ich mit noch zwölf Gefangenen im Parterre. Im Gegensatz zu meiner vorherigen Zelle hatten wir in dieser Zelle sogar warmes Wasser.

Die Mitgefangenen waren hier vorwiegend Politische, die wegen Fluchtvorbereitung oder Fluchtversuchs eingekerkert waren. Wir verstanden uns sehr gut und die Hilfsbereitschaft und Kameradschaftlichkeit waren hervorragend. In unserer Zelle waren lediglich zwei Gefangene, die wegen krimineller Kleindelikte einsaßen. Dennoch waren sie charakterlich nicht die schlechtesten, sie waren gutmütig und keine Raufbolde. Mein Bettnachbar, wir schliefen wieder in 3-Stock-Betten, war ein Mann Ende 50 aus Ludwigsfelde. Dieser Horst W. war Importkaufmann für das große LKW-Werk in Ludwigsfelde.

Sie produzierten dort große LKWs für den Zivilbereich, aber auch für den militärischen Bereich. Viele dieser Wagen dienten auch als Exporte in die afrikanischen

Länder, die mit den Kommunisten paktierten. Das wurde propagandistisch als Friedenspolitik der DDR verkauft.

Horst W. wurde verhaftet und der Wirtschaftsunterschlagung für schuldig gesprochen, weil er kleine Werbe- und Repräsentationsgeschenke von Partnerfirmen aus der BRD, mit denen das Werk zusammenarbeitete, angenommen hatte.

Ein weiterer, wahrscheinlich wesentlicher Grund war der persönliche Kontakt von Horst zu einem weitläufigen Verwandten, der Senator in West-Berlin war. Vielleicht hatten hier die Stasi-Schergen etwas dagegen und so Horst hinter Gitter gebracht.

Es war also eine politische Verurteilung.

Horst war bereits gesundheitlich schwer angeschlagen und die seelischen Qualen sowie die Angst um seine Frau hatten ihre Spuren hinterlassen. Er hatte eine Hypertonie und hatte auch Angina-Pectoris-Beschwerden sowie Zeichen einer Herzschwäche mit Atemnot und Stauungserscheinungen in den Beinen. Schließlich entwickelten sich bei ihm eine Venenentzündung und ein Erysipel am Unterschenkel. Die Behandlung dieser akuten Entzündung bestand lediglich in einer einmaligen Gabe einer Antibiotikaspritze. Möglicherweise war es Penicillin? Horst musste weiterarbeiten, obwohl er sich elend fühlte, ständig fröstelte.

Zu dieser Zeit wussten wir alle noch nicht, weder Horst noch ich, dass seine Tage gezählt waren.

Die Solidarität der politisch Gefangenen untereinander war in Cottbus sehr gut. Von den etwa 600 Gefangenen waren 400 aus politischen Gründen eingesperrt. Nicht nur wir 24 oder 26 Ärzte waren hier gefangen, sondern Lehrer, Ingenieure, Kellner aus den Interhotels, Arbeiter, junge Leute, Sportler und auch Künstler. Für einen Kammersänger aus Dresden, der bereits über 50 Jahre alt war, wurden die Wärmesensoren an der Marienfelder Grenze zu West-Berlin zum Verhängnis. Er wollte mit seiner Frau und seinen beiden Kindern aus der DDR fliehen. Die amerikanische Militärstreife hatte die Familie in zwei Wagen im Kofferraum versteckt. Bei größter Hitze, es mögen wohl etwa 27 Grad gewesen sein, befanden sie sich unter den Kofferraumklappen der Fahrzeuge der Amerikaner. Die Amerikaner weigerten sich, den Kofferraum zu öffnen, und wurden erst durch eine herbeigerufene russische Militärstreife zum Öffnen gezwungen.

Die ganze Prozedur dauerte ungefähr zwei Stunden, bevor sie aus dem Kofferraum befreit wurden. Dabei wurden sie mehrfach fotografiert, als Beleg für die Fluchthilfe der Amerikaner einerseits als auch wegen ihrer Flucht. Der Sohn war mit dem Vater in Cottbus gelandet, die Mutter mit der Tochter in Hoheneck, wo sich ja auch meine Frau befand. Der Kammersänger durfte seine Stimme nicht trainieren, er durfte weder singen noch summen.

Der Trainer der Schwergewichtsathletin der DDR-Nationalmannschaft, der ebenfalls einsaß, durfte keine Liegestützen oder Klimmzüge machen, er durfte keinerlei Kraftsportübungen durchführen, denn diese waren besonders streng untersagt, weil man Angst hatte, dass sich Gefangene stärken, um die Wachmannschaft zu überfallen. Ein völlig irriger Gedankengang. Die einzige sportliche Möglichkeit bestand, soweit man seine Arbeitsnorm erfüllte, im Volleyballspielen.

In Cottbus erfuhr ich, dass ganze Familien, wie zum Beispiel die des Kammersängers aus Dresden, eingesperrt waren. Für uns war die gesamte DDR das große Gefängnis, mit weniger Freiheit in Wort und Geist war sie nicht viel anders als das Leben im Gefängnis.

Immer wieder wurde nach zwei Monaten ein Zellenwechsel und eine Durchmischung der Gefangenen durchgeführt, um angebahnte Freundschaften unter den Häftlingen abzubrechen und auch, um Spitzel wieder auszuwechseln. Das gehörte eben zum Psychoterror der Haft.

Diese Aktionen des Zellenwechsels waren oft mit Großrazzien verbunden. Eine uniformierte Brigade, speziell für diese Tätigkeit eingesetzt, bestehend aus ausgesuchten räuberischen Charakteren, durchschnüffelte sämtliche Zellen und scheute sich nicht, selbst Matratzen aufzuschlitzen. Während wir im Gefängnisbetrieb arbeiten mussten, durchsuchten sie alle Ecken und Winkel der Zellen, zerstörten unsere Betten, warfen alles auf den Fußboden, der aus vielen Bohnerwachsschichten bestand und schmutzig klebte. Sie entleerten unsere Spinde, warfen Kleidungsstücke, Marmelade, Brot und Margarine auf die Erde. Wenn wir dann erschöpft von der Fronarbeit in die Zellen zurückkamen, standen wir vor einem Chaos. Vermutlich glaubte man, verbotene Schriften oder andere Dinge bei uns zu finden. Für uns war das in erster Linie reiner Terror.

Im Arbeitssaal, wo ich nun als Entgrater arbeiten musste, stand eine große Holzplatte, auf der wir auf Hockern sitzend die einzelnen Kameragehäuse zu entgraten hatten. Außerdem befanden sich in unserer Arbeitshalle mehrere Bohrmaschinenstände und Fräsmaschinen. Arbeitsplätze mit etwas leichterer Arbeit, weil sie keine so schwere Knochenarbeit erforderte. Der Zivilmeister teilte mich nach acht Tagen auch gelegentlich für eine solche Maschinentätigkeit ein.

Unser Arbeitssaal enthielt drei große Fenster, die mit Eisenplatten verschlagen waren, so dass kein natürliches Licht in unseren Arbeitssaal gelangte. Der Grund dafür war, uns den Blick in den Freihof des Cottbuser Untersuchungsgefängnisses zu verwehren. Dort waren nämlich weibliche und männliche Untersuchungsgefangene untergebracht, die auf ihre Verurteilung warteten und die ebenfalls täglich ihren Freigang hatten.

Wieder gelang es Gefangenen, in diese Eisenverschläge Löcher hineinzubohren, um die Frauen auf dem Freihof zu beobachten. Immer wieder wurden diese wieder zugelötet, aber daneben entstanden immer neue Löcher.

Für uns war der Blick in diesen Freihof unerheblich, wir litten lediglich darunter, dass wir die ganze Zeit unseres Aufenthaltes unter künstlichem Licht dahinvegetieren mussten.

Zwei große Fernsehkameras beobachteten uns während unserer Arbeit. Wir waren also ständig unter Kontrolle, sowohl bei der Arbeit als auch im Freihof. In unseren Zellen beobachtete man uns durch die Türspione. Zu lesen bekamen wir nichts. Wir waren zu Arbeitssklaven und zum Verblöden verurteilt.

Dennoch erlebte ich den Einfallsreichtum und das Geschick meiner Mithäftlinge. So wurden aus Brotstücken Würfel gebaut, die mit Schuhcreme geschwärzt wurden und anschließend mit Zahnpasta Punkte erhielten. Auch Skatkarten wurden eingeschmuggelt. Bei Razzien galt ihnen die besondere Aufmerksamkeit. Die Gefangenen sollten keine Unterhaltung haben außer der als Lob für die gute Arbeitsleistung verordneten Besuche des Fernsehraumes. Etwas anderes gab es in Cottbus nicht. Eine besondere Auszeichnung für die »guten Norm-Erfüller« war das einmal vierteljährlich genehmigte Kaffeetrinken. Hier durfte sogar Bohnenkaffee getrunken werden, der natürlich selbst bezahlt werden musste. Auch gab es gelegentlich eine Prämie des Pentagonbetriebes in Form von halben gegrillten Hähnchen. Das war schon eine lukullische Mahlzeit in der fleischarmen Zeit der Haft.

In den ersten Haftwochen wollten viele Mitgefangene den Grund für die Art und Weise meiner Inhaftierung wissen.

Ich erzählte es ohne Hemmungen. Ich sah auch keinen Grund, irgendetwas zu verbergen.

Wegen meiner Standhaftigkeit genoss ich schließlich Achtung, obwohl ich vorher als Arzt des Regierungskrankenhauses Vasall der mächtigen Funktionäre war.

Der Gefängnisalltag für uns in Cottbus ähnelte in vielen Dingen dem unserer Frauen in Hoheneck. Während meine Frau bei ihrer Zwangsarbeit keine Probleme hatte, da sie nähen gelernt hatte, hatte ich bei meiner Arbeit viele Probleme. Meine Frau musste im Schichtdienst Bettwäsche nähen (Früh-, Spät-, Nachtschicht). Wegen meiner mangelnden Normerfüllung stand ich oftmals kurz vor der Bestrafung mit Arrest.

Wenn ich die Hilfe meiner Mitgefangenen nicht erhalten hätte, wäre es auch dazu gekommen.

Das war auch ein Grund, dass ich die Frage, ob ich bereit sei, als Gefängnisarzt zu arbeiten, bejahte. Ich bejahte allerdings diese Frage nur, wenn ich innerhalb der Haftanstalt Cottbus auch im Interesse der politischen Gefangenen eingesetzt würde. Die Folge davon war, dass ich einem Stasi-Mann vorgeführt wurde. Ähnlich ging es auch den anderen ärztlichen Kollegen in Cottbus. Ich bejahte meine Bereitschaft vor diesem Stasi-Mann und betonte, dass meine Bereitschaft ausschließlich nur für diese

Haftanstalt gelte. Das war natürlich ein unmöglicher Wunsch, denn die politisch inhaftierten Ärzte kann man ja nicht zu Gunsten der politisch Gefangenen arbeiten lassen.

Nach diesem Gespräch vergingen mehrer Monate, ohne dass etwas geschah.

Ich erbat einen Gesprächstermin beim so genannten »Erzieher«, Oberleutnant H. Wir nannten ihn den »Ledersack«, weil seine Haut faltig und lederartig zerknittert war. Es war noch die Zeit, als ich in der Stanzerei des Pentagon-Betriebes arbeiten musste.

Mein Anliegen war, mir die Zusendung eines medizinischen Fachbuches durch die Verwandten zu genehmigen. Oberleutnant H. entgegnete auf meine Anfrage: »Strafgefangener Jürgensen, Sie arbeiten doch jetzt an der Stanze. Wollen Sie eigentlich wieder in der DDR als Arzt arbeiten?« Ich antwortete: »Herr Oberleutnant, Ihnen ist sicher aus meinen Unterlagen bekannt, dass ich auf keinen Fall wieder als Arzt in der DDR arbeiten werde.«

Darauf antwortete der »Ledersack«: »Sie können von mir ein Buch über die Stanze erhalten, damit Sie eine bessere Norm schaffen. Da Sie ja nicht mehr als Arzt bei uns arbeiten wollen, brauchen Sie auch kein medizinisches Fachbuch!«

Das war ein Erzieher im Strafvollzug. So verstehen diese Leute ihre Funktion. Meine Antwort: »Herr Oberleutnant, ich erkenne an Ihren Aussagen den Horizont dieses Systems, dessen Menschlichkeit an der Mauer, der betonierten Grenze dieses Großgefängnisses endet.« Ich wurde hinausgeworfen und wieder in meine Zelle gebracht. Das Cottbuser Gefängnis, ein alter, schmutziger Bau mit menschenunwürdigen, renovierungsbedürftigen Zellen, verdreckten Wänden und klebenden, Öl verschmierten Fußböden war ein einziges Dreckloch.

Unsere Inhaftierung wurde genutzt, um uns als Fronarbeiter für die kommunistische Gesellschaft auszunutzen. Hohe, kaum erfüllbare Normen bilden das wesentliche Druckmittel für den ständig uns umgebenden Psychoterror. Die Frühschicht begann um 6 Uhr und endete um 14 Uhr. Die Spätschicht von 14 bis 22 Uhr und die Nachtschicht von 22 bis 6 Uhr. Die letzte Nachtschicht, nämlich die Freitagsnachtschicht, war dabei die längste und dauerte von 22 bis 9 Uhr. Wenn die gestellten Normen nicht geschafft wurden, mussten wir Sonderschichten durchführen.

Neben dieser Arbeit mussten zusätzlich Dienste innerhalb des Gefängnisses verrichtet werden. So war das Kartoffelschälen für das gesamte Gefängnis einschließlich für die Untersuchungshaftanstalt eine der zusätzlichen Tätigkeiten. Tägliche Reinigungsarbeiten innerhalb der Gefängnismauern gehörten ebenfalls zu unserer »Freizeitbeschäftigung«. Einmal wöchentlich war der so genannte Großreinigungstag für unsere Leiber. Wir durften endlich wieder einmal unter die Warm-Wasser-Massendusche. Ein verfallenes Gemäuer mit abgeplatzten Fliesen und Betonfußböden, die rissig und undicht waren, an dessen Decke ein großes viereckiges Rohrsystem installiert war, an welchem in Abständen von etwa 1,50 Meter Duschköpfe angebracht waren, die zum Teil auch fehlten, war unser großes Badezimmer. Etwa 60 Gefangene wurden in diesen Duschraum hineingepfercht und für eine halbe Stunde eingeschlossen. In unseren Zellen gab es in der Regel nur kaltes Wasser, so dass das warme Duschen eine Wohltat war. Verbunden war dieser Duschtag auch mit dem Wäschewechsel.

Wir erhielten neue Strümpfe, Filzsocken, graue langbeinige Unterhosen und graue Hemden. Daneben blau-weiß-gestreifte, meist ausgediente Oberhemden, Fleischerhemden ähnlich.

Dabei wurde nicht darauf geachtet, ob wir in diese Klamotten passten, ob sie zu groß oder zu klein waren. Wenn die Löcher darin allzu groß waren, konnten wir sie umtauschen. Die Eitelkeit und das Reinheitsbedürfnis des Einzelnen spielte keine Rolle. Wir waren einfach Masse, wir waren einfach Tiere. Auch ich musste mich daran gewöhnen, mein Verhalten, meine Gefühle abstumpfen zu lassen, um nicht geistig durchzudrehen. Es hatte keinen Sinn, sich gegen diese Realität zu stellen, schadete es doch nur der eigenen Gesundheit und eigenen Psyche.

Überall von Schmutz umgeben, waren wir trotz dieser Duschaktion immer schmutzig.

Was nützte auch ein Duschtag in der Woche, wenn man anschließend auf den Freihof musste, der aus einem staubigen Grund bestand, auf dem etwa 100 Gefangene herumlaufen mussten und so eine große Staubwolke aufwirbelten, die uns selbst wieder bedeckte.

Dieses Leben war ein Leben, das man nur als ein Dahinvegetieren bezeichnen konnte.

In erster Linie waren wir Arbeitssklaven, danach eingesperrt in unseren Zellen, ohne jedwede Möglichkeit einer geistigen Betätigung. Zeitungen, Zeitschriften oder Bücher gab es nicht. Fachbücher für Ärzte schon gar nicht, wollten wir doch nicht mehr ärztlich in der DDR arbeiten. Auch wenn die von Zeit zu Zeit angestaute innere Wut und der Hass herausbrechen wollten – es wäre doch sinnlos und unnütz gewesen.

Das Hauptproblem war, in den engen Zellen eingepfercht zu sein und sich nicht gegenseitig auf die Füße zu treten. Die Toleranz dem Nächsten gegenüber und die Beherrschung der eigenen Emotionen, bildeten das Fundament für eine erträgliche Haftzeit. Es gehörte zur Haftpsychologie dazu, dass die schweren Lebensbedingungen zu Aggressionen führen mussten. Ausbrechende Aggressionen führten nur zur eigenen Beschädigung und zur zusätzlichen Qual der Mitgefangenen. Es gehörte zum Prinzip, Emotionen anzustacheln, Aggressionen anzufachen, damit sie auf die Leidenskameraden zurückfallen. Auch hier führte im Hintergrund die Stasi Regie, die zum Beispiel dem Kleinkriminellen Begünstigungen versprach, der eine gezielte

Schlägerei gegen spezielle Politische anzettelte.

Auch ich wurde eines Tages Ziel eines solchen Beauftragten, der mich in der Warteschlange stehend vor dem Kiosk auf dem Freihof von hinten angriff und mir gegen den Kopf schlug.

Bevor er das zweite Mal zuschlagen konnte, war er schon von mehreren Mitgefangenen überrumpelt worden und lag bereits im Dreck. Hinter den sich bewegenden Gardinen wurden wir von den Stasileuten beobachtet.

Diesem Stasi-Schergen wurde jetzt die Solidarität der politisch Gefangenen vorgeführt.

Der mich Angreifende war ein 18-jähriger Bursche, ein Hüne mit niedrigem Bildungsstand. Nachdem er auf dem Boden lag, wurde er von uns angesprochen, warum er auf Mitgefangene so einschlagen kann. Er berichtete uns von dem erpresserischen Stasi-Versuch. Man hatte ihm dafür eine Tasse Kaffee und ein Stückchen Torte in Aussicht gestellt sowie eine Schachtel Zigaretten.

Auch in unserer Zelle befand sich ein Spitzel. Wir merkten das und versuchten, ihm kameradschaftlich und menschlich zu erläutern, dass er von seinen eigenen Schergen ausgenutzt wurde, ohne dafür etwas Wesentliches zu bekommen.

Oft sprachen wir mit ihm darüber und schließlich sagte er uns über seine Tätigkeit die Wahrheit. Nun belehrten wir ihn, dass er die Spitzeltätigkeit weiter fortsetzen solle, gaben ihm jedoch unsere Informationen für den Erzieher und die Stasi mit auf den Weg, wodurch er keine Nachteile hatte und wir unsere Ruhe bekamen. Er fühlte sich von einer großen Last befreit, uns die Wahrheit gesagt zu haben.

Dabei gab es Mitgefangene, die bereits die Fäuste in ihrer aufkommenden Wut ballten und sich auf diesen Mitgefangenen stürzen wollten. Wir mahnten sie zur Zurückhaltung, da uns das nur schaden würde. Jetzt, nachdem der kleine Spitzel die gezielten Informationen von uns an die Schergen weitergab, hatten wir gewonnen. Wir hatten unseren Spitzel zum Partner gemacht.

Die monatlichen Abtransporte nach Chemnitz, um von dort in den Westen abgeschoben zu werden, waren ein nervenaufreibender Vorgang. Bei jedem Einzelnen kam es zu unglaublichen psychischen Erregungen. Jeder hoffte, dabei sein zu können und immer wieder gab es Enttäuschungen. Man stelle sich vor, man sitzt schon ein paar Jahre und immer wieder fährt ein Transport ohne dich ab. Es kann auch vorkommen, dass Gefangene mit auf den Transport gingen und nach einigen Wochen wieder in Cottbus landeten. Ja, es kam sogar vor, dass Gefangene ihre Sachen abzugeben hatten, nachdem man sie von ihrem Arbeitsplatz weggeholt hatte.

Sie erlebten den Anfangsteil dieses Transports bis zu den so genannten Abschiebezellen, den Cottbuser »Katakomben«, um dann doch nicht in den Stasi-Transporter geladen zu werden.

Was das bedeutet, kann nur jemand verstehen, der das selbst miterlebt hat. Es war immer wieder ein teuflisches Spiel, eine der größten psychischen Foltern, die man anwenden konnte.

Es kam auch häufig vor, dass kriminelle Mitgefangene ebenfalls bei diesen Transporten nach Chemnitz/Gießen gemeinsam mit den Politischen untergeschleust und in die Freiheit verkauft wurden. So ging es auch dem, der mich im Auftrag der Stasi niederschlagen sollte.

Man nannte ihn den »Bomber«. Es war ein Boxertyp, von Beruf Rangierer bei der Bahn. Er hatte schon mehrere Haftjahre verbüßt, und weil er sich aus Streichholzkuppen eine Bombe bauen wollte, um die Haftmauer zu sprengen, hatte er noch einmal »Haftnachschlag« erhalten und war in Cottbus gelandet, weil er zu den Berufskriminellen gehörte, die man loswerden wollte.

Wir hatten wieder einmal Spätschicht. Nach Ende der Arbeit, kurz nach 22 Uhr kamen wir in unsere Zellen. Am einzigen Wasserbecken begann die üblich Waschaktion. Zwölf Leute wollten sich ihres Arbeitsschmutzes entledigen, natürlich unter kaltem Wasser.

Nachdem sich meine Gefährten bereits in ihren Betten, den so genannten Regalen, niedergelegt hatten, war ich der letzte, der sich noch zu Waschen hatte. Einige waren bereits eingeschlafen und begannen mit ihrem Schnarchkonzert. Ich saß noch am Tisch vor dem Zellenfenster und rauchte eine billige Karo-Zigarette. Plötzlich gab es ein donnerndes Geräusch und das ganze Gefängnis wackelte.

Durch das Fenster sah ich vor mir unsere etwa acht Meter hohe Gefängnismauer von einer Breite von 40 – 60 Metern umkippen. Der Frost und das nachfolgende Tauwetter hatten ihr Fundament zerstört. Laut schrie ich in die Dunkelheit und zurück in meine Zelle: »Leute, die Mauer ist umgestürzt!« Alle sprangen aus ihren Betten, um das große Loch in der Mauer zu betrachten.

Mein Ruf hatte auch in den anderen Zellen Bewegungen ausgelöst. Ein lautes Gejohle und Gelächter klang nun aus allen Fenstern in die Cottbuser Nacht hinaus. Wir sahen die dunklen Schatten der herbeieilenden Wächter, auch die Hunde bellten aus allen Richtungen. Voller Schadenfreude erklangen die Rufe: »Habt keine Angst, wir reißen Euch nicht aus, denn wir wollen nicht in das DDR-Gefängnis zurück, wir wollen in die Freiheit! Hier ist der beste Platz, der Bahnhof in den Westen!« Dann erklang schließlich das Cottbuslied. Ein Gefangener sang mit lauter Stimme jede Strophe und wir alle sangen den Refrain.

Cottbus heißt die öde Stätte
wo ein Zuchthaus aufgebaut,
der politischen Gefangenen
jahrelanger Aufenthalt.

Das ist das Zuchthaus Cottbus,
Symbol des Sozialismus in Aktion
(Wiederholung des Refrains).

Uns umgeben hohe Mauern,
unser Leben wird zur Qual,
doch wir werden nicht bedauern,
was uns die Vernunft befahl.

Das ist das Zuchthaus Cottbus,
Symbol des Sozialismus in Aktion (Wiederholung)

Hin zum Westen geht das Streben,
dort wo man noch Freiheit kennt,
uns verbindet nichts mit denen,
deren Macht die Freiheit hemmt.

Zu einem späteren Zeitpunkt erhielt ich ein anderes Cottbuslied, was hier auch noch hinterlegt werden soll. Sein Verfasser ist mir nicht bekannt und dennoch spricht er vielen Cottbuser Mitgefangenen aus dem Herzen.

Das Zuchthaus Cottbus ist ein Knast mit langer Tradition,
bewährte sich im Dienste jener braunen Herrscher schon,
die rote Macht, die nutzt ihn jetzt mit großer Perfektion,
er ward dadurch zum Sinnbild der geknechteten Nation.

Cottbus verdammt, Cottbus verdammt, das ist der Knast, der Menschen schon auf dem Gewissen hat! (Refrain).

Zu Dreistock liegt man hier in engen Zellen zusammengedrängt,
Die Stunde Freihof wird von hohen Mauern eingeengt,
Arbeit im Dreischichtsystem, und Fressen hundemies,
das ist das Zukunftsideal im roten Paradies.

Cottbus verdammt, Cottbus verdammt, das ist der Knast, der Menschen schon auf dem Gewissen hat!

Des Nachts ein starkes Wummern gegen Zellenwand und Tür,
ein Mann von Ende 40, der kämpfte mit dem Tode hier,

erst Stunden später Hilfe kommt, sein Atem geht schon flach,
am nächsten Morgen heißt es dann, Diagnose – Herzinfarkt.

Cottbus verdammt, Cottbus verdammt, das ist der Knast, der Menschen auf dem Gewissen hat!

Auf dem Freihof übergießt sich einer mit Petroleum,
er brannte als Fackel lichterloh, dann werfen sie ihn um.
Freiheit, Freiheit ruft er noch, die Stimme wird ganz schwach.
sie bringen ihn ins Krankenhaus, Verbrennung dritten Grades.

Cottbus verdammt, Cottbus verdammt, das ist der Knast, der Menschen auf dem Gewissen hat!

Und irgendwann, dann sucht man ihn, man weiß schon nicht mehr wo,
erst später findet man ihn, erhängt an einem Strick im Klo.
man trägt ihn raus mit einer grauen Plane zugedeckt,
wer wird wohl der Nächste sein, der lautlos hier verreckt.

Cottbus verdammt, Cottbus verdammt, das ist der Knast, der Menschen auf dem gewissen hat!

Einmal deutsches Volk erwache
und erkenne deine Macht,
spreng hinweg, die Kerkermauern,
fegt hinaus die rote Schmach.

Refrain:
Das war das Zuchthaus Cottbus, Symbol des Sozialismus in Aktion.

Unsere Wächter befanden sich in totalem Aufruhr. Der Skandal des Mauerzusammenfalls und nun noch der Chor der Gefangenen aus ihren Zellenfenstern. Eilig wurden Ersatzmannschaften herbeigerufen und schließlich wurden auch unsere Zellen gestürmt, um Ruhe zu schaffen. Einige Gefangene schleppte man in die Arrestzellen. Immer dort, wo die Schergen gerade nicht waren, erschallten die Jubelrufe erneut. Die Wächter hetzten von Etage zu Etage und von Zelle zu Zelle. Nach einer Stunde trat allmählich Ruhe ein. Von der Arbeit erschöpft, erfasste uns die Müdigkeit. Wir schliefen endlich mal wieder friedlich ein.

Am folgenden Tag konnten sich alle während der Freistunde über das große Mauerloch amüsieren. Ja, der Kommunismus stand auf schwachem Fundament! Zusätzliche Hunde an Laufleinen und bewaffnete Wächter, füllten das klaffende Mauerloch und sollten einen Fluchtversuch verhindern. Bereits am folgenden Tag, begannen die Aufräum- und Reparaturarbeiten.

Man hatte trotz des wirklichen Chaos' schnell reagiert und entsprechende Baufirmen gefunden, die die Reparatur durchführten. Dabei hatte sicher die Partei ein Machtwort gesprochen nach dem Motto »Wenn die Partei es will, stehen alle Räder still«. Also es mussten sicherlich Räder still stehen, um unser Mauerloch zu sichern.

Zwei kleine Kriminelle hatten tatsächlich das Loch in der Mauer genutzt und waren geflüchtet. Nach 14 Tagen waren sie jedoch schon wieder da. Was hatten sie also von ihrer Flucht? Was hatten sie von einer Flucht aus dem kleinen Gefängnis in ein großes Gefängnis?

Im Endergebnis erhielten sie noch eine Strafzugabe, einen so genannten »Nachschlag«.

So schwer das Leben in unserer Gefangenschaft auch war, so waren wir versucht, doch für uns alle das Beste daraus zu machen. Entfliehen konnten und wollten wir nicht. Selbst die eingestürzte große Gefängnismauer konnte uns nicht zu einem Fluchtversuch verführen. Man hätte sie unbewacht auch einfach offen lassen können. Wir wollten nicht aus diesem Gefängnis in das große Gefängnis DDR fliehen.

Wir wollten in die wirkliche Freiheit.

So warteten wir Tag für Tag und jeder hoffte auf seinen baldigen Transport nach Chemnitz, um von dort in die wirkliche Freiheit zu kommen. Mit diesen Gedanken beschäftigte sich jeder von uns, ob am Tage oder in der Nacht, und sie waren auch das Fundament für unseren Optimismus. Ich hoffte auch auf diesen Abtransport, ebenso wie meine Frau. Wir hofften bis zum letzten Tag.

Immer, wenn wir die lange Freitagsnachtschicht hatten, die von 22 bis 9 Uhr dauerte, bereiteten wir uns einen besonderen Leckerbissen vor, den wir dann als Frühstück verspeisten. In den Tagen zuvor während der Freihofzeit, der einzigen Einkaufsmöglichkeit, kauften wir einen einfachen Rührkuchen sowie zwei verschiedene Puddingpulver. Wir sammelten unsere Butterrationen, die wir in den Tagen nicht verbrauchten, und machten uns daraus eine für uns »wunderbare Buttercremtorte«. Sie bildete immer den Höhepunkt einer wieder hinter uns gebrachten Woche.

Es gehörte zu den Eigenartigkeiten, dass wir während unserer Haft großen Appetit auf Süßigkeiten, auf Bonbons, billige Ersatz-Schokolade (Vitalade) oder Kuchen hatten. Dinge, die ich persönlich früher nur sehr selten gegessen habe. Hier, in den bitteren Tagen der Haft, war der Appetit auf etwas Süßes für mich ein immer wiederkehrendes Phänomen. Mein Geld von etwa 45 Knastmark im Monat war viel zu gering, um damit große Gelüste zu stillen. Wert legte ich auf einen viertel Liter Milch, den ich mir jeden Tag kaufte. Ich wollte gesund bleiben und dieses Martyrium heil überstehen.

Wenn wir auf den Freihof geführt wurden, gingen wir an dem großen Mauerloch schmunzelnd vorbei. Wachtposten sicherten dieses Loch, während die Bauarbeiten schon in vollem Gange waren.

An jeder Ecke des Gefängnisses befand sich ein Wachturm, auf dem ein mit einer Maschinenpistole bewaffneter uniformierter Wächter seinen Dienst zu verrichten hatte. An der Innenseite der hohen Gefängnismauer war ein so genannter Sperrstreifen von ungefähr drei Metern Breite angelegt. Ähnlich wie ich ihn an der Berliner Mauer unterhalb meiner Wohnung vom Fenster aus sehen konnte. Auch dieser Sperrstreifen wurde täglich geharkt.

Zusätzlich waren an bestimmten Stellen Schäferhunde an Laufleinen angehängt oder in langen Laufkäfigen entlang der Mauer postiert, die die Annäherung eines Gefangenen verhindern sollten. Eine ebenso ähnliche Konstruktion wie an der Ostberliner Mauer. Für mich war die Parallelität dieser Anlage eindeutig.

Der Unterschied bestand lediglich darin, dass wir Gefangene, zusammengepfercht in Zellen, das Inhaftiertsein bewusster durchlebten als die Millionen ebenfalls eingesperrten DDR-Bürger in ihrem Groß-Gefängnis. Die Sicherheitsanlagen waren fast die gleichen, nur war der Abstand zwischen den Gefangenen und der Mauer so klein, dass es jedem bewusster wurde und beklemmender.

Es war ein heißer Sommertag im August 1982. Wir waren wieder auf dem Freihof. Die Sonne strahlte erbarmungslos und die wenigen Schattenplätze auf dem Hof waren belagert. Vom Laufen der 100 Männer war überall zentimeterhoch liegender Staub aufgewirbelt. Eine große Staubwolke machte uns manchmal unsichtbar. Gefangene, die wegen der großen Hitze ihre Hemden geöffnet hatten, wurden von den Wächtern zurück in ihre Zellen geschlossen.

So waren wir gezwungen, in unserem eigenen Saft zu schmoren.

Der aufgewirbelte Staub bildete mit unserem Schweiß eine schmutzige Kruste und vervollständigte auch das äußere Erscheinungsbild unserer erbärmlichen Situation. Über uns flogen Mauersegler, eine Schwalbenart mit kurzen Stummelbeinchen. Es waren hervorragende Segler, die sich in dem Gefängnisgemäuer eingenistet hatten und denen wir oft zuschauten. Es waren kleine niedliche Tierchen. Ein solch kleiner Vogel landete plötzlich auf dem Hof und es gelang ihm nicht, wieder aufzusteigen. Sein Bemühen, sich wieder in die Luft zu erheben, war durch die kleinen Stummelbeine nicht mehr möglich, da die Flügel sofort in den Staub schlugen. Immer wieder versuchte der Vogel, wieder nach oben zu kommen. Es gelang ihm nicht. Er hatte sich selbst gefangen und war nun genauso hilflos wie wir. Wir bildeten einen immer kleiner werdenden Kreis und sprachen beruhigend auf den kleinen Vogel ein. Schließlich konnte ein Mitgefangener diesen kleinen Vogel auf seine Handfläche heben, so dass er nun wieder nach oben fliegen konnte. Es war ein rührendes Ereignis. Ein gefangener Mensch hatte einem gefangenen Vogel zur Freiheit verholfen. Wir folgten seinem Flug, bis wir ihn in der Gemeinschaft seiner Artgenossen aus den Augen verloren. Ein symbolisches Ereignis, das zu Gedanken über unsere Kerkerhaft und die täglich erhoffte Hilfe von draußen Anlass gab. Wer wäre nicht gern in dieser Situation ein Vogel gewesen, um diesem Elend zu entfliehen?

Weitere Monate vergingen und schließlich wurde ich Anfang November durch die gut funktionierende Gefängnispost informiert, dass mein Abtransport in eine andere Anstalt vorgesehen sei und bevorstand. Ich ahnte den Hintergrund, nämlich, dass man mich als Arzt irgendwo in einem Straflager einzusetzen beabsichtigte. Sofort bat ich um eine Vorstellung bei dem für die Anstalt zuständigen Stasi-Mann. Nichts passierte, ich wurde nicht zu ihm gebracht. Die Zeit drängte und ich schrieb eine Eingabe an die Stasi, in der ich betonte, dass ich nicht bereit wäre, als Arzt in einer anderen Strafvollzugsanstalt zu arbeiten. Nichts half mir, es gab keine Reaktion, schließlich war es soweit und ich wurde aus meiner Zelle in die Transportabteilung, in die so genannten »Katakomben« gebracht, den Ort, den man als erstes, wenn man nach Cottbus kam, kennen lernt, und den jeder, wenn er Cottbus verlässt, erneut passieren muss.

Bereits früh um 8 Uhr saß ich nun mit anderen in diesen Katakomben. An diesem Tag sollten unsere Frauen aus Hoheneck uns besuchen. Würde ich meine Frau nun noch sehen können? Würde meine Frau auch kommen?

Es war bereits Mittag geworden und nach dem Essen wurde ich aus dem Kellergewölbe hinaufgeführt in den Fernsehraum, in dem das Treffen der Ehepartner vorgesehen war.

Auch meine Frau war mitgekommen. Wieder sahen wir uns und waren so glücklich. Ich erzählte ihr, dass ich wahrscheinlich heute in die Haftanstalt nach Bützow bei Schwerin gebracht würde. Man hatte mir diese Information heimlich zukommen lassen.

Meine Frau tröstete mich und meinte, dass es auch besser sei, diese Arbeit zu tun, als sich hier in Cottbus zu schinden. Noch immer hatten wir keine Information über eine baldige Befreiung. Mein Abtransport erschütterte unser täglich immer wieder selbst aufgebautes künstliches Hoffnungsgebäude. Er zeigte, dass in den nächsten Monaten für uns keine Hoffnung bestand. Doch ich erfuhr von einem Arzt, der in Cottbus inhaftiert war und der ebenfalls in eine andere Anstalt transportiert wurde, dass dieser nach wenigen Tagen nach Chemnitz und von dort in die Freiheit nach Gießen gelangt war.

Das Prinzip der Kommunisten und unserer Schergen in der DDR war die Prinzipienlosigkeit.

Jeder Fall war anders und eine Vergleichbarkeit war hier unmöglich. Es gab eben keine vergleichbaren Aktionen und Reaktionen. Immer wieder konstruierten die Regisseure im Hintergrund neue Varianten, um uns zu verunsichern. Immer noch hatten wir keine Information über unsere baldige Befreiung. Trotz der intensiven Bemühungen unserer Verwandten in West-Berlin, wir hatten natürlich damals keine Ahnung davon, gab es für uns immer noch keinen Lichtblick. Meine Frau war noch dünner geworden, doch sie strahlte mich mit unverändertem Optimismus an und war glücklich, wenige Minuten mit mir zusammen zu sein. Es beruhigte mich und auch ich hoffte damals, dass ich meine Frau durch mein Verhalten optimistisch machen und beruhigen konnte. Es war schon eine schlimme Zeit, die Zeit einer solchen Haft als Unschuldige und Verratene.

Nach dem DDR-Verständnis waren wir natürlich schuldig. Wir waren Staatsfeinde.

Das war eine der größten Schandtaten, weil wir dieses selbst gelobte System verlassen wollten. Es war ein Verbrechen höherer Ordnung. Ein Verbrechen, das sogar schwerer wog als der Mord an einem Menschen. Das haben wir auch in Cottbus durch den Mund des bestialischen Aufsehers, des roten Terrors Schulz gehört. Wir haben gelernt, dass Schuld und Wahrheit in einem diktatorischen System wie in der DDR nur relative Begriffe sind und vom System geprägt werden. Nach dem Verständnis dieses Systems waren wir schuldig. Wieder machten wir uns gegenseitig Hoffnung und Mut.

Trotz des Verbots, uns zu berühren, küsste und drückte ich meine Frau am Ende unserer einstündigen Sprechzeit, jetzt war es ja möglich und es konnte uns nichts mehr passieren.

Wer zu Beginn diesen Fehler tat, musste damit rechnen, von seiner Frau sofort getrennt zu werden. Ich wurde in die Katakomben zurückgebracht, während meine Frau mit ihren Leidensgefährten im Gefangenentransporter, einem Militär-LKW, zurückgebracht wurde.

Gegen 22 Uhr erfolgte nun auch mein Abtransport. Mit dem Gefangenenwagen ging es zum Hauptbahnhof Cottbus. Dort bestiegen wir wieder den »Geradewohl-Express«, wieder eingepfercht mit vier weiteren Gefangenen. Es war eine dunkle Nacht. Viele Stunden fuhren wir, als der Morgen anbrach, konnten wir durch die dicken Milchglasscheiben nicht sehen, wo wir uns befanden. Zunächst wurde unser Waggon auf dem Güterbahnhof hin und her rangiert.

Schließlich wurden wir an einen Zug angekoppelt.

Wohin uns dieser brachte, wussten wir nicht. Deshalb hieß auch unser Transportwagen »Geradewohlexpress«.

Ich wusste durch die erhaltenen Informationen, dass Bützow bei Schwerin lag und war überrascht, als ich plötzlich in den frühen Morgenstunden aus dem Zug herausgeholt wurde und im Gefängnis Frankfurt an der Oder landete. Mit anderen

Gefangenen in eine schmutzige Zelle gepfercht, warteten wir dort etwa vier Stunden, ohne etwas zu Essen oder Trinken zu bekommen. Total übernächtigt saßen wir teils auf der Erde, teils auf dem Toilettenbecken, teils zu zweit auf dem einzigen Hocker. Dann ging der Transport weiter. Wieder wurden wir in den Zug geladen und die Reise begann erneut. Wohin ? –Wir wussten es nicht.

Gegen Mittag des folgenden Tages wurden wir in Ost-Berlin aus dem Wagon geladen und in das mir bereits bekannte Gefängnis Rummelsburg gebracht. Dort saßen wir wieder in einer Wartezelle. Hier erhielten wir erstmals etwas zu essen, eine Schüssel Erbsensuppe.

Nach weiteren drei Stunden erfolgte die erneute Verladung und weiter ging die Reise.

Durch den Bahnhoflautsprecher hörten wir, dass wir am Hauptbahnhof in Rostock angekommen waren. Es war bereits Abend geworden. Einige Gefangene wurden ausgeladen und unser Wagon wurde erneut rangiert.

Gegen 22 Uhr wurde ich schließlich in Bützow abgeladen und mit anderen in das dortige Gefängnis gebracht. Es war ein originaler Gefängnisbau, der von vornherein als Knast konzipiert wurde. Ein Bau, der schon während der Hitlerzeit zu den berüchtigten Gefängnissen gehörte.

Auch heute noch gehört er zu den unter den drei großen »B«'s bekannten Haftanstalten, nämlich Bützow, Bautzen und Brandenburg.

Als Gefangenenarzt in der Haftanstalt Bützow

In dieser Anstalt mussten wir Angekommenen uns auf dem Korridor auf ausgebreiteten schmutzigen Decken stehend splitternackt entkleiden. Unsere Sachen wurden durchsucht und abgenommen. Wir erhielten neue Sträflingsklamotten. Bevor wir uns jedoch anziehen durften, wurde wieder in sämtliche Körperöffnungen geschaut und wir mussten mehrere Kniebeugen machen. Die erste Nacht verbrachte ich mit fremden Mitgefangenen, die mit mir in Bützow angekommen waren. Keiner war aus politischen Gründen inhaftiert.

Am Morgen des folgenden Tages wurde ich aus der Zelle geholt und erhielt im Aufnahmetrakt eine Einzelzelle. Sie war sauber und ordentlich. Aus den Unterlagen hatte man wahrscheinlich gesehen, dass ich als neuer Gefangenenarzt vorgesehen war. Es war eine Geste für die Dienste, die man von mir erwartete. Meine Behandlung war freundlich.

Unter den Gefangenen hatte es sich schon herumgesprochen, dass der »neue Arzt« im Aufnahmetrakt untergebracht war. Diese Information verbreitete sich wie überall sehr schnell.

In der Nebenzelle befanden sich Gefangene, die auf ihre Entlassung warteten, und ihre Stimmung war entsprechend gut.

Durch die so genannte Pendelpost schleusten sie Obst, Kuchen und Zigaretten in meine Zelle.

Die so genannte Pendelpost bestand aus einer an einem Besenstiel befestigten Leine mit einem Einkaufsnetz, mit dessen Hilfe man bestimmte Dinge von Zellenfenster zu Zellenfenster pendeln lassen konnte.

Ich verlebte das erste Wochenende im Zugangstrakt allein in meiner Zelle.

Lediglich eine Stunde Freihof war meine Abwechslung. Am folgenden Montag wurde ich zunächst zum verantwortlichen Stasi-Mann gebracht. Der erklärte mir, dass er meine Unterlagen kenne und wisse, dass ich in die BRD übersiedeln wolle. Er teilte mir mit, dass man von mir erwarte, dass ich als Arzt hier ordentlich arbeite und mir nicht durch Fehlverhalten diesen Weg verbaue. Er verlangte von mir, nicht über Cottbus und die dortigen Erlebnisse zu erzählen und mich auch in meinen politischen Äußerungen zurückzuhalten. Mir wurde außerdem mitgeteilt, dass man ein strenges Auge auf mich hätte und meine Bewegungen besonders überwache. Dann erzählte er mir von der bevorstehenden Arbeit im Haftkrankenhaus, das sich innerhalb des Gefängnisses befand. Er sparte nicht mit Drohungen, wenn ich nicht bereitwillig die von mir erwartete Arbeit verrichten würde, und er wiederholte seine Drohungen und Warnungen. Man hatte also Angst vor meinen Äußerungen und meiner Haltung. Meine Dienste brauchte man, denn die medizinische Betreuung der Haftanstalten war mehr als mangelhaft.

Etwa eine Stunde nach dem Gespräch brachte man mich ins Gefängniskrankenhaus.

Dort wurde ich vom ärztlichen Leiter, einem Oberstleutnant, Dr. med., empfangen. Er war der einzige Arzt in der Einrichtung neben einem Hauptmann, der früher einmal Pferdekutscher und jetzt Feldscher war sowie einem Leutnant, der sich ebenfalls als Feldscher profiliert hatte.

Daneben das übliche Wachpersonal mit Sanitäterausbildung. Dieses verrichtete jedoch keine medizinischen Arbeiten, sondern fungierte in erster Linie als Kontrolleur und so genannter »Schließer«. Darunter verstand man Uniformierte, die lediglich die Zellentüren auf- und zuschlossen, um Gefangene zu transportieren.

Der Leiter diese Krankenhauses, vom Fach ein Kinderorthopäde, war mehr Offizier als Arzt. Was sollte auch ein Kinderorthopäde hier verrichten? Sehr früh erkannte ich seine fachliche Mittelmäßigkeit und spürte seinen unverhohlenen Hass, vielleicht auch Neid? Er war ein typisches Beispiel für die Sorte, die sich einem System verkauft hatte, indem sie wenig Arzt zu sein brauchte, aber gut verdiente. Welcher wirklich gute Arzt übernimmt schon so eine Tätigkeit in Uniform.

In erster Linie galt für diese Personen nur das hohe Monatsgehalt, das weit über dem Durchschnitt lag.

Das Bützower Haftkrankenhaus hatte eine Kapazität von 100 Betten. Zu 80 Prozent waren die Betten ausgelastet.

Patienten kamen aus dem Bützower Gefängnis und den Anstalten des Nordens der DDR sowie aus den Untersuchungsgefängnissen (Greifswald, Rostock, Stralsund, Warnemünde und Schwerin). In der Kelleretage des Krankenhauses befand sich die Ambulanz, sie war eine für die Haftverhältnisse recht gut eingerichtete Abteilung. Außerdem gab es eine Zahnarztpraxis sowie einen Raum für augenärztliche Sprechstunden, die von einem nur stundenweise kommenden Zivilarzt aus Rostock durchgeführt wurden.

In der ersten Etage des Krankenhauses befand sich ein recht moderner Operationssaal, in dem natürlich überhaupt nicht operiert wurde.

Darüber hinaus hatte es eine recht passable Röntgenabteilung, die wiederum einmal wöchentlich von einem Zivilarzt aus Rostock aktiviert wurde. Chirurgische Fälle wurden in der Regel von Chirurgen des Kreiskrankenhauses Bützow versorgt.

In der zweiten und dritten Etage befanden sich die Stationen. Der Eingang zu diesen war natürlich durch Eisengitter verschlossen. Jedes Krankenzimmer wurde ebenfalls wie eine Zelle verschlossen und die Wächter konnten Kranke nur durch die Spione in den Türen beobachten. Das Krankenhaus war sauber und machte einen guten Eindruck.

Eine Reihe von Sträflingen gehörte zu dem begünstigten Dienstpersonal. Sie hatten Pflegedienste, besser gesagt Reinigungsdienste und andere Hilfsdienste zu verrichten. Keiner von ihnen war ein Sanitäter. Manch einer hatte sich sogar recht gut qualifiziert. Mein Arbeitspensum umfasste täglich circa zwölf bis 14 Stunden. Als Unterkunft hatte man mir ein Krankenzimmer zugeteilt. Das Pflegepersonal war in einem großen Raum untergebracht, ebenfalls auf der Stationsetage.

Während ich allein für mich war, wurden die anderen zusammengepfercht. Ich war einerseits sehr froh, hatte ich doch in den wenigen Freistunden meine Ruhe.

Das Zimmer musste ich selbst reinigen, und wenn ich nichts zu arbeiten hatte, wurde ich auch in dieses Zimmer eingeschlossen, ähnlich einer Zelle. Ich war einerseits Arzt und doch ein Gefangener.

Früh um 6 Uhr, die übliche Weckzeit, wurde auch ich geweckt, und nachdem ich meine Morgentoilette beendet hatte, frühstückte ich in meiner Zelle. Anschließend wurde ich herausgeschlossen und führte die ersten medizinischen Behandlungen wie Injektionen, Blutdruckmessungen und andere Untersuchungen durch.

Gegen 7:30 Uhr fand dann die Visite statt, zu der in der Regel der Leiter des Krankenhauses selbst erschien. Gemeinsam gingen wir durch die einzelnen Krankenzimmer. Ich berichtete über die Gefangenen, ihre gesundheitlichen Leiden. Oft machte ich auch Visiten mit Hilfe eines Schließers allein. Neben einer Reihe orthopädischer Patienten gab es viele mit Magengeschwüren, Arbeitsunfälle, Infektionskranke, Alkoholiker mit Entzugserscheinungen sowie psychisch Dekompensierte. Auch Verletzte durch Selbstmordversuche und Patienten mit Hautkrankheiten bis hin zur Krätze.

Nach der Visite gegen 9 Uhr wurde ich vom Wächter, der sich einen weißen Kittel angezogen hatte, in die Ambulanz geführt und begann meine Sprechstunden. Bis gegen 12 Uhr behandelte ich etwa 60 Patienten täglich. Die Ambulanz bestand aus zwei medizinischen Räumen, davon einer für mich als Arzt, der andere ein Vorraum, in dem der alte weißhaarige Hauptmann kontrollierend tätig war.

Gegenüber den Räumen war die Wartezelle, in der die Gefangenen eingeschlossen wurden, um dann einzeln zu mir gebracht zu werden. Im Sprechzimmer führte ich die Untersuchungen Gott sei Dank ohne Wächter durch. Meine Anordnungen schrieb ich auf einen Zettel und gab ihn dem Hauptmann, dem ehemaligen Pferdekutscher, der alles überprüfte, was ich verordnete. Anfänglich gab es da erhebliche Schwierigkeiten durch das schon berufsmäßige Misstrauen des alten Kutschers, der mir natürlich voll misstraute. Das vorhandene Medikamentendepot war außerordentlich knapp, dürftig und lückenhaft und entsprach überhaupt nicht den Erfordernissen. Es zeigte aber auch den unzureichenden Kenntnisstand seines Leiters, der nur auf orthopädischem Gebiet bewandert war. Andererseits war diese schlechte pharmakologische Versorgung Ausdruck der in der DDR allgegenwärtigen Versorgungslücken, insbesondere auch auf dem Arzneimittelmarkt. Vieles fehlte, was zum Notfallarsenal eines Krankenhauses zu gehören hatte. Vieles, obwohl üblich und notwendig, kannten die Verantwortlichen nicht. Diese Mangelsituation erschwerte mir meine Arbeit sehr – war ich doch durch die Tätigkeit im Regierungskrankenhaus verwöhnt. Ich musste eine Liste mit erforderlichen Notfallmedikamenten aufschreiben, die man versuchte zu beschaffen.

Während dieser Tätigkeit bekam ich einen Einblick in das Bützower Strafgefängnis, in dem sich vorwiegend Straftäter mit kriminellen Delikten befanden. Hier waren circa 1000 Häftlinge untergebracht. Der Hauptteil davon waren kleine Taschendiebe und Betrüger sowie solche, die in der DDR wegen Arbeitsbummelei inhaftiert wurden. Man bezeichnete diese als asozial, weil sie keiner Arbeit nachgingen oder diese verweigerten. Viele meiner Patienten waren Geschädigte durch die Tätigkeit des Baues großer Kabeltrommeln aus Holz für Überlandleitungen. Diese mussten aus Bohlen Trommeln von circa 2 Metern im Durchmesser bauen. Mit Tränen in den Augen stand einer von denen vor mir und bat mich, ihm zu helfen. Seine Hände waren wund und geschwollen und hatten zahlreiche Blasen. Er konnte nicht mehr zugreifen. Er bat mich, ihn einige Tage von der Arbeit zu befreien. Diese Hände konnten tatsächlich diese Arbeit nicht mehr verrichten. Sie konnten die großen Nägel nicht mehr in die dicken Bohlen schlagen. Diese Hände mussten schmerzen und ich versuchte mein Bestes.

Oft wurden die Gefangenen nach mehrmaligen Versuchen, dem Arzt vorgestellt zu werden, erst nach Wochen zu mir vorgelassen. Ich erlebte dort die relative Betrachtungsweise der Krankheit und Arbeitsunfähigkeit durch das Haftpersonal. Immer wurde zunächst Faulheit oder Arbeitsunlust unterstellt, bevor man gewillt war, die Krankheit anzuerkennen. Man musste schon auf den Knien kriechen, um dem Arzt vorgestellt zu werden.

Als Gefangenenarzt erlaubte man mir die Kranken bis zu drei Tagen krank zu schreiben.

Eine längere Befreiung wurde nur durch den Krankenhausleiter, den Arzt in Uniform erlaubt.

Ich war nun 14 Tage dort und bemühte mich, alles Erdenkliche für die hilfsbedürftigen Gefangenen zu tun und ihnen meinen ärztlichen und seelischen Beistand zu geben, ihnen Trost und Mut zuzusprechen und Verständnis zu zeigen.

In den freien Arbeitsstunden kam ich auch mit dem Hilfspersonal des Krankenhauses, selbst alles Gefangene, zusammen. Ich sprach über Cottbus, obwohl ich davor gewarnt wurde und es mir verboten war.

Ich sprach auch über die Verhaftung, wie ich sie erlebt hatte, und ich sprach über meine Arbeit im Regierungskrankenhaus und das Leben der DDR-Führung. Dabei hatte ich sicherlich auch einige für die DDR-Gesellschaft abfällige Bemerkungen gemacht, die dazu führten, dass mich einer, der gleichzeitig als Spitzel innerhalb des medizinischen Hilfspersonals fungierte, dem Stasi-Offizier meldete. Ich wurde zu ihm zitiert. Dieser warf mir verleumderische Hetzreden gegenüber der DDR-Staatsführung vor und drohte mit einer Strafverlängerung. Ich konnte mich nicht an derartige Reden erinnern. Ich machte dem Stasi-Mann deutlich, dass ich mich als politischer Gefangener empfinde und das auch deutlich zeige. Wieder hagelte es Drohungen und Beschimpfungen, die darin endeten, dass er mir androhte, mich von einem Mitgefangenen während der Freihofzeit niederschlagen zu lassen.

Diese Erfahrung lehrte mich, besonders mit unbedachten politischen Äußerungen vorsichtig zu sein. Ich hatte erfahren, dass Mitgefangene als Spitzel gegen mich angesetzt waren und sich auch nicht scheuten, verleumderische Lügen zu verbreiten. Sie hofften damit auf Vergünstigungen oder eher entlassen zu werden. Diese Spitzeltätigkeit war gegenüber Cottbus in Bützow besonders verbreitet. Ich richtete mich danach und reduzierte meine Kontakte zu den in der Haftklinik arbeitenden Hilfskräften.

Im Dezember 1982 gab es kaum eine Nacht, in der ich ruhig schlafen konnte.

Fast alle halbe Stunden wurde ich geweckt und man holte mich, weil sich wieder ein Häftling die Pulsschlagader aufschneiden wollte. Ich sah dabei Verletzungen mit Rasierklingen vom Handgelenk bis zur Ellenbeuge.

Die Weihnachtszeit stand bevor und so kam es zu einer Häufung von Selbstmordversuchen.

In diesen Tagen hatte ich bei ungefähr 20 Patienten selbst beigebrachte Schnittwunden zu nähen. Etwa 15 Patienten hatten sich mit gesammelten Tabletten vollgepumpt, in der Hoffnung, durch Selbstmord dem täglichen Übel zu entkommen. Darunter waren einige auch nur, um sich zu betäuben, zu »haschen«. Die Folge war dann immer die unangenehme Magenauspumpung und eine später folgende verschärfte Arreststrafe.

Von der Stasi Schwerin wurde ein junger Mann gebracht, den man beim Fluchtversuch aus einem Güterwagon herausgeholt hatte. Es war ein Fluchtversuch, der schief ging. Der junge Bursche im Alter von 18 Jahren litt an einer Zuckerkrankheit und befand sich im Koma. Der Krankenhausleiter ließ mich holen, weil er nichts mit ihm anzufangen wusste. Als die Diagnose geklärt war, forderte ich eine größere Menge von Infusionslösungen sowie Insulin an. Die Folge war, dass der Feldscher sofort losfahren musste, um im benachbarten Kreiskrankenhaus das entsprechende zu holen. Es gelang uns in den folgenden Tagen, den Patienten wieder ins Leben zurückzuholen.

Ich erfuhr von ihm, wie er festgenommen wurde und warum. Ich tröstete ihn und gab ihm aus den Erfahrungen, die ich selbst gewonnen hatte, entsprechende Ratschläge. Diese natürlich nur in den wenigen Minuten, in denen ich mit ihm allein war.

Akute Fälle gab es in dieser Zeit für mich fast täglich. Herzinfarkte, Arbeitsunfälle mit Verlust von Fingern, durchgebrochene Magengeschwüre und ebenso Selbstmordversuche und psychisch Durchgedrehte.

Ein 62-jähriger Mann wurde in einem außerordentlich schlechten Allgemeinzustand eingeliefert und kam aus dem Straflager Stralsund, wo er bei Wind und Wetter auf einem Schrottplatz zu arbeiten hatte. Er sah grau und blass aus. Schon beim ersten Blick sah man, dass in ihm eine ernste Krankheit steckte. Sein abgemagerter Körper sprach eine eindeutige Sprache. Vor Schmerzen konnte er nicht einmal stehen und sein Geist war zeitweise etwas verwirrt. Ich fragte, warum er eingesperrt sei, und er erklärte mir, dass man ihn eingesperrt habe, weil er nicht seiner Arbeit nachgegangen sei. Weinend erzählte er mir, dass er nicht arbeiten könne, weil er große Schmerzen habe, insbesondere Schmerzen im Rücken, aber auch überall im Körper. Gefragt, ob er nicht einen Arzt aufgesucht habe, antwortete er mir:

» Ja, natürlich habe ich einen Arzt aufgesucht, doch keiner hat etwas gefunden.«

Er wurde eingesperrt wegen Arbeitsbummelei und musste als Häftling in diesem schlechten Zustand auf einem Schrottplatz, dem Wetter völlig ausgesetzt, arbeiten. Ich war zutiefst erschüttert.

Am Röntgentag veranlasste ich eine Magenuntersuchung und es wurde ein großes Magencarcinom mit Wirbelsäulenmetastasen festgestellt. Darüber hinaus hatte er zahlreiche Tochtergeschwülste im gesamten Bauchraum und auch gleichzeitig Bauchwasser (Ascites). Der Patient befand sich in einem präfinalen Stadium, eine medizinisch grundlegende Hilfe war nicht mehr möglich.

Sofort erstattete ich dem Leiter Bericht über diesen Fall und gab meiner Empörung über das oberflächliche ärztliche Verhalten während der U-Haft-Zeit Ausdruck. Schließlich wurde dieser Patient bereits in der U-Haft von Ärzten untersucht, schließlich war er auch vor seiner Haft bei Ärzten in seiner Heimat gewesen und hatte seine Beschwerden vorgetragen. Niemand hat sich richtig um ihn gekümmert! Man hatte ihn einfach verurteilt wegen Arbeitsbummelei – welch eine Schande!

Noch am gleichen Tag wurde der Schwerstkranke in das Kreiskrankhaus Bützow verlegt, wo er nach drei Tagen verstarb.

Diese Geschichte, mag sie auch ein Einzelfall sein, symbolisiert die verhängnisvolle, auf oberflächliche Betrachtungsweise gestützte Vorverurteilung und schließliche Verurteilung eines unschuldigen, schwerstkranken Menschen, eines Arbeiters in der DDR-Gesellschaft.

In Bützow erfuhr ich auch von Strafgefangenen, die wegen des Paragraphen 48 wiederholt eingesperrt wurden. Dieser Paragraph war ebenso ein Schandparagraph wie der Paragraph 100, jedoch hier auf soziale Probleme bezogen und nicht auf politische. Er brachte einen einmal straffällig Gewordenen immer wieder hinter Gitter.

Dieser Paragraph enthielt differenzierte Kontrollverordnungen, die von dem wieder Entlassenen verlangten, sich einmal in der Woche bei einem »Abschnittsbevollmächtigten«, dem Ortspolizisten, zu melden. Eine andere Forderung war es, dem Polizisten die eigenen Wohnungsschlüssel auszuhändigen, damit dieser zu jeder Tages- und Nachtzeit kontrollieren konnte.

Kam ein solcher straffällig Gewordener, der seine Strafe bereits verbüßt hatte, aber danach noch mit diesen Auflagen bestraft wurde, den geforderten Anordnungen nicht pünktlich nach, so hatte er mit erneuter Inhaftierung zu rechnen.

Mir scheint, dass dieser Paragraph den staatlichen Behörden die Möglichkeit gab, die Straflager immer voll zu halten, um auf diesem Wege billige Arbeitskräfte nach allen Regeln der Kunst ausbeuten zu können. In den Straflagern zeigte sich, zu welcher Ausbeutung man dort fähig war.

In Bützow habe ich viele, die mit diesem Paragraph 48 zusätzlich bestraft wurden und dadurch wieder inhaftiert waren, kennen gelernt.

Durch meine Arbeit vergingen die Tage für mich sehr schnell. Ich hatte wenig Zeit zum Grübeln und Spekulieren. Meine Verwandten, mein Schwager und seine Frau, besuchten mich alle zwei Monate auch hier oben im Norden der DDR. Sie nahmen jeden erlaubten Termin wahr, schickten ebenso jedes erlaubte Paket. Sie haben so viele Opfer gebracht an Zeit, Urlaubstagen und auch an Nerven, dass es unmöglich ist, ihnen das wieder zurückzugeben.

Meine Frau, die am anderen Ende der DDR war, habe ich seit November 1982 bis zu meiner Entlassung im Juli 1983 nicht wiedergesehen. Während meiner Ambulanztätigkeit kam ein Gefangener zu mir, der sich seit Wochen bemüht hatte, mit mir in Kontakt zu treten.

Er war in der Finanzzelle als Bürokraft eingesetzt. In verschiedenen Etappen erzählte er mir seine Lebensgeschichte. Immer wenn er zu mir in die Sprechstunde vorgelassen wurde, das war selten, weil man den Kontakt zu mir verhindern wollte, hörte ich die Geschichte weiter. Auch unsere heimlichen Treffs beim erlaubten Kinobesuch vervollständigten seine Erzählungen. Er berichtete, dass er selbst Angehöriger der Stasi gewesen sei und als so genannter Verbindungsoffizier in einem Marineregiment in der Nähe von Rostock eingesetzt war. Er erzählte mir, dass er die Nase voll hatte und sich 1978, im Kofferraum versteckt, erfolgreich nach West-Berlin abgesetzt hatte. Dort war er als Sozialfürsorger beruflich tätig und bereits Mitglied der Zehlendorfer CDU. Bei einer Feier mit seinen West-Berliner Arbeitskollegen hatte er einmal zu viel getrunken und war bei der Heimfahrt in der S-Bahn eingeschlafen. Die Tragik seines Falles bestand nun darin, dass die S-Bahnlinie am Ostberliner Bahnhof Friedrichstraße endete. Diese Endstation gehörte bereits zu Ost-Berlin und diente gleichzeitig als Übergang von Ost- nach West-Berlin und umgekehrt. Daraus resultierte eine entsprechend starke Bewachung durch die Ost-Berliner Grenztruppen und zusätzlich durch die Stasi. Als er aufwachte, bemerkte er seine Situation.

Um schnellst möglich zurück nach West-Berlin zu kommen, verließ er den S-Bahnzug und wollte zum U-Bahnsteig herunterlaufen. Dabei wurde er aber von einem ehemaligen Genossen der Stasi erkannt und verhaftet.

Wegen Spionage verurteilte man ihn zu 13 Jahren Haft. Er kam in das ebenfalls berüchtigte Gefängnis Bautzen.

Seine alte Mutter, die in Rostock lebte, war wegen des hohen Alters nicht in der Lage ihren Sohn in Bautzen zu besuchen. Für sie war die Fahrt viel zu beschwerlich, ja unmöglich. Durch Hungerstreik gelang es ihm, dass er von Bautzen in die Haftanstalt Bützow verlegt wurde. Von den 13 Jahren seiner Strafe hatte er nun schon drei Jahre abgesessen. Ich war über diese Geschichte und das hohe Maß seiner Verurteilung erschüttert. Ich versprach, ihm zu helfen, sofern ich die Möglichkeit in Freiheit dazu hätte.

Im Februar 1983 bekam ich ärztliche Unterstützung von einem inhaftierten Chirurgen, der wegen eines Verkehrsdeliktes unter Alkohol eingesperrt worden war. Er kam mit in meine Zelle und wir arbeiteten gemeinsam. So wurde die chirurgische Versorgung der Unfallverletzten deutlich verbessert.

Zeitweise arbeitete ich als Narkosearzt. Die so erfolgte Arbeitsteilung war nach den Monaten der Überlastung eine echte Erleichterung für mich.

In den ersten Wochen in Bützow erhielt ich sogar mehrfach Post von meinen Verwandten aus West-Berlin. Ich war darüber erstaunt, denn in Cottbus war das nicht gestattet gewesen. Wahrscheinlich war es ein Versehen der Stasi-Regisseure, die nach einigen Wochen erst dahinter kamen und mir diese Post wieder verboten.

Erlaubt war nur ein Postverkehr mit den Verwandten, die unsere Tochter aufgenommen hatten, sowie zwischen meiner Frau und mir. Zu anderen Personen durfte ich keine Postverbindung haben, zu meinen Eltern wollte ich sie auch nicht.

Durch meine ärztliche Tätigkeit in der Haftklinik in Bützow hatte ich wenig persönliche Repressalien hinsichtlich der Genehmigung von Geschenkpaketen oder Briefen. In der Regel wurden nur vier Pakete im Jahr erlaubt. Lediglich die Stasi holte mich mehrmals zu sich, um mir wieder neue Drohungen und Beschimpfungen entgegenzuhalten. Sie war bemüht, meinen Willen zu brechen und mich klein zu kriegen.

In Bützow, wenn ich über die Gefängniskorridore geführt wurde, sah ich ein typisches Gefängnisgebäude, dreistöckig mit großen Treppengängen und eisernen Fangnetzen zwischen den Flurbalkonen. Auf Reinlichkeit wurde hier großer Wert gelegt, und so war die Sauberkeit hier unvergleichlich besser als in dem Dreckloch Cottbus. Das Bützower Gefängnis, ein alter Bau wie eine Festung, in deren Mitte sich ein Turm erhebt. Krähen oder Dohlen bevölkerten die Dächer, ebenso wie zahlreiche

Tauben. In den Spätherbsttagen flogen Scharen von Graugänsen schreiend über unser Gefängnis hinweg.

In Bützow erfuhr ich auch von der noch bestehenden Todeszelle mit dem Fallbeil. Diese war versteckt, da niemand sie sehen oder über sie etwas erfahren durfte.

Zuletzt war das Fallbeil angeblich während der Hitlerdiktatur betätigt worden. Vielleicht aber auch noch danach – ich weiß es nicht?

Am 27.5.1983 besuchten mich meine Verwandten aus Teltow. Die zwei Jahre unserer Haft neigten sich dem Ende zu. Noch immer waren die Bemühungen um unsere Freiheit erfolglos geblieben. Die DDR-Behörden schalteten auf stur. Neues konnten mir auch meine Besucher nicht mitteilen. Sie wussten nichts über unsere Übersiedlung. Als ich nach dem Besuch zurückgeführt wurde, teilte man mir mit, dass ich bald nach West-Deutschland entlassen werden würde. Ich war über diese Information überrascht und hoch erfreut, ohne es äußerlich zu zeigen.

In den folgenden Tagen war ich in Hochstimmung und wartete nun ungeduldig auf meinen Abtransport.

Am 24. Juni wurde ich zur Stasi gebracht. Der Offizier sagte zu mir: »Strafgefangener Jürgensen, Sie werden in den nächsten Tagen nach Ost-Berlin entlassen werden. Ich rate Ihnen, sich ruhig zu verhalten, denn unsere Genossen werden Sie im Auge behalten. Ich bin sicher, dass, wenn Sie in die BRD kommen, Sie dort nicht solche Schwierigkeiten haben wie viele andere, die wir dort hin entlassen haben.«

Wieder allein in meiner Zelle, grübelte ich über diese Worte nach, was das noch alles bedeuten könnte.

War es die Taktik der Stasi, mich falsch zu informieren, oder war es die bittere Wahrheit?

Warum hatte mich der Wächter anders informiert als jetzt der Stasi-Mann?

Die Antwort war einfach. Man wollte Emotionen schüren und wieder niederschlagen. Das gehörte zum bösen Spiel des Psychoterrors in den DDR-Strafvollzugsanstalten.

Trotz der offensichtlichen Feindseligkeit und des gezeigten Hasses, den ich durch die Vertreter des DDR-Systems in der Haftanstalt erlebte, dankte mir dieser Offizier für meine ärztliche Einsatzbereitschaft während meiner Tätigkeit und wünschte mir alles Gute. Nach diesem Gespräch kam ich zurück in meine Zelle.

An diesem Tage und den folgenden durfte ich nicht mehr als Arzt arbeiten. Ich wurde völlig isoliert. Der Abtransport schien also bevorzustehen. Ich wartete jede Minute voller Spannung darauf. Doch zunächst geschah wiederum nichts. Ich fragte einen Wächter, warum nichts passierte, nachdem bereits der zweite Tag zu Ende ging. Dieser wusste jedoch nichts.

Schließlich wurde ich am 30. Juni gegen 8 Uhr aus der Zelle geholt und kam in die Abtransportzelle. Ich befand mich jetzt wieder in dem Trakt, in dem ich bei meiner Ankunft gewesen war. Dort traf ich auch wieder andere Gefangene, die für den Transport vorgesehen waren. Mit Überraschung und Freude traf ich auch den Mitgefangenen M., der bereits Westberliner Bürger war und durch einen dummen Schicksalsschlag wieder in die Hände der Stasi geriet. Er glaubte jetzt auch, auf die Reise in Richtung Freiheit, Richtung freies West-Berlin zu gehen, wo er drei Jahre zuvor Bürger dieser Stadt war. Er war in Hochstimmung. Er glaubte, mit mir jetzt in die Freiheit entlassen zu werden.

Gemeinsam gingen wir auf die Reise Richtung Berlin. Wiederum wurden wir mit dem Gefangenentransporter zum Bahnhof gebracht und mussten, umstellt von uniformierten Wächtern und auch von Schäferhunden, in den an einen Zug angehängten Wagon, den so genannten »Geradewohlexpress«, steigen.

Die Fahrt ging nach Stralsund. Hier mussten wir alle aussteigen und wurden mit einem LKW in die Haftanstalt Greifswald gebracht. Mehrere Stunden wurden wir dort in einer Transportzelle untergebracht.

Danach ging die Fahrt zurück zum Bahnhof. Mit Handschellen aneinandergekettet standen wir (15 Häftlinge) auf dem Bahnsteig.

Unsere Haftuniform mit den gelben Streifen war für Jedermann deutlich sichtbar.

Uniformierte mit Hunden umstanden uns. Die Menschen der ankommenden Ferienzüge schauten entsetzt aus den Fenstern und wussten, wen sie vor sich hatten. Wussten sie es wirklich? Sie wussten, dass wir Gefangene waren, was für Gefangene wir tatsächlich waren, konnten sie leider nicht erkennen.

Ich stand da, blass und nicht anders aussehend als meine Leidensgefährten.

Es war ein Martyrium für uns alle, bei glühender Hitze auf dem Bahnsteig zu stehen und uns wie die Affen oder Aussätzigen bestaunen zu lassen. Ganze 40 Minuten dauerte diese Schau. Es war wieder eine Inszenierung der Regisseure im Hintergrund.

Ich war innerlich zermürbt, noch immer hatte mich die zweijährige Haftzeit nicht genug abstumpfen lassen. Gestützt auf die Hoffnung, nun doch noch in die Freiheit entlassen zu werden, ertrug ich diese psychische Folter trotz großer seelischer Schmerzen.

Endlich fuhr der Zug ein, an dem unser »Geradwohlexpress« angehängt war. Weiter ging die Reise nach Ost-Berlin. Dort wurden ich und auch M. entladen und in die Haftanstalt Berlin-Rummelsburg gebracht.

Bei solchem Transport war es üblich, dass in der Effektenkammer kleine Pakete fertig gemacht und mit dem Bestimmungsort des Gefangenen versehen wurden. Sie enthielten das wenige Hab und Gut eines Gefangenen.

Beim Aussteigen und Einstiegen in die jeweiligen Transportfahrzeuge erhielt jeder irgendein Päckchen zu tragen. Das geschah jedoch so, dass man nicht sein eigenes in die Hand bekam.

Dennoch wusste jeder darüber Bescheid und rief laut den Namen und den Bestimmungsort, der auf dem Päckchen stand, welches er zu tragen hatte. So erfuhr ich, dass mein Bestimmungsort Berlin-Rummelsburg lautete.

Mein hoffnungsvoller Mitgefangener M. erfuhr die tragische Tatsache, dass sein Bestimmungsort lautete »Bautzen II«. Welche Enttäuschung! Aus war seine Hoffnung, in die Freiheit zu kommen!

Eine noch zehnjährige Haft lag vor ihm.

Nur wer die mittelalterlichen Haftbedingen in DDR-Haftanstalten kannte, vermag vielleicht zu verstehen, was das bedeutete. Nach so vielen Jahren war die Persönlichkeit eines Jeden völlig zerstört.

In Rummelsburg angekommen, wurde ich von den anderen sofort getrennt und kam in eine Einzelzelle. Keiner durfte zu mir, jeder Kontakt mit anderen, außer mit dem Kalfaktor, der das Essen austeilte, war untersagt. Dieser Kalfaktor, ein junger Mann und wie mir schien mit guter Erziehung und Bildung, war ein Homosexueller und fragte mich stets, wenn er Gelegenheit dazu hatte, ob es ärztlich möglich sei, sich vom Mann zur Frau umoperieren zu lassen. Es war sein größter Wunsch und sein festes Ziel. Vielleicht war das auch ein Grund, warum er hinter Gitter gebracht worden war? Sein Urteil kannte ich nicht. Von ihm erfuhr ich, dass ich mich in der Zelle befand, von der man nach West-Berlin abgeschoben wird. Das war für mich eine hoffnungsvolle Information.

Nach wenigen Tagen erhielt ich über den Kalfaktor Grüße von einem Zahnarzt, der mit mir in Cottbus inhaftiert war und jetzt hier als Zahnarzt eingesetzt wurde. Er war gleichzeitig Kieferchirurg und hatte früher in einer Klinik in Cottbus gearbeitet.

Gemeinsam mit seiner Frau und seinem Kind wollte er nach West-Berlin fliehen.

Auch er glaubte damals voller Hoffnung, dass seine Flucht im Kofferraum eines amerikanischen Militärstreifenwagens die größtmögliche Sicherheit bot. Doch auch das war eine verhängnisvolle Täuschung. Am Grenzübergang Drewitz fiel den DDR-Sicherheitsorganen etwas an dem Streifenfahrzeug auf. Da es sich jedoch um ein ausländisches Militärfahrzeug handelte, waren die DDR-Leute nicht befugt, das Fahrzeug zu kontrollieren. Die Bestimmungen des Viermächte-Status hinderten sie daran. Man wartete zwei Stunden lang, bis die entsprechende Militärstreife der roten Armee herbeigerufen wurde.

Man informierte die sowjetische Militäradministration über den Verdacht einer Fluchthilfe. Das amerikanische Streifenfahrzeug wurde nun von russischen Soldaten umstellt und kontrolliert. Der Kollege wurde zusammen mit seiner Familie herausgeholt, während auch wieder die Fotoapparate und Kameras klickten und summten. Alles wurde fotografisch festgehalten. Man übergab sie der Stasi der DDR und so begann für ihn und seine Frau das gleiche Schicksal, das wir alle durchlebten.

Nach monatelanger U-Haft und anschließender Verurteilung, kam er in die Haftanstalt Cottbus, während seine Frau nach Hoheneck gebracht wurde. Jetzt war er als Häftlingszahnarzt in Rummelsburg eingesetzt.

Ich freute mich über die Grüße dieses Kollegen und unter Vorgabe von gesundheitlichen Beschwerden wurde ich drei Tage danach in das Krankenrevier gebracht. Dort gelang es uns, dass wir kurze Zeit miteinander sprechen konnten. Dabei hieß es stets aufpassen, um nicht erwischt zu werden.

Es gelang uns in den folgenden zwei bis drei Wochen mehrfach zusammenzukommen, da meine vorgegebene Krankheit das verlangte. Jeden Tag erwartete ich meine Freilassung und Abschiebung nach West-Berlin, jedoch nichts geschah. Man ließ mich in der Abschiebezelle, die in Wirklichkeit nichts anderes war als eine Einzelhaft für die letzten Wochen meiner Kerkerzeit. Man wollte es mir noch einmal so richtig geben. Immer größer wurde der Zweifel, von hier in die Freiheit entlassen zu werden.

Unter diesem seelischen Druck organisierte ich mir ein Blatt Papier und einen Bleistift.

Aus meiner Zelle schrieb ich an die Staatssicherheit der Anstalt und äußerte die Bitte um Weiterleitung meines Schreibens an die übergeordnete Dienststelle. Bevor ich dieses Schreiben abgab, lernte ich es auswendig, um es später als Erinnerungsprotokoll erneut aufzuschreiben.

Der Text lautete etwa so:

Willenserklärung

Hiermit möchte ich nochmals und unmissverständlich erklären, dass ich mit meiner Familie die DDR verlassen will! Durch die Art und Weise unserer Verhaftung, unserer Verurteilung und durch die unfassbaren Erlebnisse während der Einkerkerung habe ich dieses System hassen und verachten gelernt, so dass es mir niemals mehr möglich ist oder sein wird, weiter in diesem Staat zu leben oder zu arbeiten.

Dennoch habe ich mich bemüht, die mir während der Haftzeit aufgezwungene Arbeit, sowohl in der Anstalt Cottbus als Stanzer, später als Entgrater, als auch als Arzt im Haftkrankenhaus Bützow ordentlich und nach bestem Gewissen zu verrichten in der Hoffnung, dass ich nach Verbüßung dieser Haftstrafe mit meiner Familie die DDR verlassen kann. In gleicher Weise haben auch unsere Verwandten und Freunde die Ruhe bewahrt.

Da es jedoch den Anschein hat, dass man uns nicht gehen lassen will und die Erpressungen und Schikanen weiter zu gehen scheinen, sehe ich mich gezwungen, auf diesen Druck mit Gegendruck zu reagieren. Niemand kann mich hindern, über die erlebte Wahrheit mit meinen Verwandten und Freunden in Ost und West, ebenso wie mit meinen ehemaligen Patienten, den diplomatischen Vertretungen, zu sprechen. Nichts wird mich abschrecken, meine Meinung frei zu sagen und über unsere Erlebnisse offen zu sprechen. Auch, wie bereits erfolgt, habe ich keine Angst vor den Drohungen der Staatssicherheit und der Ankündigung einer weiteren Beobachtung. Darüber hinaus habe ich die Wiederaufnahme meiner ärztlichen Tätigkeit sowie jede andere Arbeit in diesem Staat eindeutig abgelehnt. Es ist mir nicht mehr möglich, in oder für einen Staat zu arbeiten, den ich verachte und unter allen Umständen zu verlassen beabsichtige!

Mit aller Entschlossenheit und Konsequenz, auch im Wissen, dass man hier durch Isolation und erneute Inhaftierung zum Schweigen gebracht werden kann, werde ich für die Freiheit und Aussiedlung meiner Familie und mir kämpfen. Nichts wird mich hindern, mein Ziel zu erreichen.

Ich möchte jedoch betonen, dass weder ich noch meine Verwandten und Freunde daran interessiert sind, um meine Familie und mich großes Aufsehen zu machen. Ich betrachte mich weder als Sklave noch als Leibeigener dieses Staates im 20. Jahrhundert –.

Zwei Tage nach dieser Niederschrift, ich kannte den Text jetzt nahezu auswendig, habe ich das Blatt Papier abgegeben. Es war im Juli 1983 und immer noch war ich in der Zelle allein. Immer kleiner wurde die Flamme der Hoffnung, bald in der Freiheit zu sein.

Am 21.7.1983 wurde ich entlassen. Blass und gedrückt mit weichen Knien stand ich in meinem Anzug, dem, den ich auch vor Gericht getragen habe, in der Hand einen Karton, vor den Toren des Ost-Berliner-Gefängnisses in Rummelsburg. Ich stand völlig allein. Ich hätte laut aufschreien können. Mein Schwager musste am gleichen Tag in aller Früh schon losfahren, um meine Frau in Hoheneck abzuholen. So war für mich kein Mensch da, um mich abzuholen.

Von der großen Enttäuschung überwältigt, liefen mir die Tränen leise über die Wangen.

Ich weiß nicht, ob das jemand gesehen hat? Mir war alles egal.

Das geringe Taschengeld, das ich noch durch meine Haftarbeit erhalten hatte, gestattete es mir, mit der Straßenbahn in Richtung Leipziger Straße, in unsere Wohnung zu fahren.

Ich erreichte sie, doch sie war verschlossen. Niemand öffnete mir auf mein Klingeln. Die Schlüssel hatte ich nicht, ich war verzweifelt. Ich stand vor der verschlossenen Tür und wusste zunächst nicht, was ich tun sollte.

In den Gedanken an meine Mutter und ihren Mann, meinen Stiefvater und diese Familie, sagte ich mir, wenn diese Familie wirklich unschuldig an unserem Schicksal ist, so hätte wenigsten einer von ihnen spätestens heute in unserer Nähe sein müssen.

Diese Familie hatte in den zwei Jahren unserer Haft kein Interesse an unserem Schicksal gezeigt und niemals mit meinem Schwager Ludo in Teltow eine Verbindung aufgenommen, um über uns etwas zu erfahren. Sie blieben in der Ferne und rührten sich nicht, auch nicht in den folgenden Monaten unseres Dahinvegetierens als entlassene Straftäter, bis wir am 2.2.1984 Ost-Berlin verlassen durften.

Mit diesem Verhalten haben sie sich bereits selbst als Straftäter identifiziert, so ein Verhalten zeigt keine Mutter mit reinem Herzen!

Meine Verwandten, bei der unsere Tochter Antje zwei Jahre versorgt wurde, hatten leider kein Telefon. Wie sollte ich mich jetzt bemerkbar machen? Schließlich erinnerte ich mich an unsere guten Freunde, Tutti und Jelko. Würden sie noch zu uns stehen? Würden sie mich abweisen? Was wussten sie über unser Schicksal? Was wussten sie über unsere Haft, die wir in den letzten zwei Jahren durchlebten?

Ich entschied mich, trotz aller Skrupel zum Postamt in die Leipziger Straße zu gehen, um ihre Telefonnummer zu erfahren. Ich hatte Glück und traf sie an. Ich schilderte meine Situation und Jelko war sofort bereit, mich aus der Leipziger Straße zu sich zu holen. Nach wenigen Minuten war ich bei unseren Freunden. Wir fielen uns weinend in die Arme.

Tutti, eine weltbekannte Kammersängerin, war über meine Ausführungen nur am Weinen.

Sie bewirteten mich herzlich und Jelko bot mir an, sofort ein Telegram nach Teltow zu unseren Verwandten zu schicken, da sie telefonisch ja nicht erreichbar waren. Ich war sehr dankbar, denn es war die beste Lösung. Mein Freund ließ mich dann allein und verschwand plötzlich, um in der Stadt etwas Wichtiges zu besorgen. In Wirklichkeit ist er zu seiner Personalabteilung in die Komische Oper gefahren, um sich wegen meiner Anwesenheit abzusichern. Die Angst trieb ihn dazu.

Nach einer Stunde war er wieder zurück und wir vereinbarten, dass ich in seiner Wohnung allein bleibe, bis meine Verwandten mich abholen, während sie sich wieder in ihr Wochenendhaus zurückziehen wollten. Beide waren etwas unruhig und hatten es eilig! Die Angst war die Ursache und die Unsicherheit über mögliche Repressalien durch den Kontakt mit mir. Ich war vielleicht schon ein Aussätziger?

Es war bereits Nachmittag geworden, als ich gegen 15 Uhr die Türglocke läuten hörte.

Ich öffnete und mein Schwager stand vor mir, begleitet von meiner blassen, aber glücklich strahlenden Frau. Weinend fielen wir uns in die Arme. Meine Frau war dünn, sie wog weniger als 100 Pfund. Nachdem wir die Wohnungstür der Freunde verriegelt hatten, die Schlüssel wie vereinbart in den Briefkasten geworfen hatten, fuhren wir gemeinsam in die Wohnung unserer Verwandten nach Teltow.

Dort fiel mir unsere Tochter, die nun schon neun Jahre alt war, strahlend und glücklich in die Arme. In mir war der Druck jetzt so groß geworden, dass ich bitterlich weinen musste. Wir weinten alle. Zu diesem Zeitpunkt wusste unsere Antje noch immer nicht, was mit uns geschehen war, und glaubte immer noch an unsere medizinische Hilfe für Afrika. In den folgenden Stunden berichteten wir nun ausführlich, was eigentlich geschehen war. Jetzt erfuhren sie erstmalig die Zusammenhänge unseres erlebten Schicksals. Sie waren fassungslos und Tränen rollten über unsere Gesichter, wir mussten immer wieder weinen.

Die folgende Nacht blieben wir bei ihnen, um etwas zur Ruhe zu kommen.

Aufruf

Nach Jahren der Haft,
des Hasses, der Folter,
klagen wir an,
macht Schluss mit dem Terror,
schafft ein menschliches Land.

Missbraucht nicht die Macht,
die ihr selbst euch gegeben,
lasst die Menschen menschlicher leben,
schafft Vertrauen statt Waffen,
macht nicht die Menschen zu dressierten Affen.

Nur Recht und Freiheit
schaffen den Grund,
menschlich zu leben,
zu denken, zu fühlen,
auf unserem ganzen Erdenrund.

Die Bemühungen der Verwandten im freien Berlin

Kaum wieder in Berlin, vom Urlaub zurück, telefoniere ich mit meinen Verwandten in der DDR, in Teltow. Sie berichten mir, dass unsere Pakete angekommen sind und auch meine Karte aus Österreich sie erreicht hat. Eine Besuchserlaubnis haben sie weder für Elke, noch für Uwe bekommen. Sie haben aber in der Zwischenzeit erfahren, dass Elke im Dreischichtsystem Bettwäsche nähen muss und Uwe in Cottbus noch keine Arbeit hat. In einem Brief, den meine Schwester an die Teltower schickte, bittet sie um warme Wäsche und um Wollsocken. Über dieser Bitte war von der Anstaltsleitung ein Stempel gedrückt worden »Pakete nur mit Paketschein«.

Ludo und Hildchen sind empört, denn das ganze ist doch schrecklich.

Wie ich schon befürchtete, sind die alten Gemäuer in Hoheneck nicht warm zu kriegen.

Jetzt bittet ein Häftling, der dort sein muss, unschuldig, Verwandte um warme Wäsche und Wollsocken, um nicht zu frieren, und irgendein Oberkerkermeister drückt darüber den Stempel mit der Aufschrift »Pakete nur mit Paketschein«! Gibt es Menschenverachtenderes? Offenbar ist den Schergen gleichgültig, ob die Häftlinge frieren, sie krank werden oder was sonst noch mit ihnen geschieht. Es müssen schlimmste, fast mittelalterliche Verhältnisse dort herrschen. Unbegreiflich für mich und Zorn erregend.

Wieder ein Grund, das System zu hassen und diejenigen zu hassen, die das System stützen und aufrechterhalten. Auch die, die durch ihre Unterwürfigkeit und ihre Mithilfe dieses große Unrecht zugelassen haben.

Elkes Gesundheit macht mir nun wirklich große Sorgen. Nicht nur, dass sie so sehr abgemagert ist – es werden ihr offenbar nicht einmal genügend Decken oder Wäsche zur Verfügung gestellt, um nicht frieren zu müssen. Für mich ist dies Anlass, Herrn X. noch einmal zu bitten, diesen Fall ganz dringend zu machen, damit hier nicht dauerhafte Gesundheitsschäden erlitten werden.

Volker Ebers
Müllerstr. 24 j
1ooo Berlin 45

, den 11.1.1982

Herrn

Direktor

Sehr geehrter Herr XXX,

während meines Urlaubs, den ich gerade beendet habe, erfuhr ich die Postadressen meiner Schwester und meines Schwagers. Sie lauten wie folgt:

Elke-Margarita Jürgensen
DDR 915o Stollberg
Postfach 37

Dr. Uwe-Jens Jürgensen
DDR 75oo Cottbus 1
PSF 222/3

Obwohl ich in Berlin keine Nachricht von den beiden hatte, konnte ich das Verlangen nicht unterdrücken, ihnen je eine Karte zu schicken mit Wünschen für ein gesundes neues Jahr. Ich weiß nicht, ob die Karten die Adressaten erreichen werden. Täglich hoffe ich ein direktes Lebenszeichen von meinen in Haft befindlichen Verwandten zu bekommen.
Mein in der DDR lebender Bruder Ludo, der den Kontakt zu den Inhaftierten aufrecht erhältberichtete mir, daß unsere Schwester extrem an Gewicht verloren hat und nur noch 51 kg wiegt. Bei einer Körpergröße von 17o cm ist dies auch für einen schlanken Typ erhebliches Untergewicht. Mein Schwager und natürlich auch mein Bruder und ich machen uns ernste Sorgen um den Gesundheitszustand meiner Schwester.

Ich teile Ihnen dies mit, sehr geehrter Herr [redacted], um damit meiner Bitte Nachdruck zu verleihen, alles im Bereich Ihrer Möglichkeiten liegende zu unternehmen, um meiner Schwester und ihrem Ehemann zu helfen. Neben allem was wir persönlich besprochen haben und was ich Ihnen in meinem Schreiben vom 14.12.81 mitteilte, macht die kritische Gewichtsabnahme meiner Schwester den Fall wohl noch dringlicher.
Sie sind meine einzige Hoffnung, da ich, wie ich Ihnen versprach, keine eigenen Aktivitäten entwickle.

Natürlich befasse ich mich häufig mit der Idee, eine Kampagne ins Leben zu rufen und alle nur erdenklichen Organisationen und Medien einzuschalten. Im Vertrauen an Sie, auf Ihre Erfahrungen und Ihre Möglichkeiten unterdrücke ich diesenWunsch, obwohl es ziemlich schlimm ist, selbst untätig sein zu müssen.

Ich würde mich freuen von Ihnen zu hören.
Vielleicht können Sie auch einmal dazu Stellung nehmen ob es richtig oder falsch war, aus Österreich Kartengrüße (mit meinem Berliner Absender) an die beiden zu schicken.

Ich wäre glücklich, wenn Sie etwas zur Erleichterung des Loses meiner Verwandten , oder noch besser, für ihre vorzeitige Entlassung in die BRD tun könnten.

Mit freundlichen Grüßen

Inzwischen weiß ich ein bisschen mehr über die Haftbedingen, die schlimm sind.

Die Häftlinge dürfen zwei bis drei Briefe im Monat schreiben, wobei zu Beginn der Haft festgelegt wurde, wer die Schreibpartner sein dürfen. Vermutlich werden die Eheleute sich in erster Linie selbst schreiben und an zweiter Stelle werden sie ihrer Tochter Antje schreiben. Wenn irgend möglich, werden sie wohl auch versuchen, mir einmal zu schreiben.

Ich bin nicht sicher, ob Briefkontakte mit dem Westen möglich sind. Ich erfahre auch, dass sie Briefe erhalten dürfen, und zwar ohne eine Limitierung. Pakete zu schicken, ist allerdings nur dann gestattet, wenn sie einen Paketschein dafür bekommen. Laut Strafvollzugsordnung der DDR ist dies viermal im Jahr möglich.

Paketscheine werden dann ausgegeben, wenn ein Gefangener sich durch besonders gute Arbeit ausgezeichnet hat oder wenn er anderweitig Anlass dazu gegeben hat. Was dies bedeutet, kann ich mir gut vorstellen. Diejenigen, die Spitzeldienste leisten, die besonders eifrig bei der Arbeit sind, die zu erkennen geben, sich in dieses System wieder eingliedern zu lassen, die einfach das tun, was gewünscht wird, die bekommen dann einen Paketschein.

Elke und Uwe werden also nur dann eine Chance haben, einen Paketschein zu erhalten, wenn sie saubere Arbeit liefern und ihre Norm erfüllen. Nur mit so einem Paketschein ist es möglich, überhaupt ein Paket in Empfang nehmen zu können.

Mitte Januar 1982 ruft meine Schwägerin Hildchen an. Ludo, so berichtet sie, hat eine Besuchsgenehmigung für Uwe bekommen. Sie gilt für den 21. Januar 1982 um 13 Uhr. Meine Verwandten wollen sich Urlaub nehmen, um gemeinsam nach Cottbus zu fahren.

Hildchen berichtet auch, dass für Geschenke, die sie mitnehmen wollen, exakt definierte Höchstmengen gelten, zum Beispiel 2000 Gramm Obst, eine Schachtel Zigaretten, eine Tafel Schokolade. Die Teltower wollen 2000 g Trockenobst mitnehmen und etwas frisches Obst zusätzlich.

Sie bitten darum, dass wir wieder neues Trockenobst schicken sollen, so etwas gibt es im DDR-Sozialismus natürlich nicht. Falls sie für Elke eine Besuchserlaubnis erhalten, wollen sie auch hier welches mitnehmen.

Ich will auch einige Kosmetika schicken, denn wie ich erfahren habe, sind diese im Frauengefängnis heiß begehrt. Die Frauen bekommen dort keinerlei Pflegemittel außer etwas harter Seife. Es ist dann schon etwas ganz Besonderes, einmal etwas anders riechende Kosmetika zu erhalten.

Hildchen berichtet auch darüber, dass ihr Mann versuchen will, uns in West-Berlin zu besuchen. Er möchte von uns eine Bescheinigung über den schlechten Gesundheitszustand unserer Mutter haben. Ludo hat inzwischen auch erfahren, dass unsere Mutter Brustkrebs hat. Er glaubt, dass ein Attest des Hausarztes, das ihren kritischen Gesundheitszustand bestätigt, ihm helfen könnte, eine Besuchsgenehmigung zu erhalten. Ich besorge also das Attest und lasse es zusätzlich von einem Amtsarzt abzeichnen und siegeln. Dieses Attest schicke ich dann sofort an meinen Bruder und hoffe, dass er das Schreiben schnell erhalten wird.

Nach dem Besuch bei Uwe in Cottbus ruft meine Schwägerin mich abends noch an. Die Besuchsgenehmigung galt nur für Ludo, also durfte er nur allein in den Bau gehen. Er ist einigermaßen überrascht, dass Uwe verhältnismäßig gut aussieht.

Er hat inzwischen eine Arbeit zugewiesen bekommen und muss, wie er berichtete, an einer Stanze arbeiten. Wie ich weiß, wird in Cottbus von den Häftlingen daran gearbeitet, Teile für Fotoapparate zu stanzen. Offenbar muss unser Schwager an einer solchen Stanze arbeiten. Man stelle sich einmal vor, ein Mann macht sein Abitur, studiert jahrelang Medizin, wird Arzt, arbeitet über viele Jahre als Funktionsoberarzt an einem der besten Krankenhäuser der Ostzone und steht jetzt in Cottbus an einer Stanze.

Uwe hat Ludo erzählt, dass alle Vergünstigungen im Knast, ob nun Fernsehen oder Briefe, die geschrieben werden dürfen, Pakete, die man erhalten darf und dergleichen als Auszeichnungen zu sehen sind. An Geschenken durfte Ludo nur das dalassen, was vorher schriftlich erlaubt worden war. Immerhin war er so clever, vorher noch eine große Zigarettenpackung, also eine 50er- Packung zu besorgen, ebenso eine 250 g-Tafel Schokolade. Beides Dinge, die er aus dem Intershop für West-Mark besorgte. Hier gab es einiges Hin und Her mit dem Wächter, der das so ohne weiteres nicht genehmigen wollte. Ludo musste sich furchtbar beherrschen, weil er wütend war, dass man ihm nicht gestatten wollte, diese Dinge, die ja nun wirklich wenig genug waren, dort zu lassen.

Letztlich durfte aber unser Schwager die Zigaretten und auch die Schokolade behalten.

Mein Bruder fährt ja das Auto von Uwe, das er nach den Untersuchungen der Stasi übernehmen durfte. Er wunderte sich jetzt über die erneute Empfehlung von Uwe, auf den Rost an einer bestimmten Stelle des Autos zu schauen. Hildchen erzählte dann, dass Ludo nachgeschaut habe und einen »schönen Rost« gesehen habe. Ich konnte damit nicht viel anfangen und verstand sie nicht.

Elke, so erzählt mir meine Schwägerin am Telefon, will keine Besuchserlaubnis beantragen. Sie fürchtet, ihre Angehörigen zusätzlich zu belasten. Hildchen hat ihr schon geschrieben und auch Uwe will das tun, auf jeden Fall eine Besuchsgenehmigung zu beantragen. Die Teltower tun das wirklich gern für ihre im Gefängnis einsitzenden Angehörigen.

Mir geht nach dem Gespräch mit Hildchen der »schöne Rost« nicht aus dem Kopf. Hat Uwe im Auto oder am Auto Westgeld versteckt? Hat er seinem Schwager einen Hinweis geben wollen? Hat Ludo das Geld jetzt gefunden? Hildchen sprach von einer ganz schönen Menge und betonte das wieder so.

Eigentlich bleibt nichts anderes übrig, als dass sie Westgeld gefunden haben. Geld, das Uwe vor Antritt seiner Ungarnreise irgendwo im Auto versteckt haben muss. Das ist etwas, worüber ich mich riesig freue.

Es ist offenbar wieder gelungen, den Staatssicherheitsdienst zu überlisten.

Das Auto, sowie das Reisegepäck und die Wohnung wurden völlig durchsucht und es ist den Stasileuten nicht gelungen, Geld zu finden. Vorher hat Elke schon um ihre Lockenwickler aus ihrer Wohnung gebeten, in denen die Teltower 700 Westmark gefunden haben. Es ist also ein zweites Mal gelungen, den Staatssicherheitsdienst zu überlisten!

Axel, mein Freund, ruft mich an. Er erzählt mir von den Bemühungen Straßmeirs. Der hat eine Nachricht vom Bundesminister Egon Franke erhalten. In dieser Benachrichtigung steht nichts anderes, als dass Elke und Uwe in die besonderen Bemühungen der Bundesrepublik mit einbezogen sind, in die Bemühungen, politisch Verurteilte in der Ostzone vorzeitig aus dem Gefängnis herauszuholen und sie in den Westen übersiedeln zu lassen. Prognosen können nicht gestellt werden. Dieses Schreiben ist ein sachliches, nüchternes Null-Acht-Fünfzehn-Schreiben.

Günter Straßmeir
Mitglied des Deutschen Bundestages

5300 Bonn 1, den 13.Jan.1982
Bundeshaus
Fernruf 16 36 52 / 16 49 58

Die Wahl dieser Rufnummer vermittelt den gewünschten Hausanschluß.
Kommt ein Anschluß nicht zustande, bitte Nr. 161 (Bundeshaus-Vermittlung) anrufen.

Herrn

Lieber Axel!

In der Übersiedlungsangelegenheit des Ostberliner Arztehepaares Dr.Uwe-Jens und Elke-Margarita Jürgensen teilte mir heute der Bundesminister für innerdeutsche Beziehungen mit, daß das Ehepaar in die Bemühungen der Bundesregierung um politische Häftlinge in der DDR mit dem Ziel einbezogen, eine vorzeitige Haftentlassung zu erreichen und darüber hinaus die Genehmigung zur anschließenden Übersiedlung in die Bundesrepublik Deutschland zu erwirken.

Herr Minister Franke weist jedoch darauf hin, daß zuverlässige Prognosen hinsichtlich der Erfolgsaussichten nicht möglich sind. Es wird jedoch alles unternommen, dem Ehepaar Jürgensen zu helfen.

Ich bedaure sehr, daß ich im Augenblick keine positivere Nachricht geben kann und verbleibe

mit den besten Grüßen

Dein Günther

Axel besucht mich. Ich setze eine Feuerzangenbowle auf und wir kommen rasch auf meine Angehörigen in Cottbus und Hoheneck zu sprechen. Im Laufe des Abends entwerfen wir ein Schreiben an Günter Straßmeir.

Er ist immerhin Generalsekretär der CDU in Berlin und Mitglied des Deutschen Bundestages und wir hoffen, dass er mehr für uns tun kann, als er bisher getan hat. Axel ist gut mit ihm befreundet, hat ihm auch schon manchen Gefallen getan, und wir können in dem Schreiben sehr deutlich werden. Ich muss an mein Versprechen, das ich Herrn X. gegeben habe, denken.

Doch erstens einmal läuft die Straßmeir-Geschichte unter dem Namen Axel, und zum anderen weiß Herr X. um die Kontakte zu Straßmeir, und wir waren übereingekommen, diese Sache laufen zu lassen. Wenn nun Axel weiter vorstellig wird, kann ich es nicht verhindern und ich will es natürlich auch nicht.

Anfang Februar 1982 bekomme ich einen Anruf aus Teltow. Das Attest, das den bedrohlichen Gesundheitszustand unserer Mutter bestätigt, ist angekommen.

Es reicht jedoch in dieser Form nicht aus. In dem Attest des Arztes muss die Formulierung »akute Lebensgefahr« stehen. Nur dann besteht die Chance, daraufhin eine Besuchsgenehmigung zu erhalten. Es reicht also nicht aus, dass unsere Mutter sterbenskrank ist, sondern die Bürokraten der Ostzone halten sich an solchen Begriffen wie »akute Lebensgefahr« auf. Nur dann kann man angeblich etwas tun. Nun, ich werde versuchen, so schnell wie möglich ein neues Attest zu bekommen, in dem dann dieser Wortlaut steht.

Elke hat erstmals einen Paketschein nach Teltow schicken können. Endlich kann Hildchen nun die vor Wochen erwähnten Strumpfhosen schicken. Das Paket darf jedoch, auch das ist angegeben, maximal nur 2 kg wiegen. Das ist natürlich nicht viel.

Hildchen schickt außer warmen Strumpfhosen etwas Trockenobst und ein paar Kosmetika. Damit ist das Gewicht auch schon erreicht und mehr ist nicht möglich. Es fällt Hildchen schwer, ihren Unmut, ihren Ärger, ihre innere Wut zu unterdrükken.

Ich spüre am Telefon förmlich, wie es in ihr bebt. Sie weiß genau, wie schlecht die Verhältnisse in Hoheneck sind, und darf in dem ersten Paket, das sie schicken durfte, wirklich nur 2 kg schicken und kein bisschen mehr. Nun, auch damit müssen sie fertig werden.

Es ist für mich nicht vorstellbar, wie das Leben im Verlies von Hoheneck sich abspielt.

Vielleicht ist es auch besser, sich das nicht vorstellen zu können. Ein genaueres Wissen um die schrecklichen Verhältnisse würde mein Gefühl der Ohmacht nur noch größer werden lassen.

Außer dem Paket hat Hildchen auch wieder einen Brief geschickt. Elke soll doch endlich eine Besuchsgenehmigung für sich beantragen. Ich hoffe auch, dass sie das endlich tun wird, denn ein Besuch, ein persönliches Gespräch, kann nur vorteilhaft sein und Mut machen.

Ich versuche, vom Amtsarzt einen Telegrammtext abzeichnen und siegeln zu lassen, in dem akute Lebensgefahr beschrieben wird. Der Amtsarzt lehnt das ab. Ich muss also zunächst ein neues Attest vom Hausarzt besorgen. Der Arzt sagt mir zu, bis zum nächsten Tag ein entsprechendes Attest fertig zu stellen.

Wie versprochen bekomme ich das neue Attest.

Mein nächster Weg ist wieder der zum Amtsarzt, der auch ohne Probleme, diese Bescheinigung gegenzeichnet und siegelt. Nun versuche ich bei der Post ein Telegramm an Ludo aufzugeben, in dem der Sachverhalt geschildert wird, nämlich die akute Lebensgefahr unserer Mutter. Ich möchte von dem Postbeamten eine Beglaubigung für dieses Telegramm haben. Solche »amtlichen« Telegrammtexte sollen auch in der Ostzone anerkannt werden.

Es gibt Schwierigkeiten. Der Beamte sperrt sich oder versteht mich nicht. Ich versuche es schließlich bei einem anderen Postbeamten. Auch hier erreiche ich nichts. Vielleicht verlange ich auch zu viel, vielleicht geht das auch gar nicht, wie ich es mir vorstelle. Es bleibt mir also nichts anderes übrig, als das neue Attest per Eilboten mit der Briefpost an Ludo abzuschicken.

Unserer Mutter geht es übrigens sehr gut.

Ich weiß, dass Karzinome in höherem Alter sehr langsam wachsen. Um ihren Gesundheitszustand brauche ich mir keine ernstlichen Sorgen zu machen – Gott sei Dank.

Unter dem Strich bleibt natürlich der Sachverhalt bestehen. Sie hat wirklich Brustkrebs und sie hat wirklich ihrem Alter entsprechende Krankheiten.

Das Attest, das ich vom Arzt bekommen habe, ist also in keiner Weise eine Fälschung.

Es muss in der Tat täglich mit dem Ableben unserer Mutter gerechnet werden. Nur geht es ihr im Augenblick tatsächlich hervorragend und ich hoffe, dass sie noch ein langes Leben bei uns bleibt.

Am Abend ruft Ludo an. Er hat den ganzen Tag auf ein Telegramm gewartet und ich schildere ihm, was geschehen war. Mein Bruder ist trotzdem optimistisch. Nach Erhalt des neuen Attests hofft er, eine Besuchsgenehmigung zu bekommen. Am Wochenende will er mit seiner Familie und Antje nach Berlin in die Wohnung von Elke und Uwe fahren. Das ist sicherlich ganz gut. Einmal, um ab und zu nach dem Rechten zu sehen, aber auch, um Antje zu zeigen, dass sie dort noch zu Hause ist. Sie soll das Gefühl haben, bei den Teltowern im Grunde genommen nur so lange zu Besuch zu sein, bis ihre Eltern wieder aus Afrika zurückkommen.

Ludo hat eine neue Besuchsgenehmigung für Uwe bekommen. Es ist ihm aber auch gleich mitgeteilt worden, dass er keine Geschenke mitnehmen darf. Er darf lediglich am Ort, also in Cottbus, einige Kleinigkeiten kaufen. Damit wird verhindert, dass Uwe irgendwelche Dinge aus dem Westen bekommen kann.

Im Übrigen scheint der Briefkontakt zu unseren inhaftierten Angehörigen ganz gut aufrechterhalten werden zu können. Ludo und Hildchen haben immer Informationen von ihnen.

Sicher wird das nur ein Brief im Monat sein, den sie schreiben dürfen, aber diese Briefe sind für Antje natürlich wichtig und sie sind auch für die Teltower wichtig. Ich freue mich über jedes Lebenszeichen, das ich bekomme. Auch wenn ich es nur über die Vermittlung meiner Angehörigen in Teltow erhalte.

Über diesen Weg erfahre ich auch, dass Elke meine Karte aus Österreich erhalten hat.

Auch Uwe glaubt Post aus dem Westen ausgehändigt zu bekommen, wenn sie unter dem Absender seiner Schwiegermutter geschrieben ist. Ich nehme mir vor, jeden Samstag Briefe an Elke und auch Uwe zu schreiben. Ich werde sie unter dem Absender unserer Mutter abschicken und hoffe, dass sie diese Briefe ausgehändigt bekommen. Außerdem will ich einen Versuchsballon starten. Meine Frau wird zwei kleine Pakete fertig machen und ich will je ein Paket an Elke und eines an Uwe schicken. Ich habe nicht viel Hoffnung, dass die Pakete ankommen und ihnen ausgehändigt werden – ich will jedenfalls nichts unversucht lassen.

Es wird ein langes Telefongespräch, das ich mit den Teltowern führe. Natürlich wollen auch die Kinder mit mir sprechen. Antje und Klein-Volker sind scharf auf Aufkleber von Fix und Foxi und Antje wünscht sich auch noch ein Ausmalbuch. Ich verspreche all diese Dinge zu besorgen. Es verblüfft mich immer wieder, zu hören, dass es diese einfachsten Dinge in der Ostzone nicht gibt. Ein Ausmalbuch für Kinder! So etwas ist dort einfach nicht zu erhalten.

Ludo erzählt mir noch, dass die Pakete, die ich schicke, mit Mandarinen, Apfelsinen und anderen Südfrüchten, immer ein großes Hallo auslösen. Antje glaubt, dass diese Pakete von ihrer Mutti aus Afrika kommen. Sie beklagt sich, dass die Mutti doch ruhig öfter mal was schicken könnte. Nun, ich verspreche mir selbst, so oft wie möglich Pakete zu schicken.

Gleich am nächsten Tag schicke ich ein 5-kg-Paket mit Mandarinen und einer Ananas nach Teltow. Am Nachmittag ruft mein Bruder Ludo wieder an. Er hat meinen Eilbrief mit dem Attest noch immer nicht bekommen. Er rechnet aber damit, sobald das Attest vorliegt, noch am gleichen Tag zu mir reisen zu dürfen. Er ist so optimistisch, dass ich auch fast daran glaube, dass er kommen kann.

Ich warte also auf meinen Bruder, die Freude wäre groß. Lange muss ich warten, ohne etwas von ihm zu hören.

Nach sieben Tagen ist der Eilbrief noch immer nicht angekommen. Trotzdem, Ludo ist überzeugt davon, am gleichen Tag, an dem das Attest ankommt, noch nach West-Berlin reisen zu dürfen. Nun, zuerst einmal muss der Brief angekommen sein. Am 15. Februar 1982 ruft Hildchen an, der Eilbrief ist endlich angekommen.

Ein Eilbrief, der eine Entfernung von 20 km zurückgelegt hatte, brauchte die Zeit von acht vollen Tagen, um den Empfänger zu erreichen. Das ist der Sozialismus in der DDR! Wer weiß, wo der Brief vorher überall gewesen ist, wer weiß, wie viel Leute ihn geöffnet und gelesen haben?

In der Ostzone gibt es kein Briefgeheimnis, dort wird hemmungslos bespitzelt, da werden Briefe zurückgehalten, da werden Schreiben nicht oder verspätet zugestellt. Das ist der Alltag im gepriesenen Sozialismus der DDR!

Ludo hat erst einmal das Attest. Doch er muss erfahren, dass es damit noch lange nicht getan ist. Er braucht Unterschriften und Stempel des Betriebes, in dem er arbeitet. Seine Firma muss seine Unbedenklichkeit erklären, dass ihr Mitarbeiter einen Besuch bei seiner todkranken Mutter in West-Berlin machen darf. Unvorstellbar! Die Mutter eines Menschen ist in akuter Lebensgefahr.

Die Zustellung eines Eilbriefes, in dem das Attest liegt, braucht acht volle Tage! Und jetzt ist es auch noch nötig, vom Arbeitgeber eine Unbedenklichkeitsbescheinigung mit Stempel und Unterschrift vorzulegen. Nachdem Ludo auch diese Papiere glücklich in den Händen hat, wird sein Reiseantrag wenigstens angenommen. Es wird aber vier bis fünf Tage dauern, bis über seinen Antrag entschieden wird! Ist das nicht menschenverachtend? Es vergehen insgesamt 18 Tage, von der Absendung des Attests bis zur Entscheidung über den Antrag. Und wie wurde entschieden?

Ludo, der so zuversichtlich war, wird der Reiseantrag ohne Begründung abgelehnt.

Ich frage mich, was ist das für ein Regime, das einen Sohn nicht seine todkranke Mutter besuchen lässt? Ist der Grund für die Ablehnung die Angst davor, dass Ludo nicht zurückkommt? Soll er nicht sehen, wie es im Westen wirklich aussieht? Oder ist das eine Art Sippenhaftung?

Diese Regierung preist ihren Sozialismus, preist ihre Freiheit und ihren Wohlstand!

Glauben die Bonzen wirklich, was sie sagen? Glauben sie wirklich, dass sie diesen Sozialismus, diese Freiheit, diesen Wohlstand mit Maschinengewehren und vor Waffen strotzenden Bewachern der Grenzanlagen schützen können? Es ist unglaublich, unfassbar! Aber es ist leider wahr. Natürlich ist mein Bruder schwer enttäuscht.

Leider geht es unserer Mutter jetzt tatsächlich schlechter. Sie klagt über Schmerzen im linken seitlichen Rippenbereich. Die Schmerzen werden in Ruhe so stark, dass sie oft stöhnen muss. Ich rufe schließlich einen Notarzt. Dieser stellt eine Lungenstauung fest. Es soll sofort geröntgt werden. Mit einem Krankentransportwagen wird unsere Mutter ins Krankenhaus gebracht. Die Lungenstauung wird bestätigt. Unsere Mutter bleibt in der Klinik. Ich hoffe, dass sie es gut überstehen wird.

Mein 12-jähriger Neffe Volker hat inzwischen mitbekommen, dass seine Verwandten nicht in Afrika sind. Durch die Pakete, die angeblich aus Afrika kommen, aus Gesprächsfetzen, die er bei Telefonaten seiner Mutter oder seines Vaters mitbekommen konnte, weiß er, dass die Eltern von Antje im Gefängnis sind. Was soll ich tun? Ich überlege, ob ich ihm eine Prämie als einen Anreiz verspreche, wenn er den Mund hält und der Antje nicht die Wahrheit sagt. Doch schließlich ist er 12 Jahre alt und schon ganz verständig. Er weiß von seinen Eltern, in was für einem Regime er lebt. Er weiß es, soweit jemand ihm das bis dahin sagen konnte, und ich bin eigentlich guten Mutes, dass er Antje nicht die Wahrheit sagen wird und auch nicht, wenn er sich über sie ärgert.

Es ist für ihn wie ein großes Geheimnis. Er wird das Gefühl haben, seine kleine Cousine vor der Wahrheit beschützen zu müssen. Ich bin sicher, er wird ihr nichts sagen.

Ich bekomme einen Anruf von Herrn X. aus Essen. Er ist morgen in Bonn und führt Gespräche mit einer Reihe einflussreicher Leute.

Er will unseren Fall, den Fall meiner Angehörigen, zur Sprache bringen und mich benachrichtigen, wie die Gespräche verlaufen sind. Das Telefonat mit Herrn X. macht mir wieder einmal deutlich, wie wenig ich tun kann, wie ohnmächtig ich im Grunde genommen bin. Ich rufe noch einmal bei RA Näumann an und will von ihm erfahren, ob es irgendeine Möglichkeit gibt, Erleichterungen für meine Verwandten zu beschaffen. Die Auskunft, die ich bekomme, ist auf der ganzen Linie negativ.

Es geht nichts – überhaupt nichts! Im Vollzug, so sagt mir RA Näumann, darf in der Regel keine Post an Empfänger im Westen versandt werden. Ich soll nicht damit rechnen, irgendeinmal von Elke oder Uwe einen Brief zu bekommen.

Briefe und Pakete, die ich an die Haftanstalt, also an meine Angehörigen dort schicke, werden in der Regel nicht ausgehändigt, so erklärt RA Näumann. Selten, meint er, kommen solche Briefe oder Pakete zurück. Ich entscheide trotzdem, jeden Samstag Briefe zu schreiben, aber keine Pakete mehr zu schicken.

Unsere Mutter hat sich im Krankenhaus ganz gut erholt und wird entlassen. Es geht ihr wieder besser. Direkt vom Krankenhaus aus fahren wir in ein Restaurant, wo wir mit ihr Mittag essen. Wir freuen uns, dass sie wieder nach Hause kommt. Am gleichen Tag machen wir einige Fotos. Wir machen Aufnahmen von meiner Frau, meiner Tochter, unserer Mutter und von mir und einige Gruppenaufnahmen. Die schönsten, wahrscheinlich die Gruppenfotos, wollen wir nach Teltow schicken, und auch Abzüge, die sie jeweils nach Cottbus und Hoheneck mitnehmen können.

Inzwischen schreiben wir März 1982. Hildchen ruft an, um zu erfahren, wie es der Mutsch geht. Ich kann sie wieder beruhigen. Es geht ihr wirklich besser. Sie erzählt, dass Uwe ihnen geschrieben hat, aber bisher noch keine Post von mir erhalten habe. Offenbar hat RA Näumann Recht mit seiner Bemerkung, dass wir uns da keine Hoffnung machen sollen. Trotzdem, ich werde weiter schreiben. Jeden Samstag einen Brief an Elke und einen an Uwe. Einen Paketschein hat Uwe noch nicht bekommen. Elke hat bisher noch keine Besuchsgenehmigung beantragt. Ich hoffe wirklich, dass sie eine solche beantragen wird, und hoffe auch, dass Uwe einmal die Möglichkeit haben wird, einen Paketschein zu erhalten. Einige Tage später telefoniere ich erneut mit Hildchen und bekomme eine der schönsten Neuigkeiten der letzten Zeit: Elke erhält all meine Briefe! Ich bin so glücklich, das zu erfahren, und hoffe, dieser zusätzliche Kontakt wird eine Hilfe für sie sein. Sie hat auch eine Besuchsgenehmigung für die Teltower beantragt und diese auch bekommen. Ich weiß sehr wohl, wie schlimm die Zeit ist. Umso mehr freue ich mich über die ankommenden Briefe und über die Besuchsgenehmigung. Am 28. März um 10 Uhr werden die Teltower Elke zum ersten Mal wieder sehen können.

In Hoheneck läuft alles anders als in Cottbus. Zu Uwe darf nur Ludo, Hildchen darf nicht mit zu ihm. Uwe hat auch noch keinen meiner Briefe erhalten. Scheinbar sind die Bestimmungen in Cottbus schärfer. Uwe ist auch viel ungeduldiger als seine Frau. In jedem seiner Briefe fragt er, ob sich schon etwas tut. Ich fürchte, er wird noch viel Geduld aufbringen müssen, und hoffe, dass noch in diesem Jahr etwas klappen wird. Ich hoffe wirklich sehr, dass in diesem Jahr eine Entlassung, nicht nur aus dem Gefängnis, sondern auch aus der DDR-Bürgerschaft möglich sein wird. In meinem nächsten Brief an ihn versuche ich, ihm ein wenig Hoffnung zu machen.

Ich versuche, ihm die Ungeduld zu nehmen und zu erklären, dass ich alles Menschenmögliche tue, um ihnen zu helfen. Mehr geht nicht, wie schwer es auch fällt, wir müssen abwarten und weiter hoffen.

Mein Bruder ist mit seiner Frau wieder in der Wohnung in Berlin. Sie suchen Versicherungsunterlagen, um eine Kapitalversicherung ausbezahlt zu bekommen, die Uwe vor Jahren abgeschlossen hat. Meine Gedanken kreisen natürlich viel um Elke und Uwe. Ich versuche immer wieder, zumindest in Gedanken, Möglichkeiten zu finden, etwas zu tun. Dabei fällt mir ein, dass Uwe Reservist der so genannten Nationalen Volksarmee ist. Er war als Arzt bei der Armee und ist nach wie vor Reservist. Ich hoffe, dass sich das nicht erschwerend auswirken wird auf seinen Wunsch der Übersiedlung in die Bundesrepublik Deutschland und der Ausbürgerung aus der DDR.

Ich werde RA Näumann und Herrn X. davon benachrichtigen. Es zeigt sich, dass RA Näumann keine Probleme in der Armeezeit sieht. Die Aktivzeit liegt nach seiner Meinung zu weit zurück. Herr X. nimmt die Nachricht zunächst nur zu Kenntnis. Er hat aber inzwischen mehrmals in Bonn mit Ministerialdirektor Wirtz gesprochen, der im Ministerium für innerdeutsche Beziehung in Sachen Freikauf die Fäden zieht.

Unter Freikauf meine ich die Bemühungen der Bundesregierung, politisch Gefangene aus der Ostzone freizukaufen. Es werden erhebliche Geldbeträge an die Ostzone bezahlt, um politisch Andersdenkende freizubekommen, die in der Ostzone zu Haftstrafen verurteilt worden sind.

Ein modernes »Kabale und Liebe«. Auch dort wird beschrieben, wie Fürsten ihre Landeskinder verkaufen. Aus welchen Gründen es auch geschah oder geschieht, »ein Menschenhandel«.

Herr X. hat auch mehrmals mit RA Stange gesprochen. Der konnte unseren Fall bei den Verantwortlichen in der DDR wohl mehrmals vortragen, aber nichts Konkretes in Erfahrung bringen. Von Herrn X. erfahre ich weiter, dass häufig Transporte aus der Ostzone hier ankommen, das heißt also, dass politische Gefangene aus der Ostzone regelmäßig in den Westen kommen.

Für mich bleibt immer die Hoffnung, dass bei einem dieser Transporte, die von drüben hier herkommen, auch Uwe und Elke mit dabei sein können. Es wird wohl auch an der Entwicklung neuer Rahmenbedingungen gearbeitet, um so die Möglichkeit zu schaffen, über größere Zahlungen eine größere Anzahl von Häftlingen aus der Ostzone in die Bundesrepublik zu holen. Herr X. ist jedenfalls in den Gesprächen sehr optimistisch. Er will weiter, wie bisher, seine bewährten Kontakte pflegen, und ich bin zuversichtlich, dass er auch diesen Fall knacken wird.

In meinen Briefen an meine Schwester versuche ich immer wieder, Hoffnung zu machen.

In Vergleichen und Fabelbildern versuche ich, meinen Optimismus zu erklären.

Tatsächlich denke ich, dass im Spätsommer 1982 ihre Entlassung und Übersiedlung möglich sein könnte.

In den Briefen an Uwe richte ich immer wieder die Mahnung an ihn, geduldig zu sein. Wir können heute, so schreibe ich ihm, nicht vorhersagen, wann eine Ernte endgültig eingebracht wird. Wir müssen warten, bis die Früchte reif sind.

Das Paket, das ich am 10. Februar an Elke geschickt habe, ist heute, am 22. März zurückgekommen. Es trägt den Vermerk »Empfänger hat Annahme verweigert«.

Gestern war mein Bruder bei meinem Schwager in Cottbus zu Besuch. Das Gespräch wurde sehr streng überwacht, so dass ihnen nicht die Möglichkeit gegeben war, über Dinge, die sie wirklich interessierten, zu reden. Das einzige, was Ludo erfuhr, war, dass Uwe eine Sehnenscheidenentzündung hat.

Es war aber schon nicht mehr möglich, ihm zu sagen, welche andere Arbeit ihm nun zugewiesen wurde. Uwe durfte nicht sagen, was er jetzt macht. Er hat zugenommen und hat wirklich Gewichtsprobleme. Es ist offenbar auf die sehr einseitige Verpflegung im Knast zurückzuführen, die aufschwemmt. Am Ende der Besuchszeit bekommt Ludo einen neuen Besuchstermin für den 25. Mai, also acht Wochen später. Uwe ist darüber furchtbar entsetzt. Er glaubt, täglich entlassen zu werden. Es ist

Abs. Erna Ebers
Müllerstr. 24)
1000 Berlin 45

An Frau
Elke-Margarita Jürgensen
Postfach 37
DDR 9150 Stollberg

Inhalt

1 Packung Zigaretten
1 Parfüm-Deodorant
1 Tafel Schokolade
1 Packung Kekse
1 Stück Seife

Geschenksendung, keine Handelsware

am 22.3.82 zurück mit dem Vermerk, Empfänger hat Annahme verweigert.

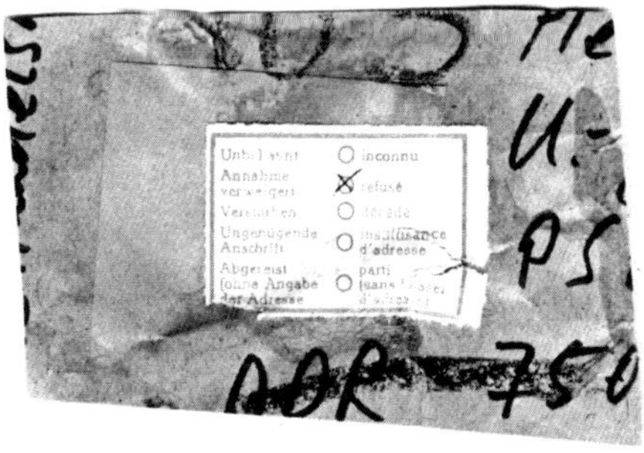

ihm unfassbar, dass acht Wochen später noch ein Besuchstermin vergeben wird, wo er doch glaubte, längst im Westen zu sein.

Am Abend des 28. März ruft Hildchen mich an. Gemeinsam mit ihrem Mann hat sie heute Elke besucht. Es geht ihr besser, als ich befürchtet hatte. Sie muss täglich Bettlaken nähen. Sie ist in einem 11-Bettenraum untergebracht, in dem, außer ihr, noch neun kriminelle weibliche Gefangene leben sowie eine weitere politisch Inhaftierte. Alles in allem sieht Elke die Lage recht realistisch und rechnet nicht vor Ablauf der Hälfte des Strafmaßes mit einer Entlassung. Die Teltower können mit ihr verhältnismäßig offen reden. In dem Besuchsraum sind gleichzeitig noch 20 andere Besucher mit Gefangenen, so dass eigentlich über alles gesprochen werden kann. Aus dem Gespräch geht auch hervor und das steht nun eindeutig fest, dass Uwes Stiefvater, der Verräter ist! Es ist nur schwer zu glauben, aber es ist so!

Mein Bruder braucht für Uwes Wartburg neue Reifen. Die Reifen, die jetzt abgefahren sind, waren bereits runderneuert und sind völlig hinüber.

Auch hier wieder ein deutliches Beispiel, für die »Errungenschaften des Sozialismus in der DDR«.

Es ist nicht möglich, Autoreifen zu bekommen.

Wie sehr die Bürger in der DDR betrogen werden, zeigt sich auch darin, dass die in der Ostzone unmöglich zu erhaltenden Reifen sehr wohl sehr schnell zu bekommen sind, wenn sie mit Westgeld bezahlt werden.

Es geht folgendermaßen: Ich überweise GENEX, das ist eine Handelsgesellschaft in Dänemark, Kopenhagen, die sehr eng mit der Ostzone zusammenarbeitet – ich überweise also an GENEX 790 Westmark, und sobald das Geld dort eingetroffen ist, bekommt Ludo in Teltow eine Bestätigung dafür, und mit dieser bekommt er sofort die gewünschten Reifen in einem Lager ausgehändigt.

Wer also keine Freunde oder Verwandten im Westen hat, wer also nicht die Möglichkeit hat, an Westgeld heranzukommen, ist in diesem Sozialismus doppelt bestraft, denn mit Westgeld bekommt man im Osten alles, selbst Autos, die für einen Normalbürger in der DDR zwölf Jahre Lieferzeit voraussetzen.

Würde ich bei GENEX 4.900 DM West einzahlen, so bekäme mein Bruder eine Bestätigung darüber und könnte sich sofort einen »Trabant« aussuchen. Er könnte die Farbe auswählen und ihn sofort mitnehmen. Ein Auto, das in der Ostzone nicht nur 10.000 Ostmark kostet, sondern auch eine Lieferzeit von zwölf Jahren und mehr hat. Kurz und gut, Ludo bekommt seine Reifen und muss darauf nicht, wie der normale Ostbürger, 18 Monate warten.

Ende März 1982 bekomme ich einen Brief von meiner Schwester. Ich bin fast aus dem Häuschen, so sehr freue ich mich darüber. Zum ersten Mal bekomme ich ein direktes Lebenszeichen von ihr. Es geht ihr einigermaßen gut. Sie macht sich Sorgen um die Gesundheit ihres Mannes und vor allem darum, ob ihre Tochter ihr entfremdet wird. Ich denke aber, dass beide Sorgen unnötig sind. Uwe sollte in der Lage sein, sich unter Kontrolle zu haben, und was Antje betrifft, so sind die Sorgen unnötig.

Ich beantworte den Brief sofort und lege ein Foto von Uwe und Antje bei. Ich hoffe sehr, dass sie nicht nur den Brief, sondern auch die Fotos ausgehändigt bekommt.

Einen Tag später bekomme ich auch das Paket, das ich an Uwe abgeschickt hatte, zurück. Auch auf diesem ist ein Vermerk, dass die »Annahme verweigert« wurde. Weder Elke noch Uwe haben die Paketannahme verweigert, sondern ihre Wächter!

Ludo bekam inzwischen von der Kapitalversicherung einen ansehnlichen Betrag ausgezahlt.

Meine Briefe nach Cottbus und Hoheneck werden deutlicher in den Formulierungen.

Schließlich wissen die Kontrolleure der Staatssicherheit, dass die beiden in den Westen wollen. Warum soll ich nicht einige Dinge offen aussprechen? Ob das gut oder schlecht ist, ob das richtig oder falsch ist, ich weiß es nicht. Ich versuche es eben und hoffe, dass sie die Briefe ausgehändigt bekommen.

Ludo hat die Idee, für unseren Schwager einen Zigarettendreher mitzunehmen, den es natürlich im Osten wieder nicht gibt. Ich besorge also so ein Gerät zum Zigaretten drehen und Papier noch dazu. Das hat den Vorteil, dass Uwe sich dann selbst Zigaretten drehen kann.

Ein Päckchen Tabak wiegt mehr als ein Päckchen Zigaretten. Er hat also mehr davon, außerdem kann er sich im Knast auch selbst Tabak kaufen.

Ich frage mich häufiger, wie lange das alles noch dauern soll. Dauert es noch Tage oder Wochen oder gar noch Monate? Ich kann es nicht abschätzen.

Meine Frau bekam einmal von Elke einen Hibiskus geschenkt und glaubte immer, dass unsere Angehörigen bei uns sein werden, wenn dieser Hibiskus wieder blüht. Am 19. April 1982 entdeckt meine Frau Ina mehrere kleine Blütenknospen an dem Hibiskus und ist fürchterlich am Heulen. Ihre Vorstellungen und Wünsche, diese Blüten gemeinsam zu sehen und sich gemeinsam an ihnen zu erfreuen, haben sich nicht erfüllt. Es sind zwar jetzt noch Knospen, die aber bald blühen werden und nur noch kurze Zeit dafür brauchen.

Für Ostern haben Elke und auch Uwe Paketscheine beantragt, die aber abgelehnt wurden.

Es ist inzwischen Ende März 1982 und meine Frau Ina und ich machen uns auf die Suche nach geeigneten Möbeln, mit denen wir das Zimmer einrichten wollen, in dem unsere Verwandten zunächst wohnen sollen. Wir finden auch einige Sachen, zum Beispiel eine sehr schöne Doppelbettcouch, die eine große Liegefläche hat. Wir sehen auch einige hübsche Schränke, doch wollen wir den Raum noch einmal genau ausmessen, um ihn dann so schnell wie möglich herzurichten. Unsere Verwandten sollen sich bei uns wohl fühlen.

Wir gehen davon aus, dass sie die ersten Monate, die sie in der Freiheit im Westen sein werden, bei uns bleiben. Sie können sich in Ruhe einleben, bevor sie sich etwas Eigenes suchen. Einige Tage später bestellen wir auch hübsche Schränke für den Raum und hoffen, dass alles rechtzeitig geliefert wird. Wenn unsere Verwandten kommen, soll alles bereit sein.

Wir sind sicher, dass sie sich bei uns wohl fühlen.

Ich habe im Gästezimmer die Decke und Wände aufgerissen, um die Deckenbeleuchtung, Steckdosen, Telefondose und Fernsehkabel neu unter Putz zu legen. Ina ist ganz schön schockiert, als sie den Dreck sieht, den ich gemacht habe, denn ich habe die Auslegeware nicht abgedeckt. Es sieht wirklich schlimm aus, aber gemeinsam haben wir alles wieder sauber bekommen.

Ich verlege also Leitungen, lege Dosen unter Putz, streiche die Decke, tapeziere den Raum, und nun, wo alles fertig ist, warten wir nur noch auf die Möbel, um alles gemütlich einzurichten.

Von Elke bekomme ich nun im Abstand von sechs Wochen regelmäßig Briefe.

Es ist jedes Mal erneut erschütternd, ihre Zeilen zu lesen. Oft heulen wir Rotz und Wasser. Es ist wirklich ein schlimmes Gefühl, von den Ängsten und Nöten zu lesen und von den Hoffnungen, die wohl das einzig Positive im Gefängnis sind. Es ist wirklich schlimm für mich, so wenig tun zu können.

Am 12. Mai 1982 bekomme ich mit einem Brief meiner Schwester auch einen Paketschein, der mir erlaubt, ein Paket im Gesamtgewicht von zwei kg an sie zu schicken.

Wir wollen sehr genau überlegen, was am Vernünftigsten in das Paket hineinkommen soll.

Natürlich habe ich sehr viel mehr eingekauft und es kommt ein Gewicht weit höher als die erlaubten zwei kg zusammen. Ich hoffe nun, nach neuer Zusammenstellung der einzelnen Sachen, dass wir das Richtige ausgewählt haben bei Einhaltung des Gewichts.

Elke teilt nun mit, dass ihr Mann keine Schreiberlaubnis für den Westen erhalten hat. Auch meine Briefe bekommt er nicht ausgehändigt. Sie ist der Meinung, ich brauche ihm nicht mehr zu schreiben, da das keinen Sinn macht.

Ich schreibe Uwe also nicht mehr und schicke nur noch Elke die Samstagsbriefe.

Am 23. Mai 1982 besuchen die Teltower Elke erneut. Für den nächsten Tag hat Ludo eine Besuchsgenehmigung für Uwe in Cottbus. Elke geht es, so schildern die Teltower, recht gut. Es ist ihr gelungen, sich mit der Situation einigermaßen abzufinden. Mein Paket hat sie bereits erhalten, es wurden ihr alle Dinge ausgehändigt. Auch meine Briefpost bekommt sie regelmäßig. Sie lässt das Unabänderliche über sich ergehen und legt die ganze Hoffnung auf die Zukunft.

Uwe dagegen ist, wie immer, sehr ungeduldig. Ludo soll mich fragen, ob ich einen Herrn P. von der schwedischen Botschaft in Ost-Berlin kenne. Ich kann mit dieser Information nichts anfangen. Was meint Uwe damit? Uwe hat nun doch einen Brief von mir ausgehändigt bekommen. Das veranlasst mich, wieder damit zu beginnen, ihm regelmäßig zu schreiben. Mit der Arbeit kommen Elke und auch Uwe jetzt ganz gut zurecht.

Die Teltower haben neue Besuchsgenehmigungen bekommen. Nach Hoheneck dürfen sie am 17. Juli, das ist Elkes Geburtstag. Sie sitzt dann seit einem Jahr im Gefängnis. Die nächste Besuchsgenehmigung für Uwe hat Ludo für den 26. Juli bekommen.

Anfang Juni bekomme ich einen weiteren Brief von Elke. Ich bin immer überglücklich, Post von meiner Schwester zu erhalten.

In diesem Brief macht sie klar, dass es für sie und ihren Mann nur einen Weg gibt.

Sie meinte, dass es nur den Weg in den Westen gibt. Trotzdem hat sie aber wohl Zweifel, ob sie tatsächlich gleich in den Westen entlassen werden.

Sie schreibt, dass sie einige Tage zuvor ihren Mann sehen durfte. Sie haben sich gegenseitig Mut gemacht. Es ist für beide klar, dass es kein Zurück geben wird. Uwe ist gesund, darüber freue ich mich sehr, denn er hatte ja in der ersten Zeit ernstliche Probleme.

Axel händigt mir einen Brief aus, den er von Günter Straßmeir bekommen hat.

Er führt darin aus, dass Egon Franke sich weiterhin für die vorzeitige Entlassung meiner Verwandten in den Westen einsetzt.

Franke schreibt ihm: »Wie ich Ihnen bereits mitgeteilt habe, setzt sich mein Ministerium für die vorzeitige Entlassung der Eheleute aus dem DDR-Gewahrsam und die anschließende Übersiedlung in die Bundesrepublik Deutschland ein. Trotz unserer Bemühungen gibt es aber derzeit leider noch keine Hinweise, die es erlauben würden, konkretere Voraussagen über die weitere Entwicklung und den Ausgang der Angelegenheit zu treffen. Es ist davon auszugehen, dass ein gewisser, im Verhältnis zur verhängten Strafhöhe stehender Teil der Freiheitsstrafe verbüßt werden muss, ehe die DDR eventuell bereit ist, auf unser Verlangen einzugehen. Leider muss jedoch befürchtet werden, dass sich die früheren Tätigkeiten der Eheleute Jürgensen am Regierungskrankenhaus in Berlin-Ost erschwerend auf das Anliegen auswirken.

Dies ändert aber nichts an der Tatsache, dass unter Ausschöpfung der bestehenden Möglichkeiten alles getan wird, den Betroffenen zu helfen.«

Günter Straßmeir
Mitglied des Deutschen Bundestages

5300 Bonn 1, 27.Mai 1982
Bundeshaus
Fernruf 16 36 52 / 16 49 58

Die Wahl dieser Rufnummer vermittelt den gewünschten Hausanschluß.
Kommt ein Anschluß nicht zustande, bitte Nr. 161 (Bundeshaus-Vermittlung) anrufen.

Herrn

1000 B e r l i n 31

Lieber Herr Axel

In der Übersiedlungsangelegenheit des Arztehepaares Dr.Uwe-Jens und Elke-Margarita Jürgensen komme ich zurück auf mein Schreiben vom 30.April 1982.

Zwischenzeitlich teilte mir der Bundesminister für innerdeutsche Beziehungen u.a. folgendes mit:

" Wie ich Ihnen bereits mitgeteilt habe, setzt sich mein Ministerium für die vorzeitige Entlassung der Eheleute Jürgensen aus dem DDR-Gewahrsam und die anschließende Übersiedlung in die Bundesrepublik Deutschland ein. Trotz unserer Bemühungen gibt es aber derzeit leider noch keine Hinweise, die es erlauben würden, konkretere Voraussagen über die weitere Entwicklung und den Ausgang der Angelegenheit zu treffen. Es ist davon auszugehen, daß ein gewisser im Verhältnis zur verhängten Strafhöhe stehender Teil der Freiheitsstrafe verbüßt werden muß, ehe die DDR evtl. bereit ist, auf unser Verlangen einzugehen. Leider muß jedoch befürchtet werden, daß sich die früheren Tätigkeiten der Eheleute Jürgensen am Regierungskrankenhaus in Berlin (Ost) erschwerend auf das Anliegen auswirken. Dies ändert aber nichts an der Tatsache, daß unter Ausschöpfung der bestehenden Möglichkeiten alles getan wird, den Betroffenen zu helfen."

- 2 -

Ich hoffe sehr, daß ich Ihnen alsbald in dieser Sache eine positivere Nachricht zukommen lassen kann und verbleibe

mit den besten Grüßen

Ich bin schockiert über diese Nachricht, ich rechnete fast täglich damit, meine Verwandten bei mir vor der Haustür stehen zu sehen. Sofort informiere ich Herrn X. Der ist sicher, dass Elke und Uwe in den Westen kommen. Die Frage ist jedoch wann? Eventuell, so meint er, wirkt sich ihre frühere Tätigkeit negativ aus. Auch nach einer Entlassung nach Ost-Berlin, so Herr X. werden Elke und Uwe später ausreisen dürfen. Der Gedanke an eine Entlassung in die Ostzone ist entsetzlich.

Eines Tages erhalte ich den Anruf eines Herrn B. Er gibt sich mir gegenüber zu erkennen als ehemaliger Mithäftling von Uwe in Cottbus.

Uwe hat ihm meine Telefonnummer gegeben und ihn gebeten, mich anzurufen, wenn die Möglichkeit dazu besteht. Herr B. kommt in den nächsten Tagen nach Berlin und verspricht, mich dann aufzusuchen.

Was ich von ihm höre, ist beruhigend. Uwe geht es gut, so berichtet er, und versteht es, sich anzupassen. Da in Cottbus vorwiegend politische Häftlinge sind, gibt es dort auch eine gute Kameradschaft. Alle Gefangenen haben das gleiche Ziel, alle wollen in den Westen.

Herr B. glaubt nicht, dass Uwe als Geheimnisträger eingestuft wird. Er meint, nur Leute, die mit geheimen Verschlusssachen zu tun hätten, müssten mit einer Ausreisesperre rechnen. Das sind wirkliche Geheimnisträger. Das trifft aber für Uwe nicht zu. Aus seiner Erfahrung müssen Akademiker häufig längere Haftzeiten absitzen, aber dann sind ihre Chancen sehr gut.

Er schätzt auch, dass für meine Verwandten noch in diesem Jahr gute Chancen bestehen könnten, in den Westen zu kommen.

Ludo hat vom Regierungskrankenhaus einige 1000 Ost-Mark bekommen.

Diese Summe ist als Abfindung für offene Gehaltsabrechnungen zu verstehen, die für unsere Verwandten angelaufen waren. Die Teltower haben also wirklich keinerlei finanzielle Sorgen. Ludo kann über das Geld und alle Konten unserer Angehörigen frei verfügen.

Er erzählte mir auch, dass Uwe immer wieder von ihm verlangt, mich aufzufordern, zu allen möglichen Leuten Kontakt aufzunehmen. Ludo wurde aber von den Wächtern klargemacht, dass er sich strafbar macht, wenn er solche Informationen an mich weiterleitet. Es ist alles furchtbar schwierig. Ich muss aus Briefen, die ich bekomme, versuchen, zwischen den Zeilen die Wahrheit herauszulesen. Auch bei Telefongesprächen können die Teltower nicht offen reden. Auch hier muss ich häufig versuchen, einen Sinn zusammenzureimen.

Ich würde furchtbar gerne meine Angehörigen in Teltow besuchen und mit ihnen persönlich sprechen. Ich beantrage ein Visum für die DDR, für Teltow. Ich bin gespannt, ob ich das Visum bekommen werde. Tatsächlich wird mir einige Tage später das Einreisevisum ausgehändigt. Trotzdem will ich beim Verfassungsschutz anfragen, ob ich davon Gebrauch machen kann.

Die Verfassungsschützer raten dringend ab, in die Zone einzureisen. Ihre Argumente sind einleuchtend. Man könnte mir in der Ostzone unterstellen, dass ich zur Fortführung eines Strafbestandes eingereist bin, und mich festnehmen. Falls den Ostbehörden meine Fluchthilfe bekannt ist, und davon ist auszugehen, dann kann diese Reise in die DDR mit vier Jahren Zuchthaus für mich enden. Ich fahre also nicht!

Hildchen und Ludo haben einige Sorgen mit Antje. Immer öfter hat sie Sehnsucht nach der Mutti und dem Vati. Sie fragt manchmal, warum sie sich gar nicht von ihr verabschiedet haben und ob sie überhaupt wiederkommen. Mir scheint, dass eine kritische Phase für Antje beginnt. Ich will ihr schreiben und versuchen, auf ihre Fragen Antworten zu geben.

Es wird ein sehr langer Brief. Ich versuche, ihr zu erklären, warum ihre Eltern sich nicht von ihr verabschieden konnten und dass sie sie sehr sehr lieb haben. In dem Brief mache ich ihr aber auch klar, dass ihre Eltern am liebsten sofort zu ihr kämen.

Trotzdem, so schreibe ich ihr, kann es noch einige Monate dauern, so lange wie Mutti und Vati schwer arbeiten. Doch wenn sie dann zurückkommen, werden sie immer bei ihr bleiben und sie nie wieder allein lassen. Vielleicht hilft Antje dieser Brief ein bisschen über ihren Kummer hinweg.

Da Elkes Geburtstag vor der Tür steht, schreibe ich ihr noch eine hübsche Geburtstagskarte und versichere ihr, dass wir die gemeinsame Feier sicherlich bald nachholen werden.

Es ist Mitte Juli 1982 und ich werde auch langsam ungeduldig. Ich rufe bei RA Näumann an. Angeblich hat man dort noch keine neuen Erkenntnisse, zumindest keine positiven, denn mein Optimismus wird von Näumann noch gebremst. Bei Ärzten, so sagt er, ist damit zu rechnen, dass sie die ganze Zeit absitzen müssen.

Außerdem fürchtet er nun doch, dass sich die Armeezeit Uwes negativ auswirken wird. Vielleicht, so meint er, können meine Angehörigen gar nicht in den Westen entlassen werden. Aber das sind Überlegungen und Spekulationen, die falsch oder richtig sein können.

Was mich angeht, so soll ich weiterhin unbedingt die Transitwege meiden und auf keinen Fall in die Ostzone einreisen. Ich müsse also immer fliegen, gleichgültig ob ich privat oder dienstlich aus Berlin in das übrige Bundesgebiet will.

Gestern waren Hildchen und Ludo bei Elke in Hoheneck. Elke ist mit den Nerven völlig fertig. Sie meint, dass sie längst hätte draußen sein müssen. Sie weinte zum Gott erbarmen.

Meine Briefe werden nun doch stärker zensiert. Manche werden nur teilweise vorgelesen, bei anderen werden Stücke herausgeschnitten.

Auch die Aufsichtsmaßnahmen bei den Besuchen sind ganz offensichtlich verschärft worden.

Geschenke, die die Teltower mitgenommen hatten, durften nur zum Teil ausgehändigt werden. Die Schachtel Zigaretten, eine große 50-er Schachtel, die bisher akzeptiert wurde, musste geöffnet werden, es wurden nur 20 Zigaretten, die abgezählt wurden, genehmigt.

Es ist einfach alles zum Kotzen!

Ich schreibe Elke am gleichen Tag einen langen Brief. Wieder schreibe ich in Form einer Fabel und wünsche mir, dass sie mich versteht und sie etwas Trost findet.

Anfang August 1982 bekomme ich einen klaren Bericht von meinem Bruder Ludo, der Uwe besucht hat. So wie Elke ist auch Uwe jetzt außerordentlich unruhig. Er verlangt von Ludo, ihm zu sagen, wann er rauskommt aus dem Knast.

Aber was soll Ludo dazu sagen? Woher soll er etwas wissen? Ludo soll mich dringend auffordern, etwas zu unternehmen. Ich soll auch an einen Herrn P. von der schwedischen Botschaft herantreten. Das ist jetzt das zweite Mal, dass der Name P. auftaucht, mit dem ich nichts anfangen kann.

Ich versichere Ludo erneut, dass von mir aus alles, aber wirklich alles geschieht, was irgendwie möglich ist.

In Cottbus im Knast kursieren Gerüchte über einen Rücktritt von Erich Honecker und eine damit verbundene Amnestie für politische Häftlinge. Ich frage mich, wie solche Gerüchte entstehen? Was ist an ihnen dran? Wäre eine mögliche Amnestie auch mit einer Entlassung in den Westen verbunden?

Ich weiß es nicht.

Elke hat keinen weiteren Paketschein mehr bekommen. Alle Haftbedingungen sind verschärft worden. In den Paketen dürfen keine Kosmetika mehr geschickt werden. Meine Briefe werden strengstens zensiert. Ich nehme mir vor, Herrn X. noch einmal anzurufen und ihn zum wiederholten Mal zu fragen, ob ich nicht doch irgendetwas tun kann.

Nur fürchte ich selbst, dass neben den Bemühungen der Bundesregierung und denen eines riesigen Wirtschaftskonzerns ein Herantreten an die Öffentlichkeit eher schaden kann.

Es liegt einzig und allein am O.K. der DDR-Regierung, wann und wie eine Freilassung erfolgt. Da gibt es keine Regeln, das Prinzip ist die Prinzipienlosigkeit in diesem Regime! Es bleibt wirklich nur übrig, zu hoffen, dass bald das »Ja« zur Entlassung in den Westen kommt.

Auf den Verhandlungslisten der Bundesregierung sind meine Angehörigen ständig dabei.

Herr X. versichert mir, dass es keinen Sinn hat, an andere Parteien oder Institutionen heranzutreten. »An denen sind wir längst vorbei«, so seine Worte. Das liegt weit alles hinter dem, was er in seinen Bemühungen in die Wege geleitet hat. Er kennt alle Verantwortlichen in Ost und West. Er hat viele schwere Fälle gelöst und er versichert mir, auch Elke und Uwe werden rüberkommen. Jetzt, nach der »Halbzeit«, so drückt er sich aus, kann er schon gezielter vorgehen.

Es steht alles ganz gut.

Aus seinem fundierten Wissen heraus verspricht er, dass die beiden in den Westen kommen werden.

Ich berichte Herrn X. auch über die Gerüchte von Honeckers Rücktritt. Herr X. meint, das seien übliche Knastgeschichten, die immer wieder aufkämen, da sei nichts dran. Heute Abend wird er mit einer jungen Frau sprechen, die gerade von Hoheneck in den Westen gekommen ist. Er will sie fragen, ob sie Elke kennt und wie es ihr geht und wie sie sich hält.

Mein bester Freund Axel hat einen Bekannten oder Freund bei der SPD, der dort großen Einfluss haben soll. Er will diesen Mann zusätzlich zu Straßmeir einschalten. Ich werde Axel bitten, das zu unterlassen, da Herr X. sich zurückzieht, wenn Unruhe in den Fall kommen sollte, wenn von zu vielen Seiten daran gerührt wird.

Ich überlege, was ein Parteimensch eigentlich mehr tun kann als die Bundesregierung mit ihren bisherigen Bemühungen.

Es fällt mir wirklich schwer, nichts zu tun, aber ich vertraue auf Herrn X. und sage das auch Axel. Von Herrn X. erfuhr ich außerdem, dass er am Tag zuvor einen ehemaligen Häftling aus Cottbus gesprochen hat, der zwei Tage zuvor in den Westen gekommen ist. Er kennt Uwe und meint, dass sein Befinden ganz gut sei und dass er alles überstehen wird.

Das Sprechen mit der Frau des ehemaligen Cottbusers, die in Hoheneck war, hat leider nicht stattgefunden. Ich erfahre aber, dass weiterhin ständig Transporte kommen und bei diesen auch Schützlinge von Herrn X. dabei sind. Ich bin weiter voller Hoffnung und meine, es wird sich alles zum Guten wenden, aber wir brauchen alle viel, viel Geduld.

Einige Wochen lang höre ich nichts von meiner Schwester. Mein Bruder ist mit den Kindern im Wochenendhaus in Stolzenhagen und verbringt dort ein paar Ferientage mit ihnen. Hildchen muss in eine Abmagerungsklinik und soll von einigen Pfunden ihres Übergewichts befreit werden. Es geht ihr schon ganz gut, sie hat bereits 14 Pfund abgenommen und fühlt sich entsprechend wohl. Ludo hat zum Geburtstag unserer Mutter erneut eine Besuchsgenehmigung beantragt. Aber Nachricht von unserer Schwester haben auch die Teltower nicht.

Wir sind hüben und drüben seit Wochen ohne Nachricht und machen uns Sorgen.

Ist unsere Schwester krank? Ist sie vielleicht schon in Chemnitz und wartet auf den Transport nach Gießen?

Ich weiß, dass alle politischen Gefangenen, bevor sie in den Westen kommen, in die Haftanstalt der Stasi in Chemnitz gebracht werden. Von dort aus werden dann die Glücklichen in Omnibusse über die Grenze nach Gießen gefahren. Die andere Möglichkeit ist die, dass Elkes Haftbedingungen weiter verschärft worden sind, vielleicht hat sie sogar Arrest bekommen und darf nicht schreiben. Hoffentlich klärt sich alles zum Guten.

Der Besuchsantrag meines Bruders ist wieder abgelehnt worden. Er hat keine Begründung dafür bekommen, aber das sind Dinge, die zur Normalität in der DDR gehören, denn Begründungen werden nicht gegeben.

Einen Tag später erfahre ich endlich, dass Elke einen Brief an die Teltower geschrieben hat.

Es geht ihr gut und unsere Sorgen waren Gott sei Dank unbegründet. In ihrem Brief bittet Elke um Turnschuhe. Sie will sich körperlich fit halten. Das sind für mich Hinweise dafür, dass sie sich abgefunden hat, möglicherweise doch noch einige Monate in Hoheneck bleiben zu müssen.

Mein Gott, es sind schon über 13 Monate seit der Verhaftung vergangen

Mein Freund Axel und ich versuchen erneut G. Straßmeir zu aktivieren. Er soll sich noch einmal sehr engagiert an Bundesminister Franke wenden.

Es muss doch bald etwas geschehen!

Axel 1000 Berlin 31, den 13.9.1982

Herrn
Günther Straßmeir MdB
- CDU - Berlin -
Generalsekretär

Nassauische Str. 60
1000 Berlin 31

Lieber Günther Straßmeir!

In den Bemühungen um die Freilassung des Arzteheparares Uwe-Jens Jürgensen und Elke Margarita Jürgensen möchte ich Dich bitten, erneut tätig zu werden.

Dr. Uwe-Jens Jürgensen befindet sich in Haft in Cottbus, Elke Margarita Jürgensen in der Haftanstalt Hoheneck/Erzgebirge.

Seit 13 1/2 Monaten hoffen die Eheleute auf Ausreise in die Bundesrepublik Deutschland.

Da sie bereits weit mehr als die Hälfte des zudiktierten Strafmaßes von 24 Monaten erlitten haben, bitte ich Dich sehr eindringlich, Dich persönlich beim BM. Franke für die Freilassung erneut zu engagieren.

Ich hoffe sehr auf einen baldigen Erfolg der Bemühungen und verbleibe mit

freundlichen Grüßen

Axel

Eines Tages bekomme ich einen Anruf von Dr. B. Er war drei Monate lang mit Uwe zusammen in Hohenschönhausen in einer Zelle in der Stasiuntersuchungshaftanstalt und wurde zu 30 Monaten Haft verurteilt. B. wollte aus der DDR flüchten und hatte versucht, über Polen nach Skandinavien zu kommen. Er saß in Brandenburg 43 Prozent des Strafmaßes von 30 Monaten ab. Seit einer Woche ist er im Westen und lebt jetzt bei Verwandten in Norddeutschland.

Er hatte gehofft, dass Uwe bereits bei uns ist. Nach seiner Ansicht werden meine Verwandten höchstens 60 Prozent des Strafmaßes absitzen müssen. Das würde bedeuten, sie sind Mitte Oktober diesen Jahres bei mir.

Ich hoffe sehr, er behält Recht. Dr. B. hinterlässt noch eine Telefonnummer und würde sich riesig freuen, wenn Uwe ihn unter dieser Nummer bald anrufen könnte.

Hildchen erfährt bei einer Nachuntersuchung nach ihrer Schlankheitskur, dass ihr Übergewicht mit den Pillen zusammenhängt, die sie seit zwölf Jahren einnimmt.

Es wird ihr von einem Gynäkologen geraten, sich ein Intrauterinpessar zu besorgen, das ihr dann eingesetzt werden würde, um nicht weiter die Pille einnehmen zu müssen.

Wieder einmal ein Musterbeispiel des Sozialismus in der DDR. Eine Patientin soll sich selbst ein IUP besorgen, da es in diesem DDR-Staat über ein Jahr dauern würde, bis sie von dort eine Kupferspirale bekommen könnte.

Die Patientin kann also wieder nur hoffen, dass sie Freunde oder Verwandte im Westen hat oder dass sie sich auf dem Schwarzmarkt ein solches Gerät besorgen kann, um nicht so lange warten zu müssen, um nicht weiter ihre Gesundheit zu schädigen. Es ist wirklich katastrophal, die einfachsten Dinge gibt es in der Ostzone nicht. Ob nun Autoreifen, Malbücher oder Südfrüchte oder ein IUP.

Ende September telefoniere ich erneut mit Hildchen. Sie war zusammen mit ihrem Mann in der Kanzlei RA Dr. Vogel. Dort sprachen sie mit RA Hartmann. Dieser hatte eine Liste mit den Namen der Häftlinge, die in diesem Jahr noch in die Bundesrepublik Deutschland entlassen werden sollen. Unsere Verwandten waren nicht auf der Liste. RA Hartmann sagte, dass es Probleme geben wird, da Elke und Uwe Geheimnisträger seien. Ich empfehle Hildchen bei ihrem nächsten Besuch im Gefängnis nur zu sagen, dass in diesem Jahr nicht mehr mit einer Freilassung zu rechnen ist. Sie soll auf keinen Fall Elke oder Uwe gegenüber von den Problemen sprechen, die RA Hartmann erwähnt hatte. Es nützt ihnen gar nichts, mit solchen Problemen konfrontiert zu werden. Sie brauchen Hoffnung.

In einem Brief informiere ich Herrn X. über diese neue negative Entwicklung.

Volker Ebers
Müllerstr. 24 j
1ooo Berlin 45

, den 22.9.1982

Herrn
X
Direktor der

Sehr geehrter Herr X ,

In der Angelegenheit des Ehepaares Elke-Margarita und Uwe-Jens Jürgensen habe ich neue Nachrichten erhalten und leider keine guten.
Ihre Befürchtungen, meine Verwandten könnten als Gehimnisträger eingestuft werden, sind nun zu meinem Entsetzen bestätigt worden.
Woher weiß ich das?
Am 26. Juli besuchte mein Bruder Ludo Ebers unseren in Cottbus einsitzenden Schwager Uwe-Jens Jürgensen. Während dieses Besuches bedrängte Dr. Jürgensen meinen Bruder erneut in der Kanzlei Dr. Vogels vorstellig zu werden, um durch seine Fürsprache eventuell eine vorzeitige Entlassung bewirken zu können.
Heute nun war mein Bruder im Büro Dr. Vogels und konnte dort mit dessen Sozius Klaus Hartmann sprechen. RA Hartmann hatte offenbar eine Liste mit den Namen der Häftlinge, die noch in diesem Jahr in die Bundesrepublik Deutschland entlassen werden sollen. Die Namen meiner Schwester und ihres Mannes standen nicht darauf.
Außerdem erfuhr mein Bruder, daß die beiden Inhaftierten aufgrund ihrer früheren Tätigkeit im Regierungskrankenhaus Geheimnisträger sind und es deshalb sehr problematisch sein wird, eine Ausreise in den Westen zu erreichen.

Leider kann ich, sehr geehrter Herr [redacted], nicht mehr tun, als Sie noch einmal inständig zu bitten, all Ihren Einfluß geltend zu machen und all Ihre Möglichkeiten zu nutzen, um meiner Schwester und meinem Schwager zu helfen, doch noch ihr Ziel - die Bundesrepublik Deutschland - zu erreichen.

Ich danke Ihnen sehr für Ihre Bemühungen und wünsche nichts mehr, als daß Sie bald Erfolg haben werden.

Mit freundlichen Grüßen

Während eines Telefongespräches erklärt mir Herr X., dass tatsächlich kürzlich Verhandlungen stattgefunden haben, bei denen Listen erstellt wurden mit den Namen der politischen Häftlinge in der DDR, die noch in diesem Jahr entlassen werden sollen.

Auf dieser Liste standen auch die Namen meiner Verwandten. Er hält es aber durchaus für möglich, dass der Osten von sich aus einseitig einige Namen gestrichen hat. Vielleicht auch die von Elke und Uwe? Herr X. verspricht mir, das zu prüfen. Er will meine Nachricht zum Anlass nehmen, um noch einmal seinen Einfluss in dieser Angelegenheit geltend zu machen. Sollten die Namen meiner Verwandten tatsächlich durch die östlichen Verantwortlichen gestrichen worden sein, will er versuchen, in Nachverhandlungen noch etwas zu erreichen. Das wäre nicht das erste Mal.

Aus den wenigen Briefen, die ich von Elke erhalte, kann ich doch ersehen, dass sie verhältnismäßig objektiv ist und ihre Lage richtig einschätzt. Um Uwe mache ich mir mehr Sorgen. Seine Gefühlsausbrüche kosten Kraft und bringen durch wiederholte Enttäuschungen die Gefahr der Resignation. Ich bitte Hildchen bei ihrem nächsten Besuch, nun doch gar nichts von den Gesprächen mit RA Hartmann weiterzugeben. Es ist doch zu befürchten, dass die Information mutlos macht und die Hoffnung nimmt.

Aber gerade das ist es, was sie brauchen, Hoffnung! Hoffnung, überhaupt in den Westen zu kommen, damit die ganze Angelegenheit ein gutes Ende nimmt.

Bei ihrem nächsten Besuch in Cottbus und in Hoheneck haben die Teltower unseren Verwandten doch von den aufgetauchten Schwierigkeiten berichtet. Sie haben ihnen gesagt, dass es Probleme wegen ihrer Tätigkeit im Regierungskrankenhaus gibt, dass sie als Geheimnisträger eingestuft wurden. Die Nachricht rief großes Elend hervor. Elke und Uwe waren schockiert. Es fiel ihnen sichtlich schwer, diese Neuigkeit zu verkraften. Ich glaube, es war nicht sehr klug von Ludo und Hildchen, über das Gespräch mit RA Hartmann zu berichten.

Bei beiden Besuchen durften keine Geschenke zurückgelassen werden.

Elke durfte lediglich einen Gutschein über 15 Ostmark behalten, der in Hoheneck bezahlt werden musste. Für Uwe durften lediglich die mitgebrachten Rasierklingen dagelassen werden, sonst nichts. Die Haftbedingungen sind also offensichtlich schon wieder verschärft worden.

Mitte Oktober spreche ich am Telefon mit Antje. Sie hat sich wieder gefangen. Vielleicht hat auch mein Brief mit dazu beigetragen. Sie hat einige Wünsche. Unter anderem wünscht sie sich einen Stoffhund, Kaubonbons und Kaugummi.

Sie erzählt mir ganz unbefangen, dass ihre Eltern in den Sommerferien wieder zurückkommen. »Vielleicht auch schon zu meinem Geburtstag«, sagt sie.

Antje hat am 2. Mai Geburtstag. Mit ihrem fünf Jahre älteren Cousin kommt sie gut aus. Natürlich gibt es auch Streit und Verstimmung. Doch das ist bei Kindern immer schnell vergessen.

Sie erzählt mir auch: »Manchmal kriege ich von ihm eine Backpfeife, dass es nur so zischt. Aber ansonsten vertragen wir uns gut.«

Am 20. Oktober telefoniere ich mit Herrn X. Es hat einen Regierungswechsel gegeben in der Bundesrepublik Deutschland.

Egon Franke ist nicht mehr Bundesminister für innerdeutsche Beziehungen.

Innerhalb der jetzt von der CDU geführten Regierung ist Rainer Barzel Minister dieses Ministeriums geworden. Rainer Barzel war derjenige, der 1972 die »Besonderen Bemühungen« der Bundesregierung initiiert hatte, politische Gefangene in der DDR betreffend. Später erfuhr ich, dass die Berufung Barzels ein großes Hoffnungslicht für viele politische Gefangene in den DDR-Gefängnissen war.

Herr X. wird morgen ein Gespräch führen, das grundsätzlicher Natur ist, was diese Thematik betrifft. Durch den Regierungswechsel gibt es viele neue Leute und das Verhältnis zu denjenigen ist von ihm zu überprüfen. Es gibt also von ihm aus erste Verzögerungen.

An seinen Ostkontakten ändert sich aber nichts und er ist weiterhin bemüht, auf diesem Wege voranzukommen. Er beteuert aufs Neue, dass regelmäßige Transporte aus dem Osten kommen und immer wieder Schützlinge von ihm darunter sind. Ich erzähle ihm davon, dass ein ehemaliger Internatskamerad von mir persönlicher Referent bei Rainer Barzel gewesen ist. Ich frage ihn, ob ich diese Kontakte aufleben lassen soll. Herr X. will jedoch den Ausgang des morgigen Gespräches abwarten und dann entscheiden, wie und ob ich meinen Internatskameraden einschalten soll.

Am nächsten Tag erfahre ich von ihm, dass das finanzielle Volumen für Freikäufe in einer Schlussaktion der Schmidt-Regierung verbraucht wurde. Meine Angehörigen wurden von den Vereinbarungen leider nicht berührt. Es sind zwar Zusatzaktionen der neuen Regierung geplant, doch der Umfang ist noch offen.

Herr X. muss noch viele neue Kontakte anbahnen.

Deshalb gibt er mir das O.K., entgegen unserer ursprünglichen Vereinbarung, meinen ehemaligen Internatskollegen hier einzuschalten. Hoffentlich sind dessen Kontakte zu Barzel noch intakt.

Von meinem Bruder höre ich, dass Uwe in eine andere Anstalt verlegt werden soll.

Der Besuchstermin, den er für den 19. November hatte, wurde abgesagt.

Was bedeutet das? Ist das positiv zu bewerten oder negativ? Deutet es auf eine baldige Entlassung hin? Oder wird Uwe wegen seines passiven Widerstandes verlegt?

Ich will und muss optimistisch sein. Doch diese Frage lastet schwer auf mir, warum wird Uwe verlegt? Kommt er vielleicht nach Chemnitz? Es wäre möglich.

Disziplinierungsmaßnahmen können auch in Cottbus durchgeführt werden.

Wenn die Verlegung nach Chemnitz nach dem 6. November stattfindet, für diesen Tag ist eine Sprecherlaubnis bei Elke genehmigt, könnte es sein, dass Uwe und Elke nach Chemnitz kommen und die Ausreise dann bevorsteht? Ich hoffe sehr, dass meine Überlegung richtig ist. Welchen Sinn sollte sonst eine angekündigte Verlegung Uwes haben?

Trotzdem bin ich sehr misstrauisch. Den Sachverhalt und meine Bedenken teile ich Herrn X. mit. Ich bitte inständig, seine Möglichkeiten zu nutzen, um weiteres Unheil abzuwenden.

Volker Ebers
Müllerstr. 24 j
1000 Berlin 45

, den 28.10.1982

Herrn
X
Direktor

Sehr geehrter Herr X ,

im Verlauf unseres heute geführten Telefonates habe ich Ihnen bereits mitgeteilt, daß Dr. Jürgensen von Cottbus aus in eine andere Strafvollzugsanstalt verlegt werden soll. Ein entsprechendes Schreiben der Cottbusser Anstaltsleitung wurde meinem Bruder zugestellt. Gleichzeitig wurde ein Besuchstermin für den 19.11.82 abgesagt. Weitere Nachrichten wurden angekündigt.

In dieser Verlegung sehe ich aus zwei Gründen nichts Gutes:

1. Ein Besuchstermin für den 6.11.82 in Hoheneck wurde bisher nicht abgesagt.
2. Mir ist bekannt, daß mein Schwager in Cottbus passiven Widerstand leistet.

Wieder bitte ich Sie, sehr geehrter Herr [redacted], alles in Ihrer Macht stehende zu tun, um meinen Angehörigen zu helfen und um Unheil von meiner Familie abzuwenden.

Mit freundlichen Grüßen

Ich telefoniere mit meinem ehemaligen Internatskameraden. Er bekleidet jetzt eine leitende Stelle im Verwaltungsapparat. Früher ist er viele Jahre persönlicher Referent von Rainer Barzel in Bonn gewesen.

Während unserer gemeinsamen Internatszeit haben wir uns gut kennen gelernt und angefreundet. Wir hatten uns dann aus den Augen verloren, aber durch eine glückliche Fügung suchte er Kontakt zu ehemaligen Internatskameraden in Berlin, wobei er mich auch in Berlin aufstöberte.

In diesen Tagen tauschten wir Erinnerungen aus und erfuhren, was aus jedem Einzelnen geworden war. Ich hatte ihm damals auch schon über das Schicksal meiner im Osten inhaftierten Angehörigen erzählt. Schon zu diesem Zeitpunkt erbot er sich, seine Kontakte, die er noch nach Bonn hatte, für meine Sache einzusetzen. Ich dankte ihm damals für das Angebot und versprach ihm, mich bei ihm zu melden, falls dies notwendig werden sollte.

Jetzt ist es nun so weit. Wer konnte vor einigen Monaten ahnen, dass Rainer Barzel Bundesminister für innerdeutsche Beziehungen werden würde? Ich schildere ihm noch einmal alles, was sich bisher zugetragen hat, und verspreche ihm, schnellstens alle Fakten zu Papier zu bringen, damit er etwas in der Hand hat. Er wird, davon bin ich fest überzeugt, alles Menschen Mögliche tun, um mir und meinen Verwandten zu helfen.

Volker Ebers
Müllerstr. 24 j
1ooo Berlin 45

, den 7.11.1982

Herrn
Wolfgang K

Lieber Wolfgang,

wie Du weißt, sind Angehörige von mir, meine Schwester und deren Ehemann, in der Ostzone in Haft.
Sie wurden Anfang August 1981 festgenommen, als sie eine Urlaubsreise nach Ungarn antreten wollten.
Das Stadtgericht Berlin (Ost) verhandelte am 9. und 1o.11.1981 und erkannte bei beiden gem § 1oo (1) StGB (landesverräterische Agentenbeziehungen) auf eine Freiheitsstrafe von je zwei Jahren.
Ferner wurde die Schuld nach § 213 (2),(3), Ziff. 4 und 5 (4) StGB/DDR festgestellt.
Von Maßnamen strafrechtlicher Verantwortlichkeit gem. § 213StGB/DDR ist Abstand genommen worden, da die Angeklagten während der gerichtlichen Beweisaufnahme erklärten, am 3o.5.1981 von ihrem Vorhaben (Flucht) Abstand genommen zu haben.
Die Eheleute wünschten keine Berufung.Gleichwohl wollen beide nach wie vor ihr Ziel, in die Bundesrepublik Deutschland zu gelangen, erreichen.
Hier nun die persönlichen Daten meiner Angehörigen:

Elke-Margarita Jürgensen geb. Ebers
Geboren : 17.7.194o
Beruf : Krankenschwester
Wohnhaft : Berlin Mitte, Leipziger Str. 49
Arbeitgeber:Regierungskrankenhaus in Ost-Berlin
Seit der Verurteilung befindet sich meine Schwester in der Vollzugsanstalt Hoheneck,
DDR-915o Stollberg.

Dr. med. Uwe-Jens Jürgensen
Geboren : 26.9.41
Beruf : Facharzt für innere Krankheiten
Wohnhaft : Berlin Mitte, Leipziger Str. 49
Arbeitgeber: Regierungskrankenhaus in Ost-Berlin
Seit der Verurteilung befindet sich mein Schwager in der Vollzugsanstalt Cottbus,
DDR-75oo Cottbus, Ende Oktober d.J. wurde er verlegt nach DDR-262o Bützow.

Die Tochter der Eheleute Jürgensen, Antje, geb. 2.5.1974, lebt seit der Festnahme ihrer Eltern bei meinem Bruder
Ludo Ebers
DDR- 15o1 Ruhlsdorf
Teltower Str. 3o

Seit Anfang dieses Jahres ist mir bekannt, daß das Ministerium für innerdeutsche Beziehungen sich für die vorzeitige Entlassung meiner Verwandten aus dem Gewahrsam der DDR einsetzt. Die anschließende Übersiedlung der Familie Jürgensen in die Bundesrepublik Deutschland ist Hauptziel dieser Bemühungen.
Leider muß jedoch befürchtet werden, daß sich die früheren Tätigkeiten der Eheleute Jürgensen am Regierungskrankenhaus in Ost-Berlin erschwerend auf das Anliegen auswirken.

Nun wird ja das Innerdeutsche Ministerium seit Anfang Oktober von Rainer Barzel geführt. Meine Bitte an Dich, lieber Wolfgang, liegt auf der Hand. Reaktiviere Deine Bonner Kontakte, sofern das überhaupt nötig ist. Wende Dich an Minister Barzel persönlich mit der Bitte, seinen Einfluß für eine Freilassung und Übersiedlung meiner Angehörigen in die Bundesrepublik Deutschland geltend zu machen.
Lieber Wolfgang, ich weiß daß diese Angelegenheit bereits auf höchster Ebene Verhandelt wird. Der Regierungswechsel hat jedoch neue Leute ins Spiel gebracht, die sich mit der Materie und mit speziellen Fällen erst vertraut machen müssen. Ich zweifele überhaupt nicht an der richtigen Zielsetzung der neuen Mannschaft. Es können jedoch Verzögerungen eintreten, die gerade in dieser schwierigen Situation der Eheleute Jürgensen, sich besonders erschwerend auswirken.
Nochmals meine Bitte: Wende Dich direkt an Herrn Barzel. Nutze Deine Kontakte, die Du während Deiner Arbeit für das Büro Barzel knüpfen konntest. Hilf meinen Verwandten, die schon seit über 15 Monaten in ostzonalen Gefängnissen sind.

Ich danke Dir für Deine Bemühungen und verbleibe mit freundschaflichem Gruß

Ich bekomme die Information, dass mein Schwager in die Strafvollzugsanstalt Bützow verlegt worden ist. Er muss dort die ärztliche Betreuung von Gefangenen übernehmen.

Meine Gedanken rotieren. Ist Uwe umgedreht worden? Ist sein Widerstand zerstört worden? Hat er sein Ziel aufgegeben? Das sind meine ersten Gedanken!

Aber das kann gar nicht sein, denn es ist unvorstellbar! Wahrscheinlich gibt es eine einfache Erklärung, auf die ich nicht komme. Einen Grund für die Verlegung muss es ja schließlich geben. Oder ist der Grund nur darin zu sehen, dass man einen Arzt für die Betreuung der kriminellen Gefangenen in Bützow brauchte?

Schade ist es, dass meine Hoffnung, er würde nach Chemnitz gebracht werden und dann zusammen mit Elke in den Westen kommen, zunichte ist. Von Hildchen höre ich weiter, dass es meiner Schwester ganz gut geht. Sie kommt mit ihrer Arbeit zurecht. Sie wertet die Verlegung ihres Mannes als ein Zeichen dafür, dass sie in die Zone entlassen werden, denn es gibt in Bützow keine politischen Gefangenen.

Mein Gott, das klingt ja so nüchtern und sachlich, als wäre all ihre Hoffnung dahin. Aber Elke hat einen unbeugsamen Willen! Sie erreicht jedes Ziel, das sie sich setzt! Um ihre Willenstärke brauche ich mir wohl wenigstens keine Sorgen machen.

Sie hat übrigens bereits am 22. Oktober ihren Mann sehen dürfen und dabei von seiner Verlegung erfahren. Zwischenzeitlich hat sie mein Paket mit den Turnschuhen erhalten. Sie sind zwar ein wenig groß, aber mit dicken Socken sehr bequem. Die Turnschuhe darf sie, das ist eine Auszeichnung, auch zur Arbeit tragen.

Die Verhältnisse im Knast sind für mich unvorstellbar, wenn es bereits als Auszeichnung gilt, bequeme Schuhe während der Arbeit tragen zu dürfen.

Nach diesem Gespräch mit meiner Schwägerin schreibe ich noch einen Brief an Herrn X., in dem ich ihm die Verlegung meines Schwagers nach Bützow mitteile und ihn erneut bitte, in seinen Bemühungen nicht nachzulassen.

Volker Ebers
Müllerstr. 24 J
1ooo Berlin 45

, den 12.11.1982

Herrn

Direktor

Sehr geehrter Herr X,

nach unserem letzten Gespräch habe ich inzwischen erfahren, daß Dr. Jürgensen nach Bützow verlegt worden ist.Die Postanschrift lautet

DDR-262o Bützow
Postfach 6/22.

Er hat dort die Aufgabe, die Mitgefangenen medizinisch zu betreuen.Einzelheiten sind mir nicht bekannt.

Ihrem Rat folgend, habe ich am 7.11.1982 Herrn geschrieben.
Er will Bundesminister Barzel und Staatsminister Jenninger, beide kennt er aus seiner Bonner Zeit, auf unseren Fall aufmerksam machen.Vielleicht können seine Bemühungen mit dazu beitragen, wieder einen Schritt voranzukommen.

Ich bitte Sie weiter, sehr geehrter Herr „X“ , uns zu helfen, ein rasches Ende der bösen Lage meiner Angehörigen zu erreichen.Nach wie vor gründen sich unsere Hoffnungen auf Ihre Erfahrung und auf Ihr Wissen.Sie sind der Kenner der Materie.Bitte lassen Sie nicht nach in Ihren Bemühungen für meine Verwandt en.

Mit freundlichen Grüßen

Anlage: Mein Schreiben an herrn zu Ihrer Kenntnis.

Herr B., der ehemalige Haftkamerad meines Schwagers, meldet sich wieder.

Er wollte hören, ob Uwe inzwischen im Westen ist. Ich erzähle ihm von der Verlegung nach Bützow. Der ehemalige Haftkamerad meint, dass diese Verlegung nicht unbedingt negativ zu werten ist, denn seines Wissens sind in Bützow auch politisch Gefangene und er kennt einen Arzt, der ebenfalls zur Betreuung der Häftlinge in Bützow gewesen ist und von dort in den Westen kam. Solche Nachrichten höre ich natürlich immer gerne.

Am Abend telefoniere ich mit meinem ehemaligen Internatskameraden. Er hat meinen Brief erhalten, in dem ich die gewünschten Einzelheiten mitgeteilt habe.

Zwischenzeitlich hatte er mit Staatsekretär Hennig gesprochen, der ihm zusagte, sich um mein Anliegen zu kümmern. Über diesen Kontakt bin ich sehr froh. Dr. Hennig ist parlamentarischer Staatssekretär im innerdeutschen Ministerium. Vielleicht ist er der entscheidende Mann überhaupt. Mit Sicherheit hat er großen Einfluss auf seinen Minister, Rainer Barzel.

Ich unterrichte Herrn X. über meine Aktivitäten. Meinen letzten Brief an ihn muss ich dahingehend korrigieren, dass mein Kamerad nicht Staatsminister Jenninger, wie ich geschrieben hatte, kennt, sondern Staatssekretär Hennig.

Herr X. fürchtet nun doch, dass Elke und Uwe die volle Zeit absitzen müssen. Wenn sie dann entlassen werden, zu uns in den Westen entlassen werden, sieht er das schon als einen großen Erfolg an. Einige Tage vorher hatte Herr X. ein längeres Gespräch mit RA Stange. Der RA ist optimistischer als Herr X. und glaubt auch, vor der Zeit noch etwas erreichen zu können.

Einige Tage später ruft Herr X. mich an, da er ein erneutes Gespräch mit RA Stange führte.

Dieser sagte ihm, dass in diesem Jahr nicht mehr damit zu rechnen sei, dass meine Verwandten in den Westen kommen. Stange gibt jedoch Anlass zu begründeter Hoffnung, dass Elke und Uwe im kommenden Jahr, also 1983, zu uns in den Westen entlassen werden. Herr X. teilt diese Zuversicht nicht, denn er sieht noch Probleme und glaubt erst daran, wenn sie hier bei uns im Westen sind. Ich will mich an Rechtsanwalt Stanges begründete Hoffnung halten. Es wird schon werden, ich bin wieder zuversichtlich.

Über die neuesten Geschehnisse informiere ich Axel. Er will von sich aus bei Straßmeir nachhaken. Wir alle hoffen, dass nach den Aussagen von RA Stange sich bald etwas rühren wird.

Gestern durften die Teltower Uwe besuchen. Es geht ihm ganz gut. Er ist sehr ruhig und sehr zuversichtlich. Von seinen Zielen ist er um kein Jota abgerückt. Es gibt für ihn nur einen Weg, den Weg in den Westen.

Die Anstalt in Bützow hat eine kleine Klinik mit circa 100 Betten. Er betreut dort »Knackis« als Arzt. Er kommt nur mit Kriminellen in Berührung. Eine Einzelzelle, die er innerhalb des Haftkrankenhauses für sich allein bekommen hat, kommt seinen Wünschen sehr entgegen. Er muss auch ständig abrufbereit sein, um auch Notfälle versorgen zu können. Offenbar muss er den ganzen Betrieb alleine versorgen.

Nachträglich hatte er alle meine Briefe ausgehändigt bekommen, die ich ihm nach Cottbus geschickt hatte. Das freut mich ganz besonders.

Für den 28. Januar 1983 bekommen die Teltower einen neuen Besuchstermin.

Abends telefoniere ich erneut mit Herrn X. Er war am vergangenen Freitag in Berlin und auch in Ost-Berlin und hat neue Informationen bekommen. Leider sind die Nachrichten sehr schlecht. Meine Verwandten werden voraussichtlich nach Ablauf ihrer Haftzeit nicht in die Bundesrepublik Deutschland entlassen. Wegen der Regierungskrankenhaustätigkeit werden sie als Geheimnisträger eingestuft und haben eine Sperrzeit, deren Dauer noch nicht bekannt ist.

In vergleichbaren Fällen, so beruhigt mich Herr X., hat er schon Übersiedlungen möglich machen können. Er versucht weiterhin alles, um uns zu helfen.

Mein Freund Axel und ich bleiben über meinen Internatskameraden und über Generalsekretär Straßmeir an dem Fall.

Axel will mit Herrn Straßmeir telefonieren, um ihm noch einmal die Dringlichkeit dieses Falles vor Augen zu führen. Er soll beim Bundesministerium für innerdeutsche Beziehungen erneut vorstellig werden.

Es sieht alles schlechter aus, als ich es je für möglich hielt.

Sollte wirklich alles so kommen, so müssen meine Angehörigen ihre Ausreiseanträge aufrechterhalten. Nur so kann alles noch gut enden. Sie müssen dann versuchen, eventuell im kirchlichen Bereich Arbeit zu finden.

Auf keinen Fall dürfen sie ihre Fähigkeiten, ihre beruflichen Fähigkeiten diesem Staat zur Verfügung stellen!

Bei einem erneuten Treffen mit meinem Freund Axel erwähnt dieser wieder seinen Freund bei der SPD. Es handelt sich um einen Bundestagsabgeordneten der Sozialdemokraten. Ich bin jetzt entschlossen, entgegen dem Versprechen, das ich Herrn X. gab, mehrere Leute einzuschalten. Axel will außerdem versuchen, über Wirtschaftssenator Elmar Pieroth einen direkten Kontakt zu Bundesminister Barzel herzustellen.

Anfang Dezember haben wir einen Termin bei Elmar Pieroth. Leider ist es nur ein Fünfminutengespräch, denn er musste zu einer Wirtschaftsgipfelkonferenz. Immerhin konnte ich ihm eine Akte übergeben mit einem Protokoll all der Geschehnisse bis zum heutigen Tag. Soweit wie möglich sind in der Akte die Ereignisse durch Anlagen belegt.

Volker Ebers
Müllerstr. 24 j
1000 Berlin 45 , den 10.12.1982

Protokoll

Betr.: 1. Dr. med. Uwe-Jens Jürgensen
Geboren : 26.9.1941
Beruf : Facharzt für innere Krankheiten
Wohnhaft : Berlin Mitte, Leipziger Str. 49
Arbeitgeber : Regierungskrankenhaus in Ost-Berlin
Seit 1.8.1981 in Haft.Am 10.11.1981 zu zwei Jahren Haft verurteilt.Seit Dezember 1981 in der Vollzugsanstalt
DDR-7500 Cottbus.
Im November 1982 verlegt in die Vollzugsanstalt
DDR-2620 Bützow.

2. Elke-Margarita Jürgensen geb. Ebers
Geboren : 17.7.1940
Beruf : Krankenschwester
Wohnhaft : Berlin Mitte, Leipziger Str. 49
Arbeitgeber : Regierungskrankenhaus in Ost-Berlin
Zusammen mit ihrem Ehemann seit 1.8.1981 in Haft.Am 10.11.1981 ebenfalls zu zwei Jahren verurteilt.Seit Dezember 1981 in der Vollzugsanstalt
DDR-9150 Stollberg.

3. Antje Jürgensen
Geboren : 2.5.1974
Wohnhaft : Bei ihren Eltern (1. und 2.)
Seit deren Verhaftung bei meinem Bruder
Ludo Ebers
DDR-1501 Ruhlsdorf
Teltower Str. 30

5.8.1981 Anruf meines Bruders Ludo Ebers.
Unsere Schwester Elke-Margarita Jürgensen und ihr Ehemann Uwe-Jens Jürgensen sind in der DDR verhaftet worden.Es wird ihnen Fluchtvorbereitung zur Last gelegt.Mein Bruder holt die Tochter Antje aus einem Kinderheim, wo sie zunächst untergebracht wurde, zu sich.

7.8.1981 Herr Baum vom Bundeshaus verschafft uns einen Sofort-Termin bei RA Näumann, Uhlandstr. 137, 1000 Berlin 31. Die Kanzlei Näumann arbeitet in direktem Auftrag des Bundesministeriums für innerdeutsche Beziehungen und in Absprache mit der ständigen Vertretung in Ost-Berlin. Wir beauftragen RA Näumann mit der Interessenwahrnehmung für unsere Angehörigen.Gleichzeitig bitten wir darum, RA Dr. Vogel in Ost-Berlin zu beauftragen, die Mandatschaft für das Ärzteehepaar Jürgensen zu übernehmen.

24.8.1981 Dr. Vogel ist beim Generalstaatsanwalt der DDR in der Sache gemeldet.(Anlage 1)

15.9.1981 Das Ermittlungsverfahren läuft.(Anlage 2)

2.11.1981	Das Ermittlungsverfahren ist abgeschlossen. (Anlage 3)
5.11.1981	Für die Hauptverhandlung ist der 9.11.1981 vorgesehen. (Anlage 4)
23.11.1981	Die Verhandlung fand am 9. und 1o.11.1981 statt. Verurteilung gem. § 1oo (1) StGB/DDR zu je 2 Jahren. (Anlage 5)
7. 12.1981	Axel Frohnert schreibt an den ihm befreundeten Generalsekretär der CDU-Berlin, Herrn G.Straßmeir MdB, und bittet ihn um Hilfe.(Anlage 6)
8.12.1981	G. Straßmeir hat sich mit dem damaligen Bundesminister für innerdeutsche Beziehungen, Egon Franke, in Verbindung gesetzt.(Anlage 7)
2o.12.1981	Von meinem Bruder in der DDR erfahre ich, daß unsere Angehörigen in Vollzugsanstalten verlegt wurden. Dr. U.J. Jürgensen nach DDR-75oo Cottbus 1 und E+M. Jürgensen nach DDR-915o Stollberg.
13.1.1982	G. Straßmeir hat Mitteilung von E. Franke. Unsere Verwandten sind in die besonderen Bemühungen der Bundesregierung einbezogen, mit dem Ziel der vorzeitigen Haftentlassung und Übersiedlung in die Bundesrepublik Deutschland. (Anlage 8)
2o.1.1982	Die vorhandenen Erkrankungen meiner Mutter können jederzeit zum Tode führen. Sie möchte Ihre Kinder, meine Geschwister sehen. (Anlage 9)
29.3.1982	Unseren Angehörigen geht es gesundheitlich schlecht. A. Frohnert erinnert G. Straßmeir an das Schicksal unserer Verwandten.
3o.4.1982	G. Straßmeir bittet E. Franke, seinen besonderen Einfluß geltend zu machen. (Anlage 1o)
27.5.1982	G. Straßmeir hat Nachricht von E. Franke. Unsere Befürchtungen bewahrheiten sich, die früheren Tätigkeiten der Eheleute Jürgensen am Regierungskrankenhaus in Ost-Berlin wirken sich erschwerend aus. (Anlage 11)
13.9.1982	A. Frohnert bittet G. Straßmeir erneut sich persönlich bei Bundesminister Franke für die Freilassung und Übersiedlung zu engagieren (Anlage 12)
22.9.1982	Mein Bruder Ludo Ebers war im Büro RA Dr. Vogels in Ost-Berlin. Er erfuhr dort, daß unsere Angehörigen auf keinen Fall in diesem Jahr entlassen werden. Weiter wurde ihm mitgeteilt, daß das Arztehepaar Jürgensen "Geheimnisträger" seien und eine Ausreise in den Westen "problematisch" sein wird.
3.11.1982	Dr. Jürgensen wird nach DDR-262o Bützow verlegt. Er muß dort die kriminellen Gefangenen ärztlich versorgen.
3o.11.1982	Bestätigung der "Geheimnisträgerschaft" unserer Angehörigen. Sie sollen nach Verbüßung der verhängten Strafe in die DDR entlassen werden. Danach soll eine mehrjährige Ausreisesperrfrist verhängt werden.

Nach wie vor ist es das erklärte Ziel unserer Verwandten in die Bundesrepublik Deutschland zu gelangen.

Für den 13.Dezember um 16:30 Uhr haben wir einen neuen Termin bei Wirtschaftssenator Pieroth. Am Vormittag erfährt Axel, dass der Termin vorverlegt werden muss. Da ich unterwegs bin, fährt er alleine zu dem Termin. Anschließend informiert er mich, dass Pieroth meine Akte durchgelesen hat und er seinen persönlichen Referenten angewiesen hat, Briefe an RA Stange und an Bundesminister Rainer Barzel zu schreiben. Es werden persönliche Pieroth-Briefe sein mit der Bitte, den Fall bevorzugt zu behandeln.

Sein Referent vermutet, dass die Geheimnisträgerschaft wegen möglicher privater Intimkenntnisse verhängt wurde. Schließlich hat Uwe viele der östlichen Parteigrößen behandelt, und er hat einige von ihnen auf Urlaubsreisen als Leibarzt begleitet. Mit dieser Kenntnis privater Schwachpunkte solcher Parteigrößen könnte ein westlicher Geheimdienst unter Umständen eine ganze Menge anfangen.

Mitte Dezember bekommt Straßmeir eine Antwort auf seine Anfrage beim innerdeutschen Ministerium. Rainer Barzel teilt ihm persönlich mit, dass die DDR bisher nicht erkennen ließ, ob und wann sie gegebenenfalls zu einem Entgegenkommen bereit sein wird. Auch Herr Pieroth sieht Umstände, die sich erschwerend auf das Verfahren auswirken könnten. Er versichert, dass die Bemühungen der Bundesregierung fortgesetzt werden, um eine positive Lösung zu erwirken.

Nun, das Schreiben ist zwar sehr allgemein gehalten, aber es kommt vom Bundesminister für innerdeutsche Beziehungen persönlich. Er hat sich selbst mit dem Fall befasst. Zumindest hat er die Namen derer, um die es geht, gelesen. Der Brief gibt mir wieder neuen Auftrieb.

DER BUNDESMINISTER
FÜR INNERDEUTSCHE BEZIEHUNGEN

5300 BONN 1, 16. Dezember 1982
POSTFACH 12 02 50
FERNRUF (02 28) 3 06-
ODER 3 06-1 (VERMITTLUNG)

DIENSTGEBÄUDE: GODESBERGER ALLEE 140
BONN-BAD GODESBERG

Herrn
Günter Straßmeir, MdB
Bundeshaus

5300 Bonn 1

Sehr geehrter Herr Kollege,

Sie baten um einen Bescheid über den Stand der Angelegenheit der in der DDR inhaftierten Eheleute Dr. Uwe-Jens und Elke Margarita Jürgensen.

Bedauerlicherweise hat die DDR bisher nicht erkennen lassen, ob und wann sie gegebenenfalls hier zu einem Entgegenkommen bereit sein wird.

Die Umstände, die sich eventuell erschwerend auf das Verfahren auswirken könnten, hat Ihnen mein Amtsvorgänger aufgezeigt.

Die Bemühungen der Bundesregierung werden fortgesetzt, um auch in diesem Fall die angestrebte positive Lösung zu erwirken.

Mit den besten Wünschen
Ihr

[Unterschrift]

Günter Straßmeir
Mitglied des Deutschen Bundestages

Herrn Frohnert

ohne Anschreiben mit der Bitte um

- [x] Kenntnisnahme
- [ ] Stellungnahme
- [ ] Veranlassung
- [ ] Erledigung
- [ ] Rückgabe
- [ ] telefonischen Anruf
- [ ] Berücksichtigung
- [ ] mit Dank zurück

53 Bonn 12, den 17.Dez.1982
Bundeshaus
Fernruf (02221) 163652

i.A. G. Nötken

Wir fahren wieder zum Wintersport in die Steiermark. Erneut wird unser Auto von einem Freund nach Nürnberg gebracht, während wir die Strecke bis dahin fliegen. Es wird ein ruhiges, etwas bedrückendes Weihnachtsfest. Unsere Gedanken gelten Elke und Uwe und den Teltowern. Wir schließen sie in unsere Gebete ein und hoffen, dass ihnen das kommende Jahr 1983 mehr Glück bringen wird und dass sie ihre ersehnten Ziele endlich erreichen werden.

Am 1. Januar 1983 bekamen meine Teltower Verwandten eine Besuchsgenehmigung für Elke. Schon früh um 4 Uhr müssen sie losfahren, um rechtzeitig zu dem Besuchstermin im Erzgebirge zu sein. Es geht Elke gesundheitlich recht gut, doch der Strafvollzug ist wieder verschärft worden.

Unsere Schwester macht sich keine Illusionen. Sie freut sich natürlich über jeden Besuch, über jeden Brief, über jedes Paket, doch das sind Augenblicksfreuden, die sie nicht vergessen machen, was ihr in Hoheneck aufgezwungen wird. Dieses Leid und dieses Elend darf nicht umsonst gewesen sein.

Für den 28. Januar haben die Teltower einen Besuchstermin in Bützow. Dort ist der Vollzug verhältnismäßig frei. Mein Bruder will eine ganze Stange Zigaretten mitnehmen und ist zuversichtlich, dass Uwe diese auch behalten darf. Es ist dort wirklich alles ganz anders als in Cottbus.

So haben die Teltower ein Paket an ihn geschickt, das 5 kg wog, obwohl ja nur 3 kg erlaubt sind. Ohne Probleme hat Uwe dies ausgehändigt bekommen. In seinen Briefen ist er natürlich, wie meistens, ungeduldig.

Mitte Januar erreicht mich ein Anruf meines ehemaligen Internatskameraden.

Er hat einen Brief von Barzels Staatssekretär Hennig bekommen. Darin wird ihm mitgeteilt, dass meine Verwandten in die besonderen Bemühungen der neuen Bundesregierung einbezogen worden sind. Nun, das ist eine magere Auskunft ohne Neuigkeitswert. Ich bitte meinen Freund herauszufinden, ob es Parallelfälle gibt, wie da verfahren wurde und was getan werden kann. Mich interessiert, ob meine Verwandten wirklich als Geheimnisträger eingestuft werden können und was wir Außergewöhnliches tun müssen, um die besonderen Bemühungen der Bundesregierung zum Erfolg zu führen.

Er verspricht, mir ein persönliches Gespräch mit Staatssekretär Hennig herbeizuführen und ihn anzukurbeln. Herr X. arbeitet weiter über seine bewährten Kanäle. Inzwischen hat er den Fall erneut der Bundesregierung vortragen können. Kürzlich war einer seiner Mitarbeiter in Ost-Berlin und hat dort mit bestimmten Leuten auch über meine Verwandten gesprochen. Im Augenblick jedoch läuft nichts, so Herr X. Es gibt kaum Kontakte zwischen der Bundesrepublik Deutschland und der DDR und wohl im Augenblick keine Transporte politisch Gefangener von Ost nach West. Die DDR wartet auf den Wahlausgang, der am 6. März regulär stattfindenden Bundestagswahlen. Herr X. meint, dass unser Fall an höherer Stelle entschieden wird.

Es gilt also in der DDR die Fronten aufzubrechen, und daran arbeitet er ständig.

Ende Januar 1983 habe ich ein erneutes Gespräch mit RA Stange. Es sieht gar nicht gut aus. Stange führt die Verhandlungen mit dem Osten persönlich. Bis Anfang Dezember lief alles sehr gut, wie er berichtet. Dann hat die östliche Seite plötzlich weitere Ausreisen verweigert. Im Augenblick rührt sich überhaupt nichts von der Stelle. Es werden, so meint Stange, die Wahlen abgewartet. Im April wird unser Fall dann noch einmal behandelt.

Für Ende April 1983 vereinbare ich mit Herrn Stange einen neuen Termin und hoffe, dass er dann schon mehr sagen kann. Bei einem Besuch in der Vollzugsanstalt Bützow erfahren mein Bruder und seine Frau Hildchen, dass Uwe meine Post nicht mehr bekommt. Sie wird ihm nicht mehr ausgehändigt. Andererseits ist der Vollzug recht großzügig, denn sie konnten die ganze Stange Westzigaretten bei ihm zurücklassen. Auch eine große Wurst und andere Dinge durften anstandslos von ihm behalten werden.

Uwe ist in seiner Meinung nach wie vor stabil und es gibt keinen anderen Weg als den Weg in den Westen. Er ist also nicht verdreht worden. Uwe hätte auch erwähnt, dass er erneut in den Knast gehen würde, um mit seiner Familie aus der DDR herauszukommen. Diese Aussage ist zwar furchtbar, muss jedoch positiv bewertet werden, denn so lange der Vorsatz fest vorhanden ist, die DDR zu verlassen, muss es auch eine Lösung in diesem Sinne geben.

Axel hat inzwischen die Kopie eines Schreibens von Bundesminister Rainer Barzel an den Wirtschaftssenator Elmar Pieroth erhalten. Es ist das zweite Mal, dass Minister Barzel persönlich in einem Brief zu unserem Problem Stellung nimmt. Das Schreiben gibt zwar wenig Anlass zu großen Hoffnungen, aber allein das Wissen, dass der entscheidende Bundesminister sich persönlich mit unserem Fall befasst, ist ermutigend.

DER BUNDESMINISTER
FÜR INNERDEUTSCHE BEZIEHUNGEN

5300 BONN 1,
POSTFACH 12 02 50
FERNRUF (02 28) 3 06-
ODER 3 06-1 (VERMITTLUNG)

DIENSTGEBÄUDE: GODESBERGER ALLEE 140
BONN-BAD GODESBERG

19. Januar 1983

Herrn
Elmar Pieroth
Senator für Wirtschaft
und Verkehr
Martin-Luther-Str. 1o5

1ooo Berlin 62

24. JAN. 19

Sen z. K.

Hr. Frohnert

Sehr geehrter Herr Senator,
lieber Herr Pieroth,

für Ihren Brief vom 15. Dezember 1982 danke ich Ihnen.

Das Ärzteehepaar Dr. Uwe-Jens und Elke-Margarita Jürgensen ist in die besonderen Bemühungen der Bundesregierung um politische Häftlinge in der DDR mit dem Ziel einbezogen, eine vorzeitige Haftentlassung zu erreichen und darüber hinaus die Genehmigung zur anschließenden Übersiedlung in die Bundesrepublik Deutschland zu erwirken.

Bedauerlicherweise hat die DDR bisher nicht erkennen lassen, ob und wann sie gegebenenfalls hier zu einem Entgegenkommen bereit sein wird.

Es muß in der Tat befürchtet werden, daß die früheren Tätigkeiten der Eheleute Jürgensen am Regierungskrankenhaus in Berlin (Ost) eine positive Lösung erheblich erschweren. Das ändert aber nichts an der Tatsache, daß mit Nachdruck weiterhin alles versucht wird, um den Betroffenen zu helfen.

Mit den besten Wünschen

Ihr

Heinrich Windelen

Bis zum 6. März 1983, also bis zu den regulären Bundestagswahlen, wird sich wohl überhaupt nichts mehr rühren. Erst wenn diese vorüber sind und damit klar gestellt ist, wer für die nächsten vier Jahre der Verhandlungspartner für den Osten sein wird, erst dann wird mit Nachdruck tatsächlich wieder etwas bewirkt werden können. Trotzdem neige ich zu Optimismus.

Mitte Februar rufe ich Dr. B. an. Es geht ihm gut. Er hat inzwischen eine Wohnung in Hamburg, arbeitet als Physiker und vor allem ist seine Frau seit einigen Wochen bei ihm. Sie konnte mit allen Möbeln, im Rahmen der Familienzusammenführung, zu ihm ziehen.

Auch Dr. B. kennt keine weiteren Möglichkeiten, um Uwe zu helfen. Seines Wissens ist das innerdeutsche Ministerium die Stelle, an der alle Fäden zusammenlaufen. Er bietet sich an, persönlich dort anzurufen oder dort hinzuschreiben, um Uwes Fall zu schildern. Wir wollen aber auch hier den 6. März abwarten und Ende März, wenn Dr. B. von seinem Urlaub zurück ist, erneut miteinander darüber telefonieren. In der Tageszeitung lese ich eine Notiz über acht ehemalige politische DDR-Häftlinge, die über die Invalidenbrücke nach West-Berlin gekommen sind. Es heißt in den Notizen, dass dies die ersten acht Häftlinge im Jahr 1983 sind, die im Zuge der besonderen Bemühungen der Bundesrepublik in den Westen gelangten.

Es ist der 17. Februar und damit bestätigen sich die immer wieder an uns herangetragenen Befürchtungen, dass sich vor den Bundestagswahlen, nur ganz wenig bewegen wird.

Inzwischen rechne ich fast wirklich damit, dass meine Verwandten in die Ostzone entlassen werden. Für diesen Fall erkundige ich mich vorsorglich nach den Möglichkeiten, sie von dort herauszuholen. Ich erfahre, dass es nach wie vor gegen gute Bezahlung verhältnismäßig sichere Möglichkeiten gibt, Menschen aus der Ostzone in den Westen zu bringen. Gut das zu wissen, wer weiß, wann wir und ob wir diese Möglichkeiten nutzen müssen.

Ende Februar 1983 besuchen die Teltower wieder einmal Elke in Hoheneck. Es geht ihr so gut, wie es ihr unter diesen Umständen gehen kann. Ihre Zuversicht hat sie nicht verloren, doch denkt sie auch manchmal daran, dass die Möglichkeit besteht, in die Ostzone entlassen zu werden. Sie bekommt nur noch selten Post von ihrem Mann. Scheinbar wird ihr nicht sämtliche Post ausgehändigt. Auch meine wöchentlichen Briefe bekommt sie nur noch Fetzenweise. Sie sind so zerschnitten, es ist so vieles herausgeschnitten, dass man das, was sie erhält, kaum noch Brief nennen kann. Es wir also strenger zensiert.

Die Teltower haben erneut RA Dr. Vogel aufgesucht. Von ihm haben sie nichts Konkretes erfahren. Auch er verwies darauf, dass vor Ende März nichts gesagt werden kann, und das deckt sich mit den Auskünften, die ich hier im Westen bekomme.

Am 6. März, am Tag der Bundestagswahl, gebe ich ab 18 Uhr eine Wahlparty.

Es sind Freunde zu Gast, die, genau wie ich, interessiert sind am Ausgang der Wahl.

Es zeigt sich, dass die CDU einen hohen Sieg erringt, sie gewinnt 48,8 Prozent der Stimmen und die FDP bleibt mit 6,9 Prozent der Stimmen im Bundestag. Die Regierung Kohl ist also bestätigt. Bundeskanzler H. Kohl hat eine sehr starke Mehrheit im deutschen Bundestag.

Für mich ist wichtig, dass Rainer Barzel Minister für innerdeutsche Beziehungen bleibt.

Für die kommenden vier Jahre muss der Osten mit ihm reden. Jetzt kann ich unsere Aktivitäten in seine Richtung erneuern und verstärken.

Am 13. März 1983, also am nächsten Wochenende, finden noch in Schleswig-Holstein Landtagswahlen statt. Danach herrscht mehr Ruhe in der Parteienlandschaft, dann können wir mehr Wind und mehr Dampf machen.

Bei meinem Freund Axel lerne ich einen Kommunalpolitiker der CDU kennen. Er ist überzeugt davon, für Axel und mich einen persönlichen Termin bei Rainer Barzel besorgen zu können. Wir machen ihm klar, dass wir einen Termin brauchen, bei dem wir mindestens 30 Minuten Zeit haben, um ungestört Rainer Barzel unser Anliegen vortragen zu können. Wir wollen ihm alles schildern, was uns bekannt ist, und ihn um seinen ganz persönlichen Einsatz für meine Verwandten bitten. Ich bin gespannt, ob der Parteifreund Axels uns diesen Termin tatsächlich besorgen kann.

Es stellt sich leider bald heraus, dass der Barzeltermin in die Hose geht. Dafür kann Axel aber einen Termin bei Günter Straßmeir bekommen, und in der gleichen Woche will er versuchen, einen weiteren Termin bei Elmar Pieroth zu erreichen.

Während des Straßmeir-Termins berichten wir ihm ausführlich. Er meint, über Barzel sei nicht mehr zu erreichen als bisher. Federführend in Ost-Haftangelegenheiten sei Staatssekretär Hennig.

Wir wollen also ein Schreiben entwerfen, das wir dann über Straßmeier direkt an den Staatssekretär Hennig übergeben lassen. In diesem werden wir, neben den Fakten, die geschildert werden sollen, auch um einen persönlichen Termin bitten, denn ein persönliches Gespräch ist immer mehr wert als Briefe.

Entwurf

Axel

1000 Berlin 31   ,den 17.3.1983

Herrn
Dr. Ottfried Hennig MdB
Parlamentarischer Staatssekretär
Bundesministerium für innerdeutsche Beziehungen
5300 Bonn

Sehr geehrter Herr Dr. Hennig,

aus Sorge um ein Ärzteehepaar, das seit August 1981 in der SBZ inhaftiert ist, wende ich mich an Sie.
Es handelt sich um Dr. med. Uwe-Jens Jürgensen und seine Ehefrau Elke-Margarita Jürgensen geb. Ebers.
Die nach § 100 (1) StGB/DDR zu zwei Jahren Freiheitsstrafe verurteilten Eheleute Jürgensen arbeiteten vor ihrer Verurteilung am Regierungskrankenhaus in Ost-Berlin.Diese früheren Tätigkeiten sind wohl der Grund für Probleme, die den Bemühungen der Bundesregierung gegenüberstehen, die Übersiedlung des Ärzteehepaares in die Bundesrepublik Deutschland zu erwirken.

Mir ist bekannt, daß im April d.J. erneut Verhandlungen stattfinden werden, die sich auch mit der Übersiedlungsfrage Dr. Jürgensens und seiner Frau befassen werden.
Ich bitte Sie dringend, sehr geehrter Herr Dr. Hennig, mir <u>vor</u> diesen Verhandlungen einen Gesprächstermin einzuräumen.Im Interesse der Verurteilten, geben Sie mir die Möglichkeit zu einem persönlichen Gespräch mit Ihnen.Ich will <u>nichts</u> unversucht lassen, um dem Ehepaar Jürgensen zu helfen, in den freien Teil Deutschlands zu gelangen.

Mit freundlichen Grüßen

Mein alter Freund aus meiner Internatszeit ruft mich wieder an. Er hat verschiedene Kontakte geknüpft, zumindest sind durch seine persönlichen Kontakte Staatssekretär Hennig und Bundesminister Barzel auf meine Angehörigen oder auf deren Fall erneut aufmerksam gemacht worden. Er will, wie er mir am Telefon sagte, erneut an Bonner Türen anklopfen und herausfinden, wer als Akteur die Fäden zieht. Seiner Meinung nach sind Barzel und Hennig wohl weisungsgebend. Anfang der kommenden Woche hat er ein Gespräch in Bonn zu führen. Er will auch dann bei jeder Gelegenheit auf unseren Fall aufmerksam machen.

Axels Parteifreund, der Kommunalpolitiker, der uns den Barzeltermin besorgen wollte, hat mit Wirtschaftssenator Pieroth über unseren Fall gesprochen. Pieroth meint in diesem Gespräch, dass die Schreiberei an Barzel uns kaum weiterbringen wird. Er will aber versuchen, uns einen Termin bei Staatssekretär Dr. Hennig zu machen.

Gleichzeitig will E. Pieroth einen weiteren Termin beim Staatsminister im Bundeskanzleramt, Herrn Jenninger, erreichen. Er meint zwar, dass ständige Kompetenzstreitereien zwischen dem Kanzleramt und dem Ministerium für innerdeutsche Beziehungen bestehen, gerade in Ostsachen, doch wenn wir einen Termin bei Staatsminister Jenninger bekommen, kann Konkurrenz das Geschäft nur beleben.

Am 24. März gibt es für uns neue schlechte Nachrichten. Der Minister R. Barzel ist Bundestagspräsident geworden. Neuer Minister für innerdeutsche Beziehungen wird Heinrich Windelen.

Nachdem wir also mühsam unsere Kontakte zu Barzel hergestellt hatten, ist dieser jetzt für unsere Sache nicht mehr zuständig. Wir müssen also neue Kontakte knüpfen und dabei stets die Hoffnung auf Erfolg in uns wachen lassen.

Am gleichen Tag spricht Axels Parteifreund noch einmal mit Senator E. Pieroth. Dieser will nun, sobald die Regierung vereidigt ist, einen Termin beim neuen Bundesminister Heinrich Windelen für uns vereinbaren. Die Verhandlungen mit dem Osten, so erfahren wir, ruhen immer noch. Erst nach der Vereidigung wird die ganze Maschinerie langsam wieder anlaufen.

Dr. O. Hennig bleibt parlamentarischer Staatssekretär. Wir hatten zunächst den Brief an ihn zurückgehalten, da ungewiss war, ob er im Amt bleiben würde. Jetzt entscheiden wir, diesen Brief hinten an zu stellen. Wir wollen warten, bis Senator Pieroth am 9.April von seinem Urlaub zurückkommt, damit er uns den versprochenen Termin bei Herrn Windelen beschafft. Dieser Termin ist uns zunächst wichtiger als der bei Hennig. Minister H. Windelen wird am 21. April dieses Jahres nach Berlin kommen. Für Senator Pieroth muss es leicht sein, uns einen Termin zu beschaffen.

Bis zum 21. April 1983 gibt es kaum Neuigkeiten. Ich erhalte einen Brief vom Petitionsausschuss des deutschen Bundestages. Auch dort ist man über unseren Fall informiert worden. Dem Petitionsausschuss wurde vor einigen Tagen mein Brief, den ich an meinen Internatskameraden geschickt hatte, zugeleitet. Herr Kremser, der den Brief unterzeichnet hat, will zunächst eine Stellungnahme des innerdeutschen Ministeriums einholen, bevor er weiter tätig wird. Es ist also eine weitere offizielle Institution an unserem Fall dran.

Ich halte es für gut, dass das innerdeutsche Ministerium immer wieder unsere Problemakte herausholen muss, weil ständig von unterschiedlichen Seiten daran erinnert wird.

DEUTSCHER BUNDESTAG
Petitionsausschuß

Pet 1-9-27-1516-28716

(Bitte bei allen Zuschriften angeben)

5300 Bonn 1, 31. MRZ. 1983
Bundeshaus
Fernruf 16 2997

Die Wahl dieser Rufnummer vermittelt den gewünschten Hausanschluß.
Kommt ein Anschluß nicht zustande, bitte Nr. 161 (Bundeshaus-Vermittlung) anrufen.

Herrn
Volker Ebers
Müllerstr. 24 j

1000 Berlin 45

Betr.: Ihr Schreiben vom 7. November 1982 an Herrn
, dem Petitionsausschuß zugeleitet durch Herrn
Reinhard Metz, MdB., hier eingegangen am 24.März 1983

Sehr geehrter Herr Ebers!

Ich danke für Ihr o.a. Schreiben.

Zunächst ist eine Stellungnahme des Bundesministers für innerdeutsche Beziehungen angefordert worden. Sobald diese vorliegt, erhalten Sie weitere Mitteilung.

Mit freundlichen Grüßen
Im Auftrag

(Kremser)

Ich bemühe mich um einen neuen Termin bei RA Stange. Ich bekomme diesen erst für den 25. April. Ich will Stange erneut ansprechen und bitten, in unserer Sache dringend tätig zu werden.

Als E. Pieroth aus seinem Urlaub zurück ist, wird er sofort von Axel angesprochen, um den Windelen-Termin bekommen zu können. Pieroths persönlicher Referent kümmert sich darum. Am Vorabend des Windelen-Besuches in Berlin haben wir noch immer keine Bestätigung des Termins. Axel ist den ganzen Tag bemüht, doch es sieht nicht gut aus. Ein Mitarbeiter des Bundesministers Heinrich Windelen glaubt, dass die Zeit seines Chefs nicht ausreichen wird, um noch ein Gespräch mit uns führen zu können.

Wir versuchen daraufhin, noch einmal den persönlichen Referenten Pieroths in Bewegung zu setzen, denn dieser hatte uns den Gesprächstermin fest zugesagt. Er ist von der Absage auch überrascht, das ist ihm völlig unerklärlich. Der Referent will sich nun noch einmal intensiv bemühen und versuchen, mit seinem Kollegen doch noch etwas zu arrangieren.

Am nächsten Tag kann er jedoch weder Windelen noch seinen Mitarbeiter erreichen. Der Termin platzt also und wir haben keine Gelegenheit mit Herrn Minister Windelen zu sprechen. Der Referent von Senator Pieroth will in Erfahrung bringen, warum alles schief gelaufen ist, und er will auf einen späteren Termin beharren. Es heißt also wieder warten, warten auf das Gespräch mit RA Stange, warten darauf, dass wir endlich einen persönlichen Gesprächstermin bei Windelen bekommen.

Heute waren die Teltower bei Elke. Es geht ihr gesundheitlich gut. Sie hat ein so genanntes Wiedereingliederungsgespräch. Darunter versteht man in der DDR die Vorbereitung von politischen Gefangenen auf berufliche weitere Betätigung in ihrem System. Elke hat das Gespräch komplett abgelehnt und wird deshalb schikaniert.

Sie beklagt sich darüber, so wenige Informationen zu bekommen. Sie will wissen, was ich an Erkenntnissen habe. Meine Briefe erhält sie nur noch unregelmäßig und fragmentiert als Fetzen.

Selbst Briefe ihres Mannes, die sie erhält, Briefe die in Bützow schon zensiert wurden, sind zum Teil zerschnitten und unvollständig.

Es kommt vor, dass Briefe oder Karten, die sie selbst geschrieben hat, nach Wochen zurückkommen, weil irgendein Wort nicht genehmigt wurde, und sie kann dann diesen Brief oder diese Karte erneut schreiben.

Doch all diese willkürlichen Schikanen, denen sie ausgesetzt ist, können ihren festen Willen, in den Westen zu kommen, nicht brechen. Selbst wenn sie zunächst in den Osten entlassen wird, gibt es für sie kein Zurück.

Sie wird darauf beharren, aus dieser Staatsbürgerschaft entlassen zu werden, um in den Westen übersiedeln zu können.

Auf den nächsten Besuchstermin, den die Teltower wahrnehmen können, verzichtet Elke wegen eines 2 kg-Paketes. Ist das nicht unglaublich? Ist das nicht barbarisch?

Ein Besuch, der mit etwas Glück noch nach frühestens acht Wochen möglich gemacht wird, kann zurückgestellt werden wegen eines Fresspaketes, das nicht mehr als 2 kg wiegen darf.

Es ist wirklich unmenschlich, aber typisch für diesen Staat. Typisch für dieses System!

Elke hat wieder die Möglichkeit, sich mit ihrem Mann zu treffen, doch sie lehnt das ab. Sie fühlt sich nicht stark genug, eine mehrtägige Reise im »Geradewohlexpress« unter erbärmlichsten Bedingungen durchzustehen. Sie denkt jetzt öfter an die Möglichkeit, in die Ostzone entlassen zu werden.

So vereinbart sie mit unserem Bruder Ludo, dass dieser sie, wenn sie nicht zu uns in den Westen kommt, am Entlassungstag in Hoheneck abholen soll. Es sind schlimme Gedanken, die sie beschäftigen, aber sie muss sich auch damit vertraut machen, dass es so kommt, und es ist sicher gut, gewappnet zu sein, auch für diesen schlimmen Fall, der aber tatsächlich eintreten könnte.

Die Teltower waren noch einmal bei RA Dr. Vogel, doch auch dort erfahren sie nichts über den weiteren Weg unserer Angehörigen. Es wird darüber verhandelt, ob Menschen gegen eine Zahlung, gegen Westgeld vom östlichen Teil Deutschlands in den anderen Teil entlassen werden können. Es ist wirklich die reinste Form des »Menschenhandels.« Solche Gedanken können Hildchen und Ludo natürlich nicht laut äußern, auch wenn sie diese am liebsten hinausschreien würden. Es bleibt ihnen nichts anderes übrig, als die Auskünfte gelassen hinzunehmen und Ende Juli erneut bei Herrn Dr. Vogel vorzusprechen.

Heute habe ich einen erneuten Termin bei RA Stange für ein Gespräch. Stange ist der vom innerdeutschen Ministerium beauftragte Verhandlungspartner, der mit den betreffenden Stellen im Osten, häufig auch mit RA Dr.Vogel, diese Verhandlungen über Menschenfreikäufe führt. Er redet nicht lange herum. Sofort eröffnet er mir, dass keine Chancen mehr bestehen, meine Schwester und ihren Ehemann in den Westen herüberzuholen. Sie werden in den Osten entlassen und es wird eine Sperrfrist für eine mögliche spätere Ausreise verhängt werden. Diese Sperrfrist, so Stange, beträgt mindestens drei Jahre.

Ich bin wie vor den Kopf geschlagen. Natürlich mussten wir auch mit solch einem Ausgang rechnen, dennoch bin ich sehr schockiert. Ich fahre von der Anwaltskanzlei direkt zu meinem Freund Axel. Er soll nun unverzüglich Pieroth in Bewegung setzen. Dieser soll sich jetzt persönlich bei Windelen oder bei dessen Mitarbeiter für uns verwenden.

Die Zeit drängt. Wir müssen auch für den Fall, dass meine Verwandten wirklich in den Osten entlassen werden, Vorbereitungen treffen. Wir müssen wissen, wie wir den Kontakt aufnehmen können. Werden sie dann ständig bewacht werden? Werden ihre Telefongespräche, die sie mit Teilnehmern aus dem Westen führen, abgehört? Können Telefongespräche, die sie aus Telefonzellen führen, auch abgehört werden?

Gibt es eine Möglichkeit, sie dann auf legale oder illegale Weise herauszuholen?

Ich werde alles versuchen, was zum Erfolg führt. Als erstes werde ich Staatssekretär Rehlinger schreiben, eine Adresse, die ich von RA Stange bekam.

Dieses Schreiben werde ich morgen meinem Freund Axel geben, der es an G. Straßmeir weiterleiten wird. Straßmeir, als Mitglied des deutschen Bundestages, garantiert uns dann dieses Schreiben an Staatssekretär Rehlinger persönlich weiterzuleiten.

Axel — 1000 Berlin 31, den 26.4.1983

An
das Büro G. Straßmeir M.d.B.
Bundeshaus
5300 Bonn 1

Liebe Frau Nöten!

Anbei der telefonisch angekündigte Brief für Herrn Staatssekretär Rehlinger.
Ich bitte Sie dafür Sorge zu tragen, daß Herr Rehlinger das Schreiben persönlich erhält.

Mit freundlichen Grüßen

Axel

Volker Ebers
Müllerstr. 24 j
1ooo Berlin 45 , den 27.4.1983

Herrn
Staatssekretär Ludwig A. Rehlinger
Bundesministerium für innerdeutsche Beziehungen
Godesberger Allee 14o

<u>53oo Bonn-Bad Godesberg</u>

Sehr geehrter Herr Rehlinger,

ich wende mich an Sie, mit der Bitte um Ihre persönliche Hilfe.
Es handelt sich um meine Angehörigen Dr. med. Uwe-J. Jürgensen und dessen Ehefrau Elke-Margarita Jürgensen geb. Ebers.
Das Ehepaar wurde Ende Juli 1981 verhaftet, nachdem es eine Urlaubsreise mit seiner Tochter Antje, damals 7 Jahre alt, antreten wollte.Die Eheleute kamen wegen Verdachts auf Republikflucht in Untersuchungshaft, die Tochter wurde in ein Kinderheim gebracht.Das Mädchen konnte wenige Tage später dort abgeholt werden und lebt seitdem bei meinem Bruder

Ludo Ebers
Teltower Str. 3o
DDR-15o1 Ruhlsdorf.

Da meinen verhafteten Angehörigen der Fluchtversuch nicht nachgewiesen werden konnte, sie trugen sich wohl mit dem Gedanken, hatten aber von dem Vorhaben Abstand genommen, wurden sie kurzerhand gem. § 1oo (1) StGB/DDR, landesverräterische Agententätigkeit (welch ein Unsinn), zu je zwei Jahren Freiheitsstrafe verurteilt.
Die Bemühungen der Bundesregierung um Freilassung und Ausreise des Arztehepaares hatten bisher leider keinen Erfolg.Schlimmer noch; die Bemühungen trugen bisher nicht nur keine Früchte, es muß auch befürchtet werden- so berichtete mir gestern RA Stange-

daß meine Verwandten nach zweijähriger Haft in die DDR entlassen werden und eine mehrjährige Ausreisesperrfrist über sie verhängt wird.

Warum das?Nun, bis zu ihrer Festnahme arbeiteten die Eheleute am Regierungskrankenhaus in Ost-Berlin.Sie behandelten in der klassenlosen Gesellschaft ausschließlich Regierungsmitglieder der DDR, Funktionäre der SED und ausländische Diplomaten sowie deren Angehörige.Dies ist der Grund, aus dem die Behörden der DDR bisher eine Ausreisegenehmigung versagten, ja sogar nach der Entlassung meiner Verwandten eine langjährige Sperrfrist verhängen wollen.

Die Eheleute Jürgensen haben während der nunmehr 21 monatigen Haft immer wieder ihren Willen betont, nur in die Bundesrepublik Deutschland entlassen zu werden.Sogenannte "Eingliederungsgespräche" wurden von ihnen stets abgelehnt.

Ich mag mir nicht vorstellen, das ist wohl auch nicht möglich, was geschieht, wenn meine Angehörigen nach zwei Jahren unschuldiger Haft -zwei unwiederbringlich verlorenen Jahren ihres Lebens- in die DDR entlassen werden.Hoffnung, Zuversicht und Vertauen zu uns und unseren Möglichkeiten zerplatzen wie eine Seifenblase. Sie kommen zwar aus den Zuchthausmauern, bleiben jedoch in einem Käfig, bespitzelt, unterdrückt, chancenlos als kriminelle, vorbestrafte Staatsfeinde.Es droht ihnen unsagbares Leid.

Deshalb meine inständige Bitte an Sie, sehr geehrter Herr Staatssekretär Rehlinger, helfen Sie das meinen Angehörigen zugefügte Unrecht nicht noch größer werden zu lassen, helfen Sie ihnen in Freiheit und menschenwürdig leben zu können, setzen Sie alle Ihre Möglichkeiten ein, um weiteres Unheil von meiner Schwester und ihrer Familie abzuwenden.Sie sind einer der wenigen Männer, die hier noch helfen können.

Wir vertrauen auf Ihren persönlichen Einsatz und sind optimistisch, daß Sie alles noch zum Guten wenden können,

mit freundlichen Grüßen

Am nächsten Tag bekomme ich ein weiteres Schreiben des Petitionsausschusses des Bundestages, unterzeichnet wieder mit Kremser. Auch aus diesem geht hervor, dass die Aussichten im Augenblick nicht gut sind.

Nichts geht voran. Die Aussagen wiederholen sich.

DEUTSCHER BUNDESTAG

Petitionsausschuß

Pet 1-9-27-1516-28716

(Bitte bei allen Zuschriften angeben)

5300 Bonn 1, 25. APR. 1983

Bundeshaus

0228/ Fernruf 16 5797

Die Wahl dieser Rufnummer vermittelt den gewünschten Hausanschluß.
Kommt ein Anschluß nicht zustande, bitte Nr. 161 (Bundeshaus-Vermittlung) anrufen.

Herrn
Volker Ebers
Müllerstr. 24 j

1000 Berlin 45

Betr.: Innerdeutsche Fragen - Politische Häftlinge in der DDR
Bezug: Ihr Schreiben vom 7. November 1982, hier eingegangen am 24. März 1983

Sehr geehrter Herr Ebers!

Der Bundesminister für innerdeutsche Beziehungen hat mir mitgeteilt, daß Ihre Schwester und Ihr Schwager in die besonderen Bemühungen der Bundesregierung um Freilassung bzw. Ausreise politischer Häftlinge in der DDR einbezogen sind.

Bedauerlicherweise hat die DDR bisher nicht erkennen lassen, ob und wann sie hier zu einem Entgegenkommen bereit sein wird. Die frühere Tätigkeit am Regierungskrankenhaus in Berlin (Ost) erschwert leider eine positive Lösung.

Dessen ungeachtet wird mit Nachdruck weiterhin alles versucht, um Ihren Angehörigen eine Entlassung in die Bundesrepublik Deutschland zu ermöglichen. Was von seiten des Petitionsausschusses, bei dem sich sehr nachdrücklich Herr Abgeordneter Reinhard Metz für die Ausreise der Eheleute Jürgensen einsetzt, getan werden kann, wird geschehen.

Sobald mir etwas Neues bekannt wird, werde ich Sie unterrichten.

Mit freundlichen Grüßen
Im Auftrag

(Kremser)

Meine Schwester und mein Schwager sind in die besonderen Bemühungen der Bundesregierung einbezogen. Die DDR lässt nicht erkennen, ob und wann sie zu einem Entgegenkommen bereit ist.

Mit Nachdruck wird weiterhin alles versucht, eine Entlassung in die BRD zu ermöglichen.

Ich kann Herrn Kremser telefonisch in Bonn erreichen. In dem Gespräch kann ich ihm noch einmal ausführlich berichten. Ihm war bekannt, dass derzeit die Möglichkeiten äußerst schlecht sind.

Der Petitionsausschuss will die Sache jedoch Windelen, genauer gesagt, Staatssekretär Rehlinger vorlegen, um im Herbst bei einem Besuch Honeckers in der Bundesrepublik Deutschland den Fall zur Sprache zu bringen. Das klingt gut und vernünftig und ich will das auch von meiner Seite weiter verfolgen.

Tage darauf erhalte ich einen Brief meiner Schwester. Es ist schon furchtbar, im Geiste ihre hoffnungsglänzenden Augen vor mir zu sehen und doch zu wissen, dass die Dinge schlecht stehen. Ich halte es für das Beste, ihr weiter Mut zu machen, obwohl ich kaum noch daran glaube, dass sie direkt aus dem Gefängnis in den Westen entlassen werden wird.

Der Osten sagt nein und es wird nur ganz schwer möglich sein, dieses Nein umzukippen.

Ich werde jedoch nichts unversucht lassen. Vielleicht kann ich mich direkt an Erich Honecker wenden. Schließlich sind der Vater von Margot Honecker und ihr Bruder Uwes Patienten gewesen.

Ich werde ganz gewiss nicht aufgeben.

Am 29. April gibt es eine Pressemeldung, der ich entnehmen kann, dass E. Honecker seinen Besuch in der BRD nicht wahrmachen wird. Was war geschehen? Nun, es hatte innerhalb weniger Tage an der Grenze zur DDR zwei tote Bundesbürger gegeben. Diese sind während Verhören, die in den Baracken der DDR-Grenzabfertigung stattfanden, zu Tode gekommen. In beiden Fällen waren die Betroffenen herzleidend und konnten die Aufregung durch die schikanösen Verhöre der östlichen Grenzwächter nicht ertragen. In beiden Fällen verstarben die Bundesbürger direkt am Grenzkontrollpunkt.

Beide hatten nichts anderes getan, als einen Besuch in der Ostzone bei Freunden oder Verwandten durchzuführen, den sie über ein Visum von ostzonalen Behörden genehmigt bekommen hatten. Allein das ist ja schon absurd, dass Deutsche ein Visum für den Besuch in Deutschland-Ost brauchen. Ein Visum für den Besuch hinter dem eisernen Vorhang. Es muss aber jeder, der mit so einem Visum in die Ostzone einreist, mit schlimmen Kontrollen rechnen. Kontrollen darüber, was an Geschenken mitgeführt wird. Verhöre darüber, wen man besuchen will, was man in der so genannten DDR getan hat, mit wem man gesprochen hat, worüber gesprochen wurde und so weiter. Bei diesen Verhören sind, wie schon aufgeführt, zwei Bundesbürger innerhalb weniger Tage gestorben.

Wegen dieser traurigen Angelegenheit passte Herrn Honecker die Reise nun nicht mehr, wäre es doch kein besonderer Jubelempfang geworden. Die Reiseabsage Honeckers wirft unsere Planung durcheinander. Ich muss also auf jeden Fall auch andere Vorbereitungen treffen für den Fall, dass Honecker tatsächlich nicht in die BRD reist. Dann würde auch das hoffnungsvolle Gespräch zwischen Minister Heinrich Windelen und Honecker nicht stattfinden. Das war für uns der größte Hoffungsschimmer.

Die Zeit wird jetzt immer knapper. Am 7. Mai findet in Berlin ein CDU-Ball statt. Es heißt, dass zu diesem auch Bundeskanzler Helmut Kohl kommen soll.

Ich werde einen Brief vorbereiten und versuchen, während des Balles diesen Brief an Bundeskanzler H. Kohl persönlich zu übergeben. In der Ballnacht stellt sich dann aber leider heraus, dass der Bundeskanzler nicht gekommen ist.

So bleibt mir nichts anderes übrig, als den bereits vorbereiteten Brief per Post an den Bundeskanzler zu schicken.

Volker Ebers
Müllerstr. 24 j
1ooo Berlin 45 , den 7.5.1983

Herrn
Bundeskanzler Dr. H. Kohl
<u>53oo Bonn-Bad Godesberg</u>

Sehr geehrter Herr Bundeskanzler,

ich bitte Sie um Hilfe für meine in der SBZ einsitzenden Angehörigen; ich bitte um Ihre ganz persönliche Hilfe, Herr Bundeskanzler. Wer sollte eine ausweglos erscheinende Situation günstig beeinflussen können, wenn nicht Sie mit Ihrem Veto?

Der Fall: Anfang August 1981 werden meine Angehörigen in Ost-Berlin verhaftet.

1. Mein Schwager Dr. med. Uwe-Jens Jürgensen
2. Meine Schwester Elke-Margarita Jürgensen, bis dahin wohnhaft in Ost-Berlin Mitte
Leipziger Str, 49.

Die damals sieben Jahre alte Tochter Antje kommt in ein Kinderheim, kann jedoch nach wenigen Tagen von meinem Bruder Ludo Ebers
Teltower Str. 3o
DDR-15o1 Ruhlsdorf
zu sich genommen werden.

Meinen Angehörigen wird versuchte Republikflucht vorgeworfen. Da die Eheleute von diesem einmal geplanten Vorhaben Abstand genommen hatten, kann Ihnen die Anklage nicht bewiesen werden. Was geschieht nun?

Kurzerhand werden sie wegen landesverräterischer Agententätigkeit (§1oo(1) StGB/DDR) zu je zwei Jahren Freiheitsstrafe verurteilt.

Wir kennen nicht die Begründung des Urteilsspruchs, sicher genügte zur Schuldfeststellung, daß die Jürgensens nie den Kontakt zu ihrer Familie im freien Teil Deutschlands abreißen ließen.

Seit nunmehr 21 Monaten sind meine Angehörigen indder SBZ unschuldig eingekerkert.
Die besonderen Bemühungen der Bundesregierung, eine Übersiedlung in die Bundesrepublik Deutschland zu erreichen, hatten bisher keinen Erfolg.
Das Arztehepaar soll Ende Juli 1983 in die SBZ entlassen werden. Außerdem soll eine Ausreisesperrfrist über sie verhängt werden.
Zu erklären sind diese Vorhaben der DDR-Regierung damit, daß Dr. Jürgensen und seine Ehefrau, bis zu ihrer Festnahme, am Regierungskrankenhaus in Ost-Berlin beschäftigt waren. Sie behandelten dort ausschließlich Regierungsmitglieder und Parteigrößen, Diplomaten und deren Familienangehörige.
Das Ziel meiner Verwandten, in die Bundesrepublik Deutschland entlassen zu werden, scheint wirklich aussichtslos zu sein.

Sie, sehr geehrter Herr Bundeskanzler, können Einfluß nehmen.
Wessen Wort kann mehr Gewicht haben, als Ihres?
Wessen Meinung wird höher geschätzt, als Ihre?
Wessen Wunsch wird mehr geachtet, als Ihrer?
Deshalb noch einmal meine Bitte:
Machen Sie Ihren Einfluß geltend, um geschehenes Unrecht nicht noch größer werden zu lassen. Helfen Sie meinen Angehörigen ihr Ziel zu erreichen, in Freiheit und in einem Rechtsstaat leben zu können.

Mit größter Hochachtung

In der Zwischenzeit hat mich auch Dr. B. wieder angerufen. Der ist einigermaßen befremdet über die Entwicklung. Dr. B. will jetzt von sich aus an das Ministerium für innerdeutsche Beziehungen schreiben und aus seinem Kenntnisstand heraus den Fall Jürgensen schildern. Es kann gar nicht genug Stimmen geben, es können gar nicht genug Seiten aktiviert werden, die sich für unseren Fall einsetzen. Je öfter beim innerdeutschen Ministerium darauf hingewiesen wird, umso öfter wird man den Namen hören, umso öfter wird man sich damit befassen müssen.

Am 9. Mai 1983 haben Axel und ich einen Termin mit einem ehemaligen SPD-Politiker. Er ist vor einiger Zeit aus der SPD ausgetreten, weil der Linksruck der Partei völlig gegen seine Prinzipien ging. Aber durch seine politische Tätigkeit ist er ein intimer Kenner der Ost-West-Politik. Nach wie vor hat er seine Fühler in einigen Organisationen und ist als Unabhängiger politisch tätig. Das Gespräch mit ihm ist sehr ergiebig. Leider sieht alles sehr düster aus. Nach seiner Beurteilung kann nur sehr langfristig, nach dem Motto »steter Tropfen höhlt den Stein«, sich etwas tun. Seiner Meinung nach wird der Verrat an der Partei, der SED, vielleicht mit Geld vergessen gemacht werden können, aber das Wissen meines Schwagers um den Gesundheitszustand mancher Politiker der Ostzone wiegt schwer.

Was können wir also tun?

Der Ex-SPD-Mann geht zunächst einmal darauf ein, wie in solchen Fällen in der Regel verfahren wird, wie politische Häftlinge aus dem Osten in den Westen rüberkommen. Über das innerdeutsche Ministerium laufen alle Fäden bei RA Stange zusammen.

Er bringt im Osten unsere Wünsche vor, die Wünsche der Bundesregierung, wen von den politisch Gefangenen er freikaufen will. In der Ostzone wird dann zu den von uns gewünschten Personen der Betriebsleiter oder der Kaderleiter, wie das im Osten heißt, und der Staatssicherheitsdienst befragt.

Die Antworten dieser Befragten laufen dann bei Professor Herbert Häber zusammen und Häber entscheidet darüber, ob die Personen in den Westen entlassen werden.

In unserem Fall, so der Politiker, geht alles gleich über das Politbüro des Zentralkomitees der SED. Auch hier ist wieder Prof. Häber federführend.

Was haben wir also für konkrete Möglichkeiten, etwas zu tun? Einen Presserummel zu entfachen hält er für nicht sinnvoll. Das kann die Verhältnisse eher noch weiter verhärten.

Manchmal ist mit viel Geld etwas machbar. Der Anwalt von Wedel hat damit etwas erreicht.

Herr von Wedel arbeitet angeblich eng mit der evangelischen Kirche zusammen und er hat, so hören wir, ein Vertrauensverhältnis zum Osten. Er soll die Schlüsselstelle für zusätzliche Geldgeschäfte mit Menschen sein.

Es ist die Rede von Beträgen zwischen 150.000,- und 500.000,- Mark.

Diese Gelder gehen dann direkt in bar an den Staatssicherheitsdienst, während alle anderen Freikaufbeträge von der Bundesregierung über ein westliches Sonderkonto laufen, über das der Osten dann Konsumgüter bei uns erwerben kann. Immerhin bringt dieses Geschäft mit dem Verkauf von Menschen den ostzonalen Behörden jährlich circa 150 Millionen DM ein.

Aber auch von Wedel wird in unserem Fall kaum weiterkommen, so hören wir, außerdem sind wir nicht in der Lage, solche Summen zu beschaffen. Fluchthilfe scheidet ebenfalls aus, da meine Verwandten mit Sicherheit überwacht werden und Fluchthilfeorganisationen in der Regel zu wenig professionell arbeiten. Außerdem sind viele dieser Organisationen von Staatssicherheitsleuten durchsetzt, manch eine dieser Organisationen wird direkt von der Stasi geführt.

Auch Markus Wolf, der Leiter des Staatssicherheitsaußendienstes in der Ostzone, kann nicht so ohne Weiteres meine Schwester und meinen Schwager laufen lassen, auch wenn er das Geld gut für seine Organisation brauchen könnte.

Es bleibt offenbar nur der lange Weg über diplomatische Kanäle. Wir wollen sehr, sehr leise vorgehen. Minister Jenninger im Kanzleramt, so erfahren wir, führt alle Verhandlungen mit einem Herrn Moldt, dem ständigen DDR-Vertreter in Bonn. Moldt spricht nicht mit Windelen, denn für die DDR gibt es ja zwei deutsche Staaten, er spricht mit dem Kanzleramt. Uns wird geraten, mit Heinrich Windelen zu sprechen, um ihn nicht zu übergehen, und dann mit Staatsminister Jenninger ein persönliches Gespräch zu führen.

Auch Peter Lorenz ist eine Anlaufstelle. P. Lorenz ist parlamentarischer Staatssekretär im Kanzleramt und Berlin-Beauftragter der Bundesregierung. Lorenz spricht gelegentlich mit Prof. Häber, dem Weichensteller der DDR, so dass er auch ganz wichtig für uns sein kann. Die grobe Marschrichtung ist also im Grunde genommen klar.

Der unabhängige Politiker rät noch, dass für den Fall, dass meine Angehörigen in den Osten entlassen werden sollten, sie demonstrativ nicht arbeiten oder nur niedrige Arbeiten verrichten sollen.

Auf gar keinen Fall dürfen sie in ihren Berufen als Arzt und OP-Schwester arbeiten!

Sie müssen aus sämtlichen Organisationen austreten und alle vier Wochen Ausreiseanträge stellen! Es muss für die ostzonalen Behörden klar werden, dass sie für diese Gesellschaft keinen Wert mehr haben. Sie dürfen da auf gar keinen Fall umkippen! In den Gesprächen mit Jenninger sollen wir dann auf die Möglichkeit eines Agentenringtausches hinweisen. Auch auf diesem Weg gibt es manchmal Möglichkeiten und diese Dinge laufen bei Staatsminister Jenninger zusammen.

Nach diesem Gespräch fahren Axel und ich in die Berliner CDU-Zentrale und sprechen mit Generalsekretär Günter Straßmeir. Er versucht telefonisch Peter Lorenz im Bundeshaus zu erreichen. Er ist im Augenblick nicht dort, doch Straßmeir bittet um einen Rückruf von ihm und will ihm dann unseren Besuch im Bundeshaus ankündigen.

Straßmeir will ihn auch bitten, sich Zeit für uns zu nehmen, damit wir ihm unseren Fall in Ruhe darlegen können.

Später telefoniert Axel noch einmal mit dem ehemaligen SPD-Mann. Er fragt ihn, was er davon hält, über die schwedische Kirchengemeinde in Berlin, entweder einen ranghohen Kirchenvertreter oder ein schwedisches Regierungsmitglied, zu aktivieren.

Sie könnten sich direkt bei Honecker für meine Verwandten einsetzen. Warum nicht, meint der Politiker, denn wenn über diesen Weg vielleicht auch nichts erreicht werden kann, so kann es zumindest nicht schaden.

Am 10. Mai 1983 hat Axel ein Gespräch mit einem hohen Vertreter der schwedischen Kirchengemeinde in Berlin. Er braucht einen Grund, der die Schweden dazu bewegen könnte, sich aus humanitären Gründen für meine in Haft befindlichen Angehörigen einzusetzen. Axel berichtet ihm von dem schlechten Gesundheitszustand meiner Mutter und ihrem Wunsch, ihre Tochter und ihren Schwiegersohn noch einmal wieder zu sehen.

Der Schwede sagt zu. Er braucht allerdings ein ärztliches Attest über den Gesundheitszustand der Mutsch und eine Schilderung über die Vorgänge um Elke und Uwe. Mit diesen Unterlagen will er zum schwedischen Botschafter nach Ost-Berlin.

Da der Schwede Diplomatenstatus genießt und auch einen Diplomatenpass besitzt, wird er an der ostzonalen Grenze nicht kontrolliert. Vom schwedischen Botschafter will er dann in Erfahrung bringen, wer für den Osten der wichtigste schwedische Politiker ist. An den will er sich dann persönlich wenden und ihn um Hilfe bitten, auch dann wenn es sich um Olaf Palme persönlich handeln sollte.

Ich bitte also unseren Hausarzt wieder einmal um ein Attest und mache mich daran, den Leidensweg von Elke und Uwe schriftlich zu schildern, auch unsere Familienverhältnisse, um dieses Schreiben dem schwedischen Geistlichen übergeben zu können.

Volker Ebers
Müllerstr. 24 j
1ooo Berlin 45 , den 13. Mai 1983

Herrn
Pfarrer Jansson
Schwedische Victoriagemeinde
Landhausstr. 26
1ooo Berlin 31

Sehr geehrter Pfarrer Jansson,

kürzlich sprach das Ehepaar Frohnert mit Ihnen über das Schicksal der in der DDR inhaftierten Eheleute Jürgensen. Aufgrund der familiären Tragik dieses Falles, unsere sterbenskranke Mutter soll ihre in DDR-Gefängnissen leidenden Kinder nicht wiedersehen können, erklärten Sie sich bereit, nach Kräften zu helfen.
Dafür danke ich Ihnen und gebe im Folgenden einen Überblick über die Geschehnisse.

Anfang August 1981 wurden meine Schwester Elke-Margarita Jürgensen, geb. Ebers, mein Schwager Dr. med. Uwe-Jens Jürgensen und deren Tochter Antje Jürgensen in der DDR festgenommen.
Die Eheleute Jürgensen kommen in Untersuchungshaft, ihnen wird versuchte Republikflucht vorgeworfen, die damals siebenjährige Tochter Antje wird in ein Kinderheim gebracht, dort jedoch rasch von meinem Bruder Ludo Ebers abgeholt und zu sich genommen.Mein Bruder lebt in der DDR- 15o1 Ruhlsdorf.
Am 1o. November 1981 werden meine Angehörigen zu je zwei Jahren Freiheitsentzug verurteilt.
Meine Schwester kommt in das Frauengefängnis Hoheneck, DDR- 915o Stollberg, mein Schwager wird ins Gefängnis Cottbus, DDR-75oo Cottbus gebracht.
Im November 1982 wird Dr. Jürgensen nach DDR-262o Bützow verlegt, wo er kriminelle Gefangene ärztlich versorgen muß.
Schon während der Untersuchungshaft haben meine Verwandten Anträge gestellt ausgebürgert zu werden und in die Bundes-

- 1 -

republik Deutschland ausreisen zu dürfen.
Beide sind seit ihrer Verurteilung in die besonderen Bemühungen der Bundesregierung einbezogen, deren Ziel es ist, eine vorzeitige Haftentlassung und die Übersiedlung in die Bundesrepublik Deutschland zu erreichen.
Sämtliche Bemühungen sind bisher fehlgeschlagen.
Das Ehepaar soll Ende Juli 1983 in die DDR entlassen werden.
Gleichzeitig wird eine mehrjährige Ausreisesperre verhängt werden und eine ebenfalls mehrjährige Kontaktsperre zu ihren im Westen lebenden Angehörigen.
Besonders hart getroffen von diesen Maßnahmen wird unsere 78 jährige totkranke Mutter. Unsere schwerkranke Mutter lebt seit 3 1/2 Jahren in meinemHaus, wo siw die nötige Pflege und Geborgenheit erhält.
Ihr sehnlichster Wunsch ist es, noch zu erleben, ihre Tochter, ihren Schwiegersohn und ihre Enkeltochter in Freiheit in die Arme schließen zu können.Dieser größte Wunsch unserer Mutter, wird ihr wohl nicht mehr erfüllt werden können.
Die Bundesregierung ist machtlos gegenüber den Weigerungen der DDR, die Jürgensens ausreisen zu lassen.Helfen kann hier nur noch starkes, persönliches Engagement höchstrangiger, schwedischer Persönlichkeiten.

Hier nun noch die Vorgeschichte, die erklären wird, wie es zu dieser schlimmen Situation kommen konnte.
Dr. Uwe-Jens Jürgensen und seine Ehefrau Elke-Margarita Jürgensen, von Beruf Krankenschwester, arbeiteten beide seit Jahren am Regierungskrankenhaus in Ost-Berlin.Sie behandelten und pflegten Regierungsmitglieder, Parteifunktionäre und Diplomaten.
Ein jugoslawischer Politiker, ein ehemaliger Patient, lädt das Ehepaar 198o aus Dankbarkeit zu einem privaten Besuch nach Jugoslawien ein.Diese Einladung legen die Eheleute ihren Vorgesetzten vor, die eine Reisegenehmigung nach Jugoslawien ablehnen.Es wird ihnen nahegelegt, unter Vorgabe privater Gründe, die Einladung abzulehnen.Ein Jahr darauf wird die Einladung erneut ausgesprochen und diesmal direkt an die Krankenhausleitung gerichtet.Dr. Jürgensen wird daraufhin zu seinem Direktor befohlen.
Dort erfährt er, daß eine Reise nach Jugoslawien nicht in Frage kommt.Außerdem, so der Direktor, kann man kein Vertrauen mehr zu ihm haben, da er nun schon zweimal -ausgerechnet nach Jugos-

lawien- eingeladen wird.
Seit diesem Vorfall beschäftigten sich meine Angehörigen ernsthaft mit dem Gedanken in die Bundesrepublik Deutschland zu flüchten.Dr. Jürgensen hat Skrupel das Vorhaben zu beginnen, ohne seine in Dessau/DDR lebende Mutter und seinen Stiefvater informiert zu haben.Diese sollten später seine Halbbrüder in Kenntnis setzen.
Als es zu der Aussprache kommt, schickt der Stiefvater seine Frau zu den gemeinsamen Kindern, die in Halle/DDR leben.
Während des nun folgenden Gesprächs, gibt der Stifvater zu bedenken, daß nach einer Flucht seiner Stiefkinder, er und seine leiblichen Kinder eventuell Nachteile erleiden müßten.Er rät, den Fluchtgedanken aufzugeben, andernfalls würde er die geplante Republikflucht zur Anzeige bringen.
Die Jürgensens geben tatsächlich ihre Pläne auf.Nicht weil sie einen Verrat fürchten, das können sie sich nicht vorstellen, sie glauben nicht, daß die Drohung ernstgemeint war, sondern weil sie nicht um ihres Vorteils willen andere benachteiligen wollen.
Anfang August 1981 startet die Familie Jürgensen mit dem Auto zu einer Urlaubsreise nach Ungarn.Noch in Ost-Berlin wird ihr Fahrzeug gestoppt, werden sie festgenommen.Die Tochter Antje wird, wie schon erwähnt,von meinem Bruder zu sich genommen.Gegen meine Schwester und meinen Schwager wird ein Ermittlungsverfahren eröffnet.Es stellt sich heraus, daß sie tatsächlich vom Stiefvater verraten wurden.Dieser hat in dem Start zur Urlaubsfahrt den Beginn des Fluchtunternehmens gesehen.
Versuchte Republikflucht kann meinen Verwandten nicht nachgewiesen werden.Sie hatten ja von dem Plan Abstand genommen.Nun wird wegen § 1oo (landesverräterische Agententätigkeit) ermittelt.Es ist in der DDR gängige Praxis diesen Paragraphen heranzuziehen, da das sozialistische Lager schon"verraten" worden ist, allein durch den Gedanken der Abkehr.Hinzu kommt, daß meine Anghörigen-als Beschäftigte des Regierungskrankenhauses- unterschrieben hatten, keinen Kontakt zum Westen zu haben.
Trotzdem hielten sie, unter ständiger Angst der Entdeckung, stets den Kontakt zu der im Westen lebenden Familie aufrecht.
Aufgrund dieser Ermittlungen erkannte das Stadtgericht Ost-Berlin gem. § 1oo (1) StGB/DDR auf eine Freiheitsstrafe von je zwei Jahren.

Was wurde bisher unternommen?
Bereits am 7. August 1981 bekomme ich über das Bundeshaus in Berlin einen Soforttermin bei Rechtsanwalt Näumann.Ich beauftrage ihn mit der Interessenwahrnehmung meiner Angehörigen.
RA Näumann informiert die Bundesregierung.Außerdem kann er vermitteln, daß RA Dr. Vogel in Ost-Berlin das Mandat übernimmt.
Seit der Verurteilung der Jürgensens ist RA Stange, er arbeitet wie RA Näumann im Auftrag der Bu ndesregierung, um die Freilassung und die Übersiedlung bemüht.
Durch Vermittlung eines Freundes verwenden sich Wirtschaftssenator Elmar Pieroth und der Bundestagsabgeordnete Günther Straßmeir, sowie der parlamentarische Staatssekretär und Berlinbeauftragte der Bundesregierung Peter Lorenz für meine Verwandten.
Es bestehen Schriftwechsel mit den Bundesministern Egon Franke, Rainer Barzel und Heinrich Windelen.Alle versicherten,das Möglichste zu tun.Der Petitionsausschuß des Deutschen Bundestages unterstützt unsere Bemühungen, dort insbesondere der Abgeordnete Reinhard Metz.
Aber alles ist vergebens, alles scheitert an der unnachgiebigen Haltung der DDR.
Besonders tragisch wird das Geshehen dadurch, daß meine unheilbare, sterbenskranke Mutter -sie leidet u.a. an Krebs- nach menschlichem Ermessen ihre Tochter, ihren Schwiegersohn und ihre Enkeltochter nicht mehr wiedersehen wird.
Wenn hier noch geholfen werden kann, dann wirklich nur durch größten, leidenschaftlicheh Einsatz bedeutender, schwedischer Persönlichkeiten.
Dies zu vermitteln, darum bitte ich,Sim Namen unserer Mutter, meiner Schwester, meines Schwagers und meiner Nichte.

Mit freundlichen Grüßen

Am 13. Mai haben Axel und ich einen Termin mit dem Staatsminister im Bundeskanzleramt und Berlinbeauftragten Peter Lorenz.

Nach dem etwa halbstündigen Gespräch sagt Lorenz zu, uns im Rahmen seiner Möglichkeiten zu helfen. Seiner Meinung nach ist am ehesten etwas zu erreichen, wenn Honecker persönlich über den Fall informiert wird. Jedoch wie soll das geschehen? Er ist nicht sehr zuversichtlich, dies zu erreichen. Es gibt andere und schwerere Schicksale, die Vorrang haben müssen. Trotzdem soll ich für ihn persönlich noch einmal alle Daten zusammenstellen.

Er meint übrigens, dass weder Marcus Wolf noch Prof. Häber Vertraute Honeckers seien. Ein wirkliches Intimverhältnis zu Honecker haben, so Peter Lorenz, nur RA Dr. Vogel und RA von Wedel. Schon wieder läuft uns der Name von Wedel über den Weg.

Volker Ebers
Müllerstr. 24 j
1ooo Berlin 45 , den 13. Mai 1983

Herrn
Staatssekretär Peter Lorenz PERSÖNLICH
Bundeshaus
Bundesallee 216
1ooo Berli 15

Sehr geehrter Herr Staatssekretär Lorenz,

vielen Dank für die freundliche Unterredung, die Sie Herrn Axel Frohnert und mir ermöglichten.Wir schilderten Ihnen das Schicksal meiner Verwandten, Elke-Margarita Jürgensen, geb. Ebers und Dr. med. Uwe-Jens Jürgensen, die seit über 21 Monaten in der DDR inhaftiert sind.Da nach Aussagen von RA Stange die DDR nicht bereit ist, meine Angehörigen in die Bundesrepublkik Deutschland zu entlassen, sogar noch eine Ausreisesperrfrist über sie verhängt werden wird, wandten wir uns mit der Bitte um Hilfe an Sie, sehr geehrter Herr Lorenz. Sie erklärten sich bereit zu helfen, soweit dies in Ihren Kräften steht und baten um eine kurze schriftliche Schilderung der Geschehnisse.Dies nun im Folgenden:
Anfang August 1981 wurden meine Schwester Elke-Margarita Jürgensen, geb. Ebers, mein Schwager Dr,med. Uwe-Jens Jürgensen und deren Tochter Antje Jürgensen in Ost-Berlin festgenommen.Ihr Fahrzeug wurde kurz nach Antritt einer Urlaubsfahrt nach Ungarn gestoppt.
Die Eheleute Jürgensen kommen in Untersuchungshaft, ihnen wird versuchte Republikflucht vorgeworfen, die damals siebenjährige Tochter Antje wird in ein Kinderheim gebracht, dort jedoch rasch von meinem Bruder Ludo Ebers abgeholt und zu sich genommen.Mein Bruder lebt in DDR-15o1 Ruhlsdorf.
Am 1o. November 1981 werden meine Anghörigen zu je zwei Jahren Freiheitsentzug verurteilt und zwar nicht wegen versuchter Republikflucht, von diesem einmal geplanten Vorhaben hatten sie Abstand genommen, sondern wegen "landesverräterischer Agententätigkeit", § 1oo (1) StGB/DDR.Es ist wohl gängige Praxis in der DDR, diesen Paragraphen heranzuziehen, denn

das sozialistische Lager ist ja allein durch den Gedanken der Abkehr "verraten" worden.
Meine Schwester kommt nach DDR-915o Stollberg, dort ist sie noch heute, mein Schwager kommt zunächst nach DDR-75oo Cottbus, wurde jedoch im November 1982 nach DDR-262o Bützow verlegt.
Alle bisherigen Bemühungen um eine vorzeitige Entlassung und die Übersiedlung in die Bundesrepublik Deutschland zu erreichen, sind bisher gescheitert.Wie schon erwähnt, sollen meine Verwandten in die DDR entlassen werden, was mit einer mehrjährigen Ausreisesperre verbunden wäre.
Zu erklären ist die starre Haltung der DDR damit, daß meine Verwandten bis zu ihrer Festnahme am Regierungskrankenhaus in Ost-Berlin beschäftigt waren.Sie behandelten dort ausschließlich Regierungsmitglieder, Parteifunktionäre und Diplomaten.Aus ihrer langjährigen Tätigkeit kennen sie nicht nur hochkarätige Politiker, sondern auch die Struktur und die Mitarbeiter dieses abgeschirmten Hauses.

Über das innerdeutsche Ministerium scheint in diesem Fall kaum noch etwas zu gehen.Hier müssen wohl zusätzliche Anstöße auf anderen Ebenen gegeben werden.
Ich bin sehr zuversichtlich, sehr geehrter Herr Staatssekretär Lorenz, daß Sie die Möglichkeit dazu haben, und daß Sie sie nutzen,für die unschldig einsitzenden Eheleute Jürgensen, um weiteres Unheil von ihnen abzuwenden.
Nochmals vielen Dank,für Ihre Bereitschaft zu helfen.

Mit freundlichen Grüßen

Am nächsten Tag findet ein weiteres Gespräch mit dem Pfarrer der schwedischen Kirche statt.

Er ist ein außerordentlich stiller, aber sehr eindrucksvoller Mann. Er liest mein Schreiben und das Attest. Am Montag will er nach Ost-Berlin fahren, um vom schwedischen Botschafter zu erfahren, wer für die ostzonalen Behörden der wichtigste schwedische Politiker ist. An den will er sich, wie zuvor schon erwähnt, persönlich wenden. Wenn das nichts fruchtet, wird er sich etwas anderes einfallen lassen.

In dem Gespräch mit dem Geistlichen wird mir klar, was mein Schwager mit dem Hinweis auf die schwedische Botschaft und den mir übermittelten Namen meinte.

Der Pfarrer kennt diesen Mann, der, wie er auch wusste, im Regierungskrankenhaus behandelt wurde. Er war einer der führenden Männer an der schwedischen Botschaft in Ost-Berlin. Er ist aber seit einiger Zeit in Stockholm tätig. Nach wie vor ist er aber eine wichtige Persönlichkeit. »Er hatte wohl so manches getan«, sagt der Pfarrer, »von dem man nichts weiß.«

Nach dem Gespräch mit dem Schweden bin ich sehr froh. Er strahlte so viel Sicherheit und Zuversicht aus, obwohl er wenig sprach, dass ich fest glaube, dass alles doch noch gut enden wird.

Einige Tage später bekomme ich Antwort auf mein Schreiben an Staatssekretär Rehlinger. Es wird darauf verwiesen, dass die Bundesregierung sich intensiv für die Betroffenen einsetzt.

»Mir sind aber auch«, so heißt es in dem Schreiben, »die Schwierigkeiten bekannt, die der Fall mit sich gebracht hat, so dass die Bemühungen bisher leider ohne Erfolg geblieben sind.«

Ich soll aber davon ausgehen, dass weiterhin alle Anstrengungen unternommen werden, um dem Ehepaar Jürgensen die Entlassung in die Bundesrepublik Deutschland zu ermöglichen. Also im Grunde ein Null-Acht-Fünfzehn-Brief, der wenig aussagt.

DER BUNDESMINISTER
FÜR INNERDEUTSCHE BEZIEHUNGEN
Z 8 - 72103 - 11114/81
(Bei Antwort bitte Geschäftszeichen angeben)

5300 BONN-BAD GODESBERG, DEN 16. Mai 1983
GODESBERGER ALLEE 140
FERNRUF: BERLIN
VERMITTLUNG (030) 21 26 1
DURCHWAHL (030) 21 26 - 305

Der Bundesminister für innerdeutsche Beziehungen
Postfach 12 02 50 · 5300 Bonn 1

Herrn
Volker Ebers
Müllerstr. 24 j

1000 Berlin 45

Sehr geehrter Herr Ebers,

haben Sie vielen Dank für Ihren Brief vom 27.04.1983, in dem Sie noch einmal das Schicksal Ihrer in der DDR inhaftierten Angehörigen, der Eheleute Dr. Uwe-Jens und Elke Margaritta Jürgensen schildern.

Sie wissen, daß sich die Bundesregierung mit Intensität für die Betroffenen einsetzt. Sie kennen aber auch die Schwierigkeiten, die es mit sich gebracht haben, daß unsere Bemühungen in diesem Fall bisher leider ohne Erfolg geblieben sind.

Bitte gehen Sie davon aus, daß weiterhin alle Anstrengungen unternommen werden, um dem Ehepaar Jürgensen die Entlassung in die Bundesrepublik Deutschland zu ermöglichen. Ich gebe jedoch zu bedenken, daß die letzte Entscheidung hierüber bei der anderen Seite liegt.

Mit freundlichen Grüßen

Im Auftrag

Plewa

Plewa

Am nächsten Tag rufe ich noch einmal bei Herrn X. an. Der glaubt auch nicht daran, dass es bis Juli dieses Jahres klappt, unsere Verwandten in die BRD zu holen. Auch er rät mir, falls meine Angehörigen in die Ostzone entlassen werden, ihnen zu empfehlen, auf keinen Fall für den Staat in ihrem Beruf zu arbeiten! Möglicherweise kann er eine Stellung am evangelischen Krankenhaus in Potsdam vermitteln.

Er empfiehlt, dort, wenn nötig, auch niedere Arbeiten anzunehmen. Wenn wir, auf welchem Weg auch immer, Kontakt zu ihnen aufnehmen, sollten wir möglichst nur im Wald miteinander reden oder uns auf freiem Feld unterhalten, denn es muss mit einer strengen Überwachung gerechnet werden. Auch eine Telefonüberwachung und Abhörmaßnahmen, selbst mit Richtmikrophon, hält Herr X. nicht für ausgeschlossen. Er bemüht sich auf jeden Fall weiter um unsere Sache. Von unseren weiteren Bemühungen habe ich ihm nichts gesagt.

Am 21. Mai 1983 erhalte ich einen Brief vom Bundeskanzleramt. Es wird darin mein Schreiben an den Bundeskanzler bestätigt. Im Übrigen wurde meine Schilderung an das Bundesministerium für innerdeutsche Beziehungen übergeben, das dann im Rahmen der Möglichkeiten, die der Bundesregierung zur Verfügung stehen, helfen wird.

Ich bin also genauso klug wie zuvor, so dass ich im Augenblick am stärksten auf die Möglichkeiten der Schweden setze.

BUNDESKANZLERAMT

222 - K 79 65/83

5300 BONN 1, DEN 17. Mai 1983
POSTFACH
FERNRUF 56 ...2243/Kl
ODER 561 (VERMITTLUNG)

Herrn
Volker Ebers
Müllerstraße 24 j

1000 Berlin 45

Sehr geehrter Herr Ebers,

der Herr Bundeskanzler läßt Ihnen für Ihren Brief vom 7. Mai 1983 danken. Er bringt Ihrem Anliegen viel Verständnis entgegen.

Ich habe das zuständige Bundesministerium für innerdeutsche Beziehungen (Postfach 12 02 50, 5300 Bonn 1) über Ihr Schreiben unterrichtet. Das Ministerium ist darum bemüht, Ihnen im Rahmen der Möglichkeiten, die der Bundesregierung zur Verfügung stehen, zu helfen. Es steht Ihnen in allen Fragen mit sachkundigem Rat zur Verfügung.

Mit freundlichen Grüßen
I. A.

(Zilch)

Wenige Tage später hat der Pfarrer seinen schwedischen Botschafter in Ost-Berlin gesprochen. Dieser sagt, dass die Schweden sich in diesen Fall nicht reinhängen können oder wollen.

Es geht nur dann, wenn ein Ausreiseantrag nach Schweden beantragt ist. Der Botschafter hat aber RA von Wedel erwähnt. Dieser Name taucht immer wieder auf.

Für morgen hat Axel einen Termin bei der schwedischen Kirche, bei dem er Näheres erfahren wird. Er will wissen, wie er sich in diesem Gespräch verhalten soll. Wie wir wissen, kann von Wedel mit viel Geld manchmal helfen. Ich gebe ihm also mein O.K. für ein Angebot von zunächst 50.000 DM, das der Pfarrer an von Wedel weitergeben soll. Über größere Beträge müssten wir uns noch einmal unterhalten. Ich weiß nicht, wie hoch ich mich verschulden kann.

Später berichtet mir Axel, dass der Geistliche sich mit von Wedel treffen will.

Er kennt ihn persönlich und will in Erfahrung bringen, warum die ostzonalen Behörden sich eigentlich so stur stellen. Er will auch herausfinden, ob mit Geld etwas zu machen ist und welche Summen tatsächlich erforderlich sind. Wenn er hier auch nicht weiterkommt, will er sich an den ehemaligen leitenden schwedischen Botschaftsangehörigen wenden, der inzwischen im schwedischen Außenministerium in Stockholm arbeitet. Wenn der sich gut an meinen Schwager, also seinen damaligen Arzt im Ostberliner Regierungskrankenhaus erinnern kann, dann kann er vielleicht, wenn seine Regierung dem zustimmt, auch etwas für ihn tun. Falls auch das nicht geht, sollten meine Verwandten Ausreiseanträge nach Schweden stellen, und zwar zu Verwandten von Axel. Insgesamt ist der Pfarrer nicht mehr so optimistisch wie er bisher war.

Es bleibt uns wieder nur, zu warten.

Am 27. Mai hat mein Bruder einen Besuchstermin bei unserem Schwager.

Er ist ziemlich verbittert. Jetzt fürchtet er auch, in die Zone entlassen zu werden und weiß nicht, wie es dann weitergehen soll. Auf jeden Fall vereinbarte er auch mit Ludo, dass dieser ihn am Tag der Entlassung aus der Haft abholen soll. Hildchen will dann mit einem Nachbarn nach Hoheneck fahren, um Elke zu holen, während Ludo in den Norden fährt, um Uwe zu holen. Das sind schon Probleme. Es ist auch für Ludo und Hildchen nicht einfach, das alles zu meistern – aber sie tun es gern.

Bis zum 20. Juni geschieht wenig. Ich bekomme einen Anruf eines ehemaligen Mithäftlings meines Schwagers und eine Karte von einer ehemaligen Mitgefangenen meiner Schwester. Von dem schwedischen Pfarrer bekomme ich die Kopie eines Schreibens, das er von RA von Wedel erhalten hat. Herr von Wedel empfiehlt darin, dass ich mich noch einmal an das Bundeshaus wenden solle und auf den bevorstehenden Haftentlassungstermin hinweisen soll.

Nach seiner Erfahrung ist eine nachträgliche Ausreise in die BRD langwierig und schwierig, wenn Gefangene zunächst in die DDR entlassen werden.

R. v. W E D E L
RECHTSANWALT UND NOTAR

SPRECHZEITEN
NUR NACH VEREINBARUNG

1 BERLIN 33, den 10. Juni 1983
SCHELLENDORFFSTRASSE 5
NÄHE ROSENECK
TELEFON (030) 8 23 33 37
BUS 10, 17, 60, 19, 29

Rechtsanwalt u. Notar R. v. Wedel · Schellendorffstr. 5 · 1000 Berlin 33

Herrn Pfarrer

Schwedische Victoriagemeinde
Landhausstr. 26

1000 Berlin 31

BEI ANTWORT BITTE ANGEBEN
~~F - Allg. IV/222~~
w/sk

Eheleute Jürgensen
Schreiben des Herrn Ebers vom 13.5.1983
sowie persönliche Besprechung

Sehr geehrter Herr Pfarrer ,

in obiger Sache habe ich mich erkundigt. Die Eheleute Jürgensen sind in die besonderen Verhandlungen der Bundesregierung einbezogen. Ob und wann es zu einer Entlassung kommt, steht jedoch noch nicht fest. Es empfiehlt sich, daß sich Herr Ebers an das Bundeshaus wendet und darauf hinweist, daß die Haftzeit im August abläuft. Wenn die Eheleute Jürgensen in die DDR entlassen werden, ist eine nachträgliche Ausreise in die Bundesrepublik schwierig und langwierig.

/ Das Schreiben des Herrn Ebers füge ich wieder bei. Ich werde mich jedoch demnächst noch einmal um die Sache bemühen. Ggf. erhalten Sie weitere Nachricht.

Mit freundlichen Grüßen

Rechtsanwalt

Postscheckkonto Berlin West 993 22-106 BLZ 100 100 10 · Deutsche Bank Berlin AG, 1 Berlin 12, Hardenbergstraße 27, Nr. 5223581 BLZ 100 700 00
Grundkreditbank eG, 1 Berlin 30, Nürnberger Straße 68/69, Nr. 7810 BLZ 101 901 00

Am 20. Juni spreche ich noch einmal mit dem schwedischen Pfarrer. Er hört sehr unterschiedliche Stimmen. Im Osten selbst heißt es, dass Häftlinge überhaupt nicht mehr direkt in den Westen entlassen werden sollen. Von RA von Wedel hört er jedoch, dass immer noch Möglichkeiten bestehen.

Sein ganz persönlicher Eindruck ist der, dass nur genügend Geld geboten werden muss, damit Menschen aus der Ostzone freigekauft werden können.

Ich frage ihn, ob ich das Schreiben von Herrn von Wedel, das an ihn gerichtet war, in meinen Gesprächen im Bundeshaus vorzeigen kann. Dem stimmte er zu.

Am gleichen Tag fahre ich ins Bundeshaus, um dort jedoch zu erfahren, dass der Ministerialrat Plewa, der unseren Fall bearbeitet, sich im Augenblick in Bonn befindet. Ich bekomme einen Termin bei ihm für den 22. Juni 1983.

Nun versuche ich noch Peter Lorenz im Bundeshaus zu erreichen, doch auch der ist in einer Sitzung. Seine Sekretärin sagt zu mir, dass Herr Lorenz noch am vergangenen Donnerstag über unseren Fall mit Plewa gesprochen hat. Beide sind der Meinung, dass an der Entlassung direkt in die Ostzone nichts mehr zu ändern ist. Ich will nun den Plewa-Termin in zwei Tagen wahrnehmen und anschließend erneut versuchen, Lorenz zu erreichen. Danach fahre ich zu Axel.

Vorher habe ich noch ein Schreiben an Bundeskanzler Helmut Kohl verfasst, in welchem ich auf die Geldfrage hinweise und auf den kurz bevorstehenden Entlassungstermin.

Um doch noch ein positives Ergebnis zu erreichen, muss mehr getan werden, als im »Normalfall« üblich ist.

Volker Ebers
Müllerstr. 24 j
1ooo Berlin 45 , den 2o. Juni 1983

Herrn
Bundeskanzler Dr. H. Kohl
PERSÖNLICH

53oo Bonn 1
Postfach

Betr.: Ihr Schreiben v. 17.5.83, Ihr Zeichen 222-K7965/83

Sehr geehrter Herr Bundeskanzler,

vielen Dank für Ihre Antwort auf meinen Brief vom 7.5.1983, die mit Z i l c h unterzeichnet war.

Fünf Minuten vor zwölf wende ich mich noch einmal in der Angelegenheit meiner Angehörigen an Sie.
Von einflußreichen schwedischen Freunden, die sich für meine Verwandten einsetzen weiß ich, daß der DDR, um es ganz deutlich zu sagen, das Angebot der Bundesrepublik Deutschland nicht hoch genug ist.
Es reicht also nicht aus die Schiene zu fahren, die das Bundesministerium für innerdeutsche Beziehungen im "Normalfall" zum Ziel bringt. Hier müssen Weichen gestellt werden, um doch noch grünes Licht zu bekommen.

Gern will ich alles tun, was in meinen Kräften steht.
Mit einiger Anstrengung könnte ich einen Kredit bis zu DM 5o.ooo,-- erhalten. Diese Summe würde ich der Sache zur Verfügung stellen, wenn das helfen könnte.

Sehr geehrter Herr Bundeskanzler, ich bitte Sie noch einmal inständig, um Hilfe für meine Angehörigen. Weisen Sie Herrn Bundesminister Windelen auf das Besondere dieses Falles hin.

Es muß rasch etwas geschehen, denn am 28. Juli 1983 sollen
meine Verwandten aus dem Gefängnis in die DDR entlassen werden.
Sie wissen vil besser als ich, wie schwierig und langwierig
eine nachträgliche Ausreise in die Bundesrepublik Deutschland
sein wird.
Bitte helfen Sie. Ich setze großes Vertrauen in Ihre Möglichkeiten.

Mit freundlicnen Grüßen

Axel ist der Meinung, dass jetzt endgültig Minister Windelen mit einbezogen werden muss.

Er ruft den persönlichen Referenten des Wirtschaftssenators Pieroth an.

Wir bekommen einen Termin um 14 Uhr. Der persönliche Referent ist erstaunt über das Schreiben von Herrn von Wedel. Er sieht noch heute Elmar Pieroth, bevor dieser bis 23. Juli in den Urlaub geht. Er will über diesen noch einen Termin bei Bundesminister Windelen besorgen. Er rät außerdem, Peter Lorenz noch einmal zu konsultieren.

Lorenz muss mitgeteilt werden, dass die Schweden sich bemühen und diese über von Wedel erfahren haben, dass mit Geld doch noch etwas zu machen ist. Es dürfte für Staatssekretär Lorenz höchst unangenehm sein, wenn unsere Sache tatsächlich am Geld scheitern sollte.

Axel ruft Straßmeir in Bonn an. Dieser solle einen neuen Termin mit Peter Lorenz machen. Straßmeir verspricht das. Er sieht morgen, während einer Plenarsitzung, Staatssekretär Lorenz. Er wird ihn vorab grob darüber unterrichten, worum es geht.

Wir warten nun auf Anrufe vom persönlichen Referenten Elmar Pieroths wegen des Windelen-Termins und von Straßmeir wegen des Lorenz-Termins. Ich schreibe noch einen weiteren Brief an den innerdeutschen Minister Windelen, denn das kann sicher nicht schaden. Ich berichte ihm über die Bemühungen unserer schwedischen Freunde und darüber, dass die Verhandlungen von östlicher Seite, meine Verwandten betreffend, noch nicht abgeschlossen sind. Hier muss rasch und unbürokratisch gehandelt werden.

Volker Ebers
Müllerstr. 24 j
1ooo Berlin 45 , den 2o. Juni 1983

Herrn
Bundesminister f. innerdeutsche Beziehungen
Heinrich Windelen PERSÖNLICH
53oo Bonn-Bad Godesberg
Godesberger Allee 14o

Betr.: Ihr Zeichen Z 8 - 721o3 - 11114/81

Sehr geehrter Herr Bundesminister Windelen,

vielen Dank für Ihr Schreiben vom 16. Mai 1983.
Sie lassen mir versichern, daß die Bundesregierung sich mit Intensität für die Betroffenen einsetzt.Das halte ich für selbstverständlich, und das gehört wohl auch zu den Aufgaben Ihres Ministeriums.
Natürlich kenne ich auch die Schwierigkeiten, die sich Ihren Bemühungen entgegenstellen, zumindest diesen Fall betreffend. Nun haben sich neue Gesichtspunkte ergeben, die ich Ihnen mitteilen möchte.Nach Kenntnis dieser Punkte bitte ich Sie sehr herzlich, abzuwägen, was in diesem Fall über das normale Maß hinaus getan werden kann.

Schwedische Freunde, die sich für meine Angehörigen verwenden, haben erfahren, daß der DDR das Angebot der Bundesrepublik Deutschland nicht ausreichend ist.
Von Rechtsanwalt v. Wedel, der Ihnen bekannt sein muß, wurde ihnen geraten, schnellstens im Bundeshaus in Berlin vorzusprechen und darauf hinzuweisen, daß das Ehepaar Jürgensen am 28. Juli 1983 entlassen wird.RA v. Wedel sagt, die Verhandlungen sind noch nicht abgeschlossen.Rasches, unbürokratisches Handeln ist nötig, denn - so RA v. Wedel - nachträglich in die Bundesrepublik Deutschland zu gelangen, ist sehr schwierig und langwierig.

Sehr geehrter Herr Windelen, i c h will gern alles tun, was mir möglich ist, um Ihre Bemühnungen zu unterstützen.

Aufgrund meiner persönlichen Verhältnisse könnte ich einen Kredit bis zu DM 5o.ooo,-- erhalten. Diese Summe würde ich Ihnen zur Verfügung stellen können, um Ihre Bemühungen bis an die äußerste Grenze meiner persönlichen Belastungsfähigkeit zu unters tützen.
Ich bitte Sie sehr, sehr geehrter Herr Bundes minister, schnell und mehr als Ihnen bisher möglich war, sich für meine Angehörigen einzusetzen, um doch noch ihre Übersiedlung in die Bundesrepublik Deutschland, in die Freiheit zu erreichen.

Mit freundlichen Grüßen

Am nächsten Tag sprechen wir erneut mit dem persönlichen Referenten Elmar Pieroths.

Der berichtet, dass der Senator noch am Abend zuvor mit Bundesminister Windelen telefoniert hat. Minister Windelen hat darauf Anweisung an Herrn Plewa im Bundeshaus gegeben, sich erneut mit dem Vorgang zu befassen. Pieroth unterrichtet Windelen auch von dem Schreiben, das wir von RA von Wedel bekommen haben. Daraufhin ruft Plewa als Mitarbeiter des innerdeutschen Ministeriums RA von Wedel an und der spielt alles herunter.

Wir haben, so Herr von Wedel, seinen Brief falsch interpretiert, viel zu optimistisch beurteilt.

Wieder einmal war klar, dass alle Fäden im Bundeshaus bei Plewa zusammenlaufen.

Er ist zwar an Weisungen gebunden, aber als Sachbearbeiter geht alles über seinen Schreibtisch. So weit der Bericht des persönlichen Referenten von Wirtschaftssenator Pieroth.

Am nächsten Tag habe ich meinen Termin bei Plewa im Bundeshaus. Er ist zunächst sehr reserviert. Er gibt zu erkennen, dass er über mehrere Ecken von dem Schreiben von Wedels an den schwedischen Pfarrer erfahren hat. Er bestätigt auch, mit von Wedel gesprochen zu haben. Dieser hat ihm seinen Brief an den schwedischen Pfarrer vorgelesen und gesagt, dass er viel zu optimistisch gedeutet worden ist. Immerhin, so Plewa, wird noch verhandelt. Vielleicht durch den Druck Windelens.

In der Woche vom 4. bis 8. Juli 1983 soll ich ihn wieder anzurufen. Vielleicht weiß er dann etwas Genaueres. Falls meine Verwandten in den Osten entlassen werden, müssen sie sofort einen Ausreiseantrag stellen! Es muss klargestellt sein, dass sie an ihrem Ziel festhalten. Dann kann auch das Bundeshaus wieder tätig sein. Plewa hält es auch für richtig, demonstrativ niedere Arbeiten zu verrichten.

Wir sollen aber unbedingt mit ihm sprechen, wenn die Entlassung in den Osten stattgefunden hat. Er will sofort Peter Lorenz von meinem Gespräch mit ihm nach meinem Weggang berichten.

Ich diskutiere anschließend noch mit Axel die Geschehnisse. Wir sind beide der Meinung, dass im Augenblick nichts mehr zu tun ist. Über Senator Pieroth und Bundesminister Windelen wird das Bundeshaus erneut aktiv.

Plewa informiert Staatssekretär Lorenz, der hat wiederum vom Bundeskanzleramt noch einen Anstoß bekommen. Es sind also genügend Leute an der Sache dran. Mehr kann man nicht tun.

Wir wollen den Schweden-Pfarrer über den aktuellen Stand der Dinge unterrichten und zu einem Mittsommerfest der schwedischen Gemeinde gehen. Dort will ich ihm meinen Brief an Windelen in Kopie geben, denn daraus ist meine Bereitschaft zu erkennen, bis an die Grenze meiner finanziellen Belastbarkeit Opfer zu bringen.

Während des Mittsommerfestes kann ich ihm tatsächlich die Kopie meines Schreibens an Heinrich Windelen übergeben.

Axel soll ihn am kommenden Montag um 11 Uhr anrufen, um einen weiteren Gesprächstermin zu vereinbaren.

Noch einmal bespreche ich mit meinem Freund Axel alle Begebenheiten der letzten Tage, vor allem seit wir den Brief von RA von Wedel bekamen. Jede Einzelheit kann wichtig sein. Axel macht sich einige Notizen. Er will den Schweden-Termin allein wahrnehmen.

Wir wollen wissen, was der Pfarrer mit seiner Äußerung meinte, »wenn dieser Weg nicht geht, müssen wir eben einen anderen gehen«. Zunächst soll er noch einmal an von Wedel herantreten, um Genaueres zu erfahren.

Auch wollen wir wissen, ob der den ehemaligen leitenden schwedischen Botschaftsmitarbeiter schon erreicht hat.

Am 27. Juni bekomme ich einen Anruf von Herrn Kremser, dem Mitglied des Bundestages und Leiter des Petitionsausschusses. Herr Kremser sieht auch so langsam unsere Felle davon schwimmen. Auch er sieht kaum noch eine Möglichkeit der Entlassung aus dem Gefängnis direkt in die Bundesrepublik Deutschland. Er rät, mich noch einmal an Plewa zu wenden.

Nachdem ich Kremser über unsere Aktivitäten berichtet habe, will er noch einmal zu Staatssekretär Rehling gehen und diesen noch einmal an unseren Fall erinnern. Nun, schaden kann das sicher nicht.

Am Nachmittag nehme ich einen Termin bei RA Stange wahr. Stange hat telefonisch vom Bundesminister Windelen direkt die Anweisung erhalten, erneut zu verhandeln und monetär – so sagt Herr Stange – flexibel zu sein.

Dieses Gespräch hat er von Staatssekretär Rehlinger noch einmal schriftlich bestätigt und bekräftigt bekommen. Stange hat also völlig freie Hand und kann große Summen anbieten. Trotzdem glaubt er persönlich nicht an einen Erfolg. Er will mich anrufen, sobald er etwas weiß.

Am 2. Juli 1983 ruft meine Schwägerin aus Teltow mich an und berichtet über einen Brief, den sie von Uwe erhalten hat. In diesem Brief ist er sicher, dass er und seine Frau direkt in den Westen entlassen werden. Sie sollten ihre Tochter Antje schon einmal darauf vorbereiten.

Meine Frau ist skeptisch. Ich bin es auch und wir raten unserer Schwägerin, doch zurückhaltend zu sein, was die Information Antjes betrifft. Wir können uns Uwes Brief und seinen Optimismus überhaupt nicht erklären.

Am 5. Juli bin ich noch einmal im Bundeshaus bei Ministerialrat Plewa. Ich erfahre an diesem Tag, dass es endgültig aus ist. Die letzten Verhandlungen haben ergeben, dass der Osten unter keinen Umständen bereit ist, Elke und Uwe in den Westen zu entlassen.

Ich fahre zu meinem Freund Axel und betrinke mich fürchterlich. Ina kommt mit unserer Tochter zu ihm und fährt mich nach Hause. Während der Fahrt heule ich haltlos.

Meine Tochter ist furchtbar schockiert, denn sie hat mich noch niemals weinen gesehen.

Auch betrunken war ich noch nie.

Zwei Tage später ruft Hildchen mich an. Sie hat den Besuch eines gerade entlassenen ehemaligen Haftkameraden von Uwe gehabt. Der berichtete, dass Uwe am 3. Juli von der Visite auf der Station in der Vollzugsanstalt Bützow weggeholt und nach Berlin gebracht worden ist. Uwe hat diesen Kameraden, der am gleichen Tag entlassen wurde, dringend gebeten, nach Teltow zu fahren, um seine Angehörigen dort zu unterrichten.

Wir wissen überhaupt nicht, was das zu bedeuten hat, und können uns keinen Reim darauf machen, insbesondere nachdem wir vom Bundeshaus eindeutig erfahren haben, dass eine Entlassung in den Westen nicht erfolgen wird.

Wenige Tage später telefoniere ich erneut mit meiner Schwägerin. Sie hat keine neuen Nachrichten. Wir müssen also hoffen, dass der Optimismus, der aus Uwes Brief klang, realistisch ist.

Wir überlegen wieder, was die Verlegung Uwes bedeuten kann. Entweder ist er nach Berlin gebracht worden, um alle Vermögensfragen zu klären, bevor er mit seiner Familie in den Westen kommt, oder aber man macht ihm Hoffnung, um dann einen regelrechten Psychoterror auf ihn auszuüben, wenn man ihm erklärt, dass er doch in den Osten entlassen wird.

Zwei Tage später erhalte ich einen Anruf von Horst W. Er ist ein Zellenkamerad von Uwe gewesen und erst seit einigen Tagen im Westen.

Er ist jetzt in Rüdesheim. Ich verabrede mich mit ihm in Rüdesheim, um von ihm Näheres zu erfahren. Bei der Gelegenheit will ich auch einen anderen ehemaligen Haftkameraden von Uwe besuchen, der inzwischen in Köln lebt.

Von Hildchen erfahre ich am 13. Juli, dass sie erneut Post von Uwe erhalten hat.

Er ist in Berlin-Rummelsburg gelandet und bittet, dass Elke verständigt wird. Sein Optimismus ist nicht mehr so groß. Er rechnet mit der Haftentlassung für den 21. Juli, aber wohin? Die Frage bleibt offen.

Von Elke haben die Teltower schon einige Zeit nichts mehr gehört. Sie sind deswegen stark beunruhigt.

Am 14. Juli 1983 erhalte ich ein Schreiben vom Bundeskanzleramt, in dem mir wieder versichert wird, dass von Seiten der Bundesregierung alle Anstrengungen unternommen werden, um bei der Haftentlassung und der Übersiedlung meiner Angehörigen in die BRD zu helfen. Aber es wird wieder um Verständnis meinerseits dafür gebeten, dass Vorhersagen nicht möglich sind, denn die Entscheidung über die von uns angestrebte Lösung liegt bei der anderen Seite. Es wird mir noch einmal empfohlen, mit dem innerdeutschen Ministerium engen Kontakt zu halten, denn beim Bundesministerium für innerdeutsche Beziehungen liegen die Aktivitäten unserer Seite.

BUNDESKANZLERAMT
222 - K 7965/83

5300 BONN 1, DEN 12. Juli 1983
POSTFACH
FERNRUF 56 ... 2242/a
ODER 561 (VERMITTLUNG)

Herrn
Volker Ebers
Müllerstraße 24 j

1000 Berlin 45

Sehr geehrter Herr Ebers,

im Auftrag des Herrn Bundeskanzlers danke ich Ihnen für Ihr Schreiben vom 20. Juni 1983.

Ich möchte Ihnen noch einmal versichern, daß die Bundesregierung alle Anstrengungen unternimmt, um bei der Haftentlassung und Übersiedlung Ihrer Angehörigen in die Bundesrepublik Deutschland zu helfen. Ich muß Sie allerdings um Verständnis dafür bitten, daß Erfolgsvorhersagen nicht möglich sind, da die Entscheidung über die angestrebte Lösung bei der anderen Seite liegt. Mir ist durchaus bewußt, was es für alle Beteiligten bedeutet, wenn ihnen in dieser Lage immer wieder sehr viel Geduld abverlangt wird. Die Aktivitäten auf unserer Seite liegen, wie Sie wissen, in Händen des Bundesministeriums für innerdeutsche Beziehungen, das ich über Ihr Schreiben unterrichtet habe. Ich empfehle Ihnen, mit diesem Ministerium engen Kontakt zu halten.

Mit freundlichen Grüßen
Im Auftrag

Kass

(Dr. Kass)

Gegen Mittag fliege ich mit meiner Frau Ina nach Köln. Wir wollen ein paar Tage ausspannen. Wir besuchen in Rüdesheim an der Nahe Horst W. Er erzählt uns seine ganze Geschichte und er ist noch ziemlich fertig von allem, was er hinter sich hat. Seine Frau und sein Sohn, die noch in der Ostzone sind, sollen bald nachkommen. Es stellt sich in dem Gespräch heraus, dass Wirtschaftssenator Pieroth oder besser Frau Pieroth mit Frau W. verwandt ist. Pieroth hat viel für W. getan und erzählte ihm, dass er auch für meine Verwandten stark engagiert ist. Welch ein Zufall. Sobald Pieroth von seinem Urlaub zurück ist, werden wir ihn von zwei Seiten angehen können. W. wird ihm den Fall sehr, sehr nahe ans Herz legen.

Am 21. Juli 1983 erfahren wir in Holland, dass Elke und Uwe an diesem Tag in die Zone entlassen worden sind! Unsere ganzen Bemühungen haben also nichts genutzt!

Unsere Verwandten haben zwei volle Jahre unter katastrophalen Verhältnissen in der Ostzone im Gefängnis gesessen, ohne ihr erklärtes Ziel, in den Westen zu kommen, erreicht zu haben.

Es muss furchtbar für sie sein, denn sie haben während dieser ihrer Haftzeit gesehen, dass viele ihrer Haftkameraden, die auch wegen politischer Delikte eingesessen waren, in den Westen kamen, zum großen Teil, bevor diese ihre Haftzeit voll durchleben mussten.

Sie haben nun volle zwei Jahre eingesessen, um danach wieder in diesen verhassten Staat zu kommen. Sie sind also immer noch in einem großen Gefängnis. Das muss furchtbar für sie sein, schrecklich und unbeschreiblich!

Am Samstag, den 23. Juli sind wir wieder in Berlin. Gegen 18 Uhr erreiche ich Elke und Uwe telefonisch in ihrer Wohnung in der Leipziger Straße in Ost-Berlin. Meine Schwester ist völlig außer Fassung. Uwe berichtet über ihren Leidensweg, am meisten quält sie ihre Schuldlosigkeit. Die Festnahme glich einem Piratenakt. Die Verurteilung, die im Namen des Volkes stattfand und unter Ausschluss der Öffentlichkeit geführt wurde, war ein Marionettentheater. Die Haftzeit war qualvoll, schlimm die Ungewissheit, wohin sie kommen würden, wie ihre Tochter sich entwickeln würde und vieles andere mehr. Und nun sind sie mit der niederschmetternden Wahrheit konfrontiert, wieder im Osten leben zu müssen.

Beide haben unabhängig voneinander noch im Gefängnis Willenserklärungen abgegeben, aus denen hervorgeht, dass sie in der Zone weder leben noch arbeiten können. Ihr Ziel ist klar, klarer denn je, sie wollen aus der Zone herauskommen. Arbeit, die ihnen angeboten wurde, haben beide abgelehnt. Sie sind seelisch und moralisch nicht in der Lage, diesem Staat zu dienen. Sie werden vorerst von Ersparnissen leben, dann Wertgegenstände verkaufen und wenn gar nichts anderes mehr geht, wollen sie auch hungern. Arbeit kommt für sie nicht in Frage!

Noch wollen sie kein Aufsehen machen. Uwe schließt aber nicht aus, wieder ins Gefängnis zu gehen, wenn man ihn dazu zwingt. Doch dann sollen ehemalige Patienten von ihm von seiner schrecklichen Lage erfahren. Es wird also nicht so sein wie in den letzten zwei Jahren, wo sie Ruhe bewahrt haben in der Hoffnung, dass sie dadurch eher in die Freiheit kommen. Diesmal sind entsprechende Vorbereitungen getroffen, die Öffentlichkeit umfangreich zu informieren.

Er spricht von dem französischen Kommunistenführer Marchais und vom ehemaligen Uno-Generalsekretär Dr. Kurt Waldheim. Mit beiden hatte er als Arzt einen guten Kontakt.

Uwe und Elke haben ihrer Tochter die Wahrheit gesagt. Es war für sie ein schwerer Schock, zu erfahren, dass ihre Eltern in den vergangenen zwei Jahren nicht in Afrika waren, um Patienten zu helfen, sondern hinter Kerkermauern sitzen mussten. Aber sie hat sich schnell gefangen und ist noch liebevoller als je zuvor.

Uwe hält den Kontakt zu Horst W. für wichtig und auch den Kontakt zu einer ehemaligen Mitgefangenen von Elke, weil beide einflussreiche Freunde haben, die ihnen vielleicht helfen können.

Am 28. Juli stellt Uwe für sich und seine Familie erneut beim Magistrat von Groß-Berlin, Abteilung Inneres, einen Antrag auf Ausreisegenehmigung und Aberkennung der Staatsbürgerschaft der DDR. Die Begründung für diesen Antrag:

Er und seine Frau haben bis zum 31.7.1981 als Oberarzt und Operationsschwester im Regierungskrankenhaus in Ost-Berlin gearbeitet. Auf Grund ihrer Verhaftung am 1. August 1981 während einer Urlaubsreise nach Ungarn und ihrer anschließenden Verurteilung zu zwei Jahren Haft, die sie völlig schuldlos verbüßen mussten, können sie sich moralisch in keiner Weise mehr mit diesem Staat identifizieren.

Sie sehen deshalb keine Möglichkeit, ihren Beruf auszuüben oder einer anderen Arbeit nachzugehen.

Beim Magistrat wird ein Protokoll verfasst. In diesem Protokoll werden die Adressen und Berufe aller Verwandten, die Uwe notiert hat, bezeichnet. Auch Uwes Tätigkeit wird zeitlich exakt erfasst. Festgestellt wird, dass er in der Armee einer Einheit diente, die kein modernes Gerät führte. Es wird sein Arbeitsvertrag mit dem Regierungskrankenhaus noch einmal analysiert. Uwe macht noch einmal klar, dass er sich derart abgesichert hat, dass mehrere Personen, die die Sachlage genau kennen, informiert sind und dass ich in West-Berlin nicht mehr schweigen werde, falls ihm erneut etwas zustößt.

Einige Tage vorher haben meine Verwandten bereits von RA Dr. Vogel erfahren, warum ihnen die Ausreise in den Westen verweigert wurde.

Erstens einmal war mein Schwager von 1967 bis November 1969 als Arzt bei der so genannten »Nationalen Volksarmee«. Dort hatte er den Rang eines Oberleutnants bekleidet, für diesen Dienstgrad gibt es bei der Armee Ausreisesperrfristen in das »Nichtsozialistische Ausland« von 15 Jahren.

Zum anderen besteht für Mitarbeiter des Regierungskrankenhauses eine Ausreisesperrfrist von fünf Jahren. Da beide noch nach ihrer Verurteilung am 11. November 1981 fristlos entlassen wurden, können sie nach Aussage von Dr. Vogel angeblich frühestens am 11. November 1986 eine Ausreiseerlaubnis bekommen.

Ich schildere in Briefen an das Ministerium für innerdeutsche Beziehungen und an andere Stellen die Geschehnisse und das Vorgehen meiner Angehörigen seit ihrer Entlassung am 21. Juli 1983.

Am 1. August 1983 bekomme ich einen Anruf von Herrn Kremser, vom Petitionsausschuss des Deutschen Bundestages. Auch ihm schildere ich, was seit der Haftentlassung geschehen ist. Kremser bittet um eine sofortige Nachricht, sobald meine Verwandten vom Magistrat von Ost-Berlin Bescheid bekommen. Er will versuchen, Besucher der Bundesregierung bei Honecker auf diesen schwierigen Fall aufmerksam zu machen und um Fürsprache bei ihm bitten.

Wieder einmal bin ich bei meinem Freund Axel. Er will nun den Schwedenkontakt noch einmal intensivieren. Der Pfarrer soll den früheren schwedischen Botschaftsangestellten in Ost-Berlin über das Schicksal von Uwe genau informieren und ihn fragen, ob er etwas für ihn tun kann.

Am 13. und 14. September ist Heinrich Windelen in Berlin. Ich will noch einmal die ganzen Vorgänge schriftlich schildern. Axel und ich wollen dann versuchen, ihn während der Veranstaltung zu sprechen oder ihm wenigstens meinen Brief persönlich zu übergeben.

Elke und Uwe haben inzwischen einen Sonderausweis, einen so genannten PM 12 erhalten anstelle ihrer normalen Personalausweise. Es beunruhigt ein wenig, dass in diesem Ausweis ihre Tochter nicht mit eingetragen ist. Uwe weiß inzwischen, dass es für die von RA Vogel genannten Ausreisesperrfristen keine gesetzlichen Regelungen gibt. Er will dies und die Tatsache, dass Antje nicht in ihrem Ausweis steht, bei seinem Termin im September beim Magistrat anführen. Meine Angehörigen wollen ihr Sommerhaus, ihre »Datscha«, verkaufen.

Sie haben einen Sachverständigen beauftragt, das Haus zu schätzen. Dieser hält Preisvorstellungen von 125 Tausend Ostmark für realistisch.

Ich bekomme einen Anruf von Horst W., worüber ich mich sehr freue. Fast täglich habe ich versucht, ihn in seiner neuen Wohnung in Bad-Kreuznach zu erreichen. Horst W. ist in Berlin. Er ist Gast bei Pieroths. Wir verabreden uns am Bahnhof Wannsee. Zusammen gehen wir essen und fahren anschließend zu uns nach Hause.

Horst W. erzählt uns noch einmal seine ganze Geschichte und wir sind geduldige Zuhörer.

Er hat mit Pieroth über Uwes Schicksal schon gesprochen. Er will dies immer wieder tun, und Pieroth verspricht von sich aus, sein Möglichstes zu tun.

Jetzt rufen wir Uwe in Ost-Berlin an und Horst W. und Uwe freuen sich, wenigsten telefonisch schon einmal miteinander sprechen zu können.

Am 23. August soll Uwe nach Ludwigsfelde zu Frau W. fahren, die an diesem Tage Geburtstag hat. Frau Pieroth wird ebenfalls zu Besuch dort sein. Es wird für ihn gut sein, einmal mit Jemandem aus dem Westen reden zu können, zumal Frau Pieroth als Ehefrau des Wirtschaftssenators ihm sicherlich einiges sagen kann.

Frau Pieroth ist von den Schilderungen Uwes sehr beeindruckt und verspricht, sie öfters zu besuchen. Ich gehe davon aus, dass sie ihrem Mann ausführlich berichtet hat und dieser Bericht für den Senator ein Übriges tut, seine ganzen Möglichkeiten auszuschöpfen, unseren Verwandten zu helfen.

Horst W., der mir von dem Treffen in Ludwigsfelde erzählt, schlägt vor, über Amnesty International an die Öffentlichkeit zu gehen. Uwe müsste damit natürlich einverstanden sein. Ich persönlich halte nichts von diesem Vorschlag, weil ich glaube, dass es noch zu früh ist, in dieser Richtung etwas zu unternehmen. Vom innerdeutschen Ministerium erhalte ich einen Brief mit einem Fragebogen zur Familienzusammenführung. Ich fülle den Antrag sofort aus und schicke ihn zurück.

DER BUNDESMINISTER
FÜR INNERDEUTSCHE BEZIEHUNGEN

Z 8 F - Jürgensen, Dr. Uwe-Jens
(Bei Antwort bitte Geschäftszeichen angeben)

5300 BONN-BAD GODESBERG, DEN 16.08.1983
GODESBERGER ALLEE 140
FERNRUF: BERLIN
VERMITTLUNG (030) 21261
DURCHWAHL (030) 2126- 295

Der Bundesminister für innerdeutsche Beziehungen
Postfach 12 02 50 · 5300 Bonn 1

Herrn
Volker Ebers
Müllerstr. 24 j

1000 Berlin 45

Sehr geehrter Herr Ebers!

Aufgrund Ihres Briefes vom 29. Juli dieses Jahres übermittele
/ ich Ihnen zunächst einen Fragebogen zur Familienzusammenführung.

Ich wäre dankbar, wenn Sie ihn so bald wie möglich ausgefüllt zurückreichen würden. In diesem Zusammenhang sollten wir über das weitere Verfahren sprechen. Bitte kommen Sie zu gegebener Zeit telefonisch auf mich zu.

Mit freundlichen Grüßen
Im Auftrag
Plewa
Plewa

Ich telefoniere fast täglich mit meinen Ostberliner Verwandten. Es wundert mich ein wenig, dass dieser Telefonkontakt nicht gestört wird. Mein Schwager spricht »frank und frei«, was er denkt, nimmt kein Blatt vor den Mund.

Es geht aus den Gesprächen und aus seinen Äußerungen immer wieder hervor, dass er wohl bereit ist, erneut ins Gefängnis zu gehen, wenn es keine andere Möglichkeit gibt, in den Westen zu gelangen. Er will aber alles daran setzen, dass seine Frau vor einer erneuten Festnahme bewahrt bleibt.

Ich erfahre auf Umwegen eine Berliner Adresse, bei der ich ein Paket abholen soll, das Uwe dort hat hinbringen lassen. Er hat also seine alten Beziehungen, zumindest teilweise, aufleben lassen und eine Möglichkeit gefunden, ein Paket unkontrolliert nach West-Berlin bringen zu lassen. Ich finde in dem Paket, es ist eigentlich nur ein großer Umschlag, zwei Hefte mit handschriftlichen Notizen meines Schwagers, die die ganzen Vorgänge seit dem 1.8.1981 bis zur Haftentlassung in groben Zügen schildern.

Außerdem liegt ein Brief an den früheren leitenden schwedischen Botschaftsangestellten bei, den ich weiterleiten soll, und auch seine Approbationsurkunde, seine Entlassungsscheine und andere Dokumente. Ich lasse diese Unterlagen zweimal kopieren und bringe die Originale in mein Bankschließfach.

Axel hat wieder einmal die Möglichkeit, Heinrich Windelen zu treffen, der am 13. September in Berlin sein soll. Ich mache ein Schreiben fertig – ich selbst kann unmöglich diesen Termin wahrnehmen –, welches Axel an Windelen persönlich übergeben soll. Darüber hinaus will er mit eigenen Worten dem Bundesminister das Schicksal meiner Angehörigen schildern.

Volker Ebers
Müllerstr. 24 j
1ooo Berlin 45

, den 12.9.1983

Herrn
Bundesminister f. innerdeutsche Beziehungen
Heinrich Windelen

53oo Bonn-Bad Godesberg
Godesberger Allee 14o

Sehr geehrter Herr Bundesminister Windelen,

ich freue mich, daß ich durch Herrn Axel Frohnert die Gelegenheit bekomme, Ihnen ganz persönlich nochmals unsere Sorgen und Probleme übermitteln zu lassen.
In verschiedenen Schreiben, die ich in diesem Jahr an Sie, sehr geehrter Herr Bundesminister und Ihren Herrn Staatssekretär Rehlinger richtete habe ich das Schicksal meiner in der DDR inhaftierten Angehörigen, der Eheleute Dr. Uwe-Jens und Elke-Margarita Jürgensen, geschildert.
Leider muß ich Ihnen heute berichten, daß die besonderen Bemühungen der Bundesregierung, insbesondere Ihres Ministeriums, keinen Erfolg hatten.
Am 21. Juli dieses Jahres sind meine Verwandten in die DDR entlassen worden.
Am 29.7.83 habe ich in einem Brief Ihrem Ministerialrat Plewa die neue Situation geschildert.
Die Eheleute Jürgensen haben noch unmittelbar vor ihrer Haftentlassung in den Gefängnissen Willenserklärungen abegeben die klarmachen, daß es für sie nur den Weg in die Bundesrepublik Deutschland gibt.
Am 28. Juli 1983 wurde von ihnen beim Magistrat von Groß-Berlin / Abt. Inneres ein offizieller Antrag auf Aberkennung der Staatsbürgerschaft und Ausreise zu ihren Verwandten nach West-Berlin gestellt.
Sie können sich in keiner Weise mehr mit der DDR identifizieren und lehnen es aus ethischen und moralischen Gründen ab in ihrem Beruf zu arbeiten, noch einer anderen Tätigkeit nachzugehen.

- 2 -

Sie haben unmißverständlich klargemacht, solange es geht von Ersparnissen zu leben, wenn es nötig werden sollte auch zu hungern und dann mit einer spektakulären Aktion an die Öffentlichkeit der freien Welt zu treten.
Das ganze Geschehen wird besonders tragisch dadurch, daß meine unheilbare, sterbenskranke Mutter - sie leidet an Brustkrebs - fürchtet, ihre Tochter, Ihren Schwiegersohn und ihre Enkeltochter nicht mehr wiedersehen zu können.
Ich wende mich noc h einmal an Sie persönlich, sehr geehrter Herr Windelen, um Sie um Ihr ganz persönliches Engagement zu bitten.

Wenn hier noch geholfen werden kann, dann wirklich nur durch größten persönlichen leidenschaftlichen Einsatz bedeutender Politiker.
Deshalb wiederhole ich meine Bitte, sehr gee hrter Herr Bundesminister, Ihren ganzen Einfluß und all Ihre Möglichkeiten einzusetzen, um meinen Angehörigen zu helfen, rasch in den freien Teil Deutschlands zu gelangen um das Leiden meiner Familienangehörigen zu beenden.

Mit freundlichen Grüßen

V. Ebers

Tatsächlich konnte Axel mit dem Bundesminister sprechen und ihm meinen Brief aushändigen.

Bereits am 17. September bekomme ich eine persönliche schriftliche Antwort von Heinrich Windelen, die wohl sehr freundlich gehalten ist, jedoch keine konkreten Aussagen beinhaltet.

Was soll er auch machen? Von unserer Seite aus, also gerade von Heinrich Windelen und seinem Ministerium, wurde schon viel getan. Wie viele Verhandlungen sind mit dem Osten schon geführt worden, eine für uns befriedigende Lösung kann es aber erst geben, wenn die östlichen Unterhändler meine Verwandten freigeben.

DER BUNDESMINISTER
FÜR INNERDEUTSCHE BEZIEHUNGEN

5300 BONN 1, den 16. Sept. 1983
POSTFACH 12 02 50
FERNRUF (02 28) 3 06-
ODER 3 06-1 (VERMITTLUNG)

DIENSTGEBÄUDE: GODESBERGER ALLEE 140
BONN-BAD GODESBERG

Herrn
Volker Ebers
Müllerstraße 24 j

1000 Berlin 45

Sehr geehrter Herr Ebers,

der mir durch Herrn Axel Frohnert in Berlin ausgehändigte Brief zum Schicksal der Eheleute Jürgensen hat mich sehr berührt und bewegt. Es ist bitter, vor so viel Leid immer wieder an die Grenzen der eigenen Möglichkeiten zu stoßen. Ich werde alle mir zur Verfügung stehenden Mittel einsetzen, um den Eheleuten Jürgensen zu helfen. Leider kann ich Ihnen trotz allem keine Erfolgsgarantie geben. Ich hoffe sehr, daß es den gemeinsamen Bemühungen aller Stellen gelingt, zu einer befriedigenden Lösung zu kommen.

Mit freundlichen Grüßen
Ihr

Heinrich Windelen MdB

Am 19. September habe ich einen neuen Termin im Bundeshaus bei Herrn Plewa. Dieser glaubt nicht an eine baldige Ausreisegenehmigung, denn dann hätte man meine Angehörigen nicht erst in die Zone entlassen. Es ist auch ungewöhnlich, meint Plewa, dass ihnen keine Auflagen erteilt wurden. Er rechnet mit einem erneuten Arbeitsangebot. Wenn sie das nicht akzeptieren, wird man Repressalien auf sie ausüben.

Plewa hält eine Ausreise nach Ablauf der dreijährigen Sperrfrist für möglich, die in dem Zusatz-Arbeitsvertrag, den mein Schwager mit dem Regierungskrankenhaus gemacht hat, genannt wurde. Das heißt dann, dass möglicherweise nach November 1984 eine Ausreisegenehmigung erteilt werden könnte.

Ich überlasse Plewa eine Kopie dieses Zusatzvertrages, daraus ist ersichtlich, dass eine Ausreisesperre in das »Nichtsozialistische Ausland« von drei Jahren vorgesehen ist.

Die persönlichen Unterlagen, die Uwe nach West-Berlin hat bringen lassen, hält er für sehr gefährlich. Er rät, damit sehr, sehr vorsichtig umzugehen. Presseaktionen hält er im Augenblick für außerordentlich ungeeignet.

Während eines Telefonats erzählt mir mein Schwager, dass er im September in seiner alten Heimat gewesen ist und Verwandte besucht hat. Er hat erfahren, dass sein Stiefvater, der ihn verraten hat, vor zwei Jahren die Verwandten aufforderte, zwischen ihm und seinem Stiefsohn zu wählen. Als er eine Abfuhr erhielt, als er erfahren musste, dass seine Verwandten zu seinem Stiefsohn halten würden, verließ er das Haus. Seitdem besteht zwischen seiner Familie und den Verwandten in der Heimat kein Kontakt mehr. Doch durch den Lauf der Zeit, der Onkel war gestorben, wurde die alte Tante sehr schnell umgekrempelt und entsprechend beeinflusst.

Ich wundere mich immer wieder, in welcher Offenheit die Telefongespräche mit Uwe geführt werden. Er lässt keine Zweifel daran und redet ohne Umschweife, dass er, wenn er nicht rauskommt aus der Zone, mir grünes Licht geben wird, auch eine Pressekampagne zu starten. Er macht deutlich, dass er jedem Menschen, der ihn fragt, wo er gewesen ist und was ihm widerfahren ist, alles berichtet und alle Dinge offen legt. Er beschönigt nichts und nennt die Dinge, wie sie sind, schildert sie natürlich sehr emotionsgeladen. Im Grunde genommen würde jedes dieser Gespräche ausreichen – und wir sind sicher, dass die Gespräche abgehört werden – um erneut verhaftet zu werden. Aber es geschieht nichts dergleichen.

Er berichtet auch darüber, dass sie ganz offensichtlich überwacht werden, dass in Schichten vor seiner Wohnungstür zwei Mitarbeiter der Staatsicherheit stehen, zusammen mit einem vom Zoll. Fährt er mit dem Auto weg, begleiten sie ihn mit ihrem Lada. Es hat lange gedauert, ehe Uwe von diesen Verfolgern erfahren hat, und zwar durch die Mutter einer Mitschülerin von Antje, die einen von diesen Kerlen kannte.

Ich habe Axel die Kopie der Unterlagen, die Uwe nach West-Berlin bringen ließ, überlassen.

Er hat die Unterlagen an Pieroth weitergegeben, der prüfen will, wieweit sie verwertbar sind.

Pieroth will auch mit seiner Frau sprechen, um sie zu einem Besuch bei meinen Angehörigen zu bewegen.

Am 26. September, Uwes Geburtstag, rufe ich wieder in Ost-Berlin an. Uwe will wissen, ob der regierende Bürgermeister von Berlin, Richard von Weizsäcker, der in Ost-Berlin zu Besuch war, auch über seine Problematik gesprochen hat. Da dieser Besuch sehr kurzfristig angesetzt war, konnte ich in dieser Richtung nichts unternehmen. Uwe ist auch überzeugt, dass eigentlich nur auf solchen Wegen etwas für ihn zu erreichen ist.

Nun, ich werde ganz bestimmt nicht untätig sein.

Ende September nehmen Elke und Uwe ihren Termin beim Magistrat in Ost-Berlin wahr.

Sie erfahren gar nichts und werden auf einen neuen Termin Mitte Oktober vertröstet.

Inzwischen sehen sie es als Sport an, ihren Bewachern, die ihnen ständig und überallhin folgen, ein Schnippchen zu schlagen. Sie versuchen, sie abzuschütteln, wann immer das geht, und spielen mit ihnen »Katz und Maus«.

Ich bin froh, dass sie eine so lockere Einstellung zu den Dingen haben. Ansonsten würde eine derartige Überwachung schnell zum psychologischen Kollaps führen.

Sie veranlassen mich, zumindest erneut einen Brief an Pieroth zu schreiben, in dem ich mich für seine bisherige Hilfe bedanke und ihn bitte, alles in seiner Macht stehende zu tun, um weiter zu helfen. Ich bitte ihn um sein ganz persönliches Engagement, er soll sich bei den entscheidenden Stellen unserer Seite einsetzen, die dann wiederum auf die Verantwortlichen der Gegenseite einwirken sollen, um doch noch ein Einlenken zu erreichen. Ich weise ihn auch darauf hin, dass ich – sollte eine erneute Verhaftung meines Schwagers stattfinden, eine Pressekampagne starten würde. Ich will dann in den Massenmedien mein Wissen preisgeben. Ich will alles schildern, was sich seit Anfang August 1981 getan hat, all die Ungerechtigkeiten, all das Hin und Her, all die Qualen, die meinen Verwandten zugefügt wurden, bis hin zu ihrer Entlassung in die Ostzone. Dann würde ich auch von Uwes Aufzeichnungen Gebrauch machen, die er nach West-Berlin geschleust hat. Ich weiß, dass dies mit seiner vollen Billigung geschehen würde.

Im Grunde genommen will ich verhindern, dass Uwe und Elke noch einmal ins Gefängnis müssen. Ich will diesen Trubel eigentlich vermeiden, um keine neuen Gefährdungen für sie heraufzubeschwören. Ich will eigentlich alle Wege nutzen, die friedlich verlaufen, um zu unserem Ziel zu kommen. Unser Ziel bleibt, dass unsere Angehörigen aus Ost-Berlin endlich in den freien Teil Berlins ausreisen dürfen.

Volker Ebers
Müllerstr. 24 j
1ooo Berlin 45
Tel.: 712 43 27

4.1o.1983

Herrn
Senator Elmar Pieroth
Martin-Luther-Str. 1o5
1ooo Berlin 62

Sehr geehrter Herr Senator,
lieber Herr Pieroth,

noch einmal möchte ich Ihre Aufmerksamkeit auf das Schicksal meiner Angehörigen, Dr. med. Uwe-Jens Jürgensen, seine Ehefrau Elke-Margarita Jürgensen geb. Ebers und deren Tochter Antje, richten.
Seit Dezember 1982 ist Ihnen der Leidensweg meiner Verwandten bekannt, nicht zuletzt auch durch die Schilderungen Horst Weichmanns.
Ihnen, lieber Herr Pieroth, danke ich herzlich für Ihre Hilfe während der letzten Monate.Besonderer Dank gilt auch Ihrer Ehefrau, die meine Verwandten kennengelernt und ihnen viel neuen Mut gegeben hat.
Leider ist der aktuelle Stand der Dingeunbefriedigend, sogar angsterregend.Seit einiger Zeit werden meine Angehörigen offensichtlich überwacht.Sie erkennen inzwischen mindestens drei Männer, die sie zu Fuß oder im Auto verfolgen.Noch wird kein weiterer Druck auf sie ausgeübt.Sie haben ihre Wohnung, das Telefon ist intakt - sicherlich abgehört - die Tochter besucht die Schule.Wir müssen jedoch befürchten, daß eine erneute Verhaftung bevorsteht, daß meine Verwandten erneuten Qualen ausgesetzt werden, um ihren Willen zu beugen, die SBZ zu verlassen.

Für den Fall der erneuten Festnahme will ich mich an die Öffentlichkeit wenden.Ich will meine Aufzeichnungen offenlegen und auch von den Berichten und Dokumenten Gebrauch machen, die Ihnen, sehr geehrter Herr Pieroth, durch Herrn Axel Frohnert am 21.9.83 in Photokopie übergeben worden sind.

Dies geschieht dann nicht nur mit Billigung, sondern auf ausdrücklichen Wunsch meines Schwagers,Dr. Jürgensen.

Warum schildere ich Ihnen das alles?
Deshalb, weil ich es soweit nicht kommen lassen will und weil ich Sie um Ihre weitere Hilfe bitten möchte.Ich bitte Sie um Ihr ganz persönliches Engagement bei den Stellen unserer Seite, die Einfluß ausüben können auf die Verantwortlichen der Gegenseite. Ich bitte Sie um den Einsatz des ganzen Gewichtes Ihrer Persönlichkeit an den entsprechenden Hebeln.Sie haben die Möglichkeit, an entscheidender Stelle auf das Schicksal meiner Angehörigen hinzuweisen und auf schnelle, unbürokratische Hilfe zu dringen. Bitte versuchen Sie alles in Ihrer Macht stehende, um auch diesen Fall zu einem guten Ende zu bringen.
Meine Angehörigen haben kein anderes Ziel, als in Frieden und Freiheit zu leben.

Lieber Herr Pieroth, lassen Sie mich noch einmal Dank sagen für Ihre bisherige Hilfe und für alles, was Sie weiter für uns tun werden.
Natürlich stehe ich Ihnen jederzeit zur Verfügung.Ich wäre froh, wenn ich selbst mehr für meine Verwandten tun könnte.

Mit freundlichen Grüßen

V. Ebers

Im Oktober habe ich durch die Vermittlung von Axel einen neuen Termin bei der schwedischen Kirche. Ich kann dem schwedischen Geistlichen Uwes Brief an den ehemaligen schwedischen Botschaftsangehörigen übergeben und der Pfarrer stellt sicher, dass über den diplomatischen Kurierdienst dieser Brief persönlich ausgehändigt wird.

Wir vereinbaren, dass die weiteren Kontakte auch über den Pfarrer gehalten werden sollten.

Volker Ebers
Müllerstr. 24 j
1ooo Berlin 45
Tel.: 712 43 27

8.1o.1983

Herrn
Pfarrer Jansson
Schwedische Victoriagemeinde
Landhausstr,26
1ooo Berlin 31

Sehr geehrter Pfarrer ,

am 21. Juli 1983 sind meine Angehörigen, Dr. med. Uwe-Jens Jürgensen und seine Ehefrau Elke-Margarite Jürgensen geb. Ebers, aus DDR Gefängnissen entlassen worden. Die besonderen Bemühungen der Bundesregierung, hatten nicht den gewünschten Erfolg, die Familie Jürgensen in die Bundesrepublik Deutschland gelangen zu lassen.
Sofort nach ihrer Entlassung haben meine Verwandten Ausreiseanträge gestellt. Von mir wurde unverzüglich das Bundesministerium für innerdeutsche Beziehungen darüber informiert, daß die Eheleute Jürgensen nach wie vor kein anderes Ziel haben, als - zusammen mit ihrer Tochter Antje - die DDR zu verlassen und nach West-Berlin überzusiedeln. Das Bundesministerium für innerdeutsche Beziehungen versucht nun, im Rahmen von Familienzusammenführungen zu einer günstigen Lösung zu kommen.
Lieber Pfarrer , wir sprachen darüber, daß Herr - früher an der Schwedischen Botschaft in Ost-Berlin - Patient Dr. Jürgensens war. Mein Schwager bat mich nun, den beiliegenden Brief an Herrn weiterzuleiten. Leider weiß ich keinen sicheren Weg, den Brief tatsächlich an die richtige Adresse gelangen zu lassen. Deshalb meine Bitte an Sie - Sie kennen Herrn persönlich und wissen wie und wo er zu erreichen ist - diesen Brief Herrn persönlich zustellen zu lassen.
Für Ihre Bemühungen danke ich Ihnen sehr. Selbstverständlich stehe ich Ihnen jederzeit gern zur Verfügung, wenn ich etwas tun kann.
Mit freundlichen Grüßen

Elke und Uwe haben ihr Wochenendhaus tatsächlich verkaufen können. Sie haben immerhin 115 000 Ostmark dafür bekommen. Inzwischen ist mein Schwager auch wieder optimistischer geworden. Er glaubt, dass eine Ausreise bald möglich sein wird.

Von dem Geld, das er für das Wochenendhaus erhalten hat, will er ein gebrauchtes Auto kaufen, das 37 000 Ostmark kosten soll. Ich kann ihm nur abraten, denn das Auto hätte für den Fall, dass er es mit in den Westen nehmen könnte, hier keinerlei Wert.

Uwe dachte im Grunde genommen nur an eine Art Transportwagen, damit er für den Fall, dass er innerhalb von 24 Stunden ausreisen muss – er rechnet also damit, bald ausreisen zu dürfen – , unter Umständen auch sehr schnell Ost-Berlin verlassen kann.

Ich verspreche ihm, mich zu erkundigen, wie groß die Wahrscheinlichkeit dazu ist und was er in diesem Fall nach Kenntnisstand unserer Behörden mitnehmen darf.

Mitte Oktober haben meine Verwandten einen neuen Termin beim Magistrat.

Sie werden dort korrekt behandelt, aber es wird ihnen wieder die Sperrfrist von drei Jahren vorgehalten. Danach könnten sie, so heißt es nun, frühestens im August 1984 mit einer Ausreisemöglichkeit rechnen.

Mein Schwager weist noch einmal daraufhin, dass er im Regierungskrankenhaus überwiegend westliche Diplomaten behandelt hat und demzufolge auch keine Geheimnisse in den Westen tragen kann.

Ihr Antrag auf Ausreise wird vom Magistrat akzeptiert, sie müssen noch einige Familienurkunden beibringen und sollen dann im Januar 1984 erneut nachfragen. So vergeht der Oktober, ohne dass sich etwas Neues ergibt. Am 8. November 1983 bekomme ich einen Anruf von Horst W. Inzwischen sind seine Frau und sein Sohn bei ihm. Sie durften von Ludwigsfelde nach Bad-Kreuznach ausreisen. Bisher haben sie bei der Weinlese geholfen und konnten sich dadurch immerhin so viel verdienen, um ihre Wohnungseinrichtung zu komplettieren.

Ab morgen arbeitet Horst im Weingut der Gebrüder Pieroth als Disponent. Er ist wohl ein wenig enttäuscht, denn er glaubt, unter seiner Qualifikation beschäftigt zu werden. Doch auf der anderen Seite muss er den ganzen Betrieb erst einmal kennen lernen und kann sich ja dann weiter hocharbeiten.

W. sieht Elmar Pieroth sehr wenig, weil er überwiegend in Berlin ist. Bei der nächsten Gelegenheit will er ihn noch einmal auf meine Verwandten ansprechen und ihn auch von seiner Seite bitten, alles Erdenkliche zu tun.

Am 3. November 1983 schreibe ich noch einmal an Herrn Kremser beim Petitionsausschuss des deutschen Bundestages und bitte auch ihn noch einmal, seinen Einfluss und seine Möglichkeiten auszuschöpfen, um meinen Angehörigen zu einer Ausreise aus der Ostzone zu verhelfen.

Volker Ebers
Müllerstr. 24 j
1ooo Berlin 45 , den 3.11.1983

An den
DEUTSCHEN BUNDESTAG
Petitionsausschuß
Pet 1-9-27-1516-28716
zu Hd. v. Herrn Kremser
Bundeshaus
53oo Bonn 1

Sehr geehrter Herr Kremser,

Anfang August d.J. führten wir ein Telefongespräch, in dem ich Ihnen die Situation meiner Angehörigen, dem Ehepaar Dr. med. Uwe-Jens Jürgensen und Elke-Margarita Jürgensen, schilderte.
Hier nun noch einmal die wichtigsten Daten und den aktuellen Stand der Dinge.

Am 21. Juli 1983 wurden meine Verwandten aus den Gefängnissen Bützow und Hoheneck ind die "DDR" entlassen.Sie haben die über sie verhängte Haftstrafe von zwei Jahren voll ertragen müssen. Obwohl sie sehr bald nach ihrer Festnahme in die besonderen Bemühungen der Deutschen Bundesregierung einbezogen wurden, ist es nicht gelungen, die Übersiedlung der Eheleute Jürgensen in den freien Teil Deutschlands zu erreichen.
Am Tage der Entlassung gaben die Eheleute -noch im Gefängnis-Willenserklärungen ab, in denen sie erneut bekräftigten, in die Bundesrepublik Deutschland ausreisen zu wollen.Gleichzeitig erklärten sie außerstande zu sein,einer Arbeit nachzugehen.Angebote in ihren Berufen zu arbeiten lehnten sie kategorisch ab.
Am 25. Juli 1983 suchten meine Angehörigen ihren Anwalt Dr. Vogel auf.Dieser erklärte ihnen, daß aus zwei Gründen Ausreisesperrfristen über sie verhängt wurden.
1. Dr. Jürgensen war in der Zeit von 1967-1969 als Arzt bei der Armee.Er war Oberleutnant und für diesen Dienstgrad

bestehen angeblich 15 jährige Ausreisesperrfristen in das "nicht sozialistische Ausland", vom Zeitpunkt der Entlassung gerechnet.

2. Für Mitarbeiter des Regierungskrankenhauses sollen 5 jährige Sperrfristen Bestehen, ebenfalls vom Tage der Entlassung an gerechnet.In diesem Falle ist das der Tag der Verurteilung, also der 11.11.1981.

Rein rechnerisch würde das bedeutenn,daß eine Ausreise vor November 1986 nicht möglich sein wird.
Dr. Vogel empfahl ihnen noch, sich ruhig zu verhalten, keine Ausreiseanträge zu stellen und verließ dann das Zimmer.
Am 28. Juli 1983 haben meine Schwester und mein Schwager dann beim Magistrat von Groß-Berlin trotzdem Ausreiseanträge gestellt. Sie beantragten die Aberkennung der Staatsbürgerschaft und die Ausreise zu ihren Angehörigen nach West-Berlin.Sie begründeten den Antrag mit ihrer -einem Piratenakt gleichenden- Festnahme, dem über sie verhängten Willkürurteil und der Unmöglichkeit, sich jemals wieder mit diesem Staat identifizieren zu können.
Am 18. Oktober 1983 waren meine Verwandten erneut beim Magistrat. Sie sollen im Januar 1984 wieder vorsprechen, sie werden also hingehalten.

Soweit, sehr geehrter Herr Kremser, das bisherige Geschehen. Wir können unsere Angehörigen nicht besuchen, da wir in der "DDR" mit unserer Festnahme rechnen müssen.Regelmäßig telefonieren wir miteinander und hören ihre Ungeduld und Verzweiflung. Natürlich machen wir ihnen Mut und versichern ihnen immer wieder, daß von uns aus alles Mögliche unternommen wird, um ihnen eine baldige Übersiedlung und ein Leben in Freiheit zu ermöglichen.

Ich bitte Sie, sehr geehrter Herr Kremser, Ihren Einfluß bei entsprechenden Stellen geltend zu machen, um bald eine positive Lösung zu finden.

Mit freundlichen Grüßen

Eb.

V. Ebers

Inzwischen bin ich auch sehr viel zuversichtlicher geworden. Allein die Annahme und das Akzeptieren der Ausreiseanträge aus der DDR durch den Magistrat in Ost-Berlin, sind ein positives Zeichen. Elke und Uwe sehen das ganz genauso. Darüber hinaus sind an der Geschichte wirklich alle verantwortlichen Stellen der Bundesregierung mit beteiligt.

Das Kanzleramt kennt die Vorgänge, das innerdeutsche Ministerium ist ständig bemüht, etwas zu tun, Wirtschaftssenator Pieroth versucht über seine Möglichkeiten, etwas zu erreichen, Staatssekretär Peter Lorenz hat seine Finger im Spiel und die schwedische Kirche wird ebenfalls versuchen, die schwedische Regierung, insbesondere über Uwes früheren Patienten, zu aktivieren. Es muss doch wirklich Bewegung in dieser Angelegenheit sein.

Während der Telefongespräche mit meinem Schwager in Ost-Berlin kommt auch immer wieder sein Optimismus zum tragen.

Mitte Dezember hat er Nachrichten vom Ost-Berliner Magistrat, die ihm zu der Hoffnung Anlass geben, eine Ausreisegenehmigung zu bekommen. Wenige Tage später gibt es wieder weitere Verzögerungen. Es müssen weitere Papiere beigebracht werden und zwischendurch verschwindet auch mal die Akte. Eine Mitarbeiterin des Magistrats, die ihnen offenbar ganz wohl gesonnen ist, gibt ihnen zu verstehen, dass sich alles recht gut entwickelt, doch immer wieder gibt es Änderungen und der Termin, der dieses Jahr von Uwe erhofft wurde, wird wohl nicht mehr haltbar sein.

Wir feiern das Weihnachtsfest 1983 noch immer getrennt. Am 31. Dezember 1983 erreicht mich ein Schreiben des Petitionsausschusses des deutschen Bundestages, das sehr viel versprechend klingt.

Der Bundesminister für innerdeutsche Beziehungen hat dem Petitionsausschuss mitgeteilt, dass trotz der ablehnenden Haltung der DDR die Ausreisebemühungen für meine Verwandten mit Nachdruck betrieben werden. Nach den letzten Gesprächen, so heißt es, scheint sich auch ein kleiner Lichtblick abzuzeichnen, und es sieht so aus, als ob im nächsten Jahr möglicherweise eine positive Lösung gefunden werden kann.

DEUTSCHER BUNDESTAG
Petitionsausschuß

Pet 1-9-27-1512-28716

(Bitte bei allen Zuschriften angeben)

5300 Bonn 1, 29. DEZ. 1983
Bundeshaus
Fernruf (0228) 16 5797

Die Wahl dieser Rufnummer vermittelt den gewünschten Hausanschluß.
Kommt ein Anschluß nicht zustande, bitte Nr. 161 (Bundeshaus-Vermittlung) anrufen.

Herrn
Volker Ebers
Müllerstr. 24 j

1000 Berlin 45

Betr.: Familienzusammenführung aus der DDR
Bezug: Ihr Schreiben vom 3. November 1983

Sehr geehrter Herr Ebers!

Der Bundesminister für innerdeutsche Beziehungen hat mir mitgeteilt, daß die Bemühungen um die Ausreise der Eheleute Jürgensen trotz der ablehnenden Haltung der DDR mit Nachdruck betrieben werden. Nach den letzten Gesprächen scheint sich auch ein kleiner Lichtschimmer abzuzeichnen. Es sieht so aus, als ob es im nächsten Jahr möglicherweise zu einer positiven Lösung kommen könnte. Konkrete Voraussagen über die weitere Dauer und den Verlauf des Verfahrens können jedoch nicht gemacht werden.

Sobald mir etwas Neues bekannt wird, werde ich Sie unterrichten. Ich bitte auch Sie, mir jede Änderung im Sachstand mitzuteilen.

Mit freundlichen Grüßen
Im Auftrag

(Kremser)

Wir sind natürlich alle sehr glücklich über diesen Verlauf und hoffen, dass es nicht mehr lange dauert, bis die endgültige Erlaubnis zur Übersiedlung nach West-Berlin gegeben wird. Die Sylvesterfeier ist einigermaßen gelöst und wir trinken schon darauf, bald gemeinsam feiern zu können.

Im Januar 1984 erfahren meine Angehörigen endlich, dass sie tatsächlich nach West-Berlin ausreisen dürfen. Wir bestellen eine West-Berliner Firma, die Umzüge von Ost nach West durchführen darf.

Ein Akquisiteur der Firma besucht Elke und Uwe in ihrer Wohnung in der Leipziger Straße in Ost-Berlin und schätzt ab, wie viele Umzugskisten sie brauchen, um den Umzug durchführen zu können. Meine Angehörigen sind sich einig, dass sie alle Möbel stehen lassen wollen und eigentlich nur ihre Privatdinge mitnehmen. Trotzdem kommen 20 Umzugskisten zusammen, die gebraucht werden, um alles zu verstauen. Im Verlauf des Januars 1984 liefert die Spedition die Umzugskisten ab, die dann auch Mitte Januar bereits nach West-Berlin gebracht wurden, so dass das Umzugsgut bereits bei uns ist und auch in meinem Haus untergebracht werden kann.

Irgendwie ist wieder Sand im Getriebe. Es stellt sich dann heraus, dass Uwe zum Wehrkreiskommando der Nationalen Volksarmee muss. Dort wird er vom Oberleutnant zum einfachen Soldat degradiert. Uwe könnte fast lachen über diese Prozedur, weil ihm das alles so furchtbar egal ist.

Zurück vom Wehrkreiskommando ruft er die Bearbeiterin im Magistrat in Ost-Berlin an. Er teilt ihr mit, dass man ihm seine Hundemarke und den Militärausweis wieder mitgegeben habe. Die ist entsetzt über diese Information, denn Uwe muss aus der Armee entlassen werden. Er kann schlecht als Angehöriger der Armee, auch wenn er zum Soldaten degradiert worden ist, nach West-Berlin ausreisen.

Daraufhin macht er sich erneut auf den Weg zum Wehrkreiskommando und gibt dort seinen Wehrpass ab. Er wird auch ohne weiteres in Empfang genommen, denn scheinbar hat der Magistrat zuvor mit dem Verantwortlichen gesprochen.

Nun geht alles ziemlich schnell. Noch am Abend des 1. Februar 1984 erfahren Elke und Uwe, dass sie am 2. Februar 1984 aus der DDR entlassen werden. Zuvor haben sie noch die Teltower benachrichtigt, die dann nach Berlin gekommen sind. Ihnen übergeben sie ihre gesamte Habe und ihre Schlüssel, vorher wurde alles juristisch geklärt, so dass die Teltower frei über alles verfügen können.

Um 17:30 Uhr gehen Elke und Uwe mit ihrer Tochter Antje über den Grenzübergang Berlin-Friedrichstraße zur U-Bahn und fahren nach den letzten Kontrollen in Richtung West-Berlin.

Am ersten Bahnhof im Westsektor, das ist der U-Bahnhof Kochstraße, nehmen wir endlich unsere Familie in Empfang. Wir fallen uns weinend in die Arme und sind glücklicher denn je.

Endlich ist alles überstanden! Endlich sind wir frei!

Die Monate nach der Haft bis zur Übersiedlung in das freie West-Berlin

Wir haben die volle Haftzeit hinter Gittern absitzen müssen und wurden nun in die »DDR-Freiheit« – in das große DDR-Gefängnis entlassen. Für uns bedeutete es eine Entlassung aus der Enge des Strafvollzuges in das »große Gesellschaftsgefängnis«. Unsere ganzen Bemühungen und die Aktivitäten zahlreicher Stellen der Bundesregierung brachten keinen Erfolg. Das Böse hat wieder einmal das Gute übermannt. Das SED Politbüro und insbesondere der zuständige Professor Häber haben entschieden, trotz aller Geldangebote, dass wir zunächst nach Ost-Berlin entlassen werden, um vielen anderen zu zeigen, dass sich eine Handlungsweise wie die unsere nicht lohnt.

Die Aktivitäten der Bundesregierung ließen zum Glück nicht nach in ihren humanistischen Bemühungen mit dem Ziel, uns aus diesem bösen System freizukaufen. Ein hoher Preis, aber das Gute siegte am Ende doch!

Am Tag nach der Haftentlassung fuhren wir zurück in unsere Wohnung. Wir hatten viele Dinge zu erledigen. Zunächst mussten wir uns bei der Abteilung Inneres im Ost-Berliner Magistrat melden, um unsere Personalausweise ausgehändigt zu bekommen. Unsere Verwandten kümmerten sich in der Zwischenzeit um den Einkauf von Lebensmitteln und die Auffüllung unseres Kühlschrankes. In den Tagen zuvor hatten sie bereits unsere Wohnung gereinigt und alles für unsere Ankunft vorbereitet. Erst wenige Stunden vor unserer endgültigen Entlassung hatten sie von dieser Tatsache erfahren. Mein Schwager hatte sich daher entschlossen, seine Schwester im weit entfernten Hoheneck abzuholen. Für meine Abholung gab es keine Chance, da keiner wusste, wo ich eigentlich war.

Am dritten Tag nach unserer Entlassung besuchten wir unseren RA Dr. Vogel. Im Wartezimmer seines Büros saßen viele Menschen, wahrscheinlich solche mit gleichen Problemen wie die unseren. Dr. Vogel empfing uns und teilte uns mit, dass seine Bemühungen auf vorzeitige Haftentlassung und Freikauf in die Bundesrepublik ohne Erfolg geblieben waren. Er erwähnte, dass das Politbüro der SED festgelegt habe, dass wir wegen meiner Funktion im Regierungskrankenhaus die DDR bis 1986 nicht verlassen dürften.

Man betrachtete mich als Geheimnisträger. Ich war Geheimnisträger, weil ich der Arzt der Führungsfunktionäre gewesen war.

Diese Information von Dr. Vogel war niederschmetternd. Wie betäubt verließen wir seine Kanzlei und fuhren zurück in unsere Wohnung.

Ich muss an dieser Stelle betonen und habe das auch vor Dr. Vogel gemacht, dass ich seit 1976 Arzt in der Diplomatenabteilung des Regierungskrankenhauses war und dass bereits sieben Jahre vergangen waren seit der Zeit, als ich noch die großen

Genossen betreuen musste und auch im Waldstädtchen, im so genannten »Volvograd« Dienst schieben durfte.

Diese ganze Geschichte stank nach Konstruktion zur Durchführung des Terrors.

Die psychische Folter sollte nicht enden. Vielleicht ging es auch um eine erhöhte Ablösesumme im Poker des Freikaufs.

Als wieder eingegliederte DDR-Bürger erhielten wir nicht unsere offiziellen Personalausweise, sondern so genannte Sonderausweise, die eine Reise auch in das sozialistische Ausland verboten. Dazu hatten wir sowieso keine Pläne und keine Absichten und auch keine Lust.

Das Entscheidende bei diesen Ausweisen war, dass diese für Eingeweihte deutlich zeigten, dass die betreffende Person im Fadenkreuz der Beobachter stand, und dass sie eventuell auch ein Staatsfeind sein könnte.

Sehr beunruhigt waren wir aber über die Tatsache, dass man im Gegensatz zum Normalausweis unsere Tochter in diesen Ersatzausweis nicht eingetragen hatte.

Täglich telefonierten wir mit unseren Verwandten in West-Berlin. Offen und ohne Angst erzählte ich ihnen von unseren Erlebnissen der Haft und bekundete den unerschütterlichen, festen Willen, aus der DDR heraus zu wollen. Wie in meiner Willenserklärung schriftlich fixiert, nahm ich kein Blatt vor den Mund, wissend, dass unser Telefon abgehört wurde. Ich hatte nichts mehr zu verlieren. Mit meiner Frau hatte ich vereinbart, dass sie sich im Interesse unserer Tochter und wegen der Gefahr einer erneuten Inhaftierung von derartigen Äußerungen, wie ich sie machte, zurückhielte.

Ich selbst ging dagegen aufs Ganze und bat meinen Schwager, das Schweigen über unser Schicksal zu brechen und es an die Öffentlichkeit zu bringen.

Das Knacken im Telefon machte uns deutlich, dass wir nicht alleine waren. Doch ich ließ mich nicht hindern, alles zu sagen, was an Hass in mir gespeichert war.

Es war gefährlich zu reden. Diese Reden würden ausreichen, um eigentlich jeden wieder hinter Gitter zu bringen. Erstaunlicherweise geschah nichts.

Als eines Abends in der Dunkelheit unsere Türklingel läutete, erschraken wir. Immer, wenn es klingelte, schreckten wir zusammen in der Angst, dass ich jetzt wieder abgeholt werden würde. Als wir die Tür öffneten, stand ein uns unbekanntes Ehepaar mit Blumen in der Hand vor unserer Wohnung. Wir baten sie herein. Sie wollten uns begrüßen und ihre Anteilnahme an unserem Schicksal bekunden.

Der Mann, selbst Mitglied der SED, ein Akademiker, scheute sich nicht, uns, den Staatsfeinden, Blumen zu überreichen. Er war Dozent in einer Fachhochschule. Wir erzählten über unser Schicksal und von den Erlebnissen während unserer Inhaftierung.

Die Frau war Operationsschwester in der Charité in Ost-Berlin, ebenso wie ihr Mann war sie erschüttert. Viele und auch diese Menschen wussten über derartige Vorgänge hinter den Kerkermauern nichts. Auch sie hatten Tränen in den Augen.

Furchtlos erboten sie sich, uns in allen Dingen zu helfen.

Sie hatten bereits am zweiten Tag nach unserer Begegnung den evangelischen Pfarrer über unser Schicksal unterrichtet. Er hatte uns auch sofort in unserer Wohnung besucht, um uns seelischen Beistand zu geben, und hatte uns zu seinem Gottesdienst eingeladen. Dort haben wir das Abendmahl bekommen und sind in vielen Fragen beraten und getröstet worden. Von unserem großen Freundeskreis meldeten sich in den ersten Wochen nach unserer Haftentlassung nur noch sehr wenige.

Das waren die wirklichen Freunde! Freunde und Nachbarn unseres Wochenendgrundstückes besuchten uns in diesen Tagen in Berlin.

Später waren wir wochenlang auf unserem Wochenendgrundstück mit ihnen zusammen.

Allen habe ich über unser Schicksal ausführlich berichtet und über die Hafterlebnisse in den DDR-Kerkern. Sie sollten, sie mussten es hören! Sie mussten die Kehrseite dieses Systems erfahren, in dem sie leben. Viele waren erschüttert und konnten es nicht fassen. Ähnlich ging es Millionen Deutschen, während der Hitlerdiktatur, die auch nichts vom Holocaust wussten?

Gleich in den ersten Tagen nach unserer Haftentlassung besuchte uns eine Frau aus der Nachbarschaft. Ihre Tochter war im selben Alter wie unsere Antje und beide gingen gemeinsam in eine Klasse. Diese Besucherin war, ebenso wie meine Frau, Mitglied des Elternbeirates der Schule.

So kannten wir uns schon längere Zeit.

Sie hatte von unserer im August 1981 geplanten Urlaubsreise erfahren und war erstaunt, dass während der ersten Augusttage, in unserer Wohnung abends Licht brannte. Besorgt lief sie in unser Haus und klingelte an unserer Wohnungstür. Ein fremder Mann öffnete ihr und fragte, was sie wolle. Sie erkundigte sich nach uns und unserer Tochter. Der Mann wies sie in schroffer Art und Weise ab. Er war von der Staatssicherheit.

Fast täglich ging sie in unsere Wohnung, um zu erfahren, was da los sei.

Sie war hartnäckig und klingelte immer wieder aufs Neue. Am vierten Tag drohte man ihr mit Hausverbot. Sie ließ sich jedoch nicht zurückschrecken. Erneut klingelte sie an der Wohnungstür und erneut öffnete ein Stasi-Mann.

Ihre Aufdringlichkeit führte dazu, dass sie von den Stasi-Leuten in die Stasi-Zentrale zum Verhör gebracht wurde. Man wollte wissen, warum sie sich um uns so bemühte? Sie erklärte, dass sie nichts weiter wolle, als unsere Tochter zu betreuen.

Sie hatte inzwischen erfahren, dass wir inhaftiert waren. Ihre ganze Sorge galt unserer Tochter Antje. Ihr Versuch, sie aufzunehmen, wurde abgelehnt. Mit Drohungen und Einschüchterungen wurde sie aus der Stasi-Zentrale wieder nach Hause geschickt. Man erteilte ihr Hausverbot für unsere Wohnung.

Wir waren von der geschilderten Anteilnahme und den Bemühungen dieser aufmerksamen Frau gerührt, waren wir doch nicht freundschaftlich verbunden. Sie hatte Mut, uns helfen zu wollen. Persönliche Nachteile scheute sie dabei nicht. Es gab wenige solche Menschen, aber es war gut zu wissen, dass sie da waren.

In den ersten Wochen nach unserer Haftentlassung war sie oft bei uns. Nach etwa 14 Tagen informierte sie uns, dass wir Tag und Nacht unter Bewachung stünden.

Sie hatte diese Information von ihrem Sohn, der mit dem Sohn eines hohen Staatssicherheitsoffiziers befreundet war. Sie schilderte uns, wie es dazu kam.

Der Freund ihres Sohnes kannte die Stasi-Leute und sah sie vor unserem Haus stehen.

Er fragte sie, was sie hier täten? Diese antworteten: »Wir haben hier in der 18. Etage einen großen Fisch zu bewachen!« Die Überwachung galt uns!

Durch diese Information aufmerksam gemacht, kannten wir unsere Wächter.

Sie standen zu Dritt vor unserem Haus. Ich ging mit meinem Fernrohr auf unseren Balkon und schaute zu ihnen hinab, wobei sie sich hinter einer Säule versteckten. Ich hatte ihnen gezeigt, dass ich sie erkannte. Wir erfuhren sogar, dass zwei dieser Schergen zur Staatssicherheit gehörten und der dritte vom DDR-Zoll war.

Was haben sich wohl die Regisseure im Hintergrund dabei gedacht? Wir wurden also von einem Trio ständig bewacht, welches uns auch mit dem Lada folgte, wenn wir zu unserem Wochenendgrundstück hinausfuhren. Auch auf dem Weg in meine alte Heimat, nach Bad-Bibra, waren sie uns gefolgt.

Dort war der Nachbar meines Onkels, namens Willi, bereits von unserem Kommen informiert. Er war auch ein Stasi-Mitarbeiter. Man hatte also Angst vor uns. Man hatte insbesondere Angst vor den Kontakten zu den Diplomaten und natürlich auch vor den Kontakten zu ehemaligen Kollegen des Regierungskrankenhauses. Aus diesem Grunde wurde auch ein zusätzlicher IM, den wir als Nachbarn gut kannten, für unser Wochenendgrundstück verpflichtet.

Alle notwendigen Details und die feste Willensbekundung für unseren Beschluss, nicht mehr in der DDR leben zu wollen, hatte ich per Telefon nach West-Berlin zu meinem Schwager Volker gegeben. Im Rahmen der so genannten Wiedereingliederung erhielt ich von der Abteilung Inneres die Aufforderung, meine Arbeit im Haus der Gesundheit in einer poliklinischen Einrichtung am Alexanderplatz aufzunehmen. Wie bereits während der Haft, so erklärte ich zum wiederholten Male, dass ich für diesen Staat, für dieses System niemals wieder als Arzt arbeiten werde. Ich konnte es mit meiner humanistischen Ausbildung, mit meinem ärztlichen Ethos nicht mehr übereinbringen, für solch ein diktatorisches, terroristisches Regime zu arbeiten.

Man ermahnte mich, Gefahr zu laufen, wegen Arbeitsverweigerung, dem Paragraphen 48, erneut verurteilt werden zu können. Der Paragraph 48 des StGB bezieht sich auf asoziales Verhalten. Man versteht darunter Arbeitsbummelei oder Arbeitsverweigerung und das Leben auf Kosten der Gesellschaft.

Wir, meine Familie und ich, lebten jedoch nicht auf Kosten dieser, von uns verachteten Gesellschaft, sondern auf Kosten unseres Ersparten und des Gewinns durch unser verkauftes Wochenendgrundstück. Wir lebten von unserem eigenen Vermögen. So konnten uns die Schergen nichts anhaben. Sie konnten uns also nicht wegen des Paragraphen 48 bestrafen. Hätten sie es jedoch gewollt, so hätten sie es dennoch gemacht.

Doch meine Drohung hatten sie sicherlich zur Kenntnis genommen und vor Öffentlichkeitsaktivitäten hatten sie wiederum Angst.

Die Zeit von Mitte August bis Anfang September verbrachten wir in unserem Wochenendhaus.

In der freien Natur und nicht durch Telefonabhörmöglichkeiten eingeschränkt, schrieb ich meine ersten Erinnerungen über die Jahre unserer Inhaftierung und Erlebnisse nieder.

Ich füllte zwei Schulhefte. Ein Diplomat brachte diese unbemerkt zu meinem Schwager Volker nach West-Berlin.

Sie bildeten eine wichtige Informationsgrundlage für die BRD im Kampf um unsere Befreiung. Bewacht von den Schergen, Tag und Nacht, gelang es uns dennoch, das schriftliche Dokument über unsere unrechtmäßige Inhaftierung in die Bundesrepublik Deutschland zu bringen.

Freunde und Bekannte besuchten uns auf unserem Wochenendgrundstück. Arbeitskollegen, Ärzte aus dem Regierungskrankenhaus winkten uns von weitem heimlich zu, wenn sie an unserem Haus vorbeigingen. Eine Ärztin schickte stellvertretend für sich ihre Eltern vorbei. Sie wagte es nicht, trotz ihrer großen Neugier, selbst zu uns zu kommen. Die Angst war überall groß.

Den Eltern dieser Kollegin berichteten wir von unseren Erlebnissen, und so erfuhren auch unsere ehemaligen Kollegen von unserem Schicksal. Sie wussten jetzt, was wirklich hinter den offiziellen, vom Regierungskrankenhaus abgegebenen Informationen über uns wahr war. Jetzt konnten sie erkennen, welche Lügenpropaganda dieses Regime betrieb.

Im September besuchte unsere Tochter Antje wieder die alte Schule in Ost-Berlin. Herzlich wurde sie von ihrer Lehrerin aufgenommen. Diese Lehrerin bildete eine Ausnahme. Sie war kein Vasall der DDR, sie hatte ihre eigenständige Denkweise behalten.

Sie scheute sich auch nicht vor Nachteilen, sie besuchte uns sogar.

In einer Septembernacht, es war bereits nach 23 Uhr, besuchte uns nach kurzer telefonischer Vorankündigung eine ehemalige ärztliche Mitarbeiterin aus meiner ehemaligen Abteilung des RK. Sie schlich sich quasi heimlich in unser Hochhaus und wir redeten bis morgens um 3 Uhr miteinander. Wir erzählten alles und nichts wurde vergessen. Sie erfuhr auch, von den mir vorgelegten Protokollen der erzwungenen Aussprachen mit den Mitarbeitern, an denen sie ja selbst teilnehmen musste.

Wir erzählten ihr über den Piratenakt unserer Verhaftung, die Gründe, die dazu führten, die Verhandlung und über die Verurteilung im Namen des Volkes unter Ausschluss des Volkes.

Wir erzählten ihr von unseren Hafterlebnissen und sie war wie alle, die unsere Geschichte bisher hörten, entsetzt und hatte Tränen in den Augen.

Diese Kollegin teilte uns mit, dass sie ihre ärztliche Tätigkeit im RK wegen einer unerträglichen Arbeitsatmosphäre gekündigt hatte und in einem Städtischen Krankenhaus in Berlin arbeitete. Auch erzählte sie uns, dass unser ehemaliger Bekannter, der Leibarzt von Willi Stoph, nach unserer Inhaftierung meine frühere Funktion als Chefarzt der funktionsdiagnostischen Abteilung der Poliklinik und Klinik für Diplomaten übernommen hatte.

Der Bruder dieses Kollegen war kurz vor meiner Ankunft in der Haftanstalt Cottbus in die BRD verkauft worden, während seine Schwester, selbst Ärztin, mit meiner Frau noch in Hoheneck ihre Haft abbüßte.

An einem Wochenende im September fuhren wir mit unserem Wagen in meine alte Heimat, das kleine Thüringische Städtchen Bad-Bibra. Wir fuhren an Dessau vorbei, wo meine Eltern wohnen. Welche Gedanken wir in diesen Minuten der Fahrt hatten, kann ich kaum beschreiben.

Herzlich wurden wir in meinem Heimatort aufgenommen. Viele Menschen wussten nichts von unserem Schicksal. Manche hatten es jedoch erfahren. Ungehindert und ohne Angst kamen sie also zu uns und fragten, was geschehen war.

Allen erzählte ich, was wir erlebt hatten.

Unsere Bewacher waren uns gefolgt und standen in ausreichendem Abstand.

Ich hielt mein Wort, das ich der Stasi bereits gegeben hatte. Ich berichtete meinen Bekannten und Freunden über alle Geschehnisse. Unsere Angstlosigkeit machte uns frei, offen über alles zu berichten. Die, die es wissen wollten, es waren viele, wurden über dieses Terrorsystem informiert.

Mein Opa »Oste«, war überall bekannt und genoss in der Gemeinde einen guten Ruf.

Viele alte Bibraer haben unsere Geschichte mit Entsetzen vernommen, sie konnten den an uns begangenen verbrecherischen Verrat nicht fassen.

Um unsere finanzielle Situation abzusichern, entschieden wir uns, unser Wochenendgrundstück zu verkaufen, um davon für die nächsten Monate leben zu können. Der Verkauf wäre auch für eine Ausreise aus der DDR unabdingbar gewesen.

Wir mussten davon ausgehen, dass wir mit dem Geld bis 1986 auskommen müssen, entsprechend der Information des RA Dr. Vogel. Er hatte uns bei unserer letzten Zusammenkunft erklärt, dass auf Grund der Vorschriften des Regierungskrankenhauses aus Geheimhaltungsgründen unsere Ausreise erst im Herbst 1986 möglich sei.

Mit Hilfe von Bekannten und Freunden gelang es uns, unser Wochenendhaus ungehindert zu verkaufen. Von unseren Bewachern und dem Staatsapparat wurden uns dabei keine Steine in den Weg gelegt. Offiziell und notariell wurde der Verkauf unseres Wochenendgrundstückes beurkundet.

So hatten wir ausreichend finanzielle Mittel, um unabhängig von dieser Gesellschaft zu leben.

Unsere Verwandten in West-Berlin unterstützten uns mit zahlreichen Paketsendungen, wie sie es auch schon während unserer zwei Jahre Haft auch für den Bruder und unsere Tochter in Teltow getan hatten.

Ende September 1983 erhielten wir einen Telefonanruf von Frau Pieroth, der Frau des Wirtschaftssenators von Berlin-West. Sie wollte uns besuchen, um uns Mut und Kraft zu spenden. Bereits während unserer Haftzeit hatte sich ihr Mann um unsere Freiheit bemüht.

Wir trafen uns außerhalb von Berlin. Ob unsere Bewacher auch das registriert hatten, ist mir nicht bekannt.

Wir trafen uns in der Wohnung eines ehemaligen Mitgefangenen von Cottbus, Horst W. Dieser war bereits in der Freiheit, seine Frau und sein Sohn befanden sich noch hier im Osten.

Frau W. hatte ihren Geburtstag zu feiern und Frau Pieroth, eine weitläufige Verwandte, hat sie besucht um gleichzeitig auch uns dort zu treffen.

Wir berichteten ihr über unsere Erlebnisse und unseren festen Willen, die DDR zu verlassen. Angstlos und unbeirrbar und seelisch gestärkt verabschiedeten wir uns von Frau Pieroth.

Von ihr hatten wir erfahren, mit welchen Anstrengungen man sich bemühte, und das auch weiter tat, um uns in die Freiheit zu holen.

Voller Zuversicht fuhren wir wieder in unsere Wohnung.

In diesen Tagen und Wochen nach unserer Entlassung erhielten wir zahllose Anrufe von ehemaligen Leidensgefährten, Mitgefangenen, die sich glücklich in der Freiheit befanden. Von überall her in der BRD riefen sie uns an und sprachen uns Mut und Kraft zu. Wir waren wirklich nicht allein!

Von meinen Verwandten, meiner Mutter, meinem Stiefvater und den Halbgeschwistern hörten wir in dieser Zeit kein Lebenszeichen! Im Gegenteil, sie hatten die Verwandtschaft aufgefordert, sich zwischen ihnen und uns zu entscheiden!

Ende Oktober 1983 erhielten Frau W. und ihr Sohn nun endlich die Erlaubnis, in die BRD ausreisen zu dürfen. Ihr Mann, mein ehemaliger Zellengefährte, war im Juni 1983 aus Cottbus über Chemnitz nach Gießen in die Freiheit gelangt. Vom ersten Tage an bemühte er sich um die Familienzusammenführung.

In seinem Alter von 57 Jahren hatte die dreijährige Haftzeit tödliche Spuren hinterlassen.

Das Glück, mit seiner Familie wieder vereint zu sein, war von kurzer Dauer. Es währte nur 14 Tage, als ein tödlicher Herzinfarkt Horst W. ereilte. Nach den Jahren des Schreckens und der Kerkerhaft, der psychischen Folter und der menschlichen Zerstörung genoss Horst nur wenige Monate diese Freiheit. Er genoss nur wenige Tage eines neuen Familienglückes, als ihn der Tod überraschte.

Horst ist kein Einzelschicksal! Allein von der Gruppe der mit mir in Cottbus Inhaftierten sind drei Menschen nach kurzem Genuss ihrer Freiheit in der BRD verstorben. Die Haft hatte ihre Folgen! Sie wurden Opfer der DDR-Diktatur und ihrer Justiz. Sie sollen unvergessen bleiben!

In den Monaten nach unserer Entlassung erfuhren wir, dass sich die Regierungskrankenhausleitung, von unserer Haftentlassung informiert, auf unsere Wiederankunft in Ost-Berlin vorbereitet hatte.

Alle Ärzte wurden zu einer Versammlung zusammengetrommelt und ermahnt, im Falle meines Erscheinens auf einem diplomatischen Empfang, keine Kontakte mit mir aufzunehmen.

In meiner psychischen Situation wäre ich damals niemals auf den Gedanken gekommen, auf einen Empfang zu gehen, obwohl mich zwei befreundete ausländische Botschaften zu einem dieser Empfänge einluden.

Bei aller Informationsbehinderung war unsere Haftentlassung sowie auch unsere Inhaftierung nicht unbekannt geblieben. Immer mehr wandelte sich unsere jahrelange Ohnmacht zur Macht, zur Macht durch Information. Aus den Mächtigen wurden selbst Ohnmächtige. Sie konnten das freie Wort und die ausgesprochene Information trotz Einschüchterung nicht verhindern!

Bis zum 7.10.1983 standen wir unter ständiger Überwachung, sowohl am Tage, als auch in der Nacht. Unsere Wächter zeigten uns ihre Anwesenheit, nachdem wir auf sie aufmerksam gemacht worden sind.

So hatten wir täglich das Spiel mit meinem Namenschild an unserer Eingangstür. Es wurde täglich mein Doktor-Titel von unserem Schild gekratzt, welches ich immer wieder erneuerte. Durch dieses dumme Spielchen wusste ich genau, dass die Schergen immer noch in meiner Nähe waren.

Nach dem 7.10.1983 galt das Interesse der Stasi-Spitzel nun den mit uns in Kontakt getretenen Freunden. Nun wurden sie observiert. Hoffentlich haben sie keine Nachteile?

Trotz der Festlegung eines Ausreiseverbots bis 1986, muss sich in den letzten Herbstmonaten eine Wende vollzogen haben. Vielleicht half auch mein im September erneut abgegebenes Ausreiseersuchen an den Vorsitzenden des Staatsrates Erich Honecker dabei mit.

Auch in diesem Schreiben habe ich, entsprechend meiner früher abgegebenen Willenserklärung, unseren unerschütterlichen Willen auf Entlassung aus der DDR-Staatsbürgerschaft bekundet.

Dr. med. Uwe-Jens Jürgensen Berlin, d. 20.10.83
1080 B e r l i n
Leipziger Str. 49/18-1

Herrn
Dr. h. c. Erich Honecker
Vorsitzender des Staatsrates der DDR
1020 B e r l i n
Marx-Engels-Platz

Werter Herr Staatsratsvorsitzender!

Ich wende mich an Sie mit der Bitte um Ihre Unterstützung und Befürwortung des von mir und meiner Frau gestellten Antrages auf Ausreise aus der DDR sowie der Entlassung aus der DDR-Staatsbürgerschaft.
Meine Frau und ich haben viele Jahre als Krankenschwester bzw. Arzt in der Poliklinik und Klinik für Diplomaten des Regierungskrankenhauses gearbeitet. In all diesen Jahren hatten wir eine gute Beziehung zu unserer Arbeit in dieser Einrichtung. Leider wurden wir infolge von gegen uns gerichtete Intrigen enttäuscht und verbittert. In dieser Situation haben wir Anfang 1981 tatsächlich mit unseren Verwandten aus West-Berlin über die Möglichkeit, die DDR zu verlassen, gesprochen. Dennoch haben wir uns damals zu diesem Schritt nicht durchringen können und am 30.05.81, auch auf Grund familiärer Probleme, das uns gemachte Angebot, die DDR zu verlassen, abgelehnt. Genau zwei Monate später wurden wir jedoch unmittelbar nach Antritt unserer Urlaubsreise in die VR-Ungarn am 01.08.81 auf Grund einer Verleumdung unter dem Verdacht des illegalen Verlassens der DDR verhaftet und von unserem Kind gewaltsam getrennt. Dieser Vorgang und die sich anschliessenden Ereignisse waren für uns und unser Kind ein unfaßbares Erlebnis. Wir wurden, da für den § 213 keine Beweise vorhanden waren, unter Heranziehung des § 100 zu je 2 Jahren Freiheitsentzug verurteilt. Durch das erlittene Schicksal und die während unserer Inhaftierung erlebte Wahrheit kam es zu einem tiefen Bruch in unserer Beziehung zu diesem Staat. Wir können uns aus moralischen Gründen nicht mit unserer Verurteilung identifizieren und wollen aus der gewonnenen Erkenntnis heraus nicht mehr Bürger dieses Staates sein. Da unsere Bemühungen über unseren Rechtsanwalt, Dr. h.c. Vogel, während der Zeit unserer Haft erfolglos waren, haben wir am 27.07.83, d.h. nach unserer Haftentlassung, einen erneuten Antrag bei der Abteilung für Innere Angelegenheiten beim Rat des Stadtbezirkes Berlin-Mitte eingereicht. Am 18.10.83 hatten wir eine Aussprache in dieser Abteilung. Ich möchte nicht unerwähnt lassen, daß wir dort

- 2 -

in sehr sachlicher und höflicher Form behandelt wurden. Wir erhielten die Mitteilung, daß auf Grund einer innerbetrieblichen Festlegung, die wir im Laufe unserer Dienstzeit im Regierungskrankenhaus unterschreiben mußten, für uns eine Ausreisesperre von 3 Jahren besteht, die,entsprechend der erhaltenen Mitteilung, im August 1984 für uns beendet ist. Wir müssen diese Tatsache zwar akzeptieren, vermögen jedoch keinen echten Sinn darin zu sehen. Es ist uns auf Grund unserer Erlebnisse nicht mehr möglich, in und für diesen Staat weiter arbeiten zu können und erbringen somit keinen Nutzen mehr. Darüber hinaus ist es uns unverständlich, daß wir als ehemalige Mitarbeiter der Poliklinik und Klinik für Diplomaten in irgend einer Weise Staatgeheimnisse kennen und die Sicherheitsinteressen der DDR gefährden könnten. Unsere ehemalige Arbeitsstelle ist bekanntlich eine repräsentative Einrichtung, von der sich jeder Patient, der dort behandelt wird, selbst ein Urteil bilden kann. Was die von mir behandelten Patienten persönlich betrifft, bindet mich unverändert der hippokratische Eid sowohl hier als auch anderswo. Ich glaube, daß es weder der DDR noch uns selbst von Nutzen ist, uns hier länger festzuhalten. Aus diesem Grund bitte ich Sie um Ihr menschliches Verständnis und die Genehmigung, früher, als es dogmatische Festlegungen erlauben, gemeinsam mit meiner Frau und unserem Kind, die DDR verlassen zu können.
Darüber hinaus besteht seitens meiner Ehefrau das dringende Verlangen, sich um ihre krebskranke Mutter in West-Berlin zu kümmern.

Hochachtungsvoll!

Uwe-Jens Jürgensen

Dr. Uwe-Jens Jürgensen

Am 13.12.1983 besuchte uns eine Mitarbeiterin der Abteilung Inneres in unserer Wohnung.

Die Frau, eine freundliche Person, teilte uns mit, dass wir in den nächsten Wochen, wahrscheinlich im Januar 1984, aus der DDR ausreisen dürften. Sie riet uns, zu schweigen und keine unbedachten Dinge zu tun. Mehr konnte sie uns nicht sagen und durfte das auch nicht. Gleich nach diesem Gespräch informierte ich meinen Schwager Volker in West-Berlin.

Wir waren so glücklich, es war wie ein Feiertag für uns. Wir wurden gebeten, in den folgenden Tagen in die Abteilung Inneres zu kommen, um die entsprechenden Unterlagen auszufüllen. Gesuche auf Aberkennung der Staatsbürgerschaft und Ausreise aus der DDR.

Im Januar 1984 erhielten wir von dieser freundlichen Mitarbeiterin die Information, dass wir zwischen dem 22. und 26. Januar Ost-Berlin verlassen dürfen.

Am 17. Januar holte eine Westberliner Spedition die von uns für die Mitnahme vorgesehenen persönlichen Sachen ab. Wir hatten auf die Mitnahme unserer Möbel verzichtet. Wir hatten noch drei Koffer zu füllen und lebten mit einem Besteck und einem Teller und einer Tasse zu dritt in unserer Wohnung.

Der Psychoterror war immer noch nicht beendet. Unsere Umzugskartons waren bereits in West-Berlin, während wir ab dem 22. Januar immer noch auf die Ausreise warteten. Es passierte wieder nichts! –

Auch der 26. Januar ging vorüber und wir wurden unruhig. Wir informierten uns bei der Abteilung Inneres und erfuhren von der freundlichen Mitarbeiterin, dass sie sich diese Verzögerung selbst nicht erklären könne. Sie schien es tatsächlich selbst nicht zu wissen.

Am 28. Januar erschien in unserer Wohnung ein uniformierter Soldat des Wehrkreiskommandos von Berlin-Mitte. Er übergab mir eine Vorladungskarte mit der Aufforderung, meine sämtlichen Uniformsachen und den Militärausweis und die Blechmarke mitzubringen. Dass ich Oberleutnant der Reserve war, hatte ich in all diesen Monaten der Schikane und Aufregung vergessen.

Jetzt ging mir ein Licht auf.

Ich packte alle Armeeklamotten ein und ein netter Wohnungsnachbar, der uns auch zuvor schon besucht hatte, erbot sich, uns zum Wehrkreiskommando zu bringen. Meine Frau begleitete mich grundsätzlich immer, um mich nicht aus den Augen zu verlieren. Wir hatten Angst, dass irgendeiner von uns, sofern wir uns trennten, von der Bildfläche verschwinden könnte. Im Wehrkreiskommando gab ich die Armeekleidung ab und wurde durch einen Offizier in einen großen Sitzungssaal geführt. Ein Oberstleutnant saß am Kopfende eines etwa 10 Meter langen Tisches, ein anderer Offizier saß neben ihm. Ich durfte am anderen Ende dieses Tisches Platz nehmen. Man las meine Personalien vor, ich bestätigte sie, dann las man mir einen Befehl des

Ministers für nationale Verteidigung der DDR vor. In ihm wurde meine sofortige Degradierung zum Soldaten ausgesprochen.

Der Akt war beendet. Man entließ mich als Soldat der Reserve und gab mir sowohl den Militärpass als auch die Blechmarke zurück.

Ich geriet jetzt in Panik. Meine Gedanken kreisten wie ein Karussell. Will man mich jetzt eventuell in eine Reserveübung schicken, um mich dort beiseite zu räumen? Die wüstesten Gedanken durchfuhren mein Gehirn.

In unserer Wohnung angekommen, rief ich sofort die freundliche Mitarbeiterin im Magistrat an. Sie sagte mir, dass hier etwas schief gelaufen sein müsse. Sie bat mich, sofort wieder ins Wehrkreiskommando zu fahren und dort den Militärausweis und auch die Blechmarke abzugeben. Meine Frau und ich fuhren nun wiederum dorthin und ich gab den Ausweis und die Blechmarke ab. Die Sache war nun erledigt. Es war wiederum ein teuflisches Spiel des psychischen Terrors.

Allmählich beruhigten wir uns und der seelische Druck ließ nach. Vermutlich war es nun doch so weit, dass uns das Regime aus seinen Klauen entließ. In den Morgenstunden des 2. Februar erhielten wir in der Abteilung Inneres am Alexanderplatz in Ost-Berlin die Ausreisegenehmigung und die Urkunde über die Aberkennung der Staatsbürgerschaft. Die Urkunde über die Aberkennung wurde von Professor Hohmann, dem Vorsitzenden der NDPD der DDR und stellvertretendem Staatsratsvorsitzenden unterschrieben.

Als er meinen Namen gelesen hat, hat er sich sicherlich an den Arzt erinnert, der ihn und seine Frau betreut hat. Was mag er dabei wohl gedacht haben? –

Am späten Nachmittag des 2. Februar 1984 war es dann soweit, dass uns mein Schwager Ludo mit unserem Wartburg und unseren drei Koffern in die Friedrichstraße zum Grenzübergang brachte. Hildchen und der Neffe Volker blieben so lange in unserer Wohnung.

Es war kurz vor 18 Uhr, als wir in der Friedrichstraße ankamen. Ludo half uns, die Koffer noch in den Pavillon des Grenzüberganges zu bringen. Dort wurde er von Grenzsoldaten an den Schultern gepackt und zur Tür hinausgewiesen.

Durch diese, für uns unerwartete rabiate Reaktion der Grenzbewacher bestand unsere Verabschiedung nur noch aus einem lauten Rufen, Danken und Winken.

Wir gingen mit unserem Gepäck und unserer Tochter Antje, die ihre Mutter ganz festhielt, durch die Sperren. Wir wurden nicht kontrolliert. Wir standen vor einem zweiten Leben, einer zweiten Geburt, einem Leben in der Freiheit.

Dafür hatten wir viel durchmachen müssen, aber hatten auch meinem Schwager Ludo und seiner Frau Hildchen viel zu danken. Sie waren stets für unsere Tochter Antje und uns dagewesen. Sie hatten uns in keiner Weise im Stich gelassen und hatten alles Erdenkliche getan, um uns die Schwere dieser Zeit zu erleichtern. Wir werden immer in ihrer Schuld bleiben.

Nachdem wir die Grenzsperren, es handelte sich hier nur um kleine Schalterhäuschen, passiert hatten, liefen wir in einem unterirdischen Tunnel unterhalb der S-Bahn der Friedrichstraße zur U-Bahn, die uns nach West-Berlin bringen sollte.

In diesem Tunnel, der immer noch DDR-Gebiet war, erwartete uns ein Mitgefangener aus Cottbus mit einem großen Blumenstrauß. Er gehörte zu den Glücklichen, die über Chemnitz nach Gießen freigekauft wurden.

Mutig wie er war, ließ er es sich nicht nehmen, uns in diesem Tunnel zu empfangen und uns bis zur ersten U-Bahnstation Robert-Koch-Straße zu begleiten, wo unsere West-Berliner Verwandten Volker und Ina auf uns warteten.

In der Robert-Koch-Straße angekommen verließen wir die U-Bahn begleitet von meinem ehemaligen Mitgefangenen und liefen in die Arme unserer Verwandten. Wir riefen vor Freude und weinten vor Glück. Die Emotionen waren nicht mehr zu bremsen.

Langsam fuhren wir nun durch die Straßen von West-Berlin. Wir fuhren am Reichstagsgebäude vorbei über den Kurfürstendamm, durch Steglitz und nach Lichterfelde zu Volkers Haus. Die Lichter West-Berlins beeindruckten uns so, dass uns fast schwindelig wurde.

Aufgewühlt bis aufs Tiefste und von den neuen Eindrücken überwältigt, begannen wir unsere ersten Schritte in der Freiheit.

Es begannen die Schritte der Rehabilitation und der Anerkennung unserer bürgerlichen Rechte. Wir fuhren täglich über mehrere Wochen nach Berlin-Marienfelde in das so genannte Aufnahmelager, um die gesamten Eingliederungsmaßnahmen dort durchzuführen.

Dieses Lager war gefüllt mit vielen Menschen, die keine Verwandten in West-Berlin hatten.

Wir waren sehr, sehr froh, bei unseren Verwandten sein zu dürfen. Auch unsere vielen Kartons waren im Keller ihres Hauses wohl verstaut.

In dieser Zeit wurden wir auch von den Sicherheitsorganen der Franzosen und Engländer befragt. Bei den Amerikanern verhielt es sich etwas anders. Ich wurde an drei aufeinanderfolgenden Tagen von unserer Wohnung mit einem Pkw abgeholt und in die amerikanische Administration gefahren, wo mich eine sehr freundliche, nette Reporterin interviewte. Auch hier wurden Tonbandaufnahmen angefertigt. Auffallend war bei diesen Gesprächen, dass die Amerikaner fast alles wussten.

Auch von dem atomsicheren Bunker in der Spezialklinik Buch hatten sie Kenntnis.

Sie interessierten sich besonders über die Gründe meines Abtrünnigwerdens und über meine Hafterlebnisse. Ich war jetzt an der Stelle angekommen, für die ich vorher in der DDR mit dem Paragraph 100 verurteilt wurde.

Wie weitsichtig doch diese kommunistischen Häscher sein konnten?

Nach 14 Tagen wurden wir etwas mobiler. Unsere Psyche hatte sich stabilisiert und Volker und Ina glaubten jetzt, dass wir so weit seien, mit uns in das KaDeWe fahren zu können. Wir waren voller Neugier auf das, was uns da erwarten würde.

In der sechsten Etage angekommen, der so genannten Fressabteilung, fielen uns fast die Augen heraus und wir konnten den Speichel im Mund kaum unterdrücken. Schließlich bin ich umgekippt. Es war zu viel für mich nach den zwei Jahren Hunger und trockenes Brot.

Jeden Tag begannen wir mehr und mehr, unser neues Leben zu organisieren.

Die erlittene psychische Folter, das Unrecht sowie der verbrecherische Verrat werden unvergessen bleiben!

Wir haben vom 2. Februar 1984 bis zum 23. August 1984 bei dem Bruder meiner Ehefrau, zusammen mit unserer Tochter, in seinem Einfamilienhaus in Berlin-Lichterfelde gewohnt. Ein langer Aufenthalt, der auch viele Opfer für unsere Verwandten und ihre Tochter Astrid bedeutete und dennoch voller Liebe geschah.

Viele Persönlichkeiten aus Politik, Wirtschaft und auch der Kirche haben sich mit unserem Schicksal während unserer Haftzeit befasst. Sie haben sich erfolgreich für unsere Freiheit eingesetzt.

Für die Mut machenden Briefe, die uns viele dieser Herren nach unserer Übersiedlung nach West-Berlin geschickt haben, danken wir von ganzem Herzen.

Dr. med. Uwe-Jens Jürgensen
1 Berlin 45
Müllerstr. 24 j
bei Volker Ebers

Berlin, d. 14.02.84

Herrn
Bundeskanzler Dr. H. Kohl
5300 Bonn 1
Postfach

persönlich

Betr.: AZ 222 - K 7965/83

Hochverehrter Herr Bundeskanzler Dr. Kohl!

Es ist mir ein tiefes Bedürfnis, mich auch im Namen meiner Frau und unseres Kindes dafür zu bedanken, daß wir mit der großzügigen Hilfe und Unterstützung der Bundesregierung und durch Ihren persönlichen Einsatz, hochverehrter Herr Bundeskanzler, am 02.02.84 Ostberlin verlassen und in das freie Berlin übersiedeln durften. Wir werden das bittere Leid, daß uns das kommunistische Regime und seine Stasi zugefügt hat, ebenso wenig vergessen, wie die großzügige, von hohen humanistischen und christlichen Idealen geprägte Politik und die uns entgegengebrachte persönliche Hilfe Ihrer Regierung.
Als ehemaliger Arzt im Ostberliner Regierungskrankenhaus und der dortigen Klinik für Diplomaten hatte ich Gelegenheit, viele Repräsentanten kennenzulernen und diplomatische Protokolle mit zu erleben. Ich habe meine dortige Tätigkeit stets unter dem Blickwinkel des sogen. " goldenen Käfigs " betrachtet. Die Inhaftierung von meiner Frau und mir hat mir jedoch den tiefsten Einblick in den barbarischen Charakter dieses Systems gegeben. Die Erlebnisse werden für uns unvergeßlich sein.
Wie groß waren unser Mut und unsere Kraft, als wir erfahren konnten, daß wir durch Sie, hochverehrter Herr Bundeskanzler, dem Bundesminister Windelen sowie dem Senator Pieroth und Staatsminister Peter Lorenz Hilfe und Unterstützung erhalten würden. Das ist in Worten nicht auszudrücken! Durch diese großartige Unterstützung wurden wir nun endlich frei. Wir werden Ihnen stets in Dankbarkeit verbunden sein und wünschen Ihnen persönlich für Ihr hohes Amt beste Gesundheit, Kraft und Erfolg zum Wohle des ganzen deutschen Volkes.

Mit vorzüglicher Hochachtung
Ihr dankbarer
Uwe-Jens Jürgensen
Dr. Uwe-Jens Jürgensen

Heinrich Windelen
Bundesminister
für innerdeutsche Beziehungen

Bundeshaus
5300 Bonn 1
Telefon 0228/163367

Bundesministerium für
innerdeutsche Beziehungen
Godesberger Allee 140
5300 Bonn 2
Telefon 0228/306400

Heimatanschrift:
Hermannstraße 1
4410 Warendorf
Telefon 02581 / 3522

Herrn
Dr. med. Uwe-Jens Jürgensen
bei Volker Ebers
Müllerstraße 24 j

1000 Berlin 45

22. Februar 1984

Sehr geehrter Herr Dr. Jürgensen,

besten Dank für Ihren Brief vom 14.2.1984. Ich freue mich mit Ihnen darüber, daß es möglich war, Ihre und Ihrer Familie Bemühungen auf Übersiedlung in die Bundesrepublik Deutschland zum Erfolg zu führen. Leider gibt es dafür keine sichere Gewähr. Viele Tausende warten immer noch vergeblich auf eine solche Entscheidung. Um so mehr freut es mich, daß Ihre Leidenszeit nunmehr beendet ist.

Gewiß wird das, was Ihnen hier noch bevorsteht, noch viel Geduld und Mut erfordern. Dafür wünsche ich Ihnen viel Kraft und auch ein wenig Glück. Ihren Dank will ich gern an meine Mitarbeiter weitergeben. Auch uns hilft jeder Erfolg weiter, die mühseligen Bemühungen um die Verbesserung der Lebensbedingungen unserer Landsleute in der DDR fortzusetzen.

Mit freundlichen Grüßen und guten Wünschen
Ihr Heinrich Windelen

DER BUNDESMINISTER
FÜR INNERDEUTSCHE BEZIEHUNGEN

Der Bundesminister für innerdeutsche Beziehungen
Postfach 12 02 50 · 5300 Bonn 1

5300 BONN 1, DEN 28. Februar 1984
GODESBERGER ALLEE 140

Herrn
Dr. med. Uwe-Jens Jürgensen
bei Volker Ebers
Müllerstr. 24 j

1000 Berlin 45

Ihre Nachricht vom

Mein Zeichen
Z 8 F- Jürgensen, Dr. Uwe-Jens

Bearbeiter
Frau Donner

Telefon: (030) 2126- 304

Sehr geehrter Herr Dr. Jürgensen,

für Ihr Schreiben vom 14.02.1984 danke ich Ihnen.

Ich freue mich mit Ihnen, daß es durch die Bemühungen der Bundesregierung gelungen ist, für Sie und Ihre Familie die Übersiedlung nach Berlin (West) durchzusetzen.

Hoffentlich sind die Folgen der hinter Ihnen liegenden schweren Jahre bald überwunden. Für Ihren Neubeginn und die weitere Zukunft wünsche ich Ihnen und Ihrer Familie alles Gute.

Mit freundlichen Grüßen
Im Auftrag
Plewa
Plewa

Besuchszeiten im Bundeshaus Berlin:
Montag, Dienstag: vormittags und nachmittags
Freitag: nur vormittags

Telefonische Auskünfte außer donnerstags:
Telefon Berlin Vermittlung (0 30) 21 261

DEUTSCHER BUNDESTAG

Petitionsausschuß
Vorsitzende

Pet 1-9-27-1512-28716

(Bitte bei allen Zuschriften angeben)

5300 Bonn 1, 27.Febr.1984
Bundeshaus
Fernruf (0228) 16 5489

Die Wahl dieser Rufnummer vermittelt den gewünschten Hausanschluß.
Kommt ein Anschluß nicht zustande, bitte Nr. 161 (Bundeshaus-Vermittlung) anrufen.

Herrn
Volker Ebers
Müllerstr. 24 j

1000 Berlin 45

Betr.: Familienzusammenführung aus der DDR
Bezug: Ihr Schreiben vom 3. November 1983

Sehr geehrter Herr Ebers!

Herr Dr. Jürgensen hat mir mitgeteilt, daß er am 2. Februar 1984 mit seiner Familie zu Ihnen nach Berlin (West) übersiedeln durfte. Es war wegen der Besonderheiten dieses Falles nicht einfach, für ihn die Ausreisegenehmigung der anderen Seite zu erhalten. Ich freue mich deshalb besonders, daß entgegen allen Erwartungen die Übersiedlung bereits jetzt erreicht werden konnte.

Mit Nachdruck hatte sich für eine vorzeitige Entlassung und Übersiedlung auch Herr Abgeordneter Reinhard Metz eingesetzt, der von Herrn Wolfgang Klunker um entsprechende Bemühungen gebeten worden war.

Der Familie Dr. Jürgensen bitte ich meine besten Wünsche für ihre Zukunft in der Bundesrepublik Deutschland zu übermitteln.

Mit freundlichen Grüßen

Liselotte Berger

Frau Berger (Berlin)

Am 23. Februar 1984 erhielten wir ein Schreiben der Staatsanwaltschaft beim Kammergericht Berlin von Herrn Oberstaatsanwalt Ludwig, der uns die Unzulässigkeit unserer DDR-Verurteilung bescheinigte. Das ausführliche Verfahren wurde uns anschließend ausgehändigt.

Staatsanwaltschaft bei dem Kammergericht

RHE AR 187/84

Gesch.-Nr. bitte bei allen Antworten angeben!

Am Karlsbad 6-7, den 23. Februar 1984
D-1000 Berlin 30
Fernruf: Vermittlung 26 04-1
Durchwahl/Apparat 26 04- 2155
(Intern 9 76)
Telex 1 85 470
Sprechstunden: Montags bis freitags von 8.30 bis 13.00 Uhr

Staatsanwaltschaft bei dem Kammergericht, Am Karlsbad 6-7, D-1000 Berlin 30

Herrn
Dr. Uwe Jürgensen
bei Ebers
Müllerstraße 24 J

1000 Berlin 45

Sehr geehrter Herr Dr. Jürgensen!

Sie haben am 22. Februar 1984 beantragt, gemäß § 15 des Gesetzes über die innerdeutsche Rechts- und Amtshilfe in Strafsachen die Unzulässigkeit der Vollstreckung aus dem rechtskräftigen Urteil des Stadtgerichts in Ost-Berlin vom 10. November 1981 - Aktenzeichen nicht bekannt - festzustellen, durch das gegen Sie wegen "landesverräterischer Agententätigkeit und versuchten ungesetzlichen Grenzübertritts" (§§ 100, 213 StGB/DDR) auf eine Freiheitsstrafe von zwei Jahren erkannt worden ist.

Ich habe die Verurteilung, soweit mir das ohne Kenntnis des Urteils nebst Gründen möglich war, aufgrund Ihrer Antragsangaben und der bei Antragstellung vorgelegten Unterlagen sowie der Angaben Ihrer mit Ihnen gemeinsam verurteilten Ehefrau überprüft.

Als Ergebnis dessen stelle ich hiermit die Unzulässigkeit der Vollstreckung fest.

Vorsorglich weise ich jedoch darauf hin, daß ich gesetzlich ermächtigt bin, meine Entscheidung auch zuungunsten des Betroffenen zu ändern, wenn mir neue Tatsachen oder Beweismittel bekannt werden, die dazu Anlaß geben.

Hochachtungsvoll
L u d w i g
Oberstaatsanwalt

Beglaubigt
Gotthardt
Justizangestellte

Verkehrsverbindungen: Busse 24, 29, 48, 75 u. 83, U-Bahnhof Kurfürstenstraße

Staatsanwaltschaft bei dem Kammergericht

RHE AR 183/84

Gesch.-Nr. bitte bei allen Antworten angeben !

Am Karlsbad 6-7, den 23. Februar 1984
D-1000 Berlin 30
Fernruf: Vermittlung 26 04-1
Durchwahl/Apparat 26 04- 2155
(Intern 9 76)
Telex 1 85 470
Sprechstunden: Montags bis freitags von 8.30 bis 13.00 Uhr

Staatsanwaltschaft bei dem Kammergericht, Am Karlsbad 6-7, D-1000 Berlin 30

Frau
Margarita Jürgensen
bei Ebers
Müllerstr. 24 J

1000 Berlin 45

Sehr geehrte Frau Jürgensen!

Sie haben am 22. Februar 1984 beantragt, gemäß § 15 des Gesetzes über die innerdeutsche Rechts- und Amtshilfe in Strafsachen die Unzulässigkeit der Vollstreckung aus dem rechtskräftigen Urteil des Stadtgerichts in Ost-Berlin vom 10. November 1981 - Aktenzeichen nicht bekannt - festzustellen, durch das gegen Sie wegen "landesverräterischer Agententätigkeit und versuchten ungesetzlicher Grenzübertritts" (§§ 100, 213 StGB/DDR) auf eine Freiheitsstrafe von zwei Jahren erkannt worden ist.

Ich habe die Verurteilung, soweit mir das ohne Kenntnis des Urteils nebst Gründen möglich war, aufgrund Ihrer Antragsangaben, der bei Antragstellung vorgelegten Unterlagen sowie der Angaben Ihres gemeinsam mit Ihnen verurteilten Ehemannes überprüft.

Als Ergebnis dessen stelle ich hiermit die Unzulässigkeit der Vollstreckung fest.

Vorsorglich weise ich jedoch darauf hin, daß ich gesetzlich ermächtigt bin, meine Entscheidung auch zuungunsten des Betroffenen zu ändern, wenn mir neue Tatsachen oder Beweismittel bekannt werden, die dazu Anlaß geben.

Hochachtungsvoll
L u d w i g
Oberstaatsanwalt

Beglaubigt
Gotthardt
Justizangestellte

Verkehrsverbindungen: Busse 24, 29, 48, 75 u. 83, U-Bahnhof Kurfürstenstraße

Am 24. August 1984 fand unser großer Umzug von Berlin nach Mühldorf in Oberbayern statt.

In der Zeit von März bis Anfang August ging ich täglich in die Praxis eines internistischen Kollegen in Berlin-Lichterfelde, um die notwendige Praxistätigkeit vorzuweisen als Grundlage für die Eröffnung einer eigenständigen Praxis. Dieser nette Kollege war ebenfalls aus der DDR über die damals noch lockere Grenze nach West-Berlin gelangt und hat mich freundlich unterstützt.

Die ersten Tage und Wochen meiner ärztlichen Tätigkeit waren so schwierig für mich nach diesem Psychoterror, dass ich außerordentlich große Probleme hatte, mich zu konzentrieren, in eine mir früher selbstverständliche, schnelle gedankliche Beweglichkeit zurückzukehren.

Im Juli 1984 fuhren wir mit Volker, Ina und unseren Kindern Astrid und Antje nach Bayern, dem Lieblingsland meiner Frau und ihres Bruders, deren Vater von dort stammt, und landeten schließlich am Ammersee. Dort mieteten wir uns in einem netten Bauernhof ein, wo die Kinder mit Reitunterricht und anderen Freizeitaktivitäten gut versorgt wurden. Wir nutzten diese Zeit und fuhren von Ort zu Ort, vom Ammersee bis kurz vor Mühldorf, nämlich nach Waldkraiburg. Die Hoffnung, dass irgendeine Gemeinde einen Arzt benötigte, mussten wir nach all den vielen Begegnungen fallen lassen. Man wartete nicht auf uns.

Durch eine Annonce im Deutschen Ärzteblatt erhielt ich dennoch über 140 Zuschriften mit sagenhaften Angeboten, die hier nicht alle aufgeführt werden können. Schließlich haben wir uns für das Kreisstädtchen Mühldorf in Oberbayern am schönen Inn entschieden. Die Hauswirtin hat alles versucht, uns den Anfang leicht zu machen.

Auch ihre Mietvorstellung war für unsere Verhältnisse sehr entgegenkommend.

Im Parterre befand sich eine neu eingerichtete Apotheke, die für den Sohn gedacht war. Darüber war eine Wohnung, die wir als internistische Praxis einrichteten und mit Erfolg aufbauen konnten.

Bereits von Berlin aus hatten wir mit Hilfe einer Praxiseinrichtungsfirma alles Notwendige organisiert, so dass die Praxis im September 1984 eingerichtet werden konnte, damit wir am 1. Oktober mit unserer Arbeit beginnen konnten.

In den Tagen vor der Praxiseröffnung stellte ich mich beim Landrat, dem Bürgermeister, dem ärztlichen Direktor des Kreiskrankenhauses Mühldorf sowie dem Vorsitzenden des ärztlichen Kreisverbandes vor. Von allen wurde ich herzlich begrüßt, und jeder wollte wissen, was mit uns geschehen war, und wie wir nach Mühldorf gefunden hatten.

Bevor unser Umzug nach Oberbayern stattfinden konnte, brauchten wir noch Möbel. Mein Schwager Volker schlug vor, in einige Möbelhäuser zu gehen, um uns zu orientieren.

Bei »Möbel-Hübner« in Berlin-West wurden wir sehr freundlich empfangen. Nachdem der Verkäufer unsere Wünsche erfuhr, holte er den Abteilungsleiter, der uns vorschlug, auf Grund der Größe des Wunsches, nämlich einer Komplettein-richtung, uns nach Geschäftschluss zu bedienen. Wir wurden komplett eingerichtet mit Schlaf-, Wohn- und Esszimmer.

Zu unserer Überraschung teilte uns der Abteilungsleiter mit, dass er diese einschließlich unserer 25 Umzugskartons aus Ost-Berlin zusammen kostenlos nach Mühldorf bringen und uns die Möbel dort aufbauen würde.

Wir zeigten unser Erstaunen und unsere freudige Überraschung und der Leiter meinte, Möbel-Hübner wäre es eine besondere Genugtuung, uns nach diesen Erlebnissen im Osten, über die wir hier berichtet hatten, uns eine Freude für den Neuanfang zu bereiten.

Durch unsere Besuche in Mühldorf gelang es uns, auch für uns selbst eine neue Wohnung in einem Einfamilienhaus anzumieten. Es lief alles so reibungslos, wie man es sich nur wünschen kann.

Nachdem wir am 24. August in Mühldorf angekommen waren und unsere Wohnung eingerichtet war, meldete sich eine nette Nachbarin, die sich auf uns schon gefreut hatte. Es war die Schwester des bekannten Orchesterleiters Ambros Seelos. Mit dieser Familie sind wir bis heute noch eng verbunden.

Am 28. August fand wie jedes Jahr das Volksfest in Mühldorf statt. Brigitte, unsere Nachbarin, und ihr Mann Hans forderten uns auf, mit ihnen dorthin zu gehen.

Am Stadtwall waren viele Kutschen mit bunten Blumen und geschmückten Pferden aufgestellt. Diese waren für den Landrat und den Bürgermeister, Stadträte und andere Persönlichkeiten. Wir schauten uns alles voller Begeisterung an. Ganz besonders erfreute ich mich über den Brauereiwagen mit den vielen schweren Bierfässern und den schweren, im 6er-Gespann geschmückten Brauereipferden.

Als wir dort standen, kam ein netter älterer Herr auf uns zu und wollte wissen, wer wir sind. Es war unser späterer Freund Karl Knipf, der dritte Bürgermeister der Stadt.

Nach dem Schnupftabak, den er uns anbot und den ich noch nie vorher genommen hatte, versprachen wir, uns im Festzelt wieder zu treffen. Dort bei Blasmusik, wie ich es aus der Zeit meines Opas kannte und liebte, trafen wir auch seine Frau Rita. Das war der Anfang einer wirklich großen Freundschaft, auf die wir uns heute noch verlassen können.

Die Einschulung von Antje verlief ebenfalls problemlos. Antje besuchte das Ruperti-Gymnasium gegenüber unserer Praxis. Morgens fuhren wir gemeinsam mit ihr in die Schule und in unsere neue Praxis. Für unsere Tochter konnte es nicht besser sein. Im Laufe der Zeit kamen sowohl Lehrer als auch der Direktor des Gymnasiums als Patienten in unsere Praxis. Dadurch wurden wir über die Entwicklung unserer

Tochter bestens informiert. Unsere Praxis entwickelte sich in den auf die Neugründung folgenden Jahren sehr gut, wobei auch medizinische Fachvorträge für die Bevölkerung im Landkreis halfen, unseren Namen über die Stadtgrenzen hinaus bekannt zu machen.

Überrascht wurde ich durch eine Einladung der CSU Frauenunion, von der ich gebeten wurde, einen Vortrag über die Machenschaften der DDR-Staatssicherheit und unsere persönlichen Erfahrungen während der politischen Haft zu halten. Circa 100 Menschen hatten sich versammelt, und ich schaute, während ich meine eigenen Tränen versuchte zurückzudrängen, in entsetzte und weinende Gesichter. Mein Vortrag, den ich unter Zuhilfenahme unseres ersten Buchmanuskripts frei hielt, wurde, nach vorheriger Absprache, von einer Gymnasialschülerin auf Tonband aufgenommen für eine Schulaufgabe. Ich hatte bereits im Herbst 1984 gemeinsam mit meiner Frau Elke und meinem Schwager Volker das erste Manuskript fertiggestellt, um die erlebten bösen Geschehnisse, ihre Zusammenhänge und auch bestimmte Namen und Zeitpunkte nicht zu vergessen. Zu diesem Zeitpunkt wollte ich mit Rücksichtnahme auf meine Mutter noch keine Veröffentlichung der Geschehnisse. Dies änderte sich jedoch im Laufe der folgenden Jahre ohne ihr Eingeständnis einer Schuld, ohne Reue und durch die spätere Einsichtnahme unserer Stasiakten bei der Gauckbehörde.

Unser Leben in Mühldorf bestand aus unserer beruflichen Arbeit und dem Neuaufbau einer gesicherten Existenz. Wir verzichteten auf Kurbehandlungen, die man uns bei der Wiedereingliederung als ehemalige politische Gefangene anbot, im Interesse einer schnellstmöglichen Wiederaufnahme unserer Arbeit. Auf pharmazeutischem Gebiet und nach zweijähriger gezwungener Arbeitspause, musste ich mich über viele neue Medikamente informieren und mich auch in das neue Sozialsystem und die KV-Praktiken (Kassenärztliche Vereinigung) einarbeiten. Meine Frau war stets die größte Stütze und der wichtigste Berater für mich. Am Anfang unserer Arbeit, als die Praxis noch klein war, machten wir zu zweit alles selbst. Wir putzten auch alle Räume und das Treppenhaus, da wir uns noch keine Hilfskräfte leisten konnten. Dieser bescheidene Start hat auch zu unserem guten Ruf beigetragen.

Im September 1986, das Mühldorfer Volksfest hatte gerade seine Pforten geschlossen, kam Bundeskanzler Dr. Helmut Kohl nach Mühldorf zu einer großen Wahlveranstaltung. In einem der großen Bierzelte versammelten sich circa 5000 Menschen. Von der örtlichen CSU bot man mir an, mit dem Bundeskanzler nach seiner Rede zu sprechen. Man führte mich hinter das Rednerpodium und kämpfte den Weg für mich frei. Nach meiner Vorstellung fragte mich Dr. Kohl, wie unser neues Leben in Mühldorf verlief. Es war eine tiefe Genugtuung für mich, mich persönlich für die großartigen Bemühungen seiner Regierung für unsere Freiheit zu bedanken. Es war nur ein kurzes Gespräch, in welchem er meiner Familie und mir alles Gute wünschte. Einige Zeit später brachte mir ein Patient aus dem benachbarten Altötting ein

Pressefoto, welches mich mit Dr. Kohl zeigte. Es gehört heute zu meinen guten Erinnerungen.

Nach Prüfung unserer Unterlagen und unserer Aussagen, wurden wir als unrechtmäßig in der DDR Verurteilte wieder frei gesprochen und voll rehabilitiert.

Damit wird gezeigt, dass die DDR einschließlich ihrer Gesetzgebung ein Unrechtstaat war.

Ich bin stolz darüber! Wenn ich an mein Leben zurückdenke, so war ich, wie die meisten in der DDR, ein Mitläufer, und erst in der Ohnmacht durch die unerwartete Haft entwickelte sich in mir ein Mut und eine Zielstrebigkeit, ohne Angst für meine Freiheit und die Freiheit meiner Familie zu kämpfen. Über diesen Mut bin ich heute froh und stolz.

Besuch der Gauckbehörde in Berlin

Am 21. und 22.6.1992 wurden wir zur Einsicht in unsere Stasiunterlagen bei der Gauckbehörde in Berlin eingeladen. Wir hatten zuvor natürlich einen Antrag dafür gestellt.

Es war ein für uns unvorstellbares historisches Ereignis, als am 9. November 1989 die schändliche Mauer in Berlin zu Fall gebracht wurde und das Honecker-Regime zerbrach.

Durch den eisernen Willen des Volkes und seine friedliche, unblutige Revolution gelang es, auch durch die Weitsicht und durch den Mut der damaligen Akteure, die Stasiunterlagen zu sichern und zu verhindern, dass die Stasi diese Unterlagen vernichtete, was teilweise bereits begonnen wurde.

Wir besuchten erneut die Magdalenenstraße, jetzt als freie deutsche Bürger, und betraten erneut den ehemaligen Hauptsitz der Stasi. Das Gebäude befand sich in Umbaustimmung, es war eine Baustelle.

Dies waren die ersten Vorbereitungen, um der Masse des Volkes Einsicht in ihre geheimen Akten zu ermöglichen. Zu erwarten war dabei, dass auch viel Gift und unsägliches Leid an die Oberfläche gelangte.

Wir wurden von einer Mitarbeiterin der Gauckbehörde freundlich empfangen, die bereits unsere Akten durchgearbeitet hatte und die uns bat, die jetzt auf uns einstürzenden Erkenntnisse bei aller Emotionalität ruhig und bedacht aufzunehmen und nicht vorschnelle Schlussfolgerungen zu ziehen. Es war ein Hinweis auf die schrecklichen Erkenntnisse über unsere Denunziation.

Wenn diese Mitarbeiterin gewusst hätte, wie uns der Stiefvater am 30.5.1981 mit Anzeige gedroht hatte, hätte sie sicherlich eine andere Äußerung gemacht.

In einem größeren Raum konnten wir, meine Frau, ihr Bruder Volker, der ja Mitbeteiligter war, seine Frau Ina und ich unsere 640 Seiten umfassende Stasiakte einsehen.

Im gleichen Raum befand sich nur noch die bekannte Schriftstellerin der DDR Christa Wolf mit ihrem Ehemann. Es herrschte absolute Stille. Andere Personen, außer einer Betreuerin, waren nicht anwesend.

Uns wurden drei große Aktenordner ausgehändigt, so dass jeder von uns sich mit einem beschäftigen konnte. Es war ein anstrengendes Lesen, da viele Emotionen heraufbeschworen wurden und wir fast kollabiert wären. Ja, wir hätten aufschreien können vor Wut und Enttäuschung.

Die schlimmsten, für uns bedrückendsten Erkenntnisse waren in dem Ordner, den Volker zuerst las.

Vielleicht war das eine Vorsehung, so dass Volker uns am ersten Abend vorsichtig auf die auf uns zukommenden neuen Erkenntnisse für den folgenden Tag, den zweiten Besuchstag bei der Gauckbehörde, vorbereiten konnte.

Am zweiten Besuchstag hatten wir auch die Möglichkeit, die von uns gewünschten Seiten kopieren zu lassen, wobei man uns aufmerksam machte, dass dritte Personen bei allen Kopien, die das Haus verlassen, geschwärzt werden müssen. Meine Hoffnung, dass meine Eltern uns doch nicht verraten haben, sondern einer hinterhältigen Intrige zum Opfer gefallen seien, wurde hier in unbarmherziger Weise zerstört. Die Stasi, in preußischer Ordnung erzogen, hatte alles registriert, was registrierungswürdig war. Dies galt aktuellen oder späteren Aktionen ihrer Macher.

So ergibt sich aus den Protokollen, dass die Stasi bereits im Februar 1980 über unsere Gedanken, die DDR verlassen zu wollen, unterrichtet wurde. Sie wurde unterrichtet von einem Herrn Rudi Arndt in Dessau, dem Nachbarn meiner Eltern. Dieser Herr Arndt informierte die KD-Gräfenhainichen über mein verändertes politisches Verhalten und meinen Willen, die DDR zu verlassen (Bericht KD-Gräfenhainichen vom 5.6.1980 und Bericht Hauptabteilung II/10 vom 27.5.1981, aus den Stasiunterlagen der Gauckbehörde Berlin).

Der Bundesbeauftragte für die
Unterlagen des Staatssicherheitsdienstes
der ehemaligen
Deutschen Demokratischen Republik
Zentralarchiv Berlin
Ruschestr. 59, Haus 8, O-1130 Berlin

Hauptabteilung II/10 Berlin, 27. 5. 1981

Zusammenfassender Bericht zum OPK-Material "Maurer"

1. Zur Person

Name:	Dr. Jürgensen
Vorname:	Uwe-Jens
geb. am/in:	26.09.41 Bad-Bibra
Tätigkeit:	Oberarzt
Arbeitsstelle:	Regierungskrankenhaus / Diplomatenpoliklinik
wohnhaft:	1080 Berlin, Leipziger Str. 49

2. Gründe des Anlegens

2.1. Durch einen inoffiziellen Hinweis der BV Halle, KD Gräfenhainichen wurde im Februar 1980 bekannt, daß das Ehepaar Jürgensen beabsichtigt, unter Ausnutzung einer für 1980 geplanten Urlaubsreise nach Jugoslawien, die DDR auf ungesetzlicher Weise - gemäß Paragraph 213 StGB - zu verlassen.

Die sofort eingeleiteten Überprüfungsmaßnahmen bestätigten die Absicht des Ehepaares Jürgensen, unter Mitnahme der 6jährigen Tochter, auf schriftliche Einladung des jugoslawischen Botschafters Miles Medorović, ab 25. 5. 1980 eine 14tägige Urlaubsreise in die SFRJ durchzuführen.

Auf Grund der vorliegenden Verdachtsmerkmale wurde durch direkte Einflußnahme des MfS auf den staatlichen Leiter der Diplomatenklinik erreicht, daß dem Antrag des Dr. Jürgensen zur Durchführung einer Urlaubsreise nach Jugoslawien nicht stattgegeben wurde.
Der Vorschlag des Leiters der PKD, evtl. allein der Einladung nachzukommen, wurde von Dr. J. grundsätzlich abgelehnt.

2.2. Die durch die KD Gräfenhainichen erarbeiteten operativen Verdachtsmerkmale wurden durch in der HA II/10 bereits vorliegenden inoffiziellen Informationen über verändertes politisches Verhalten des Dr. J. in der PKD - nach seiner Ablösung als Parteisekretär im Herbst 1978 - weiter erhärtet. Die bei Dr. J. festgestellten Reaktionen und Verhaltensweisen standen im Widerspruch zu seinem früheren Auftreten als Parteisekretär und ließen nicht mehr eine eindeutige positive politische Grundeinstellung zur DDR erkennen.

Der Bundesbeauftragte für die
Unterlagen des Staatssicherheitsdienstes
der ehemaligen
Deutschen Demokratischen Republik
Zentralarchiv Berlin
Ruschestr. 59, Haus 8, O-1130 Berlin

2.3. Durch die erneute Überprüfung der Reisetätigkeit der in Westberlin lebenden Verwandten des Dr. J.

– ______________,

und

– ______________,

wurde der Nachweis einer aktiven Kontakttätigkeit erbracht. Bewußt wurde bereits seit der Übersiedlung der [illegible] in die BRD gegen die Weisung des Regierungskrankenhauses verstoßen, indem die Zusammentreffen mit den Verwandten nicht zur Meldung gebracht wurden.

3. Stand der operativen Bearbeitung

3.1. Die Eltern des Dr. Jürgensen,

– [illegible] und

– [illegible]

sind über dessen Absicht, die DDR ungesetzlich zu verlassen, seit langem (mindestens seit 1979) informiert. (Berichte KD Gräfenhainichen vom 27. 2. 1980 und 5. 6. 1980). Inoffiziell wurde von der KD erarbeitet, daß die Eltern im Jahre 1979 mehrmals Aussprachen mit dem Ehepaar J. durchführten, letztmalig am 26. 12. 1979 um diese von ihrem Vorhaben abzubringen. Im Ergebnis der letzten Aussprache hat Dr. J. den Eltern als auch seinen beiden Stiefbrüdern zugesichert, seine Absichten nicht zu verwirklichen. (Bericht KD vom 5. 6. 1980)

- Gegenwärtig kann keine eindeutige Aussage darüber getroffen werden, ob Dr. J. endgültig von dem Vorhaben, die DDR ungesetzlich zu verlassen, zurückgetreten ist.

- Im Bearbeitungszeitraum wurden keine Verhaltensweisen und Handlungen bekannt, die unmittelbar auf eine Vorbereitung des ungesetzlichen Verlassens der DDR durch das Ehepaar J. schließen ließ.

3.2. Dr. Jürgensen als auch dessen Ehefrau werden, ausgehend vom operativen Aufklärungsstand, als politische und personelle Unsicherheitsfaktoren in der PKD eingeschätzt. Auch bei der Annahme, daß Dr. J. von seinem Vorhaben zurückgetreten ist, muß von der Möglichkeit der erneuten Aktivierung von Handlungen nach Paragraph 213 StGB ausgegangen werden. Die Notwendigkeit der weiteren verstärkten operativen Bearbeitung des Dr. J. ergibt sich aus nachstehenden operativen Verdachtsmerkmalen:

Der Bundesbeauftragte für die
Unterlagen des Staatssicherheitsdienstes
der ehemaligen
Deutschen Demokratischen Republik
Zentralarchiv Berlin
Ruschestr. 59, Haus 8, O-1130 Berlin

Lüge (sich bei jeder Ernennung zurückgesetzt!)

3.2.1. Dr. J. fühlt sich nach Ablösung als Parteisekretär der PKD im Herbst 1978 insgesamt ungerecht behandelt. Er hat sich bis zum gegenwärtigen Zeitpunkt noch nicht damit abgefunden, daß er aus dem Leitungsgremium der PKD bzw. des Regierungskrankenhauses eliminiert wurde.

- Dr. J. schätzt selbst ein, daß seine persönliche und fachliche Entwicklung seit diesem Zeitraum stagniert. (Bericht IM "Korn" vom 19. 2. 1981) Mit dieser Situation ist er sehr unzufrieden, zumal auch von seiner Seite aus einschätzbar ist, daß die Übernahme einer Leitungsfunktion im Regierungskrankenhaus (CA eines Bereiches) auf lange Sicht keine Verwirklichung finden wird.

- Dr. J. "fühlt sich jedoch zu Höherem berufen" und kann die Realisierung seiner Vorstellungen möglicherweise nur noch in der Tätigkeitsaufnahme in einer medizinischen Einrichtung der BRD bzw. WB verwirklicht sehen. Begünstigend kann sich hierbei der Umstand auswirken, daß Dr. J. als Funkt. Diagnostiker in der PKD ausschließlich mit medizinischen Geräten westlicher Herkunft arbeitet und die erworbenen Kenntnisse und Fertigkeiten bei einer Tätigkeitsaufnahme in der BRD/WB ohne besondere Umstellungsprobleme anwenden könnte.

3.2.2. Die politische Grundeinstellung des Dr. J. wird, trotzdem dieser seit 1968 Mitglied der SED und in der PKD mehrere Jahre als Parteisekretär fungierte, als schwankend eingeschätzt.

- Übereinstimmend wurde von verschiedenen IM erarbeitet, daß nach Ablösung des Dr. J. als Parteisekretär immer deutlicher erkennbar wurde, daß dieser die Funktion dazu nutzte, seine fachliche Position im Regierungskrankenhaus zu festigen, um in den Kreis der Leitungskader aufgenommen zu werden.

- Auch die Meinung des Dr. J., nur noch ein notwendiges Minimum an gesellschaftliche Arbeit in der PKD zu leisten, was durch sein praktisches Handeln bestätigt wird, läßt sein verändertes politisches Denken und die ungefestigte Einstellung erkennen. (Berichte IM "Korn" v. 24. 3. 1980, 20. 5. 1980, IM "Holz" v. 25. 3. 1980 u. "Wichert" v. 1. 7. 80).

3.2.3. Die Meinungsbildung und bestimmte Entscheidungen des Dr. J. werden offensichtlich sehr stark von dessen Ehefrau beeinflußt.

- Vom IM der KD Gräfenhainichen, der sich im wesentlichen auf Aussagen der Eltern des Dr. J. beruft, wurde erarbeitet, daß die Motive für das Vorhaben, die DDR ungesetzlich zu verlassen, hauptsächlich in der hohen materiellen Interessiertheit und im übertriebenen Geltungsbedürfnis der Ehefrau zu suchen wären (Bericht KD v. 5. 6. 1980).

Der Bundesbeauftragte für die
Unterlagen des Staatssicherheitsdienstes
der ehemaligen
Deutschen Demokratischen Republik
Zentralarchiv Berlin

- Diese Einschätzung wird durch Hinweise des IM "Tschorr" vom 3. 4. 1980 bestätigt, die besagen, daß die Ehefrau möglicherweise der Hauptinitiator für dieses Vorhaben ist.

3.2.4. Einen wesentlichen Einfluß auf die Entschlußfassung zum ungesetzlichen Verlassen der DDR hatte in der Vergangenheit offensichtlich der aktive persönliche Kontakt zu den in Westberlin lebenden Verwandten (s. Pkt. 2.3.).

- Laut Information der KD Gräfenhainichenv. 5. 6. 1980 ist es der V. Elm. der bei seinem Zusammentreffen mit Dr. J. die westliche Lebensweise verherrlicht und finanzielle staatliche Unterstützung bei Übersiedlung in die BRD zusicherte.

- Die Verherrlichung der westlichen Lebensweise durch V. E., die Heraushebung der Rolle des Arztes in der BRD durch Dr. J. selbst (Bericht IM "Wichert" vom 16. 4. 1980) und das weiterhin bestehende Geltungsbedürfnis der Ehefrau können entscheidenden Einfluß auf die Entschlußfassung des Dr. J. haben und kurzfristig aktive Handlungen gemäß Paragraph 213 StGB auslösen.

3.2.5. In einem an den Leiter der PKD gerichteten Schreiben vom 5. 1. 1981 wird Dr. Jürgensen vom Miloš Milovski, erneut eingeladen, 1981 zusammen mit seiner Familie den Urlaub in Jugoslawien zu verbringen. Wie bei der ersten Einladung im März 1980 behauptete Dr. J.. daß die Initiative dafür nur von dem M. Milovski ausgegangen ist. Unter Berücksichtigung der vom MfS bereits gegebenen Hinweise wurde die Einladung in diesem Fall vom Leiter der PKD erneut abgelehnt.

3.2.6. Dr. Jürgensen wird übereinstimmend als Karrierist eingeschätzt. Kennzeichnend für ihn sind folgende Persönlichkeitseigenschaften:

- starke Selbstüberschätzung der eigenen Person, besonders der spezifischen fachlichen Kenntnisse,

- großes Geltungsbedürfnis - fühlt sich zu "Führungsaufgaben" berufen, wird von der Leitung des Regierungskrankenhauses aber nicht erkannt und ist deshalb nicht seiner wirklichen Qualifikation entsprechend eingesetzt,

- Hervorhebung der Rolle des Arztes (medizinische Intelligenz),

- ausgeprägte Kritikempfindlichkeit, die bis zu cholerischen Verhaltensweisen führen,

- vielfache Kritikanwendung gegenüber anderen, Abwertung der Tätigkeit und fachlichen Leistungen anderer,

- autoritäres und selbstherrliches Auftreten gegenüber Unterstellten, aber auch gegenüber gleichgestellten und übergeordneten Mitarbeitern,

Der Bundesbeauftragte für die
Unterlagen des Staatssicherheitsdienstes
der ehemaligen
Deutschen Demokratischen Republik
Zentralarchiv Berlin
Ruschestr. 59, Haus 8, O-1130 Berlin

- z. Teil anbiederndes Verhalten gegenüber Personen mit einflußreichen beruflichen und gesellschaftlichen Stellungen bzw. gegenüber solchen (Diplomaten), von denen persönliche/materielle Vorteile (Geschenke) zu erwarten sind,

- gute Anpassungsfähigkeiten und geistige Beweglichkeit ermöglichen schnelles Erfassen und Reagieren in bestimmten Situationen, kontaktfreudig, wenn es gilt, persönliche Interessen durchzusetzen.

Der IMS "Korn" schätzte ein (Bericht v. 24. 3. 1981), daß die Entschlußfassung zum ungesetzlichen Verlassen der DDR bei Dr. J. vermutlich nicht-politisch motiviert sei, sondern in den charakterlichen Eigenheiten begründet lägen.

4. Besonderheiten, die in der weiteren operativen Bearbeitung des Dr. J. Berücksichtigung finden müssen

4.1. Auf Grund des durch die berufliche Tätigkeit objektiv bedingt, ständigen persönlichen Kontaktes zu Diplomaten des NSW als auch sozialistischer Staaten muß die Möglichkeit eingeschlossen werden, daß die Vorbereitung und Durchführung von Handlungen nach Paragraph 213 StGB unter direkter Einbeziehung dieses Personenkreises erfolgen kann.

- Von Dr. J. selbst angegeben (Bericht GMS "Busch" v. 27. 3. 80), unterhält dieser engen Kontakt zu dem in der DDR lebenden und arbeitenden jugoslaw. Diplomaten

- Der Hinweis des IM "Holz" (Bericht v. 26. 8. 1980), daß von Ärzten des Regierungskrankenhauses 36 CD-Fahrzeuge am Wochenendgrundstück des Dr. J. in Stolzenhagen festgestellt worden sind, konnte bisher nicht bestätigt werden. Gegenwärtig liegen keine konkreten Angaben über persönliche Kontakte des Dr. J. zu Diplomaten des NSW bzw. SWS im Freizeitbereich vor.

Es kann aber davon ausgegangen werden, daß diese, falls solche bestünden, ebenfalls wie die Verbindungen zu den in Westberlin lebenden Verwandten konspiriert würden.

4.2. Der Beweis der Konspirierung von persönlichen Kontakten zu Diplomaten wird in der Verbindung zu dem M. Milovski erbracht.

- M. M. hat seine diplomatische Tätigkeit im Herbst 1978 in der DDR beendet. Die an Dr. J. ergangene Einladung erfolgte im März 1980 über das Außenministerium der DDR.

- Der Zeitpunkt der Einladung fällt mit den von der KD Gräfenhainichen nach Paragraph 213 StGB erarbeiteten Hinweisen zusammen.

Der Bundesbeauftragte für die
Unterlagen des Staatssicherheitsdienstes
der ehemaligen
Deutschen Demokratischen Republik
Zentralarchiv Berlin
Ruschestr. 59, Haus 8, O-1130 Berlin

- Bis zum Zeitpunkt des Bekanntwerdens der Einladung lagen in der PKD keine Hinweise über die Besonderheiten der Verbindung des Dr. J. zu M. vor. Über die Art und Weise der Aufrechterhaltung des Kontaktes zum Melovski, gibt es z. Zt. keine konkreten operativen Erkenntnisse. Die Einbeziehung des . ______ kann als Möglichkeit angenommen werden.

Bei der Beurteilung des Charakters der Verbindung des Dr. J. zum [illegible] BS dr. Melovski muß berücksichtigt werden, daß bei dem . auf Grund der langjährigen medizinischen Betreuung durch Dr. J. in der DDR ein gewisses Dankbarkeitsgefühl entstanden sein kann. (Bericht IMS "Korn" vom 24. 3. 81 und 2. Einladung .) Dieser Umstand kann aber auch von Dr. J. erkannt und genutzt worden sein, von diesem eine Einladung zur Durchführung einer Urlaubsreise in die SFRJ zu erwirken, um diese, ohne Wissen des M., für ein ungesetzliches Verlassen der DDR zu nutzen.

4.3. Im Zusammenhang mit der erneuten Ablehnung der Einladung wurde durch den Leiter der PKD am 26. 1. 1981 eine Aussprache mit Dr. J. geführt, in deren Ergebnis diesem nochmals eindeutig die Position des Regierungskrankenhauses dargelegt worden ist. Als Reaktion auf diese Aussprache verfaßte Dr. J. am 30. 1. 81 ein Schreiben an den Parteisekretär Gen. Kant worin er seine Empörung darüber zum Ausdruck bringt, daß ihm vom Leiter der PKD Mißtrauen entgegengebracht wird und daß man ihn einer unlauteren Handlungsweise verdächtige.

- Vom Leiter der PKD wurde zum Verhalten des Dr. J. während der Aussprache am 26. 1. 1981 eingeschätzt, daß dieser entgegen seinem sonstigen Verhaltens völlig ruhig und gelassen reagierte. Umso überraschender kam für diesen dann die schriftliche Reaktion des Dr. J. an den Parteisekretär des Regierungskrankenhauses.

- Bei den von Dr. J. entwickelten Aktivitäten kann von der Annahme ausgegangen werden, daß dieser einen Zusammenhang zwischen dem von ihm beabsichtigten Vorhaben nach Paragraph 213 StGB und bestimmten Reaktionen des Regierungskrankenhauses zu seiner Person vermutet.

Mit dem an Kant verfaßten Schreiben kann Dr. J. somit das Ziel verfolgt haben, bestätigende Hinweise für seine Überlegungen zu erhalten. Dieser Verdacht ist besonders dadurch begründet, weil zum Zeitpunkt der Abfassung des Schreibens (30. 1. 1981) der [illegible] Volker [illegible] m. Familie aus Westberlin in die Hauptstadt einreisten.

Der Bundesbeauftragte für die
Unterlagen des Staatssicherheitsdienstes
der ehemaligen
Deutschen Demokratischen Republik
Zentralarchiv Berlin
Ruschestr. 59, Haus 8, O-1130 Berlin

4.4. Die Aufrechterhaltung der Verbindungen des Ehepaares J. zu den in Westberlin lebenden Verwandten erfolgt durch ständige Einreisen dieser Personen und persönlichen Zusammentreffen in der Wohnung des Dr. J.

Da durch die eingeleitete M-Kontrolle keine schriftliche Korrespondenz festgestellt wurde, kann angenommen werden, daß neben den persönlichen Zusammentreffen auch telefonischer Kontakt besteht.

I , am 5. 6. 1980 von an feststellter Brief konnte mit herkömmlichen Mitteln von der Abteilung M nicht geöffnet werden.

Müller
Major

Inoffiziell wurde von der KD erarbeitet, dass die Eltern von Dr. Jürgensen im Jahre 1979 mehrmals Aussprachen mit dem Sohn durchgeführt haben, um diesen von seinem Vorhaben abzubringen. Letztmalig am 26.12.1979, dem Geburtstag des Stiefvaters.

Im Ergebnis der letzten Aussprache habe Dr. Jürgensen sowohl den Eltern als auch seinen beiden Stiefbrüdern zugesichert, seine Absichten nicht zu verwirklichen (Bericht KD vom 5.6.1980).

Unterlagen des Staatssicherheitsdienstes
der ehemaligen
Deutschen Demokratischen Republik
Zentralarchiv Berlin
Ruschestr. 59, Haus 8, O-1130 Berlin

II/10/1200/80

5

Bezirksverwaltung für
Staatssicherheit Halle
KD Gräfenhainichen

Gräfenhainichen, den 05.06.80
hu-kr- 641 /80

Ministerium für Staatssicherheit
Hauptabteilung II/10, Gen. Müller

über BV Halle
Stellvertreter Operativ
Genossen Oberst Lange

Ihr Informationsbedarf vom 21.04.80, Tgb.Nr. 623/80

Zur Person Dr. J ü r g e n s e n, Oberarzt im Regierungskrankenhaus Berlin

Ausgehend von der Ausgangsinformation hat unser IM nochmals Kontakt zu der Familie des oben Genannten
, Oskar H. und
Frieda H.

aufgenommen.
Dabei wurde folgender Sachverhalt erarbeitet:
Die Fam. H. ist auf Grund ihrer politischen Einstellung strikt dagegen, daß der J. seine Absicht, die DDR ungesetzlich zu verlassen, realisiert.
In mehreren Aussprachen, letzmalig zum 60. Geburtstag des H. haben sie versucht, dem J. diese Absicht auszureden.
Zur Geburtstagsfeier wurde ein "Familienrat" einberufen, zu welchem auch die zwei Brüder des J. teilnahmen.
Beide Brüder sollen sehr positive Genossen sein, welche in Moskau studiert haben.
Im Ergebnis der Aussprache soll der J. 100%ig versichert haben, daß er von seinem Vorhaben Abstand nimmt.
Da sie der Versicherung ihres Sohnes Glauben schenken, ist die Fam. H. auch nicht gewillt, über die Absichten eine offizielle Information an die Kreisleitung der Partei zu richten.
Motive für die Absichten des Dr. J., die Republik ungesetzlich zu verlassen, sind hauptsächlich in der hohen materiellen Interessiertheit seiner Ehefrau zu suchen.
Von der Ehefrau lebt nach unseren Ermittlungen die Mutter und der Bruder in der BRD, wobei der Bruder leitender Chirurg einer medizinischen Einrichtung sein soll.

Der Bundesbeauftragte für die Unterlagen des Staatssicherheitsdienstes der ehemaligen Deutschen Demokratischen Republik
Zentralarchiv Berlin
Ruschestr. 59, Haus 8, O-1130 Berlin

Bei einer Einreise dieses Bruders, welche im Jahre 1979 stattgefunden haben soll, wurde von diesem die westliche Lebensweise in den höchsten Tönen gelobt, worauf die Ehefrau des Dr.J. ihren Mann beeinflußt haben soll, über eine Urlaubsreise nach Jugoslawien die DDR ungesetzlich zu verlassen.
Darüberhinaus wurde bekannt, daß die Familie J. zur Zeit ein Einfamilienhaus baut, welches über GENEX finanziert wird.
Der Bruder der Ehefrau hätte dem J. zugesichert, daß er alle finanziellen Aufwendungen für seinen Hausbau beim Verlassen der DDR in der BRD vom Staat zurückerstattet erhält.
Zusammengefaßt können die Gründe für die Absichten entsprechend § 213 StGB in dem übertriebenen Geltungsbedürfnis und in der materiellen Interessiertheit der Ehefrau gesucht werden.
Dr.J. selbst ist nach Aussagen der Quelle als ruhiger, etwas pflegmatischer Mensch anzusehen, der aus eigenem Antrieb solche Aktivitäten wahrscheinlich nicht entwickelt hätte.
Die Reise nach Jugoslawien war für Ende Mai 1980 geplant und ist durch den Botschafter der Jugoslawischen Botschaft in der DDR zustande gekommen. Der J. hat im vergangenen Jahr diesen Botschafter über einen längeren Zeitraum (6 – 8 Wochen) medizinisch behandelt.
Im Gespräch der   mit Dr.J. wurde ihm auch vorgeworfen, diese Verbindung für seine negativen Handlungen auszunutzen.
Nach Ablehnung der Reise rief Dr.J. seine Eltern in Dessau an und teilte ihnen mit, daß er nicht nach Jugoslawien fährt, daß seine Reise im Zusammenhang mit dem Tod des Genossen Tito abgelehnt wurde.
Nach dem jetzigen Stand kann eingeschätzt werden, daß der Dr.J. zur Zeit von Handlungen entsprechend § 213 StGB zurückgetreten ist. Auf Grund der großen Beeinflussung durch seine Ehefrau und ihrer Position zu diesen Handlungen ist es möglich, daß in der Zukunft wiederholt Aktivitäten entwickelt werden.
Der Einsatz unserer IM zur Familie H. ist weiter möglich und wird durchgeführt.

Huth
H u t h
Oberleutnant

komm. Leiter der KD
Hupe
H u p e
Major

Wenn ich diesen Bericht lese, so muss ich bei aller Anstrengung sagen, dass mir das alles, zu dem oben genannten Zeitpunkt überhaupt nicht erinnerlich ist.

Ich weiß, dass wir bei der Geburtstagsfeier des Stiefvaters am 26.12.1979 über die Einladung nach Jugoslawien gesprochen haben und ich möglicherweise in lokkerer Art gesagt habe, dass ich, sofern ich nach Jugoslawien reisen darf, vielleicht nicht zurückkomme. Einen festen Fluchtplan hat es zu diesem Zeitpunkt nicht gegeben. Deshalb ist es völlig unverständlich, dass man hinter unserem Rücken bereits im Februar 1980 über den IM Arndt die Stasi informiert hat.

Die Berichte des IM Rudi Arndt gehen nun durch die gesamte Stasi-Akte bis zum Juni 1981, also kurz vor unserer Verhaftung am 1.8.1981, und es ist mühselig, die ständig wechselnden Meldungen an die Stasi zu erörtern.

Die Hauptauseinandersetzung mit den Eltern war im April 1981 und schließlich das Gespräch am 30.5.1981 bei unserem Kurzbesuch in Dessau.

Dieser R. Arndt und seine Frau Renate, waren die IMs, die Nachbarn meiner Eltern in Dessau, wo wir von unseren nun gefassten Fluchtgedanken gesprochen haben und dabei von dem Stiefvater am 30.5.1981 die Drohung erhielten, uns anzuzeigen, was ja im Nachhinein nun offensichtlich seit Februar 1980 als kontinuierliche Meldungen über den Nachbarn und IM Arndt erfolgte.

Mit Schreiben vom 11.1.1993 erhielt ich von der Gauckbehörde nach meinem Antrag auf Entschlüsselung von Decknamen vom 14.5.1992 die folgende Mitteilung:

DER BUNDESBEAUFTRAGTE
für die Unterlagen des Staatssicherheitsdienstes
der ehemaligen Deutschen Demokratischen Republik

BStU, Postfach 11 99 - O-1086 Berlin

Persönlich

Herrn
Dr. Uwe-Jens Jürgensen
Kaiser-Ludwig-Str. 12

W-8260 Mühldorf a. Inn

Ihr Zeichen, Ihre Nachricht vom	(Bitte bei Antwort angeben) Unser Zeichen, unsere Nachricht vom	☎ (0 30)	Berlin
	6715/91Z/AU I.4 - BB	23 13 -8980	11.01.1993

Betr.: Personenbezogene Unterlagen des Staatssicherheitsdienstes der ehemaligen DDR
hier: Auskunft an Privatpersonen

Bezug: Ihr Antrag auf Entschlüsselung von Decknamen vom 14.05.1992

Sehr geehrter Herr Dr. Jürgensen,

bei der von Ihnen vorgenommenen Akteneinsicht in die Unterlagen des Staatssicherheitsdienstes haben Sie gemäß Gesetz über die Unterlagen des Staatssicherheitsdienstes der ehemaligen Deutschen Demokratischen Republik (3. Abschnitt, § 13 (5)) gebeten, Ihnen zu den Decknamen des Staatssicherheitsdienstes die Namen der inoffiziellen Mitarbeiter bekanntzugeben:

Auf der Basis der durchgeführten Analysen geben wir Ihnen dazu folgende Auskunft:

1. zu nachfolgend aufgeführten IM (Inoffizielle Mitarbeiter des Staatssicherheitsdienstes) konnten wir die Klarnamen ermitteln.

IM-Deckname Reg.-Nr./Arch.-Nr.	Klarname, Vorname Geburtsname	geb. am:
IM R. Arndt Reg.-Nr. VIII 1018/76 Archiv-Nr. Halle AIM 1018/76	Melson, Ferdinand	25.05.1931
IMS Monika Reg.-Nr. Ffo 374/70 Arch.-Nr. AIM 16440	Baumgarten, Anke	07.08.1948
IM Rolf Karo Reg.-Nr. Magd. 842/68 Arch.-Nr. AIM 1249/91	Kuttig, Kurt	09.09.1942

Dienstgebäude
Glinkastraße 35
Berlin - Mitte

Telefon
(Vermittlung)
(0 30) 23 13 - 70

Telefax
(030) 23 13 - 77 62

IM-Deckname Reg.-Nr./Arch.-Nr.	Klarname, Vorname Geburtsname	geb. am
IMS Klaus Müller Reg.-Nr. V/343/81 Archiv-Nr. -	Siebert, Udo	28.12.1952

2. Auf Grund der gegenwärtigen Aktenlage in unseren Archiven war es für die anschließend aufgeführten Decknamen **nicht möglich**, die von Ihnen gewünschten Klarnamen herauszufinden:

IM-Deckname	Quelle: Reg.-Nr./Arch.-Nr.
IMS Wichert	AOP 10097/84, Bd. 2, S. 112 u. 113
GMS Busch	AOP 10097/84, Bd. 1, S. 17
IMS Korn	AOP 10097/84, Bd. 1, S. 17
IMS Tschorr	AOP 10097/84, Bd. 1, S. 17
IMS Günter Holz	AOP 10097/84, Bd. 2, S. 109
KP Peter	AOP 10097/84, Bd. 2

Diese Auskunft stützt sich auf den derzeit vorhandenen und erschlossenen Bestand der Zentralstelle in Berlin und der Außenstelle Halle.

Derzeit werden weitere Unterlagen des Staatssicherheitsdienstes der ehemaligen DDR archivalisch erschlossen.

Ich stelle Ihnen anheim, sich in zwei Jahren erneut an meine Behörde zu wenden, ggf. liegen dann weitere Erkenntnisse vor.

Mit freundlichen Grüßen
Im Auftrag

i. V. Klaus N...

Dr. Schwarzenberger

Die in diesem Schreiben noch nicht identifizierten IM-Decknamen haben mich im Grunde genommen nur wenig interessiert, so weiß ich doch zum Beispiel die Namen meiner Kollegen-Spitzel. Arme Kollegen, dass ihr so etwas tun konntet?

Für uns war der wichtigste IM Rudi Arndt, der Nachbar meiner Eltern in Dessau.

Im Februar 1980 hat er sich zunächst über meine Existenz im Regierungskrankenhaus in Ostberlin informiert, um nachfolgend der Stasiführung über mein abtrünniges Verhalten zu berichten bis zum Juni 1981, kurz vor unserer Inhaftierung. Wie kam dieser Mann nun zu diesen Informationen?

Er kann nur zu diesen gekommen sein durch die aktive Mithilfe meines Stiefvaters und meiner Mutter.

Man hat uns also nicht angezeigt, weil man es mit seinem Gewissen einer möglichen späteren Aufdeckung nicht übereinbringen konnte, sondern man hat den IM für sich genutzt, das Entsprechende zu tun, um des Stiefsohns Plan zu vereiteln und die eigene Familie vor Schaden zu schützen. Ein teuflisches Verhalten und ein verbrecherischer Verrat, dem wir unser Schicksal zu verdanken haben.

Die Stasi hatte langfristige Vorbereitungen getroffen, wie man unser habhaft werden will.

Es wurde ein politisch-operativer Maßnahmeplan erarbeitet.

Der Sonderbeauftragte für die
Unterlagen des Staatssicherheitsdienstes
der ehemaligen
Deutschen Demokratischen Republik
Zentralarchiv Berlin
Ruschestr. 59, Haus 8, O-1130 Berlin

Hauptabteilung II

Berlin, 27. 7. 1981
II/10/ 1176 /81
bu-frö

persönlich

Hauptabteilung IX
Abteilung 9
Leiter

Im Ergebnis eingeleiteter politisch-operativer Maßnahmen konnten inoffizielle Beweise erarbeitet werden, die den Verdacht von Vorbereitungshandlungen des Dr. J ü r g e n s e n - Oberarzt in der Poliklinik für Diplomaten - gemäß Paragraph 213 StGB begründen.

Zwischen dem im Operativ-Vorgang "Maurer" operativ bearbeiteten Dr. J. und seinem in Westberlin lebenden [illegible] [illegible], wurden am 10. 7. 1981 in der Zeit von 17.35 Uhr - 21.30 Uhr in der Wohnung des Dr. J. intensive Absprachen über mögliche Wege zur Realisierung des beim Dr. J. verfestigten Vorhabens, die DDR ungesetzlich zu verlassen, getätigt, ohne das diese zu konkreten Ergebnissen führten.

In Auswertung der operativen Ergebnisse, die durch die Maßnahme A u. B sowie einer am 23. 7. 1981 durchgeführten konspirativen Wohnungsdurchsuchung erzielt wurden, kann davon ausgegangen werden, daß Dr. J. zum gegenwärtigen Zeitpunkt (Urlaubsreise vom 1. 8. - 18. 8. in die UVR) vom Vorhaben, die DDR ungesetzlich zu verlassen, vorerst Abstand genommen hat, ohne diese Zielstellung endgültig aufzugeben. (s. Anlage)

Es wird vorgeschlagen:

1. Am Sonnabend, dem 1. 8. 1981 sofort nach Abreise der Familie J. eine erneute konspirative Wohnungsdurchsuchung durchzuführen, um festzustellen, ob die wichtigen persönlichen Unterlagen, wie Promotionsurkunde, Familienstammbuch usw., noch am selben Ort lagern.

2. Bei Nichtvorfinden dieser Unterlagen in der Wohnung wird auf Grund des vorliegenden Verdachtes der Mitführung derselben eine Intensivkontrolle durch die Hauptabteilung VI bei Ausreise zur CSSR veranlaßt. Sollte Dr. J. die Unterlagen mitführen, erfolgt eine Ausreisesperre und die Zuführung zur Befragung.

Nach Kenntnis wird um eine dringende Rücksprache gebeten.

Leiter der Abteilung 10

Buchholz
Oberst

Anlagen
- Auswertungsbericht Maßnahme B v. Freitag, 10.7.81
- Ergebnis der konsp. Wohnungsdurchsuchung

Wir sind Gott sei Dank mit Leib und Leben über diese furchtbare Zeit hinweggekommen, unserer Seele bleibt jedoch für immer verletzt!

Mir ist es unvorstellbar, wie sich mein Stiefvater im September 1991 erdreisten konnte, vor uns und unserer Tochter zu schwören, dass er und seine Frau keine Schuld an unserem Schicksal hätten!

Auch wenn die ganze Stasiakte den Schmutz in unserer Familie aufzeigt, so mussten wir doch lachen, als wir einen circa 15 Seiten langen Abhörbericht per Richtmikrofon vor uns liegen sahen, in dem nur Wortfetzen zu lesen waren, ohne dass man irgendeinen Sinn daraus hätte konstruieren können. Hier hatte wohl die Technik komplett versagt.

Wir hatten auch unsere Tricks in unserer Wohnung und unterhielten uns über diese Angelegenheiten nur bei laut eingestelltem Radio. Das Telefon beschwerten wir mit einem Kissen.

Diese Verfahrensweise habe ich selbst von Stasi-Leuten während meiner Begleitungstätigkeit von Regierungsdelegationen erfahren.

Nach unserer Haftentlassung hat die Stasi unter dem Decknamen IM Klaus Müller den Nachbarn unseres Wochenendhauses in Stolzenhagen Udo Siebert als Spitzel geworben, um uns zu beobachten und insbesondere unsere Besucher, vor allen Dingen Diplomatenwagen mit Fahrzeugnummer zu fotografieren, und ihm dafür sogar eine hochkarätige Kamera zur Verfügung gestellt.

Auf Grund meiner Erkenntnisse der Information unmittelbar nach unserer Haftentlassung über die drei uns folgenden Schergen, habe ich mich gehütet, Diplomaten in Bedrängnis zu bringen und keine Einladungen ausgesprochen. Ich habe sie über die Manipulationen der Stasi informiert und wir waren übereingekommen, keinen Anlass für neue Stasi-Erkenntnisse zu geben.

Unmittelbar nach der Einsicht in die Stasiakten und dem Erhalt der von uns gewünschten Kopien mit geschwärzten Namen von Dritten haben wir gemeinsam zu dritt aus dem Kurzzeitgedächtnis diese handschriftlich wieder eingefügt.

Um die Familie über die wahren Hintergründe unserer Inhaftierung zu informieren, habe ich an jedes Familienmitglied ein acht-seitiges Dokumentenbündel als Kopie geschickt.

Die Reaktion darauf zeigt die Antwort meines Stiefvaters vom 19.5.1992 sowie noch einmal ein Schreiben vom 7.9.1992.

Dessau,den 19.05.1992

Uwe!

Ich hoffe Du hast den Mut diesen Brief zu lesen.
Nach 1o Jahren gratulierst Du Deiner Mutter zum ersten Male wieder zum Muttertag und wünscht Ihr Gesundheit und Freude.
3 Tage später rufst Du wieder an und teilst Ihr mit,daß Du am 14.und 15.Mai in Berlin bist,die von der Stasi über Dich angelegte Akte - 6oo Seiten-lesen kannst und am Sonnabend uns besuchen würdest.Telefonisch wärest Du aber schon darüber informiert,daß unsere Familie nicht der Grund zu Eurer Inhaftierung sei.Unsere Freude auf ein Wiedersehen in unserem Hause war groß.Deine Mutter bereitete sich auf Deinen Besuch vor,wie das nur eine Mutter tun kann.

Am Freitagnachmittag kam dann Dein kurzer Anruf aus Berlin, daß Du nach der Akteneinsicht,uns folgendes mitzuteilen hast:

1.)Deine Mutter,die oft bei einer Nachbarin gehockt haben soll, hätte Euren Fluchtplan,dieser Nachbarin erzählt und diese Frau -Deckname Arndt-hätte dies der Stasi Berlin über die Dienststelle Gräfenhainichen mitgeteilt.
2.)Den wirklichen Namen dieser Frau würdest Du ermitteln lassen und dann gegen diese Frau Klage einleiten.
3.)Über uns würde ebenfalls eine Akte vorliegen,die wir einsehen sollten.
4.)Unser Gespräch vom 3o.5.1981 in Dessau wäre im Protokoll wörtlich festgehalten.
5.)Auf Grund dieser neuen Erkenntnis könntest Du Deine Frau und deren Verhalten zu uns verstehen und uns nicht besuchen.

Diese 5 Punkte habe ich doch wohl richtig verstanden.

Wer hat Dir telefonisch mitgeteilt,daß unsere Familie an Eurem Schicksal <u>keine</u> Schuld trägt? Es kann doch nur von dem Mita rbeiter ausgesprochen worden sein,der Eure Akte eingeshen ha tte.Er hat also genau das Gegenteil herausgelesen wie Ihr. Für uns völlig unverständlich.
Für Dich und Deine Frau sind alle ehemaligen Stasimitarbeiter und Informanten Verbrecher.Das stimmt ja sicher auch.
Was diese Verbrecher aber auf das Papier gebracht haben,ist für Dich,die absolute Wahrheit.
Du hast doch wohl viele der Methoden und Tricks kennengelernt,

um nicht zu begreifen,daß hinter dieser Feststellung,ganz andere Namen und Orte stehen.Wollte Dich die Stasi nicht freilassen,wenn Du machst,was sie wollte?
Uwe,welcher Einfluß hat in diesen Tagen auf Dich eingewirkt? Bis vor 2 Jahren,war ich auch noch bei Dir,der große Ver=brecher.Ich sollte ja der Informant gewesen sein,der Euren Fluchtplan verraten hätte.
Nun hast Du wohl die Gewißheit,daß weder ich,noch einer Deiner Brüder oder deren Frauen,Euren Fluchtplan verraten haben.Das war doch auch aus den Worten Deiner Frau zu entnehmen.Mit Deiner Mitteilung,nun könntest Du Deine Frau verstehen,willst Du doch sicher auch das Verhalten Deiner Frau zu mir,in Deiner Wohnung und Deiner Gegenwart,als gerechtfertigt angesehen wissen und Du entschuldigst Dich bei Deiner Frau,über Dein verhalten zu Ihr.
Ein Wort an mich,die ungeheure Behauptung zu bedauern,kommt nicht über Deine Lippen.

Nun ist nach Deiner neuen Erkenntnis Deine Mutter die Infor=mantin und Verbrecherin.Begreifst Du eigentlich,was Du Deiner eigenen Mutter unterstellst.Die Folgen die diese Anschuldi=gung ausgelöst hat,sind scheinbat für Dich ebenso eine Neben=sache,wie bei mir,obwohl es nun Deine Mutter trifft.
Du brauchst den Namen,den tatsächlichen,der Informantin nicht lange suchen zu lassen.Klage Deine Mutter direkt an.
Es ist für Deine Mutter die einzige Chance,dann vor Gericht, den Eid darüber abzulegen,daß sie mit keiner Nachbarin oder einer anderen Person,über Eure Fluchtpläne gesprochen hat.
Wir alle,hatten in der Zeitspanne nach dem Gespräch in Eurer Wohnung in Berlin Anfang Mai 1981,nur Angst und nochmals Angst.
Das Du dies Deiner Mutter zutraust ist nicht zu fassen.Sie war es,die Dir Deine Verbindung zu den Großeltern,zu Deiner Tante Käte erhalten hat,die das Erbe ihrer Eltern,an Dich weiter gab.
Ich hoffe Du hast es nicht vergessen,was sie unter großen Gefahren,für Dich getan hat,damit Du Dir ein Wochenendhaus bauen konntest.Sie hat in erster Linie Deine Schmähbriefe, nach Deiner Entlassung ertragen und immer wieder um Deine Liebe gebettelt.Du hast zum ersten Male,nach 1o Jahren,mit ihr telefoniert,als sie ihre große Lungenoperation hatte und der

Ausgang dieser Operation,noch nicht klar war.Sie hatte Dir aber zuvor einen Brief geschrieben,der Dich nicht unbeein=druckt gelassen haben muß.
Du hast ihren Zusammenbruch zu Deinem 5o Geburtstage erlebt. Seit diesem Zeitpunkt,ist Deine Mutter nicht mehr die,die sie vorher war.Trotzdem war sie glücklich darüber ihren so ge=liebten Sohn,nach 1o jähriger Trennung wieder zu haben.
1991 schenkst Du Deiner Mutter zum 7o Gburtstage die Reise, die für sie,die Reise ihres Lebens war.Im vorigen Jahr ladest Du uns zu Deinem 5o.Gbeurtstage ein,wir verlebten mit Dir einige frohe Tage und Stunden und wie beorgt warst Du um sie, bei ihrem Zusammenbruch.
Und jetzt stürzt Du Deine Mutter wieder in ein so tiefel Loch. Du gibst ihr nicht einmal die Chance,die Dir selbst die Stasi gegeben hat.Du konntest Dich wenigstens verteidigen und man hat Dir dann auch abgenommen,daß Du nicht fliehen wolltest. Wegen Flucht bist Du nach Deinen eigenen Worten,ja auch nicht verurteilt worden.
Hast Du Dich eigentlich einmal gefragt warum wir,nach Eurer Verhaftung ,einen ganzen Tag,getrennt,verhört wurden?
Ich kenne keinen Fall,daß ein Informant von der Stasi geladen wurde.Was sollten sie im Verhör noch erfahren,wenn sie es durch die Information, ohne schon den seelischen Druck einer Vernehmung, alles wußten?
Handeln die 6oo Seiten nur über Deine Mutter und mich?
Hast Du diesem verbrecherischen System nicht viel näher ge=standen und auch gediehnt,als wir? Du bist freiwillig,nach Deiner regulären Dienstzeit bei der Armee,als Offizier und Arzt,zu dieser Armee gegangen,gingst freiwillig zum Reg. Krankenhaus,wurdest Parteisekretär dort,gegen meinen Rat,ob=wohl Du auch der Gewerkschaft hättest dienen können.Hattest Kontakt zu den höchsten Stellen,wenn auch als Arzt,und warst stolz,daß auf Grund Deiner Beziehungen ein Stasioberst mit Begleitung,im Auftrage des Stellv.Ministers für Staatssicher=heit,den 8o Geburtstag Deines Opas in Roßlau gestaltete.
Und die alle sollen unschuldig sein.
Ausgelöst wurde Eure Inhaftierung und die schweren Jahre,die Ihr durchmachen mußtet,durch Deine Mutter!!!!
Uwe Du handelst schlimmer als die Stasi mit Dir verfahren ist.

Wir haben keinen Grund mit unseren 72 Jahren und der uns noch verbleibenden kurzen Lebensspanne,den es kann ja morgen schon Schluß sein,um Deine Liebe nochmals zu betteln.
Ich hoffe nur,daß Du mit Deiner neu gewonnenen Erkenntnis,nach 11 Jahren Deiner Verhaftung,Deinem telefonischen Abschied=nehmen von uns,Deinen Seelenfrieden,besonders gegenüber Deiner Mutter finden kannst,den jeder Mensch,sofern er Mensch sein will,auf dieser Erde braucht.
Du warst 9 Jahre alt,als ich in Dein Leben trat.Aus Deinen Worten im vorigen Jahr,sofern sie ehrlich gemeint xxxxxwaren, entnahm ich,daß meine Rolle in Deinem Leben und Deiner Ent=wicklung nicht negativ gewesen xxxxx sei.
Deine Mutter und ich sind uns einig darüber,daß eine neue Ver=söhnung nur durch Schritte von Dir kommen kann.Ist Dir das nicht möglich,haben wir uns 1991 zum letzten Male gesehen und gesprochen.Ob Du unter diesen Umständen glücklich sein kannst, mußt und wirst Du selbst wissen.

Dein Stiefvater

Dessau, den o7.9.1992

Uwe!

Meine Antwort auf Deine Kartenmitteilung ist:

Ich kann und muß mich nur wiederholen, was ich Dir mündlich und schriftlich immer wieder gesagt habe: An Deinem Schicksal trage ich nicht die geringste Schuld.
Mit Ferdinand Melson geb. am 21.5.1931, wohl bis 1981 wohnhaft in der Flanke 38, habe ich, weder allein noch mit Deiner Mutter gemeinsam, auch nur ein einziges Wort über Deine damaligen Absichten gewechselt. Habe nie zu diesem Menschen Kontakt gesucht, oder wie es im Protokoll der Stasi auf Seite 1o5 steht:
Die vom Im erarbeiteten Informationen zum beabsichtigten illegalen Verlassen der DDR durch das Ehepaar Jürgensen waren das Ergebnis eines vertraulichen Gespräches, welches von Hülßners angestrebt wurde und in der Wohnung des IM stattfand.
Das ist Dichtung in Reinkultur. Ich habe die Wohnung des Melson nie betreten und außer einem gewechselten Gruß-als Schrägnachbar-keinen Kontakt mit diesem Mann gehabt. Such den Mann und mache ihm den Prozeß. Das Gericht wird mich dann als Zeuge laden.
Die Ehefrau, seit vielen Jahren geschieden, wohnt noch hier und grüßt bis heute freundlich. Solange wie wir nicht amtlich wissen, daß sich hinter ihr: Renate Arndt versteckt, sehen wir keine Veranlassung, mit dieser Frau über den Vorgang zu sprechen. Wir haben ja selbst nun eine Tagebuchnummer von der Gauckbehörde und erwarten den Termin. -
Auf die Übersendung der Fotokopien folgende Antwort:

Du schreibst:
Ihr habt uns zwar nicht persönlich angezeigt, doch Ihr habt Euch über Arndt der Stasi bedient!!! Ich unterstelle"wer sich bedient, weiß was er macht" Du unterstellst also grundsätzlich Vorsatz.
Für uns ist es unfaßbar, daß Ihr uns in die Augen sehend geschworen habt, unschuldig zu sein. -Auch wenn Du lachst: Wir sind es wirklich.
Mit dem Schreiben an Knipf's wollt Ihr uns wohl auch hier denunzieren???
Jetzt ist das Maß aber wirklich voll. Wir sollen Denunzianten sein und uns der Stasi bedient haben!!!
Nun habe ich es von Dir schriftlich, was Tante Marie mir vor Jahren schon, über Deine Äußerungen in Bad Bibra über mich, mitteilte.
Solltest Du, wie mir Herr Knipf mitteilte, Deinen Memoarien einen

einen zweiten Abschnitt hinzufügen und dies behaupten,ver=
spreche ich Dir,dann wird der Prozeß eröffnet.Nicht anders
werde ich verfahren,wenn Du oder Deine Frau,diese Behauptung
wiederholt.11 Jahre ertragenen Demütigungen sind nun genug.
Ich habe an Deinem Schicksal nicht die geringste Schuld.
Zu meinen ,aus meiner Sicht gemachten Fehler,habe ich in 2
ausführlichen Schreiben an die Gauckbehörde,selbst Stellung
bezogen.Die 4 Punkte sind Dir bekannt.
Es ist aber scheinbar mein Schuicksal was ich zu tragen habe.
Ich hätte eben den Rat vom Pfarrer Göbel aus Bad Bibra be=
achten sollen.So habe ich Dich aber aus der Bäckergasse ge=
führt und Dir den Grundstock für Dein Leben ,entgegen des
Rates vom Pfarrer Göbel,gegben.
Das Herz Deiner Mutter hast Du restlos gebrochen.Ein Schritt
wäre noch zu vollziehen.Doch den überlasse ich Deiner Mutter
selbst.Du könntest diesen Schritt ja slbst auslösen.Eine
Mutter,die sich der Stasi bedient und eine Denunziantin ist,
ist keine wirkliche Mutter.!!!!!!!!!
Ich sage zwar nicht täglich "Grüß Gott" Trotzdem empfinde ich
Ehrfurcht vor diesem Gott.Ohne Sünde bin auch ich nicht.
Was Dein Schicksal und das Deiner Frau betrifft,habe ich keine
Schuld auf mich geladen.Unterlass deshalb das Schreiben an
unsere Adresse .Du hast Deinen leiblichen Vater nicht erlebt
und kannst scheinbar auch gut ohne Deine Mutter auskommen.
Dir sind Stasiprotokolle und die Meinung politischer Personen
wichtiger als eine Mutter zu besitzen. In ihrem Interesse
habe ich all die Schmähungen gegen mich ertragen.Bring nun,
wie Du es sicher empfinden wirst das Opfer,xxx daß Deine
Mutter,denn sie ist es,noch einige Jahre in Ruhe und Frieden
leben kann.

Dein gewesener Stiefvater

Wenn ich diese Zeilen lese und mich in die Rolle eines Unbeteiligten versetze, so kommen mir fast die Tränen. Briefe voller Lügen und Verfälschungen, Briefe voller Infamie – ich mußte diese Briefe hier einfügen, weil sie den Verfasser am besten charakterisieren.

Elf Jahre lang ertragene Demütigungen seien nun genug, schreibt mein Stiefvater!

Er erinnert an das Leid meiner Mutter und vieles andere mehr. Sie beweinen ihr Schicksal und müssten eigentlich über ihr teuflisches Verhalten weinen.

Sie verkennen völlig, was sie uns zugefügt haben. Egoistischer kann man gar nicht mehr sein.

Er schreibt auch, dass mir die Stasi-Protokolle und die Meinung politischer Personen wichtiger seien als die meiner Mutter. Ich kann nicht mehr von meiner Mutter sprechen, einer Mutter, die ihren Sohn der Stasi auslieferte, und aus diesem Grunde sind mir sämtliche Beweise, auch dieser Stasi-Schergen, von Bedeutung, weil sie der Wahrheit dienen.

Jeder weiß, dass die meisten Verbrecher sich zunächst als unschuldig bekennen und erst durch hieb- und stichfeste Beweise ihr Verbrechen einsehen müssen. Aus den Unterlagen der Stasi-Akten geht eindeutig hervor, dass die Familie uns an den IM verraten hat. Und das bereits seit Februar 1980 und nicht erst kurz vor unserer Inhaftierung am 1.8.1981!

Sie hat uns für zwei Jahre ins Gefängnis gebracht, ohne zu wissen, was das bedeutet.

Eine Barmherzigkeit ist von uns, auch nachdem das Ereignis jetzt 27 Jahre zurückliegt, nicht mehr zu erwarten. Gnade kann nur dem gegeben werden, der Reue zeigt, was bisher bei dieser Familie nicht zu erkennen war. Dass man sich heute noch erdreistet, andere Familienangehörige unter Druck zu setzen und den Kontakt zu uns zu verbieten, das schlägt dem Fass den Boden aus. Diese Tatsache ist innerhalb der Familie durch Zeugen belegbar.

Wir, die wirklich Geschädigten, werden auch nach dieser Haftzeit weiter denunziert und verleumdet, weil die Verschwörer ihr Verbrechen auf keinen Fall zugeben werden, weil es auch für die Mehrheit unglaublich erscheint, wie es bereits im Hitlerfaschismus und nach der Judenvernichtung verharmlost wurde – und das ist die

Banalität des Bösen !

Danksagungen

Es ist uns ein Bedürfnis, allen Menschen, Verwandten und Politikern der Bundesrepublik Deutschland für ihre Hilfe um unsere Freiheit zu danken.

Wir danken:

Volker und Ina Ebers für die unbeschreibliche und aufopfernde Hilfe sowie seinem Freund Axel Frohnert.

Wir danken Ludo und Hildchen Ebers (beide verstorben) für die liebevolle zweijährige Aufnahme unserer Tochter Antje.

Wir danken dem Wirtschaftssenator von Berlin, Herrn Elmar Pieroth und seiner mutigen Frau Hannelore.

Wir danken den Ministern für innerdeutsche Beziehungen der BRD, Herrn Egon Franke, Herrn Rainer Barzel, Herrn Heinrich Windelen, dem Staatsminister Herrn Peter Lorenz, dem Staatssekretär Herrn Plewa, den Mitgliedern des Bundestages, Herrn Günter Straßmeir und Herrn Dr. Ottfried Hennig sowie dem Petitionsausschuss des Bundestages.

Wir danken dem Bundeskanzler der deutschen Wiedervereinigung, Herrn Dr. Helmut Kohl.

Unseren Dank richten wir auch an die Victoria-Gemeinde der schwedischen Kirche in Berlin.

Zum Schluss ist es uns auch ein großes Bedürfnis, der Verlegerin, Frau Dörthe Emig-Herchen und der Lektorin, Frau Dorothee Kremer für die freundliche und produktive Zusammenarbeit zu danken.